Gironde

TERRE D'EAU ET DE VIN

Avec 126 km de littoral et 400 km de voies navigables, 1 parc naturel régional, 6 routes du vin, 700 km de pistes cyclables dont 2 grands itinéraires vélos, 3 sites majeurs inscrits sur la liste du patrimoine mondial de l'UNESCO, 4 Monuments nationaux, 2 communes labellisées « Ville ou Pays d'art et d'histoire », 3 voies jacquaires… La Gironde n'est pas seulement le plus grand département de France. Terre de vignes et de forêts entre mer et estuaire, la Gironde est un département aux multiples visages.

Sa célèbre dune du Pilat qui surplombe le banc d'Arguin, son prestigieux vignoble qui rayonne à travers le monde, son estuaire qui abrite une incroyable biodiversité, ses stations balnéaires qui racontent l'arrivée du chemin de fer, ses bastides qui font écho à l'Histoire de France… Quel panache !

La Gironde peut se vanter d'être une destination touristique dépaysante et renversante. Bien sûr, les conséquences de la crise sanitaire ont durement touché les professionnels du tourisme qui, à l'heure où nous imprimons ce guide, peuvent avoir modifié leurs activités ou tarifs. Pour autant, la Gironde a su tirer son épingle du jeu avec une part importante de visiteurs de proximité ou issue des pays européens voisins. L'élégante ville de Bordeaux et le bassin d'Arcachon continuent de faire chavirer les cœurs. Avec son nouveau guide dont le symbole est celui de la renaissance, le *Petit Futé* est au rendez-vous, cette année encore, pour vous accompagner sur les routes de la plus illustre des terres d'eau et de vin. À savourer sans modération.

SOMMAIRE

© GOODLUZ - STOCK.ADOBE.COM

4 INSPIRER

Collection de destinations et de sites remarquables, la Gironde en offre pour toutes les envies. Des immanquables aux incontournables, on vous dit tout.

4 : **Quand y aller ?**
6 : **Les bonnes raisons d'y aller**
9 : **Les 12 mots-clés**
11 : **Interview audio / vidéo**
15 : **Idées de séjour**

19 DÉCOUVRIR

Avec plus de 6,8 millions de visites dans le vignoble bordelais, partez à la découverte d'une terre de vin à la richesse inégalée et d'un territoire d'une grande diversité.

20 : **Œnotourisme**
25 : **Géographie**
28 : **Nature**
32 : **Histoire**
36 : **Architecture**
40 : **Beaux-arts**
42 : **Musiques et scènes**
44 : **Littérature**
47 : **Que rapporter ?**
48 : **Sports et loisirs**
50 : **Gastronomie**
55 : **Agenda**

© KRYSTELL BONNET

57 BORDEAUX ET SES ENVIRONS

Capitale d'une région privilégiée, faites de Bordeaux un passage obligé lors de votre séjour en Gironde. Partez à la découverte de ses mille et une richesses.

59 : **Bordeaux**

129 BASSIN D'ARCACHON

Ports ostréicoles, plages de sable fin, forêt de pins… Été comme hiver, vivez une parenthèse enchantée les pieds dans l'eau et la tête dans les nuages.

131 : **Bassin d'Arcachon**

© FRED - FOTOLIA

191 MÉDOC / HAUTE GIRONDE

Route des Châteaux ? Route des Phares ? Lacs ou océans ? Ne choisissez plus. Le Médoc a tant à offrir pour les amoureux de patrimoine, de nature et de sport.

193 : **Médoc**
251 : **Haute-Gironde**

263 LIBOURNAIS

Sur la rive droite de la Dordogne, le Libournais dessine à l'encre de ses vins, un territoire remarquable. Laissez-vous guider en terre d'histoires...

265 : **Libournais**

373 ORGANISER SON SÉJOUR

Tous les chemins mènent en Gironde. Venir, se déplacer, s'informer... Suivez le guide, c'est pratique !

374 : **S'y rendre**
375 : **Séjours et circuits**
376 : **Se déplacer**
380 : **S'informer**
384 : **Index**

305 ENTRE-DEUX-MERS

Aux portes de Bordeaux, dans un océan de vignes, succombez à l'héritage des pierres et sillonnez l'Entre-deux-Mers de bastides en villages médiévaux.

307 : **Entre-deux-Mers**

335 SUD GIRONDE

Des vignobles de Sauternes à la forteresse de Roquetaillade en passant par le parc naturel régional des Landes de Gascogne, le Sud Gironde regorge d'endroits à visiter.

337 : **Sud Gironde**

QUAND
Y ALLER

JANVIER

2° / 10°

FÉVRIER

3° / 12°

SALON DU BIEN ÊTRE, BIO ET THÉRAPIES
(BORDEAUX)

© PEOPLEIMAGES - ISTOCKPHOTO.COM

A Bordeaux, conférences, concerts zen, rencontre avec des spécialistes, méditation, débats et ateliers, sur le thème du bien-être.

MARS

6° / 15°

LES FOUS RIRES DE BORDEAUX
(BORDEAUX)
Ce festival bordelais met l'humour à l'honneur : sketches, arts plastiques, battles d'improvisation, entre autres, rythment l'événement.

ESCALE DU LIVRE
(BORDEAUX)
Durant trois jours à Bordeaux, la littérature sous toutes ses formes est mise à l'honneur : débats, lectures et rencontres.

JUILLET

15° / 27°

DANSONS SUR LES QUAIS
(BORDEAUX)
Les quais de Bordeaux se déchaînent aux sons des groupes qui défilent sur scène ! Il est possible d'y danser toute la journée.

ANDERNOS JAZZ FESTIVAL
(ANDERNOS-LES-BAINS)
Pendant trois jours de musique jazz, se réunissent près de 30 000 spectateurs dans la jolie ville d'Andernos-les-Bains.

AOÛT

15° / 28°

FEST'ARTS
(LIBOURNE)
Théâtre, danse, cirque, poésie et grandes déambulations en musique réinventent l'espace urbain de la ville de Libourne.

SEPTEMBRE

13° / 24°

LES JOURNÉES DU PATRIMOINE
(BORDEAUX)
Les plus beaux monuments et musées sont accessibles librement à la visite tout comme certains lieux habituellement inaccessibles.

MARATHON DU MÉDOC
(PAUILLAC)
Les marathoniens viennent du monde entier pour parcourir les 42 km au cœur des grands châteaux et illustres vignobles médocains.

Jumping international, Bordeaux Fête le Fleuve, Bordeaux Fête le vin, Week-end des Grands Crus, Marathon des Châteaux du Médoc, Reggae Sun Ska, Bataille de Castillon, Fête de la Morue, Escale du Livre, Fest'Arts... De grands événements ponctuent l'agenda des manifestations en Gironde. Toute l'année, et particulièrement pendant la saison estivale, il y a toujours quelque chose à voir, à faire, à écouter, à boire ou à manger. Demandez le programme auprès des professionnels du tourisme !

AVRIL

7° / 17°

PRINTEMPS DES VINS DE BLAYE CÔTES DE BORDEAUX
(BLAYE)
Dans la célèbre Citadelle Vauban, ateliers, animations et balades sont au programme pour le plaisir des amateurs de vins.

$ $

MAI

11° / 21°

RELÂCHE
(BORDEAUX)
Concerts gratuits dans divers endroits de la ville : Bacalan, Saint-Michel, les quais de la Garonne, le Rocher de Palmer...

FÊTE DE LA MORUE
(BÈGLES)
Trois jours de réjouissances rythment la ville de Bègles au son des fanfares, des concerts, des arts de la rue et de la morue !

$ $

JUIN

14° / 24°

BORDEAUX FÊTE LE FLEUVE
(BORDEAUX)
Concerts, musiques, gros bateaux et feu d'artifice pour cet événement incontournable en alternance avec Bordeaux fête le Vin.

BORDEAUX FÊTE LE VIN
(BORDEAUX)
Tout le long des quais à Bordeaux, de nombreux stands et des animations mettent en scène un village éphémère, animé et gourmand.

$ $

OCTOBRE

10° / 19°

FESTIVAL INTERNATIONAL DES ARTS
(BORDEAUX)
3 semaines d'effervescence artistique avec 32 spectacles sur scène et hors les murs, 10 concerts gratuits, entre autres...

LES MONTGOLFIADES
(SAINT-EMILION)
Plusieurs ballons survolent la cité de Saint-Emilion. Préparez-vous à embarquer ou admirez le spectacle depuis la terre ferme !

$

NOVEMBRE

6° / 14°

LA FOIRE AUX PLAISIRS
(BORDEAUX)

© SOLSTOCK - ISTOCKPHOTO.COM

Deux fois par an sur la place des Quinconces de Bordeaux, plus de 200 manèges et attractions sont un appel aux distractions.

$

DÉCEMBRE

3° / 11°

MARCHÉ DE NOËL
(BORDEAUX)

© SOLSTOCK - ISTOCKPHOTO.COM

Artisans et commerçants s'installent dans les fameux petits chalets en bois. Une tradition familiale qui perdure au fil des années.

$

LES BONNES RAISONS D'Y ALLER

© MARCOCIANNAREL - FOTOLIA

BORDEAUX

Inscrite au patrimoine mondial de l'UNESCO, avec son architecture, sa Cité du Vin...

LA GASTRONOMIE

Huîtres, bœuf bazadais, lamproie à la bordelaise, canelés, macarons de Saint-Emilion...

© FOXYS_FOREST_MANUFACTURE - ISTOCKPHOTO.COM

© AGROBACTER - ISTOCKPHOTO.COM

LES SPOTS DE SURF ET GLISSE

On ne les compte plus ! La pointe et le Truc Vert à Arcachon, le Grand-Crohot à Andernos...

LES MAISONS D'ÉCRIVAINS

Patrimoine littéraire et témoignage de la présence de Montesquieu, Lautrec ou encore François Mauriac.

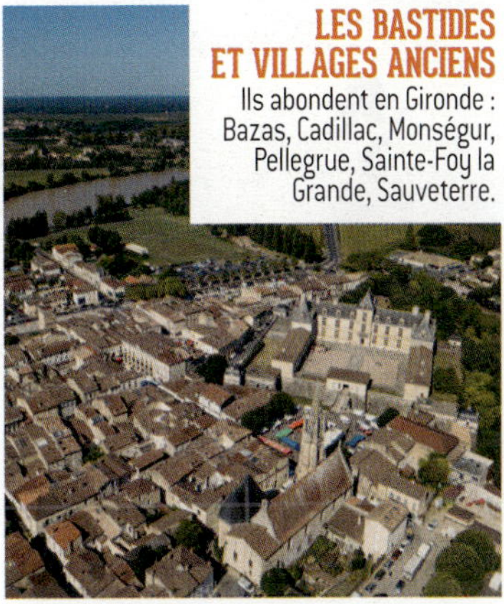

LES BASTIDES ET VILLAGES ANCIENS

Ils abondent en Gironde : Bazas, Cadillac, Monségur, Pellegrue, Sainte-Foy la Grande, Sauveterre.

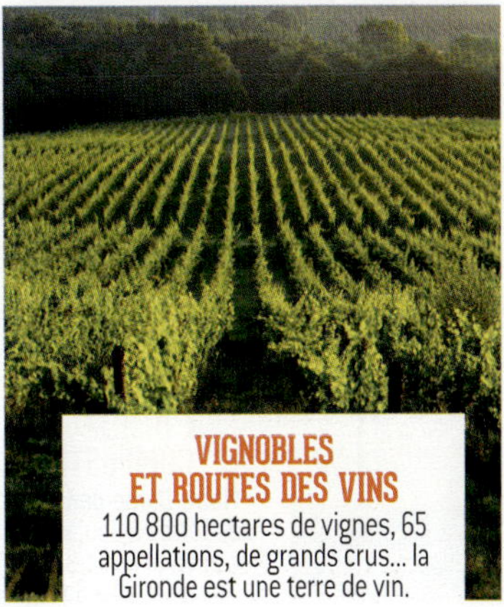

VIGNOBLES ET ROUTES DES VINS

110 800 hectares de vignes, 65 appellations, de grands crus... la Gironde est une terre de vin.

LES PHARES DE LÉGENDE

Autrefois gardiens du littoral, les phares de Cordouan, de Richard, ou encore du Cap Ferret.

LES BONNES RAISONS D'Y ALLER

LE BASSIN D'ARCACHON

Sa dune du Pilat, le banc d'Arguin, les cabanes tchanquées de l'île aux oiseaux, le Cap Ferret.

© SHEN MAX - SHUTTERSTOCK.COM

© JENNY THOMPSON - STOCK.ADOBE.COM

LES SITES VAUBAN

La Citadelle de Blaye, le Fort Médoc, le Fort Pâté.

© PICTURES NEWS - STOCK.ADOBE.COM

L'HÉRITAGE DE COMPOSTELLE

Notre-Dame-de-la-Fin-des-Terres à Soulac-sur-Mer, abbaye de La-Sauve-Majeure à La Sauve...

LES 12 MOTS-CLÉS

#ANQUI

« Ho Anqui », c'est le « Oh là là » local dans sa version populaire, voire vulgaire. Jeunes et moins jeunes continuent à utiliser couramment cette injure avec plus ou moins de grossièreté. Et principalement en voiture à cause de tous les « branquignoles » qui s'y trouvent ! Dans le même esprit, on retrouve l'incontournable juron « Anfigueille ».

#BORDELUCHE

Parlez-vous le bordelais ? Dérivé du gascon, le Bordeluche était d'un usage courant il y a quelques décennies. En réalité, c'est un savant mélange de patois bordelais associé à des expressions landaises et périgourdines, saupoudré de quelques mots dérivés de l'occitan. Alors vous entendrez peut-être : « J'ai gavé de chocolatines dans ma poche ».

#BOUCHON

Installé à Bordeaux depuis 1965, Jacques Pouquet, maître artisan pâtissier-chocolatier, était animé d'un fort désir de créer une spécialité qui évoque et valorise notre région. Après de nombreuses expérimentations, voilà comment est né le fameux Bouchon, cette petite gourmandise aux amandes, parfumée de raisins macérés à la Fine de Bordeaux.

#CANELÉ

Croustillant à l'extérieur, fondant à l'intérieur, le canelé a un délicieux parfum sucré de vanille caramélisée. Les origines du canelé sont incertaines, mais la petite histoire voudrait qu'ils soient nés dans le couvent des Annonciades à Bordeaux. Qu'importe, c'est l'un des symboles culinaires de la ville de Bordeaux. A n'en faire qu'une bouchée !

© CHUCK - ISTOCKPHOTO.COM

#CHOCOLATINE

Chocolatine ou pain au chocolat ? C'est l'éternel débat ! En Gironde, on dit chocolatine, déformation linguistique de l'autrichien « Schokoladen ». Il apparaît donc probable que le premier terme pour désigner une viennoiserie fourrée au chocolat fut « chocolatine ». Et dire « pain au chocolat » pour désigner une viennoiserie, ça n'a aucun sens !

© WUNDERVISUALS - ISTOCKPHOTO.COM

#ECHOPPE

Initialement destinées à abriter une population ouvrière et modeste, les échoppes en pierres de taille sont très prisées. Construites entre le Second Empire et l'immédiat avant-guerre, elles font le charme de la région bordelaise. S'il y a un rideau devant les portes d'entrée, c'est pour créer un courant d'air en été, tout en préservant l'intimité.

© BOLETUS - STOCK.ADOBE.COM

#GAVÉ

Le mot « gavé », est l'un des mots les plus répandus du Bordeluche. Ainsi dans les conversations, il ne sera pas rare d'entendre souvent le fameux « Gavé bien », qui est à comprendre dans le sens de « très bien », « vraiment bien », « trop bien ». On ne compte plus les produits dérivés où s'écrit ce « Gavé » typique. Garanti facile à adopter !

LES 12 MOTS-CLÉS

#LAMPROIE

Grande spécialité, la lamproie à la bordelaise est préparée dans une sauce au vin rouge à la façon d'un civet. Plus délicate et plus raffinée que l'anguille, elle est un mets très apprécié des palais délicats. Sainte-Terre, capitale autoproclamée de la lamproie par son histoire et son lien avec la pêche, organise la célèbre Fête de la Lamproie.

#MASCARET

Le mascaret, c'est cette vague formée à l'embouchure de la Gironde et qui remonte le fleuve sur plus de 100 km. C'est un phénomène naturel unique en France ! De nombreux surfeurs se retrouvent pour espérer glisser sur cette vague déferlante pouvant atteindre 2 m de haut et se déplacer de 15 à 30 km/h. La bonne saison ? Entre juin et octobre.

#MASCARON

Souvent apposés sur la clef de voûte des arcs des fenêtres ou des portes et sur les linteaux, ou délivrant l'eau des fontaines, les mascarons s'invitent aux décors architecturaux. A Bordeaux, ils gardent en mémoire l'histoire de la ville. La reproduction des visages africains fait référence à la traite négrière entre les XVII et XIXe siècles.

#POCHE

Cette « poche » là n'a rien à voir avec celle de votre pantalon ou de votre veston. Chez nous, la poche est le sac en plastique du supermarché ! A la boulangerie, c'est la poche en papier où l'on glisse les chocolatines et autres briochées au moment de l'épiphanie. A ne pas confondre, bien entendu, avec le « sac » comme accessoire de mode !

#VIGNOBLE

Avec 110 800 hectares de vignes, 65 appellations, de prestigieux châteaux et grands crus, la Gironde s'impose incontestablement comme une terre de vin mondialement reconnue. Organisé autour des fleuves de la Garonne, de la Dordogne et de l'estuaire de la Gironde, le vignoble bordelais est la première destination œnotouristique de France.

© FREEPROD - STOCK.ADOBE.COM

VOUS ÊTES D'ICI, SI...

En société, vous pouvez vous vanter de savoir que la guerre de 100 ans a pris fin le 17 juillet 1453 à Castillon-la-Bataille, vous savez quel grand chef fait partie du groupe de rock Chef & the Gang et que la rue Sainte-Catherine est la plus longue rue commerçante et piétonne d'Europe.

En œnologie, Cheval Blanc ne vous fait pas spécialement penser à Henri IV, en revanche, et contrairement aux idées reçues, vous reconnaissez bien volontiers que vos connaissances en Grands Crus sont limitées.

En soirée, le paquito est une tradition jamais oubliée. Par ailleurs, vous ne manquez aucune Fête du Vin à Bordeaux ni la Fête des Bœufs Gras à Bazas (le béret vissé sur la tête).

Sur le Bassin, vous avez un coup de cœur pour la Ville d'Hiver à Arcachon et pour le village de l'herbe au Cap Ferret. Vous mangez vos huîtres avec une crépinette et vous savez que la Dune Blanche n'a rien à voir avec la Dune du Pilat. En aucun cas, vous ne confondez Bassin et Océan.

MA GIRONDE

Avec Laurène Delion, auteure du guide

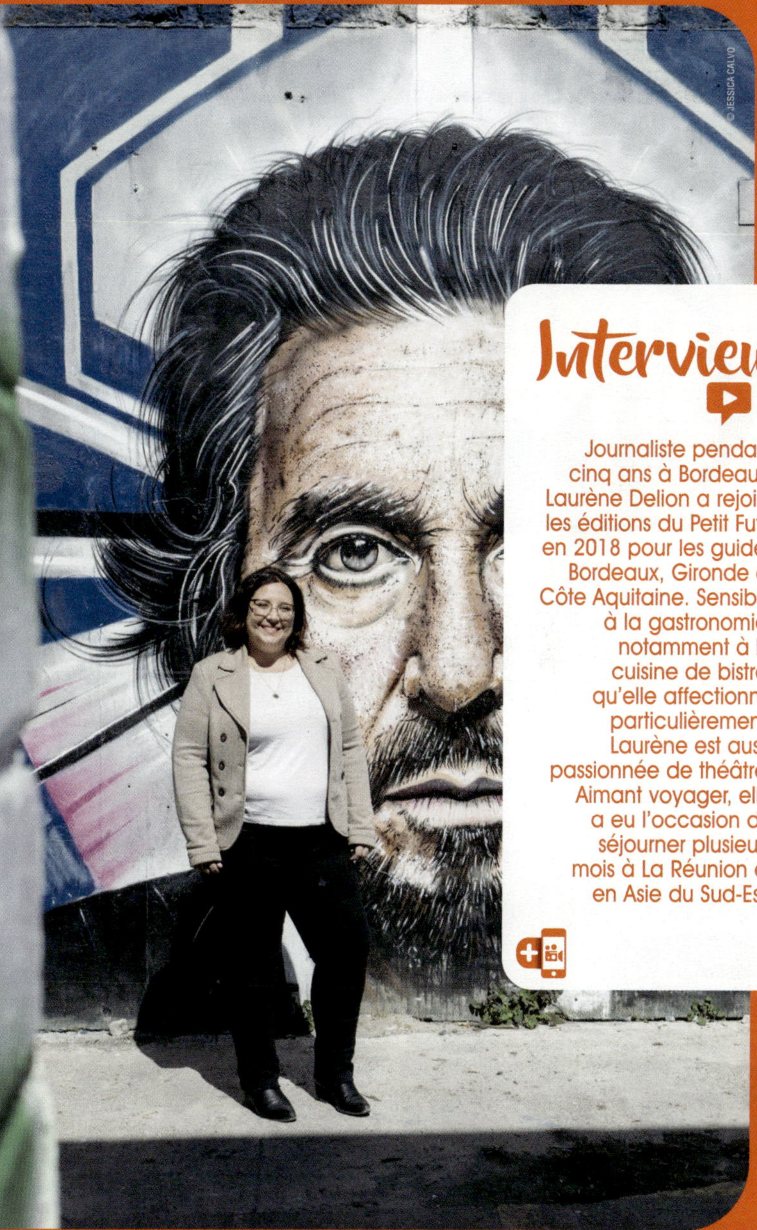

© JESSICA CALVO

Interview

Journaliste pendant cinq ans à Bordeaux, Laurène Delion a rejoint les éditions du Petit Futé en 2018 pour les guides Bordeaux, Gironde et Côte Aquitaine. Sensible à la gastronomie, notamment à la cuisine de bistrot qu'elle affectionne particulièrement, Laurène est aussi passionnée de théâtre. Aimant voyager, elle a eu l'occasion de séjourner plusieurs mois à La Réunion et en Asie du Sud-Est.

TOP 5

SE RESTAURER

Parmi les plus belles tables de la Gironde, ces grandes maisons revisitent à merveille la gastronomie du sud-ouest tout en valorisant les vins produits sur nos terres. Au-delà, vous profiterez d'un cadre exceptionnel. Aussi beau que bon, découvrez la sélection coup de cœur du Petit Futé.

LE BISTROT DU GABRIEL

Restaurant haut de gamme avec terrasse à Bordeaux proposant une cuisine inventive et des mets d'exception.

© BORIS ALLIN-FISHEYE

90

© EMMADIL

351

HÔTEL-RESTAURANT CLAUDE DARROZE

Orchestrée par le chef Yoann Amado à Langon, la cuisine de la Maison Darroze est traditionnelle et régionaliste mais aussi dans l'air du temps.

103

© LA MAISON DU FLEUVE

LA MAISON DU FLEUVE

Une adresse remarquable sur les bords de la Garonne où le chef Yohan Alias vous propose des plats raffinés d'inspiration régionale.

LE BOUCHON DU FERRET

Le Bouchon du Ferret accueille les gourmets autour d'une carte composée principalement de poissons et de fruits de mer pêchés du jour.

© LA TERRASSE ROUGE – MAISON LASCOMBES

297

© BOUCHON DU FERRET

183

LA TERRASSE ROUGE

Dans cette table gastronomique ouverte par Nicolas Lascombes, les vins sont associés à l'art de vivre et à la cuisine du Sud-Ouest.

TOP 5

SE LOGER

Aux quatre coins de la Gironde, le long du littoral ou dans les vignes, la sélection coup de cœur du Petit Futé est à la fois traditionnelle voire historique, contemporaine et insolite. À vous de choisir l'hébergement qui vous ressemble pour organiser votre séjour sur nos terres.

LA MAISON DU DOUANIER

Ici, la vue sur l'estuaire, le calme de l'endroit, comme la gentillesse de vos hôtes, permettent de goûter à la quiétude totale.

LES CABANES DE LA ROMANINGUE

Bulles, tentes suspendues, cabanes perchées dans les arbres, roulotte et cabane barrique ont investi le parc du Château La Romaningue.

MAISON MOUTCHIC

Loin de la foule et du bruit, voilà une très belle et grande maison en bois, au bord du lac et en lisière d'une forêt de pins.

HOTEL HA [A] ITZA

Mélange de boiseries, de tons blancs et de touches en acier dans les chambres, la toute dernière rénovation est signée Philippe Starck.

LE RELAIS DE FRANC MAYNE

Sous le toit de cette maison girondine, le Relais de Franc Mayne fait figure de halte idéale pour un séjour dans le vignoble.

TOP 5

ACTIVITÉS / LOISIRS

Il y a mille et une façons de découvrir les paysages et les richesses de la Gironde. Le Petit Futé partage avec vous son top 5 activités. Canoë-kayak, dégustation insolite, visite il y a 22 millions d'années, balade à cheval… À deux, en famille ou entre amis, vous n'allez pas le regretter.

DUNES ET MARAIS D'HOURTIN

Entre plages, dunes, forêt, marais et lac, cette réserve naturelle promet de superbes balades à pied, à vélo ou à cheval.

199

© ARCACHONPHOTO.COM - STOCK.ADOBE.COM

363

© CANOË PASSION

CANOË PASSION

A la journée ou à la demi-journée, partez à la découverte de la Leyre, cette superbe rivière sauvage appelée « Petite Amazone ».

330

© ÉRIC LASSERE - RESTO 2H - HISTOIRE D'HUÎTRES

GROTTES D'HUÎTRES FOSSILES

Un site géologique unique en France qui offre un large panorama sur la Garonne et le Sauternais. Avec dégustation en saison estivale !

CHÂTEAU DE RAYNE VIGNEAU

Le Château vous invite à la découverte de ses vins à l'occasion de rendez-vous insolites à l'image de « La Dégustation Perchée ».

143

© NOLIBE PATRICK

368

© CHÂTEAU DE RAYNE VIGNEAU

UNION DES BATELIERS ARCACHONNAIS

Larguez les amarres à la découverte des lieux emblématiques du bassin d'Arcachon : île aux Oiseaux, cabanes tchanquées, dune du Pilat…

IDÉES DE SÉJOUR

Prisée toute l'année pour la douceur de son climat, la beauté de ses paysages et ses multiples activités, la Gironde est une destination de premier choix pour les adeptes du slow tourisme, les sportifs et les amoureux de bonne chère. Les familles s'y plaisent autant que les jeunes couples et les retraités. La région bordelaise étant l'une des plus belles régions du vignoble français, les routes des vins sont alors toutes indiquées pour découvrir ce que le territoire a de meilleur à offrir. Mais vous l'aurez compris, si la Gironde a tant à offrir, c'est qu'il y a aussi mille et une façons d'organiser son séjour selon vos envies. De l'embouchure de l'estuaire à la porte d'entrée des Landes, le littoral girondin avec ses plages océanes, ses grands lacs et le bassin d'Arcachon se révèle déjà tout en contraste. Très agréable à parcourir à vélo, l'Entre-deux-Mers réserve encore de belles échappées sur ses routes tranquilles et au cœur des bastides.

DÉCOUVERTE DE L'ENTRE-DEUX-MERS À VÉLO EN 4 JOURS

L'arrière-pays bordelais est un territoire idéal pour les amoureux du cyclotourisme. Visite de la capitale girondine en passant par les vignes et les bastides, de belles balades vous attendent.

› Jour 1 : De Bordeaux à La Sauve Majeure (30 km via la piste Lapébie)

Depuis les quais de Bordeaux, une piste cyclable vous permet de rejoindre une petite route serpentant le long de la Garonne qui vous conduira jusqu'à Latresne et à la jonction avec la piste cyclable Roger Lapébie. Carrefour entre les deux grands itinéraires du Canal des 2 Mers© et de la Scandibérique©, cette piste a été aménagée sur une ancienne voie ferrée. Dans les anciennes gares qui ont été réhabilitées, vous trouverez aujourd'hui des points d'information touristiques et des haltes rafraîchissantes (cafés, bars-brocantes…). Au cours de cette journée, vous allez traverser la belle bastide de Créon avant de rallier l'abbaye de La Sauve Majeure, chef d'œuvre de l'art roman, classée au Patrimoine mondial de l'UNESCO. Vous pourrez également déguster les vins de l'Entre-deux-Mers à la Maison des vins. Pour les plus sportifs, il est possible d'ajouter la boucle n° 16 (21 km) sur les petites routes tranquilles.

› Jour 2 : De La Sauve Majeure à Sauveterre (28 km via la piste cyclable)

Pour débuter cette journée le long de la voie verte Lapébie, sur l'itinéraire du Canal des Deux-Mers à vélo, vous allez vivre une expérience unique en empruntant le tunnel de La Sauve (259 mètres). Bois, vignes… Les paysages bucoliques de l'arrière-pays bordelais vont s'offrir à vous avant d'entrer dans la petite ville de Sauveterre-de-Guyenne qui présente toujours l'aspect caractéristique des bastides avec son plan géométrique, sa place carrée bordée d'arcades et ses quatre portes rectangulaires remarquablement conservées.

Sauveterre-sur-Guyenne.

› Jour 3 : De Sauveterre à Monségur (29 km)

Ce circuit vous emmène sur les petites routes de l'arrière-pays bordelais pour profiter des paysages de vignes et de polyculture. Au cours de cette journée, vous découvrirez le plus petit village de France : Castelmoron d'Albret. Construite sur un éperon rocheux, ce qui lui confère une allure très pittoresque, cette petite cité médiévale fortifiée est une véritable pépite ! Un arrêt s'impose pour flâner dans ses ruelles fleuries, admirer ses maisons anciennes, sa rue pavée et ses portes fortifiées. Et maintenant, direction Monségur ! Le long de la paisible et ombragée vallée du Dropt, les moulins fortifiés de Bagas et Loubens rappellent que l'Entre-deux-Mers était autrefois l'ancien grenier à blé du Bordelais. Enfin, vous voilà arrivés dans la bastide de Monségur, la seule bastide de hauteur de Gironde. Fondée en 1265 par Éléonore de Provence, elle a conservé la trame d'origine de ces villes nouvelles du Moyen Âge : la place avec ses couverts, une halle de style Eiffel, les maisons à pans de bois et son chemin de ronde qui domine la vallée du Dropt, offrant une promenade ombragée en bord de rivière.

› Jour 4 : De Monségur à Fontet via La Réole – 35 km

Pour ce dernier jour vous ferez une boucle autour de la bastide de Monségur en empruntant de petites routes avant de reprendre la véloroute de l'itinéraire du Canal des Deux-Mers pour rallier La Réole et Fontet. Le temps d'une visite, laissez reposer votre vélo pour parcourir les ruelles escarpées de la ville d'Art et d'Histoire de La Réole et apercevoir le prieuré bénédictin, le plus ancien hôtel de ville de France, les maisons à colombages... Vous rejoindrez ensuite le port de Fontet, le long du canal latéral à la Garonne. L'ancien chemin de halage emmènera les plus courageux vers Toulouse et même jusqu'à Sète !

LES LACS, LE BASSIN ET LES PLAGES OCÉANES EN 3 JOURS

Quoi de mieux qu'un séjour en Gironde pour profiter de son littoral exceptionnel ? Profitez des lacs et des plages avec à la clé de nombreuses activités.

› Jour 1 : Pointe du Médoc et spots de surf

Au nord du Médoc, le Verdon-sur-Mer compte deux plages, trois phares et quatre ports, dont celui de la Pointe de Grave qui offre un large panorama sur l'embouchure du plus vaste estuaire d'Europe et sur la silhouette de style Renaissance du plus ancien phare de France encore en activité : le phare de Cordouan. Comptez 45 minutes de traversée pour rejoindre celui que l'on surnomme le Versailles de la mer. Et 301 marches pour atteindre le balcon de la lanterne... La vue est époustouflante ! Et si on se mettait en direction de Soulac-sur-Mer et Montalivet pour profiter des plages et des vagues ? Car oui, le Médoc est une terre de surf ! Grâce à ses bancs de sable de qualité, la plage l'Amélie est un spot de repli accessible à tous les niveaux. Du côté des blockhaus, les vagues peuvent s'y révéler puissantes et creuses. Beaucoup plus fréquentée, la plage du Gurp à Grayan-et-l'Hôpital attire aussi les amateurs de bonnes vagues. On termine la journée à Montalivet en Californie bordelaise pour profiter de la soirée.

› Jour 2 : Hourtin-Carcans et Lacanau en eau douce

Pour prendre toute la mesure du plus grand lac d'eau douce de France, rendez-vous à la halte nautique d'Hourtin pour une balade le long de l'unique port du lac d'Hourtin/Carcans. Avec des petits, un passage à l'île aux enfants s'impose. Pour la baignade, on change de cap. Située sur la rive ouest du lac, la plage de Piqueyrot est pour beaucoup la plus belle du lac. Catamaran, planche à voile, canoë, stand up paddle, pédalo... Profitez-en ! Avec des enfants, allez plutôt à Carcans-Maubuisson. Pour les marcheurs du dimanche qui aiment prendre un peu de hauteur, la boucle du sentier du lac (7 km) est une balade très agréable. N'oubliez pas de continuer jusqu'à la Pointe de Coben ! Passez la soirée à Lacanau.

› Jour 3 : Le Bassin d'Arcachon

La journée commence par une très belle promenade à deux pas du port ostréicole d'Andernos-les-Bains. Protégée et inscrite au patrimoine pittoresque de la Gironde, la pointe des Quinconces était l'une des promenades préférées de Sarah Bernhardt. Suivez le sentier du littoral jusqu'au pont traversant le Cirès jusqu'à la plage de Saint-Brice (Arès). Et maintenant, direction la plage centrale d'Arcachon. Depuis la jetée Thiers, embarquez pour une balade en bateau de plaisance, catamaran ou pinasse vers l'île aux Oiseaux et les Cabanes Tchanquées. Après avoir déambulé dans la Ville d'été, rejoignez la plage du Moulleau. D'ici, on voit la dune du Pilat, le banc d'Arguin et le Cap Ferret. Et pour finir en beauté, rendez-vous sur la plus haute dune d'Europe pour admirer le coucher du soleil.

Les bons plans,
les sorties,
toute l'actualité
de la Gironde
Ici, on parle d'ici
france
bleu
gironde

DÉCOUVRIR

Entre les châteaux historiques, les bastides et les propriétés viticoles, les routes de Gironde serpentent à travers vignes, ondulent à l'ombre des pins et vous mènent jusqu'aux dunes et sur les plages. Les lacs, le Bassin, l'Océan, la Garonne et ses affluents, sans oublier l'Estuaire, font de la Gironde une terre d'exception riche d'une faune et d'une flore remarquable. La Gironde est pour les amoureux de nature, d'histoire et de patrimoine. La Gironde se révèle aussi à celles et ceux qui aiment avoir les pieds sur terre, prendre le large, surfer sur la vague, s'envoyer en l'air… Au rythme d'une effervescence artistique et culturelle, les activités sportives et de loisirs sont au rendez-vous. La Gironde est aussi, et bien sûr, pour les épicuriens. Ici, la bonne chère et le bon vin réjouissent les cœurs. Voici un concentré de ce que la Gironde a de meilleur à offrir.

ŒNOTOURISME

Nuit dans une barrique géante, escape game dans les propriétés viticoles, chasse au trésor, survol des vignobles en montgolfière, pique-nique au château, virée en side-car par monts et par vignes, atelier d'assemblage, balade en calèche, dégustation gourmande, exposition dans les chais, restauration gastronomique, croisière, conquête de la Cité du vin... En Gironde, toutes les routes mènent à l'irrésistible vignoble bordelais. Avec plus de 6,8 millions de visites chaque année, le département s'impose comme la première destination œnotouristique de France. Traversée par 6 routes du vin labellisées Vignobles & Découvertes, la Gironde abrite le plus grand vignoble AOC de France avec 65 appellations réparties sur 111 400 hectares. Portes ouvertes dans les châteaux, fête du vin, salons des vignerons, ban des vendanges, visites thématiques par les offices de tourisme... L'agenda est bien rempli.

Bordeaux, porte du vignoble

Cité de gastronomie, capitale de la Gironde et du bien-vivre, Bordeaux est la porte d'entrée du prestigieux vignoble bordelais. Inscrite au Patrimoine mondial de l'UNESCO, la belle est aussi surprenante et effervescente que le Crémant de Bordeaux. Outre ses nombreuses terrasses et ses bars à vins dont le plus emblématique est certainement celui du CIVB au rez-de-chaussée de la Maison du Vin de Bordeaux, c'est à la Cité du Vin que commence le voyage initiatique au cœur de la culture du vin. Le parcours muséographique s'enroule à la façon d'un vin dont on voudrait libérer les arômes au moment de la dégustation. Avec son belvédère à 35 mètres au-dessus de la ville et du fleuve, la Cité du Vin est un site unique au monde. Néophyte, amateur ou connaisseur, embarquez pour une expérience immersive, ludique et multisensorielle ! Ne manquez pas non plus le Château Les Carmes Haut-Brion (Pessac-Léognan) et son vignoble de 10 hectares ceinturés par la ville. Inauguré en 2016, le nouveau chai conçu par Philippe Starck et Luc Arsène-Henry, émerge des eaux du Peugue. Au-dessus de quelque 300 barriques, la salle de dégustation offre un superbe panorama sur le vignoble. Accessible en tramway également, car situé en plein cœur du quartier de la Bastide à Bordeaux, le Clos des Queyries est une ancienne propriété viticole du XVIIIe siècle. Les chambres d'hôtes s'appellent Aquitaine, Dijeaux, Salinière et Cailhau. C'est à Bordeaux que se déroule également l'incontournable Fête du Vin, le Week-end des Grands Crus ou encore la Fête de la brocante et du vin nouveau.

La Cité du vin à Bordeaux.

© ANITA SANTACREU - SHUTTERSTOCK.COM

Le vignoble de Pessac-Leognan.

Graves et Sauternes

Sur les terres de Bertrand de Goth, la Reine Margot, Montesquieu, Henri de Toulouse-Lautrec… Et des vins les plus prestigieux au monde ! Planté dès l'Antiquité par les Romains, le vignoble de Graves et Sauternes est le plus ancien des vignobles bordelais. Grande appellation de Bordeaux traversée par le Ciron, le Sauternais abrite un des joyaux de la viticulture française : le Château d'Yquem, l'unique Premier Cru Supérieur de Bordeaux. Au Pays de l'Or jaune, sur les hauteurs du village de Bommes, le Château Lafaurie Peyraguey mérite également le détour. Vous pourrez alors admirer la seule et unique barrique en cristal Lalique et visiter la chapelle, entièrement décorée par Lalique. Pour les gourmets, la visite Accords mets & vins par le Chef étoilé Jérôme Schilling vous promet de belles émotions. Les Apéros Dorés du Château de la Tour Blanche, c'est encore une autre façon de déguster un verre de Sauternes. Au programme de l'été : musique, balade en calèche, cocktails au sauternes, planche de tapas… Et si on prenait un peu de hauteur avec un survol de l'appellation des Graves et du Sauternais depuis les vignes du Château Vénus ou une « Dégustation perchée » au Château de Rayne Vigneau ? Cru classé des Graves, le Château Smith-Haut-Lafitte réserve son lot de surprises à commencer par une magnifique tonnellerie où le Maître Tonnelier fabrique 3 à 4 barriques par jour. Ici, l'art, le vin, la gastronomie et le bien-être se rencontrent. Avec sa collection d'œufs en béton colorés ainsi que son Jardin Millésimé de 4 000 m², création contemporaine du paysage viticole, le Château Larrivet Haut-Brion s'impose également comme une terre d'art et de vin. Rythmée par de grands rendez-vous tels que la Foire aux Vins et aux Fromages de Langon, La Raisin d'Or ou les Nuits atypiques, la route des Vins de Bordeaux en Graves et Sauternes donne un bel aperçu de la richesse et de la diversité de l'offre œnotouristique en Gironde.

© FREEPROD33 - SHUTTERSTOCK.COM

Le château d'Yquem.

Médoc

Nichée entre l'estuaire et l'océan, la route des Châteaux qui traverse le Médoc est certainement l'une des plus belles routes des vins de France. Saint-Estèphe, Pauillac, Saint-Julien, Margaux... Les Appellations d'Origines Contrôlées sont mondialement connues. Les châteaux Lafite-Rothschild, Latour, Margaux, Mouton-Rothschild ainsi que 56 autres grands domaines viticoles du Médoc figurent sur la liste des Grands Crus Classés en 1855. Ici, le vignoble est au cœur de tout. La Maison du Tourisme et du Vin de Pauillac est presque un passage obligé pour récupérer le précieux topo-guide « architecture des châteaux ». Le circuit d'environ 52 km se fait en voiture pour une durée d'environ 3h. Surnommé le « Versailles du Médoc » avec ses jardins à la française, le château Beychevelle est un incontournable de la route des Vins. Le château Cos d'Estournel est sans aucun doute le plus « original » avec son architecture à l'orientale. Caves, visites et dégustations, balades en calèche, restaurant gastronomique, brasserie années 30, atelier de vélos, école de cuisine, expositions d'art... Au sein de la propriété viticole de la Famille Cazes, le charmant village de Bages à Pauillac est un lieu à part. Rendez-vous incontournable de tous les gourmets et épicuriens curieux de découvrir le savoir-vivre à la médocaine, le village de Bages est un enchantement. Château de contes et légendes, Agassac saura satisfaire la curiosité des plus jeunes, ainsi que la soif des plus grands, amateurs de vins de haute expression. Le château d'Agassac est, dit-on, le château de la Belle au bois dormant. Le Marathon des châteaux du Médoc et les autres grands rendez-vous tels que le Festival Jazz and Wine et le Festival International les Vendanges du 7ème Art sont autant de belles occasions pour découvrir la région.

Saint-Emilion, Pomerol, Fronsac

Des rives de la Dordogne aux confins du Périgord, les paysages viticoles de Saint-Emilion et les appellations voisines de Pomerol et Fronsac se dressent sur l'une des plus emblématiques routes du vin de Bordeaux. Angélus, Cheval Blanc... Les grands noms du vin résonnent à l'autre bout du monde. Saint-Emilion est ni plus ni moins le premier vignoble inscrit par l'UNESCO au Patrimoine mondial de l'Humanité. Cette inscription représente environ 5 000 hectares de vignes réparties sur les 8 communes de la Juridiction de Saint-Emilion : Saint-Emilion, Saint-Laurent-des-Combes, Saint-Christophe-des-Bardes, Saint-Pey-d'Armens, Saint-Etienne-de-Lisse, Saint-Sulpice-de-Faleyrens, Saint-Hippolyte et Vignonet. Pour l'UNESCO, Saint-Emilion est « un exemple remarquable d'un paysage viticole historique qui a survécu intact » et « illustre de manière exceptionnelle la culture intensive de la vigne ». Avec ses rues pavées, ses vieilles pierres et ses magnifiques points de vue, notamment depuis la place des Créneaux, la cité médiévale de Saint-Emilion saura user de ses charmes pour vous conter son histoire à travers ses vins et ses monuments classés. Les manifestations de la Jurade sont des moments hors du temps. A ces occasions, les Jurats défilent vêtus de la robe rouge traditionnelle. Ils proclament solennellement le Jugement du vin nouveau lors du troisième dimanche de juin ou le Ban des vendanges le troisième dimanche de septembre. Château de la Rivière, Château La Fleur de Boüard, Château Tour Saint-Christophe, Cloître des Cordeliers, Château La Dominique, Château Faugères... Aussi mythique soit-elle, la route des vins de Saint-Emilion, Pomerol et Fronsac est à la croisée de la tradition et la modernité.

Saint-Emilion.

© LISASTRACHAN - ISTOCKPHOTO.COM

Dans les rues de la citadelle de Blaye.

Entre-deux-Mers

Terre de vins, d'art et d'histoire, l'Entre-deux-Mers s'impose comme la plus vaste des régions viticoles du Bordelais (7 000 hectares). De toutes les couleurs, les vins de l'Entre-deux-Mers ne peuvent plus alors se résumer à ce petit vin blanc sec que l'on déguste traditionnellement avec une belle douzaine d'huîtres du bassin d'Arcachon et du Cap Ferret. L'Entre-deux-Mers est autrement plus surprenant ! Bordeaux Supérieur, Bordeaux Haut Benauge, Côtes de Bordeaux Saint-Macaire, Entre-deux-Mers, Loupiac, Bordeaux Clairet, Bordeaux Moelleux, Cadillac, Sainte-Croix du Mont, Cadillac Côtes de Bordeaux, Premières Côtes de Bordeaux, Crémant de Bordeaux...

Avec 17 Appellations d'Origine Contrôlées, la région est aussi et surtout la plus diversifiée. Et avec un patrimoine médiéval sans nul autre pareil, l'arrière-pays bordelais a beaucoup à offrir et plus particulièrement à tous les amoureux de la petite reine qui n'hésitent pas à suivre la piste Roger Lapébie entre vignes, forêts et bastides. Visite du patrimoine à bord d'une légendaire Citroën 2CV au Château de La Dauphine, dégustation estivale avec vue panoramique sur la vallée de la Garonne à la fraîcheur des grottes de Saint-Croix-du-Mont, wine-tour en Cadillac à Cadillac, visite chargée d'histoire au Château de Camarsac, spectacle son et lumière unique en son genre au Château Seguin, histoire de la vigne et visite des appartements d'Henri de Toulouse-Lautrec au Château Malromé, randonnée bucolique au Château de Ferrand, éveil des sens aux abords de la serre Gustave Eiffel dans le jardin des senteurs du Château de Reignac...

Perpétuant une tradition de plus de huit siècles, le marché hebdomadaire de Cadillac, le plus important du Sud Gironde, réunit les producteurs de la région. Voilà une belle occasion de découvrir les vins de l'Entre-deux-Mers et les bons produits du terroir.

Blaye et Bourg

Patrimoine de l'estuaire, les coteaux de Bourg-sur-Gironde et de Blaye composent un terroir viticole atypique et discret à l'image du Clos de l'Echauguette niché au sein du « bastion des Pères » de la Citadelle de Blaye. Planté à 100 % en merlot, ce petit vignoble de 15 ares labouré à cheval et conduit en agriculture biologique profite d'une situation exceptionnelle, surplombant l'estuaire face au Médoc. Accessible par un tunnel creusé sous le rempart de terre, le Clos de l'Echauguette est un lieu chargé d'histoire. En Blaye et Bourg, les rouges sont majoritairement marqués par le cépage merlot alors que les blancs sont plutôt issus du cépage sauvignon blanc. Vous pourrez découvrir les AOC Blaye Côtes de Bordeaux et Côtes de Bourg de deux manières : par le fleuve avec les croisières œnotouristiques permettant de visiter les îles Margaux, Nouvelle et Patiras, ou par la route de la Corniche Fleurie qui longe la Dordogne sur 12 km de Bourg-sur-Gironde à Villeneuve. Le Printemps des vins de Blaye est un rendez-vous incontournable au cœur de la Citadelle. Visites et dégustations, arrêt impromptu, week-end Portes Ouvertes des Appellations... Vous l'aurez compris, toutes les occasions sont bonnes pour sillonner l'une des 6 routes des Vins de Bordeaux.

GÉOGRAPHIE

L'estuaire de la Gironde, ses rives et ses îles, les dunes littorales et les forêts de pins maritimes bordant la côte Atlantique, les coteaux plantés de vignes dans l'arrière-pays, les landes marécageuses, la vallée de la Leyre répondant à l'appellation « Petite Amazone », l'incroyable lagune aux eaux turquoise du Bassin d'Arcachon, le grand calme des lacs intérieurs… D'une richesse exceptionnelle, la Gironde est un territoire aux multiples facettes à l'origine d'une belle diversité de milieux et d'habitats naturels. Le plus grand département de France abrite également une partie de la plus grande forêt d'Europe. Dans l'Entre-deux-Mers, les rondeurs de la terre finissent de longs aplombs qui offrent de beaux points de vue sur la rive gauche de la Garonne, notamment à Sainte-Croix-du-Mont. Avec sa géographie hors norme et ses paysages variés étendus à l'infini, la Gironde est une destination unique en France.

La Côte d'Argent

De l'estuaire de la Gironde aux portes de la Côte Basque, la Côte d'Argent ou Côte aquitaine s'étire sur 90 km en Gironde. Face à l'océan Atlantique, le littoral est aussi une voie de migration pour les oiseaux. Interrompu à l'entrée du Bassin d'Arcachon, le littoral girondin se caractérise par une succession infinie de larges plages de sable, d'un cordon dunaire plus ou moins épais, d'un ensemble de dunes fixées par la forêt et souvent, d'un lac isolé de l'océan. Soulac-sur-Mer, Vendays-Montalivet, Hourtin, Carcans, Lacanau, Le Porge, Lège-Cap-Ferret, Arcachon, Pyla-sur-Mer… En Gironde, les stations balnéaires de la Côte d'Argent ont tout pour plaire aux amateurs de surf et de farniente.

La Dune du Pilat

Particularité du littoral aquitain, la dune littorale s'inscrit dans le plus grand ensemble dunaire de la façade atlantique européenne. Culminant de 100 à 115 mètres de haut, la dune du Pilat s'illustre par ses dimensions exceptionnelles et son incroyable beauté. Constituée d'environ 60 millions de m3 de sable, la plus haute dune d'Europe se déplace de 1 à 5 mètres par an sous l'influence des vents et des marées.

Pour l'Agence de Développement Touristique Gironde Tourisme, c'est bien simple, la dune du Pilat est au Bassin d'Arcachon ce que la Tour Eiffel est à Paris. La Dune du Pilat est le site le plus visité du département.

DÉCOUVRIR

© DELPIXEL - SHUTTERSTOCK.COM

La dune et la plage de Lacanau.

© STANISLAV SIMONYAN - SHUTTERSTOCK.COM

La dune du Pilat.

L'estuaire de la Garonne

Phares, carrelets colorés, architecture militaire (Citadelle de Blaye, Fort-Médoc et Fort Pâté), châteaux et propriétés viticoles, sites archéologiques (port du Fâ et Villa gallo-romaine de Plassac), petits ports de pêche… Fruit de la rencontre de la Garonne avec la Dordogne au bec d'Ambès, l'estuaire de la Gironde est le plus vaste estuaire d'Europe. C'est aussi le plus préservé. Long de 75 kilomètres et large de 12 kilomètres à son embouchure sur une superficie de 635 km², ce réservoir de biodiversité ouvert sur l'océan Atlantique abrite de nombreuses îles, dont trois se visitent lors de croisières au départ de Bordeaux, Blaye, Bourg et Pauillac : l'île de Patiras, l'île Margaux et l'île Nouvelle. Avec sa forteresse de Vauban, aussi appelée Verrou de l'estuaire, Blaye est sa sentinelle. Au XIVe siècle, l'estuaire était la voie principale de transport du vin. Deux liaisons assurent le lien entre les rives de l'estuaire, de Blaye à Lamarque et de Royan au Verdon-sur-Mer.

© COWEZ ERIC - SHUTTERSTOCK.COM

Marina du lac Cazaux.

Les grands lacs

Joyaux de la côte Atlantique, les grands lacs s'ajoutent aux belles collections de destinations que la Gironde a à offrir. Parmi ces lacs se trouvent les deux plus grands lacs d'eau douce de France : le lac d'Hourtin-Carcans et le lac de Cazaux. Situé dans le Médoc, le lac d'Hourtin regorge de petits coins de paradis. Marais sauvages, dunes, forêt, sable blanc… Une partie du site est protégée par la réserve naturelle nationale des dunes et marais d'Hourtin. Relié par le Canal des Étangs, le lac de Lacanau se trouve à 6 km de la station balnéaire de Lacanau-Océan. Dans un écrin de pins maritimes, le lac de Lacanau dévoile de belles plages isolées. Le chenal du Porge permet de rejoindre le Bassin d'Arcachon. Avec ses plages de sable fin et ses criques sauvages, le lac de Cazaux, second plus grand lac d'eau douce de France, se trouve à 10 km au sud du Bassin d'Arcachon, à La Teste-de-Buch. Voile, kitesurf, planche à voile, plongée, ski nautique, stand up paddle, canoë-kayak… De nombreuses activités sont proposées sur les grands lacs de Gironde.

Le massif forestier

La Gironde est un département forestier de premier plan. Privées à 90 % et majoritairement constituées de résineux, les forêts occupent quasiment la moitié du département, voire les trois quarts du territoire. Au débouché du Bassin aquitain sur l'océan Atlantique, sur les départements des Landes, de Gironde et sur la pointe occidentale du Lot-et-Garonne, le massif forestier des Landes de Gascogne (1,4 million d'hectares) est le plus emblématique. C'est aussi la plus grande forêt artificielle d'Europe occidentale. Son histoire est étroitement liée à celle de l'homme qui dès le XVIIIe siècle cherchait à stopper la progression des dunes poussées par le vent et assainir le sol. Près de 90 000 ha de dunes furent ainsi boisés en pins maritimes. Aujourd'hui, ils couvrent 950 000 ha environ. Les forêts dunaires sont des forêts à fort attrait touristique. De l'amont à l'aval, la filière forêt-bois joue un rôle important pour l'économie et l'emploi en région Aquitaine, Limousin et Poitou-Charentes.

Le vignoble de Bordeaux

En Gironde, le climat océanique tempéré et la grande variété de sols favorisent la culture de la vigne. De référence mondiale, les terroirs du vignoble bordelais, premier vignoble AOC de France avec 65 appellations, appartiennent au bassin sédimentaire aquitain. Sable, graves, calcaire, argile, limon… Les principales formations géologiques composant le sous-sol du vignoble de Bordeaux remontent aux périodes du cénozoïque et du quaternaire. On distingue six régions viticoles : le Médoc, le Libournais, le Blayais-Bourgeais, les Graves, l'Entre-deux-Mers et le Sauternais. Représentant 90 % des terres de la rive gauche de la Garonne, la terre de Graves constituée d'argile, de glaise et de cailloux, abrite les plus grands noms de la planète viticole : Margaux, Saint-Estèphe, Saint-Julien, Pauillac, Pessac-Léognan… A découvrir sur les routes des vins.

Climat, températures et météo

La Gironde bénéficie d'un climat tempéré tout au long de l'année. Régulée par l'influence océanique, la température moyenne annuelle s'établit à 13,1 °C, avec 5 à 7 °C en hiver et 18 à 21 °C en été. Les mois les plus froids sont janvier et février. A la 21e position du classement des départements les plus ensoleillés de France, la Gironde enregistre plus de 2 200 heures de soleil, notamment sur le Bassin d'Arcachon et le littoral. L'été indien est particulièrement agréable. Aussi, il n'est pas rare de se baigner et de passer des soirées dehors jusqu'à la fin du mois d'octobre. Avec une baisse marquée en été, la Gironde est un département plutôt sec cumulant 924 mm de pluie par an. L'hiver, une nappe de brume tenace vient souvent couvrir la vallée de la Garonne alors qu'il peut faire grand soleil au Cap Ferret. Inversement dans des situations anticycloniques hivernales, la brume s'installe sur la façade atlantique. Magique !

Forêt au Cap Ferret.

Le vignoble de Targon.

NATURE

Par l'étendue et la variété de ses milieux naturels, le département de la Gironde possède une très grande richesse d'habitats et d'espèces. Nombreuses et variées, les zones humides concentrent une biodiversité remarquable. Sur une voie majeure de migration de l'avifaune, le territoire présente également une grande richesse ornithologique (nidification, migration, hivernage). Au total, ce sont près de 80 espaces naturels où il est possible d'observer la faune et la flore. Véritable réservoir de biodiversité, l'Estuaire de la Gironde est un lieu de reproduction, de nourricerie et/ou de repos pour de nombreuses espèces aquatiques et d'oiseaux migrateurs. Sentiers pédestres, itinéraires cyclables, randonnées équestres, descentes en canoë... N'hésitez pas à vous laisser guider par les guides naturalistes pour approcher les écosystèmes préservés et mesurer les enjeux de biodiversité. En Gironde, la nature vous en mettra plein la vue.

Les Parcs naturels régionaux

Sur les 54 Parcs naturels régionaux en France, la Gironde recense 2 des 5 Parcs naturels régionaux de Nouvelle-Aquitaine. Créé en 1970 sur 263 000 hectares autour des vallées de la Leyre, le **Parc naturel régional des Landes de Gascogne** (p.341) a pour mission la préservation et la mise en valeur des patrimoines naturels, culturels et paysagers. C'est un véritable paradis pour les amoureux de la nature. Il s'étend actuellement sur 41 communes, dont 20 en Gironde. La maison du parc se trouve à Belin-Béliet. Le Parc naturel régional des Landes de Gascogne est caractérisé par trois types de paysages : la forêt de pins pour 90 % du territoire, les paysages maritimes du bassin d'Arcachon et la vallée de la Leyre qui abrite un écosystème à part entière avec ses zones humides, ses forêts de feuillus et ses ripisylves aussi appelées forêts-galeries le long des cours d'eau. Propice à la présence d'une grande variété d'espèces, le delta de la Leyre, là où se rejoignent les eaux douces de la rivière et les eaux salées de l'océan, se trouve sur l'une des voies de migration les plus importantes d'Europe. Véritable terre d'oiseaux, ce sont près de trois cents espèces qui migrent ou nichent sur la **Réserve ornithologique du Teich** (p.188). Le delta de la Leyre se caractérise également par sa mosaïque de prés salés à découvrir le long du sentier du littoral et sur le Domaine de Certes et Graveyron. Vestiges de la lande originelle, nichées au cœur du massif forestier, les Lagunes du Gât Mort à Louchats, classé site naturel préservé, font partie des éléments forts du patrimoine naturel et humain des Landes de Gascogne. Bordé à l'est par l'Estuaire

© ISRAEL HERVAS BENGOCHEA - SHUTTERSTOCK.COM

La réserve ornithologique du Teich.

© COWEZ ERIC - SHUTTERSTOCK.COM

La réserve naturelle d'Hourtin.

de la Gironde, dont il fait partie intégrante, et à l'ouest par l'océan Atlantique, le Parc naturel régional Médoc s'étend de la métropole bordelaise à la pointe de Grave. Entre réserves naturelles, zones humides, marais, dunes, lacs, forêts… le Parc naturel régional Médoc (240 000 hectares), classé par décret du 24 mai 2019, est marqué par une diversité paysagère remarquable.

Les Réserves naturelles nationales

La Gironde abrite 6 des 21 Réserves naturelles nationales. Dans le Parc naturel régional Médoc, la Réserve naturelle des **Dunes et Marais d'Hourtin** (p.199) représente une superficie de 2 150 hectares. Terrain de jeu du vison d'Europe et de la loutre, la faune et la flore y sont diversifiées, avec 9 espèces protégées au niveau national. Accolée au cordon de dunes du littoral, la Réserve naturelle de l'Etang de Cousseau se trouve entre les grands lacs de Carcans-Hourtin et Lacanau. Au nord du bassin d'Arcachon, la Réserve naturelle des Prés salés d'Arès et de Lège-Cap-Ferret est une zone importante pour la migration, l'hivernage et la reproduction de nombreux oiseaux de zones humides. Les milans noirs, les hérons et les aigrettes sont visibles en toutes saisons. Marquant l'entrée du bassin d'Arcachon, la Réserve naturelle du **Banc d'Arguin** (p.170) s'étend face à la dune du Pilat. Cet îlot sableux océanique se déplace et varie au gré des vents et des courants marins. Avec une flore typique des milieux côtiers du Sud-Ouest, le Banc d'Arguin est un haut lieu de nidification d'oiseaux protégés. Dans les terres, à une vingtaine de kilomètres de Bordeaux, la Réserve naturelle géologique de Saucats et La Brède se caractérise par ses affleurements de sables coquilliers solidifiés. On y rencontre fréquemment le martin-pêcheur d'Europe et de nombreuses libellules. Parcourue par trois rivières, la Réserve naturelle des Marais de Bruges vise à protéger ce qui reste des Grands marais de Bordeaux-Bruges. Là encore, le site est placé sur un axe migratoire important, notamment pour la cigogne blanche.

Les milieux forestiers

La Nouvelle-Aquitaine est la première région forestière française. Près de 90 % des surfaces forestières sont détenus par des propriétaires privés. La Gironde se place au deuxième rang des départements français pour sa superficie boisée (4 800 km²). Avec un taux de boisement avoisinant les 50 %, la Gironde est aussi l'un des départements les plus boisés de France. La forêt de pins maritimes domine sur le territoire, notamment dans les landes girondines. Le plateau landais constitue en effet le plus grand massif forestier européen. Le plateau de l'Entre-Deux-Mers se distingue par son morcellement et son peuplement à dominante feuillue comme le chêne pédonculé. Les forêts dunaires, le long du littoral vers les villes comme Arcachon et Lacanau, restent des forêts à fort attrait touristique. Derrière la dune du Pilat, les forêts domaniales de Lège-et-Garonne au Cap Ferret et de La Teste-de-Buch ont reçu en 2018 le label Forêt d'exception ; une distinction unique en Nouvelle-Aquitaine. Au cœur du massif forestier des Landes de Gascogne, la Forêt d'Art contemporain a la particularité de mêler art et nature. En Gironde, les milieux forestiers offrent un véritable terrain de jeu pour les familles et les sportifs.

© PACK-SHOT - SHUTTERSTOCK.COM

Pins maritimes de la forêt des Landes.

Les Parcs naturels marins

Sur les 9 parcs existant en France métropolitaine et en outre-mer, la Gironde recense 2 Parcs naturels marins. De nombreuses espèces viennent y trouver refuge. Le Parc naturel marin de l'Estuaire de la Gironde et de la mer des Pertuis est l'un des plus vastes en métropole. Créé en 2015, il s'étend de l'embouchure du Payré en Vendée au bec d'Ambès sur l'estuaire de la Gironde en passant par la Charente-Maritime. La diversité des milieux explique une richesse biologique d'intérêt européen et mondial. Générant une forte production planctonique, les apports en eau douce et en nutriments des fleuves permettent de nourrir l'ensemble des écosystèmes marins et estuariens du Parc. Une fois n'est pas coutume, c'est une zone majeure pour les espèces migratrices d'oiseaux et de poissons. Par ailleurs, l'Estuaire de la Gironde est le seul estuaire de l'ouest européen à héberger l'ensemble des 11 espèces de poissons amphihalins de l'Atlantique, parmi lesquelles la dernière population naturelle d'esturgeon d'Europe. Situé plus au sud, le Parc naturel marin du bassin d'Arcachon possède un patrimoine naturel, paysager et culturel unique. Né de la rencontre du sable et de la houle océanique avec le delta de la Leyre, le Parc s'étend sur la totalité du bassin d'Arcachon et sur une partie de la façade atlantique entre Le Porge au nord et Biscarosse au sud. En ce sens, il présente un écosystème lagunaire et océanique très varié.

TOP 10

FAUNE

Traversée par le couloir principal de la migration de la grue cendrée, la Gironde est une terre d'observation des oiseaux. Marqueur du passage des saisons, la migration des oiseaux attire de nombreux curieux. Le littoral, la pointe de Grave et les zones humides (bassin d'Arcachon, étangs, marais d'arrière-dune, etc.) sont des sites d'hivernage majeurs.

L'HUÎTRIER PIE

Très bel oiseau. Ce robuste échassier fréquente essentiellement les bords de plage, les ports et les zones ostréicoles.

© PETER LLEWELLYN - ISTOCKPHOTO.COM

LA BARGE À QUEUE NOIRE

Un limicole des zones humides de la famille des scolopacidés. Très nombreux dans le département.

© HENK BOGAARD - SHUTTERSTOCK.COM

LA CIGOGNE BLANCHE

Nicheuse et hivernante, la cigogne blanche est très présente en Gironde et très appréciée du grand public.

© RAFA RUIZ FOTO - SHUTTERSTOCK.COM

LE MILAN NOIR

Observable dans plusieurs milieux, le milan noir appartient à la famille des accipitridés. En vol, sa queue forme un V.

© CHRISHEPBURN - ISTOCKPHOTO.COM

L'AVOCETTE ÉLÉGANTE

Superbe oiseau des marais littoraux. C'est la seule espèce de la famille des *Recurvirostridea* vivant en Europe.

© SIMONAS MINKEVICIUS - SHUTTERSTOCK.COM

LA GORGEBLEUE À MIROIR

Très apprécié des passionnés d'ornithologie, ce passereau niche dans les marais et les zones humides.

© NON15 - SHUTTERSTOCK.COM

LE PETIT GRAVELOT

Ce petit échassier est présent sur les bords de la Garonne et dans les milieux artificiels des zones urbaines.

© JMROCEK - ISTOCKPHOTO.COM

LA BERNACHE CRAVANT

Une espèce d'oie migratrice à observer l'hiver sur les côtes girondines, notamment au bassin d'Arcachon.

© AURELIENPHOTOS66 - ISTOCKPHOTO.COM

LE HÉRON POURPRÉ

Migrateur et nicheur, cet échassier au long bec pointu jaune est présent dans les marais estuariens.

© DANNY YE - SHUTTERSTOCK.COM

LA PIE-GRIÈCHE ÉCORCHEUR

La Pie-grièche écorcheur est l'un des plus jolis passereaux. Il affectionne les buissons épineux des bocages.

© STEPHANE ETIENNE - ISTOCKPHOTO.COM

HISTOIRE

Aux confins de la langue d'Oc, la Gironde, et plus largement l'Aquitaine, a toujours été l'objet de convoitise. Terre d'étape traversée par les chemins de Saint-Jacques-de-Compostelle, le territoire est à la croisée de l'Atlantique et la Méditerranée. La Gironde est véritablement une terre d'aubaine. Bordeaux ou Burdigala naît dans une civilisation où le vin fait déjà et fera toujours partie de l'Histoire tout comme son port. Figure historique emblématique de la Gironde au XIIe siècle, Aliénor d'Aquitaine va jouer un rôle central dans les relations entre les royaumes de France et d'Angleterre. Son second mariage avec Henri II a en effet bouleversé l'histoire du duché d'Aquitaine. Héritage de la guerre de Cent Ans, la Gironde conserve huit bastides dans l'Entre-deux-Mers et le Libournais : Blasimon, Cadillac, Créon, Libourne, Monségur, Pellegrue, Sainte-Foy-la-Grande et Sauveterre-de-Guyenne. Et que dire de l'héritage du siècle des Lumières…

700 000 À 10 000 AV. J.-C.

Paléolithique

Le sud-ouest de la France renferme de nombreux vestiges préhistoriques. En Gironde, Pair-Non-Pair, classée au titre des Monuments historiques, est l'une des plus remarquables grottes ornées du début du Paléolithique.

80 000 AV. J.-C.

La grotte de Pair-Non-Pair à Prignac-et-Marcamps raconte plus de 60 000 ans de présence humaine, à commencer par l'homme de Néandertal. Découverte en 1881 par l'archéologue François Daleau, elle est le seul site préhistorique visitable dans le département. Son bestiaire gravé présente des chevaux, des bouquetins, des cervidés, des mammouths, mais aussi des bovinés et une exceptionnelle figuration de mégacéros. Plus de 15 000 outils en os et silex ont été découverts. La plupart des vestiges sont exposés au musée d'Aquitaine à Bordeaux.

6 000 À 800 AV. J.-C.

Néolithique et Âge du bronze

C'est l'apparition de l'agriculture en Aquitaine. Le développement de la poterie pour la nourriture et l'élevage sont deux autres avancées considérables. Dans le Médoc, carrefour entre l'Ibérie et l'Armorique, les hommes fabriquent en série des haches à bords droits.

3 500 À 500 AV. J.-C.

Entre le IIIe et le Ier siècle avant Jésus-Christ, les peuples celtes se sédentarisent sur le territoire girondin. Les Bituriges Vivisques s'installent à Bordeaux, les Vasates dans le Bazadais et les Boïates dans le pays de Buch. Le commerce, l'agriculture, l'artisanat du fer et du bronze ainsi que la poterie font partie du quotidien des populations. Au carrefour des voies de communication entre l'Atlantique et la Méditerranée, le port de Bordeaux connaît une belle activité.

IER SIÈCLE AV. J.-C.

Burdigala

Fondée par les Bituriges Vivisques sous l'Empire romain, Burdigala est le nom latin de l'actuelle ville de Bordeaux. Place forte, elle va progressivement devenir la capitale de la province d'Aquitaine. De nombreuses voies romaines vont voir le jour.

56 AV. J.-C.

Guerre des Gaules
Burdigala se soumet à Rome.

27 AV. J.-C.

Création de la Gaule aquitaine par l'Empereur Auguste
Les Gallo-Romains ont laissé derrière eux de multiples traces en Gironde, notamment la villa gallo-romaine de Plassac, le Palais Galien à Bordeaux, le site de Brion en Médoc ou encore la villa de Loupiac. Sur le littoral, le plus ancien site fouillé se trouve à Andernos.

270 AV. J.-C.

A la suite des invasions germaniques, Tetricus, gouverneur de Burdigala, accède à la tête de la Gaule. Il se maintient au pouvoir jusqu'en 274, année qui marque le retour de la Gaule dans l'Empire romain.

406

L'Aquitaine seconde et la Novempopulanie sont envahies par les Wisigoths. En 507, Clovis, roi des Francs, attaque le royaume wisigoth.

675

Constitution du duché d'Aquitaine
Au XIe siècle, l'Aquitaine était l'un des duchés les plus importants de France.

1122-1204

Aliénor d'Aquitaine
Seule héritière du duché en 1137, Aliénor est placée sous la protection du roi de France Louis VI. Désireux de récupérer le duché, il marie Aliénor à son fils Louis VII. A sa mort, Aliénor devient reine de France. Le divorce d'Aliénor et son remariage en 1152 avec Henri Plantagenêt, comte d'Anjou et héritier du roi d'Angleterre, rattache l'Aquitaine à la Couronne d'Angleterre jusqu'en 1453, à l'issue de la guerre de Cent Ans.

17 JUILLET 1453

Bataille de Castillon
Le royaume de France récupère le duché d'Aquitaine.

1462

La création du Parlement de Bordeaux est la conséquence directe du retour de l'Aquitaine à la Couronne de France, à la fin de la guerre de Cent Ans. Bordeaux devient une ville parlementaire.

20 OCTOBRE 1587

Pendant les guerres de Religion, Henri de Navarre bat l'armée royale du duc Anne de Joyeuse à Coutras.

1686-1689

De la Renaissance girondine, il ne reste que quelques demeures comme les châteaux de Vayres, de Cadillac ou de Malle. En revanche, c'est à cette période que Vauban fait construire le Verrou de l'estuaire (la citadelle de Blaye, fort Pathé et fort Médoc).

XVIIIE SIÈCLE

Siècle des Lumières
Bordeaux vit son « âge d'or ».

1716 — Une lettre patente du Roi autorise le port de Bordeaux à pratiquer la traite négrière.

22 DÉCEMBRE 1789 — **Division de la France en département**
Regroupant en partie les anciennes provinces de Guyenne et Gascogne, le département de la Gironde, qui prendra son nom définitif le 26 février 1790, est constitué.

1789 - 1799 — **La Révolution française**
La Société des Amis de la Constitution, berceau du parti des Girondins, est créée le 16 avril 1790. Pierre Vergniaud y proclame la déchéance de Louis XVI le 10 août 1792. Dix jours plus tard, les Bordelais renversent la statue équestre de Louis XV sur l'actuelle place de la Bourse. Le monument aux Girondins, place des Quinconces, a été érigé à la mémoire des députés victimes de la Terreur.

XIXÈ SIÈCLE — Le XIXe siècle est, lui aussi, marqué par une période d'intense développement industriel. L'arrivée du chemin de fer va de pair avec la création des cités balnéaires d'Arcachon et de Soulac-sur-Mer. On construit d'importants équipements et plusieurs ouvrages d'art sont dessinés par Gustave Eiffel. La plupart des châteaux du Médoc voient le jour à cette époque.

1822 — Premier pont sur la Garonne à Bordeaux, le pont de pierre est ouvert à la circulation.

1855 — **Classification des vins de Bordeaux**
Cette référence est établie à la demande de l'empereur Napoléon III pour l'Exposition Universelle de Paris.

19 JUIN 1857 — Loi relative à l'assainissement et à la mise en culture des Landes de Gascogne visant à drainer les landes humides, notamment par boisement en pins maritimes.

1914-1918 — **Première Guerre mondiale**
Alors que les hommes sont engagés sur la ligne de front, les femmes assument les travaux des champs et de la vigne. En ville, elles travaillent dans les usines d'armement, de métallurgie, de poudrerie ainsi que dans les transports.

MARS 1930 — **La crue du siècle**
Les inondations de 1930 submergent le Sud-Gironde. A Cadillac et Barsac, les eaux du fleuve atteignent jusqu'à 12 mètres de haut. Un record !

1939-1945 — **Deuxième Guerre mondiale**
Après les épisodes de la Commune en 1870-1871 et du repli de septembre-décembre 1914, Bordeaux devient capitale de la France pour la troisième fois. Le 17 juin 1940, le maréchal Pétain, nommé à la présidence du Conseil, réclame un armistice à l'Allemagne tandis que le général de Gaulle s'envole de Bordeaux-Mérignac pour rejoindre l'Angleterre où il va constituer le gouvernement de la France Libre. Le 22 juin, la ligne de démarcation divise la région en deux zones. La Gironde est occupée le 28 juin.

13 MAI 1943

Transformée en centre d'art numérique – les Bassins de Lumière –, la base sous-marine de Bordeaux est l'une des cinq bases pour sous-marins construites par l'armée allemande sur la façade atlantique. Autre héritage de la Seconde Guerre mondiale sur nos plages : les blockhaus du Mur de l'Atlantique.

19 AU 25 AOÛT 1949

L'incendie de la forêt des Landes de 1949 consume 52 000 hectares et entraîne la mort de 82 personnes. Le 24 août est déclaré journée de Deuil national.

ANNÉES 60

La fin des années 1960 est marquée par une grande phase de transformation de la ville de Bordeaux. Symbole de modernité, le pont d'Aquitaine est inauguré le 6 mai 1967.

DÉCEMBRE 1999

Saint-Emilion

Le vignoble et les 8 villages de la Juridiction de Saint-Émilion sont inscrits au Patrimoine mondial de l'Humanité par l'UNESCO, au titre de « paysage culturel ». C'est une première mondiale.

La tempête du siècle

Dans la nuit du 27 au 28 décembre, l'ouragan Martin se déchaîne sur la France causant la mort de 27 victimes. Une grande partie du massif forestier de la Gironde est détruit.

JANVIER 2009

Dix ans après, la France et plus particulièrement neuf départements parmi lesquels la Gironde, sont durement frappés par la tempête Klaus. L'état de catastrophe naturelle est déclaré le 29 janvier.

1ER JANVIER 2016

Réforme territoriale

Née de la fusion des anciennes régions Aquitaine, Limousin et Poitou-Charentes, la Nouvelle-Aquitaine devient la plus vaste région de France. Bordeaux est la capitale régionale.

2 JUILLET 2017

Avec la mise en service de la Ligne à Grande Vitesse, Bordeaux est à 2h04 de Paris.

DE NOS JOURS

Préservé et valorisé, l'héritage historique de la Gironde inscrit ses lettres de noblesse à l'échelle du monde entier.

ARCHITECTURE

La Gironde présente un patrimoine monumental et paysager exceptionnel. Avec pas moins de 900 sites inscrits sur la liste du patrimoine mondial de l'UNESCO et 4 Monuments nationaux, le département compte parmi les plus importants de France en matière d'héritage historique. Porteuses d'histoires, reflets de l'Homme, les maisons de Gironde traduisent également la diversité et la richesse du territoire. De la traditionnelle échoppe en pierre de taille à la populaire (mais futuriste à sa création) Girolle en passant par l'élégante « soulacaise » avec sa façade de briques et ses menuiseries blanches, l'architecture des maisons de Gironde est aussi un fort marqueur d'époque. Témoin du temps qui passe, cette architecture se raconte à travers ses maisons du bord de l'océan jusqu'aux abords des villes. Pour vous en donner un bel aperçu, Le Petit Futé, avec l'aide du Conseil d'Architecture, d'Urbanisme et de l'Environnement de Gironde, vous convie à une visite guidée.

La célèbre échoppe bordelaise

Comme partout, la diversité typologique des maisons est principalement liée à leur histoire, l'agriculture et le niveau social des habitants. En Gironde, la « maison de maître », avec ses murs en pierres, sa façade ordonnée et sa toiture 2 ou 4 pans, porte aussi le nom de maison « Girondine ». A ne pas confondre avec l'échoppe ! Succédant à l'échoppe en bois des artisans et des commerçants à l'aube de la révolution industrielle, la traditionnelle échoppe bordelaise en pierre de taille devient alors un habitat social avec jardin, réservé à la population ouvrière. La pierre calcaire de Frontenac et Bourg a ainsi donné sa couleur blonde à Bordeaux. Au profit des façades de Tourny, les dernières échoppes verront le jour en 1939. Alignées les unes aux autres à fleur de rue, elles demeurent aujourd'hui un habitat de ville très couru.

Soulac, la Ville aux 500 villas

Celle que l'on finira par surnommer la « Ville aux 500 villas » devient à partir de la seconde moitié du XIXe siècle, une station balnéaire à la mode. A Soulac, le chantier de désensablement de la basilique Notre-Dame-de-la-fin-des-Terres, classée à l'UNESCO le 20 juillet 1891, va largement contribuer au développement de la ville à la façon d'une cité-jardin. La pierre calcaire étant rare en Médoc, la brique de production locale a été rapidement adoptée pour la construction de ces villas très ornementées, flanquées de pignons, galeries et vérandas. Typique de cette architecture de bord de mer, la « soulacaise » se décline dans les tons de blanc et rouge orangé, soutenus par le vert de la végétation.

Les perles du bassin d'Arcachon

Valeur paysagère incontestable du bassin d'Arcachon, pour la plupart inscrits à l'inventaire des sites classés, les villages ostréicoles avec leurs 500 cabanes en rangs serrés font l'histoire, le décor et le charme. Au XIXe siècle, pour éviter les pillages de leurs concessions situées au nord de l'Île aux Oiseaux, les ostréiculteurs, essentiellement originaires de Gujan-Mestras et de la

© ALEXANDER DEMYANENKO - SHUTTERSTOCK.COM

Villa à Soulac.

Teste, aménagent des cabanes ou s'installent dans de vieilles embarcations échouées. Ainsi, naissent les villages des Jacquets, du Canon, de Piraillan ou de l'Herbe au Cap Ferret. Alignées à 2 mètres les unes des autres, les cabanes ostréicoles sont traditionnellement construites avec le bois de la forêt usagère de la Teste.

Les arcachonnaises de le Ville d'hiver

Haut lieu de villégiature de la bourgeoisie de la IIIe République, Arcachon est d'abord une station de cure très prisée. Afin de rentabiliser l'arrivée de la ligne de chemin de fer en 1857, Émile Pereire, cousin du Docteur Pereira et proche de Napoléon III, lance le programme immobilier de la Ville d'hiver pour loger les malades, leurs familles et leurs domestiques. En charge du plan général, l'architecte Paul Regnault va s'entourer du jeune Gustave Eiffel. Protégée au titre des sites inscrits le 18 septembre 1985, la Ville d'Hiver est un véritable paradis d'architecture et de fantaisie. De style néo-classique, néo-gothique, mauresque ou inspirées du chalet suisse ou de la maison coloniale, les villas arcachonnaises des années 1870-1900 jouent plutôt la carte du monumentalisme. Plus ostentatoires les unes que les autres, leurs silhouettes se caractérisent par l'asymétrie et la verticalité.

Art nouveau ou Art déco ?

Mouvement artistique de la fin du XIXe siècle et du début du XXe siècle, s'appuyant sur l'esthétique des lignes courbes, l'Art nouveau s'est peu développé en Gironde. Inspiré du cubisme, en réaction à l'Art nouveau, le mouvement Art déco des années folles se manifeste davantage sur le décor des façades. A Bordeaux, les abords du parc Lescure constituent l'ensemble le plus homogène et le plus représentatif du style Art déco.

Le Corbusier en Gironde

Le 17 juillet 2016, l'œuvre architecturale de Charles-Edouard Jeanneret-Gris, dit Le Corbusier (1887-1965), a été inscrite par l'UNESCO sur la liste du patrimoine mondial au titre de « contribution exceptionnelle au mouvement Moderne ». La Gironde possède deux réalisations du célèbre architecte et urbaniste. Possédant une raffinerie de sucre à Bordeaux et une scierie à Lège Cap Ferret, l'industriel Henri Frugès commanda en 1923 à Le Corbusier, une cité ouvrière pour loger son personnel. Adoptant le plan libre et la fenêtre en longueur, deux fondements chers au cœur de l'architecte, Le Corbusier réalise à Lège, un ensemble de six maisons. La volumétrie simple, les murs blancs et les toits-terrasses concèdent à chaque bloc un aspect méditerranéen qui valut à la cité le nom de « quartier marocain ». Esquissé à Lège comme une cité-jardin, le programme des « Quartiers Modernes Frugès » à Pessac, est guidé par les principes de la construction industrielle. La Cité Frugès regroupe 51 maisons.

© TATJANA KABANOVA - SHUTTERSTOCK.COM

Cabanes à huîtres à Gujan-Mestras sur le bassin d'Arcachon.

La Girolle, résidence de vacances nature

Signature de l'équipe d'architectes bordelais Salier-Courtois-Lajus-Sadirac, la Girolle voit le jour au milieu des années 60 ; une époque qui marque le nouvel essor des résidences secondaires sur le littoral et le bassin d'Arcachon. En synergie avec la nature, cette maison préfabriquée en ossature bois fait le bonheur des commanditaires aux budgets modestes. Largement ouverte sur l'extérieur, celle qui a été conçue pour être une résidence secondaire va finir par pousser sur le territoire comme une résidence principale. Pointé du doigt pour ses défauts d'isolation en 1974 au moment de la première crise énergétique, le concept de la Girolle perdure aujourd'hui.

Le paysage landais en Gironde

La forêt des Landes (appelée Landes de Gascogne et autrefois Landes de Bordeaux) couvrant une partie du territoire, la maison rurale du Sud Gironde est appelée « maison landaise ». Typiquement landais, l'airial, – terrain couvert de pelouse et planté de quelques chênes ou pins parasols – conserve le témoignage d'une vie ancienne aujourd'hui disparue. Comme une clairière dans la forêt, l'airial est un petit domaine qui réunit un ensemble de constructions jadis utilisées pour l'activité agricole. De grande taille, la maison de maître profite du meilleur emplacement. Soutenue par un ou deux hauts poteaux, l'avancée de toiture en forme d'auvent est un des marqueurs de la maison landaise. On se laisse surprendre au fil des routes… Aussi par les « maisons antillaises » qui ont fleuri le long du littoral. Fantaisie décorative ou héritage du passé, elles témoigneraient de la colonisation des Landes au milieu du XIXe siècle et se caractérisent par des auvents soutenus par des piliers en fonte.

BORDEAUX AU SIÈCLE DES LUMIÈRES

LA TRANSFORMATION DE LA VILLE PAR LES GRANDS INTENDANTS

Considérée comme l'une des capitales européennes des Lumières, Bordeaux, premier port du Royaume, est une place commerciale de premier ordre qui attise les convoitises et les riches marchands. Pratiquant majoritairement le commerce de droiture, la ville exporte ses productions locales, notamment ses tonneaux de vin, et assure en 1789, le quart du commerce extérieur de la France. Parallèlement en Europe, l'économie esclavagiste est en plein essor. Bien que le Parlement de Bordeaux se soit prononcé contre l'esclavage en 1571, une lettre patente du Roi, en 1716, autorise le Port de la Lune et d'autres ports en France, à pratiquer la traite négrière. A Bordeaux, le commerce triangulaire des esclaves représentait 5 % des expéditions contre 42 % à Nantes.

L'âge d'Or de Bordeaux et du Port de la Lune

Les effets des croissances économique et démographique encouragent les grands intendants-urbanistes de l'époque à transformer la cité médiévale en cité digne d'une capitale dans l'esprit de la philosophie des Lumières. Claude Boucher (1720-1743) commande ainsi à l'architecte Ange-Jacques Gabriel, la création de la place Royale au centre de laquelle s'élevait la statue équestre du roi Louis XV. Par crainte qu'elle ne devienne un sujet de trouble, la statue fut descendue en 1792. Œuvre de l'architecte du tombeau de Napoléon à l'Hôtel National des Invalides, la fontaine des Trois Grâces qui trône désormais sur l'actuelle place de la Bourse date de 1869. Se reflétant dans le miroir d'eau de jour comme de nuit, la place de la Bourse est l'endroit le plus photographié de la ville. L'architecture de la place Royale dicta la ligne des façades des quais où s'alignent les hôtels particuliers des riches négociants. De son côté, Louis-Urbain Aubert, marquis de Tourny (1743-1757) commande également à l'architecte Gabriel la création du Jardin public. Afin de faciliter le commerce, l'intendant Tourny fait tomber les remparts de la ville et les portes médiévales. Il perce des rues, dessine la courbe des quais et trace de grandes avenues. Encore visibles aujourd'hui, les portes d'Aquitaine, de Bourgogne, Dijeaux et de la Monnaie ont été élevées pour délimiter les contours de la ville, mais surtout comme symboles d'élégance et de richesse. L'âge d'Or de Bordeaux voit aussi apparaître la place de la Comédie, la place du Parlement ou encore les allées Tourny. Inauguré le 7 avril 1780 avec une représentation de Jean Racine, le Grand Théâtre de Bordeaux, commandé par le maréchal de Richelieu, Gouverneur de la province de Guyenne, a été édifié par l'architecte Victor Louis. La salle de spectacle demeure l'une des plus belles réalisations de ce genre au monde pour le XVIIIe siècle. Ange-Jacques Gabriel et Victor Louis sont les deux grands architectes qui ont contribué à l'embellissement de la ville de Bordeaux et son ouverture sur le fleuve au XVIIIe siècle.

Du XVIIIe au XIXe siècle

Les guerres napoléoniennes n'épargnant pas Bordeaux, la fin du XVIIIe siècle sonne le glas du rôle politique de la ville. Sur ordre de Napoléon 1er, Nicolas Dupré de Saint-Maur, intendant de Guyenne, entreprend le démantèlement du château Trompette en 1818 au profit de l'aménagement de la place des Quinconces. Après la Révolution française et le Premier Empire, la Restauration (1814-1830) et plus largement toute la seconde moitié du XIXe siècle, furent pour Bordeaux une période de reprise économique, également empreinte d'un renouveau littéraire et artistique. L'industrie se développe, les infrastructures du port se modernisent… La ville poursuit son urbanisation vers l'ouest avec la construction des échoppes en pierre de taille. A cette même époque, Napoléon 1er ordonne la construction du pont de pierre (1810-1822), premier pont sur la Garonne, contribuant ainsi au développement de la rive droite.

L'héritage du siècle des Lumières

Exemplaire par l'unité de son expression urbanistique et architecturale, l'UNESCO a inscrit en 2007, Bordeaux et le Port de la Lune, sur la liste du patrimoine mondial au titre d'ensemble urbain d'exception. A l'échelle de l'Europe, Bordeaux constitue le plus vaste ensemble architectural du XVIIIe siècle. Depuis ses rues pavées, depuis ses quais ou depuis son fleuve, la pierre blonde de Bordeaux sculpte et modèle avec tant d'élégance cette architecture classique et néoclassique dont les plus beaux monuments s'affichent en carte postale. Héritage incontestable et incontesté du siècle des Lumières, la ville de Bordeaux attire chaque année de plus en plus de visiteurs. Porte d'entrée du vignoble bordelais, la ville est, toujours aujourd'hui, un passage obligé lors d'un séjour en Gironde.

TOP 10

MONUMENTS

GROTTE DE PAIR-NON-PAIR
Une des plus remarquables grottes ornées appartenant au Paléolithique supérieur ancien.

Avec 13 sites inscrits sur la liste du patrimoine mondial par l'UNESCO, 900 sites classés et inscrits, 4 monuments nationaux et 8 bastides, la Gironde profite d'un patrimoine d'exception. Le département recense 1 064 édifices comportant au moins une protection au titre des monuments historiques.

ABBAYE DE LA SAUVE-MAJEURE
Un chef-d'œuvre de l'art roman édifié entre les XIe et XIIIe siècles, célèbre pour ses chapiteaux.

© VICTORPALYCH - SHUTTERSTOCK.COM

CHÂTEAU ROYAL DE CAZENEUVE
Sur les bords des gorges du Ciron, le joyau des ducs d'Albret fut autrefois propriété du roi Henri IV et de la reine Margot.

© SPIRITPROD33 - SHUTTERSTOCK.COM

EGLISE MONOLITHE DE SAINT-EMILION
La plus vaste église souterraine d'Europe, creusée dans un flanc de colline au début du XIIe siècle.

© STEPHANE BIDOUZE - SHUTTERSTOCK.CO

CHAPELLE SAINTE-MARIE-DU-CAP
La chapelle de la Villa Algérienne se dresse au centre de la presqu'île du Cap Ferret, au lieu-dit l'Herbe.

© DARIYA92300 - SHUTTERSTOCK.COM

CHÂTEAU FORT DE ROQUETAILLADE
Derrière ses façades austères médiévales, c'est tout l'univers du grand architecte Viollet-le-Duc qui vous attend.

© CORENTIN - SHUTTERSTOCK.COM

PALAIS DE LA BOURSE
Édifié entre 1742 et 1749, le palais de la Bourse fait partie de l'ensemble architectural de l'ancienne place Royale à Bordeaux.

© LEONID ANDRONOV - SHUTTERSTOCK.COM

CHÂTEAU DUCAL DE CADILLAC
Construit sous Henri IV puis Louis XIII, ce château d'architecture à la française allie faste et caractère militaire.

© GRANTIBO - SHUTTERSTOCK.COM

CITADELLE DE BLAYE
Un complexe militaire de Vauban à quatre bastions qui culmine sur un promontoire rocheux au-dessus de l'estuaire de la Gironde.

© SYLV1ROB1 - SHUTTERSTOCK.COM

TOUR PEY BERLAND
Dissocié de la cathédrale Saint-André à Bordeaux, ce campanile a été construit au milieu du XVe siècle.

© JAYC75 - SHUTTERSTOCK.COM

BEAUX-ARTS

Les façades bordelaises du XVIIIe siècle, les peintures d'Odile Redon, Albert Marquet et André Lhote exposées au musée des Beaux-Arts de Bordeaux, la sculpture du Lion de Veilhan sur les rives de la Garonne, le monument à Léo Drouyn, les bibelots anciens dénichés chez les antiquaires, les décors urbains signés Jofo, les balades en forêt, les œuvres éphémères du M.U.R et les graffs du Mur de l'Atlantique… Témoignage du passé et reflet du présent, l'art s'invite partout sur le territoire dans les galeries, les monuments historiques, les friches urbaines, en pleine nature, en bord de plage ou encore dans les rues. Pôle artistique en devenir, le département de la Gironde à l'image de Bordeaux, est riche de collectifs d'artistes et de structures associatives engagés pour la création et la diffusion de l'art auprès de tous les publics. Week-end des galeries, week-end de l'art contemporain, saison street art, itinéraires des photographes voyageurs, Grand printemps des métiers d'Art… Vous avez rendez-vous avec l'art !

Peinture

Célèbre pour ses marines, Joseph Vernet (1714-1789) est un peintre, dessinateur et graveur français. En 1753, le roi de France, Louis XV, lui commande des tableaux des plus grands ports du royaume. En 1758, Joseph Vernet peint une huile sur toile représentant « Le Port de Bordeaux » depuis le quartier des Salinières. Les marines de Vernet sont de véritables témoignages de la vie dans les ports à cette époque. Illustrant la plus emblématique des ressources économiques de Bordeaux et de sa région, l'œuvre monumentale de Jean Dupas, *La vigne et le vin*, est l'une des quatre grandes toiles réalisées pour orner la tour de Bordeaux lors de l'exposition internationale des Arts décoratifs de Paris en 1925. Les trois autres toiles, *L'agriculture* de Jean Despujols, *La Forêt Landaise* de François-Maurice Roganeau et *Les Colonies* de Marius de Buzon sont exposées au Musée d'Aquitaine à Bordeaux.

Galeries d'art et lieux d'exposition

Bordeaux totalise douze musées dont six municipaux dédiés aux beaux-arts, à l'art contemporain, aux arts décoratifs et au design ou encore à l'histoire naturelle, l'archéologie… Ainsi, le musée d'Aquitaine présente l'histoire de Bordeaux et sa région de la préhistoire à aujourd'hui. Labellisé Centre d'Art Contemporain d'Intérêt National, le CAPC a la vocation de sensibiliser à l'art sous toutes ses formes. Le musée des Beaux-Arts réunit des œuvres essentielles du XVIe au XXe siècle. À Bordeaux, on pense encore au musée des Arts décoratifs et du Design, à la MÉCA – la Maison de l'économie créative et de la culture de la Région Nouvelle-Aquitaine –, aux Vivres de l'Art, à la Fabrique POLA ou encore à l'Institut culturel Bernard Magrez. Sans oublier les Bassins de Lumières qui se présentent comme le plus grand centre d'art numérique au monde. Le musée des Beaux-Arts de Libourne mérite également le détour. Et aussi toutes les petites galeries d'art où l'on peut découvrir ou redécouvrir le travail des artistes locaux.

Street Art

La tendance aurait-elle contaminé la Gironde ? Plus que jamais ! Hors les murs, car sur les murs (le plus souvent), A-MO, Selor, Alber, Charles Foussard, Monsieur Poulet ou encore Jean Rooble, Zarb, Lüle, Môka 187… font eux aussi partie du paysage artistique. Mais qu'il serait trop simple de résumer le street art à des lieux comme Darwin, le M.U.R ou les quartiers de Ravezies et Grand parc à Bordeaux. En réalité, le but du jeu est de vous laisser surprendre aux détours de vos déambulations. Alors soyez curieux et ouvrez bien grand vos yeux, car leurs fresques explorant des univers allant de l'abstrait à l'humoristique en passant par le wildstyle (ensemble de lettres entremêlées) sont aussi durables qu'éphémères. À coup sûr, les petits comme les grands ne manqueront pas de s'émerveiller. Voilà une façon très originale de partir à la découverte d'une ville.

Sculpture

Si « Sanna », la sculpture de Jaume Plensa pourrait prochainement quitter la place de la Comédie à Bordeaux, la plus célèbre des baleines semble avoir élu domicile au large de la plage centrale d'Arcachon. Traditionnellement immergée au début du printemps entre les jetées Thiers et Eyrac pour marquer l'ouverture de la saison estivale, cette queue de baleine offerte par l'artiste belge Emmanuel Janssens Casteels change de couleur chaque année. Des œuvres d'art monumentales, la Gironde n'en manque pas ! Née après le passage de la tempête Klaus qui a ravagé une grande partie du massif des Landes de Gascogne, la Forêt d'Art Contemporain a été

© FLORIANE_EMERY - STOCK.ADOBE.COM

L'espace Darwin est un espace culturel où l'on peut admirer de nombreuses oeuvres de street-art.

imaginée sous la forme d'un itinéraire régional. Depuis, et ce n'est pas fini, une vingtaine d'œuvres a poussé en Gironde et dans Les Landes. Chacune raconte le territoire.

« Un détail »

Né à Pessac en 1978, Benoît Maire a suivi un double cursus en art et en philosophie. Représenté par la galerie parisienne Cortex Athletico, c'est un artiste à la renommée internationale. L'histoire, la psychanalyse, mais aussi la mythologie et les mathématiques sont des sources fabuleuses d'inspiration pour cet ancien pensionnaire du Palais de Tokyo. Dans le cadre du « 1% artistique », l'œuvre « Un détail » a été sélectionnée puis installée sur le parvis extérieur de la MÉCA à Bordeaux. Réalisée par la fonderie artisanale des cyclopes à Mérignac, cette sculpture de plus de 3 mètres de haut représente une demi-tête d'Hermès. « Telle qu'elle est placée, la demi-tête semble être coupée par le bâtiment lui-même. [...] Ce miroir en bronze permet aussi de refléter l'extérieur et augmente les points de vue photogéniques de l'ensemble du site », explique l'artiste.

Zoom sur les refuges périurbains

Prouesses architecturales et artistiques, les refuges périurbains sont nés de l'imaginaire du collectif de création urbaine Bruit du frigo mené en collaboration avec l'association Zébra3 et Buy-Sellf. La station orbitale, neptunea, le hamac, les guetteurs, la belle étoile, le haut perché, le prisme, le nuage, le tronc creux, la vouivre et la nuit américaine sont installés aux quatre coins de la métropole bordelaise. Pour une nuit, les habitants et les visiteurs de passage sont invités à occuper gratuitement ces hébergements insolites. Unique en Gironde ! Le projet des Refuges a valu à l'association Bruit du frigo le prix 2016 de l'Innovation périurbaine dans la catégorie Vivre ensemble, cohésion sociale et culture.

Villes d'art et d'histoire

Inscrites dans une démarche de valorisation de l'architecture et de préservation des paysages, les villes de Bordeaux, en 2009, et La Réole, en 2013, ont été distinguées par le label « Ville d'art et d'histoire ». Attribué par le ministère de la Culture et de la Communication, ce label consacre les villes pourvues d'un riche héritage patrimonial. Dans le superbe écrin de la place de Bourse, le Centre d'interprétation de l'architecture et du patrimoine de Bordeaux, Bordeaux Patrimoine Mondial, vous permettra d'en apprendre davantage sur l'histoire de celle que l'on surnommait jadis « la Belle Endormie ». Et on profite des Balades urbaines pour découvrir la ville. Dans l'Entre-deux-Mers, La Réole est la plus petite « Ville d'art et d'histoire » de France. Véritable forteresse surplombant la Garonne, la « ville aux 9 festivals » vous embarque pour un voyage dans le temps à travers les ruelles étroites et sinueuses de sa vieille ville.

MUSIQUES ET SCÈNES

À l'image de Bordeaux où tous les genres musicaux sont représentés, la Gironde est un vaste territoire culturel qui profite d'une attractivité grandissante. Toute l'année, et encore plus en période estivale, les 200 lieux culturels permanents s'animent à la ferveur des pouvoirs publics, des professionnels du spectacle, mais aussi des publics de tout âge. De cette foisonnante effervescence culturelle, la métropole bordelaise se place en tête des festivités. Avec plus de 300 manifestations par an, la capitale girondine s'impose ainsi au deuxième rang des grandes villes artistiques de France dans le classement du *Journal des Arts* (2013) et comme seconde capitale française de la BD. De belles et grandes scènes fleurissent en Gironde à l'exemple de l'Arkéa Arena. La Gironde se démarque encore par ses festivals de cinéma et par le plus grand spectacle vivant de Nouvelle-Aquitaine : La Bataille de Castillon.

Les scènes nationales

Parmi les scènes de la Gironde, 6 portent le label « scène nationale » et constituent le premier réseau de production et de diffusion du spectacle vivant sur le territoire. Les scènes nationales reflètent ainsi les principaux courants de la création actuelle française et internationale. Bordeaux accueille 4 scènes nationales : l'Opéra National de Bordeaux avec L'Orchestre National de Bordeaux-Aquitaine et l'ONBA, le TnBA (Théâtre national de Bordeaux Aquitaine), le Glob Théâtre et la Manufacture CDCN (un des 13 Centres de Développement Chorégraphique National). Proposant une programmation aussi prestigieuse qu'éclectique, les 118 musiciens, 37 choristes et 40 danseurs de ballet de l'Opéra National de Bordeaux se produisent soit dans l'une des plus belles salles de spectacle du XVIIIe siècle au monde, au Grand-Théâtre, soit à l'Auditorium. Issue du mariage du Carré à Saint-Médard et des Colonnes à Blanquefort, la scène nationale Carré-Colonnes propose 300 représentations et accueille 100 000 spectateurs chaque année. Parallèlement, elle organise 2 festivals : Échappée Belle en juin et le FAB (Festival International des Arts de Bordeaux Métropole) en octobre. À Gradignan, le Théâtre des Quatre Saisons ou T4S porte une attention particulière à la création internationale.

© SAIKO3P - ISTOCKPHOTO.COM

L'Opéra national de Bordeaux.

Théâtre, opéra, danse et cirque

Rencontrer, découvrir, partager... L'accessibilité et la transmission des pratiques artistiques culturelles sont deux axes forts en Gironde. Pour une soirée à deux, en famille ou entre amis, vous seriez plutôt du genre à vibrer à la ferveur d'un match d'improvisation théâtrale ou voir une comédie dramatique ? Plutôt ballet d'opéra ou danse contemporaine ? Et les arts du cirque ? Si Paris s'impose comme l'une des plus prestigieuses villes d'art et de culture au monde, la Gironde n'a pas à rougir de son offre artistique tant sa diversité est à souligner. Première danseuse de l'Opéra National de Bordeaux, Vanessa Feuillatte est l'une des étoiles montantes de la danse en Gironde. À la tête de trois théâtres bordelais, Xavier Viton s'impose comme une figure du café-théâtre et de la comédie et Loïc Rojuan pour le Théâtre des Beaux-Arts a su imposer sa voix… Et il y a encore tant d'autres talents à découvrir dans l'intimité d'une petite salle ou sur les planches d'une grande scène.

Musique et concerts

Le Rocher de Palmer, la Krakatao, l'IBoat (associé au bateau parisien le Batofar), le Pin Galant… De la musique traditionnelle à l'électro en passant par le reggae, la Gironde vibre au rythme des accords. Organisé par la Rock School Barbey à Bordeaux, le Tremplin des 2 Rives est encore l'un des meilleurs rendez-vous musicaux pour découvrir les artistes de la nouvelle scène bordelaise. Offrant une salle de concert digne de ce nom à Bordeaux, le vaisseau amiral de l'Arkéa Arena ouvre la « voix » aux tournées d'artistes nationaux et internationaux tels que Depeche Mode pour l'inauguration le 24 janvier 2018, Sting, Guns'n'Roses ou encore Shakira. Avec plus de 480 000 spectateurs accueillis en 2019, l'Arkéa Arena est, pour la deuxième année consécutive, la première salle de spectacle de France (hors Paris) en termes de fréquentation. À venir : Alicia Keys, Zucchero, Eddy De Pretto, The Avener, Grand Corps Malade… Sans oublier les grands humoristes parmi lesquels Inès Reg, Muriel Robin ou encore Bun Haye Mean, le chinois marrant de Libourne et le fier représentant du Sud-Ouest, Maxime Gasteuil. Avec sa plus grande fosse d'orchestre d'Europe, l'Auditorium, pour les concerts de musique classique, vous offrira des sensations acoustiques exceptionnelles.

Manifestations culturelles et festivals

Fest'Arts, Jazz en liberté, Reggae Sun Ska Festival (le plus grand festival reggae de France), le Festival International du Film Indépendant de Bordeaux (FIFIB), Les Tropicales, le Festival ODP, les 24 heures du swing, Les Toiles Filantes, Chahuts, Ouvre la voix, Les arts mêlés, Les riches heures de La Réole, le Festival international des arts, 33/600 comedy, les Vibrations Urbaines, les Nuits atypiques, Dansons sur les quais… La Gironde ne manque pas de grands événements. Avec plus de 500 événements, dont plus de la moitié sont gratuits, les Scènes d'Été en Gironde et l'Été métropolitain qui investit en itinérance des lieux remarquables et singuliers dans toute la métropole bordelaise, sont les deux temps forts de la saison estivale en Gironde. Au programme : musiques, danse, arts de la rue, théâtre, opéra, arts plastiques, etc. En juillet et août, l'exceptionnelle reconstitution historique de la bataille de Castillon met en son et lumière près de 600 bénévoles dont 450 comédiens et plus de 50 cavaliers. Un show grandiose à ne surtout pas manquer !

Le cinéma

Savez-vous que de nombreuses scènes ont été tournées en Gironde ? À Bordeaux : *Le Corniau*, *Les Misérables* de Robert Hossein, *La Reine Margot* de Patrice Chéreau avec Isabelle Adjani, Daniel Auteuil et Jean-Hugues Anglade, *A la folie… pas du tout* de Laetitia Colombani, *Se Souvenir des belles choses* de Zabou Breitman avec Bernard Campan et Isabelle Carré, *Les Fugitifs* de Francis Veber avec Gérard Depardieu, *Balzac* de Josée Dayan avec Jeanne Moreau, le *Grand Soir* de Benoît Delépine et Gustave Kervern… Et aussi : *La Fleur du mal* de Claude Chabrol à Arcachon et Cadillac, *Merci la vie* de Bertrand Blier à Lacanau, *Le Pacte des loups* au Château de Roquetaillade à Mazères, *J'ai épousé une ombre* à Pauillac, *Mauvaise passe* de Michel Blanc à Saint-Emilion, *Le salon de musique* au château Cos d'Estournel à Saint-Estèphe, *La bicyclette bleue* de Thierry Binisti, *A ce soir* à Uzeste, *Grand Appartement* avec Pierre Arditi et Laëtitia Casta au Mimbeau à Lège-Cap-Ferret, *Thérèse Desqueyroux*… Sans oublier, *Les Petits Mouchoirs* et *Nous finirons ensemble* de Guillaume Canet qui met à l'écran François Cluzet, Marion Cotillard, Benoît Magimel, Gilles Lellouche, Valérie Bonneton, Pascale Arbillot, Laurent Lafitte et Joël Dupuch le plus célèbre des ostréiculteurs du Cap-Ferret. Les films *Camping* avec l'humoriste Franck Dubosc et *Maman ou papa* avec Marina Foïs et Laurent Laffite ont également été tournés sur le bassin d'Arcachon. Du côté des séries télévisées, il faut citer *Section de Recherche* et *Famille d'accueil*. Voilà qui fait de La Gironde, la troisième région de tournage de longs métrages et fictions télévisées en France.

LITTÉRATURE

Dans l'histoire de la littérature française, singuliers sont les territoires qui peuvent s'enorgueillir d'avoir été le théâtre de la vie de très grands hommes. Issus de courants littéraires et historiques majeurs, les célèbres trois « M » de Bordeaux ont laissé des traces de leur passage en Gironde. Figures emblématiques du patrimoine intellectuel bordelais, Michel Eyquem de Montaigne (1533-1592), Charles-Louis de Secondat dit baron de Montesquieu (1689-1755) et François Mauriac (1885-1970) ont donné leur nom à des rues, des lycées, une université autour des formations et de la recherche en arts, langues, lettres, sciences humaines et sociales, mais aussi à des maisons d'écrivain, des centres culturels et littéraires. Territoire des hommes de lettres, laissez-vous entraîner à la mémoire de ces Illustres dont les œuvres et les engagements ont marqué l'histoire politique, sociale et culturelle de la France.

Dans l'ombre de Michel de Montaigne

Né le 28 février 1533 au château de Montaigne en Périgord, Michel Eyquem de Montaigne est issu d'une famille de négociants bordelais. Reconnu pour ses Essais et son rôle de magistrat au Parlement de Bordeaux où il a siégé pendant quinze ans, Michel de Montaigne est une des principales figures de l'Humanisme en France. Sans cesse cités, sans cesse interrogés, les pensées, les réflexions et les écrits de Michel de Montaigne ont un caractère universel, défendant un idéal humaniste de la Renaissance. « Qui se connaît, connaît aussi les autres, car chaque homme porte la forme entière de l'humaine condition ». Montaigne a toujours prôné le dialogue comme antidote à la violence et la réflexion comme préalable à l'action. A partir de 1558, Montaigne se lie d'une profonde amitié avec l'humaniste et poète Etienne de La Boétie, auteur du *Discours de la servitude volontaire*. Très affecté par sa disparition à l'âge de 32 ans, Montaigne lui rend un hommage posthume dans ses Essais ; « Parce que c'était lui, parce que c'était moi ». A Bordeaux, aux numéros 23-25 de la rue de la Rousselle et au numéro 20 de la rue des Ayres, vous pourrez voir la demeure familiale de ses parents et son logement de fonction durant ses mandats de maire, à la fin du XVIe siècle. Attribué aux sculpteurs bordelais Prieur et Guillermain, vers 1593, le musée d'Aquitaine conserve le cénotaphe de Michel de Montaigne. Il y est représenté en gisant, vêtu d'une armure sur le modèle médiéval. A la Bibliothèque Mériadeck, vous aurez surtout l'inestimable opportunité de consulter l'édition numérique intégrale de l'exemplaire « de Bordeaux » des Essais (1588), annotée de la main de l'auteur.

Montaigne.

Sur les terres de Montesquieu

Auteur des *Lettres persanes* et de *L'esprit des lois*, œuvre qui assurera son renom dans le monde entier, Charles Louis de Secondat, baron de La Brède et de Montesquieu est une figure incontournable du siècle des Lumières et un précurseur des sciences politiques modernes. Conseiller au Parlement de Bordeaux, il s'est très vite imposé comme un membre très influent. Ce philosophe des Lumières est né au château de La Brède en Sud Gironde. Labellisé « Maison des Illustres » par le ministère de la Culture, le Château de La Brède a été édifié à partir du XIIIe siècle sur les ruines d'une construction plus ancienne. Remaniée à la Renaissance, mais conservant son caractère de forteresse, sa forme polygonale se reflète dans l'eau des larges douves qui l'entourent. Fidèle à ses racines, Montesquieu y séjournait régulièrement. « Je me fais une fête de vous mener à ma campagne de La Brède [...] », Montesquieu à l'abbé Guasco, le 3 juillet 1744.

Wit
Bien plus que des hits
Le son HD
dab+
Wit FM, c'est encore mieux avec un poste dab+*
* Radio numérique terrestre
fm
dab+
witfm.fr
© iStock - WIT FM SAS au capital de 8 640€ - Cité Numérique Bâtiment B Hall 4A
2 rue Marc Sangnier 33130 BÈGLES RCS Bordeaux 344 425 434.

© NBNSERGE - SHUTTERSTOCK.COM

Le château de la Brède, lieu de naissance de Montesquieu.

Transmis à ses descendants, le château et son domaine, classés au titre des Monuments historiques, ont gardé l'esprit de Montesquieu et le souvenir d'une histoire de huit siècles. « [...] le château de La Brède, que j'ai si fort embelli depuis que vous ne l'avez vu, c'est le plus beau lieu champêtre que je connaisse [...] », Montesquieu à l'abbé Guasco, le 16 mars 1752. Un passage obligé pour tous les amoureux d'Histoire et de Littérature ! A Bordeaux, quatre sculptures et des plaques indiquent également certains de ses lieux de résidence, notamment là où se trouve la très célèbre librairie Mollat.

Dans les pas de François Mauriac

Le Sud Gironde fut encore la terre d'accueil du romancier, poète, dramaturge essayiste et journaliste François Mauriac. Ce fils de Bordeaux né au 86 rue du Pas-Saint-Georges, prix Nobel de littérature en 1952 et membre de l'Académie française pendant presque quarante ans, est peut-être l'un des plus grands romanciers français du XXe siècle. Passé maître dans l'art de décrire les passions qui tourmentent les hommes, l'auteur de *Thérèse Desqueyroux*, sa plus grande héroïne, trouve l'inspiration à Saint-Maixant au Domaine de Malagar, dans l'une de ses demeures familiales. Transformé depuis vingt ans en Centre François-Mauriac, le Domaine de Malagar perpétue la mémoire de ce grand écrivain. La visite guidée du rez-de-chaussée de la demeure girondine telle qu'il l'a connue dévoile l'univers de l'auteur. Labellisé « Maison des Illustres », Malagar propose une programmation culturelle pour tous les publics, ainsi que des balades littéraires et la découverte de son parc classé entouré de vignes. Comme Toulouse Lautrec, François Mauriac apprécie la cuisine délicate du Chapon Fin. Située à Bordeaux, au 5 rue Montesquieu, cette grande table est l'un des premiers restaurants gastronomiques triplement étoilés de l'histoire.

Lecture et vie littéraire

La Gironde est riche d'acteurs dans le domaine de la création et de la promotion éditoriale : auteurs de fictions, de documentaires, de bande dessinée, d'œuvres réflexives, pour la jeunesse, pour les adultes, mais aussi d'éditeurs dans de nombreux domaines et de librairies. Sans oublier les manifestations thématiques autour du livre comme L'Escale du livre (Bordeaux), Lire en poche (Gradignan), Livres en Citadelle (Blaye), le Festival Thrillers (Gujan-Mestras) et bien d'autres rendez-vous encore. Marquée par son passé littéraire, la Gironde s'écrit et se raconte depuis toujours en mots et en images. L'Estuaire de la Gironde est notamment le sujet de nombreux textes et ouvrages. « Nous apercevons tout à coup, sur la gauche de la rivière, huit à dix belles maisons à trois étages qui ont l'air d'opulentes maisons de campagne : c'est Pauillac. [...] Pauillac serait-il tout à fait nouveau ? On dirait que les trois quarts de la ville n'ont pas trente ans », Stendhal. Ainsi, la littérature est-elle aussi une façon de voyager...

La boite à lire pour découvrir la Gironde

Afin d'aborder les différents aspects du département, nous vous invitons à découvrir un échantillon d'ouvrages. « Les petites comédies de l'eau, Gironde : chantiers d'écritures nomades en estuaire », aux éditions Script, vous embarqueront dans six pièces courtes du côté de l'estuaire. Côté humour, « le petit dictionnaire absurde et impertinent de Bordeaux et de la Gironde » par Jean-Pierre Gauffre est à retrouver aux éditions Féret. Enfin, plus insolite « Les historiettes » par Bast et Matyo aux éditions Sangam, dans lesquelles les auteurs vous inviteront à visiter la belle endormie à leur façon.

QUE RAPPORTER ?

Magnets, porte-clés, stylos, cartes postales, affiches régionalistes, tee-shirts et sweat-shirts « Gavé », mugs, tabliers et torchons, savons, parfums d'intérieur et bougies… A Bordeaux, dans le Médoc, en Haute-Gironde, dans le Libournais, en Entre-deux-Mers, en Sud Gironde ou au Bassin d'Arcachon, les boutiques de souvenirs ne manquent pas. On y trouve les grands classiques et aussi tout un tas de produits d'épicerie fine faisant la part belle aux spécialités culinaires de la Région. Sans oublier les bières locales, les spiritueux et autres apéritifs. En cherchant bien, mais sans grande difficulté, on peut aussi dénicher du « made in Gironde » qui ne se mange pas. Pour sûr, vous repartirez au moins avec une bouteille de vin dont vous aurez apprécié la dégustation. Et si on jouait aussi la carte de l'original et l'insolite ? Tour d'horizon des produits dérivés de la vigne et du vin à rapporter dans ses valises.

Accessoires vin, œnologie & verrerie

On dit que le plaisir d'un bon vin commence dès l'ouverture de sa bouteille. Coupe-capsules, tire-bouchons du plus classique ou plus high tech, thermomètres à vin, aérateurs et carafes à décanter… Et les verres ! Saviez-vous que la forme d'un verre influence la perception du goût et des arômes d'un vin ? Servir un vin, c'est tout un art ! Becs verseurs, stop-gouttes et colliers de Bacchus, seaux à vin et rafraîchisseurs, marqueurs de verre… Il y a aussi toute une gamme d'accessoires permettant de conserver une bouteille ouverte : bouchons et taquets de bouteille, pompes à vide… Idéal pour les dégustations, le Coravin est l'accessoire ultime pour prélever le vin sans déboucher de bouteille.

Sucré & salé

Qui dit Gironde, dit canelés. Liés à l'histoire viticole de la région, on les aime bien aromatisés et croustillants. Hélas, ils ont tendance à ne pas trop supporter le voyage. Pour le clin d'œil, pourquoi ne pas rapporter son fameux moule en cuivre ? Le canelé se décline aussi en forme de sucre pour le café. A l'inverse, les bouchons bordelais se conservent très bien. Vous êtes plutôt chocolat ? Inspirés de l'univers de la vigne, les Sarments du Médoc sont très appréciés car fins et craquants, avec des notes subtiles et variées. Si vous aimez les associations raisin et chocolat, on craque pour les Perles du Médoc et/ou les Raisins au Sauternes, appelés encore les Raisins Dorés. Les Grands Crus, nos plus grands chocolatiers en Gironde aiment les associer à leurs Chocolats Grands Crus. Essayez-vous aux ateliers de dégustation « accords vins et chocolats » ! Autour du vin, vous pourrez encore rapporter des confitures aromatisées, des confits de vin, des gelées, des infusions et du thé, des vinaigres, des moutardes... Sans oublier le Sel de Vin ou Sel de Château ; un sel gastronomique dont l'origine remonte au début du XXe siècle.

Mode, beauté & bien-être

Le cuir de raisin, vous connaissez ? Véritable alternative végétale au cuir animal, le cuir de raisin se développe peu à peu en maroquinerie et prêt-à-porter. A Bordeaux, Laure Babin fabrique des baskets à partir des déchets de la production vinicole et de matériaux recyclés comme les bouchons en liège. Sacs à main, porte-monnaie, casquettes, ceintures… Clin d'œil à la viticulture, les accessoires en liège se déclinent quasiment à l'infini. Mariage subtil entre la beauté de la joaillerie et les innombrables reflets des plus grands vins et spiritueux, la maison ARVIN imagine quant à elle des créations uniques aux lignes contemporaines et élégantes. Et Caudalie ? Née au cœur du Château Smith Haut Lafitte à Martillac, la marque, précurseur dans le domaine de la vinothérapie, s'appuie sur les bienfaits antioxydants des pépins de raisin. Crèmes pour les mains, laits hydratants, sérums… De quoi faire plaisir et se faire plaisir !

© NATALIA VAN DONINCK - ISTOCKPHOTO.COM

Moules à canelés en cuivre.

DÉCOUVRIR

SPORTS ET LOISIRS

Des initiations aux pratiques sportives plus intenses, la Gironde s'impose comme l'un des départements les plus sportifs de France. Étendues sur plus d'un million d'hectares avec un patrimoine naturel exceptionnel, les terres girondines offrent une multitude d'activités de plein air. Aux côtés des itinéraires de randonnée et des sites naturels préservés, les sites aménagés comme les deux domaines de loisirs d'Hostens et Blasimon sont souvent le terrain de jeu des grands événements sportifs. Jumping international de Bordeaux, Hostens Trails, Blasimon Crazy Race, Marathon du Médoc, la foulée béglaise, les 10 km de Saint-Médard-en-Jalles, la Ruée des fadas, Bordeaux Cata Raid, Hostens Swinrun… Les amoureux de sport de plein air trouveront à coup sûr tout un tas d'activités à pratiquer tout au long de l'année, et particulièrement en saison estivale. Canoë, surf, parcours accrobranche, golf, équitation, vélo, skateboard… Faites-vous plaisir en Gironde !

L'impossible match football-rugby

La Gironde est un pays à la croisée des influences culturelles sportives. Ainsi, le Football Club des Girondins de Bordeaux, fondé en 1881, tient une grande place dans le cœur des habitants. Depuis le 18 mai 2015, avec 42 115 places, le stade Matmut Atlantique ou Stade de Bordeaux est le nouveau terrain de jeu des Girondins. En plus des matchs réguliers des Girondins de Bordeaux et des compétitions d'envergure internationale comme l'Euro 2016, le stade Matmut Atlantique accueille occasionnellement les matchs de l'Union Bordeaux-Bègles.

Le rugby est bien évidemment l'autre poids lourd du département. Et l'intérêt du public pour l'UBB ne date pas d'hier. Fondée en 1907, l'équipe de Bègles-Bordeaux, ancien champion de France 1991, reste le meilleur espoir de titre de l'ovalie départementale. Saison après saison depuis 2011 et sa montée en Top 14, l'UBB se qualifie, pour la première fois de son histoire, en European Rugby Champions Cup pour la saison 2015-2016.

Dans l'eau ou sur l'eau ?

Canoë, stand up paddle, surf, kitesurf, voile, ski nautique, wake board, pêche, baignade… Avec

DÉCOUVRIR

© PHILIPPE DEVANNE - SHUTTERSTOCK.COM

Survol de la Dune du Pilat en parapente.

ses plages océanes, le bassin et ses grands lacs, la Gironde est le terrain de jeu idéal pour les sportifs, les familles en quête d'activités et les amateurs de farniente. Importé d'Hawaï en 1975 par quelques précurseurs basques, landais et girondins, le surf est particulièrement à l'honneur sur la côte girondine. Couleur locale, la discipline est accessible à tous dès 6 ans. Chaque année au mois d'août, la ville de Lacanau accueille d'ailleurs le Lacanau-Pro qui est une étape du championnat du monde de surf. Le canoë-kayak est également une activité qui a le vent en poupe. Seul, en famille, y compris avec des enfants, ou entre amis, vous pourrez partir à la découvrir des rives sauvages du lac d'Hourtin et de Carcans ou naviguer sur la Leyre. Aussi appelée « la Petite Amazone », la Leyre est une rivière sauvage qui se jette dans le bassin d'Arcachon. Dépaysement garanti en osmose avec la nature !

Le tourisme fluvial

À 100 km de l'océan, le tourisme fluvial sur la Garonne est en plein essor. Quel spectacle incroyable que de voir accoster les paquebots de croisière maritime en plein cœur de Bordeaux ! À la belle saison, le Port de la lune voit en effet débarquer un flot important de touristes qui rejoignent en quelques minutes à pied le centre historique de la ville. De leur côté, les compagnies de croisières fluviales vous proposent de faire escale à Pauillac, Blaye, Libourne ou Cadillac lors de séjours itinérants.Pour un jour ou une heure, on se laisse encore bien volontiers tenter par une excursion sur le fleuve. Avec ou sans restauration, c'est l'occasion d'admirer les façades bordelaises classées au patrimoine mondial de l'UNESCO, de découvrir l'estuaire et ses îles. Au départ de Bordeaux, Blaye ou Cussac, vous pourrez ainsi mettre le cap sur l'île Nouvelle, un site majeur pour les oiseaux. L'île de Patiras est également accessible depuis Pauillac. Notez que les visites et les animations sont gratuites, seul le transport assuré par les bateliers privés est payant. Le Petit Futé a un petit faible pour les guinguettes et les restaurants dont les terrasses bordent le fleuve. Et vous ?

Balade à vélo, cyclotourisme et VTT

Vélodyssée©, Scandibétique©, Canal des Deux Mers©... Traversée par trois grands itinéraires vélo et plus de 700 km de pistes cyclables, la Gironde est un territoire cyclable facile à apprivoiser. Dans l'Entre-deux-Mers, la bastide de Créon a même été la première Station Vélo de France. On fait même du vélo sur l'eau dans le Libournais.Avec 90 % de son parcours en site propre, le Tour de Gironde à Vélo est une boucle cyclable de 480 km. Reprenant une partie des tracés de la Vélodyssée© et du Canal des Deux Mers©, le Tour de Gironde à Vélo permet de découvrir, par étapes et à votre rythme, pas moins de 10 sites patrimoniaux incontournables. Une immersion en terre girondine qui sent bon les parfums de résine, les arômes des vins et les effluves iodés. Et après 11 ans d'absence, le Tour de France 2021 passera par la Gironde le vendredi 16 juillet avec l'arrivée à Libourne de la 19e étape. Le lendemain, les cyclistes s'élanceront pour un ultime contre-la-montre au départ de Saint-Emilion.

À pied ou à cheval

Avec plus de 4 000 kilomètres d'itinéraires pédestres, dont 230 kilomètres de sentiers balisés, vous avez de quoi faire de belles randonnées en Gironde ! Les GR® et GR de Pays pourront vous permettre, par exemple, de rejoindre le bassin d'Arcachon avec dégustation d'huîtres à la clé. Le GR de la Métropole est idéal pour découvrir Bordeaux et ses alentours de façon inédite. Et n'oubliez pas les trois voies des chemins de Saint-Jacques-de-Compostelle. Pour des balades courtes et tranquilles, avec poussette, petit vélo ou en fauteuil roulant, vous trouverez votre bonheur en regardant du côté des Balades à roulettes®. Passionné d'Histoire ? Afin de marcher dans les pas des soldats de la Seconde Guerre mondiale, ne manquez surtout pas le chemin de mémoire Frankton qui traverse les départements de la Gironde, Charente-Maritime et Charente. À cheval, empruntez l'un des itinéraires équestres de la Route européenne de d'Artagan qui traverse la Gironde sur les traces de Richelieu et de Mazarin.

Paré au décollage !

L'estuaire, la Dune du Pilat et le banc d'Arguin, les propriétés viticoles et les vignes qui ondulent sur les coteaux, les châteaux clémentins, les monuments historiques... Vue du ciel, la Gironde est encore plus belle ! De là-haut, croyez-nous, vous en prendrez plein les yeux. Survol en ULM, vol en hélicoptère, baptême de parapente, voyage en montgolfière, saut en parachute... Amateur(s) de sensations fortes ou non, vous prendrez toute la mesure des richesses du territoire. Faites confiance aux moniteurs diplômés d'Etat pour vous envoyer en l'air.

Et la pelote basque ?

Avec la course landaise, la pelote basque est certainement le sport traditionnel le plus emblématique du sud-ouest de la France. À main nue, avec une raquette, la chistera, la pala ou encore avec le gant en cuir ou en osier... La pelote basque est un sport convivial qui se pratique en famille ou entre amis. Marqué par les influences du Pays basque, il n'est pas rare de trouver en Gironde, un fronton place libre, un fronton mur à gauche ou un trinquet pour s'essayer à cette activité mythique dans la région. À vous de jouer !

GASTRONOMIE

En Gironde, la gastronomie c'est sacré ! C'est même la plus vivace des traditions. Cuisine de terroir par excellence, nos spécialités culinaires font tourner la tête des gourmets et de tous les épicuriens. « La bonne chère et le bon vin réjouissent le cœur du gastronome », écrivait Antonin Carême. Huîtres du bassin d'Arcachon, bœufs gras de Bazas, foies gras, poissons migrateurs de la Garonne, caviar d'Aquitaine, palombes, asperges du Blayais… À la bordelaise ? Nom de cette sauce à base de vin rouge et d'échalotes avec laquelle les produits locaux s'accommodent à merveille. La lamproie en est certainement le meilleur exemple. Côté sucré, on se régale tout autant avec les macarons de Saint-Emilion, les canelés, les sarments du Médoc… Est-il seulement possible de parler de la gastronomie du Sud-Ouest sans dire un mot sur les vins de ce terroir viticole d'exception ? Le vin pourrait écrire à lui seul les plus belles lettres de noblesse de la Gironde.

Le vin

Considéré comme le plus ancien et le plus prestigieux au monde, le vignoble bordelais est intimement lié à l'histoire de la Gironde. Plus de 850 millions de bouteilles sont commercialisées chaque année. Dégustation, accords mets et vins… En Gironde, le vin est un art de vivre. Le terroir, les cépages, les facteurs géographiques ou encore les styles de vins permettent de définir de grandes familles et parfois de dessiner le tracé des routes des vins. Bordé par l'Atlantique et l'estuaire à l'est, le Médoc se découpe en deux grandes AOC : Médoc et Haut-Médoc avec Margaux, Saint-Estèphe, Pauillac, Saint-Julien, Moulis en Médoc et Listrac-Médoc. La région des Graves est le plus ancien terroir viticole du Bordelais. Graves Supérieurs, Pessac-Léognan, Cérons… Les vins rouges se caractérisent par une couleur profonde. De son côté, le Sauternais est le pays de l'or jaune, regroupant les appellations Sauternes et Barsac. Entre la Garonne et la Dordogne, l'Entre-Deux-Mers est la plus grande région viticole du Bordelais. Dominant la rive droite de l'estuaire avec les Côtes de Bourg, le vignoble du Blayais englobe les appellations Blaye Côtes de Bordeaux et AOC Blaye. Saint-Emilion, Pomerol, Fronsac… Avec un grand nombre de crus classés prestigieux et de châteaux et domaines plus abordables, la réputation du Libournais n'est plus à prouver. Avec 7 Appellations d'Origine Contrôlée (Bordeaux Rouge, Bordeaux Rosé, Bordeaux Clairet,

Bouteilles à la Cité du Vin de Bordeaux.

© MAKSYM FESENKO - SHUTTERSTOCK.COM

Dégustation d'huîtres sur le bassin d'Arcachon.

Bordeaux Blanc, Crémant de Bordeaux, etc.) et 4 couleurs, les Bordeaux et Bordeaux supérieurs représentent 55 % du vignoble girondin.

Boissons et spiritueux

Liqueur de vin, eau-de-vie de vin… La Gironde ne produit pas que du vin ! Aux côtés des grands crus, Le Lillet tire son épingle du jeu. Blanc, rouge, ou rosé, on doit son invention au foisonnement des denrées de l'activité historique du port de Bordeaux. On le consomme très frais avec une tranche de citron ou d'orange, et parfois en cocktail. Et la Garluche, vous connaissez ? Depuis 1990, la recette fait dans la tradition : vin blanc, macération de zestes d'oranges, rhum, sucre et caramel. À consommer avec un crémant de Bordeaux, un jus d'orange ou un tonic, et même dans le creux d'un melon. Autre apéritif couleur locale, le kir médocain à base de vin rosé. Produite sur le territoire des vins de Bordeaux, la Fine Bordeaux (AOC), dont l'origine remonterait au XIXe siècle, se caractérise par ses arômes fruités et floraux et sa discrète touche boisée. Persistante en bouche, la Fine Bordeaux a obtenu une IGP en 2013. Les Bordelais sont aussi de grands amateurs de whisky et Gin que l'on distille en plein cœur de Bordeaux. Et de bières ! Si plusieurs brasseries artisanales ont élu domicile à Bordeaux et un peu partout en Gironde, c'est au Bouscat à la Brasserie Mascaret que l'on produit l'une des meilleures bières blondes bio au monde (World Beer Award 2019). Au rayon du sans-alcool, la Gironde n'est pas en reste. Fondée en 1879, la Maison Meneau est une véritable institution. Engagée dans une logique bio et de commerce équitable, la maison familiale installée depuis toujours à Saint-Loubès a fait ses adieux à l'anisette pour concentrer ses efforts dans l'élaboration de 250 recettes de sirops, jus de fruits, smoothies et thés glacés. À la carte de la plupart des cafés et restaurants, on retrouve également l'eau minérale naturelle Abatilles dont la source jaillit à Arcachon. La saga Abatilles est étroitement liée à l'histoire de la création de la ville au XIXe siècle.

Poissons, fruits de mer et crustacés

Alose grillée aux sarments, fricassée d'anguilles, pibales ou civelles sautées, crevettes blanches à l'anis étoilé pour l'apéritif… L'estuaire de la Gironde fournit de nombreux poissons de rivière. Sous des allures peu alléchantes, la lamproie s'élève en reine de l'estuaire. Cuisinée avec une sauce au vin rouge et des poireaux à la façon d'un civet, la lamproie à la bordelaise est une recette traditionnelle et raffinée, très appréciée en Gironde. On la célèbre chaque année à Sainte-Terre. Autre trésor de l'estuaire : le caviar d'Aquitaine, ou plus exactement l'esturgeon sibérien (Acipenser Baeri). De haute renommée avec ses notes de beurre, de noisette et de noix fraîche, le caviar d'Aquitaine est le fruit d'un doux mélange : la patience et le savoir-faire. Cet or noir est produit dans les fermes aquacoles. Dans le bassin d'Arcachon, la star c'est l'huître ! Toujours avec un verre de vin blanc sec, les huîtres Arcachon Cap-Ferret peuvent être dégustées toute l'année. À la bordelaise, on les accompagne d'une tartine de pain beurré et de saucisses grillées.

Direct producteur, sur les marchés et les places de villages, dans les poissonneries, les bistrots et chez les restaurants, impossible de les louper. La Gironde étant située sur la façade Sud-Atlantique, les produits de la mer sont également à l'honneur. Événement majeur de la gastronomie, la Fête de la Morue à Bègles rappelle les liens indéfectibles qui existent entre l'histoire de la ville et le commerce de ce poisson.

Viandes, volailles et gibiers

De production confidentielle et traditionnelle en Gironde, l'agneau de Pauillac est élevé en bergerie, sous la mère et nourri essentiellement au lait maternel. Reconnu par un label Rouge et une IGP, l'agneau de Pauillac arrive sur nos tables de Noël à la Pentecôte. Très tendre, sa viande blanche à rosée claire est très appréciée par les amateurs de viande.

En boucherie traditionnelle exclusivement, le bœuf de Bazas répond à un cahier des charges très précis et bénéficie d'un label Rouge et d'une IGP. Rouge, tendre, savoureuse et persillée avec un subtil goût de noisette, la viande de bœuf de Bazas est excellente. La fête des bœufs gras de Bazas est un rendez-vous incontournable en Gironde. On n'oubliera pas non plus l'entrecôte préparée à la bordelaise et grillée sur des sarments de vigne ! Terre d'élevage du chapon depuis le Moyen Age, c'est à Grignols qu'on engraisse au pain, au lait et au maïs, cette volaille d'excellence à la chair moelleuse. La foire aux chapons de Grignols est l'occasion de bien préparer les fêtes de fin d'année. Les paloumayres l'attendent toute l'année ! Plus qu'une tradition, la chasse et notamment la chasse à la palombe en automne, est un rite, voire une maladie bleue. Ce bel oiseau se déguste rôti en salmis (sorte de ragoût), à ration d'une palombe par personne.

Les spécialités de canard

Fleuron de la gastronomie française et du Sud-Ouest, c'est le canard. Dans tous ses états, il se retrouve à la table des grands chefs, mais aussi des authentiques brasseries et nombreux restaurants. Magrets, confits, aiguillettes, palets, côtes, rôtis, saucisses, abats, cous farcis, rillettes et terrines… Le canard est loin de se résumer uniquement au foie gras que l'on consomme traditionnellement froid en entrée. Dans la plus pure tradition du Sud-Ouest, les producteurs de volailles grasses n'hésitent pas à ouvrir les portes de leurs exploitations. C'est l'occasion de découvrir les nombreuses spécialités que l'on savoure toute l'année et surtout en fin d'année pour les fêtes. Ne quittez pas la région sans avoir dégusté un foie frais poêlé avec des pommes ou sans avoir fait le plein de bons produits. À retrouver sur les étals des marchés au gras, là où le terroir est roi.

Charcuteries

Panse de porc farcie, roulée, cousue puis cuite dans un bouillon plus ou moins parfumé, la spécialité charcutière du Médoc n'est autre que le grenier médocain. Ressemblant à l'andouille (non fumée), il était souvent servi pendant les vendanges. Généralement, on le mange froid et en tranches fines à l'apéritif ou en entrée. À base de jambon, épaule et de graisse de porc, les gratons de Lormont ou grattons bordelais font également figure de spécialité locale.

Fête des Boeufs Gras de Bazas.

On raconte que la recette est née dans la charcuterie fondée par Bernard Gaudin en 1875. Sa couleur grisâtre est gage de qualité. À l'approche des fêtes, les charcutiers girondins se lancent dans la fabrication des crépinettes, une sorte de saucisse plate enfermée dans une crépine. Pour respecter la tradition, la crépinette se déguste chaude avec des huîtres et du vin blanc. Tout un art ! Et la tricandille ? Tripes de porc nettoyées, ébouillantées, assaisonnées puis grillées sur des braises, c'est LA spécialité tripière de la Gironde ! Dans le Médoc, les tricandilles se dégustaient traditionnellement pour le casse-croûte. À retrouver dans les assiettes des meilleurs bistros bordelais.

Fruits et légumes

L'asperge, l'or blanc du Blayais ! Fondantes, délicates et savoureuses, les asperges du Blayais sont cultivées depuis le XVe siècle dans les sols de sable noir. D'ailleurs, on raconte que le Marquis de Vauban, qui construisit la Citadelle de Blaye, aurait lui-même introduit ce légume à la cour de Louis XIV. Produite dans de petites exploitations familiales au nord de la Gironde, cette asperge IGP à la tête blanche ou violette, se récolte de fin février à fin mai. Près de 800 tonnes sont commercialisées chaque année, le plus souvent en vente directe et via des circuits courts. De grande qualité, l'asperge du Blayais représente même 50 % des ventes d'asperges. On la déguste de la pointe au talon sans modération ! Autres fiertés locales : la pomme de terre et le giraumon brodé galeux d'Eysines (citrouille à la chair épaisse), la carotte de sable, l'huître végétale (plante au goût iodé) et l'artichaut de Macau qui figure d'ailleurs sur le blason de la ville à côté des grappes de raisin. Et n'oublions pas les cèpes de Bordeaux ; le roi des champignons à la saveur de noisette que l'on déguste en poêlée avec de l'ail et du persil.

Le sucré

Du canelé au macaron, à chaque ville sa spécialité ! À Bordeaux, le canelé s'élève en superstar. Sous ses airs croquants et caramélisés, il cache un cœur tendre parfumé au rhum et à la vanille. On le déguste en fin de repas comme un dessert façon profiterole, ou pour accompagner le café. L'autre tradition de Bordeaux, ce sont les bouchons. Cette petite confiserie aux amandes mélangées à des raisins macérés dans de la Fine de Bordeaux a été brevetée en 1983. Un régal ! Craquez encore pour les guinettes (cerises macérées dans de l'alcool et enrobées de chocolat) ou pour les sarments du Médoc de la chocolaterie Margaux. Dans un autre genre (un chou croquant garni d'une crème légère), les Dunes Blanches de chez Pascal ont le chic pour mettre tout le monde d'accord. À Saint-Émilion, la spécialité sucrée ce sont les macarons dont la recette à base d'amandes douces et amères est tenue secrète depuis 1620. Mais la Gironde, ce sont aussi les puits d'amour de Captieux, les noisettines du Médoc, les pralines de Blaye, les pignes du Blayais (petits pains à l'anis vert), etc. Et la fameuse chocolatine ! À l'Épiphanie, oubliez la traditionnelle galette des rois à la frangipane, ici on mange le gâteau des Rois : une couronne dorée et briochée surmontée de cédrat confit et pépites de sucre.

Cannelés.

AGENDA

Les quais de Bordeaux qui s'animent à la ferveur de *Bordeaux fête le vin*, le port ostréicole d'Andernos-les-Bains qui accueille l'un des plus grands rendez-vous de la gastronomie et de l'art de vivre du Sud-Ouest, les vignerons qui investissent la célèbre Citadelle Vauban à l'occasion du *Printemps des Vins de Blaye*, les amateurs de mode qui ne manquent aucune édition du Salon du Vintage, les meilleurs cavaliers du monde qui offrent un spectacle de haut niveau à tous les passionnés d'équitation lors du Jumping International, les artistes qui font vibrer le public et la scène du festival ODP au profit des orphelins des sapeurs-pompiers de France... Il se passe toujours quelque chose, quelque part, en Gironde ! Manifestations sportives, animations culturelles, évènements gourmands, concerts, expositions... Les idées de sortie ne manquent pas. Petits et grands s'accordent à dire qu'il y en a pour tous les goûts. Que de belles occasions !

BORDEAUX FÊTE LE VIN

BORDEAUX

✆ 05 56 00 66 00

www.bordeaux-fete-le-fleuve.com

Du 17 au 20 juin 2021.

En alternance, une année sur deux avec la fête du Fleuve, la Fête du Vin constitue un élément majeur de la vie culturelle bordelaise. Tout le long des quais, de nombreux stands et des animations sont installés et mettent en scène un village éphémère, animé et gourmand, qui rendent le paysage agréable au cours de la journée. Des feux d'artifice ouvrent et clôturent la fête, des concerts et autres expositions ponctuent ces dix jours d'allégresse. Les enfants ne seront pas oubliés avec de nombreuses animations sportives, ludiques ou culturelles.

PRINTEMPS DES VINS DE BLAYE CÔTES DE BORDEAUX

BLAYE

✆ 05 57 42 91 19

www.printemps.vin-blaye.com

En avril.

Déjà 27 ans que Blaye régale les visiteurs avec Le Printemps des Vins. C'est dans la célèbre Citadelle Vauban que se réunissent chaque mois d'avril près de 90 vignerons. Les amateurs se pressent à cet événement remarquable, qui ne manque pas de convivialité. En effet, pendant deux jours, ateliers, animations et balades sont au programme : visite guidée de la Citadelle, démonstrations de tonnellerie, course de garçons de café, initiation à la dégustation, atelier peinture au vin…

CABANES EN FÊTE ET HUÎTRES ENTRE-DEUX-MERS

ANDERNOS-LES-BAINS

www.andernoslesbains.fr

Le premier samedi de décembre.

Les Cabanes en fête Huîtres et Entre-Deux Mers est une manifestation organisée par le service culturel de la mairie d'Andernos-les-Bains, les ostréiculteurs du bassin et les viticulteurs de l'Entre-deux-Mers. Dans près de 45 cabanes ostréicoles, sur le port, on découvre les recettes de grands chefs du Sud-Ouest. Orchestres, bandas, chants marins, expositions de peintres, photos, défilé nautique... Une superbe fête au port ostréicole toute la journée et jusque tard dans la soirée !

LES ÉPICURIALES

Allées de Tourny

BORDEAUX

www.epicuriales.com

En juin.

Les Epicuriales font la part belle à la gastronomie bordelaise. Les célèbres allées de Tourny se parent de couleurs festives et prennent des allures de guinguette et de village champêtre ! Dans ce lieu éphémère se pressent les touristes et les Bordelais. Une vingtaine de restaurants (la liste est sur le site de la manifestation) vous accueillent pendant onze jours de la fin de matinée jusqu'au milieu de la nuit pour fêter le vin, la cuisine et la convivialité. A ne pas rater, la course de garçons de café, la braderie des plantes, les soirées à thèmes...

BORDEAUX OPEN AIR

BORDEAUX

www.bordeauxopenair.fr

Fin juin à fin septembre, tous les dimanches de 14h à 21h. Jardin Public ou Square Dom Bedos.

Le festival Bordeaux Open Air, initié en 2016, se veut un festival international de musique électronique ouvert à tous. C'est aussi l'opportunité de se retrouver, gratuitement, entre copains ou même en famille au Jardin Public ou au Square Dom Bedos. Le festival réunit tous les ans, suivant les concerts, entre 4 000 et 16 000 personnes. En 2019, les organisateurs se sont engagés avec une édition « zéro-déchet » et ils ont misé sur le bio et le local. Chaque matériau, issu de l'entrepreneuriat local, était réutilisable et/ou compostable.

FESTIVAL INTERNATIONAL DU FILM INDÉPENDANT

BORDEAUX

✆ 05 56 37 93 25

https://fifib.com/

Du 12 au 19 octobre 2021.

Afin de porter haut et fort les couleurs du cinéma, le Festival International du Film Indépendant de Bordeaux bénéficie de la présence de représentants prestigieux du cinéma, d'artistes et de musiciens venus défendre l'indépendance d'esprit et de création à Bordeaux. On peut citer par exemple, Abdellatif Kechiche, Edouard Baer, Clémence Poésy, Valeria Bruni-Tedeschi, Julie Depardieu... Ce Festival fait aussi l'objet d'une compétition de courts et longs métrages.

SALON DU VINTAGE

Quai des Chartrons

BORDEAUX

✆ 06 25 50 19 03

www.salonduvintage.com

En mars. 10h - 19h. Entrée : 5 €.

Après dix années de succès en France et au Luxembourg, le Salon du Vintage prend place à Bordeaux en mars. Chaque édition est sous le signe de la mode. Ce salon réunit près de 150 exposants dans le Hangar 14 le long des Quais des Chartrons et de la Garonne. Les amateurs de mode vintage et de décoration design pourront profiter de plus de 3 500 m² réservés au shopping : accessoires, fripes chic, street food, mobilier... La décoration vintage est aussi mise à l'honneur, avec notamment un grand choix de vinyles et de platines pour une ambiance rétro unique !

FESTIVAL ODP

Parc Peixotto

TALENCE

www.festival-odp.com

Du 23 au 26 septembre 2021. Pass 1 jour de 39 à 53 € ; 2 jours de 79 à 86 € ; 3 jours de 99 à 117 €.

Avant d'être une manifestation musicale, le festival ODP est une action solidaire organisée au profit des orphelins des pompiers via l'association l'Œuvre des Pupilles Orphelins et Fonds d'Entraide des Sapeurs-Pompiers de France ainsi que la Ville de Talence. Trois jours durant, ce festival en plein air accueille des artistes de renommée nationale. L'édition 2022 verra défiler des artistes tels que Pascal Obispo, Catherine Ringer, Gaëtan Roussel, Izïa ou encore Suzane. Un joli moment à la fois festif, ludique et utile qui rassemble des milliers de festivaliers.

FÊTE DU VIN NOUVEAU ET DE LA BROCANTE

Rue Notre-Dame

BORDEAUX

Octobre.

Célébrer l'arrivée de l'automne en chinant et en dégustant du vin nouveau accompagné de marrons chauds, c'est ce que vous propose chaque année le quartier des Chartrons ! À cette occasion, la superbe rue Notre-Dame est à la fête ! Réputée pour ses antiquaires et brocanteurs, ce ne sont pas moins de 80 professionnels qui exposent leurs articles. Le tout est ponctué de spectacles de rue et d'animations diverses et variées. Une bonne occasion de redécouvrir ce quartier en pleine mutation.

JUMPING INTERNATIONAL DE BORDEAUX

Parc des Expositions de Bordeaux

BORDEAUX

www.jumping-bordeaux.com/

Du 3 au 6 février 2022. Restauration. Compétitions, rencontres, shopping, spectacle.

Cet événement majeur réunit les meilleurs cavaliers du monde et offre un spectacle de haut niveau qui comble un public de professionnels et de passionnés. Etape historique du circuit Coupe du Monde Longines FEI, il fait partie de ces concours où l'élite des cavaliers rêve d'inscrire son nom au palmarès. Riche en émotions et en performances, le Jumping réserve d'autres grands moments sportifs (Coupe du Monde d'attelage, Devoucoux Indoor Derby, etc.). Sans oublier le Salon du Cheval.

BORDEAUX ET SES ENVIRONS

Préfecture du département de la Gironde, Bordeaux est aussi connue sous le nom du Port de la Lune, en raison de la Garonne qui traverse la ville et arbore une forme de croissant de lune. Terre d'eau et de vin, la Belle Endormie s'articule autour de son fleuve. C'est d'ailleurs sur ses rives que se tient la Cité du Vin, lieu emblématique et incontournable. Inscrite depuis 2007 sur la liste du patrimoine mondial de l'UNESCO, la cité bordelaise est une destination touristique de choix. Avec près de 350 édifices classés, elle offre de nombreuses surprises architecturales, culturelles et bien sûr culinaires. Ici, le vin et la gastronomie font partie du patrimoine. Manger est un art de vivre à la bordelaise ! Enfin, profitez de la douceur de vivre de notre territoire et prenez le temps de flâner dans les ruelles historiques, les parcs arborés et les quais aménagés sous le soleil du Sud-Ouest. Suivez le guide !

PASSEPORT

BORDEAUX

© ALEXANDER DEMYANENKO - FOTOLIA

Surnommée la Belle Endormie, Bordeaux se dresse fièrement des deux côtés de la Garonne. Ville historique de pierres et de vins, entre terre et mer, la capitale girondine est une des destinations mondiales préférées des touristes ! Et pour cause : sa situation géographique en fait un lieu de vacances idéal, à mi-chemin entre les vagues de la Côte Atlantique et les vignobles du terroir du Sud-Ouest. Sur place, vous tomberez rapidement sous le charme. Le patrimoine architectural est particulièrement mis en valeur, l'offre culturelle est riche, permettant de belles découvertes, et les propositions de restaurants, de bars et de terrasses ensoleillées sont nombreuses, dans la vieille ville ou sur les quais aménagés. D'ailleurs, toute l'année, le fleuve attire croisiéristes et promeneurs qui viennent profiter de la douceur de vivre. Très bien desservie par les transports, la ville de Bordeaux se visite en toutes saisons.

SE REPÉRER SE DÉPLACER

Avec près de 580 km² et plus de 800 000 habitants, la métropole de Bordeaux est l'une des plus dynamiques et attractives de l'Hexagone. Pour se déplacer, touristes et habitants peuvent compter sur les transports de l'agglomération bordelaise : les tramways et bus, les vélos (les V3), le BatCub (le bateau qui relie une rive à l'autre de la Garonne) et le Mobibus dédié au transport des personnes à mobilité réduite. Le réseau TBM comporte 4 lignes de tramway et de 85 « lianes » de bus qui desservent les lieux touristiques ainsi que la gare et l'aéroport de Bordeaux. Au départ de la capitale girondine, vous pourrez vous envoler vers une centaine de destinations, principalement en Europe. Pour vous déplacer à Bordeaux et ses alentours, vous trouverez de nombreuses stations d'autopartage de voitures. Pour le centre-ville, préférez des services de location de trottinettes et de scooters électriques en libre-service. Pensez futé !

AÉROPORT DE BORDEAUX

MÉRIGNAC
✆ 05 56 34 50 50
www.bordeaux.aeroport.fr

Avec près de 8 millions de passagers par an, l'aéroport de Bordeaux est le 5e aéroport régional de France. Plus de 110 destinations directes, parmi lesquelles, Barcelone, Faro ou encore Amsterdam, sont desservies par 34 compagnies aériennes. L'aéroport comporte trois terminaux : le Hall A, le Hall B et billi (pour les vols low cost). Des boutiques, un espace services (voiturier, bureau de change, distributeur de billets, etc.) et des espaces gourmands sont présents dans la structure. Prenez la Liane 1 (bus) pour rejoindre directement le centre-ville.

GARE SAINT-JEAN

Rue Charles Domercq
✆ 3635
www.gares-sncf.com/fr/gare/frboj/bordeaux-saint-jean
Service objets trouvés : 08 92 35 35 35

A 2h04 de Paris-Montparnasse, la gare Saint-Jean est desservie par des TGV, TGV inOUI, Ouigo, Intercités et TER en provenance de nombreuses villes de France, parmi lesquelles Toulouse, Hendaye, Tarbes, Arcachon, Lille, Tourcoing ou encore Marseille. Sans oublier un Thalys qui effectue un aller-retour direct jusqu'à la gare de Bruxelles-Midi ! Au fil des rénovations, notamment de son emblématique et immense verrière métallique surplombant les voies, la gare a su garder son cachet d'antan, tout en se modernisant avec des commerces et des équipements publics.

NAVETTE 30' DIRECT

✆ 05 57 77 58 78
www.30direct.com
7j/7. Navette aéroport. Accessible aux personnes en fauteuil roulant sur réservation. Plein tarif (aller simple) : 8 €.

Très pratique et rapide, la Navette 30' Direct relie la gare Saint-Jean à l'aéroport de Bordeaux, et vice versa, en 30 minutes ! Elle roule tous les jours de la semaine, sans exception, même les jours fériés et pendant les vacances. Attention : les horaires des départs varient selon les jours de la semaine et les saisons. L'application Zenbus permet de localiser le bus en temps réel. Notez que les autocars sont climatisés et équipés de wifi gratuit. On peut réserver sa place en ligne – ce qui est recommandé – ou directement auprès du chauffeur.

SNCF TER NOUVELLE-AQUITAINE

Rue Charles Domercq
✆ 0800 87 28 72
www.ter.sncf.com/nouvelle-aquitaine
Accueil téléphonique ouvert du lundi au vendredi de 6h30 à 19h30.

TER Nouvelle-Aquitaine permet d'adapter votre façon de voyager à votre budget avec des abonnements à la semaine, au mois ou à l'année, et jusqu'à 75 % de réduction. La carte MODALIS (TER, tram et bus du réseau TBC) offre jusqu'à 75 % de réduction sur un trajet déterminé et des voyages illimités. Le Pass Jeune TER 29 € permet pendant un an de bénéficier de 50 % de réduction sur les billets TER les week-ends, les vacances scolaires et les jours fériés.

AVIS

Rue Charles Domercq
✆ 08 20 61 16 74
www.avis.fr
Ouvert du lundi au jeudi de 7h30 à 21h ; vendredi 7h30 à 22h ; samedi 8h à 18h ; dimanche 10h à 13h30 et 14h30 à 19h.

L'agence Avis est un des principaux loueurs de voitures que vous trouverez à la gare de Bordeaux Saint-Jean. À la sortie du train, rendez-vous au guichet pour louer votre véhicule et profitez du professionnalisme des agents, qui vous conseilleront et renseigneront sur les services proposés. De la simple réservation d'une journée à plus d'une semaine, Avis s'engage sur plusieurs critères importants : proposition d'assurance, large choix de véhicules (de l'économique au prestige) avec un système de réservation rapide et efficace, en ligne ou par téléphone.

EASYPARK

✆ 05 56 10 20 99
https://bordeaux.easypark.net
Application mobile (stationnement).

Où se garer ? Combien ça coûte ? Combien de temps puis-je stationner sur cette place ? Gagnez du temps et obtenez toutes les réponses à vos questions en consultant votre smartphone ! Gratuite, l'application EasyPark vous permet également de payer votre stationnement directement depuis votre mobile. En un clic, trouvez une place, démarrez, arrêtez ou prolongez la durée de votre stationnement. Plus besoin de monnaie ni de vous rendre à la borne, tout devient plus rapide et plus simple. Autre avantage : vous ne payez que la durée exacte de votre stationnement.

BORDEAUX SCOOTERS

47, rue de Tauzia
✆ 05 57 59 10 18
www.bordeauxscooters.com
Ouvert du lundi au samedi de 9h à 12h et de 14h à 18h. Vélos/scooters/maxi scooters/motos de 14 € à 119 € les 24h.

A deux pas de la gare Saint-Jean, vous pouvez louer très facilement un vélo, un scooter ou une moto pour la journée, un week-end ou une semaine ! Chez Bordeaux Scooters, les enfants eux aussi pourront pédaler sur des vélos adaptés. L'équipe propose de vous faire livrer pour ne pas avoir à vous déplacer ! La bonne initiative : Bordeaux Scooters propose également la location de scooter électrique médical. Vous l'aurez compris, c'est une solution pour tous vos déplacements ! Faites appel à eux pour la réparation et la révision de votre vélo (toutes marques) !

TRANSPORTS CAR RÉGIONAUX NOUVELLE AQUITAINE

✆ 09 70 87 08 70
https://transports.nouvelle-aquitaine.fr
Par téléphone du lundi au samedi de 8h à 19h. Plein tarif : 2 €. Aller-retour effectué dans la journée : 3,60 €.

Le réseau de la Nouvelle Aquitaine est le réseau des cars régionaux, des transports scolaires et des ferries. Desservant 350 communes, les 52 lignes fonctionnent toute l'année. Les passagers bénéficient de véhicules confortables, climatisés et d'un service d'information en temps réel. La tarification est unique sur l'ensemble des lignes du réseau, quels que soient le trajet ou la distance. Des arceaux vélos sont implantés aux points d'arrêt les plus fréquentés du réseau.

© RÉSEAU NOUVELLE AQUITAINE

© RÉSEAU NOUVELLE AQUITAINE

BORDEAUX

CITIZ BORDEAUX

16, rue Ausone
✆ 05 56 31 10 66
www.bordeaux.citiz.coop

Voitures en libre-service. Avec ou sans abonnement. Dès 2 €/h et 0,19 €/km avec un abonnement mensuel dès 8 €.

Dans une ville comme Bordeaux, nombreux sont ceux qui privilégient les transports en commun, la marche ou le vélo. Pour autant, une voiture s'avère parfois nécessaire. La solution la plus adéquate s'appelle Citiz. Implanté dans plusieurs villes de France, ce service de location en libre-service 24h/24 permet de louer une voiture pour n'importe quelle durée. Pour en profiter, il faut procéder à une inscription en ligne ou en agence. De la citadine au monospace, 100 voitures sont disponibles, dont une adaptée au transport de personnes à mobilité réduite.

COOL BIKE

77, quai des Chartrons
✆ 05 33 48 13 86
www.cool-bike.fr

Ouvert du mardi au dimanche de 11h à 20h (de 10h à 19h en hiver). Location de vélo à partir de 10 €/jour. Réparations.

Qualifiée comme l'une des villes les plus « vélo friendly » de France, Bordeaux offre de beaux parcours à bicyclette. Pour vos balades en famille, on vous conseille Cool Bike, qui propose un large choix de vélos : enfant, adulte, tandem, remorque, vélo suiveur... Magasin de réparation et de personnalisation, il propose aussi la location pour une journée, un week-end ou une semaine, de vélos (y compris électriques), ainsi que la vente d'accessoires. Côté atelier, vous pourrez bénéficier d'un service express et de différentes prestations à prix correct.

MAISON MÉTROPOLITAINE DES MOBILITÉS ALTERNATIVES

69, cours Pasteur
✆ 09 74 76 30 33

Ouvert mardi de 8h à 13h30, mercredi au vendredi de 10h30 à 19h, samedi de 10h à 17h Prêt de vélo gratuit pour étudiants

Ici, c'est le royaume de la petite reine ! La Maison Métropolitaine Des Mobilités Alternatives (MAMMA) propose le prêt de vélo classique pour une période de dix mois maximum. Il est également possible d'emprunter, pour une période de deux mois, un vélo à assistance électrique, un vélo pliant, un vélo cargo ou un tricycle. Pour cela, amenez une pièce d'identité, un justificatif de résidence à Bordeaux et un IBAN afin de prélever des pénalités en cas de non-restitution.

TBM

Agence Quinconces
✆ 05 57 57 88 88
www.infotbm.com

Ouvert du lundi au vendredi de 7h à 19h ; le samedi de 9h à 19h. Avec ou sans abonnement.

Vous souhaitez des renseignements pour vous déplacer dans Bordeaux et les communes aux alentours ? Vous avez besoin d'informations sur les titres de transport ? Trajets, horaires, passages... Bordelais ou voyageur de passage, en venant dans une agence TBM, les tramways et les bus n'auront plus aucun secret pour vous ! Pour éviter de vous déplacer, sachez que le site internet est particulièrement intuitif. En quelques clics, faites la simulation de votre parcours, soyez informé sur l'état de circulation et trouvez tous les tarifs et formules d'abonnement.

VCUB - V³

✆ 09 69 39 03 03
www.infotbm.com

Abonnements 24 heures, 7 jours, 1 mois ou 1 an.

Bordeaux est l'une des villes les plus cyclables au monde ! Cumulées, les pistes et les bandes cyclables dépassent les 160 km dans Bordeaux intra-muros, soit près d'un tiers de l'agglomération ! Avec presque 180 stations, toutes situées à proximité d'un arrêt de bus, une station de tram, une gare ou un secteur d'activité, le réseau TBM met à disposition plus de 2 000 vélos en libre-service, disponibles 7j/7 et 24h/24, dont 1 000 bénéficient d'une assistance électrique. De quoi ouvrir les portes d'une mobilité tout en douceur !

YEGO MOBILITY

1, rue des Etrangers
www.rideyego.com/bordeaux

0,23 €/min pour les trottinettes, 0,29 €/min pour les scooters ou pack prépayé à partir de 10 €.

Circuler en voiture et se garer dans Bordeaux, ce n'est pas simple ! Grâce à Yego Mobility, tout change ! Leur crédo : « *un scooter quand vous en avez besoin* ». Ils ont mis en location 200 scooters et 100 trottinettes en libre-service à Bordeaux. Chaque deux-roues est à votre disposition avec deux casques. Couleur vert d'eau, ils sont faciles à repérer et vous les avez sans doute déjà aperçus ! Pour enfourcher un Yego, il vous suffit, en quelques clics, de télécharger l'application sur votre mobile et de suivre les instructions. Il n'y a ni bornes ni clés !

À VOIR / À FAIRE

Le saviez-vous ? En 2007, l'UNESCO a inscrit la ville de Bordeaux sur la liste du patrimoine mondial pour son ensemble urbanistique et architectural exceptionnel. En effet, le département de la Gironde est reconnu pour avoir l'un des plus grands nombres de monuments historiques classés, dont plus d'un tiers est à Bordeaux ! Visiter celle que l'on surnomme la belle endormie, c'est partir à la découverte de plus de 350 édifices classés, de quartiers historiques habillés de vieilles pierres, de musées emblématiques et uniques au monde, à l'image de la Cité du Vin ou des bassins de lumières de la Base sous-marine. Pour ne rien louper du riche patrimoine et de l'art de vivre typiquement bordelais, de nombreuses agences touristiques rivalisent d'ingéniosité pour vous faire découvrir l'agglomération autrement : à pied, en bus, à vélo, en canoë, en bateau ou encore en petit train. Suivez le guide !

BIENVENUE À LA FERME

17, cours Xavier Arnozan
✆ 05 56 79 64 15
www.bienvenue-a-la-ferme.com/gironde

Soucieux de proposer une offre diversifiée autour de la vente directe de produits fermiers, de séjours, de loisirs et de restauration à la ferme, 9 000 agriculteurs s'engagent autour de valeurs et pratiques communes. La distinction « Bienvenue à la ferme » reconnaissable par le logo à la petite fleur est une garantie pour les consommateurs ! Consommer, séjourner et visiter le réseau Bienvenue à la ferme, c'est maintenir du lien social, soutenir l'économie locale, contribuer à la dynamisation de son lieu de vie et faire un geste pour la planète !

AQUI'TOURS

61-69, rue Camille-Pelletan - **CENON**
✆ 05 56 77 03 06
www.aquitours.com

Ouvert du lundi au vendredi de 9h à 13h et de 14h à 18h. Accueil possible en dehors de ces horaires sur rendez-vous.

Incontournables du Bordelais (de Bordeaux à Saint-Emilion en passant par le Bassin d'Arcachon et l'Entre-deux-Mers), repas et croisières sur la Garonne, en s'éloignant de la Côte Aquitaine pour découvrir les trésors périgourdins à la découverte du Diamant noir, randonnée dans Les Asturies (parc naturel de Redes, parc national des pics d'Europe, etc.), via ferrata, canoë, kayak et escalade en Aragon… Aqui'Tours est le spécialiste du voyage de groupe en Nouvelle-Aquitaine et Nord de l'Espagne. Patrimoine, gastronomie et traditions du Sud-Ouest sont au programme !

COMITÉ RÉGIONAL DU TOURISME NOUVELLE-AQUITAINE

4, place Jean Jaurès
✆ 05 56 01 70 00
www.nouvelle-aquitaine-tourisme.com

Ouvert du lundi au vendredi de 9h à 12h30 et de 14h à 18h. Fermeture à 15h30 le vendredi.

Avec le Comité Régional du tourisme de la région, découvrez tous les bons plans pour vos vacances : comment venir, quels endroits visiter, où se loger, manger, prendre un verre et festoyer... Sur leur site internet, tout est classé par envies ou par destination. Toutes ces informations s'adressent aussi bien aux touristes qu'aux résidents curieux de découvrir encore plus leur région. Pour un séjour réussi, n'hésitez pas à vous balader sur le site très complet.

BERNARD MAGREZ LUXURY WINE TOURISM

216, avenue du Dr Nancel Pénard - **PESSAC**
✆ 05 57 26 38 38
www.luxurywineexperience.com/fr

Expériences d'exception au cœur des Grands Crus Classés Bordelais

Bernard Magrez Luxury Wine Tourism vous propose des séjours de rêve dans de belles demeures chargées d'histoire, dont une escapade romantique au château Pape Clément, en suite prestige. Tournés vers l'œnotourisme, quatre séjours d'exception d'une nuit sont proposés. Laissez-vous tenter : visites-dégustations, organisation d'événements, location de magnifiques salles, création de séjours prestigieux avec repas, hébergement, et visites incluses… Ici, tout est possible !

BIENVENUE EN COULISSES

✆ 05 56 10 88 01
www.bienvenueencoulisses.com
Chèques non acceptés. Visites guidées à partir de 5 €/personne.

Depuis plus de 3 ans, Bienvenue en coulisses propose la visite d'entreprises, de la gare Saint-Jean au MIN de Bordeaux – le Marché d'intérêt national –, en passant par la Plateforme industrielle du Courrier où transitent près de 3 millions de plis par jour. Votre guide vous ouvrira des portes habituellement fermées au grand public ! Par petit groupe, souvent en semaine en raison de l'activité économique, vous découvrirez le fonctionnement d'une structure et ses secrets. Bienvenue en coulisses valorise également les savoir-faire locaux des artisans.

BORDEAUX RIVER CRUISE

2, quai des Chartrons
✆ 05 56 39 27 66
www.croisiere-bordeaux.com
Bateau promenade à partir de 13 € par personne, croisière restaurant à partir de 55 € et œnologique à partir de 148 €.

L'équipe de Bordeaux River Cruise propose des croisières touristiques originales et de qualité ! Le choix des formules est vaste entre les croisières-restaurants pour partager un déjeuner ou un dîner, les croisières œnologiques à la rencontre des îles de l'Estuaire et des vignobles du bordelais, les croisières promenades avec ou sans dégustation pour découvrir les curiosités de l'estuaire de la Gironde ou encore les croisières événements (Fête du vin, Nuit des étoiles à Patiras). Une délicieuse façon de découvrir la ville, en bateau sur la Garonne !

BORDEAUX BE BOAT

18, rue Edmond Michelet
✆ 05 47 74 41 25
www.bordeauxbeboat.fr
Location du bateau avec skipper 1h maxi 12 personnes : 15 €/pers. Petit-déjeuner : 12 €. Restauration à partir de 20 €.

Vous avez envie de vivre un moment inédit sur la Garonne ? Be Boat Bordeaux propose des croisières sur mesure ! L'*Aglaé Bordeaux* est inspiré du chaland ostréicole du bassin, il est idéal pour accoster afin de découvrir les richesses de l'estuaire, ses nombreux châteaux, les fameux carrelets et bien d'autres lieux au charme sauvage. Au programme : croisières-promenades, croisière pirate pour les enfants, apéro'boat, petit déjeuner, repas à bord, golf sur l'eau, visites de propriétés viticoles, découverte du caviar d'Aquitaine, dégustations, etc.

BORDEAUX SUR L'EAU

1, port Garonne
BÈGLES
✆ 07 68 93 39 22
www.bordeauxsurleau.fr
Visite guidée. Restauration.

Bordeaux sur l'eau propose une activité insolite et intimiste : une belle balade le long des berges de la Garonne pour découvrir la ville autrement. Pierre André a remonté un chaland (barque dont se servent les ostréiculteurs) depuis le bassin d'Arcachon et l'a entièrement aménagé avec un plancher bois ainsi que des fauteuils et tables pour que votre balade soit aussi confortable que gustative. Durant certaines des balades, vous pouvez savourer un menu local : apéritif et plateaux de fruits de mer, et également une plancha pour un bon moment de dégustation.

BORDEAUX CANOË

21, quai des Queyries
BÈGLES
✆ 06 50 46 10 23
www.bordeauxcanoe.com
Fermé du 1er avril au 30 octobre. À partir de 25 €, sur réservation. À partir de 10 ans.

Et si vous visitiez la ville de Bordeaux autrement qu'à pied ou à vélo ? Spécialisé dans les sports nautiques, Bordeaux canoë vous propose des sorties uniques sur la Garonne, à bord d'un canoë-kayak, d'une pirogue ou sur un paddle. La balade l'Etale, uniquement en fin de marée montante, offre une boucle au départ de Bordeaux pendant 1 heure 30. Ces balades guidées sont à la fois insolites, conviviales et ludiques et adaptées à toute la famille, y compris aux enfants ! Une activité de plein air familiale et amusante à faire à la belle saison.

BORDEAUX VISIOTOUR

10, cours du 30 juillet
✆ 05 56 02 11 50
www.bordeaux-citytours.com
Horaires sur le site. Départs plusieurs fois par jour de février à décembre. Adulte : 14 € (tarif réduit 12 €).

Quelle bonne idée que de découvrir Bordeaux à bord de ces grands bus rouges à impériale. À 4 mètres de haut, on profite d'une vue imprenable. Pendant un peu plus d'une heure, vous profiterez des incontournables de la ville, le tout ponctué d'histoires et d'anecdotes. La visite guidée se fait à l'aide d'écouteurs et est disponible en 10 langues. Le bus climatisé est accessible aux personnes à mobilité réduite. Les billets sont vendus en ligne ou directement au Kiosque à proximité, situé à côté du manège. Un mini canelé Baillardran est offert à la fin de la visite.

BORDEAUX CITY PASS

12, cours du 30 Juillet
✆ 05 56 00 66 00
www.bordeaux-tourisme.com
Tarifs : 24h : 29 €/pers., 48h : 39 €/pers., 72h : 43 €/pers.

Disponible en version 24h, 48h ou 72h consécutives, le Bordeaux City Pass est un indispensable pour profiter de Bordeaux et de ses environs. Il inclut la visite des musées, des monuments et de la ville, l'accès à plusieurs expositions, l'entrée à la Cité du Vin avant midi, les transports illimités (tram, bus, navette fluviale) et de nombreuses réductions. Avec le Pass 72 heures, bénéficiez de tarifs avantageux pour découvrir la région : visites guidées de Saint-Emilion, de la citadelle de Blaye ou encore du phare de Cordouan.

CHÂTEAU DU TAILLAN ★

56, avenue de La Croix
LE TAILLAN-MÉDOC
✆ 05 56 57 47 00
www.chateaudutaillan.com
Fermeture le 25 décembre et le 1er janvier. Ouvert tous les jours de 10h à 18h.

Belle propriété de Gironde, le château du Taillan séduit par son cachet : parc arboré, château d'un grand classicisme, caves souterraines inscrites à la liste des Monuments historiques de France... Dans le vignoble de 30 hectares sont produits un Cru Bourgeois et un vin blanc. La famille diversifie son activité en proposant des services pour les touristes et les gourmets : visite gourmande, visite découverte de la cave privée de la famille et/ou du château, pique-nique champêtre dans le parc ou encore apéritif-dégustation sous les arbres centenaires.

CROISIÈRES BURDIGALA

✆ 05 56 49 36 88
www.croisieresburdigala.fr
Horaires et jours sur site. Croisière Bordeaux au Fil de l'Eau : 15 € par adulte, 5 € par enfant de 4 à 12 ans.

Avec leurs trois bateaux (*Burdigala*, *Burdigala II* et *Aquitania*), dont un de 200 places, accessibles aux personnes à mobilité réduite, les Croisières Burdigala offrent plusieurs options. Découvrez la croisière Bordeaux au fil de l'eau – Croisière UNESCO (1h30 de navigation commentée le long des façades des quais et des ponts de Bordeaux dans le port de la Lune), ainsi qu'une croisière très nature, au rythme des marées, avec une escale à l'Ile nouvelle ou à Blaye, sans oublier une croisière en amont de Bordeaux avec une escale à la jolie bastide de Cadillac.

LE GR MÉTROPOLITAIN

✆ 05 56 99 84 84

www.bordeaux-metropole.fr

Topo-guide des balades de la Boucle Verte en mairie, dans les offices de tourisme et sur le site de Bordeaux Métropole.

Bordeaux Métropole a mis en place des itinéraires de promenade pédestres pour toute la famille, afin de découvrir les plus belles richesses naturelles et patrimoniales de la zone. Sur plus de 140 kilomètres et à travers vingt communes, douze itinéraires s'offrent à vous ! Vallée de l'Eau Bourde, coteaux de Garonne, parc des Jalles, forêts de l'Ouest, marais de la presqu'île et rives de Garonne et bien d'autres... Bon à savoir : il est possible de se loger de façon originale dans les refuges périurbains en réservant à l'avance !

MIAM BORDEAUX

69, quai des Chartrons

✆ 06 21 80 06 80

www.miam-bordeaux.fr

Balade à partir de 29 €. Visite guidée.

Avec Miam, tourisme rime avec gastronomie ! Sylvie, la créatrice, propose des balades gourmandes au cœur de la ville de Bordeaux en deux ou trois heures. Miam, c'est la promesse de profiter d'une visite insolite et originale, à la découverte de notre culture culinaire. Avec Sylvie, partez à la rencontre des artisans locaux et goûtez aux spécialités qui font la renommée de notre région : le foie gras, les cannelés, les fameuses dunes blanches sans oublier les vins de Bordeaux ! Tout ce qui fait la réputation de notre chère Gironde.

Miam propose quatre formules déjà établies, sans compter les circuits privés, des escapades exclusives à la rencontre d'adresses secrètes et de mets méconnus. Parmi les balades gourmandes, « L'épicurienne » vous emmène à la découverte du marché des Capucins et de la vieille ville le temps de déguster quelques pâtisseries locales et produits régionaux (canard, charcuterie, fromage, le tout accompagné de vin basque). La balade « Drunch Bordelais » vous perdra dans les rues pavées bordelaises à la rencontre d'un amoureux du vin : une découverte de produits régionaux, idéale à l'heure de l'apéro. Citons également « Le Réveil des Papilles » qui associe habilement exploration de l'architecture et de produits locaux, aux premières heures de la journée : vous ne résisterez pas à un crochet en boulangerie ! Et enfin, « La Balade des Marchés » vous entraîne pendant trois heures au cœur de deux marchés emblématiques de la ville (les Capucins et les Halles de Bacalan) pour une dégustation d'exception.

MUSÉE DE L'HISTOIRE MARITIME

31, rue Borie

✆ 05 54 51 06 39

www.museehistoiremaritimedebordeaux.fr

Ouvert tous les jours de 10h à 18h.

Installé dans le quartier des Chartrons, le musée de l'Histoire maritime de Bordeaux fait revivre le passé maritime, portuaire et fluvial de la ville. Ici, l'histoire du Port de la Lune, surnom donné au port de Bordeaux en raison de sa forme, est retracée grâce à de nombreux trésors exposés au public. Reproductions, maquettes, instruments de navigation... : autant de traces du passé qui témoignent de l'extraordinaire aventure maritime de Bordeaux. À découvrir !

LES VISITES D'HUBERT

✆ 06 83 50 08 67

www.hubert-visites.com

Ouverture sur le site. Adulte : 12 €, enfant + 10 ans : 8 €, - de 10 ans : 2 €. Réservation par mail ou téléphone.

Que vous soyez de passage à Bordeaux ou fraîchement installé dans la capitale girondine, Hubert va vous intéresser ! Ensemble, découvrez les mystères de la ville. Grand passionné d'histoire, notre guide vous balade à travers les rues et les siècles : le passé romain, le Moyen Âge, la Révolution, les différentes guerres... De pans de notre histoire française que l'on redécouvre avec plaisir dans des lieux emblématiques ! Hubert propose également de belles immersions en Gironde : Saint-Emllion, la ville d'hiver d'Arcachon ou encore la Dune du Pilat.

WINEFAMILY TOUR

✆ 06 10 07 09 06

winefamilytour.com

Haute saison : ouvert tous les jours. Offre Enfant à partir de 45 € et offre Famille à partir de 239 €.

Visiter une ville ou une région avec les enfants n'est pas toujours très simple. Il faut savoir les intéresser et rendre ludique ce qui pourrait devenir une corvée ! Avec Winefamily Tour, profitez d'excursions familiales, culturelles et originale encadrée par des animateurs. L'offre Famille vous emmène sur la dune du Pilat avec un détour par le vignoble des Graves, au cœur d'une propriété dans le Sauternes, à bord d'une croisière sur l'estuaire ou encore à la découverte d'une propriété viticole du Médoc avec dégustation et atelier pour enfants.

WINE TOUR BOOKING

65, avenue Charles de Gaulle
www.winetourbooking.com
Dès 10 €/pers pour une visite traditionnelle. Tarifs et résa en ligne pour visite personnalisée/ dégustation/gourmande.

Wine Tour Booking vous permet d'effectuer des réservations dans les vignobles de France, que ce soit dans le Bordelais, en Provence, en Languedoc-Roussillon, dans la Vallée de la Loire ou en Champagne. Au cours de réceptions sur rendez-vous dans un domaine viticole, un caveau ou un château, vous pourrez suivre un cours de dégustation et aurez l'occasion de savourer des produits régionaux à travers des ateliers de dégustation accords mets et vins... Wine Tour Booking vous permet aussi d'organiser un séminaire, une journée team building dans un château, une soirée événementielle sur le thème de l'œnologie et du vin ! Notez que Wine Tour Booking a une expertise particulière en ce qui concerne la région viticole de Bordeaux et c'est une plate-forme unique de réservation pour l'ensemble du vignoble bordelais ! Son but : aider les propriétaires à accueillir les visiteurs et aiguiller ces derniers vers les propriétés de manière autonome.

Sur le site internet, vous pouvez examiner le détail des différents programmes qui vous sont proposés en allant sur la rubrique « Disponibilités ». En arrivant sur l'interface de recherche de prestations œnotouristiques, entrez simplement la date de début et de fin de votre séjour et le nombre de participants adultes : toute une série de formules diverses et variées apparaît. Visite et dégustation, visite privée, découverte des vins en Français ou en Anglais, initiation à la dégustation... Voilà un mode opératoire très pratique pour ceux qui aiment se laisser guider !

OFFICE DE TOURISME ET DES CONGRÈS

12, cours du 30 Juillet ✆ 05 56 00 66 00
www.visiter-bordeaux.com/fr
Ouvert du lundi au samedi de 9h à 18h30 ; le dimanche et les jours fériés de 9h30 à 17h. Label Tourisme & Handicap.

L'Office de Tourisme est idéal pour commencer une visite de la ville. Ici, vous trouverez des idées d'excursions : visite-dégustation dans des châteaux, visite guidée dans le cœur historique de Bordeaux, croisière commentée sur la Garonne, balade insolite en petit train électrique. Le personnel est à l'écoute dans de nombreuses langues et n'est pas avare de conseils ! Demandez le plan qui présente Bordeaux par quartier, très pratique lorsque l'on visite la ville la première fois.

BORDEAUX

ABBATIALE SAINTE-CROIX ★

Place Pierre Renaudel
✆ 05 56 94 30 50
www.bordeaux.fr/l3273

L'abbatiale de l'ancien monastère bénédictin, fondée au VIIe siècle, est un arrêt touristique obligé ! À l'intérieur, des ex-voto représentent des scènes de sauvetage en mer. Vous pourrez également admirer le grand orgue Dom Bedos, très réputé, notamment grâce à sa reconstitution à la fin du siècle dernier. Le clocher à droite du portail remonte au XIIe siècle, le porche au XIe tandis que le clocher de gauche a été ajouté au XIXe siècle par l'architecte Abadie. L'ancien couvent bénédictin, d'abord réhabilité en hospice, abrite l'École des Beaux-Arts.

LES BASSINS DE LUMIÈRES

Base sous-marine ✆ 05 35 00 00 90
www.bassins-lumieres.com

10h-19h (avril-septembre), 18h (octobre-mars). Gratuit -5 ans. Adulte 13,50 €. Enfant (de 5 à 25 ans) 9 €.

Créée en 1940, la base sous-marine de Bordeaux connaît un nouveau souffle et vit depuis quelques mois un changement haut en couleur. Devenus les Bassins de lumières, les quatre bassins de cette ancienne base militaire ont été transformés et réaménagés afin de devenir aujourd'hui un espace d'art numérique où sont projetées des œuvres d'artistes incontournables. Avec Paul Klee, Gustave Klimt est le premier à avoir ouvert le bal des expositions : une immersion spectaculaire en son et lumière, à travers son œuvre et les différents moments de sa carrière, dont la fameuse période dorée. 2021 met à l'honneur le bleu de d'Yves Klein et le soleil du Sud avec un programme baptisé «Voyages en Méditerranée», autour des peintres Monet, Renoir ou encore Chagall.

Sur le même principe que l'Atelier des Lumières parisien, Les Bassins de Lumières sont divisés en plusieurs espaces, parmi lesquels le Cube, un espace insonorisé de 220 m² et 8 mètres de haut dédié aux artistes contemporains de l'art immersif. La Citerne, sur 155 m² et 7 mètres de haut, fait quant à elle le lien entre les musées et les œuvres d'origine. On trouve aussi les Grands nénuphars, permettant la projection d'images dans l'eau ; un espace musée retraçant l'histoire de la base sous-marine ; un espace pédagogique pour faciliter la compréhension de l'exposition immersive, ainsi qu'une mezzanine, une scène et des gradins, histoire de prendre un peu de hauteur et profiter autrement de ce lieu en passe de devenir un passage obligatoire dans la cité girondine.

CAP SCIENCES ★

Quai de Bacalan
✆ 05 56 01 07 07
www.cap-sciences.net

Ouvert du mardi au vendredi de 14h à 18h ; le week-end de 14h à 19h. Tarifs suivant exposition. Animations.

Musée ludique et familial, Cap Sciences est installé face à la Garonne, au pied du pont Chaban. C'est le rendez-vous pour tous ceux qui veulent comprendre la science, la vie, la terre, l'espace... Ici, on a les réponses à toutes nos questions ! Dans ce hangar entièrement réaménagé, les expositions sont interactives, amusantes et pédagogiques. Dès l'âge de 3 ans, des animations sont proposées (sur réservation). Des ateliers variés sont programmés toute l'année, selon l'âge et la thématique désirée (chimie, archéologie, astronomie...). Incontournable !

CAPC - MUSÉE D'ART CONTEMPORAIN DE BORDEAUX ★★

7, rue Ferrère ✆ 05 56 00 81 50
www.capc-bordeaux.fr

Ouvert le mardi et du jeudi au dimanche de 11h à 18h, le mercredi de 11h à 20h. Gratuit jusqu'à 18 ans. Adulte : 7 €.

Le CAPC musée d'Art contemporain de Bordeaux propose toute l'année un programme d'expositions temporaires. Il est installé dans l'ancien Entrepôt douanier des denrées coloniales. Dans cet espace gigantesque, les artistes s'approprient les lieux : une salle aménagée de voûtes et de colonnes en pierre, des escaliers dans lesquels on se perd... Sans oublier le centre d'architecture Arc en Rêve, dédié à l'urbanisme. Montez sur la terrasse du Café du Musée pour boire un verre.

LA CITÉ DU VIN ★

1, esplanade de Pontac
✆ 05 56 16 20 20 - www.laciteduvin.com

Horaires sur le site. Adulte : 20 € (billet Parcours permanent + accès au belvédère, dégustation d'un verre de vin).

Musée nouvelle génération à l'architecture audacieuse et emblématique, la Cité du Vin propose un voyage immersif et sensoriel unique à la découverte des multiples facettes du vin. Avec une scénographie innovante, le parcours permanent constitue le cœur de la visite. Le belvédère à 35 mètres du sol propose aux visiteurs une vue panoramique exceptionnelle sur Bordeaux et la Garonne, et les invite à déguster un verre de vin du monde. Expositions temporaires, conférences, spectacles et ateliers de dégustation rythment la vie de la Cité du Vin !

CATHÉDRALE SAINT-ANDRÉ ★★

Place Pey-Berland ✆ 05 56 52 68 10
cathedrale-bordeaux.fr
Ouvert tous les jours du mardi au dimanche de 10h à 13h et de 15h à 19h30. Le lundi, de 15h à 19h30. Visite trésor 2 €.

© JAVARMAN - FOTOLIA

L'imposante cathédrale Saint-André de Bordeaux se dresse fièrement sur la place Pey Berland. Cette cathédrale gothique du XIe siècle est l'un des plus somptueux monuments de la ville. Son histoire est riche, de son édification, à son incendie au XVIIIe siècle, jusqu'à sa restauration un siècle plus tard. Aujourd'hui inscrite au patrimoine mondial de l'UNESCO, elle figure parmi les étapes du chemin de Saint-Jacques-de-Compostelle, avec deux autres lieux de culte bordelais : la basilique Saint-Michel et la basilique Saint-Seurin.

DARWIN - CASERNE NIEL

87, quai de Queyries
✆ 05 56 77 52 06
www.darwin-ecosysteme.fr
Ouvert du lundi au dimanche, voir les horaires sur le site.

Darwin, c'est l'écosystème alternatif de la rive droite de la Garonne. Un lieu foisonnant dédié à l'innovation, la création et aux initiatives éco-créatives implanté dans les magasins généraux de l'ancienne caserne Niel. Lancée en 2008 avec la réhabilitation écologique des anciens bâtiments militaires, l'aventure Darwin est aujourd'hui bien installée dans la vie bordelaise. L'espace Darwin accueille aujourd'hui plus d'une centaine d'entreprises et d'associations qui ont pris leurs marques ici et représentent près de 350 emplois dans sa pépinière d'entreprises. À Darwin, vous trouverez aussi un skatepark géant, une ferme urbaine, une supérette bio, un bar, un restaurant, des chambres d'hôtes éco-labellisées, un espace bien-être pour enfants et adultes et même un lycée ! Dans ce grand espace de partage, on pratique les arts martiaux, la sophrologie, la danse ou la relaxation en famille. Des massages, des ateliers Montessori pour les plus petits et des séances d'aromathérapie sont également au programme. Le lieu dégage une énergie sauvage propice aux échanges et à la création. Des volumes démesurés qui ont gardé le charme de la récup', un bistrot-réfectoire qui assure les brunchs du dimanche et les petits plats en semaine, et le café torréfié sur place à toute heure de la journée. Des activités, des marchés, des concerts, vide-greniers ou autres rencontres alternatives ont lieu dans ce lieu atypique et convivial, et font de ce site l'un des plus dynamiques de l'agglomération bordelaise. À découvrir !

LA CITÉ MONDIALE

20, quai des Chartrons

Située à mi-chemin entre les quais et la place du Marché des Chartrons, la Cité Mondiale est un bâtiment conçu par Michel Pétuaud-Letang, lors de la réhabilitation du quartier. Initialement construit pour abriter la Cité du Vin, il est finalement devenu un centre d'affaires. Près de cinquante sociétés sont installées, dont la banque CIC qui a racheté la Cité Mondiale, ainsi que le Club Pernod. L'hôtel Mercure domine l'ensemble avec son hôtel tout confort et son restaurant dont une annexe ouvre l'été sur la terrasse panoramique.

GRAND THÉÂTRE - OPÉRA DE BORDEAUX ★★★

Place de la Comédie
✆ 05 56 00 85 95
www.opera-bordeaux.com
Visite guidée à 14h30, 16h et 17h30. Tarif : 6 € - Gratuit pour les -28 ans. Réservation obligatoire.

Monument emblématique et chef-d'œuvre architectural de la ville de Bordeaux, le Grand Théâtre occupe une place de choix. Point de départ de la rue Sainte-Catherine et des allées de Tourny, cet édifice est l'œuvre de l'architecte Victor Louis. À l'extérieur, observez la façade et ses douze colonnes corinthiennes surplombées d'autant de statues antiques. Dans la salle, levez les yeux au plafond : la coupole est l'œuvre de l'artiste Robin et le lustre est constitué de cristaux de Bohème.

GROSSE CLOCHE ★

1, rue Saint-James
✆ 05 56 48 04 24
www.bordeaux-tourisme.com
De juin à septembre : visite tous les jours toutes les 45 minutes de 13h à 19h par groupe de 5 personnes. Adulte : 5 €.

Au Moyen Age, la Grosse Cloche faisait partie des remparts de la ville, avant de subir de nombreuses modifications. Rare monument de cette époque que Bordeaux a conservé, le lieu fut transformé en prison – on peut d'ailleurs voir aujourd'hui des dessins et inscriptions des détenus qui décomptaient leurs jours d'enfermement – avant de devenir un des plus touristiques beffrois de France. Si vous aimez voyager dans le temps, optez pour une visite guidée. N'oubliez pas de venir à la nuit tombée, quand la Grosse Cloche est éclairée de lumières bleues !

GR® BORDEAUX MÉTROPOLE

La Boucle Verte est un itinéraire de grande randonnée de 160 km, balisé en rouge et blanc, le premier GR métropolitain de France. Le projet a été engagé en partenariat avec la Fédération Française de Randonnée Pédestre. Il traverse 17 communes, dont Bègles, Bordeaux, Gradignan, Mérignac ou encore Saint-Médard-en-Jalles, et relie les principaux espaces naturels et parcs urbains de la métropole. Il passe de plaines douces en coteaux panoramiques, de berges réhabilitées en marais préservés et offre de magnifiques points de vue uniques sur l'agglomération.

HOTEL FRUGÈS

63, place des Martyrs de la Résistance
✆ 05 56 00 66 00
www.visiter-bordeaux.com/
Ouvert à la visite lors des Journées du Patrimoine.

L'hôtel Frugès a été construit entre 1912 et 1927 par Pierre Ferret pour Henry Frugès. Passionné d'art et d'architecture, cet industriel sucrier, amoureux de l'Orient, souhaite faire de son hôtel « un petit musée des arts et des techniques du début du XXe siècle ». Dans cet hôtel particulier se mêlent des influences Art nouveau, Art déco, orientalisme… C'est une œuvre unique à laquelle vont contribuer de nombreux artistes de l'époque. Très attaché aux thèmes naturalistes pour sa demeure, on suppose qu'il a aussi imaginé le décor de son jardin.

JARDIN BOTANIQUE DE BORDEAUX ★

✆ 05 56 52 18 77
www.jardin-botanique-bordeaux.fr
Jardin ouvert de 8h à 18h l'hiver (20h l'été). L'accès aux serres et aux salles d'expositions : 4 €.

Le Jardin botanique de la Bastide est riche de 1 700 plantes et reconstitue plusieurs paysages naturels du bassin aquitain. Le chemin proposé répond à une certaine logique chronologique et ludique. Vous découvrirez notamment le jardin aquatique, les champs de culture, le jardin vertical, conçu comme une promenade parmi les plantes grimpantes, le verger, les serres, qui s'étendent sur 750 m², et également des parcelles pédagogiques pour tous ceux qui souhaitent s'initier au jardinage.

Grand Théâtre de Bordeaux.

JARDIN PUBLIC DE BORDEAUX ★★

Cours de Verdun

Ouvert toute l'année et tous les jours à partir de 7h. Horaires de fermeture de 18h à 21h selon la saison.

Au XVIIIe siècle, l'intendant Tourny décida la création d'un vaste jardin d'agrément sur le thème des sciences de la nature, avec un arboretum, des serres tropicales, une bibliothèque spécialisée, des herbiers et un Muséum d'Histoire naturelle. En 1858, un jardin botanique est implanté au cœur du Jardin public, riche de 3 000 espèces végétales, auxquelles vient se greffer une bibliothèque riche d'environ 6 000 ouvrages, d'herbiers constitués de plus de 300 000 planches, et un catalogue annuel de graines regroupant 700 références. D'abord dessiné à la française, le Jardin public fut transformé à l'anglaise au XIXe siècle.

Aujourd'hui, ses 10 hectares de verdure en font un incontournable lieu de promenade et de détente familiale en plein centre-ville. On flâne le long de la rivière serpentine, on traverse les jolis ponts du bassin en fer forgé, on observe les nombreux oies et canards qui ont élu domicile et on admire la belle cascade artificielle. Le Jardin public abrite également, mercredi, samedi, dimanche (et tous les jours pendant les vacances), le guignol Guérin, un théâtre de marionnettes animé par la même famille depuis plus de 150 ans ! Le carrousel à l'ancienne séduira petits et grands enfants. Enfin le café-restaurant L'Orangerie, fermé depuis de longs mois, a été repris par l'ancien patron de la brasserie L'Orléans et du Café Bellini. La terrasse en bordure du parc offre une jolie vue sur la verdure, et l'intérieur est décoré avec beaucoup de charme.

MAISON DE JEANNE LARTIGUE

Impasse Rue-Neuve

Cachée dans une petite cour, elle-même située au fond d'une impasse, se trouve « l'houstau de Carles » où vivait Jeanne de Lartigue, qui devient en 1715 l'épouse du philosophe Montesquieu. Cette maison du XVIe est caractéristique des habitations de l'époque : un escalier à vis, deux passages couverts (un en pierre, un en bois) superposés, où s'ouvrent deux arcs en plein cintre. La façade Renaissance est décorée de deux bustes supportant la galerie du bas.

MECA

54, quai de Paludate

Ouvert du mardi au samedi de 13h à 18h30. Premier dimanche du mois de 13h à 18h30. Tarif : 1 € symbolique ou plus.

La Maison de l'économie créative et culturelle se remarque par son architecture audacieuse de 14 000 m², 120 mètres de long et 37 mètres de haut. Elle réunit le FRAC, les agences culturelles OARA/ALCA et une résidence d'artistes avec 1 200 m² d'espaces d'expositions et 900 m² de réserves. Cet ensemble permet de faire une pause-café, de s'attabler au restaurant, d'assister à un spectacle, d'écouter une conférence ou d'assister à une projection. Les visiteurs profitent même d'un superbe point de vue depuis une immense terrasse à 25 mètres de hauteur.

MIROIR D'EAU ★★★

Quai de la Douane

Le miroir d'eau fonctionne tous les jours de 10h à 22h (sauf de novembre à avril pour cause de maintenance).

Le Miroir d'eau est un lieu incontournable le long des quais. A sec, c'est une immense ardoise. Dès les beaux jours, le pavage est recouvert de 2 centimètres d'eau qui transforment la dalle en un immense miroir dans lequel la place de la Bourse se reflète. Il se remplit en 3 minutes et 15 minutes les brumisateurs se mettent en place. L'eau est traitée et recyclée. Petits et grands enfants ont vite pris l'habitude de jouer avec les volutes ou les reflets ! Le soir venu, le spectacle continue avec l'illumination de la façade de la Bourse. Tout simplement magique !

MONUMENT AUX GIRONDINS

Place des Quinconces

À la fin du XIXe siècle, Bordeaux souhaite édifier un monument en hommage aux députés girondins victimes de la Terreur. De style pompier, l'ensemble est constitué de deux fontaines en bronze qui célèbrent la Concorde, la Fraternité, la Force et la République, et bannissent les Mensonges, le Vice et l'Ignorance, mêlées à des chevaux marins crachant des jets d'eau. Quant à la colonne de 43 mètres de haut, surmontée de la Liberté brisant ses chaînes d'une main et tenant dans l'autre les palmes de la liberté, elle veille toujours sur la place, face au fleuve.

DISTILLERIE MOON HARBOUR

492, boulevard Alfred Daney
✆ 05 56 29 86 60
www.moonharbour.fr

Du mardi au vendredi à 11h, 16h30 et 18h, le samedi à 11h, 14h30 et 17h. Visite à partir de 15 € par personne.

Produire un whisky 100 % bordelais dans la capitale du vin, il fallait oser ! C'est dans un ancien bunker que la distillerie prend forme en 2017. Yves et Jean-Philippe créent la marque Moon Harbour, un clin d'œil au port de la Lune. Cette belle entreprise a d'abord donné naissance au Pier 1 – Premium Blended Whisky à 45°8, un assemblage des meilleurs whiskies finis en France, durant 3 à 6 mois, puis au Pier 2, un blended malt tourbé, fini en fûts de Grands vins de Bordeaux Rouge. Aujourd'hui la distillerie produit du gin, Moon Gin, distillé en une seule fois.

MUSÉE D'AQUITAINE ★★

20, cours Pasteur ✆ 05 56 01 51 00
www.musee-aquitaine-bordeaux.fr
Ouvert du mardi au dimanche de 11h à 18h. Gratuit jusqu'à 18 ans. Adulte : 5 €. Tarif réduit : 3 €. Audioguide : 2,50 €

Installé dans l'ancienne faculté des Lettres et des Sciences construite au XIXe siècle sur l'emplacement du couvent des Feuillants où Michel de Montaigne fut enterré en 1592, ce musée est l'un des plus grands musées d'histoire en France de province. Chaque année, il est fréquenté par 150 000 visiteurs. Non loin de la place Pey-Berland, il abrite de prestigieuses collections d'archéologie, d'histoire et d'ethnographie régionale et extra-européenne retraçant l'histoire de Bordeaux et de sa région.

À découvrir particulièrement les espaces rénovés consacrés au XVIIIe siècle «Bordeaux, le commerce atlantique et l'esclavage», et au XIXe siècle et à l'entre-deux-guerres «Bordeaux, port(e) du monde 1800-1939». Leur scénographie innovante est enrichie de vidéos, d'ambiances sonores et de supports multimédias ludiques et intéressants. Parallèlement à ses collections permanentes, le musée d'Aquitaine propose aussi, chaque année, des grandes expositions temporaires. 28 000 m² sont consacrés à l'histoire et à l'ethnologie régionale, de la préhistoire à nos jours. Les collections réunissent environ 700 000 pièces, qui sont distribuées en trois grands domaines : archéologie, histoire et ethnographie. Elles sont présentées selon un parcours chronologique et thématique. Notez également qu'une importante section d'arts d'Afrique et d'Océanie témoigne de l'importance de l'activité portuaire de la ville dans le passé. À noter que le musée dispose d'une agréable bibliothèque pour travailler et d'une boutique-librairie.

MUSÉE DES ARTS DECORATIFS ET DU DESIGN ★

39, rue Bouffard
✆ 05 56 10 14 00
www.madd-bordeaux.fr
Ouvert du mercredi au lundi de 11h à 18h. Gratuit jusqu'à 18 ans. Adulte : 5 €. Visite guidée. Restauration.

Le musée des Arts décoratifs de Bordeaux est installé dans un hôtel particulier, l'hôtel de Lalande construit en 1779 « entre cour et jardin » pour la famille du parlementaire Lalande. Il a été remeublé proposant ainsi un aperçu vivant de l'art de vivre d'une classe sociale privilégiée, au moment de la Révolution française. Les collections du musée, mobilier, meubles portuaires, céramique, verrerie, orfèvrerie, instruments de musique et de mesure, miniatures, arts de la table ou objets de l'intime constituent un riche exemple des arts décoratifs français, et en particulier bordelais, des XVIIIe et XIXe siècles et un témoignage sur l'histoire de Bordeaux, ville des Lumières et grand port de négoce au XVIIIe siècle. Le musée présente ses collections permanentes sur les trois étages du corps central de l'hôtel. Les expositions temporaires sont accueillies dans un espace de 300 m² pris sur les communs. Quatre petits salons sont consacrés à la collection Jeanvrot sur les Bourbons de la Restauration. Les faïenceries bordelaises, fabrique de Hustin, manufacture de porcelaine dite des Terres de Bordes et pour le XIXe siècle, les manufactures de faïence fine de David-Johnston et de Vieillard, sont en outre abondamment représentées dans le musée. Tous les jeudis à 19h, le musée invite le public à venir écouter l'intervention d'un acteur du monde des Arts décoratifs ou du design ou à assister à une présentation d'un thème spécifique lié aux collections.

MUSÉE DES COMPAGNONS

112, rue Malbec
✆ 05 56 92 05 17
Pas de visite en individuel. Ouverture uniquement pour les groupes (à partir de 10 personnes sur réservation) : 7 €.

C'est dans une magnifique bâtisse de caractère que vous pourrez découvrir le monde incroyable des Compagnons du Tour de France. Ce musée est dédié à l'histoire de cette institution, présente depuis plus de huit siècles. Les Compagnons ont participé aux réalisations des plus grands monuments comme la tour Eiffel ou les cathédrales, pour aujourd'hui faire partie de grandes aventures de restauration d'ouvrages d'exception. Dans ce musée, vous pourrez admirer les maquettes, notamment un baldaquin monumental représentant les principaux monuments de la ville.

MUSÉE DU VIN ET DU NÉGOCE ★

41, rue Borie
✆ 05 56 90 19 13
www.museeduvinbordeaux.com
Ouvert toute l'année. Tous les jours de 10h à 18h. Gratuit jusqu'à 18 ans. Adulte : 10 € (avec dégustation de 2 vins).

L'idée de ce musée ? Promouvoir l'histoire du négoce du vin à Bordeaux et l'histoire particulière du quartier des Chartrons. Dans trois caves semi-enterrées, le musée présente au public une collection d'objets historiques uniques retraçant le commerce des vins de Bordeaux. Il s'agit ici de décrire l'évolution du métier de négociant, depuis le privilège des vins de Bordeaux depuis le Moyen Age jusqu'à nos jours, en passant par le travail dans les chais et les exportations.

© LEONID ANDRONOV - FOTOLIA

Le Palais Rohan.

MUSÉE MER MARINE

89, rue des Étrangers
✆ 05 57 19 77 73
www.mmmbordeaux.com
Ouvert du mercredi au vendredi de 10h30 à 18h ; le week-end et les jours fériés de 10h30 à 19h. Adulte : 14 €.

Le Musée Mer Marine de Bordeaux a ouvert ses portes en 2019 dans un bâtiment atypique, où une collection de 10 000 objets de marine (maquettes et bateaux grandeur nature, instruments de navigation, cartes et atlas) et œuvres d'art sont désormais accessibles au public. Si le rez-de-chaussée et le premier étage sont consacrés à l'histoire de la mer et aux aventures humaines, le second étage met à l'honneur l'exploration océanographique. Une scénographie moderne et interactive mêle des objets de collection et des dispositifs multimédias.

MUSÉE NATIONAL DES DOUANES ★★

1, place de la Bourse ✆ 09 70 27 57 66
www.musee-douanes.fr
Ouvert du mardi au dimanche de 10h à 18h sauf 25 décembre et 1er janvier. Gratuit jusqu'à 18 ans. Adulte : 4 €.

Sous de magnifiques voûtes défilent les grandes étapes historiques de l'administration douanière française. Documents d'archives, uniformes et armes, maquettes, instruments de travail (dont la grande balance de l'Hôtel des Fermes datant de 1783) et œuvres d'art acquises, dont un Claude Monet, sont ainsi présentés. Depuis 1984, le musée a enrichi ses collections et rassemblé plus de 13 000 objets ainsi qu'une photothèque regroupant plus de 20 000 clichés !

MUSEUM SCIENCES ET NATURE

5, place Bardineau
✆ 05 24 57 65 30
Ouvert du mardi au dimanche de 10h30 à 17h30. Adulte : 7 €. Enfant (de 6 à 18 ans) : 3 €.

Le Museum de Bordeaux a rouvert ses portes après d'importants travaux. Situé dans le Jardin public, l'Hôtel de Lisleferme, qui abrite les collections, a été agrandi pour accueillir des expositions temporaires et faciliter l'accessibilité au public. Expositions temporaires et semi-permanentes côtoient le parcours muséographique très ludique avec des dispositifs interactifs, un spectacle multimédia, ainsi qu'un « Musée des Tout-petits », pour l'éveil des moins de six ans.

PALAIS ROHAN ★★

Place Pey-Berland
Visite guidée le mercredi à 14h30 et le vendredi à 10h. Adulte : 5 €. Enfant : 3,50 €. Pas de billetterie sur place.

Juste à côté de la Cathédrale Saint-André se trouve le Palais Rohan. Une visite commentée permet de découvrir ce monument construit en 1772 sous l'initiative de l'archevêque Mériadec de Rohan. Archevêché jusqu'à la Révolution, Hôtel du département, siège du tribunal révolutionnaire en 1791, Hôtel de la préfecture en 1802, Palais impérial de Napoléon Ier en 1808, château royal en 1815 sous Louis XVIII, il devient l'Hôtel de Ville de Bordeaux en 1837. Pendant la visite, n'oubliez pas d'admirer l'escalier d'honneur monumental : il vaut le coup d'œil.

PARC BORDELAIS

Rue du Bocage

Ouvert tous les jours à partir de 7h. Fermeture entre 18h et 21h selon les saisons.

Parc historique situé dans le quartier de Caudéran, le Parc Bordelais est né à l'initiative de Camille Godard qui légua sa fortune à la ville pour créer cet espace destiné à être « la campagne de ceux qui n'en ont pas ». Le parc voit ainsi le jour en 1885. Sur une superficie de 28 hectares, les végétaux, les bosquets, un bois en étoile et une rivière d'un hectare enchanteront les promeneurs. De nombreuses attractions sont pour la famille : petit parc animalier, balades nautiques, petit train, manèges, attelages mécaniques et théâtre de marionnettes.

PASSAGE SARGET

19, cours de l'Intendance

Ouvert de 8h à 20h

La remontée du cours de l'Intendance permet d'admirer plusieurs hôtels particuliers : l'hôtel Pichon au n° 4 et dont le premier étage date du XVIIe siècle, Acquart au n° 5 qui fut érigé au XVIIIe siècle par Emile Combes. Le passage Sarget, passage couvert, a été emprunté par de nombreux princes, rois et chefs d'Etat : Louis XIII, Louis XIV, Marie et Catherine de Médicis, le général de Gaulle et Elisabeth II d'Angleterre. De nos jours, des boutiques ont pris possession des lieux. À la sortie, vous rejoignez l'église Notre-Dame, place du Chapelet.

PLANS EN RELIEF POUR HANDICAPÉS

La ville de Bordeaux a implanté quatre « plans-relief » en bronze face au Grand-Théâtre, Porte Cailhau, place Pey Berland et devant la Cité du vin, et correspondant à quatre secteurs touristiques : le quartier de l'Hôtel de Ville, le secteur place de la Comédie-îlot Louis, le quartier Saint-Pierre et Bacalan. Ils permettent aux malvoyants de mieux visualiser les quartiers dans lesquels ils se trouvent. Les plaques sont également écrites en braille.

PARC FLORAL DE BORDEAUX ★

Avenue de Pernon

www.bordeaux-tourisme.com

Ouvert toute l'année à partir de 8h30. Heures de fermeture variables en fonction des saisons.

En cumulant les superficies du parc floral, du bois de Bordeaux et du lac, ce sont plus de 150 hectares de nature et de verdure ouverts aux amoureux du grand air. De plus, des installations sportives permettent de pratiquer des activités à prix intéressants. Vous y verrez un torrent montagnard constitué de galets et rochers directement prélevés dans le Gave des Pyrénées, de superbes espèces d'iris, de pivoines, de camélias... et surtout une remarquable roseraie de 5 000 m² illustrant l'histoire de la rose de l'Antiquité à nos jours.

TOUR PEY-BERLAND ★

Place Pey-Berland

✆ 05 56 81 26 25

www.pey-berland.fr

Basse saison tous les jours de 10h à 12h30 et de 14h à 17h30. Haute saison tous les jours de 10h à 18h. Adulte : 6 €.

La Tour Pey Berland est le clocher de la cathédrale, érigé entre 1440 et 1466. Au XVe siècle est bâti cet édifice gothique flamboyant. L'édifice doit son nom à l'archevêque Pey-Berland (vers 1370-1458), artisan du renouveau de l'Eglise en Aquitaine alors sous la domination anglaise. La visite, limitée à 19 personnes en simultané, nécessite d'être en forme, car il faut gravir les 229 marches d'un escalier à vis pour découvrir la charpente du beffroi, les quatre cloches et la vue exceptionnelle sur Bordeaux et ses monuments. A découvrir !

ÉCOMUSÉE DE LA VIGNE ET DU VIN

238, cours du Général de Gaulle - **GRADIGNAN**
✆ 05 56 89 00 79
www.ville-gradignan.fr

Ouvert le mercredi, le vendredi, le samedi de 14h à 18h et le deuxième dimanche du mois de 14h à 18h et sur réservation.

L'Ecomusée de la vigne et du vin, installé dans un cadre pittoresque, fait découvrir le monde fascinant de la viticulture à travers les âges. Dans l'ancienne ferme du Sabatey, une exposition rassemble de plus de 400 pièces et outils traditionnels utilisés de 1850 et 1950. La vigne, sa culture, ses maladies, les secrets des chimistes du vin et le savoir-faire de génération en génération... Rien ne vous échappera, pas même une dégustation de vins des Graves !

MUSÉE DE SONNEVILLE

1, rue de Chartrèze - **GRADIGNAN**
✆ 05 56 75 28 03 - www.gradignan.fr/culture/musees/musee-de-sonneville-396.html

Ouvert du vendredi au dimanche et les jours fériés de 14h à 18h. Sauf le 1er mai. Gratuit.

Dans le prieuré de Cayac, on découvre les œuvres de Georges de Sonneville, un grand peintre bordelais des « années folles », créateur du Salon des Indépendants, mémorialiste du port de Bordeaux et du vignoble des Graves, et celles de son épouse Yvonne Préveraud. La collection, renouvelée chaque mois, est riche de plus de 80 peintures à l'huile, mais aussi de plusieurs centaines d'œuvres graphiques : dessins, affiches, carnets de croquis, esquisses. Le musée accueille également une programmation d'expositions temporaires ponctuées d'animations pluridisciplinaires.

LA FERME URBAINE DES IRIS

8, rue Sourbes
LORMONT
✆ 05 57 77 63 40

Basse saison ouvert tous les jours de 8h30 à 19h. Haute saison tous les jours de 8h30 à 20h. Gratuit.

Sur les hauteurs de Lormont petits et grands peuvent se balader librement dans un parc de 5 hectares pour voir ânes gascons, poneys, brebis blanches du Massif central, lapins, chèvres et boucs pyrénéens, mais aussi plusieurs gallinacés, des cochons d'Inde et une truie vietnamienne. Le parc offre un bel espace vert à l'heure du goûter, ainsi que quelques jeux pour les enfants. Certains animaux sont récupérés auprès de particuliers ou confiés par le Conservatoire des races d'Aquitaine.

PARC DE L'ERMITAGE SAINTE-CATHERINE

Chemin du Rouquey - **LORMONT** ✆ 05 57 77 63 27
www.gironde-tourisme.fr/patrimoine-culturel/parc-de-lermitage-sainte-catherine

Ouvert toute l'année, tous les jours. Accès libre et gratuit. Ferme des Iris : de 8h à 20h.

Le parc de l'Ermitage, implanté sur une ancienne friche industrielle, est classé en zone naturelle d'intérêt écologique, floristique et faunistique. Les promeneurs découvrent des sentiers offrant un dépaysement assuré. Depuis le belvédère, on admire la vue panoramique sur la Garonne et le pont d'Aquitaine. On est aussi agréablement surpris par les occupants de la ferme des Iris où paissent tranquillement chèvres, ânes et poneys, pour le plus grand bonheur des enfants.

CHÂTEAU PEYCHOTTE

78, avenue des Eyquems
MÉRIGNAC

Egalement baptisé la Maison Carrée d'Arlac, le Château Peychotte est une curiosité architecturale. Emblème de la ville, cette bâtisse vous donnera l'impression d'être devant la Maison Blanche. Pour la petite histoire, elle a été construite entre 1786 et 1789 – avant la construction de la résidence du président américain en 1792 – par le banquier Samuel Peixotto, pour en faire son habitation personnelle. Hôpital pendant la première guerre mondiale, puis classée monument historique en 1963, elle est achetée par Mérignac en 1990 pour un franc symbolique !

ASSOCIATION ÉCOSITE DU BOURGAILH

179, avenue de Beutre
PESSAC
✆ 05 56 15 32 11
www.bourgailh-pessac.fr

Cette structure est dédiée à l'environnement et à la protection de la nature. Elle poursuit cet objectif lors d'animations dans la Forêt du Bourgailh – un Espace Naturel Sensible de 110 hectares – lors d'interventions techniques et pédagogiques extérieures, ainsi que lors de formations professionnelles. L'association aborde la Biodiversité, le Jardin, la Faune et la Flore, le Bien-être, l'Alimentation ou encore l'Astronomie par des ateliers, événements, balades naturalistes...

CITÉ FRUGÈS LE CORBUSIER ★

4, rue Le Corbusier - **PESSAC**
✆ 05 56 36 56 46
www.pessac.fr
Ouvert du mercredi au samedi de 10h à 13h et de 14h à 18h ; le dimanche de 14h à 18h et 19h selon la saison.

Construite en 1926 par l'architecte Le Corbusier et sur commande de l'industriel sucrier Henri Frugès, cette cité propose une vision novatrice de l'architecture et de l'habitat social. Elaboré sous la forme d'une cité-jardin, l'ensemble pavillonnaire comprend 50 habitations. Les quartiers modernes Frugès sont le premier projet à grande échelle du Corbusier. La maison, située 3 rue des Arcades, est classée Monument historique. La Ville de Pessac a acquis une maison gratte-ciel, transformée en maison Frugès-Le Corbusier, ouverte à la visite.

FORÊT DU BOURGAILH

160, avenue de Beutre
PESSAC
www.pessac.fr
Ouvert toute l'année. Animations par la Ville de Pessac et l'Association Ecosite du Bourgailh. Espace accueil en saison.

Cet écrin de verdure est l'un des espaces verts naturels les plus importants de l'agglomération bordelaise. Déjà fréquenté par les amoureux de la nature, les sportifs et les promeneurs, de récents travaux ont permis de créer de nouveaux espaces ! Connu pour ses trois belvédères et ses sentiers propices à l'observation de la nature, sa serre tropicale, son jardin et son potager pédagogique, le site dispose désormais d'une grande aire de jeux, un théâtre de nature et de nombreux aménagements sportifs. On y trouve aussi un refuge périurbain.

ZOO DE BORDEAUX PESSAC ★★

3, chemin du Transvaal
PESSAC
✆ 05 57 89 28 10
www.zoo-bordeaux-pessac.com
Haute saison ouvert tous les jours de 9h30 à 19h. Adulte : 16,50 €. Enfant de 3 à 11 ans : 12 €.

Ouvert en 1976, le zoo occupe un site de 5 hectares sur lequel vivent environ 250 animaux d'une centaine d'espèces. Il est la propriété depuis 2008 du syndicat mixte du pôle touristique du Bourgailh (Bordeaux Métropole, la ville de Pessac et la ville de Mérignac). Partez pour un grand voyage de la brousse africaine à l'Asie en passant par l'Amérique du Sud. Venez découvrir tour à tour autruches, lions, wallabies, tigres, makis, pandas roux, tapirs, girafes, servals, chats pêcheurs, loutres d'Asie. Avec des rendez-vous pédagogiques et des panneaux informatifs permettant d'en apprendre plus. Devenez aussi soigneur d'un jour. Il est possible d'entrer dans certains enclos, comme celui des chèvres ou dans la volière des loriquets. Observez les lémuriens au travers d'un labyrinthe qu'ils sont les seuls à pouvoir traverser. Le zoo soutient des actions de conservations sur le terrain afin de préserver directement les milieux de vie des espèces. Vous pouvez aussi dormir au zoo dans l'un des deux tout nouveaux lodges. Elles sont communicantes spacieuses et confortables et peuvent donc accueillir une dizaine de personnes. En fonction de votre choix, vous aurez vue sur l'espace des tigres blancs ou celui des jaguars, vous pourrez les observer en toute tranquillité. Sachez que la réservation d'un lodge pour une nuit permet de rentrer gratuitement au zoo. Une loggia extérieure comprend un bain nordique, pour des moments de détente assurés. Vous avez aussi la possibilité de profiter d'un menu gourmet préparé par un chef étoilé.

Visite guidée de la Forêt du Bourgailh.

SE LOGER

Pour un week-end ou pour une semaine, le choix du logement est stratégique. Chaque année, la ville de Bordeaux accueille de plus en plus de touristes, attirés par son patrimoine et sa douceur de vivre. Le choix d'hébergement est donc vaste et dans chaque quartier vous trouverez des solutions adaptées à vos besoins et à votre budget. Passer la nuit dans le centre historique de Bordeaux est une excellente idée si l'on veut profiter au mieux de l'ambiance particulière de la vieille ville. Attention tout de même, c'est ici que les tarifs seront les plus élevés, particulièrement dans le Triangle d'Or entouré des plus beaux monuments. Pour un séjour typique et plein de charme, nous vous conseillons de dormir dans le quartier des Chartrons, réputé pour son esprit bohème et son ambiance de village. Néanmoins, dans toute la ville se nichent de séduisantes petites adresses dont nous avons fait une sélection.

APPART-HÔTEL MER & GOLF €

21, rue de Gironde
© 05 57 85 87 00
www.meretgolf.com

Ouvert toute l'année. Réception ouverte de 7h-12h30 et 14h-22h (sauf dimanche, fermeture à 21h). Réception multilingue.

Cette résidence hôtelière, dont la forme rappelle celle d'un paquebot, est située au cœur du nouvel écoquartier des Bassins à flot, près de nombreux points d'intérêts phares de la ville, parmi lesquels la Cité du Vin, le Musée de la Mer et de la Marine et les quais de la Garonne. Grâce au tramway, vous serez proche du centre historique, de la gare TGV et du parc des expositions. L'établissement propose 104 logements spacieux, climatisés pouvant héberger jusqu'à 4 personnes, avec une cuisine équipée et tout le confort nécessaire pour passer un bon séjour.

BERNARD MAGREZ LUXURY WINE EXPERIENCE €

PESSAC
© 05 57 26 38 38
www.luxurywineexperience.com

Bernard Magrez, propriétaire de quatre Grands Crus Classés, vous accueille dans ses prestigieux Châteaux pour vous faire vivre des expériences qui vous plongent au cœur de l'Art de Vivre à la Bordelaise. Entre demeures historiques, terre et mer et grands vignobles, posez vos valises dans des chambres au grand confort ! Vous aurez la possibilité de visiter les vignes, déguster les vins, profiter de la gastronomie, en clair de vivre la région bordelaise de la plus belle des manières.

FASTHÔTEL €

Avenue de la Prairie - **ARTIGUES-PRÈS-BORDEAUX**
© 05 56 40 13 30
www.fasthotel.com

Chambre simple à partir de 49 €. Petit déjeuner : 6,90 €. Parking inclus. Wifi gratuit. Restauration. Tv satellite.

Cet hôtel, situé en périphérie bordelaise, propose des chambres doubles et triples à des tarifs particulièrement avantageux. Les chambres sont équipées comme dans les catégories supérieures : literie de qualité, lavabo, douche et toilettes, téléphone, réveil automatique, TV, Canal+ et TV satellite et wifi. Son restaurant Le Pub est ouvert le soir uniquement, avec en prime terrasse et barbecue. L'hôtel se situe à 20 mètres d'un parcours sportif dans un parc boisé. Les couche-tard ne trouveront pas porte close grâce au distributeur de clés de 23h à 7h.

HOSTEL 20 €

20, rue Bonie
© 06 65 52 16 80
www.hostel20-bordeaux.com

A partir de 28 € la nuit par personne en dortoir. Chambre double à 63 €. Petit déjeuner : 3 €. Dîner familial à 5 €.

Cette auberge de jeunesse est nichée dans une jolie maison. La décoration contemporaine est colorée. Quelques tables ont été aménagées dans un petit patio pour prendre un verre ou le petit déjeuner. L'hébergement est composé de dortoirs de 3 à 8 lits fournis avec liseuse, oreiller, drap, couette, serviette et casier, des chambres doubles et triples, en revanche pas de toilettes ni de sanitaires privés. Hostel 20 propose tous les soirs un dîner familial et organise des soirées dégustation, des tournées des bars et des excursions.

LES REFUGES PÉRIURBAINS €

✆ 05 56 99 84 84

https://lesrefuges.bordeaux-metropole.fr/

Ouvert du 1er mars au 30 novembre 7j/7. Gratuit. Réservation obligatoire sur le site un mois avant la date souhaitée.

Vous voulez passer la nuit dans un lieu insolite et unique ? Rendez-vous dans un des refuges périurbains. Tout autour de la métropole bordelaise sont nichées de drôles d'habitations : un nuage à Lormont, un hamac à Gradignan... Ces œuvres architecturales sont intégrées dans la nature, pour promettre aux aventuriers de vivre une nuit magique hors des sentiers battus. Si les refuges sont gratuits, ils doivent être réservés sur le site internet, au début de chaque mois, pour le mois suivant. Une expérience à vivre seul ou à plusieurs !

LES CABANES DE LA ROMANINGUE €€

Chemin de Bon Ange - **POMPIGNAC**

✆ 05 35 54 62 95

http://cabanes.laromaningue.fr

Dès 59 €/nuit pour 2 avec petits déjeuners à 139 € la bulle avec bains bouillonnants. Panier-repas de 30 à 35 €/pers.

Au cœur du parc du Château La Romaningue, 15 hébergements atypiques sont proposés : bulles, tentes suspendues, cabanes perchées dans les arbres, roulotte et cabane barrique. La dernière ? La Bulle Spa Ambrée, avec une bulle où dormir et un bain nordique installé sur sa terrasse en mélèze. Un petit déjeuner copieux est déposé discrètement le matin, pour un réveil en douceur. Possibilité de paniers-repas pour le dîner, formules « Soirées romantiques » et formules Spa.

BEST WESTERN PLUS GARE SAINT-JEAN €€

15, rue Charles Domercq ✆ 05 56 91 72 16

www.hotel-bordeaux-saint-jean.com

Accueil vélo. Qualité Tourisme. Ouvert toute l'année 24h/24. Chambres à partir de 89 €. PDJ : 16 €. Parking : 16 €. Bar.

A 200 mètres de la gare Bordeaux Saint-Jean se trouve cet excellent hôtel tout confort. Chambres communicantes pour les familles, chambre « Secrète » pour les amoureux… Cet ancien hôtel particulier équipé d'un ascenseur pour desservir ses trois étages permet, qui plus est, d'accueillir les voyageurs en situation de handicap. Au-dessus de votre lit, les œuvres d'Antoine Vit apportent une touche de couleur. La bibliothèque est l'endroit parfait pour se détendre ou travailler.

CENTRAL HOSTEL €€

2, place Saint-Projet

✆ 05 57 59 97 28

www.centralhostel.fr

Ouvert 24h/24. Chambre double dès 125 €. Lit dans un dortoir (6 à 8 lits) : dès 32 €. Menu dès 4 €.

Situé en plein centre-ville, proche de la rue Sainte-Catherine, Le Central Hostel vous accueille avec sa belle terrasse ombragée. L'auberge offre un joli intérieur contemporain et des espaces confortables : lit sur mesure avec veilleuse, store individuel, prise USB, matelas de luxe... Côté restauration, le petit déjeuner est complet (boissons chaudes, jus de fruits frais, viennoiseries, pain chaud) et est ouvert à tous. Des assiettes à partager sont proposées également pour le soir, à déguster lors de leurs événements (blindtest, soirées foot, karaoké...).

C'EST UNE MAISON BLEUE €€

70, rue de Ségur

✆ 06 78 25 85 83

www.bluelodgeinbordeaux.com

Chambre double à partir de 84 €. Petit déjeuner inclus. Lit supplémentaire : 10 €. Lit bébé : 5 €.

« Le baiser » et « Les trois âges » sont les noms très romantiques des chambres d'hôtes de la Maison Bleue. Valérie a joliment aménagé deux chambres d'hôtes dans une belle maison de famille bordelaise, à la façade remarquable et classée. Elle partage avec vous ses valeurs humaines de confiance, de tolérance et de service. Eco-responsabilité et authenticité sont de mise : confitures bio à partir des fruits du jardin soigné aux produits naturels, compost au fond du jardin, linge lavé à la lessive végétale, ménage réalisé avec des produits naturels, etc.

LE CHALET LYRIQUE €€

169, cours du Général de Gaulle - **GRADIGNAN**

✆ 05 56 89 11 59

www.chalet-lyrique.fr

Ouvert toute l'année. Chambre simple à partir de 86 € ; chambre double à partir de 96 €. Petit déjeuner à 9 €.

À quelques minutes de Bordeaux, le Chalet Lyrique offre tous les atouts d'une maison de renom. Les chambres sont uniques dans leur décoration, possédant chacune leur style, un meuble spécifique, une touche de couleur... Côté confort, elles sont équipées de télévision à écran plat, porte-bagage, téléphone et salle de bains. L'hôtel dispose également d'un restaurant de cuisine traditionnelle et propose des spécialités du Sud-Ouest. Aux beaux jours, vous profiterez d'une agréable terrasse avec sa fontaine et ses oliviers centenaires.

LE CLOS DES QUEYRIES €€

38, rue André Degain
✆ 07 66 31 64 66
www.leclosdesqueyries.com
4 chambres. Suite à partir de 195 €. Petit déjeuner inclus. Parking inclus. Séminaires. Wifi gratuit.

Le Clos des Queyries est une maison d'hôtes de caractère située dans un parc arboré de 1 200 m², agrémenté d'un bassin d'ornement naturel. Le décor de cet ancien château du XVIIIe siècle est charmant, atypique et réalisé avec beaucoup de goût. Une salle de séminaire de 60 m² au décor design et bois ouvre sur un comptoir-bar. C'est aussi la salle utilisée pour le petit déjeuner qui peut être servi en chambre ou sur une belle terrasse de 100 m². Il est copieux et de qualité : confiture maison, jus d'orange frais pressé et mini viennoiseries.

COMFORT HÔTEL BORDEAUX MÉRIGNAC €€

99, avenue JF Kennedy - **MÉRIGNAC**
✆ 05 56 55 93 66
85 chambres à partir de 51 €. Petit déjeuner : 9 €. American Express, Diners Club. Animaux acceptés. Wifi gratuit.

Pratique pour les voyageurs en provenance ou à destination de Bordeaux, le Comfort Hôtel de Mérignac est situé à seulement deux kilomètres de l'aéroport et tout proche de la rocade. Appartenant à la chaîne d'hôtels Choice Hotels International, l'hôtel dispose de 85 chambres (dont 3 triples), simples et confortables. Pour votre confort, vous trouverez un distributeur de boissons, des fenêtres double vitrage, un parking privé et bien d'autres petits services appréciables.

CROISIEUROPE €€

Quai des Chartrons
✆ 08 26 10 12 34
www.croisieurope.com
5 jours à partir de 739 € par personne. Restauration. Animations.

Partez à la découverte de Bordeaux et de sa région en naviguant sur la Garonne, la Dordogne et la Gironde. La croisière œnologique permet de découvrir les prestigieux vignobles du Médoc et du Sauternais, les beaux paysages de l'estuaire de la Gironde et les fameuses huîtres du Bassin d'Arcachon. À bord, les cabines ont tout le confort souhaité. Le menu change tous les jours et toutes les boissons sont comprises. Le soir, quartier libre : profitez-en pour vous balader en ville ou profiter des animations à bord. L'équipe est professionnelle et accueillante.

DOMAINE DE RABA €€

35, rue Rémi Belleau - **TALENCE**
✆ 05 57 26 58 28
www.domainederaba-talence.fr
Chambres double et lodges à partir de 183 € la nuit. Parking inclus. Petit déjeuner : 20 €.

Dans un écrin de verdure, ce domaine réunit en un seul lieu deux restaurants, un bar anglais, un bar d'été extérieur, un espace bien-être, un cinéma et des « cocons intimes » pour passer des nuits inoubliables. On a le choix entre quatre lodges au milieu de la nature et cinq chambres situées dans le chai. Les premiers, inspirés de campements napoléoniens, sont des petits havres de paix confortables et élégants. Les chambres sont elles aussi très « nature » : galets de la Garonne, plumes, bois brut et lin. Les petits déjeuners très complets mêlent salé et sucré.

ECOLODGE DES CHARTRONS €€

23, rue Raze
✆ 05 56 81 49 13
www.ecolodgedeschartrons.com
Chambre simple à partir de 110 €, chambre double à partir de 130 €, chambre triple 210 €. Petit déjeuner inclus.

Véronique a réalisé un rêve en achetant et en retapant une maison du XVIIIe siècle pour la transformer en maison d'hôtes. Dans cette maison, elle a privilégié les matériaux naturels comme la chaux, la fibre de bois, la laine de mouton, et a gardé le plancher d'époque qu'elle a restauré. Panneaux solaires, robinetterie avec économiseurs d'eau, ampoules basse consommation lui auront permis d'obtenir l'Ecolabel européen. Ici, les objets ont été chinés et restaurés pour certains, et ont pris place dans la lumineuse salle à manger qui s'ouvre sur la cuisine.

L'ESPRIT DES CHARTRONS €€

17 bis, rue Borie
✆ 05 56 51 65 87
www.lespritdeschartrons.fr
Ouvert toute l'année. Chambre simple à partir de 110 € et chambre double à partir de 125 €. Petit déjeuner inclus.

Décor épuré, beaucoup de charme et de grands espaces pour cet ancien chai de 160 m² entièrement restauré. Les chambres personnalisées sont élégantes et possèdent une literie de qualité, une petite bouilloire électrique pour préparer un thé ou un café, des terrasses privatives, de belles salles de bains avec douche à l'italienne et une baignoire ouverte sur la chambre pour la suite Montaigne. Chaque matin, le petit déjeuner préparé par Brigitte Gourlat, la maîtresse des lieux, est servi en terrasse dès les premiers rayons de soleil.

GATTO VERDE €€

12, rue Stéhélin - **LE TAILLAN-MÉDOC**
✆ 06 10 91 77 29
www.gattoverde.fr
Chambre double à partir de 110 €, suite à partir de 130 €. Petit déjeuner inclus. Wifi gratuit. Piscine extérieure.

La maison d'hôtes Gatto Verde a été réalisée dans un ancien relais de poste datant de 1770. Le charme du bâtiment côtoie aujourd'hui de nombreuses touches modernes. L'environnement est calme et serein. La suite familiale se situe au rez-de-chaussée avec pierres et poutres apparentes. La chambre d'hôte est à l'étage avec vue sur le jardin et la piscine. Toutes les deux ont leur salle d'eau privative avec douche et des w.c. séparés. Le petit déjeuner est servi dans la salle de vie ou en terrasse, au bord de la piscine. Pâtisseries et confitures sont faites maison.

HILTON GARDEN INN €€

17, allée de Rio
✆ 05 64 37 15 10
www.hiltonhotels.com
Chambre double à partir de 95 €, triple à partir de 125 € et suite à partir de 154 €. Petit déjeuner buffet : 18 €.

Installé dans l'ancienne Halle Debat-Ponsan, cet hôtel 4 étoiles très design, présente de nombreux avantages : il est à 5 minutes de la gare de Bordeaux Saint-Jean et des transports en commun. Les chambres contemporaines sont décorées avec soin et les suites ont une superbe vue sur la ville. Babette concept store est à la fois un restaurant, un bar à vin, un corner de vêtements et une galerie d'art… Il est accessible directement de l'hôtel et tout au long de la journée, il propose différents services de restauration. À découvrir !

HÔTEL DE L'OPÉRA €€

35, rue Esprit des Lois ✆ 05 56 81 41 27
www.opera.hotel-bordeaux-centre.com
Accueil 24h/24. 28 chambres. Chambre simple à partir de 56 € ; chambre double à partir de 60 €. Petit déjeuner : 9 €

Coup de cœur pour ce charmant hôtel en plein cœur de Bordeaux, dont les chambres lumineuses ont une vue imprenable sur le Grand-Théâtre. Vous apprécierez l'emplacement en centre-ville, sur la place de la Comédie. De là, vous pourrez profiter de la ville et de ses trésors culturels très facilement à pied. Ou pourquoi pas faire du shopping dans la rue Sainte-Catherine ? Les chambres sont simples mais possèdent toutes un coin bureau et une salle de bain privée. Demandez plutôt une chambre côté cour pour éviter les bruits de la ville. Excellent rapport qualité-prix.

HÔTEL DES 4 SŒURS €€

6, cours du 30 Juillet
✆ 05 57 81 19 20
www.quatre-soeurs.hotel-bordeaux-centre.com
Ouvert toute l'année. 34 chambres. Chambre simple à partir de 70 €. Pension complète : 138 €. Petit déjeuner : 9 €.

Comment faire plus central entre la place des Quinconces et les Allées de Tourny, à deux pas de l'Opéra et de la rue Sainte-Catherine ? L'Hôtel des 4 Sœurs offre un emplacement idéal pour visiter Bordeaux tout en alliant charme et élégance. C'est une véritable institution bordelaise datant de 1841. Les chambres, décorées avec goût, sont sobres et élégantes, confortables et lumineuses, insonorisées, équipées d'un coin bureau et de belles salles de bain. Certaines donnent sur la rue et ont une vue superbe sur la ville, d'autres sur la cour intérieure, au calme.

L'HÔTEL PARTICULIER €€

44, rue Vital Carles
✆ 05 57 88 28 80
www.lhotel-particulier.com
Chambre double à partir de 169 € ; studio à partir de 109 € ; suite à partir de 179 €. Petit déjeuner : 15 €

Cet établissement situé à deux pas de Pey Berland est un petit bijou ! Les studios et appartements sont décorés avec sobriété et raffinement. L'établissement étant dans une rue réservée au tramway, toutes les chambres sont calmes qu'elles soient côté cour ou côté rue. Du côté des chambres d'hôtes, l'ambiance est plus feutrée avec une décoration originale mettant en valeur les atouts du bâtiment : parquets, moulures, cheminées… Coup de cœur pour la suite Ravel avec salle de bain dans la chambre, cachée derrière la tête de lit.

LA MAISON DE SÉBÉA €€

50, rue de Lalande
✆ 06 33 73 57 30
www.maisondesebea-bordeaux.com
Tarifs sur le site. Service de ménage. Restauration. Lave-linge, sèche-linge, lave-vaisselle. Hammam, bain bouillonnant.

Gros coup de cœur pour cette pépite bordelaise ! Sébastien et Béatrice ont créé ces quatre gîtes haut de gamme dans le centre de Bordeaux, à deux pas du tramway et de la mairie. Ils se sont attelés à l'agencement, aux services et à la décoration avec beaucoup d'attention. Le *must* est le gîte Esprit Zen et son hammam, et le gîte El Patio et son bain bouillonnant et Spa de nage sur la terrasse. Cette adresse est idéale pour les grandes réunions de famille (il est possible de louer tout l'ensemble) et les déplacements professionnels.

MERCURE CITÉ MONDIALE €€

18, parvis des Chartrons
✆ 05 56 01 79 79
www.mercure.com

Chambre simple à partir de 99 € ; chambre double à partir de 131 €. Petit déjeuner : 17 €. Parking : 19 €.

Très bien situé au bord de la Garonne, dans le quartier historique des Chartrons, l'hôtel 4 étoiles Mercure Cité Mondiale est idéal pour séjourner à proximité d'un haut lieu de négoce du vin. Les chambres et les suites sont climatisées, spacieuses, confortables et bien équipées. Vous serez séduit par l'une des plus belles vues panoramiques de Bordeaux, offertes depuis le septième étage de l'hôtel. À savoir, l'hôtel se transforme en un centre de congrès pour organiser vos réunions, séminaires et conventions, avec deux vastes salons de restauration panoramiques.

LA MAISON DU LIERRE €€

57, rue Huguerie
✆ 05 56 51 92 71
www.hotel-maisondulierre-bordeaux.com
Chambre simple à partir de 115 € ; chambre double à partir de 125 €. Petit déjeuner buffet : 10 €.

Situé dans une maison avec un agréable patio, La Maison du Lierre est un boutique-hôtel. Tous les objets exposés dans les pièces communes sont en vente. Les clients peuvent ainsi repartir avec bougies parfumées, savons et objets de décoration. Six chambres donnent sur le patio arboré. Elles possèdent un grand lit, une douche à l'italienne et elles sont toutes climatisées. Les gourmands du matin seront ravis de leur petit déjeuner où jus d'orange frais pressé, yaourt et confitures maison sont à déguster avec croissants, pains, céréales et boissons chaudes.

PATIO DE L'INTENDANCE €€

23, cours de l'Intendance
✆ 06 27 61 23 97
www.patio-intendance.fr
Chambre double à partir de 160 € ; studio / appartement à partir de 260 € ; suite à partir de 210 €. Petit déjeuner.

Les chambres d'hôtes du Patio de l'Intendance sont situées à deux pas du Grand Théâtre. La maison s'articule autour d'un sublime patio, d'où son nom. Vous trouverez ici calme et sérénité au cœur de la ville. Les pièces à vivre sont chaleureuses et tapissées de tissu tendu signé Pierre Frey. Il est possible de louer la maison entière, ainsi qu'un somptueux loft de 80 m² haut de gamme : le 23, décoré de boiseries en chêne et couleurs chaudes très tendance. Le loft est orienté plein sud et donne par quatre balcons sur le célèbre cours de l'Intendance.

QUALITY HÔTEL BORDEAUX CENTRE €€

27, rue du Parlement Sainte-Catherine
✆ 05 56 81 95 12
www.qualityhotelbordeauxcentre.com
Chambre simple à partir de 87 € ; chambre double à partir de 95 €. Petit déjeuner : 15 €.

Idéalement situé au cœur du quartier Saint-Pierre, cet hôtel du XIXe siècle a été entièrement rénové et modernisé. Les chambres sont calmes, confortables et climatisées. La décoration apporte des touches de rouge qui viennent réchauffer un mobilier moderne en bois clair. Un écran plat et de beaux cadres viennent parfaire cette ambiance sobre, chic et apaisante, sans oublier la splendide salle de bains pour le plaisir des yeux et du corps. Le personnel est très agréable.

RADISSON BLU €€

63, rue Lucien Faure
✆ 05 56 01 25 00
Chambre double à partir de 135 € ; suite à partir de 255 €. Petit déjeuner buffet : 20 €. Bar et restaurant

Ce nouvel hôtel de la chaîne Radisson Blu est situé au Bassin à flots. Son architecture entre béton, verre et métal est audacieuse. Le lobby est vaste et contemporain. Les chambres allient plutôt design industriel et design maritime. Certaines chambres – et la terrasse – sont face à la marina tout comme le restaurant Wellman situé au premier étage. Dans les assiettes, le chef rend hommage aux produits locaux et aux plats de style bistro revisités. Le petit déjeuner est servi au restaurant Lawton au 5e étage avec une vue panoramique sur la Cité du Vin.

STUDY HÔTEL €€

19, rue Louis Beydts - **LORMONT**
✆ 05 56 81 72 23
www.studyhotel.fr
Studio / appartement à partir de 42 € la nuit, à partir de 250 € la semaine. Petit déjeuner : 8 €.

Situé à 20 minutes du centre historique, Study Hôtel propose des studios entièrement équipés pour de courts ou moyens séjours à prix modérés. Un concept idéal pour les étudiants et les touristes qui veulent découvrir la ville à moindre coût. L'établissement, sobre et moderne, construit en 2015, propose également des salles pour vos séminaires d'entreprises. Study Hôtel offre une prestation complète : cuisine équipée, bureau, TV à écran plat, wifi, petit déjeuner et plateaux-repas. Sans oublier le bel espace extérieur avec transats pour prendre une pause.

LE BOUTIQUE HÔTEL BORDEAUX €€€

3, rue Lafaurie Monbadon
✆ 05 56 48 80 40
www.hotelbordeauxcentre.com
Chambre double à partir de 285 €, appartement à partir de 465 €, suite à partir de 390 €. Petit déjeuner : 18 €.

Cet hôtel luxueux, design et plein de charme est installé dans une belle maison de maître du XVIIIe siècle. Il est doté d'une jolie cour intérieure, équipée d'un mobilier chic et contemporain. Les chambres, toutes personnalisées, sont des petits endroits de douceur, de volupté, à la décoration raffinée. Chacune possède une literie haut de gamme, des équipements high-tech, une salle de bains *design* avec baignoire de balnéothérapie et douche à l'italienne.

DOMAINE DE LARCHEY €€€

28, route de Larchey - **SAINT-MÉDARD-D'EYRANS**
✆ 05 56 72 19 59
www.domainedelarchey.com
Ouvert toute l'année. Accueil 7j/7 de 7h à 21h. Chambre à partir de 99 €. Petit déjeuner buffet à 15 €.

Aux portes de Bordeaux, le Domaine de Larchey, ancien airial du XVIe, est une superbe adresse où séjourner et se rafraîchir grâce à sa piscine. Les 15 chambres sont uniques, toutes décorées avec soin. Quelques aménagements mettent en valeur la bâtisse, notamment la charpente bois qu'il est possible d'apercevoir à travers un plafond vitré dans certaines salles de bain. Du côté du « 1930 », le restaurant du domaine où vous prendrez votre petit-déjeuner, l'équipe propose des produits frais, de saison et « maison ». Un établissement de charme à tester.

HÔTEL BURDIGALA €€€

115, rue Georges Bonnac
✆ 05 56 90 16 16
www.burdigala.com
Chambre double à partir de 120 €, suite à partir de 350 €. Petit déjeuner buffet ou en chambre : 21 €.

Le Burdigala, ancien nom de Bordeaux à l'époque romaine, propose des chambres classiques, équipées d'une douche à l'italienne et d'une baignoire, des chambres duplex avec mezzanine et petit salon, et des suites spacieuses ! Dans le restaurant au cadre chic et contemporain, un beau buffet au petit déjeuner et une carte préparée par le chef. Le Bacchus Bar affiche une belle carte de vins, mais aussi de cocktails variés. Il est le rendez-vous des touristes, des hommes d'affaires ou de la presse quand une rencontre est organisée avec une personnalité.

HÔTEL DES QUINCONCES €€€

22, cours du Maréchal Foch
✆ 05 56 01 18 88
www.hoteldesquinconces.com
Chambre simple à partir de 324 €, chambre double à partir de 362 €, suite à partir de 575 €. Petit déjeuner : 15 €.

Le bâtiment actuel date de 1834 et son histoire a été émaillée de différentes occupations. L'histoire côtoie avec harmonie la modernité des lieux. Les neuf chambres sont toutes décorées dans des tons chaleureux et subtils et leurs noms évoquent différentes essences de bois. Le lounge est réparti en trois ambiances : un salon ouvert avec sa baie vitrée, un jardin extérieur et le « plus petit salon bordelais », très intime, caché à l'intérieur d'un pavillon XIXe. En pleine ville, on est plongé dans une atmosphère cosy et apaisante.

INTERCONTINENTAL BORDEAUX LE GRAND HÔTEL €€€

2-5, place de la Comédie
✆ 05 57 30 44 44
Chambre double à partir de 310 €, suite à partir de 460 €. Petit déjeuner : 38 €. Parking : 35 € par jour.

C'est le palace de Bordeaux ! Dans une ambiance XVIIIe siècle, Jacques Garcia a décliné une élégante décoration pour les chambres et suites, des moquettes aux tissus en passant par les marbres des salles de bains. Dans un cadre privilégié, lors des belles douces soirées, la terrasse panoramique de 130 m² au septième étage permet aux touristes et aux Bordelais de prendre un verre dans un décor inspiré du bassin d'Arcachon, tout en profitant d'une vue à 360° sur les toits de la ville.

LE SAINT-JAMES €€€

3, place Camille Hostein - **BOULIAC**
✆ 05 57 97 06 00
www.saintjames-bouliac.com
Relais & Châteaux. 15 chambres et 3 suites. Chambre double à partir de 220 € ; suite à partir de 375 €.

Au faîte de la colline de Bouliac, dominant Bordeaux et son fleuve, toutes les chambres du Relais & Châteaux Saint-James profitent d'une vue imprenable sur le parc, les vignes et la ville de Bordeaux depuis son lit. Côté design, les tonalités sont apaisantes et l'ameublement épuré. Simplicité, douceur et luxe sont la signature de l'architecte Jean Nouvel qui transforma et agrandit l'hôtel en 1989. De grandes baies vitrées permettent à la lumière d'envahir l'espace. Ainsi se mêlent design et nature pour une parenthèse enchantée.

YNDO HOTEL €€€

108, rue Abbé de l'Épée
✆ 05 56 23 88 88
www.yndohotelbordeaux.fr
Chambre simple à partir de 225 €, chambre double à partir de 360 €, suite à partir de 550 €. Petit déjeuner : 30 €

Cet établissement est niché dans un hôtel particulier du XIXe siècle. Le nom, inventé par la propriétaire des lieux, intrigue. Cet hôtel est à la fois contemporain, intimiste et chic. Les chambres et suites sont décorées avec un grand soin ; les pièces communes ont conservé les superbes moulures et les grandes portes anciennes qui se marient avec le mobilier design. Pleine de charme, la cour intérieure est un havre de paix. Le petit déjeuner et les repas sont composés d'une sélection de produits régionaux et de saison en provenance du marché.

SE RÉGALER

Bordeaux et la gastronomie, c'est une histoire d'amour ! Dans toute la ville, des restaurateurs, fiers de leur terroir entre terre et mer, proposent de savoureux plats du Sud-Ouest et subliment les spécialités culinaires. La plus emblématique est sans aucun doute le canelé, un délicieux gâteau à la pâte molle et à la croûte croustillante et caramélisée. Pourtant, il y a d'autres mets incontournables à découvrir : la lamproie à la bordelaise, le grenier médocain, l'entrecôte de bœuf de Bazas à la sauce bordelaise (à savourer avec un bon verre de bordeaux) ou encore les fameuses huîtres du bassin d'Arcachon. Et avant le repas, goûtez à notre apéritif local : le Lillet ! Le centre historique et les autres quartiers fourmillent de bonnes adresses pour découvrir notre patrimoine culinaire, ou pour, au contraire, s'envoler vers des cuisines du monde entier. C'est là toute la richesse de Bordeaux !

Vin et gastronomie bordelaise.

LE 1925 €€

4, place des Quinconces
✆ 05 56 52 84 56
www.le1925.fr
Ouvert tous les jours de 10h à 22h30. Carte : 45 € environ. Menu enfant : 15 €. Formule du midi : 20 € et 23 €.

Sur la place des Quinconces, le 1925 nous embarque dans l'ambiance des années folles avec une décoration digne des plus belles brasseries parisiennes. Après quelques rénovations, le lieu est sublimé tout de bleu et de doré. À la cuisine, le chef propose les incontournables recettes de bistrot : œuf mimosa bio fermier, filet de bœuf, échalotes confites, frites-salade, sauce béarnaise… L'exécution est parfaite et les cuissons bien maîtrisées. De 14h et 19h, le 1925 propose du snacking salé ou sucré et des huîtres selon l'arrivage.

LE 7 €€€

1, esplanade de Pontac
✆ 05 64 31 05 40
www.le7restaurant.com
Ouvert tous les jours et jours fériés midi et soir. Menu unique à 65 €. Carte : 55 € environ. Formule du midi : 25 €.

Le 7, parce que c'est au 7e étage, le 7 comme… le 7e ciel, car la vue panoramique sur la ville est splendide et unique. Le lieu fait de verre et de métal est contemporain. La cuisine met en avant les produits et producteurs locaux avec, en plus, 500 références de vins à la carte. Asperges blanches de Blaye, agneau de Pauillac en trois cuissons (un peu confit, un peu grillé, un peu rôti)… En dessert, on craque pour la mousse chocolat café noir, insert crémeux moka, croustillant praliné au chocolat blanc Opalys et glace café.

L'ABEILLE GOURMANDE €€

30, place de la ferme Richemont
✆ 06 15 71 37 64
www.labeille-gourmande-bordeaux.eatbu.com
Ouvert du lundi au vendredi, 9h30 à 17h. Plat : 9,50 € sur place ou 7,50 € à emporter (consigne : 3 €) ; dessert : 3 €.

Cuisine zéro déchet, l'Abeille Gourmande s'entoure de fournisseurs qui jouent le jeu, parmi lesquels Louis L'amour pour la boulangerie, les jus Meneau ou encore Vents et Marées. Seuls les produits laitiers font exception à la règle. Pour les contenants, lorsqu'il s'agit d'emporter un plat ou un dessert, ils sont consignés au tarif de 3 euros et remboursés en espèces dès leur retour. Le mieux est encore de venir avec vos propres boîtes pour jouer le jeu à votre manière et bénéficier de -5 % sur l'addition. Un concept simple et efficace !

ADEY ABEBA €€

83, cours Aristide Briand
✆ 09 84 36 12 92
www.restaurant-ethiopien-33.com
Ouvert du mardi au samedi le midi et le soir ; le lundi sur réservation. Menus de 13 € à 20 €. Accueil des groupes.

Un voyage en Ethiopie, ça vous tente ? L'Adey Abeba vous accueille dans un lieu aux couleurs locales pour une découverte culinaire des plus surprenantes. Vous goûterez aux plats typiques du pays de la corne de l'Afrique : le *doro wot*, le plat national éthiopien à base de poulet et d'oignons, le *ye assa wot* (filet de poisson arrosé d'une sauce aux épices) ou encore, le *beyaynetou* que nous conseillons (assortiment de plats traditionnels de viandes et de légumes servis avec une salade et une galette éthiopienne). A découvrir absolument.

L'AÉRO €

12, cours du Chapeau-Rouge
✆ 05 56 44 80 90
Ouvert du lundi au vendredi de 7h30 à 18h. Plat du jour : 9,50 €. Vin au verre. Dessert du jour à 4,50 €.

L'Aéro a des allures de petite brasserie parisienne avec ses banquettes rouges et son ambiance conviviale. À l'intérieur ou sur la terrasse sur le cours du Chapeau Rouge, on se régale. La carte et les prix attractifs font de ce lieu un repaire pour les habitués du quartier. Ici, on déguste des plats à la plancha : bavette d'aloyau, magret de canard, pavé de saumon ; des tartares de bœuf traditionnel ou à l'italienne et de belles salades complètes. L'Aéro propose également un plat du jour, selon les envies du chef, et un dessert à l'ardoise.

ALEGRIA €

12, place Pey Berland
✆ 05 57 34 88 24
www.alegriabordeaux.com
Ouvert toute l'année du mardi au samedi (horaires variables selon la saison). Plat du jour : 15 €. Vin au verre.

Ici, tout se partage ! Le menu du midi est traditionnel, mais à la carte, ce sont des assiettes à partager, aussi bien salées que sucrées. Le *fuet* catalan côtoie ainsi la burrata crémeuse ou un délicieux chien chaud… L'idée ? Se faire plaisir avec des plats simples, frais et rythmés par les produits de saison. Mention spéciale aux ravioles au basilic et jambon 24 mois d'affinage ; celle-ci, on n'a pas voulu les partager ! En dessert, difficile de choisir entre le brie truffé Maison Balme ou les Dunes Blanches et sauce au chocolat.

ANGEL'S SMOKEHOUSE €€

4, rue du Hâ
✆ 09 51 25 73 76

Ouvert du mardi au samedi de 12h à 14h30 et de 19h à 22h30. Burger à partir de 12 €. Vente à emporter. Privatisation.

Vous recherchez le meilleur sandwich de Bordeaux ? On pense l'avoir trouvé chez Angel's Smokehouse. La spécialité ? Le *pulled pork* ou porc effiloché, une tradition culinaire qui nous vient des États-Unis, qui consiste à faire cuire très lentement de l'épaule de porc. La viande est fumée dans un fumoir Texan et les saveurs américaines côtoient les produits de notre terroir. Les recettes se savourent en plat ou en sandwich avec toujours une proposition végétarienne ! Le tout accompagné de frites ou de délicieux *mac & cheese*. Courez-y !

ATELIER DES FAURES €€

48, rue des Faures
✆ 09 86 42 45 45

Ouvert du mercredi au samedi le soir. Carte : 33 € environ. Vin au verre.

Originale, colorée et mise en scène, la magie de la cuisine du chef Romain Winicki se trouve dans les associations qu'il nous propose à partir de produits tels que le magret de canard ou les huîtres. Tous plus appétissants les uns que les autres, les plats sont présentés dans une belle vaisselle. Décloché au moment du service, « le canard qui fume » ne manqua pas de faire son petit effet pour les yeux et le nez ! Le chef excelle également dans les desserts qu'il met à la carte. Les vins font aussi l'objet d'une agréable sélection.

L'ANNEXE DU CAFÉ JAPONAIS €€

13, rue Saint-Siméon
✆ 05 56 48 68 48
www.cafe-japonais.com

Ouvert tous les jours de 12h à 23h. Menu enfant : 12,50 €. Formule du midi : 13,50 €. À emporter : réduction de 15%.

Installée en face de son grand frère le Café Japonais, l'Annexe a su séduire la clientèle grâce à une cuisine savoureuse. Ici sont à l'honneur des plats chauds en bento et donburis, des soupes de nouilles et les incontournables sushis-makis-sashimis, à venir manger toute la journée ! On apprécie le côté salon de thé : on vient l'après-midi pour savourer un thé vert et une délicieuse pâtisserie. Le lieu est agréable avec vue sur la place Camille Jullian.

L'AVANT COMPTOIR DU PALAIS €€

2, place du Palais
✆ 05 57 14 94 85
www.camdeborde.com

Ouvert du mardi au samedi de 12h à 15h et de 18h à 23h. Vin au verre. Tapas.

Foie gras des Landes, charcuteries basques, épaule d'agneau confite... Dans cet « Avant-Comptoir », les tapas sont à l'honneur. La carte des 80 propositions est installée sur des affiches au plafond, avec photo et prix. Chaque tapas est choisi avec soin auprès de fournisseurs et vignerons réputés. Ici, les repas sont partagés au grand comptoir ou autour des tables hautes, avec un bon verre de vin de producteur. 150 références sont proposées à prix accessible !

ARCADA €€

13, rue de la Rouselle
✆ 05 56 23 08 61
www.arcada-restaurant.fr

Ouvert du mardi au samedi de 10h à 0h. Menus de 34 € à 40 €. Formule du midi : 23 € (plat à 15 €).

Installé dans une rue peu passante, ce restaurant vaut le détour ! Le charme opère avec les voûtes et pierres apparentes, la décoration chic et épurée, et la carte réduite et de saison. Ici, le chef Jean-Philippe Vecco sublime des produits frais et locaux : escargots de Saint-Jean-d'Illac, asperges de Blaye... Dans l'assiette, le mélange des saveurs est harmonieux et souvent original. La singularité du lieu ne s'arrête pas à l'assiette : une cave à cigares se trouve sous le restaurant où vous apprécierez un digestif et un cigare conseillés par le gérant.

BANH MÌAM €

57, rue des Faures ✆ 05 54 51 49 28
www.banhmiam.com

Ouvert tous les jours de 11h30 à 22h. Service non stop. Banh Mi : 5,50 € ; Poke MiaM : 8 €. Terrasse. Vente à emporter.

Qui ne rêve pas de croquer le monde ? Et dans un Bánh mì ? D'influence française, mais d'origine vietnamienne, le Bánh mì a débarqué à Bordeaux pour rafraîchir nos pauses déjeuner ou pour les plus pressés en guise de dîner. Bœuf à la citronnelle, porc au sirop d'érable, poulet au red miso ou tofu fumé aux 5 épices, ce sandwich-baguette est aussi garni de concombre, betterave chioggia, carottes et daikons vinaigrés, coriandre et mayonnaise végane maison. Pratique, on peut rester manger sur place, emporter ou se faire livrer. Merci les garçons, c'était bon !

© JESSICA CALVO

© BAUD ET MILLET

© BAUD ET MILLET

BAUD ET MILLET - LA CAVERNE AUX FROMAGES €€

19, rue Huguerie ✆ 05 56 79 05 77
www.baudetmillet.com

Ouvert du lundi au samedi de 10h à 23h. Carte : 42 € environ. Découverte de la caverne au 100 fromages : 34 €.

Dans ce petit restaurant à la déco façon ancien bistrot de village ou ferme de montagne, on déguste du fromage, on teste des vins et on savoure de bons plats dans une ambiance chaleureuse. Dans une cave, joliment mise en scène, se trouve une collection impressionnante d'une centaine de fromages de toute la France et de certains pays d'Europe. La carte propose aussi des tapas et de nombreux plats, tous à base de fromages. Et pour boire un verre, plus de 300 bouteilles de vin...

© JESSICA CALVO

© JESSICA CALVO

BIG BEAN €

135, rue Fondaudège
✆ 05 56 23 17 69
www.bigbean.fr
Ouvert du mardi au samedi le midi et le soir. Carte : 20 € environ.

Ce n'est pas parce que désormais les Grands-Bretons ont quitté l'Europe que l'on doit bouder tout ce qui nous vient de l'autre côté de la Manche. Clément Belin, passé chez Philippe Etchebest, a pris, avec son épouse Laurie, une année sabbatique pour aller dénicher quelques recettes au pays de Sa Majesté la reine... A leur retour, ils ont ouvert cette cantine british qui propose le vrai petit déjeuner anglais (avec œufs, saucisses, bacon, black pudding, champignons, haricots et galette de pomme de terre) ! Un vrai régal à ne pas louper !

BISTROT NIEL €

7, avenue Abadie
✆ 05 56 67 52 30
Ouvert du lundi au vendredi de 7h à 0h ; le samedi de 9h à 2h. Formule du midi : 17 €.

L'intérieur est plein charme avec pierres apparentes et bistrot d'époque. Très spacieuses, les salles du fond sont idéales pour organiser des repas de groupe. Le midi, la cuisine est simple et généreuse, faisant la part belle aux produits locaux et de saison : salade de gésiers, filet de julienne à la citronnelle, Tatin de poire… Le soir, changement d'ambiance : le bistrot se transforme en bar à tapas avec concerts et animations. Sur l'agréable terrasse face à l'église Sainte-Marie-de-la-Bastide, sirotez un verre de vin avec quelques tapas.

LE BISTRO DU MUSÉE €€

37, place Pey-Berland ✆ 05 56 52 99 69
www.lebistrodumusee.com
Ouvert du lundi au vendredi de 8h à 22h ; le samedi de 12h à 14h30 et de 19h à 22h. Menus de 25,95 € à 38,90 €.

Cette brasserie *so chic* habillée de pierres apparentes est située face à la cathédrale en plein cœur de Bordeaux. Aux beaux jours, vous apprécierez vous installer en terrasse dont la vue donne sur la place Pey Berland. A chaque saison, la carte change et vous offre à découvrir des plats qui sentent bon la cuisine du marché : œuf mollet et crème de cèpes, ris de veau braisé aux petits oignons, pavé de maigre rôti et sa purée de panais. Finissez le repas par une gourmandise : crème brûlée à la vanille Bourbon ou fondant au chocolat et son cœur caramel beurre salé.

BLANDICE €

33, quai Richelieu
✆ 09 53 95 78 27
www.blandice-gaufres.com/
Ouvert du lundi au vendredi de 12h à 20h30. Salé et sucré à partir de 6 €, menu à partir de 8 €.

La gaufre déclinée en *street-food* ? C'est le nouveau concept du chef étoilé Vivien Durand et du designer Bruno Grangé-Cossou. Les recettes sont en partie végétales avec de bons produits frais et de saison. Pour les gourmands de sucré, la carte de Blandice n'est pas en reste. On fond pour la « cookine » avec son crémeux chocolat, sa chantilly mascarpone à la vanille, ses cookies maison aux 2 chocolats et son caramel au beurre salé. Quand la cuisine de rue se réinvente et casse les codes, elle est aussi saine que gourmande. Pari réussi !

LE BISTROT DU GABRIEL €€€

10, place de la Bourse
✆ 05 56 30 00 80
www.bordeaux-gabriel.fr
Ouvert tous les jours de 9h à 0h. Réservation recommandée. Formule du midi : 27 € (52 € à l'Observatoire).

Adresse emblématique sur la place de la Bourse, le Gabriel offre un panorama exceptionnel sur la ville. Dans cet écrin du XVIIIe siècle, trois espaces vous accueillent : un bar à cocktails avec une sublime terrasse ouverte, un restaurant gastronomique et enfin le Bistrot du Gabriel. Dans ce bistrot à la décoration raffinée et élégante, la cuisine régionale est à l'honneur. Les plats à partager et le chariot de desserts raviront les papilles ! Au menu, tarte fine à la truffe d'été, cannelloni de cabillaud, brioche perdue... Un régal !

BÔ-TANNIQUE €€

2, rue Tustal
✆ 05 56 81 34 92
Ouvert du mardi au samedi de 10h à 22h30. Menu unique à 36 €. Formule du midi : 21 €.

Quel bel espace proposé par les trois compères de Bô-Tannique ! Dans une salle à manger spacieuse, les tables dressées sont bien espacées les unes des autres. Quitte à savourer un bon repas, autant le faire en toute intimité… La carte est inventive avec des soupçons d'exotisme, à l'image de l'épaule d'agneau confite aux épices orientales et coco de Paimpol. Passés par les meilleures tables, Florent, Romain et Guillaume proposent une cuisine raffinée, gourmande et accessible, ainsi qu'une sélection de vins, issus de la culture biodynamique. Une adresse à tester !

LA BOCA FOODCOURT €€

Quai de Paludate,
www.labocafoodcourt.eu

Ouvert le lundi de 10h à 16h ; du mardi au samedi de 10h à 0h ; le dimanche de 10h à 23h. Terrasse. Vente à emporter.

Premier foodcourt de France, la Boca Foodcourt est un lieu animé et vivant où l'on se retrouve entre amis ou en famille pour manger ou boire un verre. Fruits de mer, mets asiatiques, tapas, pizzas napolitaines, spécialités corses, délices sucrés... Avec 13 corners, il y a de quoi faire ! Une petite soif ? Dirigez-vous vers le bar pour commander un cocktail ou un verre de vin, ou directement vers le mur à bières où 8 tireuses vous attendent. Réglez-en un seul geste en utilisant votre smartphone ou une carte Cashless disponible aux caisses de la Boca.

LE BOCAL DE TATIE JOSEE €

71, rue des Trois-Conils
✆ 09 80 79 80 79
www.tatiejosee.com

Ouvert du lundi au samedi de 8h30 à 19h. Plat du jour : 9,90 €.

Chaque jour, un menu différent est préparé en fonction du marché, des saisons et des inspirations de Tatie Josée : kefta de boulettes végétariennes avec légumes de saison, boudin noir rôti, tarte aux légumes du soleil… Côté dessert, on se régale avec le gâteau basque à la cerise. L'établissement propose de jolis plateaux-repas gourmands pour les entreprises : idéal pour les réunions et les réceptions. Ici, on déjeune à l'intérieur ou sur la terrasse. Si l'on est pressé, on prend son panier à emporter chez soi ou au travail. Sain, rapide et convivial !

BODEGA BODEGA €€

4, rue des Piliers-de-Tutelle ✆ 05 56 01 24 24
www.bodega-bodega.fr

Ouvert du lundi au samedi de 9h à 15h et de 17h à 2h. Menus de 10,50 € à 14,50 €. Plat du jour : 8,30 €. Vin au verre.

Chez Bodega Bodega, toute l'Espagne est dans votre assiette ! Ici, prenez place dans une bodega bordelaise avec des *tapas*, du jambon ibérique, des verres de *mojito* et de *sangria*, le tout sur une musique dansante et une ambiance estivale. En un mot, venez faire la fête comme en Espagne ! L'équipe de la Bodega Bodega est aux commandes et s'affaire toujours pour vous faire passer un bon moment. Le lieu, situé à deux pas de la Place de la Comédie, attire autant les clients qui veulent leur petit café crème le matin que ceux qui viennent prendre un verre entre amis.

LA BRASSERIE DU PASSAGE €€

14-15, place Canteloup
✆ 05 56 91 20 30
www.lepassagesaintmichel.com

Ouvert du lundi au vendredi de 12h à 15h et de 19h30 à 23h. Service continu le week-end. Menus de 13,90 € à 23,50 €.

Laissez-vous charmer par cette adresse aux allures de brocante où vous pourrez goûter à une cuisine traditionnelle marquée par les influences du Sud-Ouest. C'est le genre d'adresse atypique que l'on aime beaucoup, surtout pour des soirées entre amis dont le seul but est de refaire le monde ! L'ambiance y est souvent animée, car l'établissement est pris d'assaut, sans pour autant se transformer en cantine. C'est un endroit qui vit ! Si la salle vaut le détour, la terrasse ombragée offre une superbe vue sur la flèche de la basilique Saint-Michel. Allez-y !

BRASSERIE P'TIT QUÉBEC CAFÉ €

93, rue Eugène Jacquet
✆ 05 56 96 90 57
www.quebecafe.com

Ouvert 7 jrs/7. Service continu de 11h30 à 22h/22h30. Happy hour (17h-20h). Brunch le dimanche. À emporter. Terrasse.

Dans le quartier Saint-Augustin, le P'tit Québec Café est la brasserie québécoise de référence. Le propriétaire a ce petit accent reconnaissable entre tous. À toute heure de la journée, craquez pour la fameuse poutine (frites avec du fromage en grains et la sauce qui va bien) et l'un des alléchants burgers. On mange aussi des club-sandwichs, des bagels, des salades et même du bison. Et sucrez-vous l'bec avec une tarte sirop d'érable-noix de pécan ou un brownie bien chocolaté.

CAFÉ DES GOURMETS €€

7, rue Fernand-Philippart
✆ 05 56 81 96 50
www.bordeaux-restaurant-gourmets.fr

Ouvert du mardi au samedi midi et soir. Menus de 19 € à 25 €. Vin au verre. Accueil des groupes sur réservation.

L'établissement propose une cuisine traditionnelle du Sud-Ouest faite maison préparée avec des produits frais. Les saveurs de la région sont à la carte : marbré de foie gras au magret fumé et son chutney de mangue au piment d'Espelette, tournedos de canard et foie gras frais poêlé, glace aux pruneaux arrosé d'armagnac… Fraîcheur et goût sont au rendez-vous ! La carte des vins est bien fournie et variée. Chaque mois, le restaurant propose une nouvelle suggestion pour découvrir de nouveaux vignerons, parfois même de grands châteaux à prix attractif !

LE CAFÉ DU LEVANT €€

24-25, rue Charles Domercq
✆ 05 57 80 26 22
cafedulevant.fr
Ouvert tous les jours. Menus de 20,90 € à 24,90 €. Menu enfant. Plat du jour : 14,90 €. Petit-déjeuner et salon de thé.

Réputé pour sa célèbre façade, Le Café du Levant est une véritable institution bordelaise. Dans un décor typique des plus grandes brasseries, vous goûterez à une cuisine généreuse et savoureuse. Il y a en plus à la carte les spécialités de brasserie : œufs mayonnaise, hareng pommes de terre à l'huile, croque-monsieur, tartare de bœuf, salade César, filet de saumon beurre blanc... La carte de vins est composée de très belles références du Sud-Ouest. Aux beaux jours, n'hésitez pas à investir la grande terrasse dès le petit déjeuner !

A CANTINA - COMPTOIR CORSE €€

14, rue des Bahutiers
✆ 07 87 04 28 97
www.acantina-comptoircorse.fr
Du mardi au dimanche de 18h30 à 2h. Réservation recommandée. Epicerie corse.

L'accueil est chaleureux et convivial dans ce lieu agencé avec goût : du mobilier chiné, des baies vitrées et une verrière bleu pétrole. Ici, la gastronomie corse est à l'honneur : testez les charcuteries locales (coppa, lonzu, noce et vulleta), poursuivez avec la queue de lotte rôtie à la panzetta et tortellini maison au persil et terminez par le tiramisu aux canistrelli et nucciola. Accompagnez le tout d'une bouteille de vin, à choisir parmi une jolie sélection.

CAPPERI €

3, rue de la Cour des Aides
✆ 05 56 90 93 05
www.capperi.fr
Ouvert du mercredi au dimanche de 19h à 23h. Réservation recommandée. Pizzas de 9,90 € à 15,90 €. Vente à emporter.

C'est le genre d'adresse que l'on voudrait garder pour soi... Les « capperi », ce sont les câpres en italien. Mais « Capperi ! » peut se traduire aussi par « Flûte ! ». Une injonction italienne qui colle à merveille au lieu. Capperi ! Qu'est-ce que c'est bon ! Les meilleures pizzas de Bordeaux, vous les dégusterez dans ce petit établissement qui sent bon le soleil. A la carte une dizaine de recettes (dont la moitié végétariennes !) changées au fil des saisons, un délicieux tiramisu aux œufs bio et de nombreux vins italiens pour accompagner le repas.

CENT 33 €€

133, rue du Jardin Public
✆ 05 56 15 90 40
www.cent33.com
Ouvert tous les jours le midi et le soir. Réservation recommandée. Menu à partir de à 70 €.

Le chef grenoblois Fabien Beaufour a pris ses marques dans cet espace lumineux, contemporain et aéré. Son concept : partage et convivialité avant tout. Pour le *Menu Dégustation* tous les plats en 6 services sont posés au centre de la table, en portions « dégustation ». La carte, rythmée au fil des saisons, est courte, inventive et pleine de saveurs. La pièce originale de sa cuisine c'est la robotayaki ou Robota, un foyer de feu de bois utilisé au Japon pour cuire, mais aussi pour chauffer les pêcheurs sur leur bateau. Le chef y cuit les poissons à merveille...

CHAI LES COPAINS €€

1, quai de Bacalan
✆ 05 56 04 55 27
Ouvert du lundi au vendredi le midi et le soir. Formule du midi : 12,90 € (à 16,90 €). Plat du jour à 9,50 €.

Victor suit les traces de son père, Bertrand Machenaud, bien connu dans le monde de la gastronomie bordelaise. Ici, les maîtres-mots sont cuisine maison, produits frais, convivialité et sourire. A la carte, de bons plats de bistrots : grandes salades garnies aux gambas croustillantes, camembert rôti, quiche du chef... Le burger des Copains mérite une mention spéciale. En dessert, on hésite entre la mousse au chocolat du chef ou la brioche perdue. Le service assuré par Peyo est rapide et souriant, que ce soit à l'intérieur ou sur la terrasse ensoleillée.

CHIOCCHIO €€

20, place du Palais
✆ 05 57 99 21 12
Ouvert du mardi au samedi de 12h à 15h et de 19h à 23h30. Carte : 38 € environ. Formule du midi : 13,50 €.

Décoré avec goût et disposant d'une belle et agréable terrasse avec vue sur la porte Cailhau, le Chiocchio séduit aussi dans l'assiette grâce à une cuisine italienne généreuse et gourmande. Le menu change régulièrement et le chef propose une recette différente chaque jour. Les pâtes sont la spécialité de la maison, mais la carte propose également d'autres plats aux accents du Sud. En dessert, de nombreuses gourmandises sont à la carte, dont le délicieux tiramisu à la cuillère. Pour accompagner, le Chiocchio propose une très belle sélection de vins d'Italie !

CILUYA €

67, boulevard George V
✆ 09 51 88 98 88
www.ciluya.com
Ouvert le lundi midi ; du mardi au samedi le midi et le soir ; le dimanche soir. Formule du midi à partir de 10,50 €

Un restaurant japonais de plus, allez-vous dire... Sans doute, mais celui-là a une approche de la cuisine traditionnelle qui va au-delà des simples sushis, makis et autres japonaiseries, même si les formules du midi et du soir restent classiques. Le chef revisite les recettes de base pour leur donner plus de relief. En entrée, le tempura de tofu prune salée, râpé de daikon et gingembre est un petit tsunami de saveurs. Et que dire de la poêlée de foie frais sur rouleaux de tempura crevettes recouverte de tataki de bœuf si ce n'est que le plus grand bien.

LE CLANDESTIN €€

56, rue du Hamel
✆ 09 70 38 01 70
www.leclandestin-restaurant.fr
Du mercredi au samedi midi et soir, le dimanche midi. Menus du jour dès 17 €. Menu Clandestin : 29 € à 33 €.

Bien accueilli dans ce restaurant situé entre la place Saint-Michel et le marché des Capucins, le Clandestin est une jolie adresse à découvrir le temps d'un déjeuner ou d'un dîner. Le Chef, Frédéric Pérignon, concocte chaque jour deux menus avec un choix limité d'entrées, de plats et de desserts. La qualité avant tout. Pour vous servir, il arrive bien souvent que le chef en personne fasse le déplacement jusqu'à vous ! Le dressage est à saluer autant que l'harmonie des saveurs. Quantités généreuses, cuissons maîtrisées... C'est un vrai coup de cœur !

COMPTOIR CUISINE €€

2, place de la Comédie
✆ 05 56 56 22 33
www.comptoircuisine.com
Tous les jours le midi et le soir. Carte : 50 € environ. Menu enfant : 10 € (plat). Formule du midi : 20,40 €.

Au Comptoir Cuisine, installé en face du Grand Théâtre, Laurent Mougenot et sa brigade préparent sous vos yeux les plats d'une carte bistrotière de qualité qui varie au fil des saisons avec une petite touche d'exotisme. À découvrir à table ou au comptoir ! L'une des spécificités est de proposer le midi en semaine une formule maligne et rapide. C'est le 3-en-1 : un plateau composé d'une entrée, d'un plat et d'un dessert servis en une seule fois. La décoration est chic, décontractée et la terrasse avec vue est toujours prise d'assaut.

LE COMPTOIR FROMAGER €€

27, rue du Parlement Saint-Pierre
✆ 09 81 17 17 08
www.lecomptoirfromager.com
Ouvert du jeudi au lundi le soir. Réservation recommandée. Carte : 33 € environ. Vin au verre. Terrasse.

Tout est parfait au Comptoir Fromager : l'accueil, le décor, l'ambiance, la carte, les fromages, les goûts, la jolie vaisselle, la cuisine, le concept… Vous l'aurez compris, on a adoré venir dîner dans cette belle adresse de la rue du Parlement Saint-Pierre. Ici, le fromage est à l'honneur dans de vrais plats pleins d'originalité et savoureux. Si les recettes des entrées et des plats mettent l'eau à la bouche, celles des desserts piquent notre curiosité et notre envie à garder une petite place pour s'en délecter. A découvrir sans tarder !

LE CAFÉ DU PORT €€

1, quai Deschamps ✆ 05 56 77 81 18
www.lecafeduport.com
Ouvert tous les jours de 12h à 14h30 et de 19h30 à 22h30. Menus de 29,50 € à 37 €. Formule du midi : 14,50 € à 19 €.

Situé sur les berges de la Garonne, la vue panoramique sur le pont de Pierre, les quais et la flèche de Saint-Michel est tout simplement époustouflante. À l'intérieur, on se croirait dans une immense cabane de pêcheurs, agrémentée de magnifiques luminaires qui apportent une belle clarté aux lieux. La carte change tous les trois mois et la cuisine est un mélange de spécialités provençales, du Sud-Ouest et de Charente. Au gré des saisons, goûtez au filet de bar portion en portefeuille, au filet mignon de veau ou encore à la déclinaison autour de l'abricot.

CONTRAST €

16, cours du Chapeau Rouge
Ouvert le lundi, le jeudi et le vendredi 9h30-22h30 ; le week-end 10h30-22h30. Sans réservation. Brunch à 22 €.

Un brunch gourmand et sain tous les jours ? C'est la proposition de Contrast, fraîchement installé près de la place de la Bourse. La formule brunch est composée d'un jus frais, d'une boisson chaude, de toasts aux choix, de pancakes et d'un *smoothie bowl* ou granola de fromage blanc au choix. Il se décline également pour les végans ou les *gluten free*. Les différents toasts salés (à l'avocat, au chèvre miel et au houmous betterave) sont savoureux et copieux et les jus frais valent le détour. Contrast est un cocon très chaleureux !

LA COUR DE NANA €

73, cours Victor Hugo ✆ 06 23 74 51 38
www.lacourdenana.fr

Horaires sur le site. Formule du midi : 11,50 €. Petit déjeuner à 7,50 €. Brunch à 21 € (tous les jours).

Plafond de fleurs de jasmin, sol en carreaux de ciment, miroirs à volets… La décoration est toute en délicatesse à l'instar de sa fondatrice Dima Chaban. En cuisine, ce sont des femmes syriennes réfugiées qui partagent leur savoir-faire culinaire. Quel régal ! Tous les jours, elles proposent un brunch aux saveurs orientales : plateau de mezzés à partager, pain pita, man'oushé... Sans oublier notre coup de cœur sucré, l'atayef, cette petite crêpe fourrée à la crème de lait et aux pistaches. Une adresse à découvrir, qui mêle gourmandise et engagement.

DIS LEUR €€

45, rue du Loup
✆ 05 57 14 96 91
www.bistrot-disleur.fr

Ouvert du lundi au samedi de 12h à 14h ; du mercredi au samedi de 19h30 à 22h. Formule du midi 19 €. Plat du jour 12 €

Mettre en avant une cuisine savoureuse et 100 % végétale, c'est le défi de ce bistrot végétalien. Le chef Nicolas, passé par Comptoir Cuisine, propose des plats originaux sans aucun produit d'origine animale. Tout est frais et de saison, majoritairement local et bio. Le midi, à la carte, vous aurez le choix entre deux entrées, deux plats et trois desserts (le dessert du jour, un café gourmand ou l'assiette de fromages végétaux). Le soir, l'ambiance devient festive avec des tapas à partager, ainsi qu'une sélection de bières artisanales et locales.

CROMAGNON €€

48, rue du Palais Gallien
✆ 05 56 81 17 52
www.lecromagnon.fr

Ouvert du mardi au samedi le soir. Carte : 40 € environ. Formule du midi : 17 €.

Quand on pénètre dans ce restaurant, l'œil est tout de suite attiré par la décoration : chaleureuse et contemporaine où le bois se mêle à la pierre, où le design côtoie l'industriel. Côté plats, les produits du terroir sont sublimés de façon surprenante, dans le bon sens du terme. La particularité du lieu ? Ici, on propose aux clients de cuire eux-mêmes leur viande sur une pierre de sel de l'Himalaya, posée au centre de la table. Une idée très conviviale qui est un sérieux plus pour cette adresse. Une adresse insolite à découvrir.

EL NACIONAL €€

23, rue Rode
✆ 05 56 79 22 76
www.elnacional.fr

Ouvert du lundi au samedi le midi et le soir. Carte : 28,50 € environ. Formule du midi : 18 € (à 22 €).

Place des Chartrons, le chef argentin Hugo Naón vous accueille pour un voyage gastronomique direction Buenos Aires. Dans ce restaurant, les plats se savourent assis au comptoir ou à la table. Beignets aux épinards et aïoli, *croquetas de jamon*, provoleta (traditionnel fromage provolone grillé et parfumé à l'origan) à la plancha, fondue de tomates fraîches et pesto *genovese*, *bife* de chorizo argentin à la *parrilla* (épais pavé de petit faux-filet de bœuf argentin)… Toutes les formules sont accompagnées d'un amuse-bouche offert par la maison en début de repas.

CRU €€

33, rue des Bahutiers
✆ 05 24 72 24 14
www.cru-restaurant-bordeaux.fr

Ouvert le mardi de 19h à 22h ; du jeudi au samedi de 12h à 13h30 et de 19h30 à 22h30. Bar à tartares.

Un bar à tartares ? C'est le pari osé d'Élodie et Jérémie. Installés depuis 2018, ils proposent une cuisine inventive et contemporaine dans un établissement plein de charme. Le lieu est tout en longueur avec des pierres apparentes est décoré avec goût. Dans l'assiette, on vous conseille vivement la burrata truffée et ses noisettes torréfiées (à partager ou non !), puis le tartare de charolais « Tartiflette », légèrement poêlé avec oignons confits, lard italien et crème de reblochon fondu. En dessert, goûtez la délicieuse brioche perdue au caramel.

LA FABRIQUE BY OLIVER €

70, rue Fondaudège
✆ 07 86 87 90 35
www.by-oliver.fr

Ouvert tous les jours de 11h à 15h. Galette à partir de 8,6 €.

A La Fabrique, Oliver et Arnaud réalisent devant nous des sandwiches, à déguster sur place au comptoir ou à emporter, à base de pain ferré, un pain croustillant, fondant et souple qui se roule facilement. Ils sont garnis de produits frais, locaux et la plupart du temps végétariens, mais ils portent tous un nom féminin qui colle bien à leur contenu. La Duchesse est royale avec sa duxelles de champignons, truffes, noisettes grillées, poires fraîches, gremolata, roquette et basilic ! A la carte également une soupe et une salade du jour.

FOOD DU GOÛT €

12, quai Louis XVIII ✆ 05 57 60 19 56
www.foodugout.fr
Ouvert du lundi au samedi de 12h à 15h. Bowl : 9,50€, bowl XXL : 12,50€, Super bowl : 14,50€. Vente à emporter.

Food du Goût est difficilement classable entre le fast-food et le restaurant. Ce qui est certain c'est que les produits sont frais, *healthy*, de saison, bios, locaux et bien cuisinés. De plus les plats, souvent sans gluten, sans lactose ou végans, sont réalisés tous les matins dans des contenants 100 % écologiques recyclés, recyclables et compostables. Les bowls changent régulièrement en fonction des saisons, soupes chaudes en hiver, wraps au printemps et en été. Il est même possible de créer son propre poke bowl, en choisissant ses garnitures et sa sauce !

LA GRANDE POSTE €€

7, rue Palais Gallien ✆ 05 56 01 53 90
www.lagrandeposte.com
Ouvert du mardi au samedi de 9h à 1h ; le dimanche de 11h à 19h. Brunch du dimanche : 12 € à 25 €. Soirées spectacles.

La Grande Poste est définie par ses créateurs comme « un espace improbable ». Et c'est le cas : c'est à la fois une salle de spectacle, un restaurant, un bar à tapas et sept échoppes éphémères d'artistes qui varient au fil des mois... Dans cet ancien bâtiment des années 20, l'espace est immense et très convivial. La salle de restaurant est vaste et permet de faire de grandes tablées en famille ou entre amis. On s'y installe pour prendre un petit déjeuner, boire un verre jusqu'à 1 heure du matin, déjeuner, dîner, bruncher en musique ou assister à un spectacle !

HORTUS €€

114, cours de Verdun
www.hortus-restaurant.fr
Ouvert du lundi au samedi le midi et le soir. Carte : 50 € environ. Formule du midi : 17 € et 20 €.

Près du Jardin public et du quartier des Chartrons, Hortus revisite les classiques de la cuisine française avec parfois quelques notes exotiques. Le chef, Nicolas Nadau, réalise toutes ses recettes avec des produits frais, locaux et bio. Parmi la carte des plats, renouvelée tous les trois mois pour suivre les saisons, l'une des spécialités est la délicieuse pastilla de civet. Dans ce bistrot tendance, la salle, décorée de plantes (Hortus qui signifie jardin en latin), est aérée mais un peu bruyante quand il y a beaucoup de monde.

L'INTEMPOREL €€

111, rue Notre Dame
✆ 05 56 02 50 70
Du lundi au mercredi le midi, du jeudi au samedi le midi et le soir et le dimanche midi. Carte : 38 € environ.

L'Intemporel, c'est une déco façon bistrot avec banquettes et chaises confortables, quelques pierres apparentes et du parquet pour rappeler que nous sommes dans le vieux Bordeaux ! La terrasse, pas très grande, accueille une vingtaine de couverts. La cuisine propose quelques classiques revisités avec audace : encornets à la catalane, flan aux asperges, parmentier de la mer ou saucisse rougail... La formule complète du midi en trois plats varie tous les jours. Une excellente affaire avec au choix toujours du poisson ou de la viande.

KOEBEN €

32, rue du Palais-Gallien ✆ 09 86 15 02 20
www.koeben.com
Ouvert du mardi au samedi de 9h à 19h ; le dimanche de 11h30 à 15h30.Formule du midi : 16 €. Brunch le dimanche à 34 €.

L'esprit et la cuisine scandinaves sont au rendez-vous dans ce charmant établissement. À la cuisine, le chef Peter Johansen nous emmène en voyage ! Ici, la spécialité est le smørrebrød (à prononcer *smeurebreud*), repas typique du Danemark. Simple et très gourmand, ce mets est composé d'une tranche de pain noir, garnie de poisson, de viande ou de fromage. Pour accompagner votre smørrebrød, optez pour une salade de pommes de terre, et pour compléter l'immersion, finissez le repas en beauté avec un Kanelbullar (un pain à cannelle), typique de la Suède.

L'ENTRECÔTE €

4, cours du 30-Juillet
✆ 05 56 81 76 10
www.entrecote.fr
Ouvert tous les jours et les jours fériés le midi et le soir. Sans réservation. Formule : 19,50 €.

Paul Gineste de Saurs a lancé ce restaurant en 1959 à Paris avant de s'installer à Bordeaux. La formule est simple : une salade de noix en entrée puis une tranche de contre-filet de 170 grammes finement coupée avec ses pommes allumettes et sa célèbre sauce. À l'intérieur, retrouvez le décor mural écossais et noir et le jaune citron qui égaye les nappes, les menus et les tenues des serveuses. S'il vous reste encore un peu d'appétit, goûtez aux desserts... Mais armez-vous de patience, car il y a toujours du monde qui attend bien avant l'ouverture.

L'HÉDONIQUE €€

12, Rue Sicard

✆ 05 54 51 13 46

Ouvert du mardi au samedi le midi et le soir jusqu'à 2h du matin. Carte : 30 € environ. Formule du midi : 17 € à 19 €.

Installé aux Chartrons, L'Hédonique est à la fois un restaurant et un bar à cocktails, un lieu intimiste et convivial, agrémenté d'une terrasse abritée idéale pour boire un verre. À la carte, des tapas gourmandes à partager et des plats raffinés, issus de diverses inspirations glanées aux quatre coins de la planète. On retrouve les produits truffés de la fameuse Maison Balme. Le bar propose une belle sélection de cocktails. Le soir l'ambiance est musicale et festive : les clients apprécient les DJ sets et n'hésitent pas à faire quelques pas de danse.

LE LOUP €€

66, rue du Loup

✆ 05 56 48 20 21

www.restaurant-du-loup.com

Ouvert le mardi de 19h30 à 21h30 ; du mercredi au vendredi de 12h à 14h et de 19h30 à 21h30 ; samedi de 19h30 à 21h30.

À l'été 2018, le Restaurant du Loup est devenu Le Loup. Cette institution ouverte depuis 1932 a changé de propriétaire et s'est rajeuni : la façade grise s'est transformée en bleu lumineux et la décoration Art déco s'est modernisée avec des tables en bois brut, chaises et verrières de charme. Le chef Stéphane propose une cuisine inventive et gourmande, qui réveille les papilles. Le soir, un menu unique est proposé, pendant lequel quatre plats vous seront servis. La cuisine est unique et savoureuse, le service est impeccable et l'ambiance chaleureuse.

LE M €€

53, rue de Lafaurie Monbadon

✆ 05 56 79 01 64

www.restaurantlem.com

Ouvert du mardi au vendredi midi et soir et le samedi soir. Menu à 48 €. Formule du midi de 16 € à 20 €.

Le M est une adresse d'exception sublimée par deux chefs : Arno Busquet et David Personnaz. La cuisine est ouverte et permet de les voir en action. Dans l'assiette, des recettes créatives : ravioles de jarret, écume d'épinard et oignons glacés, Saint-Jacques juste saisies avec endives confites à l'orange et coriandre... En dessert, on part sur un classique : un palet au chocolat fondant accompagné de sa glace vanille. La formule du midi présente trois entrées, trois plats et trois desserts : tout est sublimement préparé avec raffinement, saveurs et délicatesse.

MADAME PANG €€

16, rue de la Devise

✆ 05 56 38 47 13

www.madamepang.com

Ouvert tous les jours de 19h à 1h. Assiettes entre 6 € et 10 €. Vin au verre.

À peine passé la porte, nous voilà dans un autre monde. On se croirait dans un club privé à Hong Kong : la décoration est chic, l'ambiance intime et le service impeccable. Madame Pang est un bar à *dim sum*, ces petites bouchées inspirées de la culture culinaire cantonaise, que le chef agrémente de produits locaux. Du côté des boissons, la carte est étoffée, avec une sélection de vins, spiritueux et cocktails avec ou sans alcool. A tous les niveaux, Madame Pang se distingue. Sans hésiter, l'un des meilleurs bars à cocktails et restaurants de la ville.

LA MAISON DE MARGOT €€

27, rue Arnaud Miqueu

✆ 06 14 29 75 06

www.lamaisondemargot.fr

Ouvert le mardi et le mercredi de 10h à 17h ; du jeudi au samedi de 10h à 23h. Formule du midi 17 à 20 €. Boutique.

Quel sublime endroit chez Margot ! Dans l'ancien Couvent de la Merci se tient ce bar à vin, salon de thé et restaurant. Décorées avec goût, les deux salles sont élégantes et confortables. Pour le déjeuner, Margot mitonne de délicieux plats de saison. Le soir, les planches de charcuterie et fromages affinés viennent remplacer les douceurs du goûter. Margot a sélectionné avec soin des vins bio que l'on peut déguster sur place ou prendre à emporter. Avant de partir, jetez un œil au petit coin épicerie. Ici, vous trouverez la crème de la gastronomie !

MELOBOWLS €

67, rue des Remparts

✆ 09 81 01 30 65

Ouvert du lundi au vendredi de 11h30 à 15h et de 18h30 à 22h ; le week-end de 11h30 à 22h. Vente à emporter.

Le poké bowl fait des émules à Bordeaux. Un plat diététique et équilibré composé de légumes frais sur une base de riz. Le concept a séduit Lauriane et Mélissa qui ont ouvert un charmant petit restaurant dans la rue des Remparts. Ici, vous choisissez votre base, riz ou quinoa, les recettes changent selon le choix du fruit (mangue, ananas, etc.), des protéines (saumon, thon, crevettes, poulet, falafel...) et de la sauce : spicy, sucrée... Le résultat est savoureux : on en redemande et comme ça marche bien une nouvelle adresse a ouvert au 71 rue Notre-Dame...

© LES CRÊPES D'ANGÈLE

© STEVE LUDWIG

LA CRÊPE D'ANGÈLE €

20, rue Georges Bonnac
✆ 05 56 51 02 33
www.creperiedangele.fr

Ouvert tous les jours de 11h à 23h. Service en continu. Formule déjeuner à 8,80 €, 10,80 € et 11,90 €.

Installée en face de l'UGC Ciné Cité, rue Georges Bonnac, cette petite crêperie est un lieu sympathique. Ici, le service est d'une grande rapidité et la qualité correcte. Le chef propose de nombreuses recettes de galettes de sarrasin des plus classiques (complète, forestière, montagnarde, quatre fromages, landaise) aux plus élaborées (comme la galette Triskel flambée à base d'andouille). L'avantage du lieu est son service non-stop qui permet de savourer une galette salée ou une crêpe sucrée à n'importe quelle heure de la journée, pourquoi pas en sortant du cinéma.

© LES CRÊPES D'ANGÈLE

© LES CRÊPES D'ANGÈLE

© MARIE ALLONAS

LES MILLE ET UNE NUITS €

42, rue des Bahutiers ✆ 05 56 48 22 81
www.1001nuitsbordeaux.com

Ouvert du lundi au samedi à partir de 19h30. Menus de 21 € à 23 €. Menu pour deux à 49 €. Accueil des groupes.

Quel délice ! Chez Les Mille et une nuits, préparez-vous à vivre une expérience inoubliable. Laissez-vous tenter par le menu Extra. Vous commencerez par les mezzés traditionnels : hommos, taboulé, moussaka, samboussek à la viande et au fromage (comme des beignets farcis), falafels... Le service est aux petits soins et ne manquera de vous guider pour la dégustation ! Un deuxième temps est consacré aux grillades, puis le repas se finit sur une note sucrée. Pour de la légèreté, on vous recommande le mouhalabieh, une crème de lait parfumé à la fleur d'oranger.

MISSADA €€

6, rue Guillaume Brochon
✆ 05 54 51 80 84
www.le-missada-restaurant-bordeaux.eatbu.com

Dim.-jeu. 12h-14h30 et 19h-22h, ven. 12h-14h30. Menus 29/65 €, enfant 8,50 €. Formule midi 19,90 €. Brunch dim. 19/32 €

Bienvenue chez Michael et Claudie dans ce bistrot chic et moderne. La décoration intérieure est raffinée et la cour aménagée ne manque pas de charme. Le chef propose une cuisine casher aux inspirations méditerranéennes. À la carte, quelques tapas alléchants (houmous de betterave, brique au poulet...), des entrées de saison (gravlax de saumon, gaspacho...), des salades, des viandes et des poissons. Les desserts sont réalisés sans lactose. Bon à savoir, le Missada est ouvert le vendredi midi pour les repas à emporter et le repas de Shabbat.

MODJO €€

74, cours d'Alsace et Lorraine
✆ 05 56 30 92 91
www.modjorestaurant.com

Ouvert tous les jours de 12h à 14h et de 19h30 à 22h30. Menus de 47 € à 64 €. Formule du midi : 26 €.

Foie gras du Périgord, grenouille accompagnée de crème à la truffe, Saint-Jacques et spaghettis aux girolles… Chez Modjo, la cuisine française et les produits du terroir sont à l'honneur. L'établissement tout en longueur se distingue par la qualité de ses mets et la finesse de sa décoration. Le soir, les deux chefs proposent des menus à l'aveugle en 4 services : l'Intuition et le Sixième sens. Des accords mets & vins sont également proposés. Un maître d'hôtel est à disposition pour vous conseiller sur la carte, régulièrement renouvelée au fil des saisons.

MOELLEUSES ET PERSILLEES €€

65, quai des Chartrons
✆ 05 57 87 60 82
www.moelleuses-et-persillees.fr

Ouvert du mardi au dimanche midi et soir. Formule du midi : 20 € à 23,50 €. Viande affinée à partir de 11 €/100g

Le restaurant Moelleuses & Persillées est exclusivement dédié à la viande. Inspiré des Steak Houses, concept typiquement londonien, cet établissement met à l'honneur le bœuf dont chaque pièce a été soigneusement sélectionnée parmi les meilleures races à travers le monde. Les pièces sont exposées dans une cave, qui permet la maturation de la viande pour obtenir un produit de qualité supérieure en goût et en tendreté. N'hésitez pas à demander conseil (car chaque viande a son caractère) : l'équipe vous répondra avec précision et gentillesse.

MOKOJI €

13, rue du Serpolet
✆ 05 56 06 60 03

Ouvert du mardi au samedi de 12h à 14h30 et de 19h à 22h30. Sans réservation. Plats de 13 à 15 €. Vente à emporter.

Le Mokoji est un restaurant traditionnel coréen. La carte, courte, promet une explosion de saveurs ! Le chef Jung propose des plats incontournables du pays, dont le célèbre *bibimbap* (riz, légumes variés, œuf et bœuf), servis dans de grands bols gourmands. Notre coup de cœur ? Le *yeono dopbap*, composé de riz, d'un tartare de saumon, d'oignons frits et d'une salade de chou. Accompagnez ce plat d'un verre de makgeoli ou d'une pinte de Hite et régalez-vous. Fort de leur succès, l'équipe a ouvert un café à deux pas où l'on peut savourer des gourmandises sucrées !

LE NEW YORK NEW YORK €

4, cours Pasteur
✆ 05 57 99 82 07

Ouvert tous les jours de 10h à 2h. Happy Hour tous les jours de 17h à 21h. Carte : 30 € environ. Formule du midi : 15 €.

Entre l'Hôtel de Ville et le Musée d'Aquitaine, le New York Brasserie vous accueille dès 10h pour le café du matin, le midi pour un déjeuner à petit prix, dans la journée pour une boisson chaude ou fraîche, et le soir pour dîner ou découvrir un cocktail signature. Les plus de l'établissement ? Une grande terrasse ensoleillée et chaque jour, un happy hour à partir de 17h ! Œufs mimosa, terrine de cochon, croque-monsieur tartuffata, bavette-frites, mousse au chocolat à la fleur de sel et piment d'Espelette... Les groupes sont les bienvenus.

L'OBSERVATOIRE €€

10, place de la Bourse
✆ 05 56 30 00 80
www.bordeaux-gabriel.fr/lobservatoire
Ouvert tous les jours le midi et le soir. Menus de 52 € à 160 €.

Début 2021, après seulement quelques semaines d'ouverture, la table gastronomique L'Observatoire du Gabriel a décroché sa première étoile. Le chef Alexandre Baumard propose une cuisine inventive et raffinée dans un cadre d'exception. Adresse historique de la place de la Bourse, le Gabriel offre déjà un panorama exceptionnel sur la ville. L'Observatoire a poussé l'émerveillement en se dotant d'une lunette en laiton, qui permet d'observer les hauts de Bouliac et le Pont d'Aquitaine. Pour un repas plus intime, un salon privé est disponible.

OSTERIA DA LUIGI €€

23, rue du Pas Saint-Georges
✆ 05 56 81 03 80
www.osteriadaluigi.com
Ouvert du mardi au samedi de 12h à 14h20 et de 19h30 à 22h30. Réservation recommandée. Carte : 25 € environ.

Apporter la culture et la cuisine napolitaines au cœur de Bordeaux, c'est le pari de David et Aziza. Dans cette *osteria*, on se régale avec des plats riches en saveurs. À la carte, le chef propose des plats typiques : des *spaghetti alle vongole* (avec des palourdes), des *vesuviotti alla boscaiola* (avec des saucisses, du jambon cuit, des champignons et de la crème fraîche) ou encore le délicieux risotto aux pleurotes et girolles. En dessert, on craque pour la *pastiera napoletana*, un dessert napolitain à base de pâte brisée à la fleur d'oranger et de ricotta sucrée.

ÔZÉ €€

20, rue du Palais Gallien
✆ 05 56 52 36 34
www.oze-restaurant.fr
Ouvert du mardi au vendredi le midi et le soir ; le samedi soir. Formule du midi : 16,50 €. Plat du jour à 13,50 €.

Eric Satger et Eric Giraud, deux épicuriens, ont eu envie de faire partager leur amour pour la cuisine du Sud-Ouest de façon originale. Le chef imagine une cuisine régionale revisitée façon bistronomie, relevée de notes subtiles venues d'Asie et servie sous forme de plats à partager comme des bouchées de salade landaise façon maki. La formule du midi change tous les deux jours. L'idée de partage et de convivialité se retrouve aussi dans la salle avec quelques tables d'hôtes et la cuisine ouverte où l'on voit le chef et son équipe en train de s'affairer.

QUANJUDE €€€

42-44, allées de Tourny
✆ 05 57 14 91 35
www.quanjude-bordeaux.com
Ouvert du mardi au samedi le midi et le soir. Menus de 60 € à 110 €. Carte : 70 € environ. Formule du midi : 32 €

Cette enseigne a vu le jour en 1864 à Qianmen. Aujourd'hui, Quanjude est connu pour son canard laqué de Pékin, préparé selon une recette ancestrale avec du canard blanc venu d'Irlande. Il est servi pour deux personnes en trois étapes : d'abord la peau bien croustillante que l'on pose sur une crêpe de riz fine accompagnée de cébette et poireaux. Ensuite le maître canardier découpe et sert les morceaux de canard puis on termine par le bouillon. Dans les assiettes, toutes les saveurs sont étonnantes. C'est un merveilleux voyage gastronomique !

LE MIRABELLE BRASSERIE €

31, rue Camille Godard
✆ 05 57 82 62 36
Ouvert tous les jours et les jours fériés le midi et le soir. Carte : 35€ environ. Plat du jour : 12€.

© BRASSERIE MIRABELLE

Le Mirabelle est une vraie brasserie moderne. Les fruits et les légumes sont cultivés par des maraîchers dans un rayon de 150 km, les poissons sont pêchés sur des bateaux français... On retrouve ainsi au menu, une cuisine simple, mais bonne, des quantités correctes de l'entrée au dessert et des plats qui donnent envie d'être dégustés. Au Mirabelle, les assiettes sont colorées et appétissantes avec un service impeccable et attentionné. Les prix sont attractifs, la carte du midi change tous les jours et la grande terrasse est l'une des plus ensoleillées de Bordeaux !

LE RÉGALLIEN €

77, rue du Palais Gallien
✆ 05 56 44 70 93
www.regallien.com
Ouvert du mardi au samedi le midi et le soir. Carte : 38 € environ. Formules du midi de 16,50 € à 19 €.

Voilà un nom tout indiqué ! Avec son cadre très agréable, la magie opère avant même le début du repas… L'amuse-bouche donne vraiment le ton ! D'une si petite bouchée, les saveurs explosent en bouche et annoncent la suite avec régal ! Le chef maîtrise les cuissons autant que les assaisonnements, et agrémente ses recettes d'herbes fraîches dont il a le secret pour réveiller les saveurs d'un velouté, d'une viande ou d'un poisson. Bref, le genre de petits détails qui s'apprécie. Sans-faute également pour l'accueil et le service. Un coup de cœur !

RESTAURANT METS MOTS €€

98, rue Fondaudège ✆ 05 57 83 38 24
www.metsmots.fr
Du lundi au vendredi le midi, du mardi au vendredi le soir. Menus de 39 € à 62 €. Formule du midi : 20 € à 25 €.

Le chef Léo Forget a travaillé, entre autres, chez Pierre Gagnaire, Bernard Bach et Régis Marcon. Un beau CV pour ce jeune chef qui est enfin chez lui. La cuisine bistronomique, basée sur des produits frais et locaux, est superbement élaborée et inventive. Tout est juste et présenté de façon artistique. Ajoutez à ces mets quelques verres de vins bio et c'est parfait. Le cadre est contemporain : table en bois sans nappe, ribambelles d'ampoules, verrière derrière laquelle on voit le chef en train d'œuvrer et un mur couvert des unes du quotidien Sud-Ouest…

AU REVE €€

10, place du Marché des Chartrons
✆ 05 56 48 20 83
www.aurevechartrons.fr
Ouvert tous les jours de 8h à 2h. Formule du midi : 14,50 €. Plat du jour à 10 €. Petit déjeuner à 8 €. Terrasse.

Au Rêve, c'est la petite cantine de la place du Marché des Chartrons où il fait bon manger et boire un verre. Une déco style bistrot d'antan, une terrasse et une contre-terrasse chauffée toute l'année pour se poser hiver comme été. Le chef, Pascal Bataillé, propose une cuisine légèrement bistronomique avec des classiques et quelques plats originaux qui attisent nos papilles. Les produits de la région et de saison sont toujours à l'honneur. Les portions sont copieuses. Une valeur sûre à petits prix avec un service efficace et sympathique.

LES SAUVAGES €€

49, cours de la Martinique
✆ 05 57 89 50 32
Ouvert du mercredi au dimanche de 11h à 15h. Brunch 25 €. Vente à emporter. Livraison.

Dans le quartier des Chartrons, ce spot coloré et chaleureux est le rendez-vous incontournable pour les amoureux du brunch. À la carte, le brunch sauvage se décline en deux formules. Les plats sont sucrés ou salés : gaufre de saumon fumé, toast d'avocat, pancakes moelleux au sirop d'érable, brioche perdue aux fruits… C'est beau et bon ! Les boissons sont également gourmandes : chaï latte, jus frais, smoothie fruité… Les Sauvages est un vrai succès : une seconde adresse a déjà ouvert au 7, rue des Frères Bonie à deux pas de la Cathédrale Saint-André.

LA SOURCE €

26, rue Camille Sauvageau
✆ 07 78 68 05 92
www.la-source-bordeaux.eatbu.com
Ouvert du mardi au dimanche de 11h à 21h. Service en continu.

Mattéo est fils de brocanteur. Touche à tout, il a ouvert un café-brocante où il sert quelques plats cuisinés devant vous, sur deux plaques électriques rudimentaires. En service continu, il propose des plats très gourmands sur place ou à emporter : bowl de légumes avec effiloché de poulet rôti fermier, tataki de magret de canard ou tofu fumé à l'amande pour les végétariens. Mattéo prône une cuisine maison écoresponsable à petit prix ! En dessert, il nous surprend encore avec son moelleux de patate douce et glaçage chocolat. Une adresse atypique.

SUZZI €€

46, rue des Trois-Conils ✆ 05 56 38 22 42
www.suzzikafe.com
Ouvert du mercredi au dimanche de 9h30 à 18h30. Menus de 11,90 € à 14,90 €. Brunch à 22 €. Terrasse. Vente à emporter.

Café nordique et restaurant de brunch, cet établissement suédois est un coup de cœur ! Depuis 2019, Arvid et Margaux nous transportent dans leur univers culinaire. Le midi, on savoure des smörgås, la tartine du Nord, et des raggmunk, de délicieux pancakes à la pomme de terre. En dessert, ne passez pas à côté du våffla, cette délicieuse gaufre suédoise, recouverte de crème fouettée maison et d'un nappage au choix. Le comptoir regorge de pâtisseries et gâteaux gourmands. Pour goûter à toutes ces spécialités, on vous conseille le copieux brunch servi tous les jours.

LES TABLES VATEL €€

4, cours du Médoc
✆ 05 56 11 01 11
www.hotelvatel.fr/fr/bordeaux

Ouvert du lundi au vendredi le midi et le soir. Menu unique à 39 €. Carte : 48 € environ. Formule du midi : 15,50 €.

Le chef Adrien Ferran revisite les recettes traditionnelles en mariant les produits régionaux aux saveurs du monde dans un mélange subtil et original. La formule du midi change chaque jour en fonction du marché. Le restaurant organise de nombreux événements gastronomiques comme l'expérience gourmande Accord Parfait Vins et Mets ou Mets et Champagnes, réalisé très souvent avec des partenaires. Aux beaux jours la terrasse offre une vue agréable sur la Garonne tandis que le patio est agrémenté d'un mur végétal. Service soigné et irréprochable.

TENTAZIONI €€

59, rue du Palais Gallien
✆ 05 56 52 62 12
www.tentazioni-bordeaux.fr

Ouvert le mardi et le mercredi le soir, le jeudi au samedi midi et soir. Menus de 59 € à 79 €. Le midi : 25 € à 29 €.

Tentazioni joue dans la cour des restaurants italiens gastronomiques. Cet établissement, ouvert par Giovanni Pireddu, un chef sarde, et Johanna, sa compagne en salle, est très couru. Pas de carte mais des menus qui se déclinent en 4, 5 ou 6 temps ou des formules du midi très abordables. À partir d'une recette italienne classique, le chef invente une cuisine originale et étonnante. Tout est, en plus, superbement présenté. La décoration est contemporaine, colorée et les petites tables, assez espacées, assurent la confidentialité.

TUPAQ €€

8, place de la Ferme Richemont
✆ 05 56 52 06 46
www.tupaq.fr

Ouvert du mardi au samedi de 12h à 15h et de 19h à 22h30. Carte : 20 € environ.

Bienvenue chez Sebastian et Piero, deux Péruviens qui ont décidé d'apporter leur savoir-faire et leur culture culinaire en plein cœur de Bordeaux ! A la carte, vous trouverez les plats typiques du dimanche au Pérou, à commencer par le Aji de Gallina, un mets traditionnel de Lima. La viande est tendre et la sauce savoureuse : une vraie réussite. En dessert, on continue le voyage avec un cheesecake au Lucuma, un fruit exotique inconnu en France. La carte est très riche avec également des plats à partager, des ceviches et une jolie sélection de vins.

LA TUPINA €€€

6, rue Porte de la Monnaie
✆ 05 56 91 56 37
www.latupina.com

Ouvert le lundi soir ; du mardi au dimanche le midi et le soir. Réservation recommandée. Formule du midi : 18 €

Vous souhaitez découvrir les saveurs du patrimoine gastronomique du Sud-Ouest ? Depuis 1968, le chef cuisine les meilleurs produits du terroir dans des plats simples qui rappellent ceux de nos grands-mères. Dans les assiettes, on savoure les œufs cocotte au foie gras, la lamproie à la bordelaise, la macaronade aux cèpes et au foie gras, le poulet rôti avec farce et croûtons… Les frites sont bien évidemment maison, cuites à la graisse de canard. Quant aux desserts, ils nous plongent dans nos souvenirs d'enfance. Une institution !

LE TXISTU €€

15, quai des Chartrons
✆ 05 57 87 38 30

Ouvert du mardi au dimanche le midi et le soir. Menu unique à 18 € (entrée - plat - dessert). Carte : 25 € environ.

Le Txistu met la cuisine basque à l'honneur sur les quais bordelais. Installez-vous en terrasse de ce joli restaurant pour admirer la vue sur la Garonne. Ce lieu est souvent pris d'assaut, en raison de ses petits prix, de sa cuisine simple et gourmande et de sa situation imprenable. A la carte, vous trouverez des incontournables (salade landaise, tartare basque, steak de thon grillé à la plancha…). Laissez-vous tenter par des tapas à l'heure de l'apéro ! Le choix est large : txistorra (charcuterie basque), crevettes à l'ail, croquettes de chorizo…

WAYOWAYO €

✆ 07 56 97 40 00
www.wayowayo.fr

Food Truck Tour le midi du mer. au dim. (+ vendredi soir). Carte : 11 € environ (entrée + plat). Boutique. Livraison.

Food Truck en itinérance entre Bordeaux et Bègles, stand aux Halles de Bacalan, boutique ouverte tous les jours... Avec ses plats typiques de l'océan Indien, Wayo-Wayo a conquis le cœur des métropolitains ! Au menu : rougail saucisses, cari crevettes au combava, poulet dakatine, daube de chouchous, vindaye d'espadon… Les recettes créoles proposées par Etienne et Clément changent chaque semaine ! Bien sûr, vous retrouverez aussi les samoussas, les bouchons réunionnais et la fameuse bière La Dodo. Tout le patrimoine culinaire de la Réunion !

LE CHIOPOT €€€

281, rue des Quatre Castéra - **BÈGLES**
✆ 05 56 85 62 41
www.lechiopot.fr

Ouvert du lundi au vendredi le midi et le soir ; le samedi le soir. Menus (hors we) de 20,50 € à 24,50 €. Parking privé.

Derrière ses portes, dans une ambiance sobre et design, se cache une histoire vieille de 93 ans. Le chef travaille les spécialités ancestrales de la Maison comme les rognons de veau poêlés, le magret de canard entier grillé ou le pigeonneau cuit à la broche. Les amateurs de viandes et grillades seront comblés avec les pièces nobles de races Aubrac, Charolaise, Limousine, Blonde d'Aquitaine ou Salers. Pour finir, les gourmands se régaleront avec la spécialité : le moelleux chocolat noir guanaja. Quant à la cave, elle compte plus 500 références de vins.

MANCICIDOR €

69, rue Ferdinand Buisson - **BÈGLES**
✆ 05 56 89 87 28
www.mancicidor.fr

Ouvert le lundi midi jusqu´à 17h ; du mardi au vendredi de 9h30 à 22h ; le samedi à partir de 10h. Plat du jour : 11 €.

Benjamin, Jérôme et Martin ont redonné vie à ce bistrot des années 30, chargé d'histoire. Dignes successeurs, ils ont gardé le nom du célèbre coureur cycliste béglais : Pierre Mancicidor. Le midi, le restaurant affiche complet tant la cuisine de Martin simple et goûteuse. Le menu change tous les jours et met à l'honneur des produits de saison issus essentiellement d'une agriculture biologique et locale. Le soir, profitez du bar pour découvrir la sélection de vins bio et biodynamiques, les bières et spiritueux artisanaux à accompagner d'assiettes à partager.

CHEZ VINCENT €€

38, rue Vincent Gonzales - **BÈGLES**
✆ 05 56 49 01 45
www.restaurantchezvincent.fr

Ouvert du lun. au vend. le midi et le soir ; le samedi soir. Menus de 24 € à 40 €. Formule du midi : 14,50 €. Traiteur.

Qu'on se le dise, « Chez Vincent », les assiettes sont aussi gourmandes que copieuses, concoctées à partir de produits frais et régionaux. Plusieurs fois primé lors de la Fête de la Morue pour la qualité et l'originalité de ses recettes, Vincent s'impose comme le pro de la morue. Les grillades faites en salle font aussi la réputation de cette adresse ! On apprécie le buffet de hors-d'œuvre à volonté, les nombreux desserts et les 200 références de la cave. L'ambiance est conviviale sans chichis. Vincent propose aussi un service traiteur.

LA CANTINE Ô SAVEURS €

6, rue Gambetta - **BLANQUEFORT**
✆ 05 56 57 96 89
www.lacantineosaveurs.com

Ouvert du mardi au vendredi le midi et du mercredi au samedi le soir. Carte : 22 € environ. Le midi : 14 € à 18 €.

Virginie et David vous accueillent dans une ambiance conviviale ! David, originaire de La Réunion, a fait ses classes dans des restaurants étoilés et en restauration collective. Toutes ces expériences ont forgé en lui un esprit créatif et méticuleux. Virginie, passionnée d'œnologie, est en salle et guide les clients afin d'accorder vins et plats. Au menu, des pâtes, pizzas, salades, tartines et des plats réunionnais. L'Assiette réunionnaise (mélange de salades, tartine de bouchons gratinée, samoussas, accras et bonbon au piment) est une réussite !

LA TABLE DE CAYCHAC €€

2, rue Edmond Blanc - **BLANQUEFORT**
✆ 05 57 65 08 72
www.latabledecaychac.eatbu.com

Ouvert le mardi midi et du mercredi au samedi le midi et le soir. Carte : 45 € environ. Formule du midi : 19 € et 21 €.

Ce restaurant vaut le détour. La salle ouverte sur la cuisine est sobre et chaleureuse. Le chef Yann Serra élabore une cuisine traditionnelle où il imprime sa signature plutôt élégante et raffinée sur des produits frais et de grande qualité. La carte pour le déjeuner change chaque semaine et celle du dîner varie toutes les 3 semaines. Les formules du soir (au choix deux entrées, deux plats et deux desserts réalisés par un chef pâtissier plus une assiette de fromages affinés) peuvent s'accompagner d'accords mets et vins et commencent par un amuse-bouche.

LE CAFÉ DE L'ESPÉRANCE €€

10, rue de l'Esplanade
BOULIAC
✆ 05 56 20 52 16
www.saintjames-bouliac.com

Ouvert tous les jours de 12h à 14h et de 19h30 à 22h. Formule du midi : 18 €.

Annexe du restaurant étoilé le Saint-James, le Café de l'Espérance séduit par sa cuisine gourmande et son ambiance chaleureuse. Dans ce bistrot gastronomique plein de charme, les recettes de brasserie et les produits du terroir sont à l'honneur : andouillette grillée, bavette d'aloyau, pieds de cochons caramélisés, poulet fermier rôti... Pour les entrées et les desserts, le chef mise sur la convivialité avec un buffet à volonté. On craque pour le vacherin aux fraises et la tarte au citron meringuée. Après le repas, profitez de la vue panoramique sur Bordeaux !

LE SAINT-JAMES €€€

3, place Camille Hostein - **BOULIAC**
✆ 05 57 97 06 00
www.saintjames-bouliac.com
Ouvert du mardi au samedi le midi et le soir. Réservation recommandée. Menus de 77 € à 155 €. Formule du midi : 62 €

Sur les hauteurs de Bouliac, cette somptueuse maison dont une partie a été créée par l'architecte Jean Nouvel offre une vue panoramique sur Bordeaux. Le chef de cuisine Mathieu Martin et le chef Pâtissier Sébastien Bertin s'inspirent du terroir aquitain pour proposer une cuisine inventive. La carte met à l'honneur les produits du Sud-Ouest et ses producteurs : turbot de la Cotinière, caviar de la Maison Sturia... Frédéric Rouglian, le chef sommelier, proposera un accord mets & vins. Le Saint-James est une des plus grandioses tables du département.

L'HEGOA €€

6, rue Jean Pommiès
BRUGES
✆ 09 81 81 91 10
Ouvert le lundi soir et du mardi au vendredi le midi et le soir. Carte : 32 € environ. Formule du midi : 14 € (et 17€).

La famille Basque a quitté le restaurant du golf de Bordeaux Lac et quelques mois après Thibault Basque ouvrait L'Hegoa, juste à côté de Caliceo, avec vue sur le lac. La décoration est design, l'ambiance dynamique le midi (avec une clientèle professionnelle) et plus lounge le soir. La carte colle au rythme des saisons avec une suggestion du jour. Chacun peut combler ses envies entre les planches à partager, les plats variés, les produits cuisinés à la plancha, les grandes salades, les burgers et les belles entrecôtes avec leurs frites maison.

MERCI €€

10, rue Louis Blériot - **BÈGLES**
✆ 05 56 49 29 29 - www.restaurant-merci.com
Ouvert tous les jours. Menu unique : 34 € le midi ; 37 € le soir, le week-end et les jours fériés. Menu enfant : 14 €.

© MERCI !

Restaurant sur pilotis, tout de verre et de métal vêtu, en surplomb de la Garonne… On adore cette adresse, y compris pour le menu unique composé de six huîtres sélectionnées par Sébastien Degrave, d'un buffet de fruits de mer à volonté, d'un poisson au choix cuit (ou d'une côte de bœuf avec supplément pour les amateurs) et d'un dessert. Qu'on se le dise, nombreux sont ceux qui calent avant la douceur sucrée… Il faut voir la beauté du banc de l'écailler ! Amateurs de fruits de mer, ne cherchez plus, c'est l'adresse qui, à coup sûr, vous régalera !

LA MAISON DU FLEUVE €€

20, chemin Seguin - **CAMBLANES-ET-MEYNAC**
✆ 05 56 20 06 40
www.maison-du-fleuve.com
Ouvert tous les jours de 12h à 14h et de 19h30 à 22h. Menus de 39 € à 58 €. Formule du midi : 18,90 €.

Un lieu de charme au bord de la Garonne et des plats raffinés d'inspiration régionale : bienvenue à la Maison du fleuve. Le chef Yohan Alias, originaire de Bordeaux, régale les papilles à travers une carte moderne et créative. Toute la gastronomie de la région est réunie dans ce restaurant à travers des plats généreux du terroir : foie gras mi-cuit aux artichauts et magret fumé, pavé de quasi de veau et nougat de polenta... Pour accompagner, le restaurant propose une carte de vins témoignant de la richesse de notre patrimoine viticole. Une adresse remarquable !

MAKIONE €

123, avenue René Cassagne - **CENON**
✆ 05 56 40 88 65
www.makione.fr
Ouvert tous les jours de 12h à 14h et de 19h à 21h30. Plat à partir de 9,90 €. Terrasse. Vente à emporter.

MakiOne, c'est l'adresse de référence rive droite pour savourer des plateaux de sushis-makis-sashimis. Depuis la rentrée 2020, le restaurant s'est refait une beauté et surprise... il s'est agrandi ! Le petit frère s'appelle Kinori. Dans ce nouveau restaurant (installé à la même adresse), vous pourrez déguster des plats sautés au wok, comme le bo bún vietnamien ou le pad thai thaïlandais. On apprécie le « mix tapas » : un assortiment de tapas asiatiques (nems poulet, tempuras crevette, gyosas...) à savourer sur place ou à se faire livrer chez soi !

L'AMARYLLIS €€

146, avenue Saint-Médard - **EYSINES**
✆ 05 56 12 33 09
www.restaurant-lamaryllis.fr
Ouvert du mardi au samedi de 12h à 14h et de 20h à 22h. Réservation. Formule du midi : 15 €. Menu du soir à 20 €.

Le restaurant est souvent complet : c'est un signe qui ne trompe pas ! D'où vient un tel succès ? Des produits frais sublimés dans les recettes du chef ! Midi et soir, il propose un menu unique copieux et changeant au fil des saisons. Une cuisine traditionnelle, simple et goûteuse : brochette de cœurs de canard, filets de cabillaud crevettes sautées tomate champignon chorizo... Chaque plat est accompagné de légumes en gratin et de frites maison. En dessert des incontournables : petits babas au rhum, chocolat liégeois, coupe amarena...

O'COMPTOIR DES FILLES €€

1, rue des Lauriers - **GRADIGNAN**
✆ 09 70 90 09 22
www.ocomptoirdesfilles.com
Ouvert du mardi au samedi le midi ; du jeudi au samedi le soir. Menus de 18,40 € à 19,80 €. Plat du jour : 14,70 €.

Une petite brasserie qui mérite d'être découverte ! Installez-vous et laissez-vous guider par Fabienne et ses plats concoctés selon ses envies et les produits de saison. La carte, loin d'être surchargée, donne très envie de se laisser tenter. Mathilde, quant à elle, s'occupera de vous régaler de ses meilleurs vins de France et de partout dans le monde. O'Comptoir des Filles est aussi une cave où il est possible de venir acheter une bonne bouteille de vin parmi 400 références. Les filles vous proposent aussi une sélection de bières artisanales et des tapas.

LA TERRASSE DU VIGEAN €€

21, avenue du Médoc - **EYSINES**
✆ 05 56 93 23 22
www.restaurant-eysines-laterrasse.fr
Ouvert tous les jours de 10h à 23h et le lundi de 10h à 15h. Formule du midi : 14 € à 16,50 €. Menus de 20 € à 25 €.

La Terrasse du Vigean est sans nul doute une adresse à découvrir. Même si l'établissement est installé tout près d'une route passante, le lieu vaut le détour, ne serait-ce que pour la carte aux multiples influences. Les recettes proposées sont des valeurs sûres que l'on aime savourer : tartare de bœuf à la sauce italienne, magret de canard entier... L'ambiance ici est très chaleureuse, les deux gérants des lieux ne se privent pas de faire le tour des tables pour récolter vos impressions. Le petit plus : les brumisateurs l'été sur la terrasse !

CALIX €€

64, avenue de la Libération - **LE BOUSCAT**
✆ 09 86 28 34 05
www.calix-epicerie.fr
Ouvert du mardi au samedi le midi et le soir. Carte : 35 € environ. Formule du midi : 15 €. Plat du jour : 12 €.

Chez Jean-Marie Hosten, le maître des lieux, la décoration façon bistrot en bois clair s'harmonise parfaitement avec le bar en zinc. Le lieu est lumineux. Côté cuisine, la cuisine traditionnelle s'agrémente d'influences italiennes et asiatiques. A la carte, des plats brasserie, quelques salades dont une excellente thaïe au bœuf mariné, des planches et des tapas à partager. Pour le vin, plus de 200 références sont disposées dans des casiers : des bordeaux, des côtes du Rhône et des vins du Languedoc. Le service traiteur est lui aussi de qualité !

LE DOMAINE DES TENTATIONS €€

4, chemin des Moulins
GRADIGNAN
✆ 05 56 89 53 53
www.le-domaine-des-tentations.fr
Ouvert du mardi au samedi le midi et le soir. Menus de 30 € à 43 €. Formule du midi : 18,90 €.

Nappes blanches, serviettes en tissu... L'établissement s'inscrit dans le charme à la française. Baignée de lumière, la salle de restaurant offre de jolies vues sur l'hôpital-prieuré Notre-Dame de Cayac. Autre point fort : sa terrasse sous laquelle s'écoule un affluent de la rive gauche de la Garonne. Le cadre est idyllique ! La cuisine de Tatiana Perot s'exprime à la perfection dans l'assiette. On apprécie le poisson grillé servi sur une compotée de tomates acidulée à la menthe.

O P'TIT JARDIN €€

52, avenue de la Libération Charles de Gaulle - **LE BOUSCAT**
✆ 05 56 08 63 06
www.optit-jardin.fr
Ouvert du lundi au mercredi le midi et le jeudi et le vendredi midi et soir. Carte : 30 € environ.

Ce petit restaurant s'est installé dans l'enceinte d'une ancienne maison bourgeoise. Son charmant petit jardin, très arboré, à la décoration plutôt brocante, est vraiment très agréable en été ; c'est un havre de paix et de fraîcheur. On s'installe au milieu de bambous énormes et le dépaysement est assuré. La cuisine, où fruits et légumes ont toute leur place, est fraîche et imaginative. O P'tit Jardin c'est aussi un « comptoir » avec toute une gamme de vins du monde, de cocktails « maison », de bières artisanales et de spiritueux bien choisis.

QU'ON SE LE DISE €€

214 bis, avenue Pasteur
LE HAILLAN
✆ 05 56 34 01 78
Ouvert du mardi au samedi le midi et le soir. Carte : 35 € environ. Formule du midi : 13,50 € à 15,50 €.

A l'intérieur, une décoration bistrot et quelques tables en terrasse. L'accueil est souriant, la cuisine de qualité est faite maison, les produits sont frais, bien travaillés, la présentation des plats est soignée et l'assiette est copieuse. La carte et le menu très courts varient au fil des saisons. En entrée, les samoussas de poulet, crème au curry et coriandre avec un mesclun de salade étaient goûteux. Le tartare de bœuf snacké, avec sa sauce aux champignons crémeuse et ses potatoes, ne manquait pas d'originalité. A découvrir.

LE COMPTOIR DE CYRIL €€

14, rue de la Liberté - **LE TAILLAN-MÉDOC**
✆ 09 82 20 23 66
www.lecomptoirdecyril.eatbu.com
Ouvert du mardi au samedi le midi et le soir. Carte : 38 € environ. Formule du midi : 14,50 €. Terrasse.

Le Comptoir de Cyril est un restaurant très décontracté avec une belle terrasse. La décoration est simple tout comme la cuisine très bistrotière, mais bien préparée, à partir de produits frais. Peu de choix à la carte, mais juste ce qu'il faut pour contenter tout le monde. En entrée, une planche de charcuterie ou un foie gras poêlé à la pêche. En plat, on a beaucoup aimé le tartare de bœuf de 200 grammes préparé à la bordelaise : cornichons, échalotes, câpres et persil. En dessert, la crème brûlée au piment d'Espelette a réveillé les papilles.

L'APP'ART €€

15, rue Maubec - **MÉRIGNAC**
✆ 05 56 47 39 91
www.restaurantlappart.fr
Ouvert du mardi au vendredi le midi et le soir, le samedi soir. Menus de 30 € à 60 €. Plat du jour : 20 € midi et soir.

C'est l'endroit qu'on ne peut pas découvrir par hasard. C'est comme une adresse que l'on chuchote, car le restaurant de Nicolas Orosco-Mora est discrètement installé dans une maison face à la Poste. La salle principale est agencée comme un appartement : des grandes tables au rez-de-chaussée et une ambiance tête-à-tête à l'étage sur la mezzanine. L'App'art possède également une salle avec une cave à vin et un jardin avec une terrasse en bois très intime. OLa carte change tous les mois et les produits frais de saison viennent tout droit de producteurs locaux.

LULU DANS LA PRAIRIE €€

53, avenue Marcel Dassault - **MÉRIGNAC**
✆ 05 56 34 86 02
www.luludanslaprairie.com
Du lundi au vendredi de 10h à 15h et de 19h à 0h ; du mercredi au vendredi de 18h à 2h. Réservation recommandée.

Dans cette petite maison style campagne aux volets rouges, la décoration est un mélange de références à des films très connus (et populaires !) mais aussi aux sports collectifs et à de grandes marques d'alcools et spiritueux... Ce qu'on adore aussi chez Lulu, c'est l'extérieur avec ses lampions, ses tables hautes, son sable, ses transats. À la carte, quatre formules en fonction des envies de chacun. Grosses salades, plateaux de charcuteries, de fromages ou de légumes, fruits de mer, tapas chaudes, froides, ou sucrées... Bref de quoi se régaler.

CANOPÉE CAFÉ €€

1, chemin de Pouchon - **MÉRIGNAC**
✆ 05 56 51 70 00
www.restaurant-canopeecafe-merignac.com
Ouvert du lundi au samedi midi et soir. Service tardif les vendredi et samedi jusqu'à 23h30. Carte : 40 € environ.

© MERCI !

Le Canopée Café, perché à 10 mètres de haut, est un lieu unique à découvrir près de Bordeaux. Dans un décor contemporain de bois et d'acier, très « nature », on y savoure une cuisine bistronomique, inventive et ensoleillée par Sébastien Sevelec, ancien chef étoilé de l'île de Beauté, qui propose une carte variant au fil des saisons et en fonction du marché. Tous les plats sont réussis que ce soit dans les saveurs ou la présentation. Parmi les incontournables : la côte de bœuf pour deux. La chef pâtissière fait elle aussi des petites merveilles.

BORDEAUX

LE PETIT VESTIAIRE - BISTROT GIRONDIN €€

107, avenue Marcel Dassault - **MÉRIGNAC**
✆ 05 56 34 18 75
www.maisonlascombes.fr

Ouvert tous les jours le midi. Carte : 40 € environ. Formule du midi : 22 € (à 25 €, plat du jour à 16 €).

Le Bistrot des Girondins a été repris par Nicolas Lascombes. Sur le domaine de Roquevielle, le restaurant ne manque pas de charme. On mange en extérieur sur une grande terrasse tout en herbe ou à l'intérieur dans une ambiance chic. Sur la carte, on reconnaît la signature bistronomique. Le menu du midi est servi en petite quantité sauf le dessert. Les gourmands piocheront plutôt dans la carte : le chef prépare un savoureux bœuf Wagyu de la ferme Finca Santa Rosalia.

TONTON PIZZA €€

81, avenue du Truc - **MÉRIGNAC**
✆ 05 57 00 10 27
www.tonton-pizza-merignac.fr

Ouvert du lundi au vendredi le midi et le soir ; le samedi midi. Formule du midi : 11,30 €. Pizza à partir de 9,60 €.

Avec sa jolie pergola fleurie en été et couverte et chauffée en hiver, Tonton Pizza est une des adresses les plus agréables de Mérignac ! Dans l'assiette, de belles spécialités françaises (confit de canard, coq au vin, blanquette de veau, grillades...), mais les reines de la maison, ce sont les pizzas ! Elles se déclinent en trois tailles et en 25 recettes copieuses et croustillantes. Une jolie brasserie où le service est accueillant et convivial. Tonton Pizza c'est aussi tout un service de livraison de plats à domicile disponible 7j/7 sur commande.

L'ET-CÆTERA €€

81, avenue du Général Leclerc - **PESSAC**
✆ 05 56 80 92 08
www.letcaetera.fr

Ouvert du lun. au vend. le midi ; le jeudi et le vendredi le soir ; le week-end sur réservation. Plat du jour : 10,50 €.

Tous les matins, Florence prépare des pâtes fraîches qu'elle sert avec des sauces de saison. Les desserts aussi sont faits maison. Le service est rapide et les assiettes bien copieuses. Autant que possible, la jeune femme privilégie les producteurs locaux, y compris pour sa carte des boissons qu'elle fait évoluer régulièrement en proposant des bières du coin. Apéro en afterwork, concert en terrasse, atelier culinaire pour tous... Vous aurez toujours une bonne raison de vous arrêter ici et d'y rester jusqu'à 2h du matin le jeudi et le vendredi.

QUÉBEC MUSIC CAFÉ €€

263, avenue Pasteur - **PESSAC** ✆ 05 57 89 24 24
www.quebecafe.com

Ouvert du mardi au samedi de 12h à 14h et de 17h à 22h30. Restauration sur place et à emporter. Happy Hour. Boutique.

Véritable brasserie québécoise implantée à deux pas de Bordeaux. C'est dans cette ambiance chalet que le Québec Music Café vous propose une escale chez nos cousins d'Amérique. Découvrez les saveurs populaires de là-bas le temps d'un repas ou d'une « bonne broue ». Ici, tout est fait maison ! Les burgers au pain bio et la fameuse poutine vous feront craquer. On mange des club-sandwichs, des bagels et des salades. Pour vous « sucrer l'bec », un cheesecake, un crumble, un brownie ou une tarte au sirop d'érable et noix de pécan. Dès 17h, on s'y retrouve à l'happy hour pour boire un verre entre amis et déguster des tapas sur la terrasse. Et grâce à la boutique, emportez le Québec à la maison !

LE VISCONTI €

9, avenue du Bourgailh - **PESSAC**
✆ 05 56 36 28 49
www.pizzeria-levisconti-pessac.fr

Ouvert du mardi au samedi le midi et le soir. Pizzas et pâtes fraîches de 9 € à 13,50 €. Terrasse. Parking. A emporter.

Sur place ou à emporter, le Visconti met les saveurs de l'Italie dans l'assiette. Installé à l'intérieur ou en terrasse, venez déguster les spécialités de Monsieur Mano. La carte offre un large choix de plats copieux : pâtes fraîches, viandes et pizzas bien sûr. Pour les pâtes fraîches maison, elles sont *al dente* s'il vous plaît ! Les *Saltimbocca* royales (escalope de veau, jambon de Parme, emmental, crème champignon) régaleront les plus gourmands, ainsi que le tiramisu. N'en déplaise, l'équipe est charmante et s'adapte à vos contraintes horaires.

LE 1930 €€

28, Route de Larchey - **SAINT-MÉDARD-D'EYRANS**
✆ 05 56 72 19 59
www.domainedelarchey.com

Ouvert du mardi au vendredi le midi et le soir ; le samedi soir. Menus de 30 € à 38 €. Menu enfant : 15 €.

Après de belles années au sein de grandes maisons, le chef Guillaume Germanaz a investi les cuisines du Domaine de Larchey. Son leitmotiv : vous faire retrouver goût aux produits et aux saveurs grâce à concept culinaire unique. Menu annoncé le midi en plus de la carte et la côte de bœuf Bazadaise, mais pas le soir, l'expérience est celle de la découverte à l'aveugle. Dans un décor inspiré des années 1930, le maître d'hôtel vous accompagnera tout le long du repas. Et faites confiance au chef pâtissier Jérémie Grondin pour finir en beauté !

LE TOURNEBRIDE €€

55, rue Alexis-Puyo - **SAINT-MÉDARD-EN-JALLES**
✆ 05 56 05 09 08
www.restaurantletournebride.com

Ouvert du mardi au samedi midi et soir et le dimanche midi. Carte : 46 € environ. Formule du midi à partir de 14,50 €.

Sur la route vers Le Porge, cette table dispose d'atouts de choix, à commencer par sa grande salle ! Côté déco, la mer domine et la fresque représentant un village de pêcheurs du bassin est remarquable. Pour manger, choisissez entre la terrasse, les différentes salles, mais aussi les salons privés. La cuisine mêle océan et terroir et est toujours précédée de biscuits apéritifs et d'une mise en bouche. Terrine de foie gras maison, agneau de lait, filets de rouget... Tout est succulent. L'accueil est charmant, le service professionnel et attentionné.

LA VAGUE GOURMANDE €€

38, avenue de Martignas
SAINT-MÉDARD-EN-JALLES
✆ 05 56 14 31 18

Ouvert du lundi au jeudi le midi et le vendredi midi et soir. Plat du jour à 9,50 €.

La Vague Gourmande nous emporte l'espace d'un moment dans un univers de bons petits plats, cuisinés de façon inventive. Le menu du jour varie en fonction du marché et tout est fait maison. On peut commencer par une terrine de foie gras avec mendiants et confiture de pêche. On poursuit avec un dos de cabillaud sauce crustacés et on termine par une panna cotta au thym et fruits rouges. C'est très réussi et bien servi. Le cadre est contemporain et on a le choix entre la première salle qui donne sur le bar ou la deuxième salle aux airs de bord de mer.

LA CUISINE DE VIVIEN €

Place Alcala de Henares
TALENCE
✆ 07 50 59 51 61

Ouvert mercredi, jeudi et dimanche midi ; vendredi et samedi midi et soir. Brunch le dimanche à 25 €.

Le chef étoilé Vivien Durant a ouvert sa cuisine aux halles de Talence. À ses côtés, le chef Antton Lesobre l'accompagne dans cette petite échoppe authentique où la cuisine de bistrot « canaille » est à l'honneur. La particularité du lieu ? Tous les produits cuisinés sont issus des halles : asperges blanches, goujonnettes de poisson, côtelettes de veau bio... Les chefs subliment ces produits dans des recettes gourmandes. Le dimanche, l'humeur est au brunch avec une formule complète changeant toutes les semaines, selon les arrivages et les envies du moment !

HARU HARU €

93, cours Gambetta - **TALENCE**
✆ 05 33 57 62 34
www.haruharu.fr

Ouvert du mardi au dimanche de 12h à 22h30. Menus de 15 € à 20 €. Formule du midi : 15 €.

Une immersion culinaire en Corée, c'est la promesse réussie du restaurant Haru Haru. En plus de proposer des recettes typiques du pays, le chef propose tous les quinze jours un plat coréen inédit. A la carte, on trouve l'incontournable bibimbap, un mets très populaire servi dans un bol avec une base de riz, carotte, champignon, chou blanc, concombre, courgette, chou rouge, bœuf et œuf. Vous trouverez de nombreux autres plats, joliment servis et des desserts gourmands, comme la mousse Goguma (mousse de patate douce surmontée de chantilly).

LES PIEDS SOUS LA TABLE €€

58, avenue de Branne - **TRESSES**
✆ 05 56 68 34 35
www.les-piedssouslatable.fr

Ouvert le lundi et le mardi le midi ; du mercredi au samedi le midi et le soir. Formule du midi : 15,90 €

Si vous cherchez une bonne table à prix raisonnable et avec un accueil chaleureux, n'hésitez pas à quitter le centre de Bordeaux et prenez la route de Bergerac. Un charmant restaurant avec terrasse vous attend. Vous trouverez un buffet de hors-d'œuvre, de fromages et de desserts, mais aussi des viandes grillées et des parilladas de poissons, qui raviront vos papilles. Le service est particulièrement attentionné et efficace. Attention : le restaurant est pris d'assaut le midi, il convient de réserver. Les belles surprises ne sont pas toujours où on les attend !

HIPPOPOTAMUS €€

11, rue André Bourvil - **VILLENAVE-D'ORNON**
✆ 05 57 35 49 80
www.hippopotamus.fr

Ouvert tous les jours (11h30-22h30). Service continu. Formule express dès 10,90 €. Offres cinés. A emporter. Livraison.

Entrecôte persillée, filet de bœuf Chateaubriand, côte de bœuf, ribs, poulet rôti, magret de canard, andouillette AAAAA, burgers... Les amateurs de viandes grillées à la braise n'ont qu'à bien se tenir ! Parking, terrasse, service continu, livraison, formules express le midi, offres cinés... Hippopotamus Villenave d'Ornon Bègles réserve un accueil privilégié aux familles (chaises hautes, menus spécialement conçus pour les enfants, activités à table et espace ludique). Et pour les plus grands ? Une table haute *baby-foot* pour 6 à 10 personnes. Pensez à réserver !

FAIRE UNE PAUSE

Pause café, pause gourmande, pause détente, pause apéritive... Vous prendrez bien une pause bordelaise ? Le jour, Bordeaux est animée par les nombreux salons de thé, cafés et bars où l'on vient se poser avec plaisir. Une petite envie sucrée entre deux visites ? Petit Futé vous a sélectionné les meilleures adresses de boulangerie, pâtisserie et chocolaterie. Les gourmands apprécieront les dunes blanches, ces petits choux fourrés à la crème et saupoudrés de sucre glace qui font sensation ! En fin de journée, après une belle et longue balade, c'est l'heure de l'apéritif. Une soirée bordelaise typique commence forcément par un Lillet, cocktail local, ou par un verre de bordeaux dans l'un des nombreux bars à vin de la ville. Le tout accompagné d'une planche de charcuterie et de fromage ! Dans le centre, privilégiez l'animation du quartier Saint-Pierre, charmant et dynamique, ou celle du quartier Saint-Michel, plus populaire et cosmopolite.

L'ATELIER DES PASTÉIS

10, rue Saint-Rémi
✆ 09 86 21 95 09
www.latelierdespasteis.fr
Ouvert le lundi de 14h à 19h30, du mardi au samedi de 11h à 19h30 et le dimanche de 14h à 18h. 2,30 € l'unité.

Nelson Alvès est designer de mobilier et fabricant de pastéis de nata, ces petits flans fondants à la pâte feuilletée très fine et à la garniture crémeuse, spécialités de Lisbonne. Il a appris à les confectionner de façon artisanale chez un pâtissier lisboète et il les fabrique devant nous dans sa boutique. Tous les ingrédients et même le four viennent du Portugal, sa terre familiale. Ici, trois tables sont installées le long du mur pour déguster les gâteaux accompagnés d'une boisson et, sur des étagères, au fond du magasin, quelques produits portugais.

BALTHAZAR

8, rue des Augustins
Ouvert tous les jours de 16h à 2h. Terrasse. Animations. Happy hours & planches apéritives.

Une grande terrasse chauffée, un happy hour à n'en plus finir... C'est Balthazar ! À la carte, 18 bières à la pression et plus de 50 bières bouteilles d'ici et d'ailleurs, un grand choix de vins, cocktails, spiritueux et apéritifs. Chaque mois, l'équipe met une bière en avant : une bonne occasion de se laisser tenter pour découvrir un nouveau breuvage. Côté salé, Balthazar travaille avec La Big Part et propose également des planches apéritives de qualité à petits prix. Buvez votre bière ou mangez votre part de pizza, chez l'un ou chez l'autre.

BAILLARDRAN

✆ 05 56 79 05 89
www.baillardran.com
Ouvert du lundi au samedi de 8h30 à 19h30. Expédition. Vente en ligne.

Bordeaux rime avec canelé ! Vous connaissez ce petit gâteau à la robe caramélisée et au cœur moelleux, doré aux parfums de rhum et de vanille. Ici, vous verrez leur fabrication en direct, dans ces petits moules en cuivre « canelé » qui leur donne ce nom, à travers la vitrine. Depuis 2019, Baillardran s'est agrandi en proposant un bar à canelés rue Sainte-Catherine, une boutique concept qui propose des desserts à l'assiette confectionnés par les pâtissiers sous vos yeux. La troisième génération de la Maison Baillardran vient de prendre la relève...

BE MY COOKIE

55, rue des Remparts
✆ 05 57 34 67 90
www.bemycookie.fr
Ouvert du mardi au samedi de 11h30 à 19h. Cookie à partir de 2,60 €.

Derrière le comptoir, trois bordelaises d'adoption Zoé, Alexandra et Laure réalisent une dizaine de recettes gourmandes. Ils sont réalisés avec des produits majoritairement bio et sélectionnés avec soin : beurre en motte, œufs et farine en direct des producteurs, noix AOC du Périgord... Les cookies sont bien dodus, craquants en dehors et moelleux en dedans. Soucieuses de l'environnement, nos trois gourmandes n'oublient pas de préserver la planète en privilégiant l'énergie verte, les emballages compostables et les circuits courts. Une jolie adresse !

BOOKS AND COFFEE

26, rue Saint-James
✆ 05 56 81 47 41
Ouvert le lundi de 14h à 19h ; du mercredi au samedi de 9h à 19h ; le dimanche de 11h à 19h. Formule Tea Time à 11,90 €.

On se sent bien chez Books and Coffee ! Installé rue Saint-James, ce coffee shop dispose d'un bel espace intérieur et d'une jolie terrasse ensoleillée avec vue sur la Grosse Cloche. On vient à toute heure de la journée pour manger ou prendre un verre : petit déjeuner, encas, brunch, déjeuner, goûter, afterwork... Pour l'heure du thé, on apprécie la formule *tea time* composée d'une boisson chaude au choix accompagnée de 6 mini pâtisseries. Le midi, Books and Coffee propose des salades et des sandwichs toastés à savourer seuls ou en formule.

BOULANGERIE LOUIS LAMOUR

7, rue Ravez
✆ 05 57 30 25 43
www.bouloulam.fr
Ouvert du lundi au samedi de 7h30 à 19h30.

Le pain, sous toutes ses formes, est au cœur de cette boutique pleine de charme. Chaque jour, Louis façonne des produits uniques, dans la pure tradition boulangère. Il se dit boulanger rustique et créatif, et pour cause : ses baguettes de tradition et pains de campagne sont travaillés avec des farines sélectionnées de la région. Une jolie variété de viennoiseries complète la sélection. Notre préférence va pour la briochette aux pralines roses et le Beyrouthin, un croissant salé fourré au chèvre et aux pignons grillés. À déguster sur place ou à emporter.

BOULANGERIE TALMEUNIER MONDESIR

307, avenue de la République
✆ 05 56 02 38 87
Ouvert tous les jours et les jours fériés de 5h45 à 20h50. Formule sandwich + boisson + dessert à 6,95 €.

Mathilde et son équipe réalisent des pâtisseries généreuses, originales et de qualité. Ici, tout est fait maison à l'exception du croissant. En rayon, une quinzaine de variétés de pains à la croûte craquante et à la mie bien alvéolée, fabriqués avec des farines labellisées agri-éthique. Le midi, un grand choix de sandwiches, croque-monsieur, quiches, plats chauds, salades et desserts est proposé. Soucieuse de l'anti-gaspillage, Mathilde a entrepris une démarche zéro déchet.

BOUTIQUE DARDENNE BORDEAUX

62, rue des Remparts
✆ 06 74 42 52 16
www.chocolatdardenne.com
Ouvert du mardi au samedi de 11h à 18h30.

Maître Chocolatier depuis 1897, la maison Dardenne vient de s'installer en plein cœur de Bordeaux. Ici, le chocolat est à l'honneur, fabriqué dans les Pyrénées françaises, 100 % bio et Fairtrade. Il se décline sous plusieurs recettes et plusieurs formes (tablettes, pâte à tartiner, confiseries...), et est même proposé dans une gamme sans sucre et une gamme végane. Avis aux gourmands : fondue au chocolat, glaces, chocolat chaud et crêpes sont disponibles également en boutique.

BOUTIQUE JOCK

190, quai de Brazza
✆ 05 57 77 02 59
www.boutique-jock.fr
Ouvert du lundi au vendredi de 9h à 17h30.

Tous les Bordelais, ou presque, ont au moins une fois dans leur vie goûté à la fameuse crème Jock, imaginée en 1938 par Raymond Boulesque. Aujourd'hui la marque décline toute une gamme de préparations pour dessert : cookies, gâteau aux amandes de Méditerranée, gâteau aux noisettes du Lot-et-Garonne, pain d'épices, crème brûlée aux œufs, flans sans gluten, fondant au chocolat bio, fondant caramel, baba au rhum, gâteau au citron, gâteau nature, mais aussi des petits déjeuners instantanés cacao et céréales. Toutes les matières premières sont garanties sans OGM.

LE BURO DES POSSIBLES

2, rue Planterose
✆ 05 33 05 74 81
www.leburodespossibles.fr
Ouvert du lundi au vendredi de 9h à 19h ; le dimanche de 11h à 15h. Paiement au temps passé. Wifi gratuit. Brunch.

Le Buro des possibles est né d'une envie commune de créer un lieu chaleureux et convivial éco-responsable. Ici, l'électricité est verte, les contenants recyclables, les déchets compostés et les produits choisis en circuits courts ! Installé dans le quartier Saint-Michel, ce lieu est divisé en deux. D'un côté, le « coin des gourmands » avec plats salés et pâtisseries cuisinés sur place. De l'autre, le « coin des intellos », un espace de co-working avec paiement à l'heure et buffet à volonté de boissons et collations. Une salle de réunion est privatisable.

CAFÉ JOYEUX

31, rue Sainte-Colombe
✆ 05 57 35 39 80
www.cafejoyeux.com
Ouvert le mardi de 11h à 18h ; du mercredi au samedi de 11h à 22h. Fomule midi à 15 €.

Le Café Joyeux est une famille de coffee-shops à travers la France. En 2020, la franchise s'est installée à Bordeaux, rue Sainte-Colombe. Le concept ? Ces cafés forment et emploient des personnes en situation de handicap mental et cognitif. L'objectif est de redonner confiance aux personnes handicapées, qui cuisinent et font le service. Ici, dans ce bel espace avec une grande terrasse ensoleillée, le service est souriant et l'équipe très amicale. À la carte, chai latte, citronnade, jus frais, cookies, brownies, et même du salé avec des soupes, tartes et salades.

CAFÉCITO

5, place Saint-Pierre
✆ 05 56 44 43 89
www.cafecito-bar-vins-bieres-bordeaux.fr
Ouvert tous les jours de 10h à 2h. Tapas de midi à minuit à partir de 7,90 €. Happy hours de 17h à 19h. Terrasse.

Au cœur du quartier historique de Bordeaux se trouve le Cafécito, un restaurant-bar à tapas très agréable. On profite de la terrasse ensoleillée avec vue sur l'église Saint-Pierre pour prendre le temps autour d'un verre et quelques grignotages entre amis. L'endroit est idéal pour siroter un apéritif. On pourrait rester au Cafécito toute la journée : un café le matin, une tartine le midi (cinq tartines au choix : saumon, jambon serrano, trois fromages...), une pâtisserie et un thé au goûter et un cocktail la nuit tombée... En plus, la terrasse est chauffée !

CANOPÉE CAFÉ

1, chemin de Pouchon
MÉRIGNAC
✆ 05 56 51 70 00
www.restaurant-canopeecafe-merignac.com
Ouvert du lundi au samedi de 12h à 14h30 et de 19h30 à 23h30. Rooftop, soirées avec DJ.

Le Canopée Café, c'est une bodega chic, installée à 10 mètres de hauteur ! Comme son nom l'indique, vous serez sous le signe du soleil. Ce lieu, très original, propose une bonne cuisine bistronomique signée Sébastien Sevellec, ancien chef étoilé de l'Île de Beauté. C'est dans un beau décor nature de bois et d'acier, aux ambiances chaudes de fête espagnole, que vous pouvez déjeuner, dîner, passer un bon moment entre amis en partageant de succulentes tapas ou encore profiter d'une petite partie de pétanque sur le boulodrome en hauteur.

LE CARRELET BAR

64 bis, rue Lucien Faure
✆ 06 37 88 02 88
Ouvert le lundi de 11h à 16h30 ; du mardi au vendredi de 11h à 2h ; le samedi de 20h30 à 2h.

Nouveau venu dans le quartier des Bassins à flot : le Carrelet ! Les spécialités de ce bar à ambiance, ce sont les cocktails : classiques, signatures, mocktails... Vins et bières artisanales complètent la carte des boissons. Du côté des grignotages, le chef Maxime Roussarie concocte une cuisine gourmande sous forme de bocaux à déguster sur place ou à emporter. Toutes les semaines, l'équipe organise des soirées thématiques et propose des ateliers cocktails sur réservation. Pour les beaux jours, l'ambiance se prolonge sur la terrasse !

LE COMPTOIR DES CHATS

8, rue Pierre de Coubertin
Ouvert du jeudi au dimanche de 12h à 18h30. Droit d'entrée avec consommation 1 €, sans consommation 3 €.

Au Comptoir des Chats, neuf matous vous attendent, tous adorables et adaptés à ce genre de lieu. L'établissement dispose d'une cour intérieure, idéale pour ces petits compagnons ! On s'y installe avec un thé Mariage Frères ou une tisane bio, servie avec de l'eau de source (la carte est fournie), une boisson fraîche ou quelques gourmandises sucrées pour le goûter. Le midi, dès 12h15, vous pouvez venir déjeuner en compagnie des chats. Tout en profitant de votre plat, vous aurez le plaisir de voir vagabonder Mignon, Ben, Garfield (notre préféré !) et toute la bande.

CRÉATION GIVRÉE

✆ 07 72 17 84 82
www.creationgivree.fr

Simon Rousseau est un créateur culinaire de saveurs glacées. Il s'est inspiré des techniques thaïlandaises pour produire des planchas glacées de -20 °C à -25 °C. Les produits sont réalisés à partir d'une base lactée faite maison avec seulement du lait, d'un soupçon de sirop d'agave, de fruits de saison et de produits locaux issus si possible d'une agriculture raisonnée ou biologique. Simon Rousseau fabrique des glaces à rouler, des esquimaux sans lait et des granités. Il participe à de nombreux événements où il propose des glaces alcoolisées ou salées.

LA DOUCE PARENTHÈSE

8, rue Maucoudinat ✆ 06 46 14 46 59
www.ladouceparenthesesalondethe.fr
Ouvert lundi et mercredi de 10h30 à 15h, mardi et du jeudi au samedi de 10h30 à 18h. Menu 11 €, brunch 21 €. Livraison.

La Douce Parenthèse est un lieu chaleureux et convivial qui porte bien son nom ! Dans ce salon de thé, on se sent comme à la maison. Virginie vous y accueille avec une grande gentillesse. C'est dans ce cocon que l'on déguste les tartes, soupes et gâteaux cuisinés le matin même. Pour le quatre-heures, on se régale avec une part de namandier, un délicieux gâteau à la poudre d'amande, accompagné d'un thé de la marque Maison Bourgeon. Cet établissement familial organise régulièrement des ateliers pour enfants et adultes. Une de nos adresses coup de cœur 2020 !

DUNES BLANCHES CHEZ PASCAL

7, rue de la Vieille Tour
✆ 09 83 97 78 78
Ouvert du lundi au jeudi de 10h à 19h ; le vendredi et le samedi de 9h à 19h ; le dimanche de 9h à 13h.

Les Dunes Blanches sont une invention de Pascal Lucas, boulanger-pâtissier à Grand Piquey. Ses fameux choux croquants fourrés à la crème légère et aérienne sont presque aussi connus des Bordelais que les cannelés. On ne résiste jamais à s'en offrir un ou deux – voire plus – par pure gourmandise. On peut les acheter à Arcachon, Bordeaux et même Paris dans le quartier du Marais. La recette reste secrète et pour diversifier les goûts Pascal Lucas propose parfois des créations éphémères...

GLLM GUILLAUME

11, rue des Bahutiers
✆ 05 47 74 47 97
www.boulangeriepatisserieguillaume.fr
Ouvert tous les jours de 8h à 20h.

Guillaume est pâtissier-glacier de formation. Après des expériences enrichissantes dans la maison Lenôtre, puis aux États-Unis, le jeune homme a lancé son établissement rue du Palais Gallien. Quelques années plus tard, un nouveau lieu a ouvert ses portes à Saint-Pierre. Ici, vous trouverez une jolie sélection de pains, dont une gamme biologique, ainsi qu'une partie snacking. Mais le point fort de Guillaume, ce sont ses pâtisseries faites maison, soignées et délicieuses. Comment résister au Tentation, ce biscuit chocolat et croustillant praliner ? Impossible !

HASNAÂ CHOCOLATS GRANDS CRUS

4, rue de la Vieille Tour
✆ 05 56 81 11 40
www.hasnaa-chocolats.fr
Ouvert du lundi au samedi à partir de 10h et jusqu ´à 19h30.

Cette ancienne candidate de « Master chef » sélectionne elle-même chez les producteurs des cacaos d'exception et confectionne des chocolats grands crus dans son laboratoire ouvert au public. Sans conservateurs ni arômes artificiels, ils sont composés uniquement de fèves (souvent bio) et du sucre de canne bio, sans ajout de lécithine ni de beurre de cacao autre que celui présent dans la fève. Les chocolats sont subtils, comme un praliné à la coriandre ou une ganache au poivre timut.

JOLLY

7, place du Parlement
✆ 05 57 34 75 95
Ouvert du mardi au samedi de 10h à 19h30.

Les accrocs au chocolat vont être séduits par cette boutique ouverte par deux gourmandes, Ophélia et Alice. Ce glacier se distingue des autres en ne mettant à l'honneur qu'un seul produit : le chocolat. Il se décline en noir, blanc, au lait et rubis, et se transforme en glaces, sorbets, mousses (dont une au piment d'Espelette) et tablettes grand cru. Pour compléter, Ophélia fabrique quelques gaufres, crêpes, gelée de menthe fraîche et un excellent caramel au beurre salé... Les glaces sont surmontées de feuilles ou de fleurs cristallisées au sucre.

MADEMOISELLE DE MARGAUX

65, rue des Remparts ✆ 05 57 88 39 90
www.mademoiselledemargaux.com
Ouvert le lundi de 14h à 19h, du mardi au vendredi de 10h30 à 19h, le samedi de 10h30 à 13h et de 14h à 19h.

Envie d'une pause chocolatée ? Mademoiselle de Margaux est l'endroit idéal pour se faire plaisir. Derrière une charmante façade en bois, Mademoiselle de Margaux propose de nombreuses gourmandises dont la « Guinette » ou « Griotte », une cerise griotte à la liqueur recouverte de fondant sucré et enrobée de chocolat noir et les fameux Sarments du Médoc, des petits brins de chocolat créés un peu par hasard et qui ressemblent aux sarments de vigne. Pour les fêtes, craquez pour les coffrets dégustation, assortiments de truffes et coffrets personnalisables.

MAGNUS

32, rue Cheverus
✆ 09 81 18 69 55

Ouvert tous les jours de 15h à 2h. Happy hours [17h - 21h].

C'est à deux pas de la place Pey Berland que l'équipe de Magnus a pris ses quartiers. Ce premier pub scandinave bordelais ne manque pas de charme ! La spécialité ? Ce sont les bières bien sûr. La carte est complète : la bière noire Polar Night, la blonde IPA Nordkapp ou encore la blanche IPA Kong Magnus. Dans l'assiette, on se régale avec les spécialités scandinaves, à commencer par le pølse, l'authentique hot dog norvégien ou le kylling, une tortilla garnie de poulet pané, salade et oignons frits. Fléchettes et billard à l'étage !

OCTAVIE'S

24, rue du Palais Gallien
✆ 06 19 36 04 28
www.octavies.com

Ouvert le mardi et le mercredi de 10h à 18h30 ; du jeudi au samedi de 10h à 22h. Tea time à 19 € sur réservation.

Octavie's est un petit boudoir chic et féminin. L'ambiance est feutrée tout en délicatesse. Parmi les pâtisseries, deux spécialités sont à relever, la délicieuse pavlova et le mouhallabié, une crème de lait parfumée à la fleur d'oranger et au sirop de rose. Pour le goûter, on vous conseille le *tea time,* rendez-vous incontournable sur réservation. Côté boisson, les thés de la marque Nina's Paris sont délicieux. On vous conseille le thé Marie-Antoinette, dont les fruits et les fleurs sont cultivés et cueillis au sein du potager du château de Versailles.

MOLLY MALONE'S

83, quai des Chartrons
✆ 05 57 87 06 72
www.molly-pub.com

Ouvert tous les jours de 10h30 à 2h. Service de restauration en continu le week-end. Happy hours. Terrasse. Concerts.

Le Molly Malone's, pub irlandais installé le long des quai des Chartrons depuis 2004, est une adresse incontournable à Bordeaux. À toute heure, on y déguste une bonne bière : la Molly Malone's [une blonde tendre de caractère], la Guinness [une brune Stout] ou encore la Grimbergen blanche. Le Molly Malone's propose aussi de belles références d'Irish Whiskey et Malt Whisky proposées en digestif. Pour déjeuner ou dîner, le chef vous offre un véritable dépaysement avec des irlandais, le Galway Fish & chips et le beef & Guinness pie.

PATISSERIE XAVIER BOUTET

7, cours Gambetta
TALENCE
✆ 05 56 04 13 14
www.patisserieboutet.fr

Ouvert du mardi au dimanche de 10h30 à 19h30.

Artisans pâtissiers, chocolatiers, glaciers et confiseurs depuis quatre générations, les membres de la famille Boutet sont renommés pour la qualité de leurs douces et succulentes recettes de desserts. Ici, on apprécie autant expérimenter les créations du chef que redécouvrir les grands classiques. Parmi les gourmandises incontournables, craquez pour la mousse aux trois chocolats sur un praliné croustillant et les délicieux éclairs. Côté innovations, Xavier Boutet propose une déclinaison de macarons et verrine de mousse mascarpone.

NOISETTINES DU MÉDOC

34, rue des Remparts
✆ 09 53 92 55 05
www.noisettines.fr

Ouvert du lundi au samedi de 11h à 19h. Livraison possible [vente en ligne via la boutique].

Edith et Michel Noyez ont créé dans les années 1970, la Noisettine du Médoc. Ils étaient loin de penser qu'on la retrouverait dans de nombreux étals de la région, ainsi qu'à Paris et même en Belgique ! Et pourtant c'est bien normal, car tout le monde craque pour cette gourmandise originale dont la recette daterait de 1649. C'est une noisette cuite dans un sirop maison, puis enrobée d'un caramel soufflé. Pour déguster cette petite douceur du coin, rendez-vous au magasin rue des Remparts à Bordeaux ou à Blaignan, la boutique-musée.

SHE AND HIM

24, rue Huguerie
✆ 09 81 77 77 26
www.sheandhim-bdx.com

Ouvert du mardi au samedi de 10h à 19h ; le dimanche de 11h à 14h30. Brunch le dimanche à 24 €.

Chez Emely [*she*] et Thomas [*him*], les desserts sont exceptionnels. On l'aurait parié vu le parcours du jeune homme : pâtissier de formation, il a fait ses classes chez Ducasse avant de prendre ses marques dans un établissement étoilé en Floride. C'est là-bas qu'il rencontre Emely, spécialisée dans le service de luxe. Ensemble, ils déposent leur valise à Bordeaux et ouvrent ce salon de thé raffiné avec service salé et sucré en continu. Le dimanche, ils proposent un brunch varié et copieux. Les prix sont très raisonnables et la qualité est au rendez-vous.

TAMATEBAKO CAFE

32, rue Saint-James
✆ 06 64 92 55 36
Ouvert du mercredi au vendredi de 14h à 19h ; le week-end de 11h à 19h.

Quelle diversité de cafés et de thés ! Pour la pause du goûter, difficile de ne pas y trouver son bonheur... Ici, le café se décline sous mille et une façons (espresso, décaféiné, bio…). À la carte, les cafés Grands Crus cohabitent avec les cafés d'exception, les Café Latté, les Viennois ou encore les Latté Macchiato. Dans ce salon de thé et café Barista, la carte des thés est aussi très fournie : plus de 200 variétés de thés, tisanes et rooibos. De quoi plaire aux amateurs ! Accompagnez votre boisson d'une part de gâteau maison et régalez-vous !

TUTIAC LE BISTRO VIGNERONS

10, place du Palais
✆ 05 57 88 22 42
www.lebistrovignerons.com
Ouvert le mardi de 18h30 à 23h ; du mercredi au samedi de 12h à 14h30 et de 18h30 à 23h ; le dimanche de 12h30 à 15h.

Créée en 1974, la coopérative des Vignerons de Tutiac rassemble 700 vignerons de la région sur 15 appellations bordelaises. Producteurs passionnés, ils partagent les valeurs de transparence et de partage. C'est dans cette optique qu'a ouvert Tutiac, leur premier bar à vins ! À la table, le chef propose quelques plats typiques, comme la côte de bœuf charolaise maturée ou les rillettes de manchons de canard. On apprécie également la planche apéritive gasconne à partager.

THE IRISH LANE

7, rue Jacques Brel
LE HAILLAN
✆ 06 76 77 53 27
www.theirishlane.fr
Ouvert du lundi au samedi de 16h à 21 : 30

The Irish Lane est un lieu unique en son genre : il est le seul point de vente à proposer de la bière irlandaise. Thierry, le fondateur, a choisi lui-même les micro-brasseries irlandaises qu'il met en avant. Il propose des bières spéciales vieillies en fût de vin, mais aussi des bières millésimées à la pression ainsi que des bières bouteilles, à consommer sur place avec de bonnes planches de charcuterie artisanale ou à emporter. L'équipe propose également des prestations privées à bord de leur combi BOB : idéal pour tous vos événements !

VINTAGE BAR

45, rue Saint-James
www.vintage-bar.fr
Ouvert du lundi au samedi de 16h à 2h ; le dimanche de 17h à 22h. Happy hours de 16h à 19h30.

Installé dans la très agréable rue Saint-James, le Vintage Bar jouit d'une très belle terrasse avec vue sur la Grosse Cloche. Vous préférez vous poser à l'intérieur ? Ce n'est pas l'espace qui manque ! Dans ce pub tamisé et animé, vous trouverez une ambiance chaleureuse mais intime, idéal pour un cocktail à deux ou une bière pression entre amis. Lieu très prisé par la jeunesse bordelaise, ce bar-rhumerie organisé régulièrement des soirées et propose des *happy hours* intéressantes pour les fins de journée. Retrouvez toute l'actualité du pub sur la page Facebook !

LA TOQUE CUIVRÉE - CANELÉS DE BORDEAUX

41, place Gambetta
✆ 05 57 83 61 67
www.la-toque-cuivree.fr
Ouvert tous les jours de 8h à 20h. A la pièce : canelé Gros à 0,70 €, canelé Lunch à 0,50 € et canelé bouchée à 0,40 €.

Véritable emblème bordelais, le canelé, délice qui date du XVIe siècle, est une pâtisserie à base de farine, d'œufs, de lait, de vanille et de rhum... C'est un vrai challenge de les préparer soi-même afin d'obtenir un canelé moelleux à l'intérieur et croustillant à l'extérieur. Rendez-vous dans l'un des 20 magasins où vous aurez le choix entre trois tailles de canelés et vous laisser tenter par d'autres spécialités : tourtières aux pruneaux, Bordelais amande ou chocolat...

WOOD BLOCK

49, avenue Henri Vigneau - **MÉRIGNAC**
✆ 05 56 47 78 66
www.woodblockmerignac.com
Ouvert du mardi au vendredi de 11h30 à 15h et de 17h à 23h, le samedi de 11h30 à 0h30. Happy hours.

Installé dans la zone commerciale de Mérignac, le Wood Block dispose d'une très grande salle et d'une belle terrasse à l'avant. Le décor est épuré avec plusieurs ambiances : on peut s'installer au comptoir, à table ou simplement siroter un cocktail à un mange-debout. De nombreuses soirées concerts live et retransmissions de match sont organisées au pub. Pour accompagner les bières pression, des planches apéritives fromages et charcuterie sont proposées. Côté cuisine, le chef propose quelques plats de brasserie : burgers, fish & chips...

(SE) FAIRE PLAISIR

L'artère principale de Bordeaux est la fameuse rue Sainte-Catherine. Sur près de 1,2 km, elle rejoint le Grand Théâtre à la place de la Victoire et propose plus de 200 boutiques. Elle est la plus longue artère piétonne et commerçante d'Europe et donc le lieu idéal pour faire du shopping ! Boutiques gourmandes, grandes enseignes de prêt-à-porter et de sport, commerces indépendants… La rue est à l'image de la ville et de ses nombreuses artères : abondante et riche ! Que de choix à Bordeaux pour (se) faire plaisir. Les touristes gourmands ramèneront sans aucun doute quelques spécialités dans leur valise : canelés, macarons, confit de canard, bouteilles de vin… tandis que d'autres trouveront leur bonheur dans les nombreuses boutiques de cadeaux et de décoration. Que vous soyez fin gourmet, mélomane, lecteur, fashion victim ou passionné de high-tech, nous avons sélectionné pour vous les meilleures adresses bordelaises.

AG VINS

4, rue Roger-Touton
✆ 05 56 50 08 00
www.agvins.fr

Ouvert du lundi au vendredi de 9h à 12h30 et de 14h à 18h. Vente en ligne.

Ce négociant en vin fournit les professionnels ainsi que les particuliers. Un large choix de vins français et étrangers, des exclusivités ainsi qu'une gamme bio sont proposés au meilleur rapport qualité-prix. AG vins propose 500 vins dans sa boutique en ligne et dispose de plus de 700 références en magasin. La maison propose également un grand choix de bag in box et de vins à petits prix. Au plus près de sa clientèle, AG vins propose des services très intéressants : prêt de tireuses pour vos réceptions, livraison en 24h sur toute la Gironde.

BORDEAUX BEER FACTORY

64, rue Borie
✆ 06 11 64 05 74
www.bordeaux.beer

Ouvert du mardi au samedi de 10h à 12h et de 14h à 18h.

Deux jeunes brasseurs ont lancé leur brasserie artisanale il y a 4 ans, et y ont depuis ouvert un bar. À leur actif, cinq sortes de bières très créatives commercialisées sous la marque BBF : *American Ale*, *English IPA*, *Mosaic Session*, *Macis Stout*, et *Herbal Wheat*, chacune ayant son caractère et sa personnalité. Sur place, ils organisent des événements autour de la bière et dont des dégustations avec des partenaires comme par exemple Makito Bordeaux - Sushi-burrito & Poké, Les Fromages de Manon à Talence ou Gargantoine des Halles de Bacalan et ses fameux pintxos.

BOUCHE

117 bis, cours Victor Hugo ✆ 06 52 60 19 42
www.bouche-bordeaux.fr

Ouvert le lundi de 16h30 à 19h30 ; du mardi au vendredi de 10h30 à 13h et de 16h30 à 19h30 ; le samedi de 9h30 à 13h30.

En ouvrant cette boucherie, Marjolaine et Christophe souhaitaient travailler avec des éleveurs de qualité. Le résultat est à la hauteur : du veau du Limousin, du porc gascon, des poulets fermiers du Pays Basque, de la charcuterie maison ou espagnole sans additifs, des plats traiteurs cuisinés façon gastro, des sandwiches originaux, quelques produits d'épicerie fine. Ils composent sur commande des paniers pour 2 personnes pour une semaine, en fonction de leurs arrivages : viandes sous vide, charcuterie et plats cuisinés. Possibilité de livraison à domicile.

BOULANGERIE AMANDINE 1900

365, avenue du Maréchal-de-Lattre-de-Tassigny
✆ 05 57 78 16 22
www.amandine1900.fr
Ouvert tous les jours de 7h à 13h ; le mardi et le vendredi de 7h à 13h et de 16h à 19h.

Amandine 1900 est une boulangerie artisanale qui confectionne des pains bio cuits au feu de bois à la saveur inimitable. Les différents pains, au levain naturel, au sésame, aux céréales, à l'épeautre, sans gluten, à la croûte dorée et craquante et une mie bien épaisse, sont réalisés à base de farine complète de grande qualité nutritive. Pour les plus gourmands, les viennoiseries – notamment le croissant au beurre – ou le Cramique, un pain brioché fourré de raisins secs, sont à tomber.

CHOCOLATERIE SEGONZAC

303, avenue du Médoc
EYSINES
✆ 05 56 28 34 33
Ouvert du mardi au samedi de 9h à 13h et de 15h à 19h.

La chocolaterie Segonzac est une jolie boutique avec mille et un trésors au chocolat. Elle met en valeur une tradition chocolatée transmise de père en fils. On retrouve, bien sûr, la spécialité de la maison, les Guinettes au vieil armagnac, mais surtout le chocolat sous toutes ses formes et de toutes les couleurs : poissons, grenouilles, dinosaures, cœurs et même personnages de Disney qui raviront les petits ! Les chocolats fins en ballotins, les Bouchons du Médoc et autres gourmandises en chocolat séduiront les palais les plus délicats et les plus experts.

LA DÉGUSTE

Itinérant
✆ 06 87 04 63 65
www.huitre-ladeguste.com

Après une formation de juriste, Romain a décidé de devenir le premier négociant en huîtres ! Son but : proposer sur les tables des restaurants bordelais des huîtres de qualité en provenance de petits producteurs passionnés et rigoureux. Déjà plus de 80 clients lui font confiance. À l'écoute des chefs, il les conseille lors de ses virées « Marées » sur le Bassin et les forme sur des spécialités d'ici et d'ailleurs. La Déguste est également présente sur de nombreux festivals, événements professionnels et grandes occasions ! À découvrir !

LA TOQUE CUIVRÉE - CANELÉS DE BORDEAUX

41, place Gambetta
✆ 05 57 83 61 67
www.la-toque-cuivree.fr
Ouvert tous les jours de 8h à 20h. A la pièce : canelé Gros à 0,70 €, canelé Lunch à 0,50 € et canelé bouchée à 0,40 €.

© LA TOQUE CUIVRÉE

Véritable emblème bordelais, le canelé, délice qui date du XVIe siècle, est une pâtisserie à base de farine, d'œufs, de lait, de vanille et de rhum... C'est un vrai challenge de les préparer soi-même afin d'obtenir un canelé moelleux à l'intérieur et croustillant à l'extérieur. Rendez-vous dans l'un des 20 magasins où vous aurez le choix entre trois tailles de canelés et vous laisser tenter par d'autres spécialités : tourtières aux pruneaux, Bordelais amande ou chocolat...

DISTILLERIE MOON HARBOUR

492, boulevard Alfred Daney
✆ 05 56 29 86 60
www.moonharbour.fr
Visites et dégustation du mardi au samedi (sauf le mercredi) matin et après-midi : 15 €/personne.

Yves et Jean-Philippe ont créé la marque de whisky Moon Harbour Bordeaux, un whisky 100 % bordelais : les céréales sont issues de la région, les alambics en cuivre sont confectionnés par un artisan bordelais et les barriques de vieillissement proviennent de châteaux. Pendant la visite, on découvre la zone de stockage des matières premières, la cuverie, les alambics et un bunker de la Seconde Guerre mondiale, réhabilité en chai de vieillissement. On termine par une dégustation de produits, dont plusieurs whiskies, du rhum et du gin distillés sur place.

FROMAGERIE CHEZ DELPHINE

44, rue des Remparts
✆ 05 56 48 06 19
Ouvert le mardi et le mercredi de 10h30 à 18h ; du jeudi au samedi de 10h30 à 21h.

Delphine est fromagère affineuse. Dans sa boutique de la rue des Remparts, elle propose une jolie sélection de fromages affinés sur place. Vous trouverez aussi des produits de crèmerie, de charcuterie et d'épicerie. Tous ont été sélectionnés par Delphine pour leur qualité de fabrication et leur origine fermière. Des plateaux apéritifs sont également proposés à la commande. Sur l'étal, dans la vitrine, les fromages mettent en appétit... Ça tombe bien, on peut en déguster sur place, et même profiter de l'agréable terrasse. Une adresse à tester.

GASTRONOMIE DES PYRÉNÉES

12, cours Portal
✆ 05 56 52 87 59
www.gastronomie-pyrenees.fr
Ouvert du lundi au samedi de 8h30 à 13h30 et de 15h30 à 20h.

Cette jolie boutique est un temple de la gastronomie pyrénéenne. Ici, les étagères foisonnent de conserves et de bocaux gourmands : foies gras mi-cuit Raymond d'Artigues à Pomares, axoa de veau du Pays basque, miels bio des Pyrénées... Le rayon frais rassemble quelques incontournables : bœuf de race charolaise, agneau du Pays basque, volaille de la Ferme du Rivet, jambon Bellota. Vous pourrez aussi découvrir un large éventail de vins, de champagnes, d'apéritifs, d'armagnacs... À noter : des produits en promotion tous les mois.

LA HALLE BOCA

208, quai de Paludate
✆ 06 48 83 85 77
www.halleboca.com
Ouvert lundi et mardi de 10h à 17h ; du mercredi au vendredi de 10h à 0h ; samedi de 11h à 2h ; dimanche de 11h à 18h.

La Halle Boca se tient sur les quais de Paludate. Ce concept gastronomique et lieu de vie unique réunit dans les anciens abattoirs de Bordeaux, un hôtel, des restaurants et un *foodcourt*. La Boca Foodcourt propose 14 corners de restauration (fruits de mer, spécialités asiatiques, tapas, pizzas napolitaines, cuisine gastronomique, cuisine corse, etc.), un mur à bières en libre-service, une cave à vin et un bar central. En tout, sont réunis dans une seule et même salle, 350 sièges autour de grandes tablées. On peut également se restaurer dehors.

LES HALLES DE BACALAN

10, quai de Bacalan
✆ 05 35 54 44 82
www.biltoki.com/hallesbacalan
Fermé le dimanche soir et le lundi toute la journée. Voir les horaires sur le site internet.

Avis aux épicuriens ! Les Halles de Bacalan ont su attirer un large public dans un espace exclusivement dédié à la gastronomie du Sud-Ouest. Initiées par la société Biltoki, ces Halles présentent 24 stands animés par des artisans producteurs locaux soigneusement sélectionnés pour la qualité de leurs produits. Des points de restauration permettent de prolonger le plaisir gourmand dans une démarche de rééducation du consommateur. Des temps forts sont organisés tous les mois dans les Halles : dégustations ou ateliers nommés les « Tutori'Halles de Bacalan ».

LAITERIE BURDIGALA

4, rue des Douves
✆ 06 59 85 83 38
Basse saison mardi au dimanche de 9h30 à 19h sauf entre 14h30 et 16h30. Haute saison jeudi, vendredi midi et week-end.

Implanter une laiterie avec atelier sur place en plein centre-ville, à quelques mètres du marché des Capucins, il fallait y penser... Chloé et Claire ont imaginé ce lieu convivial doté d'une grande terrasse. Ici, les deux milk-entrepreneuses produisent surtout des fromages à pâtes filées : mozza, burrata, burrata truffée, scamorza fumée, straciatella et ricotta, mais aussi des fromages frais, des yaourts et du lait en bouteille qu'il faut commander. Les jeudis soir « Do It Yourself » pour confectionner sa propre mozzarella. À découvrir !

LE LOCAL EPICERIE

14, rue Saint-Colombe
✆ 06 70 02 96 66
www.lelocal.store
Ouvert du lundi au samedi de 9h30 à 19h30.

Des produits frais et bio provenant directement du producteur, disponibles à la vente en plein cœur de Bordeaux, c'est la proposition alléchante de cette épicerie. Leur objectif : mettre en place des circuits courts raisonnés sans passer par des intermédiaires ! Dans cette boutique à la décoration charmante, vous trouverez des fruits et légumes de saison, des produits frais, de la boucherie et charcuterie, des produits d'épicerie et des boissons. Le tout est exclusivement local et au juste prix. Ici, l'équipe est à l'écoute et toujours de bons conseils.

MADAME FROMAGE

3, quai Deschamps
✆ 09 86 07 09 06
Ouvert du mardi au vendredi de 9h30 à 14h et de 16h à 19h30 ; le samedi de 10h à 18h.

Installée dans le quartier Bastide, Madame Fromage propose plus de 80 variétés de fromages : St-Nectaire, Reblochon, tome fraîche, cantal, cheddar… À l'origine du projet, un jeune couple en reconversion, motivé par cette aventure familiale et la passion du fromage ! Proposant une petite partie épicerie, la fromagerie vend également des œufs frais, du pain (pour accompagner les paniers de fromage !), du vin, des bières, des biscuits et du bon miel. Dernier point : un arrêt minute est possible devant le magasin. Très pratique pour faire ses emplettes.

MARCHÉ DES CAPUCINS

Place des Capucins
www.marchedescapucins.com
Du mardi au vendredi de 6h à 14h, week-end de 5h30 à 14h30.

Un marché qui existe depuis le XVIIIe siècle ! Aujourd'hui le plus grand marché de Bordeaux vit toute l'année dans une ambiance décontractée, conviviale, unique en son genre. On y vient faire ses courses, se restaurer, prendre un café, boire un verre, acheter des fleurs, déguster des huîtres ou encore des spécialités asiatiques et même dénicher quelques vêtements à l'extérieur. La viande, les charcuteries françaises ou espagnoles et les fromages sont magnifiques, quant aux prix (notamment les fruits et les légumes) ils restent très abordables. On y court !

MAISON LAFITTE FOIE GRAS

26 bis, rue Mably
✆ 05 56 48 01 05
www.lafitte.fr
Ouvert du mardi au samedi de 10h à 13h et de 14h à 19h.

Depuis quatre générations, la famille Lafitte entretient la passion des traditions et du savoir-faire de la gastronomie landaise. Les canards sont élevés et préparés dans les Landes. Le canard doit être gavé au maïs grain entier et être âgé de 102 jours minimum, caractéristiques pour obtenir la certification IGP (Indication géographiquement protégée). L'une des nouveautés est un foie gras de canard entier des Landes mi-cuit, cuisiné dans sa terrine en grès « façon maison ». Il est conseillé d'y ajouter une pincée de fleur de sel.

LES ÉLEVEURS GIRONDINS

3, avenue du Maréchal-Leclerc - **MÉRIGNAC** ✆ 05 56 71 14 45
www.eleveursgirondins.fr
Ouvert du mardi au samedi de 7h30 à 13h et de 16h à 19h30.

Le Groupement des Éleveurs Girondins (GEG) compte aujourd'hui 150 adhérents, dont 120 éleveurs de bovins et 30 éleveurs d'ovins. Il a plusieurs cordes à son arc : la sauvegarde, ainsi que la promotion de produits de qualité du terroir girondin, la mise en marché de la production des exploitations de ses adhérents. « De la fourche à la fourchette » tel est l'objectif du GEG. La coopérative a ses propres points de vente, dont cinq boucheries en Gironde. Les clients peuvent y trouver des viandes de bœuf certifié Sous Signature Gironde.

MATTHIEU ROUFFINEAU - HUÎTRES SPÉCIALES PAPIN

Marché des Capucins
✆ 06 77 06 53 44
www.huitres-matthieu-rouffineau.fr
Ouvert du jeudi au dimanche de 7h à 13h.

Les huîtres Spéciale Papin sont des produits d'exception, de grande qualité à la saveur unique et racée, grâce à un long et patient travail d'affineur. Ces huîtres-là, maintes fois médaillées et récompensées, sont appréciées pour leur finesse, leur petit goût de noisette unique. Produites à La Tremblade, elles sont reconnaissables à leur belle couleur verte. Matthieu Rouffineau, amoureux et fier de son produit, est issu d'une famille d'ostréiculteur depuis quatre générations.

VINS DU MÉDOC

1, cours du 30-Juillet
✆ 05 56 48 18 62
www.medoc-bordeaux.com

Le Conseil des Vins du Médoc fait découvrir le Médoc et ses 8 appellations prestigieuses dont 2 sous-régionales (Médoc et Haut-Médoc) et 6 communales (Saint-Estèphe, Pauillac, Saint-Julien, Moulis-en-Médoc, Listrac-Médoc, Margaux). Il fournit de nombreuses informations touristiques sur le Médoc et ses châteaux. Avec ses 16 100 hectares de terres, ses plus de 10 060 viticulteurs, ses 80 millions de bouteilles et ses 60 grands crus classés répartis en 5 grandes familles, le Médoc donne naissance à des vins fabuleux réputés dans le monde entier.

PIERRE OTEIZA

52, rue des Remparts
✆ 05 56 52 38 76
www.pierreoteiza.com
Ouvert du mardi au samedi de 10h à 19h30.
Livraison possible (via site Internet seulement).

L'odeur est inimitable et perceptible dès l'entrée de cette jolie boutique de salaisons et de plats préparés du Pays basque. Difficile de choisir entre les jambons, saucissons, chorizos, foies gras ou entre les plats cuisinés : axoa de veau, cassoulet (porc, canard ou mouton), chipirons à la basquaise, salmis de palombe, poulet à la basquaise, piperade, confits et magrets. Accompagnez le tout d'un fromage artisanal : d'un bon Irouléguy, de patxaran ou de manzana. Pour la douceur, succombez aux confitures et aux gelées ou à l'excellent beurre des Aldudes.

PIED DE BICHE

80, rue du Pas Saint Georges
✆ 07 49 73 43 62
Ouvert du lundi au samedi de 10h30 à 19h30.

Après deux boutiques à Paris, Pied de Biche a posé ses valises à Bordeaux, à deux pas du quartier Saint-Pierre. Reconnue pour leur savoir-faire, la marque propose des intemporels de qualité haut de gamme à prix maîtrisé. Les modèles sont pensés au cœur de leur atelier parisien, puis assemblés à la main dans la région de Porto avec des cuirs italiens. Leur modèle phare ? La Chelsea Boots qui se décline en plusieurs couleurs, matières et forme. Une jolie sélection de maroquinerie et d'accessoires pour hommes et femmes vient compléter l'offre.

THE NUTS SHOP

98, rue Victor Hugo
✆ 06 43 15 28 32
Ouvert du lundi au samedi de 10h à 20h ; le dimanche de 10h à 18h.

Fruits secs, fruits séchés, chocolats, nougats, loukoums… Comme chez les confiseurs d'antan, les gourmandises sont présentées dans de jolies bonbonnières et pots en verre. Chez Hamdi et Rama, les douceurs sont à la pelle… On apprécie les fruits secs, fraîchement grillés sur place, sans matières grasses, ni additif, ni conservateur. Côté sucré, notre préférence va vers les noix de pécan croquantes enrobées de chocolat façon truffe. Côté salé, testez absolument les amandes fumées qui se marieront à merveille avec une bière pour l'apéritif. A tester !

RICHY'S

73-77, rue du Pas-Saint-Georges
✆ 05 56 52 33 81
Ouvert le lundi de 14h à 19h ; du mardi au samedi de 10h à 12h30 et de 13h30 à 19h ; le dimanche de 11h à 18h.

Derrière cette grande façade bleue se tient un concept-store branché et pointu. À peine entré dans la boutique, vous serez accueilli avec chaleur par l'équipe pendant que du bon son viendra égayer vos oreilles. Les marques de créateurs sont à l'honneur et les collections sont rétro et colorées. Vous trouverez des incontournables comme les baskets Superga, les Dr Martens ou encore les sacs à dos Fjallraven. Dans la dernière salle, Richy's vous présente StepArt, un concept original qui met en collaboration des artistes pour des pièces au design unique.

LES SISTERETTES

60, rue des Remparts
✆ 09 81 95 63 23
www.lessisterettes.fr
Ouvert le lundi de 12h à 19h ; du mardi au samedi de 10h à 19h. E-shop.

Dans cette boutique de prêt-à-porter féminin, vous pourrez compter sur un accueil chaleureux et des conseils personnalisés. Sur les portants, vous trouverez de belles pièces colorées et tendances de différentes marques comme Garance, Vila, Grace & Mila, Frnch, Orfeo, Yuka ou encore Rue Magazine. La taille accrochée est toujours la plus petite, ainsi n'hésitez pas à demander votre taille auprès d'une des vendeuses. De jolis bijoux, ceintures, articles de maroquinerie et chaussures (sandales de l'Atelier Tropézien, baskets Victoria, etc.) complètent la sélection.

AMOUR DE FLEURS

40, rue Sainte-Colombe
✆ 05 56 30 37 65
www.amourdefleurs-bordeaux.fr
Ouvert du lundi au jeudi de 10h à 19h30 ; le vendredi et le samedi de 10h à 20h ; le dimanche de 10h à 13h.

Impossible de ne pas tomber sous le charme de cette boutique de fleurs, qui porte tellement bien son nom... Dans la jolie rue Sainte-Colombe, la façade toute fleurie offre un écrin de verdure. Vous serez charmés par la belle variété de plantes et fleurs choisie par Fabien. La boutique est remplie de végétaux pour vos intérieurs et extérieurs et de bouquets de fleurs coupées. N'hésitez pas à demander conseil pour toutes vos compositions florales. Il n'est pas seulement fleuriste, mais également un talentueux artiste. Une sublime adresse !

COUTELLERIE SAPHORES

41, rue Judaïque
✆ 05 56 48 41 00
www.saphores.com
Ouvert du mardi au samedi de 10h à 12h30 et de 14h à 19h. Fermeture à 18h le samedi.

Depuis sa création en 1955 par Pierre Saphores, rue Georges-Bonnac, la Maison Saphores Bordeaux dispose de toute une gamme de couteaux de poche, de table, de cuisine, de chasse, mais aussi des cannes, des épées, des trousses à manucure... La gamme du couteau bordelais s'est agrandie d'une version Arts de la table que vous retrouverez sur les meilleures tables bordelaises. Ne loupez pas le couteau bordelais, une création de Michel Saphores, un couteau avec un intérieur en titane bleu, mauve ou doré et un manche en olivier, macassar, buis ou bois de rose.

LA TABLE DE DON QUICHOTTE

✆ 05 56 31 47 07
www.latablededonquichotte.com
Ouvert du mardi au dimanche de 6h à 14h.

C'est au cœur du Marché des Capucins que vous trouverez le meilleur de la gastronomie basque et espagnole. Direction l'étal de La Table de Don Quichotte qui présente des produits d'exception dont de superbes jambons ibériques pendus au-dessus de nos têtes. Sur les tables, des salaisons de multiples façons (saucissons, ventrèche roulée au poivre), de généreux chorizos, le *lomo embuchado* sans oublier les spécialités basques (axoa, piment d'Espelette, saucissons).

© JESSICA CALVO

© JESSICA CALVO

HERBES FAUVES

36, rue Cheverus
✆ 05 56 52 86 85
www.herbesfauves.com
Ouvert du mardi au samedi de 10h30 à 19h30.

C'est en plein cœur du quartier historique que la sublime façade bleue des Herbes Fauves attire l'œil. Quelle vitrine ! Toute de plantes et de fleurs vêtue : une invitation à entrer. À l'intérieur, le petit espace est bien aménagé et la couleur verte des plantes contraste avec le bleu du mur. Ici, vous pourrez créer votre composition : le choix de fleurs coupées se prête particulièrement bien aux bouquets champêtres. Vous trouverez aussi des couronnes de fleurs, des terrariums, des fleurs séchées et des plantes grasses. À découvrir !

MAISON SERSK

84-86, cours d'Alsace-et-Lorraine
✆ 05 57 34 97 11
www.maisonsersk.com
Ouvert le lundi de 14h à 19h ; du mardi au samedi de 11h à 13h30 et de 14h30 à 19h.

Concept store installé cours d'Alsace-Lorraine, Maison Sersk éblouit par sa sélection de décoration et de mobilier. Ici, l'invitation est au voyage, l'ambiance au dépaysement. Les matières premières nobles et les créations artisanales sont à l'honneur. Citons les bougies parfumées de la marque Baobab. La fabrication est artisanale avec des matières d'exception : verre soufflé en Pologne, cire minérale d'Allemagne, mèche en coton égyptien… La sélection est pointue et l'accueil adorable. Une boutique de décoration coup de cœur !

MARC POSTULKA

7, rue Duffour Dubergier ✆ 05 56 44 00 31
www.postulka.fr
Ouvert du lundi au samedi de 8h30 à 19h30 ; le dimanche de 8h30 à 13h.

A Bordeaux, le fleuriste Marc Postulka est connu et reconnu. A deux endroits dans la ville, il a installé une jardinerie avec pépinière. Vous y trouverez des fleurs, des plantes d'intérieur et d'extérieur et un service de livraison par coursier. Ici, l'accueil est très chaleureux, s'attachant à satisfaire la clientèle dans toutes les circonstances. Lors d'événements, comme la fête des Mères ou la Saint-Valentin, Marc Postulka fait venir un accordéoniste pour vous faire patienter en musique ! Une charmante attention qui distingue l'établissement de ses concurrents. Pour les grandes occasions, la jardinerie propose également des fleurs en gros, un service très pratique pour les commerçants.

LIBRAIRIE GEORGES

300, cours de la Libération - **TALENCE**
✆ 05 56 04 68 00
www.librairiegeorges.com
Ouvert le lundi de 14h à 19h ; du mardi au samedi de 9h30 à 19h30. En été, du mardi au samedi de 10h à 19h.

C'est en 1904 que Georges Bory a créé cette librairie générale indépendante à Talence. Plus d'un siècle plus tard, la quatrième génération est à la tête de l'établissement et continue de transmettre l'amour du livre et du débat. Installée au sein du Forum des Arts et de la Culture, la librairie est avant tout un lieu d'échanges et de partage. Dans l'espace café de la librairie, on vient pour rencontrer des auteurs, débattre sur la science, littérature ou encore les arts. Après vos achats, vous pourrez y bouquiner avec un bon thé : moment de détente assuré.

LA MACHINE À LIRE

8, place du Parlement
✆ 05 56 48 03 87
www.lamachinealire.com
Ouvert le lundi de 14h à 20h ; du mardi au samedi de 10h à 20h.

Cette librairie indépendante ne manque pas d'atouts. Installée place du Parlement, elle est devenue un lieu de rencontres incontournable. Dans une grande salle voûtée sont présentées par thématiques des centaines d'ouvrages : coups de cœur, nouveautés, meilleures ventes et classiques ! Au fond, un espace est proposé pour les enfants avec une belle sélection d'ouvrages de littérature jeunesse. Ici, les libraires sont à l'écoute et de très bon conseil. Une passion communicative qui fait le charme du lieu. Un lieu à découvrir !

TIMARA PHOTOGRAPHE

56, avenue Thiers
✆ 05 56 32 65 13
www.timara.com
Ouvert du lundi au vendredi de 9h à 12h30 et de 14h à 18h. Studio, extérieur, domicile. Forfaits à partir de 600 €.

Pour immortaliser chaque minute de votre belle cérémonie, faites confiance à Timara ! Photographe de mariage, elle réalise aussi des photos d'identité, des photos pour votre book et des séances en famille ou entre amis. Son point fort ? Mettre tout de suite à l'aise et capter vos envies. En témoignent ses reportages de mariage qui mêlent spontanéité, créativité et sincérité ! Plusieurs forfaits sont proposés, comprenant un reportage photos (en illimité), une galerie sur Internet et, au choix, un DVD libre de droits, un album ou un livre photos luxe.

BOUGER & BULLER

Sport, loisirs, détente, bien-être, activités artistiques... Chez Petit Futé, on aime autant bouger que buller ! Pour cette raison, nous vous avons sélectionné nos meilleures adresses bordelaises. Lors de votre séjour à Bordeaux, vous allez beaucoup marcher et vous serez peut-être même tenté de courir sur les quais au bord de la Garonne, ou au cœur du Parc Bordelais. Une activité très prisée par les habitants ! La ville offre également d'autres possibilités de loisirs sportifs comme le golf, le surf ou l'escalade dans des lieux aussi charmants que surprenants. Pour vous baigner sans quitter la ville, le Lac de Bordeaux avec sa plage offre une alternative agréable pour un moment en famille. Vous y trouverez centre de voile, club d'aviron, pistes cyclables et terrains de sports collectifs. Et pourquoi pas finir le séjour avec une escapade beauté dans un centre spa sauna hammam ? L'heure est à la détente !

ARKOSE BORDEAUX

170, Cours du Médoc
© 05 56 80 57 46
https://bordeaux.arkose.com
Ouvert tous les jours de 8h à 0h. Séance bloc-park : 15 €. Carnet de 10 entrées : 125 €. Autres formules et tarifs.

Véritable lieu de vie locale, Arkose invite les débutants et les confirmés dans cet ancien chai, à venir grimper pour s'amuser et s'entraîner dans une ambiance street. Petits et grands peuvent ainsi évoluer sur la surface grimpable de 850 m². En tout, ce sont 180 blocs de tout niveau et 5 000 prises. Les petits pourront découvrir les joies de la grimpe dans la « kids friendly » zone. Arkose Bordeaux propose aussi un espace fitness et une zone étirement, un sauna, un espace « chill » et un restaurant où l'on sert une cuisine *healthy*.

FFRANDONNÉE NOUVELLE AQUITAINE

2, avenue de l'Université
TALENCE
© 05 57 88 26 43
www.ffrandonnee-nouvelle-aquitaine.com
Accueil téléphonique du lundi au vendredi de 14h à 16h30.

Le comité régional réunit les 12 comités départementaux de randonnée pédestre de son secteur. Le pays de la Météorite, la route Richard Cœur de Lion, le parc naturel régional Périgord-Limousin, les forêts des monts de Blond sont autant de richesses locales que l'on peut découvrir à pied. Comme tous ses homologues, le comité œuvre pour l'entretien des itinéraires et la promotion de la randonnée, à travers des animations et l'organisation de sorties.

FULLFLY BORDEAUX

18, avenue Pythagore - **MÉRIGNAC**
© 06 50 08 57 88
www.full-fly.fr
Forfait individuel dès 39 € pour les enfants (- 12 ans) et 60 € pour les adultes. Espace détente, bar et restauration.

Vous rêvez de faire de la chute libre en intérieur ? Piloter un avion de ligne ? Voilà qui est possible chez FullFly grâce à des simulateurs de soufflerie verticale indoor qui permettent de faire du parachutisme toute l'année ! Plusieurs forfaits sont proposés, y compris pour les enfants (dès 5 ans) et les groupes (2 à 4 personnes). Le forfait découverte comprend 2 vols consécutifs d'une minute, soit l'équivalent de 2 sauts d'avion d'une hauteur de 4 000 m. La location du matériel est comprise et une formation au sol sera réalisée par un instructeur.

GOLF BLUE GREEN DE BORDEAUX-LAC

Avenue de Pernon
© 05 56 50 92 72
www.bordeaux-lac.bluegreen.com/fr
Ouvert toute l'année. Tarifs 18 trous haute/basse saison : 46 € / 35 €. Restauration. Boutique.

Situé au nord de Bordeaux, à quelques kilomètres du centre, le golf Blue Green Bordeaux-Lac propose deux parcours de 18 trous. La Jalle (6 156 m) est un parcours totalement plat, situé dans un environnement naturel alors que Les Etangs (6 162 m) est plus vallonné avec de nombreux obstacles d'eau qui le rendent moins accessible aux golfeurs néophytes. Par ailleurs, un parcours 9 trous Pitch & Putt permet aux débutants de faire leurs premiers pas sur les greens en toute tranquillité.

LES MARINS DE LA LUNE

21, quai des Queyries
www.lesmarinsdelalune.fr
Club nautique.

Aussi incroyable que cela puisse paraître, il est possible de faire du canoë, du kayak, de la pirogue, du surf, du stand up paddle et de la voile sur la Garonne ! En journée, habités par ce club nautique associatif, les Chantiers de la Garonne proposent des initiations. Avec son ponton et sa cale de mise à l'eau, les avirons de mer, petits voiliers et autres paddle boards n'auront plus de secrets pour vous. Depuis le club-house, profitez également d'une vue imprenable sur la Garonne pour venir boire un verre à la Brasserie de la Lune qui partage les lieux.

SPINBREAK STUDIO

26, rue David Johnston
✆ 06 20 84 93 67
www.spinbreak.fr
Ouvert tous les jours. Indoor cycling et fitness.

Les studios de cycling ont le vent en poupe ! Ces cours de vélo en salle séduisent et s'ouvrent partout en France. À Bordeaux, Sandrine Werner a ouvert le Spinbreak Studio. Lumière tamisée, musique à plein volume, coach motivé comme jamais : suivez la cadence ! Entre 500 et 900 calories brûlées en 45 minutes de cours, c'est la promesse de Spinbreak Studio. Vous appréciez la qualité du matériel ; les vélos pivotent de 20 degrés sur les côtés pour des séances encore plus dynamiques. En plus, séances de gainage, Pilates, étirements et gym douce sont au programme.

PISCINE JUDAÏQUE

164, rue Judaïque
✆ 05 56 51 48 31
www.bordeaux.fr
Fermeture hebdomadaire : lundi et jours fériés. Plein tarif résident bordelais : 3,50 €. Autres tarifs et abonnements.

Le bâtiment qui abrite la piscine Judaïque date de 1936. Restructuré et rénové en 1996 puis en 2011, il est classé Monument historique. Son architecture mêle intelligemment modernité et décor d'entre-deux-guerres avec ses grandes baies vitrées et ses vestiaires d'origine. Le nageur accompli appréciera faire ses longueurs dans l'une des 8 lignes d'eau du bassin olympique. La piscine également dispose d'une seconde piscine de 25 mètres. Le toit s'ouvre dès l'arrivée des beaux jours, ce qui permet de nager sous les rayons du soleil.

SQUASHBAD33

23, rue René Magne
✆ 05 56 07 09 96
www.squashbad33.fr
Ouvert du lundi au vendredi de 10h30 à 22h30 ; le week-end de 10h à 19h. Squash et badminton à partir de 7 €/joueur.

Squashbad33 vous accueille pour des séances de squash, badminton ou padel. Quel que soit le sport choisi, vous pouvez réserver l'un des 26 terrains de squash, 8 de badminton et 7 de padel répartis sur trois clubs à Bordeaux, Gradignan et Mérignac. Notez que le court de padel du club de Mérignac se trouve en extérieur ! Les clubs disposent d'une brasserie ouverte à tous du lundi au vendredi le midi. Côté bar, on vous propose des planches de tapas et un large choix de bières à la pression et en bouteille. Les cartes sont valables 1 an dans les trois clubs.

PLAGE DU LAC

Boulevard Jacques Chaban Delmas
BRUGES
✆ 05 56 69 98 58
www.bordeaux.fr
Baignade surveillée en haute saison. Tables de pique-nique ombragées.

Sur la plage du Lac, la baignade est surveillée jusqu'en septembre. Il y a un petit et un grand bain, mais aussi une pataugeoire. Sur place : casiers, sanitaires, activités culturelles et sportives... On y passe bien volontiers des journées entières car la prairie qui borde le lac est ombragée et la pinède est aménagée avec des tables de pique-nique. Les personnes à mobilité réduite apprécieront le sentier adapté et les moyens pour faciliter la mise à l'eau (tiralo, fauteuil amphibie) durant les horaires de surveillance. Les animaux ne sont pas autorisés !

PLANÈTE BORDEAUX

BEYCHAC-ET-CAILLAU
✆ 05 57 97 19 22 - www.planete-bordeaux.fr
Ouvert du lundi au vendredi de 9h à 12h30 et de 14h à 18h30. Ouvert le samedi en juillet et août, de 10h à 18h30.

Plongez au cœur des appellations Bordeaux et Bordeaux Supérieur, partez à la découverte du vignoble, profitez de dégustations de vin... C'est la promesse de ce lieu unique situé aux portes de l'Entre-deux-Mers. Au milieu du vignoble bordelais, partez en voyage et éveillez vos sens. Ludiques, les expositions et projections proposées par Planète Bordeaux éclaireront les novices et permettront aux fins amateurs d'approfondir leurs connaissances. Ici, le vin est vendu au prix du producteur : vous trouverez d'excellents crus à prix abordables.

Découvrez la cave
de plus de 200 vignerons de Bordeaux

AOC BORDEAUX & BORDEAUX SUPÉRIEUR

BORDEAUX
BORDEAUX SUPERIEUR
planete-bordeaux.fr

Horaires d'ouverture : 9h - 12h30 / 14h - 18h30
Direction St Emilion - RN 89 Sortie 5. 33750 Beychac et Caillau
Tel : +33 (0) 557 971 920

L'abus d'alcool est dangereux pour la santé, à consommer avec modération.

STADE MATMUT ATLANTIQUE

Cours Jules Ladoumègue
www.matmut-atlantique.com
Evénements sportifs. Concerts. Visite. Billetterie en ligne.

Le stade Matmut Atlantique accueille chaque saison les matchs de football des Girondins de Bordeaux, mais également d'autres événements sportifs d'importance comme certains matchs du Top 14. Savez-vous qu'il est possible de visite l'antre de votre stade préféré ? Au programme : la vue panoramique depuis les tribunes hautes, le parcours compétition, le bord pelouse et bien d'autres espaces habituellement fermés au grand public. Pendant 1h30, votre guide vous racontera l'histoire de ce lieu emblématique. Le stade est accessible en bus et tram.

WAVE SURF CAFÉ

174, cours du Médoc
✆ 09 83 29 67 74
www.wave-surf-cafe.fr
Ouvert tous les jours de 10h à 21h (le lundi de 14h à 20h hors vacances scolaires). Tarif : 25 €. Restauration et bar.

Faire du surf en ville, une idée farfelue ? C'est possible au Wave Surf Café grâce à une vague artificielle qui déferle pour le plus grand plaisir des amateurs. Débutants ou confirmés pourront goûter aux joies de la glisse dans une eau à 22 °C. Pour ceux qui ne souhaiteraient pas grimper sur la planche, vous pouvez admirer le spectacle en sirotant une boisson et en grignotant un bagel, un burger ou une pizza. Sachez que le Wave Surf Café vous propose d'organiser l'anniversaire de votre enfant (de 8 à 14 ans). Au programme : une heure de surf avec un animateur !

BIOETHNIQUE

48, rue Maurice ✆ 07 77 88 03 93
www.bioethnique.fr
Massages du monde à 45 € les 30mn, soins visage de 60 € à 110 €, soins spa de 30 € à 45 €. Produits bio ou naturels.

La Maison Bioethnique est un endroit de douceur et de détente installée dans une adorable maison en pierre typique. L'ambiance est intimiste, propice au bien-être et au massage. Le lieu est divisé en plusieurs espaces, chacun invitant au voyage de nos sens : deux salles de soin, l'une pour les prestations en solo et l'autre pour celles en duo, ainsi qu'un espace balnéo. Parmi les prestations, massage ayurvédique, massage antistress, enveloppement, bain hydromassant et soins du visage sont proposés. Tous les produits utilisés sont disponibles en boutique !

BLUSH

30, rue du Maréchal Joffre
✆ 05 47 47 55 02
https://blush.kalendes.com
Ouvert du lundi au samedi à partir de 10h et à partir de 19h. Beauté des mains et des pieds. Cartes cadeaux.

Envie de trouver un nail lounge intimiste au cœur de Bordeaux ? Ce joli boudoir à la décoration épurée a déjà une clientèle de fidèles. Ici, on s'occupe à merveille de vos ongles de mains et de pieds à prix tout doux. Comptez par exemple 15 euros pour une beauté des mains de 25 minutes (nettoyage de l'ongle, limage, préparation des cuticules, polissage) avec pose de vernis classique au choix, huile de soin et modelage. French, vernis semi-permanent, décoration, gainage sur ongle naturel, démaquillage, dépose... Faites-vous plaisir !

LES BULLES À FLOTTER

113, cours Alsace Lorraine
✆ 09 53 19 44 49
www.lesbullesaflotter.fr
Ouvert du dimanche au vendredi de 10h à 22h30 ; le samedi de 10h à 20h. Plain tarif : 70 €/séance.

Libérez-vous du stress avec les bulles à flotter ! Immergé(e) dans une grande bulle (baignoire) remplie d'eau salée et complètement isolée du monde extérieur grâce à une sorte de couvercle, vous allez pouvoir libérer votre esprit, améliorer votre sommeil et pourquoi pas, faire une séance de méditation. Le principe a de nombreux bienfaits : déconnexion totale, récupération physique grâce à la flottaison, récupération musculaire et articulaire grâce au sel de magnésium présent dans l'eau. L'établissement propose des séances découverte à tester !

CALVIN & LANE

12, cours Pasteur
✆ 09 82 35 59 55
www.calvinandlane.fr
Ouvert le lundi de 10h à 19h30 ; du mardi au vendredi de 9h30 à 19h30 ; le samedi de 9h30 à 19h.

Un salon de coiffure, centre de beauté et de massage en plein cœur de Bordeaux, c'est le concept tout en un de Calvin & Lane. Ici, la détente et la relaxation sont au rendez-vous ! Coiffure, barbier, soins visage et corps, beauté des sourcils, massage, manucure, pédicure, épilations... L'équipe vous écoute et vous conseille dans un lieu cosy et intimiste, entièrement modernisé. Pendant votre coupe ou votre soin, profitez d'une boisson chaude ou d'un bon verre de vin du domaine de Bassac, tout en dégustant un cannelé bordelais... Eh oui, pourquoi se priver ?

ÉCHIQUIER BORDELAIS

36, rue Buhan
✆ 06 72 89 00 35
www.echiquier-bordelais.blogspot.com
Ouvert du lundi au samedi de 14h30 à 19h30. Entrée : 2 € (journée). Tarif pour la compétition sur le site internet.

Depuis 2004, les amateurs se retrouvent au cœur de Bordeaux, rue Buhan, dans ce lieu dédié à la pratique et à l'enseignement du jeu d'échecs. Ouvert en semaine, ce club souhaite offrir à tous un cadre de jeu agréable, que vous soyez amateur ou compétiteur. Ici, vous trouverez trois salles de jeu en pierre dans lesquelles vous pourrez vous exercer. Des cours sont également organisés par un animateur diplômé pour tous les niveaux, à partir de 6 ans : initiation pour les joueurs débutants, perfectionnement et compétition pour les amateurs chevronnés.

LA VAGUE ET LA PLUME

116, rue de la République - **TALENCE**
✆ 06 79 59 47 60
www.vagueplume.com
Ouvert du jeudi au lundi de 10h à 18h30. Modelage à partir de 40 €. Tarif réduit pour les moins de 18 ans : -20%.

Trop pressés, trop tendus, trop fatigués... Stop ! La Vague et la Plume se propose de défaire tous ces nœuds et toutes ces tensions ! Ici, le temps s'arrête pour laisser place au bien-être. Tête, dos, bras, pieds... Les modelages sont basés sur l'énergétique traditionnelle chinoise. Par exemple, le « Gua Sha » est recommandé pour le stress et les nuits difficiles. Il y a aussi le « Huo Guan » pour trouver un équilibre sang/énergie. Placées sur les points de méridiens, les ventouses peuvent décongestionner des zones de blocage d'énergie.

FRANCIS VOYANCE

6, allée Guillaume Apollinaire
GRADIGNAN
✆ 05 56 75 00 75
www.francisvoyance.com
Ouvert du lundi au samedi de 10h à 18h. Séance par téléphone : 68 €. Séance en cabinet : 75 €.

Avez-vous déjà songé à faire appel à un professionnel de la voyance ? De vous, Francis ne connaît que votre prénom et votre date de naissance et pourtant les premiers instants peuvent être intimidants : votre main dans les siennes pendant quelques secondes et il vous fera déjà des révélations étonnantes ! Francis est tout simplement bluffant. Parapsychologue, médium et voyant, Francis « capte » les situations aussi bien passées, présentes que futures, et cela quel que soit le domaine concerné : sentimental, familial, professionnel, santé...

ASTRONOMIE ESPACE OPTIQUE

253, rue de Pessac
✆ 05 56 98 55 58
www.astronomieespaceoptique.com
Ouvert du lundi au samedi de 9h à 19h.

Dans cette boutique spécialisée dans la vente de matériels et d'instruments d'astronomie, vous pourrez compter sur les conseils avisés de Laurent et de Joël. Ces passionnés officient dans le domaine depuis 30 ans et vous guident dans vos recherches. Ici, vous trouverez de quoi observer (jumelles, longues-vues, lunettes astronomiques, télescopes), sans oublier des équipements pour faciliter les travaux minutieux. Un beau *showroom* de 90 m² accueille tout le matériel volumineux.

FURY ROOM

456, avenue de Verdun - **MÉRIGNAC**
✆ 07 87 39 62 52
www.furyroombordeaux.fr
A partir de 12 ans. Formule à partir de 15 €/ pers. Tarif réduit pour les étudiants. Groupe jusqu'à 80 personnes.

Après Paris et Chicago, c'est à Mérignac que vous trouverez une Fury Room. Le concept ? Se défouler, seul ou à plusieurs, et tout casser dans une salle prévue à cet effet. Ici, tout doit être détruit : écrans, vaisselle... Les objets, qui peuvent être personnalisés sur demande seront ensuite recyclés ! Pour votre sécurité, Fury Room fournit un équipement complet de protection. Du côté des armes, vous aurez le choix entre un pied-de-biche, une batte ou un marteau. L'espace bar, avec retransmission des matchs sportifs et fléchettes, est ouvert à tous.

SORTIR

Après une belle balade sur les quais de la Garonne et dans le vieux Bordeaux, accordez-vous une soirée festive ! Surnommée la belle endormie, la capitale girondine vit pourtant aussi la nuit. Flânez dans les rues pavées du quartier Saint-Pierre et laissez-vous emporter par l'animation des nombreuses terrasses de cafés et bars à vins. Du côté des boîtes de nuit, le quai de la Paludate et le quartier des Bassins à flot proposent les meilleurs endroits pour danser jusqu'au petit matin. Amateurs de spectacles vivants ? L'agenda culturel de la ville est particulièrement riche, éclectique et divertissant. Au programme, concerts, opéras, dîners-spectacles, improvisations théâtrales, cinéma… De quoi satisfaire le plus grand nombre ! Si vous visitez Bordeaux à la belle saison, les propositions sont encore plus nombreuses avec notamment des concerts gratuits pendant les incontournables événements : Bordeaux fête le fleuve et Bordeaux fête le vin.

BORDEAUX

CALLE OCHO

24, rue des Piliers de Tutelle
✆ 05 56 81 89 99
www.calle-ocho.eu

Ouvert du lundi au samedi de 17h à 2h. Animations. Concerts.

Voilà plus de 20 ans que la Calle Ocho fait danser les Bordelais au rythme de la musique latine. Ici, les soirées sont endiablées au son de la salsa, merengue, bachata, reggaeton… L'ambiance est toujours assurée par les différents groupes de musique et les DJ invités pour l'occasion. La carte des apéros (très beau choix de rhums) et des cocktails (Cuba Libre, Mojito, Daiquiri, Piña Colada…) a également des saveurs exotiques, en accord avec la programmation musicale. Ce bar salsa est un incontournable des nuits bordelaises !

ARKÉA ARENA

48-50, avenue Jean Alfonséa
FLOIRAC
www.bordeauxmetropolearena.com

Arena Tours à 12 €. Navette depuis Porte de Bourgogne ou Stalingrad. Privatisation.

Pouvant accueillir jusqu'à plus de 11 000 personnes, l'Arkéa Arena a été inaugurée en 2018 avec le groupe Depeche Mode. Depuis, elle est devenue la première salle de province en termes de fréquentation. Toute l'année, elle accueille les grands noms de la chanson, de la danse et du cirque. Avant ou pendant le concert, huit bars sont ouverts pour vous désaltérer. L'Arkéa Arena propose également un coin restauration avec la Brasserie Le Tourne Disque, où vous pourrez savourer des spécialités girondines au bord de la Garonne ! Un lieu à découvrir.

CLUBS ET CONCERTS

✆ 06 77 02 18 85
www.clubsetconcerts.com

Mensuel. Pour annoncer vos concerts et autres événements : agenda.clubs@gmail.com.

Clubs et Concerts est un incontournable de la presse événementielle à Bordeaux. Déjà plus de trente ans que ce petit agenda gratuit en poche informe les habitants de l'actualité des spectacles. La rédaction, professionnelle et indépendante, est remplie de passionnés. Tous ont à cœur de vous faire découvrir les sorties culturelles de la ville : concerts, théâtre, opéra… Chaque mois, pas moins d'une trentaine de rendez-vous sont présentés sur un ton léger, mais sérieux ! Les 14 000 exemplaires mensuels sont distribués sur plus de 400 points de vente.

CINÉMA UTOPIA

5, place Camille Jullian
✆ 05 56 52 00 03
www.cinemas-utopia.org/bordeaux

Ouvert tous les jours. Entrée : 7 €. Abonnement : 50 € les 10 places. La première séance de la journée est à 4,5 €.

L'Utopia n'est pas un cinéma comme les autres ! C'est dans les vestiges de l'église Saint-Siméon, construite au XVIe siècle, que les Bordelais se pressent dans les salles obscures. Chargée d'histoire, cette sublime bâtisse, ornée de vitraux, de statues et de peintures, accueille en son sein un cinéma. Ici, la programmation est en version originale et très variée. L'Utopia est avant tout un lieu pour les amateurs d'art et pour les curieux qui voudraient se divertir et se cultiver. Projections en présence des réalisateurs, ciné-conférences, soirées-débats…

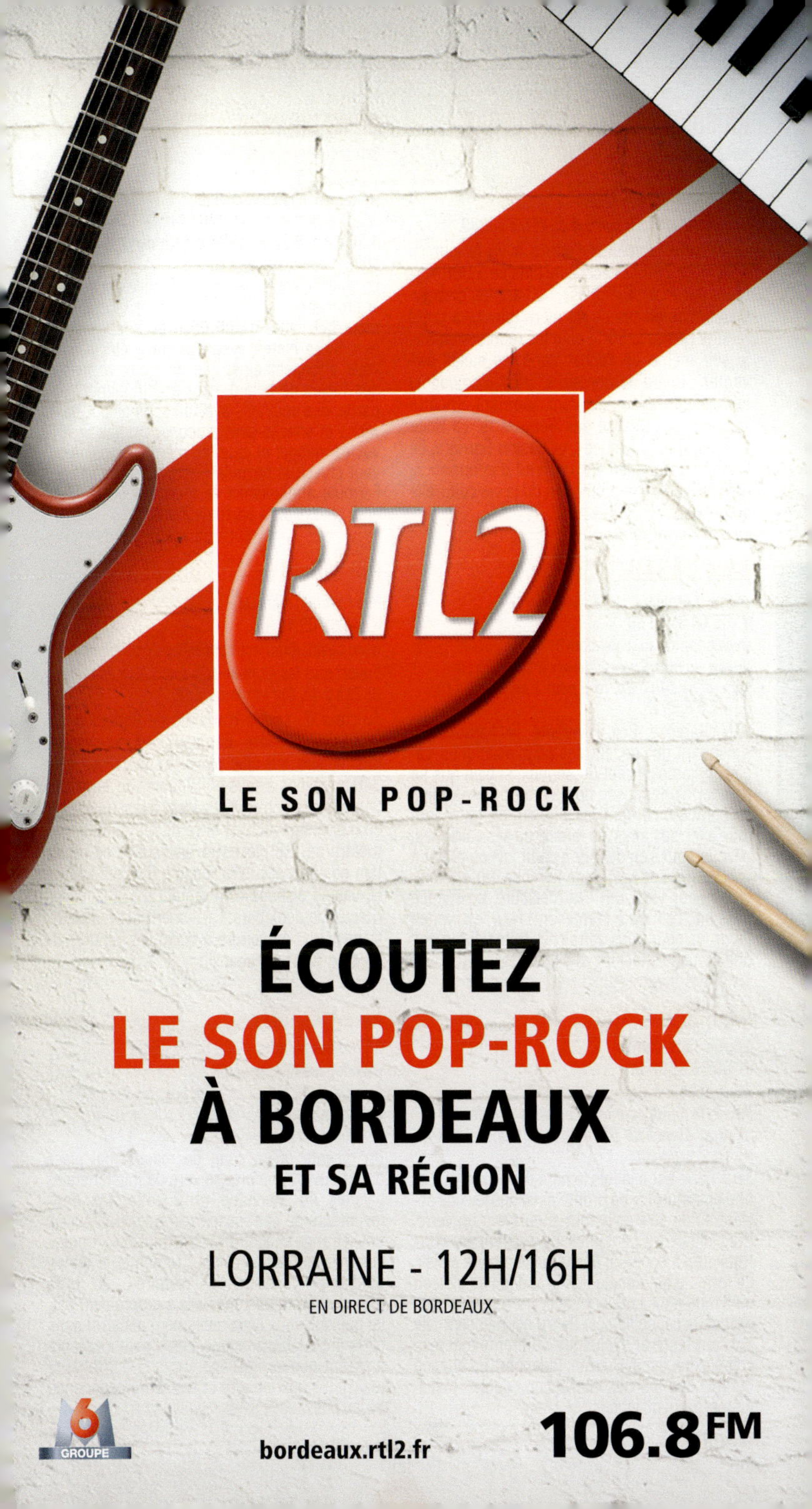
RTL2
LE SON POP-ROCK
ÉCOUTEZ
LE SON POP-ROCK
À BORDEAUX
ET SA RÉGION
LORRAINE - 12H/16H
EN DIRECT DE BORDEAUX
GROUPE
bordeaux.rtl2.fr
106.8FM

KIOSQUE BORDEAUX CULTURE

Allée de Tourny
✆ 05 56 79 39 56
www.bordeaux.fr/o3899
Ouvert du lundi au samedi de 11h à 18h30.

Le Kiosque Bordeaux Culture a vu le jour en novembre 2003 et accueille plus de 5 000 visiteurs par mois. Il propose, suivant les disponibilités, des places de dernière minute à tarifs réduits (jusqu'à -50 %) pour les représentations le soir même de l'achat dans les salles suivantes : Opéra de Bordeaux, TNBA, Compagnie Présence, Théâtre du Pont Tournant, Théâtre Trianon, Café-théâtre des Beaux-Arts, La Boîte à Jouer, OCET (Talence), et Casino Barrière. Le kiosque est également un outil d'information, de diffusion et de promotion de la vie culturelle bordelaise.

BAM KARAOKÉ BOX

36, rue Cornac
✆ 05 64 31 12 59
www.bam-karaokebox.com
Ouvert du mardi au vendredi de 18h à 2h ; le samedi de 14h à 2h. Tarif pour 1 personne (1h) de 4 € à 8,50 €.

BAM Karaoke Box réinvente le karaoké en s'inspirant du concept des pays asiatiques. Là-bas, le karaoké c'est du sérieux, si bien que se moquer d'une fausse note serait très malvenu. La solution, ce sont les box où, en toute intimité avec ses amis, sa famille ou ses collègues, chacun peut s'en donner à cœur joie ou plutôt à voix haute. Les salons de karaoké ont été imaginés pour vous offrir la meilleure expérience possible, comme à la maison ! Pour les petites faims et pour vous rafraîchir, la maison signe une carte de snacking et de cocktails.

BAR JEUX BARJO

12, rue Saint-James
✆ 05 56 51 00 21
www.jeuxbarjo.com
Ouvert le mardi et le mercredi de 14h à 0h ; du jeudi au samedi de 14h à 2h ; le dimanche de 14h à 22h. 7 €/joueur.

Jeux Barjo est à la fois le nom d'un bar à jeux et une boutique. Ici, on profite ainsi des jeux de société ou de stratégie, tout en sirotant un verre. Avec plusieurs centaines de références, vous trouverez à coup sûr le jeu qui vous fera plaisir. La formule est simple : un grand jeu de plateau ou 3 mini-jeux. Côté boutique, les vendeurs sauront vous conseiller, car ils s'y connaissent ! Ils ont tout testé et évalué sur différents critères : complexité, aspect stratégique, part de chance durant une partie, interaction, durée, mécanisme, profil du joueur...

BOWLING MERIADECK

Terrasse Front du Médoc
✆ 05 56 93 05 85
www.axelvega.com/bowling
Jours et horaires sur le site. Entrée à partir de 4,50 € et 3,90 € pour les tarifs réduits (- de 26 ans)

Le bowling entre amis ou en famille est souvent la promesse d'une soirée réussie ! L'établissement fait figure d'institution pour les passionnés. Seize pistes avec comptage électronique vous attendent ainsi que des jeux virtuels et des tables de billard. Pour accompagner votre partie, des cocktails avec ou sans alcool, sandwichs et snacks sont proposés au bar. Si vous voulez manger et jouer en même temps, mieux vaut choisir la formule pizza, sur réservation ! Formule anniversaire le mercredi ou le week-end, accessible à partir de 7 ans.

CASINO BARRIÈRE BORDEAUX

Rue Cardinal Richaud
✆ 05 56 69 49 00
www.casinosbarriere.com/fr/bordeaux.html
Ouvert tous les jours de 10h à 4h. Jeux de table de 21h à 4h. Bar et restaurant.

Au cœur du centre d'affaires de Bordeaux-Lac, le Casino Barrière Bordeaux est un espace multi-loisirs qui allie plaisir et festivités avec 340 machines à sous et 40 tables de jeux traditionnels et électroniques. C'est aussi un espace de business avec une offre de restauration, un théâtre de 718 places et un espace de réception pouvant accueillir jusqu'à 550 personnes. Le casino dispose d'un restaurant le Café Barrière et de deux bars. Facilement accessible en tramway ou en voiture à quelques minutes du centre-ville de Bordeaux !

LE PASSAGE

37, rue des Menuts ✆ 09 52 81 45 54
www.lepassage-escape.fr
À partir de 23 €/joueur (-2 € pour les étudiants). Ouvert le lundi de 16h45 à 23h ; du mardi au dimanche dès 10h45.

On raconte qu'un coup de masse mal placé aurait ouvert une brèche vers de mystérieuses galeries où Stéphane et Quentin, les deux inventeurs de cet escape game, ont découvert une étrange machine. Votre mission : trouver comment la démarrer pour remonter le temps et changer le cours de l'histoire... *La lettre d'Einstein* n'est pas une salle à proprement parler puisque vous allez réellement pénétrer dans cette incroyable machine. Les amateurs reconnaissent que Le Passage a mis la barre haute pour offrir aux joueurs la meilleure expérience de jeu possible !

BASSIN D'ARCACHON

Le Bassin d'Arcachon est une vaste et jolie baie de 174 kilomètres carrés, presque fermée par la presqu'île du Cap Ferret. La Leyre, rivière landaise et girondine, s'y jette dans un beau delta préservé et protégé. De nombreux chenaux drainent le vaste bassin offert aux jeux des marées. L'Ile aux oiseaux trône au milieu de ce paysage magique et changeant, avec ses deux célèbres cabanes tchanquées, sentinelles symboliques de ce lieu d'exception. Sans oublier les villages ostréicoles aux cabanes typiques en bois colorés. La Petite Mer de Buch, son ancien nom avant la création d'Arcachon il y a plus de 100 ans, s'ouvre sur l'Océan au niveau des redoutées Passes du Bassin. Dangereuses à franchir, elles protègent néanmoins deux trésors naturels le banc d'Arguin et la dune du Pilat. Le Bassin est à découvrir en toutes saisons à pied, à vélo, au gré des dunes, des forêts, des prés salés, d'un banc de sable à l'autre ou d'une plage à une autre.

PAGES

131 ●● BASSIN D'ARCACHON

131 ANDERNOS-LES-BAINS ★★
139 AUDENGE
141 ARCACHON ★★★★
156 ARÈS ★★
160 BIGANOS ★
162 GUJAN-MESTRAS ★
169 LA TESTE-DE-BUCH
178 CAZAUX
179 LÈGE-CAP-FERRET ★★★
188 LE TEICH
190 MIOS

Cyclistes à Andernos-les-Bains.

ANDERNOS-LES-BAINS ★★

Andernos-les-Bains était une importante bourgade à l'époque gallo-romaine et de nombreux vestiges sont exposés à la Maison Louis David comme ceux d'une villa du IVe siècle. La saison estivale est particulièrement animée, avec par exemple le célèbre festival de jazz, des feux d'artifice, des concerts et spectacles, mais la basse saison n'est pas délaissée. Tout début décembre « Cabanes en Fête » est une manifestation conviviale qui mettent les papilles en émoi. La nature est très présente et la réserve naturelle abrite une faune et une flore préservées, avec notamment des pins centenaires isolés dans une belle chênaie, des tamaris en bord de plage.

LE PETIT MUSÉE DE L'HUÎTRE

Port ostréicole
✆ 05 56 82 02 95
Se renseigner à l'Office de Tourisme. Gratuit jusqu'à 12 ans. Adulte : 1 €. Enfant : 0,50 €.

Le Petit Musée de l'huître se niche dans la cabane n° 68. Des passionnés du comité de la Fête de l'Huître d'Andernos, dévoilent les 1001 secrets de la perle du Bassin : son historique de son origine à nos jours, les techniques d'élevage, de consommation, de commercialisation... Ainsi, on retrouve toute la tradition ostréicole du bassin d'Arcachon avec ses 44 cabanes, ses pinasses typiques et les bassins dégorgeoirs où sont immergées les huîtres qui arrivent des parcs.

MAISON LOUIS-DAVID

14, avenue Pasteur
✆ 05 56 82 02 95
Fermé de novembre à février. Gratuit. Visite guidée (inscription obligatoire auprès de l'office de tourisme).

La Maison Louis David construite entre 1895 et 1908 était la demeure de Louis Théodore David, maire de la station balnéaire de 1900 à 1929 dont on peut voir le tombeau sculpté dans le magnifique jardin. Le musée de la Ville y a désormais élu domicile. On y découvre toutes les collections permanentes d'une part (préhistoire, antiquité et moyen-âge) et temporaires d'autre part (expositions de peinture ou d'arts plastiques d'artistes locaux et régionaux). Durant la visite guidée qui dure une heure, on vous racontera la passionnante histoire de cette villa.

OFFICE DE TOURISME

Esplanade du Broustic ✆ 05 56 82 02 95
https://andernos-tourisme.fr
Horaires sur le site, variables en fonction des saisons. Accueil Vélo. Accessible aux fauteuils roulants.

L'Office de tourisme propose de nombreuses activités pour organiser votre séjour : que ce soit pour les enfants (pêche aux crabes, initiation au surf, CAP33 et club de plage), pour les amoureux de la nature en quête de dépaysement et de détente (sorties nature, balade en paddle, découverte du site des Quinconces) ou pour les férus de culture et d'histoire (découverte du patrimoine, à pied ou à vélo, sortie à la marée...). De nombreuses manifestations ponctuent également le rythme de la ville : festival de jazz fin juillet, concert, cabanes en fête début décembre…

MORGAN VIGNON CHOCOLATERIE

7, rue Joseph Jacquard
✆ 06 43 68 51 60
Ouvert du mardi au samedi de 9h30 à 12h30 et de 14h à 18h.

Ce que l'on aime dans cette chocolaterie c'est la créativité de Morgan Vignon, originaire du Cap Ferret. Fêtes des Mères ? Des roses gourmandes. Fêtes des Pères ? Des Cigares (ganache rhum cubain). 1er mai ? Du muguet gourmand garni d'un praliné aux éclats amandes-noisettes. Noël ? Un joli calendrier de l'Avent, des boules transparentes bien garnies, etc.. Parmi les spécialités : une ganache au miel de la forêt ou une pâte de fruits mangue passion accompagnée d'un praliné noix ce coco.

LE PASSE MARÉE

15, avenue du Général de Gaulle ✆ 06 45 03 37 09
https://passemaree.fr/bateau-andernos-arcachon-cap-ferret
Ouvert du 1er avril au 31 octobre. Entre Andernos et Arcachon à partir de 4 € aller et 5 € pour le Cap Ferret.

David, un marin touche à tout, a créé une nouvelle navette entre Andernos et Arcachon et Andernos et le Cap Ferret. Il propose plusieurs allers-retours dans la journée vers Arcachon dès 7h30 du matin et jusqu'à 21h30, mais un seul aller-retour pour le Cap Ferret. Les tarifs sont tout à fait corrects avec des réductions pour les familles avec un enfant mineur ou des groupes. Le bateau est innovant, économe en carburant et recyclable à plus de 90 %. La Passe Marée complète l'offre assurée une fois par jour en été par l'Union des bateliers arcachonnais (UBA).

TI'BASSIN

Port ostréicole d'Andernos
✆ 06 62 82 42 17
www.tibassin-andernos.com

Sorties en fonction des marées, voir le calendrier sur le site internet. À partir de 30 € par personne.

Didier Meynard, un ancien ostréiculteur, s'est reconverti en skipper professionnel titulaire d'un diplôme qualifiant. Enfant du pays, il connaît le Bassin et le milieu marin comme sa poche. Il nous embarque à bord de son catamaran de 11 mètres qui peut accueillir dans son espace couvert jusqu'à 17 personnes. En fonction de vos envies et de votre porte-monnaie cap sur l'Ile aux oiseaux, le banc d'Arguin ou la Dune du Pyla avec en bonus dégustation d'huîtres et vin blanc. Possibilité de privatiser pour des événements personnels ou professionnels.

L'ANDERENIS €€

9, boulevard de la Plage
✆ 06 47 71 57 08
https://landerenis.com

Chambre double à partir de 110 €. Petit déjeuner : 18 €.

Ce boutique-hôtel de 15 chambres, dont une suite et 3 juniors suites, a quasiment les pieds dans l'eau. Toutes les chambres ont une terrasse, certaines avec vue sur le Bassin, d'autres sur le jardin et d'autres encore sur les deux. Elles ont toutes leur propre personnalité, mais leurs points communs c'est la pureté de leur décoration et leur raffinement. Le salon, aux assises très confortables, est aménagé dans une salle lumineuse et ouverte sur l'extérieur. Le brunch du dimanche, uniquement sur réservation, est ouvert aux personnes de l'extérieur.

CAMPING FONTAINE VIEILLE €€

4, boulevard du Colonel-Wurtz ✆ 05 56 82 01 67
www.fontainevieille.fr

Emplacementà partir de 19,50 €. Bungalows à partir de 250 €, mobil-homes à partir de 336 €, lodge à partir de 560 €.

Fleuri à l'entrée, parfaitement situé dans un cadre agréable et boisé, le lieu propose des emplacements de tentes, un espace spécial camping-cars, des mobil-homes, des bungalows toilés, des cabanes « nature » et des lodges premium avec vue pour certains sur le bassin. Le camping est très calme, mais de nombreuses animations sont régulièrement proposées. Par ailleurs vous avez accès direct à la plage et à de nombreux services. Quasiment les pieds dans l'eau du bassin, le camping permet de laisser de côté la voiture au profit du vélo ou de la marche à pied.

VILLA LA TOSCA €€

10, allée du Bassin
✆ 05 56 60 29 86
www.villalatosca.com

Chambre double à partir de 199 €, suite à partir de 309 €. Petit déjeuner : 15 €.

La Villa La Tosca est une magnifique maison construite en 1903. C'est l'exemple type d'une villa arcachonnaise d'influence italienne. A l'époque de sa construction, une source naturelle approvisionnait les propriétaires. Aujourd'hui, elle alimente la piscine écologique. Les chambres et suites sont décorées de façon luxueuse et elles ont toute une originalité. Certaines ouvrent sur l'océan, d'autres sur la forêt de pins, une autre possède une cheminée. L'été sur la terrasse ou l'hiver au coin du feu, des dîners privés sont organisés à la demande avec un chef.

LA VILLA SAINTE-CATHERINE €€

30, avenue de Taluque
✆ 06 47 30 46 97
www.villasaintecatherine.com

Chambre double à partir de 90 €. Petit déjeuner inclus.

Dans une maison typique du Bassin trois chambres d'hôtes ont été entièrement rénovées. Leur décoration est personnalisée. Les chambres Sarah Bernhardt et Toulouse-Lautrec sont situées dans l'Arcachonnaise, bâtie en 1920, et elles ont chacune une terrasse. La Grange a été aménagée comme son nom l'indique dans une grange datant de 1905 et s'ouvre sur la verdure. Parmi les services : petit déjeuner continental, réfrigérateur, machine à café, salon de détente, bibliothèque et buanderie.

VILLA TERANGA €€

20, avenue Thiers
✆ 05 57 17 50 30
www.villaterangahotel.com

Chambre double à partir de 85 €, chambre triple à partir de 115 € et suite à partir de 125 €. Petit déjeuner : 11 €.

A quelques minutes à pied de la plage et situé le long d'une piste cyclable, cet hôtel présente l'avantage d'être au calme. Il affiche une décoration contemporaine où la mer et le voyage tiennent une belle place. Les chambres doubles, triples ou familiales sont toutes personnalisées et très confortables. Pas de jardin mais une grande terrasse pour profiter du soleil, prendre un verre ou le petit déjeuner continental. Mais Teranga c'est quoi ? Un mot issu du wolof (dialecte africain) qui illustre l'hospitalité, l'accueil et le plaisir de recevoir. Bien vu...

LA QUEBRADA €€

15, avenue Louis-Lamothe
✆ 06 95 05 72 20
Basse saison ouvert vendredi et samedi de 19h à 2h. Haute saison tous les jours de 19h à 2h. Carte : 25 € environ.

On vient à La Quebrada pour partager quelques verres et tapas entre copains dans une ambiance de bar de nuit et de fiesta. Les barmen concoctent chaque semaine des cocktails bien à eux sur des airs de salsa cubaine ou de zouk qui entraînent très vite les danseurs au milieu du bar ou sur la nouvelle terrasse à l'extérieur. La Quebrada retransmet aussi des matches et à l'occasion de la Coupe du monde féminine de football à chaque but marqué par l'équipe de France il était prévu d'offrir un verre aux dames... On peut également finir la nuit au Chinch juste à côté.

CAMPING LE COQ HARDI €€

3, avenue de la République - **LANTON**
✆ 05 56 82 01 80
www.campingcoq-hardi.com
Fermé du 1er novembre au 31 mars. Emplacement de 17 € à 32 €. Chalets à partir de 240 €, mobil-homes à partir de 300 €.

© CAMPING COQ HARDI

Idéalement situé en bordure du Bassin d'Arcachon, le Coq Hardi est un camping familial qui a élu domicile dans un cadre exceptionnel avec ses deux accès directs à la plage. Entre pins et chênes, vous aurez le choix de votre emplacement, vous pourrez préférer la proximité des piscines, de l'entrée et de ses animations, ou de la plage ou du calme des arbres centenaires. Vous aurez également le choix entre caravane, chalet, mobil-home ou encore camping en tente. Le Coq Hardy promet de nombreuses animations, des sorties organisées et des soirées conviviales.

L'OCEANA €€

7, avenue Guy-Célerier - **LANTON**
✆ 05 56 82 06 20 - www.oceana-hotel.fr
Ouvert toute l'année. Chambre simple à partir de 64€. Chambre double à partir de 74 €. Petit déjeuner : 9,40 €.

© L'OCÉANA

L'Océana, petit havre de paix entre l'eau et la forêt. Les chambres sont décorées de manière épurée dans un style plutôt marin et disposent de tout le confort nécessaire pour passer un excellent séjour. Vous êtes nombreux ? Pas de souci, deux appartements en duplex, associés à une terrasse et un balcon, vous accueillent et il y a de la place pour 4 à 6 personnes ! Profitez de la véranda ou de la terrasse ombragée devant une belle assiette proposée par le chef dont la cuisine est savoureuse et locale ! L'accueil de la gérante Vanessa Defoy est très chaleureux.

PIZZERIA 45 €

45, avenue du Général-de-Gaulle
✆ 05 56 82 17 49 - www.pizzeria45.com
Haute saison : tous les jours le midi et le soir. Menu enfant : 8 €. Pizzas de 9 € à 13,50 €. Vente à emporter.

Dans un cadre richement décoré et convivial fait de briques et poutres en bois, ce restaurant est une excellente pause. Le chef privilégie les producteurs locaux ou régionaux et les produits de saison. Les pizzas à la tomate ou à la crème sont préparées et cuites à la commande devant vous. Les amateurs de pâtes sélectionneront des tagliatelles, spaghettis ou penne accompagnés de sauces faites maison. Les amateurs de viande viendront à bout de l'entrecôte grillée à la sauce gorgonzola. Des salades ou un assortiment de charcuterie italienne complètent le tableau.

LES TAMARIS €€

2, place Louis-David
✆ 05 56 26 74 77
www.restaurant-tamaris-andernos.fr
Ouvert toute l'année 7j/7, midi et soir. Menu à 35 €. Carte : 40 € environ. Formule du midi : 21 €.

© TAMARIS

Face à la jetée et à quelques pas à peine de la plage, Les Tamaris offre un cadre et une vue exceptionnels sur le Bassin pour un repas en terrasse, presque les pieds dans l'eau, ou à l'intérieur dans une salle climatisée. Les amoureux de fruits de mer seront ravis c'est certain, mais laissez-vous tenter par le poisson du jour grillé à la plancha, des viandes grillées ou encore par les belles suggestions à l'ardoise. C'est une cuisine de saison, savoureuse, faite 100 % maison par un maître restaurateur avec des produits frais. Service pro et agréable.

LA CAOUENNE €€

5, place Louis David
✆ 05 56 26 04 92
www.lacaouenne.fr
Haute saison : ouvert tous les jours et les jours fériés le midi et le soir. Carte : 30 € environ.

On s'attable à La Caouenne, face au Bassin, surtout pour les huîtres qui arrivent directement du producteur au consommateur et pour les plateaux de fruits de mer très complets dans leur composition, bien garnis et d'une fraîcheur remarquable. Pour contenter tout le monde, des suggestions du jour à l'ardoise et une carte bistrot complètent l'offre avec des entrées classiques, quelques viandes et des poissons qui varient en fonction du marché du moment, des moules marinières, des desserts gourmands, des crêpes et des gaufres. L'accueil en plus c'est excellent.

LE COCHON VOLANT €€

136, boulevard de la République
✆ 05 56 03 42 01
Ouvert tous les jours le midi et le soir. Carte : 30 € environ. Formule du midi : 14 € et 17 €.

On connaît Le Cochon Volant de Bordeaux, celui d'Andernos est son petit frère. On aime bien s'y attabler pour l'ambiance et les plats copieux affichés à des prix raisonnables. La cuisine reste classique, mais il est bon parfois de revenir aux fondamentaux qui attirent toujours une certaine clientèle. A l'ardoise deux plats du jour (en principe un poisson et une viande) et un seul dessert. Les amateurs de viande en ont pour leur argent avec une côte de bœuf de 400 grammes accompagnée d'une poêlée de cèpes de 250 grammes... Simple et efficace comme le service.

LA CABANE DU MAURET €€

7, place de l'Etoile
✆ 09 53 30 82 84
www.lacabanedumauret.fr
Ouvert du jeudi au lundi le midi et le soir et le mardi midi. Menus de 24,50 € à 29 €. Formule du midi : 17 €.

Voici une cabane blanche et bleu qui vaut le détour. Dans un cadre bucolique, le Cabane du Mauret offre un décor contemporain dans une ambiance familiale et très conviviale. La cuisine met à l'honneur les produits régionaux, frais, de saison et toujours bien présentés : huîtres, moules, coquillages et poissons, mais pas que ! Le Mixed Grill du Sud-Ouest (pièce de bœuf, araignée de veau, magret de canard avec une sauce au piment d'Espelette) a aussi toute sa place dans la carte. En dessert du grand classique ou la tarte du jour avec sa boule de glace.

COQUILLAGES & CRUSTACÉS €€

9, avenue du général de Gaulle
✆ 06 62 39 46 98
Haute saison : ouvert tous les jours. Basse saison : ouvert le soir sur réservation. Plateaux à partir de 15 €.

Si vous n'aimez pas les fruits de mer ou les poissons pas la peine de vous poser dans ce restaurant, car ici on fait uniquement le plein d'iode. A la carte, des plateaux très frais composés en fonction de vos envies et de votre appétit. Si le premier plateau et le moins cher ressemble plutôt à une assiette de fruits de mer, les autres propositions plutôt sont bien garnies même si quelques huîtres de plus dans le plateau à 45 euros auraient été les bienvenues. Les moules, crevettes et bulots sont excellents sans oublier les sardines et le homard...

LA GOURMANDINE €€

15, avenue Pasteur
✆ 05 57 17 28 43
Haute saison : ouvert tous les jours le midi et le soir. Menus de 19 € à 21 €. Carte : 32 € environ.

La Gourmandine porte bien son nom. La cuisine simple est réalisée avec des produits frais. La carte affiche des suggestions du jour et quelques incontournables comme les tartes salées maison, la soupe de poisson de la Poissonnerie Pellat – enfin un restaurant qui ose dire qu'elle n'est pas faite maison... – ou un camembert rôti et lard grillé. Tous les plats de la formule du midi sont de bonne teneur, d'autant plus que la présentation est soignée et les quantités suffisantes. L'accueil est agréable même tardif et le service très efficace.

CHEZ HUGUETTE €€

3, avenue du Commandant David Allegré
✆ 05 56 82 11 07
Ouvert du dimanche au mardi le midi ; le vendredi et le samedi le midi et le soir. Carte : 30 € environ.

On vient chez Huguette pour la situation au port ostréicole et pour les fruits de mer. La cabane possède une belle terrasse face au Bassin, à l'intérieur la déco est toute simple. Les produits de la mer ont fait la réputation de la maison et les plateaux à consommer sur place ou à emporter sont d'une fraîcheur extrême. A la carte également quelques plats chauds, des poissons grillés à la plancha en fonction des arrivages, nappés d'un beurre blanc et agrémentés d'une délicieuse pomme de terre au four en papillote. La majorité des desserts est réalisée sur place.

CHEZ L'ONCLE PHIL €€

5, avenue du Général de Gaulle
✆ 05 57 76 07 70
Basse saison du mardi au dimanche le midi. Haute saison : tous les jours le midi et le soir. Carte : 28 € environ.

Chez l'Oncle Phil, sous-titrée La cantine gourmande, porte bien son nom. Une belle terrasse vous tend les bras, mais l'intérieur est tout aussi agréable avec sa déco contemporaine, dans l'air du temps. La carte se partage entre des tapas pour la convivialité et des plats classiques de brasserie. C'est une cuisine simple et efficace. L'Assiette du midi est une bonne affaire avec des crudités du moment, deux plats au choix et un dessert. Toute la journée l'Oncle Phil prépare des jus de fruits frais maison et des douceurs : crêpes, gaufres, glaces artisanales, etc.

L'OSTRA €€

15, avenue Pasteur
✆ 05 57 17 28 43
Haute saison : ouvert tous les jours le midi et le soir. Carte : 25 € environ. Vente à emporter.

Céline et Loïc ont repris La Gourmandine qu'ils ont entièrement refait. On s'attable donc à l'Ostra dans un cadre contemporain tout neuf. La carte est variée et tout donne envie ou presque. On peut aussi bien se faire plaisir avec des sushis ou des nems qu'avec un burger, un poke bowl, des salades, des tartes salées, sans oublier les desserts. Tout est fait maison. Le matin pour se réveiller les petits déjeuners sont copieux ; l'après-midi, pour un petit creux des crêpes, gaufres, glaces artisanales et le soir cocktails et bières du monde en écoutant un concert.

LE FISH HEAD €€

Promenade de la Piscine
✆ 05 56 82 32 24 - www.fish-head.fr
Ouvert tous les jours et les jours fériés le midi et le soir. Carte : 35 € environ. Menu enfant : 10,50 €.

© FISH HEAD

Le Fish Head a quasiment les pieds dans l'eau. On adore la terrasse que ce soit pour prendre un repas ou pour un apéro « tapas » dans une ambiance jeune et décontractée. En hiver on est bien au chaud dans les deux jolies salles avec vue imprenable sur le Bassin. La cuisine est réalisée à base de produits 100 % frais et tout est fait maison. Les spécialités sont bien sûr les produits de l'océan. On n'oublie pas les petits plus de la maison : impatience pour attendre l'entrée, la baguette mise entière sur la table, le thé Dammann Frères et le service impeccable.

LE PASSAGE €€

21, rue Pasteur
✆ 05 56 82 59 90
www.lepassageandernos.fr
Haute saison : ouvert du vendredi au mercredi le midi et le soir. Carte : 35 € environ.

A proximité de la rue piétonne principale, dans le passage du Vieux-Marché, Le Passage de Barbara Graciano, patronne et chef, est une petite adresse qui ne fait pas de bruit et pourtant elle mérite qu'on s'y arrête. Accueil charmant, décor simple et contemporain ouvert sur la cuisine. La carte et les menus sont réalisés à partir de produits de qualité qui oscillent entre terre et mer et combinent parfois les deux. Le peu de plats, traditionnels ou plus exotiques, sont d'une fraîcheur absolue dans le respect total des produits de saison.

LES CHOCOLATS D'ANDERNOS

8, avenue Jean Sacchetti
✆ 05 57 76 10 37
Ouvert du mardi au samedi de 9h30 à 12h30 et de 14h30 à 19h.

Votre maman rêve d'un sac Vuitton mais vous ne pouvez pas lui offrir, contentez-la avec une copie en... chocolat noir 70% de cacao. Et si vous voulez surprendre vos amis présentez-leur un assortiment de cannelés en chocolat blanc, noir et lait, fourrés de caramel fondant, rhum et vanille. Ils sont croquants à l'extérieur et fondants à l'intérieur, c'est original et surtout délicieux. Toutes ces gourmandises sont des exemples du talent de Sébastien Audevard, chocolatier de profession et sculpteur de chocolat. C'est non seulement beau mais aussi de grande qualité.

MAISON RICHARD

19, avenue du Général de Gaulle ✆ 05 56 82 10 57
www.maisonrichard.fr
Ouvert du mardi au dimanche de 8h à 13h et de 15h à 19h. Haute saison : tous les jours et les jours fériés de 8h à 23h.

Jean-Luc Lazaro, artisan pâtissier et maître chocolatier, a toujours eu une passion pour le chocolat. Ses nombreux voyages sur les cacaoyers d'Amérique du Sud ont accentué cette passion. Il a aussi un amour pour le Bassin. Les deux conjugués lui ont donné envie de créer un chocolat original qui ferait la fierté de la région : la Pignotte du Bassin (du nom du fruit de la pomme de pin) car le pin est l'ingrédient principal de cette gourmandise au goût unique composée de pignons de pin, de riz soufflé, d'amandes torréfiées et de chocolat Valrhona (66 % cacao).

LE NEW PUB ANDERNOS

2, place Louis-David
✆ 05 56 82 16 16
Ouvert toute l'année. Tous les jours de 11h à 2h. Happy hours. Terrasse. Restauration.

Envie de passer une soirée entre amis ou en famille dans une ambiance chaleureuse et animée, autour d'un verre accompagné de quelques bricoles style tapas à grignoter ou de plats très classiques ? Le New Pub est sans aucun doute la bonne adresse à Andernos. A la carte vous avez le choix entre plus de 80 bières du monde entier. Même en basse saison, toute l'équipe du New Pub vous attend pour des soirées à thème avec DJ, retransmissions de matchs de foot, de rugby, happy hour... Le plus : la vue depuis la terrasse sur le Bassin.

LA CABANE DE MAÏ

16, avenue pasteur
✆ 06 42 22 57 11
Basse saison : ouvert de 10h à 13h et de 15h à 19h. Haute saison : tous les jours de 10h à 20h. Ouvert le dimanche.

Dans la Cabane de Maï, on est sûr de trouver un petit cadeau à offrir ou à s'offrir pour se faire du bien : bougies parfumées, huiles essentielles, huile de beauté et eau florale bio, sel de la mer Morte, savons à la coupe, produits Durance, sirops originaux, infusions et thés toujours bio, etc. Sur les étagères, on trouve des théières, des mugs ou des bols et pour les enfants, doudous, poupées chiffon ou encore des jouets pleins de poésie. Le plus : un rayon 0 déchet (pailles en bambou, anneau dentaire, lingettes démaquillantes, serviette hygiénique, etc...).

LA CABANE DU PÊCHEUR

12, quai Courbey
✆ 05 57 70 26 03
Basse saison : ouvert du jeudi au dimanche. Haute saison : du mardi au dimanche. Carte : environ 32 €.

François Delage propose à la vente directe et à la dégustation sa pêche du moment : dorades, soles, bars et autres. Sa devise : du bateau à l'assiette, donc pas d'intermédiaires, une carte très courte et que du poisson ultra frais, cuisiné à la perfection, mais le plus simplement du monde, à la plancha ou découpé en carpaccio. Tous les plats sont accompagnés d'une pomme de terre cuite au four, garnie d'une crème fouettée aux herbes, et de salade verte. La cabane de dégustation est située sur le port avec une jolie vue sur ce coin du Bassin.

AU GRÉ DES VINS/LA BOUTEILLE À LA PLAGE

12, avenue Pasteur
✆ 05 56 82 35 98
Ouvert du lundi au samedi de 9h30 à 13h et de 15h30 à 19h30 ; le dimanche de 9h30 à 13h.

Au gré des vins c'est avant tout un accueil chaleureux et plus de 450 références dont des bordeaux, languedoc, et champagne, sans oublier les spiritueux. Mais vous les trouverez aussi à la Bouteille à la Plage à Arès, car c'est le même propriétaire. Ces deux boutiques sont dédiées aux fins palets et aux gourmands. Régulièrement, Philippe propose des ateliers « découvertes » et dégustations pour faire connaissance avec de nouveaux produits ainsi que des accords mets et vins.

SAVON DE BORDEAUX

5 bis, rue des Grillons
✆ 06 82 39 89 47
https://savon-de-bordeaux.com/
Boutique en ligne. Informations et points de vente sur le site internet. Actualités sur la page facebook.

Jean-Yves, un ancien assureur, et Anne-Sylvie, une amie, s'associent en 2008 pour fabriquer un savon artisanal et original, car les fragrances sont inspirées de la région : vigne rouge, raisin blanc, algues du Ferret, pêche de vigne, fleur du Pyla, verveine citron, etc. Ainsi naît le Savon de Bordeaux®. Delphine pérennise aujourd'hui la marque familiale. Savons, shampooings solides, gels douche, lait pour le corps, parfums d'ambiance, tout est réalisé à base d'huiles essentielles. Les coffrets cadeaux rappellent les caisses en bois des grands millésimes...

VINIFLORE

1bis, boulevard de la République
✆ 05 57 17 24 29
Basse saison : ouvert du mardi au samedi. Haute saison : du lundi au samedi.

Dans cette cave les bordeaux sont en première ligne, mais ils cohabitent avec des bourgognes, des vins d'Alsace, des côtes du Rhône, etc. et des vins étrangers. Certains sont vendus au détail ou en fontaine (Bag in Box). Cette cave est aussi l'antre d'une grande variété de whiskies, de spiritueux, de champagnes, de bières dont la Mira brassée à la Teste-de-Buch, de thés, de cafés dont le fameux Tchanqué du Bassin d'Arcachon et de produits régionaux. Petit plus : des rosés, blancs et champagnes sont en permanence au frais pour une petite soif de dernière minute.

LE PIC GOURMAND €€

9, avenue du Général de Gaulle
✆ 06 44 13 93 45
Haute saison : tous les jours et les jours fériés le midi et le soir. Carte : 25 € environ.

Amateur de viande de qualité vous allez vous régaler au Pic Gourmand. Les producteurs, souvent locaux, sont sélectionnés avec soin. Côté cuisine tout est cuit avec justesse au gril. Parmi les spécialités : les brochettes de bœuf, d'agneau, de magrets, mais aussi de Saint-Jacques, les ribs de poitrine de porc fermier, les côtes de bœuf maturées ou fumées servies sous cloche comme dans les grands établissements. Tous ces plats sont accompagnés de frites fraîches faites maison. On peut aussi partager quelques tortillas ou des planches « cochon noir » de Bigorre.

© PIC GOURMAND

© PIC GOURMAND

ESCALAD'PARC

Allée Pierre-de-Coubertin
✆ 06 87 84 90 47
www.escalad-parc.fr
Horaires sur le site internet. De 3 à 6 ans : 12 €. De 7 à 11 ans : 17 €. Dès 12 ans : 19 €.

Au cœur de la forêt, ce superbe site propose des parcours pour toute la famille. Jeunes ou moins jeunes (des parcours baby sont proposés à partir de 3 ans), intrépides ou prudents, tous adoreront se prendre pour Tarzan et sauter de branche en branche à travers la forêt. Les plus jeunes se testeront sur le parcours rose du jeune aventurier, tandis que les Aventuriers se prêteront avec plaisir à un exercice de traversée sur des filets et des ponts. Les plus téméraires s'essayeront au parcours de l'Explorateur : une succession de ponts et de rondins en équilibre.

OZENSPA

10, rue Bernard Palissy
✆ 05 56 03 33 03
www.ozenspa-andernos.com
Ouvert du lundi au samedi et le dimanche pour la privatisation du spa.

© OZEN SPA

Dans ce havre de paix, vous ferez du bien à votre corps grâce au spa composé d'une piscine chauffée à 32 °C, d'un bain à remous et d'un hammam-sauna, dans un cadre idyllique bordé par une forêt d'eucalyptus. Les soins du corps, du visage et les massages sont des instants de pure relaxation. Les sports aquatiques (aquagym, aquabike, aquatonic, aquatraining, bébés nageurs) et les sports zen (Pilates, fitness et gymnastique holistique) sont animés par des enseignants diplômés. Le plus : une équipe de thérapeutes élabore des programmes selon vos besoins.

SPORT NAUTIQUE ANDERNOS

1, rue Louis Lamothe
✆ 05 56 82 07 03
www.snandernos.com
Stage de voile pendant les vacances scolaires à partir de 135 € la semaine.

Amateurs de voile, bienvenue au Sport Nautique d'Andernos ! La gentillesse des moniteurs, les virées autour de l'Ile aux Oiseaux sont des d'arguments pour oser se frotter à la voile. Des randonnées nautiques et des stages pendant les vacances scolaires sont proposés sur optimist dès 6 ans, dériveur à partir de 8 ans, catamaran dès 10 ans ou planche à voile dès 11 ans. Le stage comprend 5 séances de 3 heures du lundi au vendredi selon les marées. Les cours particuliers et en groupes sont dispensés par des moniteurs disposant d'un Brevet d'Etat.

CASINO MIAMI D'ANDERNOS

Route de Bordeaux
✆ 05 56 82 00 65
www.casinoandernos.com
Ouvert toute l'année. Ouvert 7/7 à partir de 13h. Tous les jours et les jours fériés de 12h à 0h.

Envie de prendre un verre ou de tenter votre chance ? Le Casino vous attend. Machines à sous, jeux traditionnels, restaurant, brasserie : il y a de quoi vous divertir dans une ambiance conviviale, où le hasard règne en maître avec pas moins de 75 machines à sous, 16 postes de roulette anglaise électronique, roulette anglaise et blackjack sans oublier le Megapot. Un petit creux ? La brasserie Le Miami – qui est privatisable – vous accueille dans une ambiance chaleureuse et cosy pour déguster des plats savoureux à base de produits frais.

LA DOLCE VITA

32, avenue de Bordeaux
✆ 05 56 26 04 30
www.veocinemas.fr/ladolcevita-andernos/horaires/
La séance : 8,80 €, tarifs réduits : 7,20 € et 5,90 €.

Implanté sur l'emplacement de l'ancien stade Jean-Marcel Despagne, ce complexe comprend 4 salles de projection en gradins qui offrent quelle que soit leur taille la même qualité de son, une excellente visibilité de l'écran, des rangées de 1,20 m et de larges fauteuils très confortables. La plus grande salle est dédiée au spectacle vivant 16 jours par an avec des retransmissions d'opéras. Le reste du temps, elle sert à la projection de films. La programmation est de qualité toute l'année : films grand public, cinéma d'auteur, cinéma jeune public.

AUDENGE

Située dans le parc naturel régional des Landes de Gascogne, Audenge est une petite ville qui regorge de curiosités à dénicher au détour des chemins et des ruelles. Elle a son port ostréicole typique avec des cabanes de pêcheurs, un port de plaisance, trois piscines d'eau de mer pour se baigner quand l'eau du bassin se retire et une petite plage sauvage aux abords du Domaine de Graveyron. Audenge c'est aussi une immense forêt de pins maritimes et des domaines protégés : Graveyron et Certes. Classés espace naturel sensible, propriété du Conservatoire du Littoral, les deux sites s'étendent sur une surface de 545 ha mitoyens par le chenal de Certes.

PORT OSTRÉICOLE

Vivant et plein de charme, le port d'Audenge est un lieu prisé des touristes et des locaux avec les cabanes en bois des ostréiculteurs aux superbes couleurs, les pinasses traditionnelles, les terrasses ensoleillées, les pêcheurs attelés au travail… Prolongez le plaisir et installez-vous en terrasse et laissez-vous tenter par une dégustation d'huîtres du bassin. Envie d'une petite sortie en mer ? Les ports de plaisance sont situés de chaque côté du port ostréicole. Le port est également un point de départ pour une balade dans les domaines de Graveyron et de Certes.

DOMAINES DE CERTES-GRAVEYRON

✆ 05 56 82 71 79
www.conservatoire-du-littoral.fr
Ouvert toute l'année. Espace d'accueil ouvert tous les jours d'avril à novembre. Gratuit. Visite guidée. Animations.

Les domaines de Certes-Graveyron s'étendent sur 545 hectares. Ils présentent des prés salés endigués, des marais salants, des bassins d'élevage de poissons, des prairies humides et évidemment, une faune et une flore incroyables de diversité. Eau douce et eau salée se mêlent, les paysages changent, reliés par de superbes plages. Deux circuits aux choix : celui de Certes sur 14 km au départ du bassin de baignade de Lanton ou celui de Graveyron sur 5 km, au départ du port d'Audenge.

OFFICE DE TOURISME - CŒUR DU BASSIN D'ARCACHON

10, allées Ernest de Boissière
✆ 05 57 70 67 56
www.tourisme-coeurdubassin.com
Horaires d'ouverture sur le site.

L'office de tourisme d'Audenge se situe en centre-ville. Parmi les prestations disponibles : la location de vélos, des activités nautiques telles que le canoë-kayak et un service billetterie. La commune abrite les Domaines de Certes et Graveyron qui représentent à eux deux un espace naturel remarquable. La présence de ces sites permet à l'office de proposer durant la saison estivale des animations de qualité, notamment des visites guidées et commentées par un guide naturaliste.

© CHRISTIAN MUSAT

Le Port d'Audenge.

LE SENTIER DU LITTORAL

✆ 05 56 26 95 97

Ouvert toute l'année. Gratuit. Visite guidée se renseigner auprès de l'office de tourisme.

Sur le Bassin d'Arcachon, il existe 4 sentiers du littoral, dont celui d'Audenge qui est le plus long avec ses 14 km. Ce parcours contourne le domaine de Certes par une digue qui permettait la création des marais salants au XVIIIe siècle. On découvre les secrets de l'architecture d'un marais créé d'abord pour le sel puis pour la pisciculture. On observe des oiseaux tels que des cormorans, des goélands ou des milans noirs. Les chemins sont larges et la balade ne présente pas de difficultés. Prévoir 3 heures et de quoi se désaltérer, car l'ombre y est rare.

CHEZ BALESTE - CABANE 12 €

✆ 06 67 51 41 55

Ouvert toute l'année. Fermé le mardi et mercredi. De 9h à 22h. Carte : 20 € environ.

La famille Baleste est l'une des plus anciennes familles ostréicoles de Lège Cap-Ferret. Corinne et Jean-Robert ouvrent leur cabane toute l'année pour inviter à une dégustation ou à la vente au détail d'huîtres du Banc d'Arguin. Sur le petit port d'Audenge, venez savourer des produits du terroir (terrine maison piment ou nature) et de bons produits frais (crevettes roses et grises, bulots), le tout arrosé d'un entre-deux-mers ou d'un rosé. On s'attable sur la terrasse couverte ou au bord du port, les pieds dans le sable. Une belle adresse à partager avec ses amis.

CAMPING LE BRAOU €€

26, route de Bordeaux ✆ 05 56 26 90 03

www.camping-gironde.fr

Emplacement + véhicule + 2 personnes de 15,50 € à 25,50 €. 74 mobil-homes pour 1 à 4 personnes à partir de 285 €.

Le Braou est un camping qui respire la tranquillité par sa situation privilégiée entre forêt et océan dans un parc arboré de 5 hectares. A 1 km du petit village d'Audenge, les commerces nécessaires pour le quotidien ne sont pas bien loin. Que vous décidiez de loger en toile de tente, en mobil-home ou en chalet avec terrasse en bois. Vous apprécierez le farniente et les services offerts par le camping : snack, barbecue commun, pétanque, piscine, terrain de volley, ping-pong... Les 3-8 ans pourront se défouler dans une aire de jeux qui leur est totalement dédiée.

LE BISTROT D'AUDENGE €€

4, avenue du Vieux Bourg

✆ 06 30 65 12 60

Haute saison : ouvert du mardi au dimanche le soir. Carte : 30 € environ.Pas de menu, 100% de produits frais

Le Bistrot d'Audenge est un restaurant, mais c'est aussi un lieu de vie où l'on boit un verre en écoutant un concert. Côté salle une ambiance bistrot de village sans chichis où l'on vient aussi bien en famille qu'entre amis. Sur la table des produits frais, de grande qualité, et bien travaillés que ce soit le midi ou le soir. La cuisine reste traditionnelle et les portions sont idéales. Olivier, le maître des lieux, vous reçoit presque en ami avec beaucoup de chaleur, de gentillesse, de bonne humeur et de professionnalisme. Rapport qualité-prix imbattable.

L'HAUTE EN COULEUR €€

1706, route des Trois Villages

✆ 06 77 44 55 38

http://lhauteencouleur.com

Ouvert toute l'année. Cabanes à partir de 170 € la nuit.

Les cabanes sur pilotis de 30 m² (Toulouse, Lily et Jack) sont construites en pins des Landes au cœur d'un jardin arboré. Elles sont équipées de salles de bains avec douche à l'italienne et de toilettes séparées. Le lit king size et le mini frigo sont très appréciés. Le spa 4 places, installé sur la terrasse sous une pergola, est un plus. Les petits déjeuners, sucrés et salés, servis sur la terrasse ou dans la cabane, sont très copieux. L'Escale des Saveurs – un traiteur à domicile – livre directement à la cabane un repas chaud sur réservation au 06 29 96 69 27.

PISCINE D'EAU DE MER

Port d'Audenge

✆ 05 56 26 95 12

Accès gratuit. Surveillée en juillet et août par un maître nageur sauveteur. Animations pour enfants.

Fini les soucis de marées ! Le bassin de baignade d'Audenge est un lieu de trempette relativement insolite. Il s'agit d'une retenue d'eau de mer qui forme une grande piscine extérieure. On y trouve trois bassins aux niveaux différents, pour petits et grands. L'eau est chauffée par le soleil... Ici pas de chlore, c'est le sel qui pique les yeux, mais aussi pas de filtre ! Sur place une aire de jeux pour les enfants, des espaces de sable, de caillebotis et d'herbe le long des bassins ainsi que de fréquentes animations pour les plus jeunes.

ARCACHON ★★★★

Arcachon est l'une des communes les plus étendues de France avec ses 2 000 hectares. Ses premiers succès reviennent aussi aux bains de mer, très prisés dès le début du XIXe siècle. Les structures d'accueil se réduisent au départ à quelques cabanes de résiniers quand un navigateur normand, le capitaine François Legallais, ouvre en août 1823 le premier hôtel-établissement de bains de la région. Mais la ville doit, en partie, son envol à Napoléon III. L'Empereur fut charmé par l'endroit qui jouxte La Teste-de-Buch. L'arrivée du chemin de fer en 1857 a fait le reste. Le patrimoine architectural d'Arcachon se dote de villas superbes dans la Ville d'Hiver créée par les Frères Pereire en 1862. Ils achètent sur les hauteurs de la ville 400 hectares de dunes boisées qu'ils décident de lotir. On dénombrera jusqu'à 300 villas aux styles différents : mauresques, demeures coloniales, manoirs, néogothiques. Elles sont ornées de corniches, encorbellements, bow-windows, fenêtres en demi-lune, lucarnes, balcons aux ajours de bois, etc. Dans les années 1960, la ville se dote d'un port de plaisance, le deuxième de la façade atlantique. Il compte 2 600 anneaux et plus de 750 corps morts. Aujourd'hui la ville vit toute l'année. Le front de mer, sur près de 3 kilomètres, est très passant. Il est animé par de nombreux bars et restaurants et la longue jetée est l'un des endroits incontournables. La place du marché a été entièrement rénovée et toutes les rues adjacentes sont très commerçantes. Arcachon offre aussi de nombreuses balades sur le Bassin, sur les plages sud et surtout sur la Dune du Pyla.

ABATILLES

157, boulevard de la Côte-d'Argent
✆ 05 56 22 38 50
http://sourcedesabatilles.com

Ouvert toute l'année. Le mardi et le jeudi de 10h à 11h30. Gratuit jusqu'à 12 ans. Adulte : 7 €.

En 1923, Louis Lemarié cherche du pétrole et trouve… de l'eau ! L'eau des Abatilles est captée à une profondeur de 472 mètres et à une température de 25 °C, ce qui en fait la source la plus profonde de France. La visite permet de découvrir les différentes étapes de production depuis le forage jusqu'à l'embouteillage. Au Petit musée on vous racontera la fabuleuse histoire de la Source des Abatilles, de sa découverte à nos jours. A la fin, dégustation directement à la Source où l'eau sort à son émergence à 25 °C. Deux gammes : la Bordelaise et la Pétillante.

ASCENSEUR DU PARC MAURESQUE

Place du 8 mai

Ouvert toute l'année, tous les jours et les jours fériés (horaires variables en fonction des saison). Gratuit.

Afin de rejoindre le parc Mauresque dans la Ville d'hiver, vous pouvez emprunter l'ascenseur situé tout au bout de la rue du Maréchal-de-Lattre-de-Tassigny, derrière la superbe fontaine. Après un long couloir au plafond très coloré puis la montée en ascenseur, vous arriverez au cœur de l'arboretum, face à une belle vue sur le bassin et la Ville d'été d'Arcachon. Auparavant, la liaison entre la Ville d'Eté et la Ville d'Hiver se faisait à pied en empruntant un petit chemin à lacets.

La ville d'Arcachon.

BASILIQUE NOTRE-DAME ★

21, allée Mentque

Ouvert tous les jours de 9h à 18h. Fermé certains lundis. Offices mardi et vendredi à 9h15 et dimanche à 11h15.

Dominant la ville, cette superbe basilique néo-gothique abrite la très belle chapelle des Marins, érigée en 1722, une magnifique peinture dans la nef et une statue en albâtre de la Vierge à l'Enfant. De nombreuses histoires entourent le mythe du père Thomas Illyricus qui aurait sauvé des bateaux de la tempête en priant et aurait reçu cette statue en albâtre directement des eaux. Deux chapelles ont précédé l'actuelle mais l'une a été détruite par une tempête et une autre a été ensevelie par les sables. Du parvis, face à la mer, on aperçoit la Croix des Marins.

LE PARC MAURESQUE ★★

Avenue Victor-Hugo

✆ 05 57 52 98 98

www.arcachon.com

Ouvert toute l'année et tous les jours même les jours fériés. Gratuit.

Le parc Mauresque domine la ville et permet de se balader tout en profitant du panorama, on aperçoit même un bout de bassin. Situé en ville d'hiver, il est dessiné à la façon des jardins anglais, tout en sinuosité. On y flâne, on s'y promène, on admire les statues et les arbres centenaires. C'est aussi l'occasion d'y voir l'ancien site du casino aujourd'hui disparu ainsi que sa maquette. Vous trouverez aussi des aires de jeux et des animations pour les enfants, un théâtre de verdure, une roseraie ainsi que de nombreux bancs pour se détendre ou pique-niquer.

LE BÉLVÉDÈRE

Ouvert tous les jours de 9h à 19h. Gratuit.

Ce belvédère, également appelé observatoire Sainte-Cécile, est situé sur la dune du même nom, sur la ville d'Hiver. Point de vue privilégié, il domine la ville de ses 15 m de haut. Cette tour métallique réalisée en 1863 par l'architecte ingénieur Paul Régnauld (qui eut comme assistant un certain Gustave Eiffel) offre l'une des plus belles vues du bassin. L'accès, impressionnant, est limité à 8 personnes. L'escalier en colimaçon ne tenant que par des cordes et des câbles, on tremble en montant mais le jeu en vaut la chandelle.

LA VILLE D'AUTOMNE ★

Gratuit.

Principalement composée du quartier de l'Aiguillon, quartier pittoresque à vocation maritime, la Ville d'Automne s'étend du château Deganne (Casino de la Plage) au bassin de La Teste. Elle est typique, avec ses maisons basses aux toits de tuiles rouges et aux volets de couleurs vives. Second port de plaisance de la côte ouest, le port d'Arcachon est aujourd'hui un grand complexe. A l'extrémité du port, l'œuvre de l'artiste arcachonnais Claude Bouscau, nommée le monument des Péris en mer, prend, suivant l'angle de vue, la forme d'une ancre ou d'une croix.

ÉGLISE NOTRE-DAME-DES-PASSES

Le Moulleau

Ouvert toute l'année. Gratuit.

Surplombant la ville d'Arcachon, l'église, un ancien couvent dominicain, est remarquable par son style grec orthodoxe rappelant les églises byzantines. Construite en 1863 au sommet d'une dune, elle fut agrandie en 1928 pour devenir une église paroissiale en 1993. Le chœur et la nef sont ornés de superbes fresques représentant surtout des anges. La particularité c'est une statue, quasi unique en France, représentant la Vierge en état de grossesse nommée : « La Vierge de l'Avent ».

LA VILLE D'ÉTÉ ★★

Gratuit.

Principalement concentrée sur le centre-ville et le front de mer, la Ville d'Eté est le quartier le plus ancien et le plus fréquenté d'Arcachon. Construit aux alentours de 1845, il est composé de trois jetées : la jetée Thiers, la jetée Eyrac (et son carrousel) et la jetée Legallais qui ponctuent la promenade du front de mer. Du Casino jusqu'à l'allée de la Chapelle se situe le cœur de la ville avec son marché rénové, sa place des Marquises près de la mairie, son centre administratif, ses rues piétonnes, ses petites boutiques originales et ses magasins chics...

LA VILLE D'HIVER ★★

Balade de 6 km à pied. Gratuit.

Située sur les hauteurs d'Arcachon, la Ville d'Hiver fut un haut lieu de villégiature de la Belle Epoque. Ses villas extravagantes ont d'ailleurs presque toutes été construites à la fin du XIXe siècle. Extravagante n'est pas un vain mot pour qualifier leur architecture qui s'inspire du néo-gothique, du néoclassique et même du style mauresque ou encore colonial. Parmi les 73 demeures à découvrir, on compte la villa Toledo et ses inspirations hispaniques, la villa Brémontier réinterprétant le chalet suisse mais aussi les villas Alexandre Dumas, Bayard et Athena.

LA VILLE DE PRINTEMPS ★

Gratuit.

Témoin de la naissance d'Arcachon au XVIe siècle, ce quartier s'étend de la basilique Notre-Dame Des Passes au parc Pereire, incluant les Abatilles et le Moulleau, la Croix des marins, la jetée de la Chapelle, mais aussi les belles villas qui bordent l'avenue Sainte-Marie et le boulevard de l'Océan. La Ville de Printemps associe site naturel et superbes demeures. La plage Pereire est bordée d'une longue promenade piétonne et d'un jardin maritime. Le très chic quartier du Moulleau a gardé un habitat dispersé où chaque villa possède son jardin ou son parc.

LA CRIÉE

✆ 05 57 52 97 97

www.arcachon.com

Ouvert le lundi et le jeudi de 6h30 à 8h15. Sur réservation à l'Office de tourisme. Adulte : 7 €.

Il faut se lever aux aurores, mais le sacrifice vaut le coup. Jean Lannes, un guide passionné, dévoile tous les secrets de la vente de la criée deux matinées par semaine, les lundis et jeudis matin. On pénètre dans les coulisses de ce milieu très fermé et on rencontre des professionnels de la pêche. En sortant, on connaît tout ou presque sur la filière pêche, sur le circuit du poisson, depuis son débarquement jusqu'à sa vente informatisée depuis 1958... C'est un endroit unique. Seul hic : les particuliers ne peuvent pas acheter de poissons.

SPIRIT OF BASSIN

Jetée d'embarquement n°2 - Petit Port

✆ 06 77 00 05 46

www.spirit-of-bassin.com

Haute saison : ouvert tous les jours et les jours fériés. Les tarifs varient en fonction des promenades.

Le *Spirit of Bassin* est un bateau de 18 mètres de long pouvant accueillir jusqu'à 80 personnes et toujours deux membres d'équipage. A son bord, partez à la découverte des cabanes tchanquées, de l'Ile aux Oiseaux, du phare du Cap-Ferret et de la Dune du Pilat. Les commentaires instructifs, mais toujours agrémentés d'unc pointe d'humour, vous révèleront tous les secrets du Bassin. La compagnie maritime propose bien d'autres promenades sur l'eau dont une à l'heure de l'apéritif ou carrément une croisière by night de 22h à 1h. Privatisation possible.

UNION DES BATELIERS ARCACHONNAIS

76, boulevard de la Plage ✆ 05 57 72 28 28

www.bateliers-arcachon.com

Navette et excursions : départs Arcachon, Cap Ferret, Le Moulleau, Le Canon, Andernos, Dune du Pilat, Arès.

Les navettes qui relient villes et sites remarquables et les excursions menées par les fiers marins sont un moyen original de découvrir les richesses du Bassin. Et il y en a de toute durée et pour tous les goûts : grand tour de l'Ile aux oiseaux, croisière océan, tour du littoral de l'île à l'océan, cabanes tchanquées, coucher du soleil, feu d'artifice, etc. L'UBA vous emmène aussi faire des parties de pêche, une balade en pinasse, en catamaran ou en greenboat que l'on peut privatiser.

ESPRIT NAUTISME

2, quai Goslar

✆ 06 09 74 77 61

www.esprit-nautisme.com

A partir de 249 € pour un permis bateau, à partir de 170 € pour une location de bateau.

Que ce soit pour passer un permis bateau (côtier, fluvial, hauturier, etc.), louer un bateau, avoir des renseignements sur la gestion locative ou l'achat d'un bateau d'occasion, Patrick Herran est de très bon conseil. Pour une location, le bateau peut être récupéré la veille au soir et pour le même prix vous profiterez d'un magnifique coucher de soleil sur le Bassin d'Arcachon... Il est possible de louer du matériel (bouées 1 ou 2 places et wakeboard) avec ou sans location de bateau. De plus on est très bien accueilli, souvent avec un petit café...

LE GRILLON €

33, cours Tartas
✆ 05 56 83 01 51
www.legrillon33.com

Ouvert toute l'année. Studio / appartement à partir de 252 € la semaine.

La localisation de cette résidence est remarquable, car elle est à 300 mètres seulement de la plage et du centre-ville. Il faut franchir un porche pour accéder à la cour intérieure puis aux 22 appartements et studios meublés à louer et disponibles tout au long de l'année. Les logements pouvant accueillir de 2 à 5 personnes sont agencés de manière fonctionnelle. La décoration reste simple, mais peu importe, car il ne s'agit que d'un point de chute pour dormir et se restaurer. L'offre est complète et le rapport qualité-prix sans mauvaise surprise.

HÔTEL VILLA-LAMARTINE €

28, avenue Lamartine
✆ 05 56 83 95 77
www.hotelvillalamartine.com

Chambre double à partir de 110 €, suite à partir de 150 €. Petit déjeuner buffet ou en chambre : 14 €.

L'hôtel Villa-Lamartine a conservé l'esprit si particulier du bâtiment propre à l'architecture du bassin d'Arcachon tout en le modernisant. La décoration est ainsi équilibrée et de bon goût avec une touche orientale. C'est un bel hôtel 3 étoiles qui offre des prestations de qualité avec professionnalisme et gentillesse. Certaines chambres ont vue sur le bassin, quand d'autres ont vue sur la ville d'hiver. L'Eaton's Neck Corner et son spa des Cinq Mondes sont parfaits pour déconnecter, même le temps d'un week-end. Au programme : douceur, calme et volupté...

ARC HÔTEL SUR MER €€

89, boulevard de la Plage
✆ 05 56 83 06 85
www.arc-hotel-sur-mer.com

Ouvert toute l'année. Chambre double à partir de 98 € ; chambre triple à partir de 158 €. Petit déjeuner : 13 €.

Si vous recherchez un hôtel « les pieds dans l'eau », vous l'avez trouvé ! Dès votre arrivée, vous pourrez apercevoir devant vous la plage et le bassin d'Arcachon. Vous traverserez le hall de la réception au décor mélangeant baroque et art contemporain. Le cadre est idyllique et apaisant, les petits déjeuners sont servis au bord de la piscine, dans les salons ou en chambre. Les chambres sont spacieuses, lumineuses et décorées sobrement. Elles ont toutes une terrasse privative, certaines ont une vue panoramique sur la mer, les autres donnent sur le jardin.

LE B D'ARCACHON €€

4, rue du Professeur-Jolyet
✆ 05 56 83 99 91
www.hotel-b-arcachon.com

Ouvert toute l'année. Chambre double à partir de 102 € ; suite à partir de 192 €. Petit déjeuner : 15 €.

Au pied du front de mer de la cité balnéaire, le B d'Arcachon allie confort et élégance. Les chambres et les suites sont modernes, chaleureuses, spacieuses et colorées. Certaines ont vue sur le bassin. Le room service, à la carte, est exécuté par des restaurateurs extérieurs ainsi que les petits déjeuners sous forme de buffet chaud et froid. Souriante et dynamique, l'équipe multiplie les petites attentions charmantes pour vous permettre de passer un séjour idyllique. Le B d'Arcachon propose des salles de réunion au Palais des Congrès qui jouxte l'hôtel.

CAMPING CLUB D'ARCACHON €€

5, allée de la Galaxie ✆ 05 56 83 24 15
www.camping-arcachon.com

Emplacement de 15 € à 38 €. Chalets à partir de 400 € la semaine, bungalows à partir de 245 €.

Au cœur d'une magnifique pinède et à seulement 1 km du centre-ville et des plages, où vous pourrez vous rendre en navette gratuitement ou à pied en 20 minutes, vous avez ce qu'il y a de mieux dans les parages en matière d'hôtellerie de plein air. Tout est prévu pour pouvoir passer des vacances les doigts de pied en éventail. Toutes les locations sont entièrement équipées avec vaisselle, salle d'eau, WC, terrasse extérieure avec mobilier de jardin. Ne manquez pas de dormir dans un hébergement atypique : la roulotte dont 3 tout équipées.

HÔTEL DE LA PLAGE €€

10, avenue Nelly Deganne
✆ 05 56 83 06 23
www.hotelarcachon.com

Ouvert toute l'année. Chambre double à partir de 89 €, suite à partir de 170 €. Petit déjeuner : 13 €.

A l'Hôtel de la Plage vous êtes face au casino, à deux pas du front de mer et de la plage. L'architecture est contemporaine, l'ambiance est agréable et feutrée. Les chambres sont décorées sobrement dans l'esprit des cabanes du Bassin. Elles invitent au repos et à la tranquillité. Le confort y est total et les commodités irréprochables. Pour les services, les clients ont accès gratuitement à la salle de sport très bien équipée et au business corner. L'hôtel loue également des vélos et propose un excellent buffet pour un petit déjeuner sucré et/ou salé.

HOTEL HA [A] ITZA €€

1, avenue Louis Gaume - **PYLA-SUR-MER**
✆ 05 56 22 06 06
http://haaitza.com
Ouvert toute l'année. Chambre double à partir de 195 €. Petit déjeuner inclus. Restaurant gastronomique.

L'hôtel Ha (a) ïtza – *le roc* en basque – date de 1930. Aujourd'hui, la toute dernière rénovation est signée Philippe Starck. Sophie et William souhaitaient insuffler une seconde jeunesse aux lieux. L'architecte a su allier simplicité, raffinement et élégance. Mélange de boiseries claires, de tons blancs chauds et de touches en acier dans les chambres. Dans le Grand Salon photos et objets de famille côtoient des souvenirs d'Afrique, la réception est illuminée par des vitraux colorés. Dans un univers de yacht-club, le restaurant Skiff Club est doublement étoilé.

HÔTEL HOME €€

8, allée de la Chapelle
✆ 05 56 83 38 53
www.home-arcachon.com
Ouvert toute l'année. Chambre double à partir de 130 € ; chambre triple à partir de 160 €. Petit déjeuner : 15 €.

L'Hôtel Home est agréable et bien placé. Située à une cinquantaine de mètres de la plage et de la nouvelle jetée de la Croix-des-Marins, cette maison typique du XIXe siècle possède 10 chambres avec terrasse ou balcon. Les chambres doubles mesurent 20 m². Chacune a sa propre décoration. Meubles ethniques, contemporains ou vintage, l'ensemble est chic, un peu baroque, et on s'y sent bien. Au salon-bar, avec patio et terrasse pour la belle saison, on sert le petit déjeuner gourmet, le déjeuner et le dîner. Massages sur place à la demande.

HÔTEL LE DAUPHIN €€

7, avenue Gounod
✆ 05 56 83 02 89
www.dauphin-arcachon.com
Ouvert toute l'année. Chambre double à partir de 80 €, chambre triple à partir de 100 €. Petit déjeuner : 11 €.

Le Dauphin est situé au cœur de la ville, dans une authentique et magnifique villa arcachonnaise du XIXe siècle. Cet hôtel à la façade atypique, de briques couleur rouille et blanc, est doté d'une superbe piscine extérieure. A peine à 300 mètres du centre-ville et de la plage, vous trouverez ici confort et accueil irréprochables. Les chambres sont climatisées et donnent sur le jardin fleuri de l'hôtel ou sur la cour. Leur décoration est sobre et cosy à la fois, fraîche et reposante. L'hôtel met à disposition des serviettes de plage en location.

HÔTEL LES BAINS D'ARGUIN BY THALAZUR €€

9, avenue du Parc
✆ 05 57 72 06 72
www.thalazur.fr/arcachon/hotel
Chambre double à partir de 158 €, suite à partir de 299 €. Petit déjeuner buffet ou en chambre : 21 €.

L'hôtel Les Bains d'Arguin est aussi un centre de thalassothérapie et spa. Dans une nature bien préservée, c'est un endroit parfait pour se détendre. Les grandes chambres sont confortables et décorées dans l'esprit du Bassin avec des matériaux et des couleurs naturels. La plupart disposent d'un balcon, elles sont toutes modernes et lumineuses. Le restaurant propose une cuisine diététique, avec des produits frais et de saison. Possibilité de journées et de soins sans hébergement.

HÔTEL ORANGE MARINE €€

35-37, boulevard Chanzy
✆ 05 57 52 00 80
www.hotel-orange-marine.fr
Fermé vacances de Noël. Chambre double à partir de 69 €. Petit déjeuner buffet ou en chambre : 12 €.

© PATIO ORANGE MARINE

C'est à deux pas du port de plaisance, à 1 kilomètre environ du centre-ville et à 50 mètres de la plage qu'il faut dénicher ce charmant hôtel, à l'esprit familial, dont la façade de briques rouges anciennes est joliment rehaussée d'une frise de carreaux de faïence. Derrière les murs se cache un patio luxuriant, avec une fontaine et un jardin, qui permet d'accéder aux chambres très agréables décorées sobrement mais avec goût, certaines offrent même une vue sur le Bassin. La cuisine du restaurant marie simplicité et saveurs méridionales.

GRAND CAFÉ VICTORIA €€

26, boulevard Veyrier-Montagnères
✆ 05 56 83 07 75 - www.restaurant-grand-cafevictoria-arcachon.com
Ouvert toute l'année. Tous les jours de 9h30 à 22h. Carte : 32 € environ. Menu enfant : 13 €.

© LE GRAND CAFÉ VICTORIA

Face à la mer, à deux pas du lit de sable, Le Grand Café Victoria est une adresse raffinée et chic : des tables recouvertes d'une nappe blanche, des lustres anciens, du mobilier en bois, etc. Le personnel est tout aussi élégant et bienveillant, ce qui ne gâche rien. Côté gastronomie le chef joue sur l'air marin : huîtres, coquillages et crustacés à gogo, plateaux de fruits de mer bien garnis, poissons, pâtes et risottos aux palourdes ou langoustines. Il varie avec quelques notes terriennes, très italiennes, dont un superbe osso buco.

HÔTEL POINT FRANCE €€

1, rue Grenier ✆ 05 56 83 46 74
www.hotelpointfrance.com
Fermé du 10 novembre au 15 mars. Chambre double à partir de 126 €. Petit déjeuner buffet ou en chambre : 18 €.

Bénéficiant d'une excellente situation, face à la plage centrale d'Arcachon, cet établissement, presque les pieds dans l'eau, est à deux pas du front de mer et du casino. Agréables et bien conçues, les chambres à la décoration cosy et contemporaine, sont équipées d'un coin bureau, de toilettes séparées de la salle de bains, d'un dressing et d'une terrasse où vous apprécierez sûrement de prendre votre petit déjeuner complet à base de fruits frais, yaourts, pain et viennoiseries. L'accueil est souriant et toujours à votre service pour passer un merveilleux séjour.

VILLA SAINT-GEORGES €€

135 bis, boulevard de la Plage
✆ 05 56 83 99 75
http://arcachon-villa-napoleon.com
Ouvert toute l'année. Suite 160 €. Petit déjeuner inclus.

Dans une superbe villa de prestige, époque Napoléon III située face au Bassin, une suite de 65 m² a été aménagée au premier étage. C'est un endroit paisible à seulement 300 mètres du centre-ville. Le petit plus : scrutez bien l'horizon, vous apercevrez les très célèbres cabanes tchanquées. L'appartement se compose d'une entrée, d'un WC, d'une salle de bains, d'une cuisine, d'une chambre avec 2 lits de 120, d'un séjour/véranda équipé d'un canapé 2 places. La terrasse, aménagée avec chaises longues et salon de jardin, accède directement à la plage.

VILLA VARINKA €€

8, avenue Saint-François-Xavier
✆ 05 56 54 03 54
www.arcachonplage.fr
Ouvert toute l'année. A partir de 1 400 € la semaine. 4 chambres.

Située à 50 mètres de la plage, non loin de la jetée du Moulleau, la Villa Varinka, lumineuse et spacieuse, est un petit coin de paradis avec son espace verdoyant baigné de soleil. Elle est parfaitement équipée et dotée de tout le nécessaire pour profiter de votre séjour en parfaite autonomie (cuisine moderne avec tous les appareils ménagers, cave avec réfrigérateur, congélateur et machine à laver le linge, barbecue à l'extérieur, etc.). Au rez-de-chaussée vous apprécierez le grand salon de 30 m², ainsi qu'à l'étage, les quatre chambres joliment décorées.

LA VILLA PASTEL €€€

9, rue Jehenne
www.millesime-collection.com/hotels/arcachon-la-villa-pastels/
Chambre double à partir de 350 €.

La Villa Pastel est située à 100 mètres de la plage, au cœur de tous les commerces mais légèrement en retrait de l'animation de la rue. Cette maison entièrement rénovée accueille 12 personnes. Un canapé convertible permet d'accueillir 2 personnes de plus. Une chauffeuse d'appoint dans une des chambres peut servir de lit pour un enfant. Un jardin arboré s'organise autour du spa et de la piscine. Une petite terrasse est agrémentée d'un salon de jardin et de bains de soleil avec une table pour 12 personnes, à côté de la plancha et avec accès à la cuisine américaine.

LE GAVROCHE FOOD-TRUCK €€

17, avenue Peyjean
✆ 06 83 00 76 75
www.legavrochefoodtruck.com
En été ouvert tous les jours de 11h30 à 15h. Burger à partir de 8 €, plat à partir de 7,50 €, desserts à partir de 3 €.

Le Gavroche est un ancien fourgon J9 rouge des années 80 transformé en restaurant ambulant. Le chef est un passionné de cuisine de qualité et authentique. Tous les plats, à base de produits frais et de saison, sont réalisés dans le camion. Les spécialités de Yoann : magret et poissons avec différentes sauces, entrecôte à la bordelaise, hambourgeois... Le Gavroche propose également un service traiteur pour tous vos événements. La location de vaisselle, de décoration et autres installations (fontaine à punch, tireuse à bière) sont également possibles.

LE PIQUE-NIQUE DU BASSIN €

41, rue du Maréchal de Lattre de Tassigny
✆ 06 16 42 56 35
www.lepiqueniquedubassin.fr
Ouvert tous les jours de 10h à 13h et de 15 à 20h. Fermé les lundis. Carte : 25 € environ.

Plus besoin d'aller faire les courses et de porter la glacière sur la plage... Deux petits malins, Valentin et Benoît, ont frappé à la porte de producteurs locaux pour lancer leur Pique-nique du Bassin. Pour se faire livrer à Arcachon ou au Pyla, il suffit de leur téléphoner et ils débarquent en un rien de temps sur leur scooter électrique. Dans leur top case isotherme, ils peuvent mettre des huîtres, du caviar de France, du foie gras, du pâté, des pizzas, un assortiment de charcuterie, des Dunes blanches, des canelés, etc., mais aussi des vins ou de la bière.

LES HALLES D'ARCACHON €

Place des Marquises
✆ 05 56 21 34 13
Ouvert toute l'année. Du mardi au dimanche de 7h30 à 13h30.

Le marché municipal avait été rasé en 1970, mais il a réinvesti la place en 2012 avec des halles conçues sur le modèle des anciennes Halles Baltard. Les Halles abritent une trentaine d'étals : primeurs, poissonniers, bouchers, cavistes, bancs d'huîtres, etc., et deux restaurants : Le Bouchon pour une cuisine bistrotière et l'Oyster Bar pour déguster les huîtres d'Olivier Laban, ostréiculteur, producteur et éleveur de l'huître Arcachon - Cap Ferret. A la carte, également des crevettes bio, bulots, terrine de campagne. A l'heure de l'apéro, les places sont chères...

CAFÉ DE LA PLAGE - RESTAURANT CHEZ PIERRE €€

1, boulevard Veyrier-Montagnères
✆ 05 56 22 52 94 - www.cafedelaplage.com
Ouvert tous les jours et les jours fériés le midi de 9h30 à 23h. Réservation recommandée. Carte : 30 € environ.

© CAFÉ DE LA PLAGE

Le Café de la Plage est incontournable. Sa terrasse située face à la plage est un atout de taille, certes, mais la qualité de la carte et du service fait en premier lieu le succès de cet établissement. L'équipe dynamique et chaleureuse accueille avec enthousiasme. A la table de Chez Pierre, la déco est chic et moderne. Le chef réalise une cuisine gastronomique, raffinée et créative, à base de produits régionaux. Le coin brasserie est idéal pour une salade, coquillages, etc.

LE JARDIN €

23, rue Notre Dame des Passes
✆ 06 82 44 14 55
www.restaurantlejardin.com
Ouvert toute l'année. Carte : 38 € environ.

Ce restaurant-terrasse est un nid d'amoureux avec sa végétation luxuriante, les plantes en pots qui séparent les tables de deux et une cabane en bois qui fait office de bar. A l'intérieur une belle salle, décorée de façon bucolique dans l'esprit jardin. A la carte une grande variété de salades, des tartares, des plats chauds cuisinés avec des notes créatives à base de produits frais et locaux. Cerise sur le gâteau : des concerts animent souvent les soirées d'été. Ce jardin est vraiment un petit paradis, en dehors de la zone très touristique.

LA RÉSERVE €

8, rue du Professeur-Joylet
✆ 05 56 83 97 70

Haute saison : ouvert tous les jours et les jours fériés le midi et le soir. Menu unique à 18,90 €. Menu enfant : 10 €.

Ce restaurant situé à deux pas de la plage est une histoire de famille, celle du couple Roulet et de leur fille Tracy ainsi que de Kevin, le chef en cuisine... L'établissement reçoit les gourmands sur les deux terrasses, dans un décor moderne au style lounge très soigné. La première impression très agréable est confirmée par l'accueil qui se révèle absolument adorable. La cuisine ne gâche rien, bien au contraire, chaque jour le chef propose des plats alléchants confectionnés exclusivement à partir de produits frais, de quoi régaler les papilles.

LES TERRASSES DU PORT €

Quai de Goslar
✆ 05 56 83 08 41

Horaires basse saison sur le site. Haute saison tous les jours midi et le soir. Carte : 42 € environ.

Depuis l'immense terrasse, on a une vue panoramique à 360° sur le port et le bassin. Nino, le maître des lieux, adapte la carte aux saisons et la cuisine correspond bien à cet endroit assez magique. Les huîtres, fruits de mer et poissons frais font partie des spécialités. A la belle saison le bar et la cuisine d'été ouvrent sur la terrasse c'est ambiance tapas, entrecôte, etc. La soirée, animée par un DJ, se prolonge très souvent en musique jusqu'à 2 heures du matin. Les Terrasses sont privatisables que ce soit pour des événements familiaux ou professionnels.

LE BASSANO €€

18, boulevard de la Plage
✆ 05 56 54 89 52

Ouvert toute l'année. Du mercredi au dimanche le midi et le soir. Carte : 36 € environ.

Le Bassano est un restaurant italien, un vrai. Le charme de l'établissement est authentique. Avant même de passer la porte, vous serez attiré par ses petits luminaires rouges et verts. A l'intérieur, vous découvrirez un espace certes pas grand, mais charmant, rustique juste ce qu'il faut. Avant même de goûter aux plats, la gentillesse de la serveuse finira de vous convaincre. Si la carte change régulièrement au gré des envies du chef, elle vous proposera à chaque fois de savourer le meilleur de la cuisine d'inspiration italienne, fine, raffinée et originale.

LE BISTRO'CHON €€

29, rue du Maréchal de Tassigny
✆ 05 56 83 08 44

Haute saison : ouvert tous les jours le midi et le soir. Carte : 28 € environ. Vente à emporter.

Le Bistro'chon est sans chichis. Son succès vient de son accueil, de sa belle terrasse, de sa déco bistro cosy, de sa cuisine simple et familiale faite maison à base de produits frais et de son bon rapport qualité-prix. Le menu du midi est efficace. Si vous plongez dans la carte on recommande aux amateurs le hamburger sauce aux poivres avec un bon pain aux céréales, accompagné d'une belle salade et de frites délicieuses coupées au couteau ou les délicieux encornets poêlés au chorizo et persillade XL. La mousse au chocolat maison est fabuleuse.

LE BORDEAUX ARCACHON €€

39, boulevard du Général Leclerc
✆ 05 56 83 46 41
www.lebordeauxarcachon.com

Ouvert tous les jours et les jours fériés le midi et le soir. Carte : 35 € environ. Formule du midi : 17 € à 20 €.

Situé juste en face de la gare, cet établissement est une adresse plus que recommandable : une terrasse agréable, un intérieur contemporain, une équipe jeune, souriante et efficace, une cuisine aux accents bistronomiques où l'on ne trouve rien à redire. Tout est frais, fait maison à base de produits de qualité, la carte est créative et les plats sont bien présentés. Le menu du midi est une excellente affaire. Il présente deux entrées, deux plats et deux desserts. Côté boissons, une jolie carte des vins. Certes, on n'a pas la vue le Bassin, mais on se régale...

BOULEVARD 88 €€

88, boulevard de la Plage
✆ 05 56 83 82 41
www.bd-88.fr

Ouvert du mardi au samedi le midi et le soir, le dimanche midi. Carte : 42 € environ. Formule du midi : 15 € et 19 €.

Ils sont trois, Isabelle et Christophe en salle, et Rémi en cuisine pour vous accueillir dans leur établissement à la décoration de bistrot contemporain pour la salle et de bord de mer pour la terrasse couverte. A la carte que des produits frais et de saison, tous issus, ou presque, du terroir, pour une cuisine savoureuse. Les suggestions changent quasiment toutes les semaines, au gré du marché. Les huîtres Laban viennent bien sûr du Bassin, notamment du Grand banc et du Banc d'Arguin. Cette adresse est vraiment une table bistronomique.

BRASSERIE DES MARQUISES €€

Rue Roger-Expert
✆ 05 56 83 80 06
www.brasserie-des-marquises.com
Ouvert toute l'année. Tous les jours de 7h à 1h30. Carte : 38 € environ.

La Brasserie des Marquises est idéalement placée en centre-ville et à deux pas du marché couvert. A l'intérieur les codes décoratifs des brasseries ont été conservés : comptoir boisé, banquettes matelassées rouges, etc. L'équipe ne manque pas de petites attentions pour vous satisfaire que ce soit pour un verre en terrasse, un petit déjeuner, un déjeuner ou un dîner. L'ambiance excellente monte d'un cran lors de soirées concerts ou d'événements sportifs retransmis sur un écran géant. Les plats sont très copieux, toujours concoctés à partir de produits frais.

LE CABESTAN €€

6 bis, avenue du Général-de-Gaulle
✆ 05 56 83 18 62
www.restaurant-lecabestan.com
Haute saison : ouvert tous les jours le midi et le soir jusqu´à 2h. Carte : 38 € environ.

A deux pas du Casino, vous ne manquerez pas la devanture bleue du Cabestan, ni sa belle porte en fer forgé. Le chef Jimmy Marie renouvelle sa carte régulièrement. Elle fait la part belle à de très bons produits de la criée, cuisinés avec finesse. Toutes les spécialités sont à déguster les yeux fermés. Le service est impeccable et attentionné, l'ambiance est conviviale et on compte pas mal d'habitués parmi les clients. La carte des vins et les menus offrent un excellent rapport qualité-prix et, petit détail, mais chose plutôt rare, le pain est fait maison.

LE CHIPIRON €€

11, rue de la Pêcherie
✆ 05 57 52 06 33 - www.lechipiron.com
Ouvert du jeudi au mardi midi et soir. Hors saison : le midi et le soir du jeudi au dimanche. Carte : 32 € environ.

© LE CHIPIRON

Idéalement située dans le sympathique quartier de l'Aiguillon, cette excellente adresse tenue par Christian Bonnet, et son équipe, propose un véritable voyage gustatif. Confortablement installé dans la salle au décor moderne et chaleureux ou en terrasse au soleil, on passe ici un moment délicieux, grâce à des produits frais, cuisinés avec cœur et un service souriant et impeccable. On vient déguster les huîtres du bassin, des poissons à la plancha qui varient tous les jours en fonction des arrivages mais aussi découvrir un défilé de tapas fraîches et gourmandes.

LA CALYPSO €€

84, boulevard de la Plage
✆ 05 56 83 65 08
www.la-calypso.com
Basse saison : ouvert du vendredi au mardi le midi. Haute saison : tous les jours le midi. Carte : 30 € environ.

Pour une ambiance tropicale au cœur d'Arcachon rendez-vous au restaurant La Calypso. Dans un décor exotique et coloré la carte met les produits de la mer à l'honneur. Assiettes de fruits de mer et ses succulentes huîtres du bassin, salades bien garnies ou encore moules à toutes les sauces, vous n'aurez qu'à faire votre choix. Côté plats du poisson en sauce verte ou à l'espagnole, des entrecôtes, des magrets ou du confit de canard. L'accueil et le service sont très agréables. La capacité et l'organisation de La Calypso permettent de recevoir les groupes.

DIEGO PLAGE €€

2, boulevard Veyrier-Montagnères
✆ 05 56 83 84 46
www.diegoplage.com
Ouvert toute l'année. Tous les jours et les jours fériés le midi et le soir. Carte : 45 € environ.

Parmi la myriade de restaurants installés sur le front de mer, difficile d'éviter les pièges à touristes. Au bord de l'eau, non loin de la jetée d'Eyrac et de son magnifique carrousel, vous trouverez l'un des meilleurs écaillers d'Arcachon, fraîcheur garantie. Le cadre est chic et sobre avec ses nappes blanches et ses grandes baies vitrées. La terrasse ombragée est très agréable ; vous pourrez en profiter même en hiver grâce à l'installation d'appareils chauffants. Côté carte, les prix sont raisonnables au vu de la qualité des produits. Le service est très pro.

KRAKEN €€

55, boulevard de la Plage
✆ 05 56 22 66 18
www.kraken-arcachon.fr
Ouvert le lundi et du jeudi au samedi le midi et le soir et le mercredi soir. Carte : 35 € environ.

Laetitia Natali et Samuel Villa ont investi les cuisines de ce restaurant installé le long du boulevard de la plage, non loin du port d'Arcachon. Leur savoir-faire d'une justesse impeccable met à l'honneur la cuisine française traditionnelle avec beaucoup de créativité. Le respect des saisons est primordial, aussi la carte change régulièrement afin que les chefs puissent travailler avec des produits frais et locaux. Vous apprécierez également la décoration de ce restaurant qui ne s'est pas privé de quelques excentricités, à vous de les observer.

LA TABLE DU BOUCHER €€

16, rue du Maréchal-de-Lattre-de-Tassigny
✆ 05 56 54 06 28
http://la-table-du-boucher.com
Du mardi au dimanche midi et soir. Carte : 38 € environ. Menu enfant : 12,50 €. Formule du midi : 21 €.

La Table du Boucher, en pleine rue piétonne du centre-ville et à deux pas de la plage, vaut le détour. Elle reprend les codes de la brasserie traditionnelle : grand bar qui court le long de la salle, petites tables, banquettes rouges et grands miroirs. Avec dans le fond « la cuisine du boucher » d'où sortent de bons plats. Le petit plus : la terrasse. La viande est à l'honneur, mais les huîtres, en provenance directe du Banc d'Arguin, sont incontournables. Les suggestions et les menus du jour s'affichent à l'ardoise.

MIDNIGHT CAFE €€

Boulevard des Miquelots
✆ 06 80 48 87 67
Ouvert le lundi midi, du mardi au jeudi midi et soir, le vendredi et le samedi midi et soir.

Après Bordeaux, le Bassin a son Foodhall. Dans un complexe de 450 m² (plus une terrasse de 200 m²) se répartissent sept cuisines différentes. On peut manger *in* (170 places intérieures), *out* (130 places extérieures) ou emporter ses plats. Le concept gastronomique se veut écoresponsable (vaisselle recyclable) avec pour objectif zéro déchet et zéro gaspillage. Le soir, principalement en fin de semaine, l'espace bar à ambiance et sa scène accueillent des artistes pour des spectacles variés : DJ sets, concerts, stand up, etc. sans oublier la piste de danse.

MOULES & BEEF €€

20, boulevard Veyrier-Montagnères
✆ 05 56 83 49 43
www.restaurants-moulesandbeef-bassindarcachon.com
Fermé du 12 novembre au 28 février. Haute saison : tous les jours de 9h30 à 23h. Carte : 40 € environ.

Dans l'esprit feria et tapas, on s'installe en terrasse pour manger ou prendre l'apéro, autour de tonneaux en guise de tables. Moules and Beef contente le goût de chacun, les amateurs de moules comme les aficionados de viande. Mais Moules and Beef ne se contente pas de ces deux classiques, il propose également, en menu ou à la carte, des petits calamars, des sardines grillées, du carpaccio de bœuf, une copieuse plancha de fruits de mer… En plus d'un accueil sympathique, la vue sur le bassin est imprenable. Ce restaurant est très convivial et familial.

O' BRASERO €€

230, boulevard de la Plage
✆ 09 50 15 13 64
Haute saison : ouvert tous les jours le midi et le soir. Carte : 32 € environ.

C'est le seul steak house d'Arcachon qui possède une cave à maturer pour la viande. Un des associés, Miguel Soares, en est le fournisseur ce qui permet d'obtenir un excellent rapport qualité-prix, sans intermédiaire, et des viandes de grande qualité, fondantes, au goût très différencié en fonction des provenances. Pour les accompagner pas de frites, mais des pommes de terre grenailles, des légumes de saison, etc. Le restaurant ne néglige pas pour autant les produits de la mer et les desserts sont faits maison. A l'apéro de la charcuterie ou des tapas à partager.

LE PITT €€

2, avenue du Général de Gaulle
✆ 05 57 16 22 40

Ouvert toute l'année. Du mercredi au lundi le midi et le soir. Carte : 30 € environ.

Neuf copains et copines sont à la tête de ce bistrot à l'ambiance bon enfant et sans chichis. La spécialité ce sont les huîtres qu'ils élèvent eux-mêmes sur le Bassin et les fruits de mer. En revanche pas de viande à part de la charcuterie. On ne réserve pas, du coup les places sont chères, surtout en hiver, car la salle de restaurant n'est pas très grande et l'adresse connaît pas mal de succès vu son excellent rapport qualité-prix et le service efficace et décontracté. Aux beaux jours, la terrasse permet d'ajouter un certain nombre de couverts.

LE ROYAL MOULLEAU €€

2 et 4, rue du Débarcadère
✆ 05 56 54 57 45
www.le-royal-moulleau.com

Ouvert toute l'année. Tous les jours le midi et le soir. Carte : 35 € environ. Pizzas de 13 à 17 €. T

Les pieds dans l'eau, enfin presque ! C'est dans un décor unique que vous accueilleront le Royal Moulleau et sa pizzeria-trattoria. L'atout charme du lieu est sans aucun doute sa terrasse qui offre une vue imprenable sur le bassin d'Arcachon et le phare du Cap-Ferret. Professionnalisme et sourire sont les maîtres mots du restaurant, tout comme la qualité des plats proposés. A la carte des plateaux de fruits de mer, des poissons, de la belle viande et des desserts gourmands. La trattoria régale avec ses pizzas, ses pâtes fraîches ou ses spécialités italiennes.

LA PIZZERIA €€

19, rue Jehenne ✆ 05 56 83 20 46
www.pizzeria-jehenne.com

Ouvert toute l'année du mardi au dimanche et les jours fériés le midi et le soir. Carte : 30 € environ.

© ST-

Située juste à côté du quartier du marché municipal, la Pizzeria Jehenne est une institution fondée en 1978. L'été, la terrasse, assez grande et très agréable, est très prisée. L'hiver on s'installe dans des salles décorées de détails italiens, à l'ambiance familiale et chaleureuse. Dans les assiettes, c'est aussi l'Italie : les pizzas à la pâte fine sont bonnes et le choix est varié ! A côté, des salades, des antipasti, des pâtes, des pâtes farcies, des gnocchis et un grand choix de veau cuisinés de différentes façons ainsi qu'un excellent tartare italien.

LE WINE NOT €€

46, boulevard Mestrezat
✆ 05 57 15 37 78
www.winenot-arcachon.com

Haute saison : tous les jours le midi et le soir. Menu unique à 29 €. Carte : 25 € environ.

Cette adresse est devenue incontournable pour les amateurs de grands et bons vins français fins et élégants, d'autres plus tanniques et charpentés pour les rouges, ou encore moelleux, secs ou boisés pour les blancs, mais aussi des vins fruités, doux ou floraux pour les rosés. Le Wine Not propose également des vins du monde : Chili, Hongrie, Argentine, Espagne, Afrique du Sud, Italie. Ce bar à vin fait aussi office de restaurant. En plus des assiettes de charcuterie et de fromage, ou des tartines, le chef prépare quelques petits plats bien élaborés.

ALAIN GUIGNARD

11, avenue Notre Dame des Passes
✆ 05 56 54 50 92

Basse saison : ouvert du mardi au dimanche de 8h à 12h30 et de 15h30 à 19h. Haute saison : tous les jours de 7h30 à 20h.

La Maison Guignard est une institution au Mouleau depuis 1909. Pâtissier, chocolatier, glacier, c'est sans doute une des meilleures adresses de la région. La crème pâtissière est un délice, mais ce sont surtout les cannelés qui font sa réputation. Les éclairs de la Maison Guignard seraient aussi les meilleurs du Bassin et même au-delà et les tartes aux fraises se vendent au mètre... La boutique est victime de son succès : une file d'attente déborde souvent de plusieurs mètres sur la rue mais l'équipe efficace vous sert avec le sourire dans les meilleurs délais.

LE BAR DE L'OUBLI

234, boulevard de la Côte-d'Argent
© 05 57 72 00 45
Ouvert toute l'année. Haute saison : tous les jours de 8h à 2h. A la carte environ 30 €.

Le Bar de l'Oubli est tenu par Philippe Berbizier, bien connu dans le monde de l'ovalie pour avoir joué entre autres à Lourdes et à Agen. Ce café est un repaire de copains, mais pas que... Tous ceux qui aiment la convivialité, la bonne humeur, les tapas et les plats bistrot s'y retrouvent. Du coup l'Oubli est devenu l'un des territoires des plus emblématiques d'Arcachon, fréquenté par une clientèle hétéroclite allant des locaux aux Parisiens branchés ou des gens de tous âges. On s'y installe du petit déj' à l'apéro en passant par le déjeuner.

PÂTISSERIE MARQUET

11, avenue Gambetta
© 05 56 83 64 33
www.patisserie-marquet.fr
Ouvert du mardi au samedi de 8h à 13h et de 14h30 à 19h30, le dimanche et jours fériés de 8h à 13h et de 14h30 à 19h.

A la fois pâtissier, chocolatier, glacier et traiteur, la pâtisserie Marquet est très prisée par ceux qui ont goûté à ses délices sucrées. Déjà la vitrine ne vous laisse pas indemne. Un cannelé, c'est divin pour le goûter, mais les pâtisseries, en petit ou grand module, sont fondantes à souhait… N'oublions pas les spécialités régionales que sont la dune du Pyla, la Pinasse glacée ou les dunettes, ces petits biscuits en pâte d'amandes parfumés à la fine de Bordeaux, aux pignons de pins et au chocolat. L'enseigne propose également un service traiteur de qualité.

LA MAISON DU GLACIER

226, boulevard de la Côte d'Argent
© 05 24 19 60 76
Haute saison : ouvert tous les jours de 9h à 0h.

Carmen et son fils Anthony ont ouvert une première boutique place Saint-Pierre à Bordeaux et plus récemment une seconde adresse au Moulleau. La devanture toute blanche est chic et sobre avec ses moulures à l'ancienne. Les glaces et sorbets sont élaborés de façon artisanale et exigeante par les maîtres glaciers de Terre Adélice. Tout est 100 % bio, sans colorants, sans arômes chimiques ni conservateurs et sur 86 parfums 40 sont végans. Le choix est vaste et certaines saveurs sont surprenantes. L'accueil est tout sourire même aux heures de pointe.

POINT 0

15, rue Sully Melendes
© 07 69 85 14 35
Ouvert du mardi au dimanche de 18h à 1h.

Le Point 0 est un bar lounge, chic et convivial, décoré dans un style Art déco industriel avec des canapés et fauteuils en cuir bien confortables, des lampes de bateau anciennes et des meubles chinés. Tout concourt pour que les clients se sentent à l'aise, dans une atmosphère décontractée. Il fait bon venir boire un verre de vin, un cocktail ou une coupe de champagne entre amis ou en famille et partager quelques planches lors de soirées animées par un DJ ou des musiciens. La gamme de vins et de spiritueux est soigneusement sélectionnée par la maison.

Ô DOM'P

173, boulevard de la Plage
© 09 72 84 58 48
Basse saison : ouvert du jeudi au lundi de 18h à 2h. Haute saison : tous les jours et les jours fériés de 17h30 à 2h.

Fabrice Brignard, le maître des lieux, a l'art de la fête et ça se voit. Cet endroit est un peu *the place to be*... Mais attention ! rien de branché ou de snob... On est ici boulevard de la Plage et la grande terrasse avec son mobilier en bois ne désemplit pas, surtout l'été. La raison : les excellents cocktails à base de rhum, dont un mojito à se damner et tout pour se restaurer avec les tapas, les huîtres, les planches de charcuteries ou de fromages, les bruschettas, les hamburgers du chef, les cafés gourmands, le tout servi sur fond musical des années 80/90.

LA TOQUE CUIVRÉE

4-6, boulevard Mestrezat
© 05 56 54 74 90
www.la-toque-cuivree.fr
Du lundi au samedi de 8h à 19h et le dimanche de 8h à 13h. Canelé gros à 0,70 €, lunch à 0,50 €, bouchée à 0,40 €.

Véritable emblème bordelais, le canelé est un délice qui date du XVIe siècle. C'est une pâtisserie à base de farine, d'œufs, de lait, de vanille et de rhum ? C'est un vrai challenge d'obtenir un canelé moelleux à l'intérieur et croustillant à l'extérieur. La Toque Cuivrée le réalise parfaitement... Dans l'un des magasins, où vous bénéficierez d'un accueil toujours très chaleureux, vous aurez le choix entre trois tailles de canelés... Vous pourrez aussi vous laisser tenter par les tourtières aux pommes ou aux pruneaux, le Bordelais amande ou chocolat.

WINE NOT

46, boulevard Mestrezat
✆ 05 57 15 37 78
www.winenot-arcachon.com
Haute saison : tous les jours et les jours fériés de 11h30 à 14h et de 18h à 23h. Menu à 29 €.

Le Wine Not vous accueille dans une bâtisse au style typiquement arcachonnais. En salle ou en terrasse, l'ambiance est des plus conviviales. L'hiver les deux cheminées sont toujours allumées. La carte des vins est très complète et variée avec des crus du coin, du Sud-Est mais d'Italie, Espagne, Australie, Amérique du Sud, etc. Cocktails, bières, sodas sont aussi proposés à la carte. Mais au Winc Not, on ne fait pas que boire, on grignote aussi des tapas composées de charcuterie, de fromages et on mange des plats copieux qui évoluent en fonction du marché.

LE BONENDROI

48, avenue Lamartine
✆ 05 56 54 61 72
www.bonendroi.com
Basse saison : du mardi au samedi de 10h à 12h30 et de 15h à 19h. Haute saison : tous les jours de 10h et jusqu´à 20h.

Ce véritable bazar des temps modernes affiche son univers décalé et poétique. Vous découvrirez aussi bien de la droguerie, de la quincaillerie, des arts de la table, de la papeterie, des jouets, des accessoires de mode que des objets multimédias ultra branchés tout comme une multitude d'objets du quotidien revisités. Au gré de leurs voyages et de leurs découvertes, Sylvie et Myriam proposent luminaires, des produits de bien-être, mais aussi meubles, décoration et souvenirs. Une boutique hors norme où chacun trouvera son bonheur.

CABANE DE L'AIGUILLON

54, boulevard Pierre Loti
✆ 05 56 54 88 20
lacabanedelaiguillon.com
Vente à emporter uniquement : du mardi au samedi de 9h à 12h30 et de 14h à 18h30. Le dimanche de 9h à 13h.

La famille Aloir élève et distribue ses propres huîtres depuis 1967. Si la vente directe est possible toute l'année, la dégustation d'huîtres au bord de l'eau est réservée aux beaux jours. Sous la tonnelle, vous découvrirez leurs huîtres n° 2, 3, 4 ou encore leurs huîtres plates. Les fruits de mer comme les palourdes, bigorneaux et bulots accompagnés de pain et de beurre ne sont pas en reste ! Les huîtres de la famille Aloir ont été plusieurs fois récompensées par le grand Prix d'Excellence au Concours général Agricole de Paris.

POISSONNERIE DE L'AIGUILLON

51, boulevard Mestrezat
✆ 05 56 83 70 53
www.poissonneriedelaiguillon.fr
En haute saison du lundi au samedi de 8h30 à 13h et de 15h30 à 20h, le dimanche de 8h30 à 13h.

A La Poissonnerie de l'Aiguillon les maîtres-mots sont savoir-faire, passion du métier, fraîcheur, exigence dans le choix de produits achetés au quotidien sur toutes les criées de la côte et surtout pas de poissons d'élevage. En compagnie des produits phares, les huîtres du Bassin, il y a les langoustes, homards de Bretagne et surtout les plateaux de fruits de mer. A côté le chef élabore quelques plats traiteurs. La Poissonnerie expédie aussi ses produits dans toute la France.

© POISSONNERIE DE L'AIGUILLON

© POISSONNERIE DE L'AIGUILLON

L'EPICERIE DE L'AIGUILLON

51, boulevard Mestrezat
✆ 06 52 96 70 53
www.poissonneriedelaiguillon.fr

Ouvert du lundi au samedi matin et après-midi et le dimanche matin. Cours de cuisine : 70 € par personne (6 maximum).

En face de la Poissonnerie de l'Aiguillon s'est installée L'Epicerie de l'Aiguillon qui mise sur la qualité. On découvre une belle sélection de produits artisanaux du Bassin (rillettes d'huîtres, miel des dunes océanes, confiture de fraises à la vodka du Pyla...), de la région (caviar d'Aquitaine, Bouchons de Bordeaux, lamproie à la bordelaise...), ou italiens. Sur les étagères également des vins, champagnes, bières, jus de fruits, huiles, vinaigres, sels, épices, thés, cafés, etc.

© EPICERIE DE L'AIGUILLON

© EPICERIE DE L'AIGUILLON

LE COMPTOIR ARCACHONNAIS

15, avenue Gambetta
✆ 05 56 22 50 60

Haute saison : tous les jours de 9h à 20h. Livraison possible dans le monde entier.

En pleine ville, cette épicerie fine est une institution. Toutes les spécialités régionales sont à disposition pour le plus grand plaisir de vos papilles. Des produits rares, traditionnels, artisanaux, que l'on peut même déguster. L'épicerie avec son petit côté boutique d'antan propose du véritable pastis landais (650 g) qui vient directement de Saint-Sever, des bouchons bordelais, des foies gras, des terrines, des jambons, des soupes de poissons du Bassin, des apéritifs régionaux tels le Lillet, La Belle Sandrine (armagnac, fruits de la passion) ou le Tariquet.

CONSERVERIE LA BELLE-ILOISE

19, avenue Gambetta
✆ 05 56 83 68 50
www.labelleiloise.fr

Fermeture annuelle début janvier. Haute saison : tous les jours et les jours fériés.

Certes, ces produits ne viennent pas de notre région, mais la boutique est tellement belle et haute en couleur qu'on s'y arrête obligatoirement. La Belle-Iloise est une conserverie bretonne de produits de la mer préparés à l'ancienne. Depuis 3 générations, les Hilliet s'attachent à mettre en boîte des produits archifrais, à Quiberon. On aime les boîtes de conserve colorées qui déclinent des sardines, thons et maquereaux à partir de différentes recettes originales.

HELLO WEST

19, cours Lamarque de Plaisance
✆ 06 14 25 18 04
www.bylenak.com

Haute saison : ouvert du lundi au samedi de 10h à 19h.

Vous êtes du genre shopping addict ? Hello West est la bonne adresse. La première boutique by Lena K. a vu le jour boulevard de la Plage au Cap Ferret, la deuxième est quelques mètres plus loin et la troisième est à Arcachon sur le très chic et très commerçant cours Lamarque de Plaisance. On peut se faire plaisir avec des vêtements, accessoires, maillots de bain, foutas – le produit phare personnalisable – et différents objets à des prix très attractifs. Si vous n'avez pas le loisir de vous rendre dans l'une des boutiques, pas de souci le site web est marchand.

HONORIS CAUSA

37, avenue Lamartine ✆ 09 67 14 17 66

www.honoriscausa.fr

Basse saison : ouvert du mardi au samedi de 10h à 19h. Haute saison : tous les jours de 10h à 19h. Vente sur le site.

Pourquoi se rendre chez Benoît Van Brabandt pour acheter du thé ? Tout simplement parce que ce Nordiste, maître infuseur et herbaliste, achète du thé, le goûte, l'assemble et le vend sous sa marque. Il a 250 variétés de thés à son actif en provenance d'une vingtaine de pays. Pour faire honneur à sa ville d'adoption il a donné des noms évocateurs à des thés aux mélanges parfumés et des infusions à base de plantes typiques comme le pin maritime ou le mimosa : Le Pyla thé vert, le Earl Grey d'Arcachon, Arcachon breakfast, Jardin d'hiver ou Le Ferret infusion, etc.

LA LIBRAIRIE DES MARQUISES

Place des Marquises

✆ 05 57 52 54 10

www.librairiedesmarquises.fr

Haute saison : ouvert tous les jours et les jours fériés de 8h à 20h.

La Librairie des Marquises est un concept unique à Arcachon. D'un côté un espace est dédié à la librairie et à la presse avec un large choix de BD, romans adultes et Jeunesse, Comics, Mangas, etc.... C'est aussi un lieu de rencontres, d'échanges et de débats avec des auteurs invités régulièrement. De l'autre, c'est le café-restaurant Opéra, un restaurant traditionnel avec la possibilité de manger toute la journée des croque-monsieur, club sandwiches, salades, etc.

LA MAISON DU GLACIER

226, boulevard de la Côte d'Argent

✆ 05 24 19 60 76

Haute saison : ouvert tous les jours de 9h à 0h.

Carmen et son fils Anthony ont ouvert une première boutique place Saint-Pierre à Bordeaux et plus récemment une seconde adresse au Moulleau. La devanture toute blanche est chic et sobre avec ses moulures à l'ancienne. Les glaces et sorbets sont élaborés de façon artisanale et exigeante par les maîtres glaciers de Terre Adélice. Tout est 100 % bio, sans colorants, sans arômes chimiques ni conservateurs et sur 86 parfums 40 sont végans. Le choix est vaste et certaines saveurs sont surprenantes. L'accueil est tout sourire même aux heures de pointe.

SEN NO SEN

230, boulevard de la Côte d'Argent

✆ 05 57 52 34 12

https://sennosen.com

Ouvert du mercredi au dimanche de 10h à 20h. Pendant les vacances scolaires.

La marque Sen No Sen est née en décembre 1999 et le premier magasin a vu le jour en 2005. L'idée de Mathieu Desaphie était de créer une marque inspirée du Sud-Ouest, de présenter les collections, de raconter l'histoire et la conception de chaque produit ou simplement de discuter et d'échanger autour des sports de glisse. La collection comprend des T-shirts, des polos, des sweats, des pantalons, des shorts, des maillots de bain, des casquettes, des combinaisons de surf, des palmes, etc. Les prix sont raisonnables et les marques sélectionnées sont de qualité.

LA TRINITAINE

24, avenue Gambetta

✆ 05 56 22 86 59

www.latrinitaine.com

Basse saison : ouvert tous les jours de 10h à 19h. Haute saison : tous les jours de 10h à 20h30.

Cric ! Croc ! Crac ! Vous avez dû passer au magasin de biscuits La Trinitaine. Cette maison familiale, fondée en 1955 par Lucien Petit, s'est spécialisée pour notre plus grand plaisir dans la biscuiterie bretonne. Cependant vous trouverez également de nombreux produits gourmands girondins comme les pignottes du Bassin ou les huîtres en chocolat. Vous pourrez aussi dégoter des livres de recettes, des bonbons, des conserves, du vin, etc. L'occasion de se confectionner un beau panier garni, aux couleurs des différentes régions de France.

ZIG ET PUCES II

250, boulevard de la Côte d'Argent

✆ 05 57 72 01 72

Haute saison : tous les jours de 10h à 13h30 et de 14h30 à 19h30. Fermeture le mercredi hors vacances scolaires.

La boutique d'Eric et Laurence est un grenier à trouvailles avec toujours plein de nouveautés et on repart souvent avec quelque chose pour soi ou à offrir : objets de cuisine, cadre en bois, linge, maquette de gabares, vases, produits cosmétiques, mobilier en bois, sac à main en voile recyclée, etc. Tout ce qui a un rapport avec la mer se trouve ici. Le magasin héberge les œuvres de plusieurs artistes du Bassin. On aime beaucoup la digigraphie à l'entrée. Cette superposition de photos nous donne droit à une cabane tchanquée devant Manhattan.

ARCAJETMARINE

4, quai du capitaine Allègre
© 05 57 15 35 04
www.arcajetmarine.fr

Ouvert tous les jours. Randonnées jet ski à partir de 60 €. Accueil des groupes et CE.

Cette base nautique incontournable propose de découvrir le Bassin en randonnées jet ski de 45 min à 3h, dont une sortie de 30 min pour les 8-16 ans. Si vous avez le permis côtier, louez votre machine et partez à l'aventure vers les cabanes tchanquées, l'île aux oiseaux, la presqu'île du Cap Ferret, le banc d'Arguin et la dune du Pilat. Vous êtes plutôt fun et sensations fortes entre amis ? Dans ce cas, les bouées tractées (et volantes) sont faites pour vous.

CATABAS

37, rue Georges Méran
© 06 37 68 18 74
www.catabas.fr

Ouvert tous les jours. Sur réservation. Journée découverte à partir de 95 € par personne avec repas.

Catabas, spécialiste de la location de bateaux à Arcachon, propose des catamarans à voile ou à moteur à la location pour la journée, le week-end ou plusieurs jours avec ou sans skipper pour ceux qui maîtrisent la navigation sur un catamaran habitable et qui connaissent bien le Bassin d'Arcachon. Les bateaux peuvent accueillir de 2 à 20 personnes. Egalement à bord, si vous le souhaitez, un service de restauration est possible. Catabas organise aussi des croisières privatisées ou des croisières à la place sous forme de billetterie avec réservation possible en ligne.

THALAZUR

Avenue du Parc © 05 57 72 06 66
www.thalazur.fr

Ouvert du lundi au samedi de 9h à 19h30, le dimanche de 9h à 18h30. Week-end Vitalité Marine à partir de 200 €.

En choisissant le parcours marin de Thalazur, on profite du centre de thalassothérapie sans forcément prendre un soin ou séjourner sur place. L'entrée donne accès pour quelques heures au bassin de 250 m² d'eau de mer et à l'espace fitness. Bains bouillonnants, jet d'eau plus ou moins puissants, sauna, hammam et salle de repos pour un pur moment de détente. Ceux qui souhaitent un programme plus complet profiteront de massages, algothérapie, soins à l'eau de mer, gommages, liftings naturels, etc. La maison suggère également des soins déclinés sur plusieurs jours.

CASINO

163, boulevard de la Plage
© 05 56 83 41 44
www.casinoarcachon.com

Ouvert toute l'année. Tous les jours et les jours fériés de 11h à 2h. Restauration à la carte environ 35 €.

Le Casino, installé depuis 1903 dans le somptueux château Deganne, fait vibrer la station balnéaire. Cette belle bâtisse abrite la fièvre des joueurs qui disposent ici de 75 machines à sous pour s'adonner à leur passion, d'une table de Black-Jack, d'une de boule et de 12 postes de roulette anglaise électronique. Il existe aussi le Megapot. C'est un jackpot progressif reliant en simultané 175 machines réparties dans 39 casinos Partouche. Le restaurant « O Deganne » est un endroit agréable, très clair et très spacieux, pour passer un bon moment gourmand.

ARÈS ★★

Arès comptait au XIXe siècle cinq moulins. Aujourd'hui, on peut voir les restes de l'un d'entre eux, face à l'esplanade Georges-Dartiguelongue. Sa tour ronde crénelée semble veiller sur la petite station balnéaire. La jetée de la commune, datant du XVIIIe siècle, est la plus ancienne du bassin. Côté port ostréicole, il est très agréable de s'installer dans des petites cabanes en bois colorées de bleu, de jaune et de vert pour déguster huîtres, crevettes bigorneaux, etc. Mais l'un des atouts les plus précieux de la ville d'Arès est sans conteste sa nature. La faune et la flore évoluent dans la réserve des prés salés ou encore sur le site des Quinconces.

LA CONCHE DE SAINT-BRICE

Aire de pique-nique. Baignade surveillée de juin à septembre. Toilettes publiques.

Entre terre et mer, ce petit paradis de 97 hectares abrite une forêt de pins et trois plans d'eau successifs qui s'étendent jusqu'aux rives du Bassin d'Arcachon. En été, l'un d'eux devient un lieu de baignade apprécié qui, phénomène unique sur le Bassin, est indépendant des marées puisqu'il est toujours pourvu en eau. Le domaine est un espace naturel remarquable. En effet, les ambiances paysagères y sont très variées : étangs d'eau douce, réservoirs à poissons, pinède profonde, roselières (zones lacustres où poussent principalement des roseaux), rivière, estey...

LA FEMME OCÉANE

Avez-vous déjà vu cette œuvre de Dominique Piot, un artisan arésien. Elle est située face au bassin, au bout de la digue à l'entrée du port ostréicole. Cette sculpture en bois exotique du Cameroun de 4,30 mètres de haut, qui a nécessité 600 heures de travail, a été installée en 1997. La *Femme Océane,* aux formes arrondies, s'appelle Célia, elle symbolise l'ondulation de la houle et plus largement l'eau et veille sur les marins. Le sculpteur, dont l'atelier est installé au bord du bassin d'Arcachon, a entrepris la réalisation d'autres œuvres tout aussi monumentales.

LE SENTIER DU LITTORAL ★

Le sentier du littoral est une promenade nature doublée d'un grand bol d'air iodé. Partez du port ostréicole et empruntez ce sentier jusqu'à la plage de Quinconces. Les plus courageux peuvent également se rendre jusqu'au village du Claouey sur la presqu'île du Cap Ferret. Le sentier mène à travers d'anciens réservoirs à poissons, dans les prés salés aux multiples paysages protégés. Ouvrez l'œil, il y a tant à découvrir entre la faune et la flore. Pour plus d'informations, n'hésitez pas et contactez l'office de tourisme ou la mairie d'Arès.

OFFICE DE TOURISME D'ARES

Place Weiss
✆ 05 56 60 18 07
www.ares-tourisme.com
Horaires sur le site, variables en fonction des saisons.

L'office de tourisme d'Arès est à votre disposition pour vous aider à passer un agréable séjour dans le cadre typique du Bassin d'Arcachon : activités, hébergement, restauration, bons plans, conseils, etc. Venez découvrir l'incroyable patrimoine naturel de la commune grâce à des randonnées, des visites guidées et commentées. Que vous soyez plutôt balade, surf, canoë, vélo, ou encore ULM, vous trouverez toutes les informations nécessaires auprès de l'office de tourisme.

VISITE «SUCRÉ SALÉ» D'ARÈS

Place Weiss
✆ 05 56 60 18 07
Fermé de juin à septembre. Gratuit jusqu'à 5 ans. Adulte : 10 €. Enfant de 5 à 12 ans : 2 €. Visite guidée.

Des vacances sans une dégustation d'huîtres sont difficilement envisageables... La visite « Sucré Salé » d'Arès est une façon sympathique de découvrir le Bassin et ses richesses ! Vous partez pendant 2h30 avec un guide qui vous dévoilera tout ce qu'il y a à savoir sur les huîtres et leur culture sur le Bassin. La visite s'achève avec une dégustation d'huîtres, évidemment, mais également de vin blanc et de chocolat. Inscription à l'office de tourisme ou www.ares-tourisme.com !

Site naturel de Saint-Brice.

HÔTEL LA PETITE AUBERGE €

21 bis, avenue du Port
✆ 05 56 60 37 81
www.hotel-petite-auberge.com
Ouvert toute l'année. Chambre double à partir de 49 €, triple à partir de 60 €. Petit déjeuner : 7 €.

Nicolas et Anne-Sophie vous accueillent avec le sourire dans leur établissement comprenant sept chambres équipées de tout le confort nécessaire et au décor maritime avec des panneaux de bois. L'ambiance est très reposante et le petit déjeuner est de qualité. Dans la salle peut-être aurez-vous l'occasion de bavarder avec vos hôtes et de récolter leurs bons conseils sur les activités du coin. La Petite Auberge vous propose ainsi un hébergement de qualité à un prix raisonnable, même en haute saison, en plein cœur du bassin d'Arcachon, ce qui est plutôt rare !

ÉLIANE MALEYRAN €€

4, lotissement des Dunes-Vertes
✆ 05 56 60 12 64
Chambre double 77 € la nuit et 510 € la semaine. Petit déjeuner inclus. Parking.

La charmante chambre d'hôte d'Eliane Maleyran est située au cœur d'un petit lotissement au nom évocateur des Dunes vertes. C'est en toute liberté que vous pourrez y séjourner puisqu'elle est indépendante de la maison principale. Entièrement équipée et avec tout le confort nécessaire : salon de jardin, kitchenette, parking privé, votre séjour se fera en toute décontraction, à votre rythme. Vous serez à seulement quelques mètres de la piste cyclable, deux vélos sont d'ailleurs à votre disposition pour de belles balades en perspectives... Un véritable havre de paix.

LE BOÏATE €€

11, boulevard de l'Aérium
✆ 05 40 24 60 68
www.leboiate.fr
Ouvert toute l'année. 8 chambres. Chambre double à partir de 59 €. Petit déjeuner buffet ou en chambre : 8 €.

Dans un quartier résidentiel d'Arès, calme, arboré, au charme indéniable, à deux pas des plages du bassin, le Boïate est un petit hôtel de charme. Avec une décoration typique du Bassin, dans les tons doux et chauds de sable et de couleurs marines, les chambres portent les noms de l'Ile aux Oiseaux, Côté Bassin, l'Océan, les Dunes, le Cap Ferret, le Phare, Entre Terre et Mer et Promenade en Pinasse. Deux d'entre elles possèdent leur terrasse privative. L'hôtel dispose aussi de son restaurant. A la carte ou en formule du midi, on retrouve des plats de saison.

CHEZ PÉPÉ - ESTANQUET €

Rue du Port ostréicole
✆ 05 57 70 95 68
Haute saison : ouvert tous les jours le midi et le soir. Réservation recommandée. Carte : 25 € environ.

Un cadre de rêve sur le port ostréicole, des concerts très jazzy, une ambiance de bons copains, c'est la recette de ce restaurant. Côté cuisine, on se laisse tenter par des produits de qualité : assiettes d'huîtres, locales bien sûr, des poissons grillés, tartare de saumon, sole et divers fruits de mer à la dégustation... L'endroit est idéal pour boire un verre sur la terrasse avec une bonne assiette de tapas qui fleure bon l'été et la fête. Le petit truc en plus c'est que l'on peut s'y rendre en bateau en accostant directement sur la première darse.

CAMPING LES GOÉLANDS €€

64, avenue de la Libération
✆ 05 56 82 55 64
www.goelands.com
Emplacement de 16,50 € à 32 €. Mobil-homes pour 2 à 6 personnes à partir de 315 € la semaine.

Le camping est en plein cœur d'une magnifique forêt de grands pins maritimes. Entre deux réserves naturelles : les prés salés et le domaine de Saint-Brice, une chose est sûre, vous ferez le plein de nature, à pied ou à vélo. A quelques mètres des plages du Bassin ou quelques kilomètres des plages océanes, de la dune du Pilat, d'Arcachon, du Cap Ferret, vous êtes idéalement placé pour vivre des vacances 100 % Bassin ! Réservez votre emplacement ou votre location tout confort, vous serez certes au calme mais également dans un camping très animé.

SÈME €

41, route du Temple
✆ 05 57 18 87 58
www.onseme.bio
Ouvert du lundi au vendredi à partir de 9h15 et à partir de 16h30. Menu enfant : 7 €. Formule : 13,50 € à 18 €.

Nicolas Rey ne s'est pas contenté d'ouvrir un magasin bio. Il a également implanté dans un même espace de vie un restaurant 100 % bio, en libre service, dans une ambiance conviviale, végétale, musicale et originale. Les burgers – viande ou végan – et les poke bowls varient chaque semaine. La carte, courte, offre la possibilité de manger sur place ou d'emporter des plats. Il y a toujours la « popote » du jour, un plat inspiré par les envies de créations du chef et toujours joliment présenté. Tout est fait maison, c'est frais et bon.

B COMME BISTROT €€

3, avenue de la Libération
✆ 05 24 18 65 88

Du mardi au samedi de 10h à 15h et de 18h30 à 0h. Menus de 28 € à 35 €. Carte : 30 € environ.

Anne-Sophie et Guillaume sont à la tête de ce bistrot. Côté déco, un mélange de bois et de matériaux contemporains qui confère à la salle un style design très chaleureux. A l'extérieur, une belle et grande terrasse est aménagée sous les arbres. La cuisine est bien troussée et tout est fait maison à base de produits frais de qualité (Label Rouge, viande limousine d'une boucherie locale, etc.). La carte Mer favorise le poisson du moment de la criée d'Arcachon. La carte Terre met l'accent sur le bœuf. Les « Vég » ont aussi leurs plats. Service et accueil conviviaux.

LA CABANE DU BOUT €€

Cabane 1 et 2
✆ 05 56 60 92 29
www.lacabanedubout.com

Haute saison du mercredi au lundi et les jours fériés le midi et le soir. Carte : 30 € environ.

Cette cabane porte bien son nom, car elle est située les pieds dans l'eau, au bout du port d'Arès. On y admire les couchers de soleil sur le Bassin et on respire l'air du large à plein poumon sur la terrasse. C'est à la fois un restaurant et un bar à tapas, très animé en saison lors de soirées apéros musicales. La carte est 100 % marine et tant pis pour les viandards… Les produits sont frais et les plats bien cuisinés. On vous recommande aussi les sushis et les plateaux de fruits de mer. L'ambiance est jeune et le personnel très à l'écoute.

LA FILLE DU BARBU €€

20, place de l'Église
✆ 05 56 26 85 33
www.restaurantlafilledubarbu-33.com

Du lundi au vendredi le midi et le soir et le samedi soir en été. Carte : 32 € environ. Formule du midi : 16 €.

Le Barbu c'est Nicolas Desvignes, patron et chef de ce petit restaurant qui a fait plus que son trou à Arès et au-delà. Sa fille existe réellement et il l'aime tendrement. Nous ce qu'on aime, c'est sa cuisine, faite maison à partir de produits frais agrémentés de sa touche personnelle et travaillés avec passion. Au service, la compagne du chef, souriante et professionnelle. Nicolas Desvignes organise des soirées live et des soirées à thème pour des événements comme la Saint-Valentin. Le restaurant est privatisable pour les groupes hors saison.

L'INCONTOURNABLE €€

1, avenue des Tourterelles
✆ 05 56 60 27 09
www.restaurantlincontournable.com

Ouvert toute l'année. 7j/7, midi et soir, service tardif. Menu unique à 24 €. Carte : 34 € environ.

Passez la porte et vous serez tout d'abord séduit par la décoration où la marine est omniprésente : scaphandre, gouvernail, costumes, photos… Installez-vous confortablement et chavirez de plaisir avec des plats hauts en couleur et en saveur ! A la carte, comme aux menus, vous avez le choix entre mer ou terre en fonction du marché. Tout est bien préparé et bien servi. Un petit déjeuner express est servi de 9h à 12h. L'équipage est aux petits soins pour vous et fera en sorte que votre croisière soit des plus agréables. Aux beaux jours, la terrasse est très agréable.

ONA €€

3 bis, rue Sophie-et-Paul-Wallerstein
✆ 05 56 82 04 06
ona.clairevallee.com

Ouvert du mercredi au dimanche midi et soir. Menu unique à 59 € (7 plats). Formule du midi : 24 € (3 plats).

ONA (origine non animale) prouve que le gastronomique a toute sa place dans la cuisine 100 % végan. Claire Vallée a réussi son pari fou et c'est la première cheffe végan à obtenir une étoile au Michelin. L'idée est de partir à la découverte de nouvelles saveurs : croquant, cru, cuit, crémeux, acide, corsé, croustillant… pour réaliser une cuisine avant-gardiste, éthique et respectueuse de l'environnement. Les plats sont aussi bons que beaux. Le menu 7 plats tourne autour d'une thématique réalisée avec des produits de saison, des épices et de nouvelles associations.

BECALOU CANOË-KAYAK

29, Port Ostréicole ✆ 06 81 77 20 37
www.becalou.com

Ouvert d'avril à novembre. Location de kayak à partir de 15 €/h. Sorties encadrées à partir de 30 € par personne.

Becalou Canoë Kayak a été créé par Sophie Bégin, ancienne athlète de haut niveau en kayak polo. On peut aussi y pratiquer le paddle. On loue un kayak à l'heure pour un parcours dans les prés salés. Pour expérience plus longue, vous embarquez avec votre pique-nique et vous partez jusqu'au Bassin d'Arcachon ! Si vous souhaitez être encadré par un professionnel des sorties à thèmes sont proposées : coucher de soleil dans les prés salés, kayak et astronomie, bernaches ou randonnée de 5 heures jusqu'à l'Ile aux Oiseaux. Tarifs de groupe pour fêter un événement.

BIGANOS ★

Biganos, située sur le delta de la Leyre, est une commune du Parc naturel régional des Landes de Gascogne. Elle est traversée par de nombreux cours d'eau dont la Leyre, la Leyrote, le Lacanau ou le Ponteils. La richesse du patrimoine transparaît à travers différents sites remarquables tels que les deux ports : le port de Biganos, en zone protégée, et le port des Tuiles, protégé par le Conservatoire du Littoral mais aussi l'île de Malprat et le site archéologique situé entre la Leyre et l'Eyga, témoin d'un passé chargé d'histoire. Ces paysages forestiers, agrestes et aquatiques sont à découvrir à pied, à vélo ou sur l'eau, en canoë-kayak par exemple.

LE MOULIN DE LA CASSADOTTE ★

Route de la Cassadotte ✆ 05 56 82 64 42
www.caviardefrance.com
Visite sur réservation d'avril à fin septembre, hors week-end et jours fériés. Adulte : 25 € avec dégustation de caviar.

Le Moulin de la Cassadotte reste le berceau du caviar d'élevage en France. La marque Caviar de Gironde est déposée en 1993. Au cours d'une visite guidée de 1h30, on aborde d'abord l'histoire de cet ancien moulin à farine reconverti en élevage d'esturgeons. On découvre le métier minutieux qu'est l'élevage d'esturgeon, une espèce aux allures de créature préhistorique... Au terme de la visite, la dégustation tant attendue et le détour par la boutique pour acheter un caviar d'exception.

FOLI'Z

174, avenue de la Côte d'Argent
✆ 05 56 26 58 35
www.folizparc.com
Horaires sur le site. Enfant de 1 à 3 ans : 7 €. De 3 à 12 ans : 9 €. Pass 10 entrées : 70 €.

1 300 m² de surface où les parents peuvent laisser leur(s) enfant(s) s'amuser et rire en toute sécurité. Ils se jettent les pieds devant dans les toboggans interminables, se font quelques frayeurs sur le pont des singes ou dans l'incroyable tour à élastiques. D'autres, moins téméraires, se concentrent sur la construction d'une forteresse avec des Lego géants. En attendant, les parents s'installent aux tables, à côté du snack, pour lire ou pianoter sur leur ordinateur portable. Le parc Foli'z vous propose également de fêter l'anniversaire de vos petits monstres.

LES RESTES D'UNE ÉGLISE MÉDIÉVALE ✝

Une ville romaine est enfouie entre les rivières Eyre et Eygat. Au Ve siècle un évêque siégeait à Boii. Son église se trouvait là mais il possédait une résidence à Andernos dont on voit les ruines près de l'église sur la plage. Cette église ancienne a vécu quelque temps puis a été remplacée par une nouvelle église qui a fonctionné comme église paroissiale avec son cimetière associé jusqu'en 1971. Des visites du site sont régulièrement organisées par l'office de tourisme de Biganos.

Cabanes du port de Biganos.

OFFICE DE TOURISME

1, rue Jean-Zay

✆ 05 57 70 67 56

www.tourisme-coeurdubassin.com

Horaires sur le site.

Biganos est idéalement placé puisqu'à mi-chemin entre Arcachon et le Cap Ferret. L'antenne locale de l'office de tourisme Cœur du Bassin d'Arcachon est la mieux placée pour vous donner toutes les informations concernant les lieux à ne pas manquer, les activités, les visites… Que vous soyez nature, culture, sport, flânerie, les activités ne manquent pas. Baladez-vous dans les marais salants, sur l'île de Malprat, visitez les deux ports, ou encore le Moulin de la Cassadote, lieu de production du caviar de la Gironde. L'office propose des séjours tout organisés.

CAMPING LE MARACHE €€

25, rue Gambetta

✆ 05 57 70 61 19

www.marachevacances.com

Fermé du 1er octobre au 28 février. Emplacement 16 € à 34 €. Mobil-homes à partir de 315 € et chalets à partir de 400 €.

Le Marache est un joli camping familial situé entre Arcachon et le Cap-Ferret. Côté hébergements on a le choix : emplacements pour tentes et camping-cars, bungalows toilés, mobil-homes, chalets et cabanes sur pilotis dans un environnement boisé. En séjournant au camping le Marache vous ferez le plein de nature d'autant que l'on vous propose des sorties et excusions : vélo, canoë, balades, accrobranches. Les soirées terminées, plus un bruit sur les emplacements. Les enfants seront aux anges avec l'installation de structures gonflables.

LE DOUZE - 14 €

21, rue des Fonderies

✆ 07 60 28 06 87

http://ledouze14.fr/index.html#contacts1-9

Ouvert du mardi au samedi le midi et du jeudi au samedi le soir. Carte : 25 € environ.

Le Douze-14 est le lieu idéal pour s'accorder une pause déjeuner, que ce soit en semaine, entre deux réunions ou le samedi lors d'une séance shopping dans la zone du centre commercial de Biganos. Les plus pressés pourront commander un sandwich, froid ou chaud, ou même emporter leur hamburger qu'il soit classique ou savoyard, entre autres exemples. Pour ceux qui ont la possibilité de prendre leur temps, Le Douze-14 propose des salades, des plats faits maison, généreux et traditionnels élaborés à partir de produits frais. L'accueil est chaleureux et bienveillant.

A CASA CORSA €€

557, rue Joseph Marie Jacquard

✆ 05 57 18 63 08

www.acasacorsa.fr

Ouvert du lundi au mercredi de 10h à 19h ; du jeudi au samedi de 10h à 22h30. Carte : 45 € environ.

Un petit tour sur l'Ile de Beauté ? Pourquoi pas même si l'on reste au bord de l'Océan… A Casa Corsa est un établissement 100 % corse. Tous les produits viennent de « là-bas » ou presque. La cuisine est authentique et elle nous entraîne vers un voyage gustatif très dépaysant autour de boudin corse, de poulet au muscat du Cap Corse, de carré d'agneau aux herbes du maquis. Avant de repartir, faites le plein de produits corses à l'épicerie. Quelques concerts sont organisés dans ce lieu au cadre de bistrot moderne. Le restaurant peut être privatisé.

LE MILLÉSIME €€

30, avenue de la Côté d'Argent

✆ 05 56 82 94 84

Du mardi au vendredi le midi et le soir, le mercredi et le dimanche le midi. Menu unique à 23 €. Carte : 30 € environ.

On peut passer devant ce restaurant sans le remarquer car la devanture est loin d'attirer l'œil et c'est dommage. Il faut pousser la porte pour découvrir un lieu original où la décoration sur les murs et sur les tables est réalisée avec des caisses de vin de Bordeaux. La salle est assez vaste et contemporaine. La carte ne comporte pas beaucoup de plats car ici tout est fait maison. Le chef apporte aux produits sa touche personnelle et c'est réussi. Il va sans dire que la carte des vins est bien pensée et que l'on vous conseille si votre choix est hésitant.

LA TOQUE CUIVRÉE

Rue Louis-Braille

✆ 05 57 18 30 22

www.la-toque-cuivree.fr

Lundi-samedi 8h-19h, dimanche 8h-13h. Cannelé gros 0,70 €, Cannelé lunch 0,50 €, Cannelé bouchée 0,40 €.

Véritable emblème bordelais, le canelé est un délice qui date du XVIe siècle. C'est une pâtisserie à base de farine, d'œufs, de lait, de vanille et de rhum ? C'est un vrai challenge d'obtenir un canelé moelleux à l'intérieur et croustillant à l'extérieur. La Toque Cuivrée le réalise parfaitement… Dans l'un des magasins, où vous bénéficierez d'un accueil toujours très chaleureux, vous aurez le choix entre trois tailles de canelés… Vous pourrez aussi vous laisser tenter par les tourtières aux pommes ou aux pruneaux, le Bordelais amande ou chocolat.

COURANT D'EYRE

88bis, rue du Port
✆ 06 85 49 72 53
www.courantdeyre.com
Ouverture si les conditions le permettent le 1er mai. De 13,50 € à 19,50 € par personne, selon parcours et embarcation.

La Leyre est un véritable conservatoire biologique grâce qui abrite une faune et une flore originales. Courant d'Eyre propose de belles activités sur la petite Amazone avec plusieurs parcours en canoë-kayak à la journée, la p'tite journée, la matinée, l'après-midi. Le temps de navigation (hors navette et temps de pause) est d'environ 4h30 pour la journée et de 2h pour la demi-journée. Courant d'Eyre loue aussi des paddles. C'est également une bonne idée d'activité pour un anniversaire ou un enterrement de vie de jeune fille ou de garçon.

LOU BATEL'EYRE

Port de Biganos
✆ 06 42 24 80 697
Formule à partir de 18 €/adulte et 12 €/enfant. Uniquement sur réservation.

On peut découvrir la Leyre et son delta sans se fatiguer sur une embarcation appelée Galupe. Cette barque à fond plat, autrefois utilisée pour le transport fluvial des marchandises dans les Landes, est dirigée par un batelier à la rame et au palot pour préserver la nature. Cette escapade commentée, interprétée et encadrée par Guillaume et Yannick est ouverte à tous. Elle permet l'accès à des zones sauvages, au gré des marées. On observe la faune et la flore de cette rivière que l'on surnomme la Petite Amazone pour sa couleur ambrée due à l'hydroxyde de fer.

GUJAN-MESTRAS ★

Capitale de l'ostréiculture du Bassin d'Arcachon, ici on respire, on vit, on mange huître. Plus qu'une tradition, c'est pour beaucoup une passion, une passion bien vivante. Sept ports se succèdent en enfilade, chacun avec un charme et une atmosphère différente, mais empreints d'authenticité. Les professionnels proposent de découvrir leur métier, de l'observer et évidemment de goûter le fruit de leur labeur. Il paraît que leur saveur dans les cabanes de Gujan-Mestras est unique. Que vous soyez, nature, sport, divertissement, plage, tradition, ou un peu de tout à la fois, vous trouverez votre bonheur dans cette commune au charme indéniable.

AQUALAND

145, route des Grands-Lacs
✆ 05 56 66 39 39
www.aqualand.fr
Horaires sur le site. Adulte : 28 €. Tarifs pour enfants de moins de 10 ans et seniors de plus de 65 ans.

Séjourner si près d'Aqualand et ne pas y passer une journée de folie ? Si vous avez des enfants, ce sera compliqué ! On y trouve des attractions pour tous les âges, un personnel de surveillance diplômé, des consignes claires et visibles pour préserver le bien-être et la sécurité de chacun. Les attractions : le Black Hole, une descente infernale dans le noir, le Boomerang et le Tornado, dont vous sortirez déboussolé... Les moins téméraires apprécieront les espaces solarium et les aires ombragées au milieu d'une végétation luxuriante. Restauration sur place.

Bateaux de pêche et de plaisance à Gujan-Mestras.

LA COCCINELLE

La Hume ✆ 05 56 66 30 41
www.la-coccinelle.fr

Haute saison ouvert tous les jours et jours fériés de 10h à 19h. Adulte : 14,50 €. Enfant de 2 à 11 ans : 13 €.

Consacré à l'animal domestique et aux jeux, ce parc propose de nombreuses activités. On commence par la mini-ferme où lapins, poules, poussins, chèvres naines, cochons d'Inde, canards et compagnie attendent caresses et graines. Les parents et les enfants saluent les espèces connues et découvrent d'autres plus atypiques comme mouflons, lamas, paon. On peut même assister au biberonnage. Côté loisirs une dizaine d'attractions, jeux gonflables, manèges adaptés aux plus petits, train de la mine, jeux d'eau, circuits, trottinettes, vélos et spectacles de magie.

GUJAN-MESTRAS BASSIN DES LOISIRS

La Hume
✆ 05 56 66 06 90

Le parc Aqualand est ouvert de juin à septembre. Certaines attractions sont ouvertes toute l'année, comme le Casino.

A Gujan-Mestras il est impossible de passer des vacances sans s'amuser, parce qu'il y a des activités pour toute la famille, tous les âges et toutes les envies ! Avec ses 3 parcs d'attractions, ses 5 activités de loisirs (Laser Lander, Bassin aventures, Max Golf, piscine, golf de 27 trous), son bowling, son casino, sa discothèque, ses deux restaurants et ses nombreux hébergements, Gujan-Mestras Bassin des Loisirs est vraiment un site unique en Aquitaine dédié à tous les plaisirs.

KID PARC

131, route des Lacs
✆ 05 56 66 06 90
www.kidparc.com

Horaires sur le site. Gratuit jusqu'à 2 ans. Adulte : 11,50 €. Enfant de 2 à 10 ans : 12,90 €.

Vos moussaillons et intrépides pirates vont pouvoir s'en donner à cœur joie. Dans ce parc d'attractions conçu comme une île, les enfants sont rois. Près d'une trentaine d'attractions et de spectacles pour s'en donner à cœur joie avec toujours des nouveautés : pirat'express, tir pompier, vaisseau fantôme, jungle mystérieuse, piscines à balles, tour de chute, gare en délire, île rebondissante, kid circus, etc. Une aire de pique-nique est à votre disposition et le parc propose également un snack pour vous restaurer et vous rafraîchir. Cap vers l'aventure !

MAISON DE L'HUÎTRE ★

Port de Larros
✆ 05 56 66 23 71
www.gujanmestras.com

Horaires sur le site. Adulte : 5,90 €, étudiants et sans emploi : 4,90 €. Enfant de 5 à 15 ans : 3,90 €.

Gujan-Mestras produit tous les ans 50 % des huîtres du Bassin. Située sur le port de Larros, la Maison de l'huître a été créée par des ostréiculteurs pour faire connaître leur métier et promouvoir le Bassin, important centre naisseur pour les huîtres. La visite se déroule en trois étapes : un film en anglais, espagnol, allemand sur le travail de l'huître aujourd'hui, une visite guidée des différentes salles (travail de l'ostréiculteur, les techniques d'élevage, ainsi que l'histoire de l'huître à travers les siècles) et la découverte du parcours extérieur.

LES SEPT PORTS

Quelle commune peut se vanter d'avoir pas moins de sept ports différents, avec chacun un caractère et une identité propre ? Le port de la Hume et sa plage avoisinante vous détendront et vous mettront d'humeur badine. Le port de Larros a été un lieu important de la pêche à la sardine, à ce jour, c'est un site de construction navale important, mais ce sont les cabanes ostréicoles et la Maison de l'Huître qui vous mettront l'eau à la bouche. Un patrimoine chargé d'histoire qui ne demande qu'à être découvert. Enfourchez votre bicyclette ou chaussez vos baskets...

OFFICE DE TOURISME DE GUJAN-MESTRAS

37, avenue de Lattre-de-Tassigny - La Hume
✆ 05 56 66 12 65
www.gujanmestras.com

Horaires sur le site.

Retrouvez l'office de tourisme de Gujan-Mestras à la Hume. Sur place, l'accueil y est chaleureux, on vous informera volontiers sur tout ce qu'il est possible de faire dans la région : des visites guidées proposées et commentées par l'office de tourisme si vous voulez être accompagnés ou bien bien équipés d'un audioguide et de plans si vous êtes plutôt d'âme solitaire. A savoir, la billetterie de l'office de tourisme dispose de tarifs préférentiels pour les parcs d'attraction.

PROMENADE EN CHALAND

55 C, rue Chante Cigale
✆ 07 60 24 60 93
http://promenade-en-chaland.com

Tous les jours de 9h à 18h. Forfait une journée : 660 €, demi-journée : 475 €, sortie de 3h : 380 €.

Le chaland est un bateau typique ostréicole capable de naviguer partout même dans des endroits inaccessibles pour d'autres embarcations. Séverine et Richard ont mis en place différents circuits : l'Ile aux Oiseaux et son activité apicole, les cabanes tchanquées, des villages ostréicoles traditionnels, la dune du Pilat, le banc d'Arguin, la presqu'île du Cap Ferret, le delta de la Leyre et ses chenaux, etc. A cela, ils ajoutent des formules dégustation soit à bord, soit les pieds dans l'eau. Toutes ces propositions peuvent varier en fonction des envies de chacun...

TRÉSORS DE L'ESTRAN À MARÉE BASSE

✆ 05 56 66 12 65

Départ : plage de la Hume. Gratuit jusqu'à 5 ans. Adulte : 5,50 €. Enfant (de 5 à 11 ans) : 4 €. Visite guidée.

Enfilez de vieilles chaussures ou des bottes et partez à la découverte d'un espace entre terre et mer. L'estran n'aura plus de secret pour vous : la constitution de son sol si particulier, ses cours d'eau nommés « estey », ses habitants, ses crabes, ses vers de vase et vous découvrirez des plantes comestibles appelées salicornes. Le guide vous livre toutes les réponses devant un paysage sublime où les reflets du soleil jouent avec l'eau. Une balade enrichissante qui respecte la nature.

LES ANTHEMIS €€

89, route des Lacs
✆ 05 56 66 28 95
http://www.les-anthemis.com

Ouvert toute l'année. 2 chambres. Chambres à partir de 85€. CB non acceptée. Animaux acceptés.

Cette maison contemporaine est nichée au cœur d'un parc clos de 5 000 m² arboré de chênes. Elle se situe à environ 500 m du bourg de la Hume. Vos hôtes mettent leurs salon et salle à manger à disposition. Un petit couloir dessert deux chambres Les Genêts, et les Jonquilles, ainsi qu'une petite salle d'eau. Cette suite peut-être louée à 4 personnes voyageant ensemble. Les 2 chambres ont un lit de 140 cm, et donnent sur le jardin. L'autre chambre indépendante a vue sur le jardin et donne sur une belle terrasse privative couverte.

CAMPING DE VERDALLE €€

2, allée de l'Infante ✆ 05 56 66 12 62
www.campingdeverdalle.com

Emplacement de 15 € à 26 €. Bungalows à partir de 210 € la semaine. Tente lodge à partir de 400 € la semaine.

Le camping municipal de Verdalle est littéralement « les pieds dans l'eau ». Alors certes, il faut attendre la marée haute, mais c'est ainsi, quand on est hébergé au plus près de la nature, il faut vivre à son rythme. Les hébergements se répartissent entre emplacements pour tentes, caravanes et campings-cars ou location en bungalows toilés, en tentes safaris lodge, en tentes bivouac, etc. Les services proposés sont minimum avec notamment un point alimentation. Les animations pour les enfants, les balades dans la nature à pied ou à vélo, tout commence sur la plage.

LA MAISON DE JEANNE ROSE €€

10, rue Maréchal Juin
www.airbnb.fr/rooms/26410231

A partir de 160 € la nuit, premier petit déjeuner d'accueil offert. Séjour minimum 2 nuits.

Une maison entière de plain-pied pour 8 personnes, au centre de Gujan, à 500 mètres du Port de Larros, 200 mètres du marché de plein air, c'est le lieu idéal pour séjourner deux ou plusieurs nuits en famille ou entre amis. A l'extérieur une grande terrasse et une piscine chauffée, à l'intérieur une grande pièce à vivre, trois chambres, deux salles de bains, une grande cuisine équipée et tout le confort pour passer d'excellentes vacances. La décoration simple est dans l'esprit bord de mer. Propriétaires du Routioutiou, Géraldine et Fabrice sont très accueillants.

Ô BOIS PLAGE €€

2, allée Giacomo Puccini
✆ 06 58 75 89 92
www.chambres-hotes.fr
Ouvert toute l'année. Chambre double à partir de 97 €. Petit déjeuner inclus.

La maison d'hôtes Ô Bois Plage, est le lieu idéal pour s'accorder une pause tout au long de l'année. Trois chambres, chacune joliment décorée et bien équipée, sont proposées aux visiteurs qui pourront profiter de la piscine, même lorsque les journées se font plus fraîches puisqu'elle est chauffée de début juin à fin octobre. Chaque chambre possède également son propre jardin privatif, de quoi profiter en toute quiétude d'un petit-déjeuner en terrasse à la belle saison. L'accueil chaleureux ne gâche en rien le plaisir de découvrir cette belle adresse.

LES 12 DE LARROS €€

✆ 06 99 75 94 74
www.les12delarros.com
12 appartements à partir de 193 €. Petit déjeuner : 12 €. Parking inclus. Séjour à partir de 2 nuitées.

Au cœur du Bassin, dans un environnement authentique et sauvage, Les 12 de Larros longent le sentier du littoral. L'architecture de ces appart'hôtels rappelle celle des cabanes ostréicoles avec leur bardage en bois. Chaque logement, parfaitement équipé pour 2 ou 4 personnes, semble suspendu au-dessus de l'eau grâce à de belles terrasses privatives ouvertes sur le Bassin. La décoration, confiée à des créateurs d'art urbain, est unique et très originale. Leurs réalisations, mobilier, œuvres d'art, etc. sont tous disponibles à la vente.

CREPERIE LE TEGALET €

Place de la Claire
✆ 05 56 54 05 77
www.letegalet.com
Ouvert le lundi et du mercredi au samedi le midi et le soir, le dimanche midi. Galettes de 6,50 € à 15,90 €.

Le Tegalet est une crêperie à l'ambiance fort conviviale et à l'accueil tout autant agréable que chaleureux. Ici, un savoir-faire qui ne trompe pas, une cuisine de qualité appréciée par ses habitués. La carte suggère un large choix de crêpes et galettes, fines et délicieuses et très copieuses. Il y en a pour tous les goûts et on ne peut résister aux, les crêpes sucrées originales et délicieuses. Lorsque la saison le permet, n'hésitez pas à vous installer en terrasse pour profiter d'une coupe de glace artisanale rafraichissante ou d'un de leur fameux cocktails !

LOU TOTEM €

243, route des Grands Lacs
✆ 05 56 54 66 72
www.loutotem.fr
Ouvert du jeudi au lundi le midi et le soir. Menus de 19,50 € à 26,50 €.

Route de Sanguinet, face de l'aérodrome de la Teste-de-Buch et tout près du golf, Lou Totem a tout d'un bistrot de campagne. Sylvie et Christophe reçoivent au coin d'une cheminée avec son côté romantique, ou en terrasse dans un environnement paysager et dépaysant, dès les premiers rayons du soleil. Dans cette belle escale, on retrouve toutes les saveurs du Sud-Ouest dans une cuisine de terroir alliée à la tradition. Rapport qualité-prix, rien à dire. Petit plus : ce restaurant est ouvert toute l'année, même le dimanche et le lundi.

LE PIGNOT €

8, avenue de l'Actipôle
✆ 05 57 16 52 02
www.le-pignot.fr
Ouvert tous les jours le midi et le soir. Carte : 20,50 € environ.

Jean-Pierre, le patron des lieux, vous accueillera chaleureusement et vous installera à une de ses nombreuses tables joliment dressées. Pour vous restaurer, soit vous piochez dans les propositions à la carte, soit dans les suggestions qui changent tous les jours, selon les envies du chef, ou encore vous choisissez les buffets composés de verrines aux saveurs d'ici et d'ailleurs. On aurez envie de tout dévorer, mais, et il en est de même pour tous les restaurants qui s'attaquent au concept du buffet à volonté, attention au gaspillage !

PIZZA HUME €

25, avenue de Lattre de Tassigny La Hume
✆ 05 56 66 25 68
www.pizza-hume.com
Ouvert toute l'année. Pizzas (31cm) de 9 € à 14 €.

Envie de déguster une pizza savoureuse ? Direction la pizzeria Pizza Hume. Exit les produits congelés ou surgelés, tout est frais. La pâte à pizza est fabriquée tous les jours au pétrin avec des farines italiennes de premier choix et laissée à maturation minimum 24 heures.Sur la carte elles sont classées par genre, ce qui est très pratique pour faire son choix : classique, végétarienne, calzone, fromages, poissons, chorizo, bœuf, poulet. Il est aussi possible de demander des suppléments pour compléter votre pizza. La Pizza Hume a aussi sa pizza du mois.

LE ROUTIOUTIOU €

154, esplanade des Ostréiculteurs
✆ 05 56 66 97 40
www.le-routioutiou.com
Basse saison : tous les jours de 9h à 18h. Haute saison : tous les jours de 9h à 22h. Carte : 22 € environ.

Le Routioutiou est une cabane de pêcheur typique qui a traversé les générations. Elle est gérée par un couple d'ostréiculteurs passionnés, ayant pris la suite des grands-parents. En terrasse ou dans un intérieur pittoresque, vous pourrez déguster leurs huîtres, accompagnées d'un petit verre de vin blanc sec ou rosé, de pain, de beurre demi-sel, de citron et de vinaigre à l'échalote, et pour certaines formules une portion de pâté traditionnel en plus. Les hôtes proposent également divers fruits de mer (bulots, crevettes, bigorneaux selon arrivage...).

LA MARINE €€

Rue du Port-de-Larros
✆ 05 56 66 40 00
www.lamarine-gujan.com
Du jeudi au lundi le midi et le soir, le mardi et le dimanche le midi. Carte : 32 € environ.

Cathy et Jean-Claude ont à cœur de vous accueillir dans un cadre convivial et chaleureux de bistrot de port. Vous avez le choix entre la terrasse de devant et sa vue partielle sur le Port de Larros, la salle aux murs recouverts de bois cérusé ou encore une deuxième terrasse verdoyante avec sa vue panoramique sur le bassin ostréicole. Les serveurs, charmants et peu avares de bons conseils tant sur les plats que sur les vins, entrent en piste. La Marine affiche sa formule du midi et ses suggestions du jour. Tout est fait maison, notamment avec des produits locaux.

L'ESCALUMADE €€

8, boulevard Pierre-Dignac
✆ 05 56 66 02 30
www.escalumade.com
Du mardi au dimanche midi et soir. Menus de 28 € à 35 €. Carte : 40 € environ. Formule du midi : 15 € et 17,50 €.

Mario, Anaïs, Fanny et Vincent sont à la tête de ce restaurant à la vue imprenable sur le vivier ostréicole et plus loin le Bassin. Cet établissement au décor moderne, élégant et lumineux offre un bon prélude à une partie de plaisir gustatif. Le lieu spacieux donne à voir la cuisine et le banc de l'écailler. Le chef allie spécialités de la mer et cuisine traditionnelle régionale avec soin. Vous aurez le choix entre le menu du midi qui change tous les jours, des menus plus gastronomiques ou la carte réalisés avec les meilleurs produits de la région.

LES PAVOIS €€

113, Port de Larros
✆ 05 56 66 38 71
www.restaurant-lespavois.com
Haute saison : tous les jours le midi et le soir. Réservation recommandée. Menus de 27 € à 36 €. Carte : 35 € environ.

Posé sur pilotis, ce restaurant offre une vue sur le port et permet de profiter de la longue terrasse les pieds presque dans l'eau. Le poisson et les fruits de mer sont ici à l'honneur. Les assiettes ou plateaux de fruits de mer sont bien garnis d'huîtres, de bigorneaux, de bulots, de crevettes roses sauvages, de langoustines, d'amandes et de tourteau. Idem pour les plats très tournés vers l'océan mais le magret et l'entrecôte, présents sur la carte, rappellent qu'ils existent aussi. En semaine, le menu Petit Pavois s'avère toujours très tentant.

LA FERIA €€

1, chemin du Loup
✆ 05 64 28 59 61
www.alaferia.fr
Ouvert tous les jours le midi et le soir. Carte : 30 € environ.

Nous ne saurions que trop vous conseiller de vous diriger vers La Feria tant pour sa bonne ambiance que ce soit du côté du bar à l'extérieur pour une dégustation de tapas, des tartines aillées à la tomate ou des *platos* accoudé à un tonneau design, ou en salle assis à une table face au lac. La qualité et la diversité des plats affichés à la carte est à des prix abordables. On vous recommande pour les amateurs affamés la parillada de viandes Don Popeye, la parillada de poissons selon les arrivages de la criée d'Arcachon ou la paella catalane maison du chef.

PIERRE MIRGALET

70, cours de la République
✆ 05 56 66 04 33
pierremirgalet.fr
Haute saison : tous les jours et les jours fériés de 8h30 à 20h.

Pierre Mirgalet, Meilleur Ouvrier de France, n'hésite pas à mélanger les saveurs les plus inattendues pour point des créations toujours originales. Il est réputé pour ses « guinettes », des cerises de la variété « guin » qu'il laisse macérer dans le cognac environ 3 mois avant de les tremper une première fois dans du fondant, puis dans du chocolat. Plus régionales les Ostréas, des coquilles d'huîtres chocolat nougatine pliée ; les pavés des Mestras, un mélange de pâte de noisette et de biscuit feuilleté ou encore la tarte vigneronne aux pommes confites au vin.

FOIE GRAS DU BASSIN

4, rue Paul Bataille
✆ 06 61 11 96 21
www.foiegrasdubassin.com
Basse saison : ouvert du mardi au samedi de 10h à 20h. Haute saison : tous les jours de 10h à 20h.

Vous pensiez que sur le Bassin on ne produisait que des huîtres ? Eh bien, non. Raoul Glasian, passé par Ducasse, a repris la marque Foie Gras du Bassin. Dans son laboratoire, il élabore des conserves de foie gras venus des Landes IGP Sud-Ouest et il les commercialise sous la marque Conserverie artisanale du Bassin. Il les personnalise avec du piment d'Espelette, du sel de Guérande, du poivre long de Java ou du vin blanc moelleux. Il a inventé les Tartinés du bocal, ce sont des rillettes de porc au curry, au vin blanc, au cidre basque ou encore aux 5 baies.

HUÎTRES FRÉDÉRIC PAILLÈRE

Port de la Barbotière
✆ 05 56 83 50 75
Banc d'huîtres tous les dimanches de 9h à 13h devant le bar la Gaîté à Lacanau ville. CB non acceptée.

Ostréiculteur passionné installé sur le petit port de la Barbotière à Gujan-Mestras et travaillant de façon traditionnelle, Frédéric Paillère, un ancien ingénieur agricole et conseiller en production, capte le naissain, élève ses huîtres, les vend au détail, en gros et expédie dans toute la France. Ses huîtres sont douces et charnues, un véritable plaisir pour les papilles des amateurs. Vous retrouvez Frédéric Paillère et ses bonnes huîtres tous les dimanches à Lacanau ville.

MARCHÉ DE PLEIN AIR

Le mercredi matin de 8h à 12h30 place de la gare de Gujan.

En période estivale bien sûr c'est plus agréable, mais ce marché de plein s'installe toute l'année sur la place de la gare de Gujan-Mestras. Ici, une quarantaine de commerçants ambulants sont présents pour faire découvrir des produits de qualité. Ce marché permet de privilégier le contact entre les producteurs et les consommateurs. Il est toujours autant apprécié par les Gujanais ainsi que les touristes et visiteurs de passage. Une navette gratuite vous déposera au marché. Il suffit de laisser son véhicule sur le parking-relais allée René Fourgs.

CHEZ MIMI

Port de Larros
✆ 06 85 31 32 15
Ouvert tous les jours de 10h à 22h. Fermé en janvier jusqu'aux vacances de février. Environ 15 € à 20 €.

Après plusieurs années passées sur le marché de La Teste, Cyril a retapé la cabane d'un copain au Port de Larros. Chez Mimi est tout ce qu'il y a de plus traditionnel. Cyril propose des crevettes, des bulots, du pâté basque et bien sûr ses huîtres. Mais il se démarque, car si sur sa carte les huîtres du Bassin sont bien présentes, il fait néanmoins connaître celles de son exploitation à Cancale en Bretagne. Cerise sur le gâteau : la terrasse donnant sur le petit port de Larros et la vue imprenable sur les prés salés où les couchers de soleil sont incroyables.

ESPACE AQUATIQUE

Avenue des Loisirs
✆ 05 57 16 31 60
www.piscineetspadegujanmestras.fr
Horaires sur le site. Adulte + de 16 ans : 5 € à 6,70 €, enfant de 3 à 17 ans : 3,30 € à 4,60 €.

La commune de Gujan-Mestras est dotée d'un superbe espace aquatique destiné aux nageurs comme aux non-nageurs. Bassin ludique, jets d'eau et pataugeoires enchanteront les plus petits tandis que les plus grands profiteront du bassin sportif et du bain bouillonnant et du hammam de l'espace détente. Le centre propose aussi des activités variées pour se ressourcer ou se dépenser : aquadouce, aquados, aquajogging, aquabody, aquafight ou aquabike, profitez des bienfaits de l'eau et des conseils de professionnels pour vous faire du bien.

GOLF BLUE GREEN GUJAN

Route de Sanguinet
✆ 05 57 52 73 73
www.bluegreen.fr/gujan
Basse saison : tous les jours de 9h à 18h. Haute saison : de 7h à 19h30. Green fee (18 trous public) à partir de 42 €.

Bordé de pins, de grands lacs et de bunkers de sable blanc, ce golf se destine aux parties alliant détente, dépaysement et performances. Ici les parcours (9 ou 18 trous) s'adaptent à l'environnement pour un décor à couper le souffle. A vous de choisir selon votre niveau et vos objectifs. Leçons individuelles ou collectives, évaluations, cours à thème, initiation gratuite de 2h en septembre et octobre, etc. Tout est réuni pour votre apprentissage ou votre perfectionnement. Le cosy Club House vous recevra pour vous informer et répondre à vos attentes.

MAX'GOLF

Avenue des Loisirs
✆ 06 82 60 38 32
www.maxgolf.fr
Fermé de décembre à mars. Entrée : 11 €. Enfant de 5 à 9 ans : 9 €, 10 ans et plus : 11 €, jeux anciens : 2 €.

Difficile de qualifier le Max'Golf de mini-golf tant il est immense ! 18 pistes et 6 700 m² de superficie dans un cadre 100% nature. L'autre point intéressant c'est son ancrage territorial. Tout au long du parcours des éléments du bassin d'Arcachon vous attendent. Faites passer votre petite balle à côté du phare du Cap-Ferret de 10 mètres de haut, des cabanes tchanquées ou encore de la dune de Pilat... Chaque élément est accompagné d'un petit panneau pédagogique : idéal pour découvrir ou redécouvrir l'histoire, les traditions et le patrimoine du Bassin.

MINI-PORT PIRATE

Lac de la Magdeleine
✆ 06 50 99 72 48
Fermé de décembre à mars. 5 € le bateau (4 personnes maximum à bord).

Envie de vous prendre pour de vrais pirates ? Venez naviguer sur le redoutable lac de la Magdeleine et devenez capitaine de bateau comme le célèbre capitaine Barbe Noire. De petits bateaux électriques insubmersibles au pavillon noir vous guident sur les flots. Ils peuvent accueillir trois moussaillons et un capitaine. Les petits pirates en herbe de plus de 9 ans pourront même piloter leur navire ! Les gilets de sauvetage sont évidemment prévus sur place. Après la chasse au trésor, la taverne pirate propose des gaufres, glaces et boissons chaudes ou froides.

OCEANIC THERAPY

381, boulevard Pierre Dignac
✆ 06 64 95 57 31
www.oceanic-therapy.fr
Ouvert tous les jours. Soins à partir de 70 €.

Ce centre est l'aboutissement d'un projet mené par Anne Sophie Doat, hydrothérapeute, et son mari Mathieu, ostéopathe. Ils ont eu l'idée de marier les bienfaits marins de la boue du Bassin à leurs spécialités respectives. La boue capte les toxines et les déchets, et la chaleur les évacue hors des tissus. Parmi les soins phares : le bol d'air Jacquier qui optimise l'oxygénation de l'organisme pour préserver un bon état de santé, l'électrothérapie qui agit sur la micro circulation tissulaire, l'ostéopathie sur matelas à eau ou les massages ayurvédiques.

BOWLINGSTAR GUJAN MESTRAS

Impasse des Loisirs ✆ 05 57 15 39 45
www.bowlingstar.fr
Horaires sur le site. 6 € du dimanche 20h au vendredi 20h, 7,50 € du vendredi 20h au dimanche 20h et jours fériés.

Le Bowling Star comporte 16 pistes et 2 mini-pistes pour les plus petits ainsi qu'un espace de jeux avec trampoline. Retrouvez aussi un bar et les incontournables billards : les pools anglais et les billards américains. Treize tables sont à votre disposition, de quoi passer une soirée sympathique en famille ou entre amis ! Le lieu peut accueillir les séminaires et autres événements privés ou professionnels. Vous pouvez aussi vous y rendre pour une soirée karaoké ou des cours de danse.

CASINO JOA DE GUJAN-MESTRAS

2, avenue des Loisirs
✆ 05 57 73 00 78
Ouvert toute l'année. Du dimanche au jeudi et les jours fériés de 10h à 3h, le vendredi et le samedi de 10h à 4h.

Le casino de Gujan est une longue maison coloniale alanguie entre roseaux et palmiers. Inspirée de la Louisiane, la bâtisse de bois blanc se trouve à deux pas de lieux authentiques, comme les très typiques petits ports et les belles plages du Bassin d'Arcachon. Pour jouer, des machines à sous à haute fréquence de jackpots, roulette anglaise électronique. Pour déjeuner ou dîner : Le Bistro Régent, une brasserie contemporaine qui offre une cuisine simple et savoureuse.

LE SELECT LA GUINGUETTE DE GUJAN

143, route des Grands-Lacs
✆ 05 56 83 45 77
Ouvert toute l'année.

Sur le site des Parcs d'Attractions de La Hume, la discothèque Le Select (Ex-Pacha) est un club généraliste à tendance actuelle. Dance, house, techno ou rock, soirées à thèmes (Génération 80/90, latino dance, etc.), thé dansant le dimanche après-midi, chacun quel que soit son âge, trouvera son bonheur. Ambiance garantie jusqu'au bout de la nuit tous les week-ends. Possibilité de réserver des tables pour des anniversaires. L'entrée est interdite aux moins de 18 ans même accompagnés.

LA TESTE-DE-BUCH

Avec ses 26 000 hectares de superficie, La Teste-de-Buch est l'une des plus grandes communes de France. Elle possède le patrimoine emblématique du bassin d'Arcachon : la dune du Pilat – la plus haute dune d'Europe –, l'île aux Oiseaux et ses célèbres cabanes tchanquées, le banc d'Arguin, le lac de Cazaux – second plus grand lac d'eau douce français – et une immense forêt de pins maritimes, chênes, acacias et arbousiers. Il y en a pour tous les goûts, des eaux rassurantes du lac de Cazaux aux longues plages océanes de Pyla-sur-Mer pour la pratique du surf, en passant par la découverte à pied ou à vélo de l'environnement maritime et forestier.

L'ÎLE AUX OISEAUX ★★

✆ 05 56 54 63 14

www.bassin-arcachon-info.com

L'île aux Oiseaux, c'est un site incontournable de la région. Cette bande de terre au nom enchanteur se dresse au centre du Bassin. Elle est soumise au rythme des marées et peut, par moment, faire 16 km de circonférence ou seulement 5 km. Elle doit son nom aux 300 espèces d'oiseaux qui y vivent ou y passent lors de leur migration. Toutes aussi célèbres que les oiseaux, les cabanes tchanquées se dressent sur leurs pilotis, défiant les éléments. Elles regorgent d'histoire et d'anecdotes, peut-être trouverez-vous des locaux bavards qui vous les conteront.

LA DUNE DU PILAT ★★★★

✆ 05 56 22 12 85

www.ladunedupilat.com

Ouvert tous les jours et les jours fériés. Parking : 1/2h gratuite. Forfait à partir de 6 € pour les voitures.

Il faut oser grimper sur cette montagne de sable pour profiter de la vue sur l'océan, la forêt, le Bassin d'Arcachon, la presqu'île du Cap Ferret et le banc d'Arguin, notamment le soir. Ce chef-d'œuvre de la nature, fragile et mobile, se déplace de façon irrégulière de 1 à 5 mètres par an. Lorsque la marée est basse, on y voit de superbes bancs de sable aux couleurs paradisiaques. D'avril à octobre, un escalier est installé pour faciliter et protéger la montée. Quelques commerces prennent place au pied de la dune pour vous restaurer ou profiter d'activités.

PLAGES

Deux plages à Pyla-sur-Mer : au centre, la plage Daniel-Meller, idéale pour la famille et les amateurs de voile. Au pied de la dune, la plage de la Corniche et sa sublime vue face au Banc d'Arguin. Le Petit Nice : label Handicap, stationnements réservés, pente douce jusqu'à la plage et Tiralo. La Lagune est une plage espace naturiste. La Salie nord est plutôt réservée aux sports de glisse. La Salie sud accueille les animaux bienvenus. Les plages de Cazaux, au nombre de deux, sont tranquilles sur le lac et surveillées en saison 7j/7 de 11h à 13h et de 14h à 19h.

Le port ostréicole de La Teste de Buch.

BANC D'ARGUIN ★★★

Le banc d'Arguin, un vaste banc de sable situé entre la dune du Pilat et la pointe du Cap Ferret, se forme et se déforme au gré des vents et des vagues. A marée basse, il s'étend sur 4 km de long et 2 km de large. Lieu d'exception, il est classé réserve naturelle et reconnu d'importance internationale dans le cadre de la préservation du patrimoine naturel. La faune et la flore y vivent et s'y développent en toute quiétude. Les touristes investissent ce banc d'Arguin en été tout comme les ostréiculteurs qui y abritent leurs parcs à huîtres.

© BP LAMARQUE

ZOO DU BASSIN D'ARCACHON ★

Route de Cazaux ✆ 05 56 54 71 44
www.zoodubassindarcachon.com
Haute saison ouvert tous les jours de 10h à 19h. Adulte : 23,90 €. Enfant de 3 à 11 ans : 16,90 €.

Faites le plein de nature et d'exotisme au zoo d'Arcachon qui est né en 1989 de la passion de Bernard Couturier, un homme qui rêvait de vivre parmi les fauves. Ils sont aujourd'hui une centaine : lions, tigres, pumas… que l'on découvre de manière inattendue, en franchissant un pont suspendu. Frissons garantis ! Retrouvez les classiques éléphants, singes, ours, rhinocéros ou girafes mais également des hippopotames nains, si si ça existe ! Ou encore des buffles nains, des hyènes rayées… dans de beaux décors. La volière africaine s'étend sur 3 000 m².

AIRE D'ACCUEIL DE LA DUNE

Route de Biscarrosse
✆ 05 56 22 12 85
www.tourisme-latestedebuch.fr
D'avril à mi-septembre et pendant les vacances de la Toussaint.

La plus grande dune d'Europe, avec 104 mètres de haut, 2,7 kilomètres de long et 500 mètres de large, la Dune du Pilat, joyau du patrimoine testerin, mérite amplement sont titre de site classé, accessible toute l'année. C'est le plus visité d'Aquitaine. En profitant des visites accompagnées vous découvrirez les merveilles de ce coin de nature hors norme. Le point d'information donne tous les renseignements nécessaires à votre visite et même une astuce pour éviter le retour difficile…

OFFICE DE TOURISME DE LA TESTE-DE-BUCH

13 bis, rue Victor-Hugo
✆ 05 56 54 63 14
www.tourisme-latestedebuch.fr
Horaires sur le site.

Le patrimoine naturel de La Teste-de-Buch est exceptionnel et pour ne pas en rater une miette, mieux vaut se renseigner auprès des professionnels de l'office. Vous y trouverez dépliants, cartes, idées balades, renseignements pratiques et bons conseils. Partez ainsi à la découverte de l'île aux Oiseaux, de la dune du Pilat, du banc d'Arguin, des prés salés… Vous trouverez également des idées d'activités, de la voile à l'ULM, en passant par la randonnée ou le vélo.

BASSIN SCOOT

679, avenue du Parc des Expostions
✆ 05 57 15 30 30
www.bassin-scoot.com
Ouvert du mardi au samedi de 9h30 à 12h30 et de 14h à 19h.

Bassin Scoot est le plus grand espace de vente de scooters à Arcachon. Quatre grandes marques : Piaggio, Vespa, Gilera et Aprilia sont représentées et de nombreux modèles de scooters sont visibles en magasin, qu'ils soient neufs ou d'occasion ainsi que des accessoires, de l'équipement pour le pilote et son passager. Le magasin propose régulièrement des promotions et des possibilités de Location de longue durée (LLD). Un atelier est également dédié à l'entretien des deux-roues. L'équipe compétente et passionnée saura répondre à toutes vos demandes.

AH ! ALTICA HÔTELS PORT D'ARCACHON €

75, avenue du Général Leclerc ✆ 05 57 52 06 50
www.altica.fr/fr/hotels/arcachon/252/hotel-altica-port-d-arcachon
Chambre double à partir de 68 €. Petit déjeuner : 12 €.

L'Hôtel Altica Port d'Arcachon est seulement à quelques minutes de la plage. Il a été entièrement refait et modernisé. Sa décoration bohème chic contemporaine en fait un établissement très agréable pour des courts ou longs séjours, seul, en couple ou en famille. Les chambres sont toutes très claires et les salles de bains modernes avec des produits d'accueil. La literie est de qualité et les clients apprécient le calme. Ils peuvent même profiter du boulodrome...

ALL SUITES APPART HOTEL LA TESTE DE BUCH €€

1246, avenue Gustave-Eiffel ✆ 05 56 22 05 00
www.allsuites-apparthotel.com
Ouvert toute l'année.. Studio / appartement à partir de 47 € ; suite à partir de 146 €. Petit déjeuner : 10,50 €

Edifiée sur les rives d'un plan d'eau très agréable, All Suites Appart Hôtel offre 195 appartements du studio à la suite familiale. Mobilier contemporain et cuisine équipée confèrent aux appartements raffinement et chaleur. La résidence propose de nombreux services (petit déjeuner, salle de séminaire, réception, laverie, ménage, tennis...) et offre des prestations de standing (parking privé sécurisé, accès géré par carte magnétique, ascenseurs, piscine extérieure...).

BEST WESTERN PLUS €€

960, avenue de l'Europe
✆ 05 57 15 22 22
www.hotels.com

Chambre double à partir de 70 €, suite à partir de 150 €. Petit déjeuner buffet : 13 € et 16 € en chambre.

Cet hôtel est situé à 4 km de la gare de La Teste et à 5 kilomètres d'Arcachon dans le parc d'affaires de La Teste-de-Buch. Il possède une piscine extérieure, une salle de sport et un spa de 1 000 m², l'un des plus grands d'Aquitaine. Les chambres, vastes et futuristes, où le miroir coloré de la tête de lit reflète le mur thermoformé. La décoration contemporaine est aux couleurs vives et la plupart ont un balcon. Le restaurant propose un menu différent chaque jour pour le dîner et un petit déjeuner buffet à prendre dans la salle très claire ou sur la terrasse.

LA GUITOUNE €€

95, boulevard de l'Océan
✆ 05 56 83 00 00
www.laguitoune-pyla.com

Ouvert toute l'année. Chambre double 182 €. Petit déjeuner : 14 € (ou 8 € sur le pouce).

Cet hôtel-restaurant est mythique au Pyla. La décoration est inspirée des années 50 à 70 avec des couleurs flashy. Le bar de 12 mètres de long est habillé de mosaïque où sirènes et hippocampes se promènent. Le homard en bleu et rouge se balade sur les moquettes et les papiers peints de parties communes, quant aux poissons rouges, ils sont perchés sur les luminaires. Dans les chambres, les murs blancs sont rehaussés par des rideaux et des têtes de lit imprimés et colorés. Au restaurant des menus simples style bistrot, et au bar une belle carte de tapas.

LE PETIT NICE €€

Route de Biscarrosse
✆ 05 56 22 74 03
www.petitnice.com

Emplacement de 20 € à 41 €. Bungalows pour 4 personnes à partir de 236 € la semaine.

Le Petit Nice, c'est avant tout une ambiance. L'impression d'être au bout du monde, dans un lieu privilégié. Ensuite, c'est un coup de cœur : comment résister au point de vue sur l'océan et le banc d'Arguin ? Enfin c'est aussi l'assurance d'un séjour de qualité des services de qualité. Emplacements pour votre tente, locations dans des tentes sahariennes, des cottages et mobil-homes qui se marient dans le paysage : vous avez le choix. Au cœur de la forêt et au bord de l'océan, vous vous prendrez vite pour Robinson, alors autant avoir tout sur place.

BAGUS BAR €€

1, rue du Baou
✆ 09 81 81 89 97
www.bagusbar.com

Ouvert du mercredi au samedi de 20h30 à 2h. Plats à partir de 3 €. Terrasse.

Spécialisé dans la réalisation de tapas et cocktails, le Bagus Bar est un établissement dépaysant et charmant. En entrant, on met immédiatement le cap sur Bali grâce à la décoration travaillée qui vous immerge dans une ambiance délicieusement légère où règne un parfum de vacances. Programmation musicale et des concerts très variés (reggae, dub, techno, électro, hip-hop...) annoncés sur Facebook. Tous les soirs une cuisine du monde est servie au restaurant Warung : patatas bravas, accras de poisson, poulet saté coco, salade Bagus, rougail saucisse, etc.

LE PESTACLE €

3, boulevard de Curepipe
✆ 05 24 19 68 45

Ouvert du lundi au samedi le midi et le soir. Carte : 18 € environ. Vente à emporter.

Vous connaissez tous le chanteur Jérémy Frérot (ex du duo Fréro Delavega). Originaire de Bruges et amoureux du Bassin d'Arcachon, il a décidé d'ouvrir, avec deux associés Igor et Théo Sonnier, un bar, vinothèque, restaurant et « plus si affinités » en lieu et place de l'ancienne pizzeria Borsalino. On y vient pour découvrir de jolis flacons bien sélectionnés, partager des tapas autour d'un verre, déguster quelques pizzas cuites au feu de bois aux noms évocateurs notamment la Dune du Pyla au poulet Label Rouge, écouter de la musique et pourquoi pas danser...

LA SUITE 257 €€

257, boulevard de l'Océan
✆ 05 56 22 13 34

En juillet et août et en période vacance scolaire ouvert tous les jours. Carte : 42 € environ. Formule : 19 € et 21 €.

La Suite 257 allie gourmandise et convivialité. Dans un cadre travaillé comprenant une salle intérieure, deux terrasses et trois bars, les soirées débutent avec l'apéritif et s'étirent jusque tard dans la nuit. Les menus sont régulièrement renouvelés et les assiettes gourmandes, préparées et présentées avec soin, ravissent épicuriennes et épicuriens. L'établissement propose de nombreuses soirées à thèmes tels que les petits dîners du jeudi entre filles où l'on s'amuse beaucoup autour d'un menu spécialement composé. Ambiance festive garantie !

L'AILLET €

16, place Gambetta
✆ 05 40 70 23 98

Ouvert du lundi au samedi le midi et le soir. Carte : 22 € environ. Formule du midi : 17 € (et 19 €).

L'Aillet devait ouvrir en mars 2020, mais confinement oblige, l'équipe a dû attendre quelques mois pour accueillir sa clientèle et la régaler de ses bons petits plats dans une ambiance de bistrot décontracté, sans oublier la belle terrasse bien ombragée avec sur une fontaine. Le chef Rémi s'attelle à réaliser une cuisine traditionnelle à laquelle il ajoute quelques petites notes personnelles. Il accompagne les moules marinières de poireaux grillés, le cabillaud est cuit à la flamme avec une crème de safran, un fenouil craquant et des câpres à queue.

BIG BARBECUE €

2, avenue de Binghamton ✆ 05 56 66 07 09
www.big-barbecue.fr

Tous les jours midi et soir. Carte : 38 € environ. Menu enfant : 9,90 €. Formule du midi : 14,90 € et 17,90 €.

Ne vous fiez pas à son emplacement, ce restaurant a tout d'une bonne adresse. Amoureux de la viande, vous serez rapidement conquis, les viandards n'ont qu'à bien se tenir avec les « grosses pièces ». Ici, on propose de la viande grillée au charbon de bois (filet sur os de Galice, magret de canard, *Beef cut* de black Angus, andouillette...) sans oublier les burgers. Le Big Barbecue c'est aussi du poisson grillé, des tartares de saumon ou thon servis avec frites - ou moins classique avec un assortiment de légumes (choux persillés ou courgettes rôties un délice !).

AUX DEUX CHÊNES €€

56, boulevard de l'Océan - **PYLA-SUR-MER**
✆ 05 57 72 00 68
www.restaurantaux2chenes.fr

Ouvert le lundi et du mercredi au samedi le midi ; du vendredi au dimanche le soir. Menus à partir de de 18,90 €.

Aux Deux Chênes s'est taillé une belle réputation au Pyla grâce à sa charmante terrasse ombragée, à l'abri des regards, et à sa cuisine basée sur des produits frais régionaux. Les huîtres sont incontournables tout comme les crevettes roses, le pâté maison et le verre de vin blanc qui les accompagne. Le chef confectionne une parillada de poissons très savoureuse, c'est l'une des autres spécialités de la maison. Les amateurs de poke bowl ou de burger ont leur propre formule et le Menu spécial du week-end se décline en hiver autour de la truffe du Périgord.

FOOD & SAISONS €

Avenue de l'Europe
✆ 07 82 35 68 99
www.foodetsaisons.fr

Informations sur la page Facebook. De 2,50 € (entrées et desserts) à 7,50 € (burgers et plats du jour).

Amateurs de goût et de cuisine de saison, cette adresse risque de rapidement devenir votre repaire. Tandis que Florence vous accueille et vous conseille avec le sourire, aux fourneaux, Stéphane concocte chaque jour des recettes créatives, gourmandes et généreuses. Du vrai burger maison avec confit d'oignons, petits légumes et sauces maison qui vont bien, aux plats du jour (deux au choix), c'est un régal. L'hiver le food truck tourne sur Bordeaux Métropole et propose toute l'année des prestations pour les événements privés ou professionnels.

LA KANTINE DES COPINES €

171, rue Marcel Dassault
✆ 06 31 39 62 30
www.lakantinedescopines.com

Ouvert du mardi au samedi de 18h à 2h. Carte : 20 € environ. Formule du midi : 14,90 € à 16,90 €, plat à 12,90 €).

La Kantine des Copines semble être faite de bric et de broc, mais il n'en est rien. Tout est calculé pour vous accueillir dans un lieu champêtre animé d'une ambiance conviviale. L'été, du côté de la terrasse, vous apprécierez de boire un verre et de déguster quelques planches, tartines, burgers avant ou après, pourquoi pas, une partie de pétanque sur le boulodrome. La Kantine des Copines organise des soirées à thèmes, des concerts et des brunches le dimanche. L'adresse se décline aussi dans deux autres lieux : L'Annexe des Copines et Chez Maman.

LE MELTING POTES €

13, rue Pierre Dignac
✆ 05 57 52 08 20

Tous les jours midi et soir. Carte : 25 € environ. Formule du midi : 13 € à 16 €, plat du jour à 9,50 €.

Le bar-restaurant de deux copains, Thomas et Mathieu, est rapidement devenu un lieu de rendez-vous, toutes générations confondues. C'est une adresse conviviale où se retrouvent des habitués, des potes, mais aussi des touristes en mal d'une adresse pour boire un verre dans un endroit où l'on peut bien manger pour pas cher. En bas le bar et sa collection de tire-bouchons, en haut la mezzanine avec des tables conventionnelles, des tables plus hautes et des coins salon. On vient pour l'ambiance mais aussi pour les plats, bien cuisinés et toujours alléchants.

ROBINSON CRUSOE €

6, avenue de Binghamton
© 05 56 54 77 27
www.crusoe.fr
Ouvert tous les jours le midi et le soir. Menus de 12,90 € à 19,90 €. Menu enfant : 8,50 € et 4 € - de 5 ans.

Ne vous fiez pas à l'aspect extérieur du restaurant, poussez plutôt la porte pour rentrer dans le monde de Robinson Crusoé. La salle est spacieuse et la terrasse ombragée. La décoration peut sembler kitch à certains, disons qu'elle est originale avec son côté exotique et surtout elle plaît beaucoup aux enfants. La carte variée est celle d'une brasserie avec un buffet d'entrées, des desserts à volonté, des plats traditionnels, des fruits de mer de la région et deux spécialités : une daurade rôtie à l'huile de truffes ou un désossé de carré de bœuf de 350 grammes.

LA BRASSERIE DU PHARE €€

1060, avenue de l'Europe
© 05 56 54 87 06
www.brasserie-du-phare.com
Du lundi au samedi le midi de 9h à 20h. Carte : 35 € environ. Menu enfant : 11 €. Plat du jour : 13,50 €.

La Brasserie du Phare est située dans un cadre élégant ou en terrasse pour un déjeuner tout en gourmandise. Ici, on fait honneur à la cuisine traditionnelle concoctée à partir de produits frais, à laquelle le chef une touche d'élégance. A la carte, en plus des suggestions du jour qui varient selon le marché. Chaque jour de la semaine a aussi son plat : par exemple le mercredi le chef pense aux enfants avec son fish & chips et le jeudi il propose sa spécialité, la « véritable » tête de veau qu'il accompagne de sa sauce gribiche. Le service est agréable et souriant.

BRASSERIE OH' MARCHÉ €€

Place du marché municipal. 2 rue François Legallais © 05 56 22 97 56
www.ohmarche.fr
Du lundi au mercredi de 8h à 17h, du jeudi au samedi de 8h à 0h et le dimanche de 8h à 18h. Carte : 28 € environ.

Jean-Marc Hetzel et Philippe Alonso assurent la direction de la Brasserie Oh'Marché, un lieu convivial où on se régale de bons petits plats préparés à base de produits frais et locaux. En terrasse face à la place du marché, ou dans la salle dans un environnement boisé, vous goûterez à une cuisine savoureuse et raffinée avec des pointes d'exotisme. Autour d'un verre, la carte propose tapas et planches à partager. Et parce que cette brasserie se veut être un lieu de gourmandise, mais également de fête, des soirées à thème y sont régulièrement organisées.

LA CABANE DE LAURINETTE €€

15, avenue des Pêcheurs © 05 56 66 53 72
Fermée en février et deux semaines en juin. Carte : 22 € environ.

On apprécie la grande et belle terrasse qui offre une vue sur le bassin du port. S'il pleut ou s'il fait froid, on s'installe à l'intérieur dans une jolie cabane aménagée avec goût. Les carafes d'eau sont même décorées par la maîtresse de maison... Au menu des huîtres avec pain de seigle et beurre salé, des bigorneaux, des crevettes grises ou roses ou des bulots accompagnés d'une mayonnaise très fine, le tout arrosé d'un vin blanc très correct. Les prix sont vraiment raisonnables, l'accueil sympathique, le service assez rapide même quand il y a beaucoup de monde.

AUX DEUX CHÊNES €€

56, boulevard de l'Océan - **PYLA-SUR-MER**
© 05 57 72 00 68
www.restaurantaux2chenes.fr
Ouvert le lundi et du mercredi au samedi le midi ; du vendredi au dimanche le soir. Menus à partir de de 18,90 €.

Aux Deux Chênes s'est taillé une belle réputation au Pyla grâce à sa charmante terrasse ombragée, à l'abri des regards, et à sa cuisine basée sur des produits frais régionaux. Les huîtres sont incontournables tout comme les crevettes roses, le pâté maison et le verre de vin blanc qui les accompagne. Le chef confectionne une parillada de poissons très savoureuse, c'est l'une des autres spécialités de la maison. Les amateurs de poké bowl ou de burger ont leur propre formule et le Menu spécial du week-end se décline en hiver autour de la truffe du Périgord.

LE FER À CHEVAL €€

785, route de Cazaux
© 05 56 54 10 27
www.hippodrome-lateste.com
Ouvert toute l'année. Menus de 12,50 € à 30 €. Plat du jour : 9,50 €. Les jours de courses menu à 30 €.

Le Fer à Cheval est le restaurant panoramique de l'hippodrome de La Teste-de-Buch. Dans un cadre verdoyant donc, avec vue directe sur les pistes, vous goûterez une cuisine généreuse et traditionnelle agrémentée toutefois de quelques touches d'originalité, car le chef donne libre cours à son imagination, il peut par conséquent changer la carte du jour au lendemain en fonction de ses trouvailles au marché et de ses inspirations. Les prix tout à fait raisonnables finiront de vous convaincre et tous les dimanches on brunche de 11h à 15h.

LE CABANON €€

136, avenue du Général-de-Gaulle
© 05 56 66 93 05 - www.lecabanon-arcachon.fr
Horaires sur le site. Carte : 45 € environ. Menu enfant : 14,50 € jusqu'à 12 ans. Formule : 14,50 € à 17,50 €.

La réputation du Cabanon n'est plus à faire. Le cadre d'abord. Ici, le bois a repris ses droits et donne au lieu une ambiance chaleureuse très appréciable en période hivernale. Aux la terrasse ombragée et fleurie accueille des groupes musicaux. Un verre de vin, une assiette de bonnes tapas, quelques amis, un peu de musique, il n'en faut pas plus pour être heureux. La décontraction est de rigueur, elle est d'ailleurs revendiquée par l'équipe du Cabanon. Côté assiettes, vous goûterez à une cuisine au bon goût régional tant du côté mer que du côté terre.

LA PETITE MARÉE €€

25, rue Victor-Hugo
© 06 76 41 15 41
www.la-petite-maree.com
Haute saison : tous les jours le midi et le soir. Carte : 30 € environ. Plateaux de fruits à partir de 32,50 €.

Une envie de produits de la mer ? Pas de problème, à La Petite Marée, représentée par Gary Carillo, on vous accueille avec gentillesse et bienveillance. Sur place, assis à la terrasse aménagée sous une tonnelle blanche, face au marché municipal, chez vous ou même le midi à votre bureau, faites-vous plaisir. A la carte des produits ultras frais, tout juste arrivés de la criée d'Arcachon. Les desserts sont faits maison. Pour vos soirées, la Petite Marée assure un service traiteur. Epatez et régalez vos convives sans rien avoir à faire, à part passer commande !

LE PLAY-OFF €€

35, boulevard d'Arcachon
© 05 57 52 68 00
http://le-playoff.com/
Ouvert tous les jours et les jours fériés de 9h à 18h. Carte : 40 € environ. Formule du midi : 14 € et 17,50 €.

Le Play-Off est situé au cœur du golf d'Arcachon et de ses greens entourés de pins, sur les hauteurs de La Teste avec vue sur le Bassin d'Arcachon. C'est l'endroit idéal pour boire un verre ou pour une pause déjeuner en terrasse. A l'intérieur, quelques fauteuils club et une salle de restaurant style bistrot chic vous accueillent même en hiver. À la carte des suggestions, des ardoises quotidiennes qui garantissent la fraîcheur des produits de saison cuisinés maison, des tapas, des pizzas, des omelettes, etc. Le service est à la hauteur de la qualité des plats.

AU HANGAR

340, avenue Denis Papin
✆ 09 88 09 04 04
www.au-hangar.fr
Ouvert toute l'année. Le mardi, le mercredi et le dimanche de 17h à 0h et du jeudi au samedi de 17h à 2h.

Au Hangar est le food-court/bar d'ambiance du Bassin. On vient ici pour manger, boire, s'amuser ou se retrouver entre amis autour d'une grande table dans une ambiance à la fois conviviale et industrielle. De l'entrée au dessert, le Hangar offre une diversité de produits : sushis personnalisés, pizzas et charcuteries/fromages sont proposés par les commerçants locaux. Si vous avez peur de vous ennuyer, l'animation est prévue : diffusion de matchs sur écrans géants et surtout place à la fiesta lors de concerts, soirées à thèmes et DJ en seconde partie de soirée.

LE VIN D'ORGE

101, avenue André-Ampère
✆ 07 82 62 18 28
www.levindorge.com
Ouvert du mardi au dimanche de 11h à 21h.

Ne vous laissez pas décourager par l'environnement peu engageant et poussez la porte du Vin d'Orge. Cet établissement est le fruit du travail de deux épicuriens, Adrien et Julien, qui sont sans cesse à la recherche de nouveautés afin de surprendre et séduire la clientèle en faisant découvrir plus de 500 références de bières issues de micro-brasseries, de vins biodynamiques, des rhums et whiskies du monde entier. Un espace est dédié à la dégustation de produits locaux rigoureusement sélectionnés. Le Vin d'orge se décline également à Andernos, Biganos et Pessac.

WHITE MOUSTACHE

18, rue Lagrua
✆ 05 56 66 55 72
www.whitemoustache.fr
Ouvert du lundi au samedi de 16h à 22h ; le dimanche et les jours fériés de 18h à 22h. Happy hours.

Le White Moustache est un vrai palais de la bière. La qualité des animations et des soirées ainsi que celle du service ont fait, bien sûr, sa bonne réputation, tout autant que le nombre de références en bières, whiskies, rhums, de vins, de champagne et de cocktails accompagnés de planches de grignotage. Le plus, ce sont les tireuses à bières à la disposition des clients pour goûter à la bière maison, la White Moustache, à la Mira, bière du bassin d'Arcachon ou à la Vitus. Tous les mois des bières pression ou en bouteilles sont soigneusement sélectionnées.

LA CABANE PALIQUEY

115, avenue Ovide Rousset ✆ 05 56 66 73 91
http://lacabanedupaliquey.fr
Basse saison : du jeudi au mardi de 9h30 à 19h. Haute saison : tous les jours de 9h30 à 21h30. Carte : 20 € environ.

La Cabane du Paliquey, située à deux pas du port de La Teste-de-Buch, est devenue en quelques années le lieu incontournable des amateurs d'huîtres du bassin d'Arcachon. Charnues et goûteuses, elles se dégustent toute l'année sur place, pourquoi pas dans la pinasse installée en terrasse aux beaux jours ou à la maison. Outre les huîtres, l'équipe sympathique de la Cabane du Paliquey propose des bulots, des bigorneaux, des crevettes ou encore du pâté. Pour accompagner le tout le très célèbre Blanc des Cabanes, un vin immergé six mois dans le Bassin d'Arcachon.

COPAINS DES CHAMPS

341, avenue Vulcain
✆ 05 57 16 66 04
https://copainsdeschamps.fr/
Ouvert du mardi au jeudi de 9h à 13h et de 15h à 19h, le vendredi et le samedi de 9h à 19h.

Copains des champs c'est avant tout la rencontre de producteurs devenus des copains et qui souhaitaient mettre en avant les produits - principalement de leur région - 100 % responsables, 100 % authentiques et au juste prix. Pas d'intermédiaires, les agriculteurs laissent leur production en dépôt-vente. Plus de 1 000 produits, bio ou issus d'une agriculture raisonnée, allant du sec au frais sans oublier les vins, jus de fruits naturels, huiles d'olive, miels, etc. Le magasin accueille ses producteurs le samedi, organise des dégustations et même des jeux concours.

PUB - BRASSERIE MIRA

370, avenue Vulcain
✆ 05 57 52 52 52
http://brasseriemira.fr
Ouvert du lundi au samedi de 10h à 0h. Formule le midi à 15,90 € le midi.

Le Pub de la brasserie Mira est devenu un incontournable des soirées branchées sur le bassin d'Arcachon. Mira, on connaissait déjà le nom et même la bière de la brasserie créée par Jacques et Aurélien, deux enfants du pays, passionnés de houblon. Ils ont pensé et réalisé une première gamme de bières inédites, brassées à l'eau de source du Bassin et identifiée sur les bouteilles par une chimère. Les bières Mira n'ont cessé de séduire les amateurs et il était donc logique que les brasseurs-malteurs aillent jusqu'au bout de leur ambition en créant un pub.

LES SOURIS FROMAGÈRES

32, rue Victor Hugo ✆ 05 57 52 12 50
www.lessourisfromageres.fr
Ouvert du mardi au samedi de 9h à 13h et de 15h30 à 19h ; le dimanche de 9h à 13h. Plateaux de fromages à composer.

Elles sont gourmandes ces souris et elles ont dégoté pour vous le meilleur du fromage français bien sûr mais aussi étranger. Passionnée par les fromages, Anna vous reçoit et vous conseille avec gentillesse. Sûre de ces fournisseurs (des producteurs fermiers qui cultivent le goût avec passion), elle compose le plateau qui fera frémir de plaisir les papilles de vos convives. Vous trouverez également de la charcuterie et de l'épicerie fine, souvent régionale, soigneusement sélectionnées avec le même amour du goût. Amateurs de fromages, cette adresse est pour vous !

TCHANQUÉ GOURMET

26, rue des Maraîchers
✆ 05 56 54 14 52
https://tchanque-gourmet.com
Ouvert du lundi au vendredi de 9h à 12h30 et de 13h30 à 17h30. Achats en boutique ou en ligne.

Mélanie Badets, une ingénieure agronome au nez et palais fin, a repris Cafés Tchanqué – du nom des fameuses cabanes tchanquées – et leur a donné le nom de Tchanqué Gourmet. Elle aussi connaît bien le café et la torréfaction. Ses cafés viennent des montagnes d'Inde, d'Afrique et d'Amérique latine. Elle les sélectionne avec soin et privilégie des petits producteurs passionnés par leur métier. Deux collections se déclinent en sachets de 250 g ou 1 kg et en capsules : Café Tchanqué en hommage au Bassin et Cabane 53. On peut commander sur Internet.

GOLF INTERNATIONAL D'ARCACHON

35, boulevard d'Arcachon ✆ 05 56 54 44 00
www.golfarcachon.org
Basse saison : tous les jours de 9h à 17h30.
Haute saison : tous les jours de 7h30 à 20h.
Restauration.

Le cadre exceptionnel contribue à l'intérêt du parcours. Il est dans un premier temps vallonné. Plus plat sur la deuxième moitié, vous serez confronté à des obstacles d'eau. Débutants ou chevronnés, vous apprécierez forcément les senteurs qui se dégagent des pins, mimosas et arbousiers. Il s'agit d'un parcours de 18 trous sur plus de 5 700 m avec un par de 72. Le Numéro 19, non non pas le trou, le Club House... vous accueillera dans un cadre convivial pour un moment de détente.

O BEAUTY & SPA

960, avenue de l'Europe
✆ 05 57 15 22 15
www.spa-arcachon.com
Horaires sur le site. Parcours IceSpa sur réservation : 15 € pour une heure, 10 séances : 130 €.

Ce spa, l'un des plus grands de la Nouvelle-Aquitaine, présente une inspiration polaire avec des silhouettes d'iceberg et un halo de lumière bleue un peu glaçant alors que l'eau est à 30 °C. Sur place : bassin hydrojets, hammams, sauna, bain bouillonnant, fontaine à glace, sauna finlandais, salles de repos et tisanerie. Les plus : un espace privatif de 60 m² au cœur du spa, une balnéothérapie pouvant accueillir 2 personnes et 2 fauteuils massants et une petite salle de fitness. La carte de soins du corps et du visage est élaborée par Sothys et Equatoria.

WAGGAS SCHOOL

✆ 06 32 04 32 07
www.waggaschool.com
A partir de 50 € les 10 minutes.

Découvrir le Bassin d'Arcachon et la Dune du Pilat vus du ciel et admirer ce paysage unique avec les bancs de sable et les parcs à huîtres du banc d'Arguin ou la presqu'île du Cap Ferret, c'est possible en parapente. Accompagné par un moniteur brevet d'Etat, vous volez en toute sécurité. Les phases de décollage et d'atterrissage sont douces, il suffit de se laisser guider par le moniteur. Deux types de vols : un vol découverte très calme ou un vol plus à sensation qui mélange le vol calme avec des passages près du sol et des manœuvres plus dynamiques.

YAK'OCEAN

121, Les Solariales ✆ 06 11 92 05 83
www.yakocean.com
Location d'un stand-up paddle : 15 € l'heure.
Location de canoë-kayak : descente de 20 km sur la Leyre à 25 €/personne.

Yak'Ocean vous propose de multiples activités pour découvrir autrement le Bassin d'Arcachon et notamment l'île aux oiseaux, les cabanes tchanquées, la dune du Pilat, le banc d'Arguin, le lac de Cazaux-Sanguinet et le delta de Leyre. Les plus initiés pourront simplement louer le matériel, les amateurs s'initieront aux différentes activités lors de randonnées accompagnées par un professionnel. Outre l'aspect sportif, Yak'Ocean met un point d'honneur à aborder, lors de chaque balade, le sujet de la préservation de notre environnement et de son équilibre fragile.

LE BALAP

242, boulevard de l'Océan
✆ 06 81 50 36 75
http://lebalap.com

Haute saison : ouvert tous les jours et les jours fériés de 18h à 2h.

Si tu ne connais pas Le Balap à La Teste, tu ne connais rien... A sa tête Zézette qui ne zozote pas, Papa le bien nommé et le fiston, Tony. Toute cette petite famille attire tous les fêtards du coin, mais pas n'importe lesquels, ceux qui aiment leur « zique » c'est-à-dire les rythmes des années 80's et qui adorent l'ambiance bon enfant dans un décor inspiré de la Thaïlande. Quand vous aurez testé Le Balap, sûr que vous y reviendrez, car les soirées sont inoubliables. On y croise parfois quelques VIP qui passent leurs vacances sur le Bassin.

HIPPODROME DE LA TESTE-DE-BUCH

785, route de Cazaux ✆ 05 56 54 74 26
www.hippodrome-lateste.com

Fermé de mars à septembre. Visite guidée par l'Office de tourisme de la Teste-de-Buch en juillet et août.

Géré par la Société des Courses de la Teste l'hippodrome de La Teste-de-Buch fait partie des quatre plus beaux de France. Installé sur 80 hectares de verdure, il accueille du mois de mars au mois de septembre pas moins de 16 journées de courses au galop exclusivement, s'est développé et modernisé au fil des années. Il est doté de 600 places assises et d'un centre d'entraînement. Le Fer à Cheval est un restaurant panoramique de 120 couverts offrant une vue exceptionnelle sur les pistes.

CAZAUX

Le village de Cazaux est rattaché à la commune de La Teste-de-Buch. Le lac de Cazaux-Sanguinet est le deuxième plus grand lac d'eau douce de France. Le village est aussi doté d'un superbe port de plaisance et d'un patrimoine naturel particulièrement riche. La forêt invite à la balade. Un charmant canal relie le lac au Bassin d'Arcachon. Dans le paysage deux sites importants : une base aérienne militaire présente depuis 1914 et des puits de pétrole découverts en 1959. Autre curiosité : l'église. Implantée au bord du lac entre le XIe et le XIIe siècle, elle a été démolie, transportée et reconstruite par la population à son emplacement actuel.

LAC DE CAZAUX

✆ 05 57 52 99 60

Restauration. Aires de pique-nique, parkings.

Deuxième lac d'eau douce de France, lac de Cazaux se niche au cœur d'une magnifique forêt luxuriante et sauvage et s'étend sur 55 km². C'est un lieu privilégié pour des vacances en famille : amateur de farniente, de nage, de voile, de canoë, de kitesurf, de pêche, de balade, de randonnée, de nature… Les plages sont sûres, loin de l'agitation de la côte Atlantique, avec la beauté et le confort d'un beau sable fin et blond. Les aires de jeux sont nombreuses tout comme les aires de pique-nique. Le lac est accessible par la piste cyclable depuis La Teste-de-Buch.

LE BÔ SITE €€

23, rue Osmin-Dupuy
✆ 05 56 22 52 25

Fermé du 15 novembre au 15 mars. Carte : 32 € environ.

Le Bô Site porte très bien son nom. En effet, ce restaurant bénéficie d'un des plus beaux spots de Cazaux. Les pieds dans l'eau, sur la plage du lac, les saveurs défilent au rythme des saisons et de l'inspiration du chef avec les incontournables huîtres de Cyril Hardouin ou la fricassée d'anguilles de mai à octobre. Si par ailleurs vous n'avez qu'une petite faim, l'établissement propose également des snacks. Les amateurs de tapas pourront déguster les nombreuses propositions gourmandes et créatives sans oublier la carte des vins. L'été, soirées concert...

LÈGE-CAP-FERRET ★★★

Le Cap Ferret – le Férè pour les intimes – est situé à l'extrémité sud de la presqu'île de Lège Cap-Ferret. Ce cordon littoral d'une vingtaine de kilomètres sépare le Bassin d'Arcachon de l'Océan Atlantique. Cette situation est unique, car on peut profiter d'un côté des paysages du Bassin, de l'autre des vagues et de l'immensité de la Côte d'Argent sans oublier la forêt des Landes de Gascogne. A la pointe du Cap Ferret on observe, au milieu des passes, le banc d'Arguin et, au-delà, la fameuse dune du Pyla. Cette partie du Bassin, devenue emblématique, a longtemps été occupée uniquement par des pêcheurs et des chasseurs saisonniers. A partir des années 1860, l'essor de la culture ostréicole entraîne la création de nombreuses cabanes ostréicoles pour répondre à la demande d'huitres grandissante. En 1908 le quartier des 44-Hectares est vendu aux enchères et voit l'arrivée des premiers habitants du Cap Ferret. Depuis le tourisme n'a pas cessé de se développer. Les cabanes de pêcheurs ont vu leur prix flamber et le Ferret est devenu en quelques années une destination très prisée par de nombreuses personnalités que ce soit du monde politique, du cinéma ou du showbiz. Ce qui les attire : le côté encore sauvage de ce joyau naturel. Néanmoins, la plupart d'entre eux passent leur journée dans leurs très belles villas entourées de pins, entre amis, à l'abri des regards, ou sur un bateau. Si vous ne faites pas partie de ce gratin, vous profiterez des nombreuses plages de sable fin : une quinzaine côté Bassin, idéales pour la baignade, ou six côté océan.

Réserve Naturelle des Prés Salés.

LE CAP FERRET ★★

Son nom fait rêver, entre plages, nature et authenticité. Ce dernier village de la Presqu'île est le plus connu et il lui a d'ailleurs donné son nom. Forêt, dunes et plages, voilà comment on pourrait résumer le paysage du Cap Ferret. Mais ce lieu est surtout enchanteur grâce à la vue unique qu'il offre sur la dune du Pilat et la rencontre entre le Bassin et l'Océan. Rendez-vous sans faute à la pointe, certes il faut faire quelques kilomètres de plus, mais c'est promis vous ne le regretterez pas ! Le tableau est sublime, les couleurs sont à chaque visite différentes et envoûtantes. Le phare donne également une belle vue d'ensemble sur le Bassin, de l'île aux Oiseaux à la dune du Pilat en passant par le Mimbeau, le village de pêcheurs. Le quartier Bélisaire est l'un des plus animés et des plus fréquentés du Cap Ferret et de nombreux restaurants jalonnent la promenade piétonne. Vous adorerez vous perdre dans les petites rues bordées de pins, et de maisons en bois toutes plus sublimes les unes que les autres. Le débarcadère et ses restaurants est également très prisé par les promeneurs et les pêcheurs à la ligne, il constitue toujours le point de départ des navettes vers Arcachon. Le Cap Ferret est très prisé des grandes fortunes du CAC 40, des people du cinéma et de la chanson qui ont acheté des maisons bien cachées, souvent dans le quartier dit des 44 hectares. Vous les rencontrerez parfois Chez Pierre, Chez Hortense, au Pinasse Café ou au Wharfzazate. D'ailleurs le Cap Ferret a servi de lieu de tournage pour divers films.

CLAOUEY

Son port ostréicole, ses deux plages, sa croix de pierre, le village de Claouey ne démérite pas face à ses petits voisins. Autant de charme et de nature. Le petit port ostréicole enchantera les amateurs d'huîtres, tandis que les plages s'étirent dans des paysages magnifiques. Enfin ne partez pas de Claouey sans être passé voir la vieille croix de pierre du XVIe siècle, installée à la sortie du village depuis les années 1960 après avoir été retrouvée à moitié enfouie sur la plage. L'histoire raconte qu'elle proviendrait d'un ancien cimetière du coin.

L'HERBE ★★

Avec ses cabanes colorées centenaires, ses plages, L'Herbe incite à la balade et à la découverte. Le village abritait la Villa algérienne, vaste bâtiment de style mauresque, édifié par Léon Lesca, entrepreneur qui fit fortune en Algérie, en construisant notamment le port d'Alger. De cette villa, il ne reste qu'une ancienne grille. En revanche, la chapelle Sainte-Marie-du-Cap, dite algérienne, mélange d'inspiration islamique et chrétienne, est intacte. Un conseil : arrivez par l'avenue Muscla et vous aurez un magnifique point de vue sur le Bassin et sur l'Herbe...

RÉSERVE NATURELLE DES PRÉS SALÉS

RD106

www.reserve-naturelle-pres-sales.org

Ouvert toute l'année. Gratuit. visites thématiques.

Partagés entre l'eau douce des petits ruisseaux et l'eau de mer amenée par le large, les prés salés d'Arès et de Lège sont des marais salants sauvages. Ce sont plus de 200 espèces de plantes, du chêne-liège au tamaris en passant par la gracieuse orchidée. Contemplez de majestueux hérons cendrés ainsi que les rapaces, depuis le point d'observation. Soyez attentif car selon la sagesse populaire, si leur migration a lieu avant le 15 août, l'hiver sera précoce et rigoureux.

L'ENTRE DEUX

10, allée des Sirènes

✆ 05 64 28 43 09

www.entre-deux-events.com

Ouvert toute l'année. Tous les jours. Balade privatisée Bassin d'Arcachon : 275 € les 2h.

L'Entre Deux est un créateur d'événements personnalisés et insolites pour 10 à 200 personnes dans un esprit écocitoyen. Activités sportives, balades et découvertes, réceptions ou hébergements l'entreprise s'occupe de tout. Elle a sélectionné trois belles destinations : le Bassin d'Arcachon, Bordeaux et la Côte catalane pour des moments exceptionnels comme une balade en pinasse ou un mariage au fil de l'eau sur le Bassin, une chasse au trésor à Saint-Emilion ou à Arcachon, un rallye en 2 CV dans les vignobles bordelais ou encore un rallye promenade à Bordeaux.

LES BICLOUS DU BASSIN

37, allée Jeanty d'Armagnac

✆ 06 52 35 48 19

www.lesbiclousdubassin.com

Haute saison : ouvert tous les jours. Excursions à partir de 42 € avec vélo pour adulte et 32 € pour enfant.

Les Biclous du Bassin ont une seule ambition : faire découvrir des endroits authentiques, dénicher des pépites, raconter les grandes et petites histoires qui font la vie de la presqu'île, toujours dans la bonne humeur. L'ensemble des circuits de 4 heures, réparti sur environ 15 km, comprend une dizaine d'escales avec, pour certaines, des expériences inattendues et une escale « Miam » de 45 minutes où l'on goûte aux spécialités du Bassin. Munis d'un quizz top secret et invités à des missions spéciales, les enfants à partir de 10 ans sont les bienvenus.

CAMPING LES VIVIERS - SIBLU VILLAGE €€

Avenue Léon-Lesca

✆ 05 56 60 70 04

www.siblu.fr/camping-les-viviers.com

Fermé du 3 novembre au 31 mars. Emplacement 2 personnes de 22 € à 54 €. Mobil-homes pour 4/6 à partir de 256 €.

Le camping Les Viviers est situé au cœur d'une immense pinède. Côté hébergement on a le choix entre planter sa tente, poser sa caravane, garer son camping-car ou louer un mobil-home. Le camping s'articule autour d'espaces de jeux et d'un superbe complexe aquatique surveillé. La mer chatouille les estivants côté bassin sur une plage quasiment privée. Parmi les autres activités : location de vélos, canoë-pédalo, minigolf, clubs enfants gratuits, animations, etc.

CAMPING MUNICIPAL LES PASTOURELLES €€

Route des Pastourelles

✆ 05 56 60 70 61

www.legecapferret.fr/lespastourelles/

Du 2 avril au 7 novembre 2021. Emplacement dès 19 €. Mobil-homes à partir de 300 € la semaine.

Un cadre de rêve pour ce camping qui bénéficie d'un accès direct à la plage ! Ce camping propose des emplacements tentes, caravanes et camping-cars ainsi que des mobil-homes récents avec une capacité maximale de 6 personnes. La plupart ont une vue imprenable sur le bassin. Vous profitez de la pinède, du bassin, le tout dans un camping très bien équipé à proximité d'une école de voile, du club nautique, de locations de bateaux, de restaurants, de commerces...

OFFICE DE TOURISME DE LÈGE - CAP FERRET

1, avenue du Général-de-Gaulle
✆ 05 56 03 94 49
www.lege-capferret.com
Horaires sur le site.

Un séjour dans l'une des plus belles presqu'îles de France, ça peut s'improviser, mais vous risquez de passer à côté de petites merveilles. L'Office de tourisme est là pour vous renseigner et vous donner toutes les informations nécessaires au bon déroulement de votre séjour sur les 10 communes de la presqu'île : hébergement, activités, sorties, lieux à ne pas manquer, etc. En haute saison nombreuses visites guidées : nature, culture, ostréiculture et spécialisées pour les enfants…

PINASSE CAFÉ €€

2 bis, avenue de l'Océan
✆ 05 56 03 77 87 - www.pinasse-cafe.com
Ouvert toute l'année. Tous les jours de 9h30 à 23h. Menus de 36 € à 43,50 €. Carte : 45 € environ.

Incontournable, le Pinasse Café, bénéficie d'une des plus belles vues du Cap Ferret, face à la dune du Pilat, avec sa terrasse qui domine la plage. L'endroit est tout simplement magique. Jean-François Tastet, le patron, est un pro, car il est déjà à la tête de bien d'autres établissements sur le Bassin et du côté de Bordeaux. Le chef, Juberti Maroni, excelle dans une cuisine bistronomique où les produits du Sud-Ouest sont sublimés sans oublier les fruits de mer et poissons. La cave affiche pas mal de vins de bordeaux et de bonnes bouteilles venues d'ailleurs.

HÔTEL DES PINS €€

23, Rue des Fauvettes
✆ 05 56 60 60 11
www.hoteldespins.eu
Fermé de décembre à février. Chambre double à partir de 70 €. Petit déjeuner : 13 €.

Idéalement situé à la Pointe du Cap Ferret, l'hôtel des Pins est un ancien théâtre. Même s'il a été rénové, il a réussi à conserver tout son charme des années 30. L'atmosphère est hors du temps et l'établissement au style colonial baigne dans une nature luxuriante. Les chambres, à la décoration personnalisée, sont confortables, propres et calmes. On se sent vraiment très bien dans cet hôtel à taille humaine et à l'ambiance familiale. Le restaurant affiche un menu de qualité et c'est une merveille de prendre son petit déjeuner sous la grande véranda !

VILLA MOGADOR €€

22, allée Calypso
✆ 06 79 00 96 68
www.lavillamogadorcapferret.com
Ouvert toute l'année. Chambre double à partir de 150 € ; suite à partir de 180 €. Petit déjeuner inclus.

La Villa Mogador est idéalement située sur les Dunes du Piquey entre le Bassin d'Arcachon et l'Océan. Son architecture design, son confort, son intimité et sa discrétion en font un endroit idyllique. Elle comporte trois chambres et deux suites superbes qui ont une vue directe sur la piscine depuis le lit ou la douche ! Leur décoration est contemporaine et originale. Buller sur un transat, flâner au milieu des pins, rêvasser dans le gazebo, se faire masser, ou coiffer (sur place et sur demande), autant de plaisirs que proposent les hôtes de cette Villa de rêve.

DOMAINE DU FERRET - BALNÉO & SPA €€€

40, avenue de Caperan
✆ 05 57 17 71 77
www.domaineduferret.com
Chambre double dès 99 € ; bungalow dès 102 € ; suite dès 179 €. Petit déjeuner : 16 €.

Une résidence 4 étoiles entre le bassin d'Arcachon et l'Océan, lové dans une pinède de 9 hectares adossés à la forêt domaniale. Ce complexe dispose de belles chambres et suites contemporaines équipées de terrasses, ainsi que des lodges et cottages climatisés, décorés dans le pur style ferret-capien. Le restaurant et sa terrasse panoramique surplombent la forêt. Vous pourrez apprécier les bienfaits de la balnéothérapie au cours d'une journée, d'un séjour de 2 ou 3 jours ou de 6 jours.

LA VILLA FLOTTANTE €€€

Embarcadère du Grand Piquey
✆ 06 11 99 66 72
www.lavillaflottanteduferret.com
Pour 6 personnes (3 chambres). De 3 700 € à 4 200 € la semaine selon saison. 880 € la journée, 1650 € le week-end.

Un peu chère, mais exceptionnelle cette Villa Flottante du Ferret... Marc-Antoine Calonne, un grand bourlingueur, a tout prévu pour que le séjour soit dépaysant. On embarque sur un bateau ancré dans le Bassin. Il se compose d'un grand salon équipé d'une cheminée et d'une large porte-fenêtre, d'une kitchenette, d'une salle de bains, de trois cabines et d'un espace de rangement. Deux terrasses situées aux extrémités du bateau, l'une attenante au salon et l'autre sur le toit permettent de profiter du soleil et des vues imprenables sur les villages ostréicoles.

L'AUBERGE DU BASSIN €€

38, avenue du Général de Gaulle
✆ 05 56 60 70 22
www.laubergedubassin.com
Haute saison : ouvert tous les jours le midi et le soir. Menu unique à 30 €. Carte : 32 € environ.

La vue panoramique sur le Bassin et la terrasse les pieds dans l'eau donnent envie de se poser dans cette adresse de rêve. A l'intérieur, une belle déco version exotique, plutôt chic, et surtout la cuisine basée sur les produits de la mer font le reste. A la carte, des produits locaux qui viennent directement du Bassin ou de l'océan : poissons de ligne et huîtres sont les faire-valoir d'une cuisine simple, mais d'une fraîcheur absolue. Alexandre Lepage, le chef, étant pâtissier de formation, apporte aussi un soin tout particulier aux desserts.

LE MASCARET €€

17bis, rue des Goélands
✆ 05 56 03 75 74
Basse saison : du mardi au samedi le midi et le soir. Haute saison : tous les jours le midi et le soir.

Le Mascaret est une très bonne table. Ambiance bois, cosy, confortables banquettes, grands parasols, palmiers ainsi que la présence discrète du personnel, offrent un moment de calme et de détente parfaite dans un endroit magique. A l'intérieur une partie des murs est habillée d'anciens volets en bois, chapeau bas pour le recyclage ! Côté cuisine, le chef propose des plats aux recettes raffinées et originales, tel le filet de cabillaud en croûte d'épices au chorizo et ses légumes croquants. Un menu du midi et une excellente carte des vins sont proposés. On adore !

LE BOUCHON DU FERRET €€

2, rue des Palmiers ✆ 05 56 60 67 51
www.bouchonduferret.fr
Ouvert toute l'année. Tous les jours et les jours fériés de 12h à 15h et de 19h à 22h30. Carte : 40 € environ.

© BOUCHON DU FERRET

Le Bouchon du Ferret accueille gourmands et gourmets autour d'une carte composée principalement de poissons et de fruits de mer pêchés du jour. Jonathan Gomez, le propriétaire, dirige cet endroit magnifique et authentique, au cœur du village traditionnel ostréicole, avec vue sur la dune du Pilat. L'esprit du Bassin et sa belle histoire sont bien présents dans cet établissement. Le Bouchon est aussi un lieu d'échange et de partage autour non seulement des bons produits de la mer ou de la terre, mais aussi de belles bouteilles qui garnissent les étagères en bois.

L'ESCALE €€

2, avenue de l'Océan
✆ 05 56 60 68 17
www.lescale-restaurant.com
Ouvert toute l'année, tous les jours de 9h30 à 23h30. Formule du midi : 20,50 € (jusqu'à 15h). Carte : 38 € environ.

© L'ESCALE

Voici un petit coin de paradis, les pieds dans l'eau ! Au bord du Bassin d'Arcachon, L'Escale offre une des plus belles vues. On peut commencer par prendre l'apéritif en dégustant quelques tapas à la Bodega de Marcel avant de rejoindre le décor chaleureux et authentique du restaurant. Sous la pergola ou en terrasse, on se laisse bercer par le rythme des marées et l'on profite d'une cuisine aux petits oignons. La carte fait honneur aux produits de la mer, sans oublier pour autant les viandes, avec notamment la cuisse de canard confite.

SAIL FISH €€

38, rue des Bernaches
✆ 05 56 60 44 84
www.ferretfamily.fr
Haute saison : ouvert tous les jours et les jours fériés de 20h à 2h. Carte : 30 € environ.

Le Sail Fish est le restaurant festif des vacances où l'on se régale de bonnes grillades au feu de bois, c'est d'ailleurs la spécialité de la maison. L'endroit est superbe, à la fois élégant et dans l'esprit du Cap Ferret, avec une déco blanche et bois faite de voiles avec un esprit bateau. Si vous montez à bord pour dîner ou boire un verre, sachez que l'ambiance est très conviviale et décontractée, vous risquez même de finir la soirée en dansant au Sun. Le Sail Fish se décline aussi en Sail Fish Café pour une *beach food* servie toute la journée.

LA BARAQUE À HUÎTRES

98, avenue de l'Herbe
✆ 06 13 12 09 86
www.labaraqueahuitres.com
Haute saison : ouvert tous les jours de 11h à 22h. De 10 à 13 € les 6 huîtres, de 13 à 17 € les 12.

Peut-on trouver des huîtres plus fraîches que dans cette Baraque ? Non, c'est impossible, me direz-vous et vous avez raison, alors dégustez et admirez les couleurs changeantes du paysage, l'île aux Oiseaux et la Pointe aux Chevaux… Laurent et Ingrid vous conseillent et vous guident pour la dégustation des huîtres charnues ou les plus fines ou encore sur les quatre saisons. Des bulots, crevettes, pâté du Ferret enrichiront votre assiette et le must, un petit verre d'un vin blanc ou rosé gris complétera cette sensation d'être dans le plus bel endroit du monde.

© BARAQUE À HUÎTRES

© BARAQUE À HUÎTRES

CHEZ HORTENSE €€€

Place de la Liberté - La Pointe
✆ 05 56 60 62 56
www.chez-hortense.fr
Basse saison du vendredi au dimanche midi et soir. Haute saison tous les jours midi et soir. Carte : 50 € environ.

Chez Hortense est une institution incontournable au Ferret. Le cadre bucolique, les pieds dans l'eau, est l'endroit idéal pour se restaurer ou pour boire un verre, face à la Dune du Pilat, sans oublier la jolie terrasse couverte et chauffée. Les assiettes sont simples et savoureuses, la cuisson des poissons frais de la pêche du jour est toujours parfaite et l'accueil est irréprochable. Découvrez la recette spéciale des moules au jambon qui fait la renommée de l'établissement, relevées à point, à base de pain de mie et d'un petit secret de famille.

CHEZ PASCAL

46, route du Cap-ferret
✆ 05 56 60 96 90
Basse saison : tlj et j. fériés 7h-13h et 16h-19h30. Haute saison tlj et j. fériés 6h30-13h30 et 16h-20h.

Connu dans toute la France, découvrez toute une déclinaison de Dunes Blanches comme les Dunes de Piquey avec toute une gamme de parfums : framboise-chocolat blanc, caramel-beurre salé, nougatine au sésame, Nutella et chocolat noir. Autres spécialités : les sacristains (une viennoiserie faite de pâte feuilletée torsadée, recouverte de glace royale et parsemée d'amandes effilées, le tout saupoudré de sucre), la tourte de seigle aux fruits, la baguette du pêcheur avec son fromage fondu, ses noix, ses lardons, et la ficelle aux olives ou la ficelle au chorizo.

CHEZ PIERRETTE

6, allée des Cupressus
✆ 06 67 92 60 11
Haute saison : ouvert tous les jours de 18h à 1h. Uniquement le week-end en mai, juin, septembre et octobre.

Chez Pierrette, située au rez-de-chaussée d'une maison typique du Bassin, a des allures de guinguette. On y vient en sortant d'une journée de plage ou en revenant d'une balade en bateau pour passer du bon temps autour d'un verre de vin. Arthur, derrière le comptoir, vous accueille avec un large sourire et il est toujours prêt à vous concocter un délicieux cocktail, accompagné de quelques tapas ou petits plats. Les soirées, très festives, se déroulent dans une ambiance jeune et décontractée sous des lampions lumineux. Chez Pierrette est un peu *The place to be*.

RED STORE €€

Domaine du Four
✆ 05 57 17 68 80
www.leredstore.com
Haute saison : tous les jours et les jours fériés le midi et le soir. Carte : 32 € environ.

Le restaurant bistronomique du golf est ouvert à tous, golfeurs ou pas. On adore la déco intérieure avec son côté légèrement industriel et la terrasse, où domine le bois, au milieu de palmiers. Les tables sont abritées du soleil par des voilures colorées. On s'installe et on attend tranquillement la carte avec la possibilité de choisir une formule. Les plats varient en fonction des saisons, les produits du Bassin sont bien présents et le chef a toujours des idées créatives. L'été les grillades et tartares ont un énorme succès. Le service est efficace et avenant.

LA BOUTIQUE DU PHARE

4, promenade du Tour-du-Phare
http://phareducapferret.com/boutique-2
Fermeture annuelle de mi-novembre à mi-décembre. Juillet et août : ouvert tous les jours de 10h à 19h30.

Adossée au Phare, la boutique peut à elle seule faire l'objet d'une visite. Dans un cadre design et lumineux vous trouverez des idées déco pour vos intérieurs, des cabas pour flâner au marché, des jolis tissus *made in* France mais aussi de la papeterie originale, des gourmandises du bassin d'Arcachon, un espace enfant avec des articles sur le thème des pirates et des sirènes et une librairie avec des livres de référence et originaux sur les phares. Pour les amoureux des phares et du Bassin d'Arcachon, le passage par la boutique du Phare est devenu incontournable !

LA CONCHE

Les Jacquets
© 05 57 76 30 63
Ouvert tous les jours le midi et le soir. Huîtres à partir de 14 € la douzaine.

Déguster des fruits de mer les pieds dans l'eau c'est le plaisir idyllique qu'offre La Conche avec ses trois terrasses dont l'une est chauffée et fermée par des bâches transparentes. Côté déco, tables et chaises de bistrot et banquettes garnies de coussins très confortables. A la carte des huîtres ultra fraîches, des bulots, des bigorneaux, plusieurs préparations de crevettes sans oublier le fameux pâté de campagne ou au piment d'Espelette, le vin blanc, le beurre demi-sel ou la mayonnaise. Côté service, un dress code : tee-shirt marin pour tout le monde.

MÊME PAS CAP

49, route de Bordeaux
© 05 57 05 13 70
Ouvert tous les jours de 10h à 19h.

Même pas cap... mais pas cap de quoi ? Tout simplement pas cap de ressortir de cette boutique les mains vides quand on a des bambins de 1 mois à 16 ans. Emma et Christophe ont tout prévu pour eux dans une jolie et authentique maison en bois. Le couple, très branché charte écologique et éthique, privilégie des matières bios ou organiques. Dans ce concept store une belle collection de vêtements mode (Hartford, Hundred Pieces, Louis Louise...), des bottes, des tongs originales, des tennis tendance, des accessoires, des doudous, des livres, des jeux et des jouets.

VILLA NOVA

2, boulevard de la Plage
© 06 13 23 18 01
Basse saison : ouvert le week-end de 10h à 19h. Haute saison : tous les jours et les jours fériés de 10h à 20h.

Deux amies, Nathalie Rodriguez et Sophie Basque, ont uni leur envie de partager leurs coups de cœur au sein de la même boutique. Leur choix est avant tout centré sur la vaisselle et le linge de maison, mais elles ont ajouté quelques suspensions en osiers, raphia, paniers, mini tapis et une ligne de mobilier en toile army recyclée. La vaisselle est en faïence avec de belles couleurs qui rappellent parfois l'océan, ou en bambou, idéal pour les pique-niques. Le linge de maison, souvent à base de lin, se décline dans des bleus, jaunes, orange ou fuchsia bien acidulés.

CLUB LA VIGNE

Plage de la Vigne
© 06 40 27 50 02
www.clublavigne-capferret.net
Juillet-août. Lundi-samedi 9h30-12h30 et 15h30-18h30. 20 € la 1/2 journée, 90 € les 5.

Initier les plus petits à la natation et les distraire sur la plage, telle est la mission du Club de la Vigne, qui propose cours et jeux encadrés. Ils sont assurés sur la plage, moyennant un ticket par demi-journée. Les enfants qui nagent comme des poissons dans l'eau peuvent se perfectionner, passer des brevets, alors que les plus petits suivent les cours d'initiation (3 à 5 ans) à la natation. Quant aux plus aguerris, y compris les adultes, ils auront tôt fait de se mettre à la pratique du catamaran, voire d'en louer un pour quelques heures à une journée.

DOLPHIN JET

47, route du Cap-Ferret
© 05 56 03 64 23
www.dolphinjet.com
Ouvert d'avril à fin octobre. Location Jet-Ski 1h : 130 €, une journée : 440 €. Randonnée à partir de 110 €.

Découvrir le bassin d'Arcachon autrement, c'est possible ! En plus si vous aimez les sensations fortes, vous allez être servis. Dolphin Jet vous propose la location de jet ski sans permis dès 16 ans, des randonnées en jet ski avec un moniteur diplômé, mais aussi des scooters des mers Sea Doo dernière génération équipés de moteurs 4 temps silencieux et certifiés « Very Low Emission », des bouées, des wake-boards ou des bateaux avec permis côtier obligatoire, des randonnées en jet ski (Découverte du Bassin, Tour de l'île aux Oiseaux ou 100 % Bassin).

CAP GOLF

Domaine du Four
✆ 05 57 70 49 92
www.capgolf.fr

Ouvert toute l'année. Tous les jours et les jours fériés de 9h à 2h. Green fee : 20 €, practice 1 seau : 3,50 €.

Au milieu des pins, Cap Golf est unique. C'est un endroit à la fois sportif, convivial, familial et festif. Il comprend un parcours de 9 trous Pitch & Putt, un practice, un putting green, du disc-golf et du footgolf, du foot joué avec élégance sur un terrain de golf et selon les règles du golf... Cap Golf c'est aussi un club house, trois bars, de la restauration le midi (pizzas excellentes), sans oublier le boulodrome, les soirées DJ, concerts, retransmissions sportives et de beaux espaces pour événements. Pour la détente : coin piscine, massages et concept store.

LE TEICH

Les premiers habitants du Bassin d'Arcachon, les Bituriges Vivisques, quelques siècles avant notre ère s'installèrent au Teich et de Biganos. La commune est avant tout remarquable par son capital nature, : près de 80 % des 8 700 hectares sont recouverts par la forêt. Les Techois sont gâtés. Le delta de la Leyre, véritable Camargue miniature, offre des paysages uniques depuis les prairies du delta jusqu'à la sombre forêt-galerie, ainsi qu'une faune ornithologique unique. A découvrir sur les sentiers de randonnées et lors de la visite du fameux parc ornithologique qui accueille plus de 260 espèces d'oiseaux sauvages sédentaires et migrateurs.

RÉSERVE ORNITHOLOGIQUE DU TEICH ★★★

Rue du Port
✆ 05 56 22 80 93
www.reserve-ornithologique-du-teich.com
Haute saison ouvert tous les jours et jours fériés de 10h à 20h. Adulte : 9,40 €. Enfant de 5 à 14 ans : 7,20 €.

© BRUN HERVE - ADOBE STOCK

La superbe Réserve Ornithologique est un lieu de prédilection pour l'accueil des oiseaux migrateurs ou sédentaires. Le parcours découverte de 6 km est ponctué d'une vingtaine de postes d'observation couverts, dont un aménagé en hauteur avec une vue sur le bassin et le parc. Chacun est dédié à une espèce. Il est également possible de se restaurer à la Brasserie du Delta ou de rapporter quelques souvenirs à la boutique de l'oiseau, toutes deux situées à l'entrée du site.

OFFICE DE TOURISME LE TEICH

1, place Pierre-Dubernet
✆ 05 56 22 80 46
https://leteich-ecotourisme.fr
Horaires sur le site.

Profitez notamment des balades gourmandes, qui vous permettent d'initier vos papilles aux produits régionaux : huîtres, esturgeons, caviar d'Aquitaine… Les visites sont commentées et agrémentées de dégustations bien sûr. Avec plus de 12 km de pistes cyclables l'office de tourisme vous fournira le détail des pistes du Bassin ainsi que des idées d'itinéraires. On vous loue même des vélos ! Enfin renseignez-vous aussi sur les diverses manifestations de la ville.

ALL SUITES APPART HOTEL LE TEICH €€

7, rue Copernic
✆ 05 56 22 08 08
www.allsuites-apparthotel.com
Ouvert toute l'année. Chambre double à partir de 69 €, suite à partir de 107 €. Petit déjeuner : 10,50 €.

Au coeur de la forêt, cet hôtel atypique, tout de bois vêtu, conjugue les atouts de l'enseigne aux trésors naturels de l'environnement. La décoration sobre et moderne se retrouve jusque dans les chambres. Les suites familiales combleront les tribus avides de repos et de détente, tout en profitant de leurs proches. Les plages océanes et les centres-villes des communes du Teich et de Gujan-Mestras sont à quelques minutes. La salle de sport et le sauna sont incontournables.

MADAME VACANCES RÉSIDENCE LES RIVES MARINES €€

Rue du Port ✆ 05 56 66 06 33
www.madamevacances.com
Ouvert toute l'année. Studio 2 personnes à partir de 144 €/semaine. Appartement 4/5 personnes à partir de 201 €/semaine.

La Résidence Madame Vacances est dans un environnement exceptionnel. Depuis le vaste parking, on devine déjà les façades colorées d'un petit village. Tous les appartements profitent d'une terrasse ou d'une loggia avec mobilier de jardin. Le séjour est ouvert avec un coin-cuisine tout équipé : plaques de cuisson, micro-ondes, réfrigérateur et lave-vaisselle. Au bout de la rue du Port, vous accédez à une plage en bord de rivière, et la mer est à 4 km que l'on parcourt aisément à vélo.

LA BRASSERIE DU DELTA €

1, rue du Port

✆ 05 56 22 80 93

Basse saison : du mardi au dimanche de 10h à 15h. Haute saison : du mardi au dimanche de 10h à 19h. Carte : 20 €.

Après une belle promenade dans le parc ornithologique du Teich, la Brasserie du Delta, installée à l'entrée du parc ornithologique, est un endroit bien sympathique pour se détendre, boire un verre et manger sur le pouce. Marion et Maxime préparent tous les jours une cuisine traditionnelle de qualité. De bons petits plats, tous faits maison, vous attendent. Menu du jour, salades, quiches, tartines et desserts sont proposés avec le sourire. La terrasse est très agréable pour profiter du soleil et admirer les volatiles de passage.

L'ESTURGEONNIÈRE - CAVIAR PERLITA

Route de Mios-Balanos

✆ 05 56 22 69 50

www.lesturgeonniere.com

Visite de l'exploitation sur rendez-vous.

L'Esturgeonnière s'est développée au cœur de la forêt des Landes, dans une clairière qui se découvre au bout d'une petite route. Les esturgeons sibériens sont élevés pour donner le caviar d'Aquitaine qui répond au doux nom de Perlita. Il est distribué autour du Bassin d'Arcachon et à Bordeaux, notamment par la société Lafitte foie gras, l'Epicerie à Bordeaux, le Comptoir Arcachonnais, l'épicerie du cap Ferret, la poissonnerie Lucine et aussi vendu en ligne.

CAMPING KER HELEN €€

Avenue de la Côte-d'Argent

✆ 05 56 66 03 79 - www.kerhelen.com

Fermé du 15 octobre au 13 avril. Emplacement de 10,50 € à 31,50 €. Bungalows à partir de 200 € la semaine.

© CAMPING KER HELEN

Ici, l'ambiance est 100 % famille, sports et loisirs. Situé à 5 minutes du parc ornithologique et du village ostréicole, à 15 minutes des plages et bordé par la L'Eyre dans un environnement fleuri, le camping Ker Helen offre dépaysement, repos et détente pour petits et grands. Louez un emplacement tout confort pour camper ou préférez chalets, cottages, lodges et bungalows. En journée, il est possible de profiter de l'aire de jeux, de l'espace fitness et de la piscine. On y organise des tournois de volley, de pétanque, de foot, des sorties VTT, etc.

MARCHÉ MUNICIPAL DU TEICH

Place du Souvenir

Ouvert le samedi de 7h30 à 13h30.

Le rendez-vous des Teichois se déroule le samedi matin à partir de 7h30 jusqu'à 13h30, place du Souvenir, en centre-ville, entre l'église et la mairie. Retrouvez chaque week-end une vingtaine de commerçants pour vos produits locaux, fruits et légumes frais, viandes, poissons, plats cuisinés ou encore pour votre pain. Mais vous trouverez également quelques stands de fleurs, de plantes et même de vêtements. De quoi passer une matinée agréable et conviviale.

VILLETORTE LOISIRS

30, rue du Pont-Neuf

✆ 05 56 22 66 80

www.loisirs-arcachon.com

Fermeture annuelle en hiver. canoë et kayak à partir de 15 € par personne.

En dehors des balades en barque ou canoë proposées par la Maison de la Nature du Bassin d'Arcachon, située à l'entrée du Parc ornithologique, il existe un autre espace dédié aux loisirs de nature et à la famille. Cette base de loisirs à plus de 20 ans d'expérience dans l'accueil du public. Ici (presque) tout est possible : la location de kayak ou de canoë, avec deux parcours au choix de 10 ou 20 km, la location de vélos pour partir à la découverte des sentiers du bassin ainsi que des promenades guidées à cheval en forêt et sur le bord de la rivière.

MIOS

La commune de Mios est implantée en plein cœur de la forêt des Landes de Gascogne. Elle est donc située dans le Parc naturel régional des Landes de Gascogne et également sur la Leyre. Très étendue, la commune compte près de 6 900 Miossais. A noter la cloche de la chapelle Saint-Brice, datée du XVIIIe siècle et classée monument historique. L'église Saint-Martin a quant à elle été agrandie au XIXe siècle, mais semble dater du XVIe. Mios est une commune au patrimoine naturel exceptionnel, propice à la randonnée et à la balade. Sur les bord de la Leyre une guinguette est ouverte en été. C'est un espace de détente privilégié, au cœur du parc Birabeille.

LA TONNELLE €

8, avenue des Landes de Gascogne
✆ 05 56 26 46 66
www.restolatonnelle.com

Ouvert toute l'année. Chambre double à partir de 46 €, chambre pour 4 personnes à 72 €. Petit déjeuner : 6 €.

Situé à Mios, sur la route qui mène à Salles, l'hôtel-restaurant La Tonnelle est peu rustique, ce qui, pour certains, fait tout son charme. Néanmoins, Martine, Jean-Jacques et John ont à cœur de vous recevoir en toute convivialité. Les chambres ont toute une salle de bains privée. De plus, le service restauration est de qualité. Concoctés à partir de produits frais, les plats traditionnels sont principalement inspirés du Sud-Ouest : foie gras mi-cuit, cuisse de canard confite, filet de bar sauce pineau des Charentes. Une très bonne adresse aux portes du Bassin.

L'EYRA €€

70, avenue de la République
✆ 05 40 12 18 44
http://restaurant-leyra.com

Le mardi et le dimanche le midi, du mercredi au samedi le midi et le soir. Carte : 28 € environ. Formule : 13,50 €.

Le patron des lieux Vincent Bianchi a toujours cette volonté féroce de régaler ses convives et de leur faire plaisir. Et ils sont nombreux à s'être passé le mot, car ce restaurant affiche régulièrement complet. Il faut dire que la carte allechante met à l'honneur les produits des produits frais et travaillés avec pas mal d'originalité, voire même d'audace dans les goûts et les mélanges. Pour accompagner votre repas, L'Eyra affiche une carte des vins raisonnable. L'accueil est chaleureux, attentionné et le service dynamique et très professionnel.

L'OBERGE €€

27, avenue du Val de l'Eyre
✆ 05 56 26 67 47

Ouvert du lundi au samedi. Carte : 28 € environ. Formule du midi : 14,50 €.

L'Oberge est un hôtel-restaurant marqué par sa simplicité. A l'extérieur, les propriétaires ont fait le choix d'une façade habillée de lames boisées. A l'intérieur, une décoration moderne avec une belle cheminée qui fonctionne en hiver. Les murs sont ornés d'œuvres contemporaines. Côté cuisine tout est fait maison : terrine de foie gras, andouillette grillée, gambas flambées, salade océane, blanquette de dinde, brioche façon pain perdu, etc. Les chambres, doubles ou triples, sont très épurées, mais elles ont le confort nécessaire.

JAMBONS 10 VINS

12, avenue de la Libération
✆ 05 56 26 36 47

Ouvert du mardi au samedi de 10h à 22h, le dimanche de 9h à 14h. Repas entre 15 € et 36 €.

L'épicerie de Fabio Iaconelli est un commerce coquet, chaleureux et accueillant. On y vend bien sûr des produits italiens, comprenez des pâtes fraîches, de la charcuterie ainsi que des fromages, entre autres. Vous pouvez les déguster chez vous ou sur place, car Fabio et Armelle réalisent des plats savoureux concoctés à partir des produits issus de leur propre boutique. Vous trouverez aussi des vins, des bières du monde, et des rhums arrangés. Parce qu'il aime partager, Fabio Iaconelli organise des cours d'œnologie et de cuisine.

LAKE CITY

108, route du Barp ✆ 06 40 65 11 71
www.lakecity.fr

Fermé du 5 novembre au 15 mars. Haute saison : ouvert tous les jours et les jours fériés de 10h à 21h.

Lake City est une base de loisirs sur la route du Barp, mais c'est surtout le 1er Wakepark équipé en France ! Lake City c'est 100 % glisse : wakeboard, ski nautique, paddle... une découverte dès l'âge de 4 ans, apprentissage, perfectionnement avec du matériel adapté et encadré par des moniteurs diplômés d'État. Une Cabane zen située au-dessus de l'eau propose un spa et des séances de conseils en aromathérapie. C'est aussi un Aquapark pour s'amuser en famille ou entre amis : des structures gonflables et une catapulte géante ! Sur place possibilité de restauration.

MÉDOC / HAUTE GIRONDE

Sur la rive gauche de la Gironde, où le fleuve se perd déjà dans l'océan, le Médoc est connu pour ses prestigieux vignobles situés principalement dans le Haut-Médoc mais c'est aussi l'océan, les immenses plages de sable fin, les pinèdes, les marais, les étangs, les lacs parsemés au milieu d'un territoire de caractère, au patrimoine historique et architectural très riche. Gambas et huîtres de l'estuaire réjouiront les gastronomes. Les surfers trouveront leur bonheur grâce aux 15 des meilleurs spots de Gironde. Les amateurs de randonnées pédestres pourront parcourir des kilomètres de sentiers balisés et arpenter les réserves naturelles comme l'exceptionnelle Réserve naturelle nationale des dunes et marais d'Hourtin. Le Médoc se visite aussi à vélo grâce à plus de 400 kilomètres de pistes cyclables. Des croisières vont conduiront sur le plus vaste estuaire d'Europe pour découvrir notamment le superbe phare de Cordouan.

PAGES

● ● MÉDOC

193 MÉDOC
193 CARCANS ★
197 CUSSAC-FORT-MÉDOC ★
198 HOURTIN ★
201 JAU-DIGNAC-ET-LOIRAC
202 LACANAU-OCÉAN ★★
214 LESPARRE-MÉDOC ★
218 LISTRAC-MÉDOC ★
219 MARGAUX ★
223 MOULIS-EN-MÉDOC ★
225 PAUILLAC ★
229 LE PIAN-MÉDOC
230 LE PORGE ★
230 SAINT-ESTÈPHE
234 SAINT-JULIEN-BEYCHEVELLE ★
235 SAINT-LAURENT-MÉDOC
236 SAINT-VIVIEN-DE-MÉDOC
237 SOULAC-SUR-MER ★★
243 LE VERDON-SUR-MER ★★
247 VENDAYS-MONTALIVET

● ● HAUTE-GIRONDE

251 HAUTE-GIRONDE
251 BLAYE ★★

Située sur la rive droite de l'estuaire de la Gironde, la ville de Blaye est un haut lieu du patrimoine. Baladez-vous dans la fameuse citadelle, avec ses ruelles pavées pleines de charme et son couvent des Minimes. Les amoureux d'histoire seront séduits par le musée d'histoire et d'archéologie et par la villa gallo-romaine.

257 BOURG ★★
261 SAINT-ANDRÉ-DE-CUBZAC

CARCANS ★

Carcans est indissociable de Maubuisson. L'ensemble est composé de Carcans Océan, Maubuisson (Carcans Lac) et Carcans bourg. Tout a été aménagé pour accueillir un tourisme nature et familial, avec une profusion d'activités de loisirs, d'animations l'été et de nombreuses régates à suivre tout au long de l'année notamment à Maubuisson et sur le site de Bombannes où la voile est reine. L'océan a aussi sa place avec les grandes plages sauvages, prisées des surfeurs, tout comme la vaste forêt de pins maritimes, de chênes verts, de chênes-lièges, etc. Quelque 120 km de pistes cyclables sont à la disposition des amateurs de belles balades à vélo.

MAISON DES ARTS ET TRADITIONS POPULAIRES

129, avenue de Maubuisson
✆ 05 56 03 41 96
http://musee.matp.carcans.free.fr

Fermé d´octobre à mai. Du lundi au vendredi de 15h à 19h. D'avril à octobre visite de groupes sur rendez-vous. Gratuit.

Créée en 1976 par quelques habitants de la commune, soucieux de sauvegarder et de mettre en valeur le patrimoine local, l'association MATP fait revivre l'homme de la lande médocaine à travers son activité laborieuse. La visite prend environ une heure. Une douzaine d'espaces présente des thèmes de la vie rurale du XVIIIe au XXe siècle, avec des références plus anciennes et son évolution vers la modernité. On y voit des photos d'époque, de vieux outils, un intérieur d'autrefois, etc.

DOMAINE DE BOMBANNES

✆ 05 57 70 12 13
https://bombannes.ucpa.com

Ouvert toute l'année. Haute saison : tous les jours à partir de 9h. Hors saison : informations sur le site.

Le domaine de Bombannes, au sein de 250 ha de forêt, offre une large palette d'activités pour toute la famille, encadrées par des professionnels : parcours aventure, aquapark, activités nautiques et terrestres, surf, bodyboard, locations de pédalos, canoës, kayaks, vélos, école de voile à Hourtin. L'Origin'all café est idéal avec sa vue panoramique sur le lac et ses animations nocturnes en été. Côté hébergement, un centre de vacances et un camping 3 étoiles la Dune Bleue ombragé avec emplacements, cottages, lodges, de nombreux services et une piscine.

RÉSERVE NATURELLE DE L'ÉTANG DE COUSSEAU ★

Route de Lacanau
✆ 05 56 03 34 94

Ouvert toute l'année. Touts les jours. Visite libre.

La découverte de ce site protégé de plus de 600 hectares demande quelques efforts, car vous ne pourrez y accéder qu'après avoir arpenté à pied ou en vélo un chemin dans les sous-bois tapissés de mousse. Pour découvrir tous les secrets de cette nature préservée entre dune et marais et la faune peuplant ce sanctuaire, des visites guidées et thématiques sont organisées tout au long de l'année. En hiver, de nombreuses espèces nichent dans la réserve, dont les célèbres grues cendrées.

© THOMAS LAUNOIS - STOCK.ADOBE.COM

Plage de Carcans.

OFFICE DE TOURISME MÉDOC ATLANTIQUE

127, avenue de Maubuisson
✆ 05 56 03 21 01
www.medoc-atlantique.com
Horaires variables en fonction des saisons, informations sur le site : www.medoc-atlantique.com.

Paradis des sports de glisse et de plein air, Carcans Maubuisson offre un accueil privilégié aux familles que ce soit en campings, locations ou villages vacances. L'été, une animation intense au cœur de la station avec une programmation culturelle et sportive très dense : concerts, festivals, excursions, survol du paysage et des plages immenses, visites des châteaux du Médoc, sorties nocturnes, compétitions, balades sur les nombreuses pistes cyclables, randonnées pédestres, etc.

BICY'COOL

111, avenue de Maubuisson
✆ 05 56 03 43 23
www.location-velo-carcans.com
Ouvert toute l'année. VTC et VTT : 9 € la demi-journée, enfant 7 €. Vélo électrique : 25 € la 1/2 journée,

Chez Bicy'Cool vous avez le choix parmi des centaines de vélos adaptés à tous (sportifs, famille ou « tranquilous ») : VTT, VTC, tandem, vélo électrique, fatbike, trottinette et vélo pour enfant. Tout a été pensé pour faciliter l'accès au vélo au plus grand nombre avec la location de remorque pour enfants et même... pour Médor ! Avec la location, il vous sera fourni une carte des pistes cyclables, un casque, un antivol et un siège bébé. Et pour ceux qui souhaitent découvrir le lac en toute liberté, Bicy'cool vous propose des paddles gonflables à la location !

FUN BIKE

109, avenue de Maubuisson
✆ 05 56 82 96 74
www.funbike.fr
Ouvert de Pâques à la Toussaint, le reste de l'année sur réservation. Vélos adultes 10 € la 1/2 journée et enfants 8 €

VTT, VTC, vélos et remorques pour enfant, coques bébé, tandem et vélos électriques, vous allez pouvoir parcourir les pistes cyclables du Médoc-Océan seul, à deux, entre amis ou en famille. Fun Bike a tout prévu, François et Christophe, les deux gérants, ont plus de 800 vélos à louer et tout est compris : antivol, panier et casque. Le magasin peut accueillir des groupes (jusqu'à 500 personnes). L'équipe connaît la forêt des landes girondines et vous guide pour des balades mémorables. Fun Bike fait aussi la vente, la réparation et l'entretien de vos vélos.

CAMPING DE MAUBUISSON €

81, avenue de Maubuisson ✆ 05 56 03 30 12
www.camping-maubuisson.com
Ouvert de mars à mi-novembre. Emplacement à partir de 13 €. Chalets et mobil-homes à partir de 350 € la semaine.

Dans un vaste parc boisé, le camping de Maubuisson est situé à 150 m d'une plage de sable fin du lac de Carcans. Les emplacements pour tentes et caravanes sont assez vastes. On peut aussi loger en mobil-homes, en Coco Sweet ou en Pendola, une sorte de tente que l'on remonte pour la suspendre dans les arbres à 1 mètre de hauteur. Ce camping est une bonne adresse pour les amateurs de calme, de repos et de nature et pour les familles qui souhaitent profiter pleinement du lac ou des animations en journée. Hormis le bar-restaurant il n'y a pas d'animations le soir.

LA DUNE BLEUE €€

Domaine de Bombannes
✆ 05 57 70 12 12
www.camping-dunebleue.com
Fermé du 4 mai au 16 septembre. Locations : emplacements nus tentes et camping-cars, cottages, lodges, caravanes.

Situé au bord du lac de Carcans-Maubuisson, sur la base de loisirs de Bombannes, et tout proche de l'océan, le camping de la Dune Bleue vous accueille dans un environnement naturel au milieu des pins. Il s'est engagé à respecter l'environnement par l'utilisation d'énergies renouvelables, par un usage économe de l'eau, par la réduction des déchets et par la formation du personnel pour un comportement écologique. Lac, piscine, club pour enfants, stages de découvertes, location de vélos, animations et soirées à l'Origin'all Café en juillet et août...

HUTTOPIA €€

Domaine de Bombannes
✆ 05 56 03 95 02
www.europe.huttopia.com
Fermé d´octobre à avril. Locations : emplacements pour tentes, camping-cars, caravanes, tentes toile et bois.

Huttopia est situé au cœur de la forêt du domaine de Bombannes, dans 250 hectares de pinède, avec des pistes cyclables et des sentiers de promenade, juste à côté du plus grand lac de France, de l'océan et bien sûr de la base de loisirs pour les sportifs. A la location, pour des vacances nature, de jolies tentes Toile & Bois, couleur sable, 100 % confortables et pratiques. Elles sont équipées de terrasse, d'un coin cuisine, d'une salle de bains privative, d'un espace nuit avec de vrais lits et même de toilettes pour les plus luxueuses.

AU P'TIT CANON €

1, rue des Tilleuls
© 05 56 03 33 14
Fermeture du 20 octobre au 7 novembre. Carte : 20 € environ.

Au P'tit Canon, pas de chichis, mais un bon accueil, de la cuisine familiale, et une sélection de vins du Médoc ! Vous pouvez boire un verre, déguster une salade ou une pizza en terrasse, petit-déjeuner et déjeuner toute l'année. Le chef compose un menu unique : buffet pour les entrées (crudités, pâté, quiche maison), quatre plats et trois desserts au choix qui se renouvellent chaque jour. Tout est fait maison. Installée à la « cave », la deuxième salle du restaurant présente de bonnes bouteilles de vins de la région, sur des étagères en bois.

PIZZERIA LES 4 PÂTES €

13, place des Combattants
© 06 41 46 37 03
Ouvert toute l'année. Fermé le lundi et le mardi. Pizza 1 à 2 personnes à partir de 7 €, pâtes à partir de 6,50 €.

Qu'il pleuve, qu'il vente ou qu'il fasse très beau, l'accueil est toujours chaleureux et c'est très agréable ! Dans une carte de 16 pizzas, vous pourrez choisir la vôtre, sans oublier la pizza sucrée. En plus des très bonnes pizzas aux quatre pâtes spéciales au choix (céréales, traditionnelle, olives et tomates ou fromage), la carte comprend des salades composées très copieuses, des lasagnes à la bolognaise, des assiettes de fromage et des desserts maison : tarte au citron meringuée, tiramisu… tout est frais et fait maison, nous confirmons !

PIZZERIA ROUTE 207 €

29, route de Carcans
BRACH
© 05 57 29 21 92
Ouvert toute l'année. Pizza de 7,50 € à 13,50 €.

Le pizzaïolo de la Pizzeria Route 207 prépare de bonnes pizzas avec base de tomate ou de crème fraîche, de l'océane à l'orientale en passant par la Forestière à la surprenante 207 spéciale à tester si vous êtes curieux, car elle est composée de steak haché, d'escargots, persillade, fromage et olives. Chaque mois de l'année a sa pizza en fonction de la saison et de l'humeur du chef : Raclette en décembre, Périgourdine en janvier, etc. Pour déjeuner sur place ou à emporter il y a aussi des paninis, des sandwiches, des frites, des plats et des boissons fraîches.

CAMPING LES MIMOSAS €€

173, route de la Barrade
© 05 56 03 39 05
www.les-mimosas-camping.fr
Fermé du 15 septembre au 15 juin. Emplacements nus, location de mobil-homes, tentes Trigano et caravanes.

© CAMPING LES MIMOSAS

Le camping Les Mimosas, familial et tranquille, est le lieu idéal pour se détendre et profiter de vacances nature avec les enfants. Entre lac et océan pour la plage, le surf et la voile, la forêt pour les balades à vélo, la proximité des plus prestigieux châteaux du Médoc et à 30 minutes de Bordeaux, votre séjour promet d'être riche en découvertes. Le camping dispose d'une piscine extérieure chauffée, d'un billard, d'un baby-foot, d'un boulodrome et de jeux pour les enfants. Il y a aussi des barbecues pour les soirées sympas avec vos voisins !

L'ATELIER RESTO €€

138, avenue de Maubuisson
© 07 88 51 38 80
Ouvert de Pâques à la Toussaint. Carte : 18 € environ (le soir 27 €). Plat du jour : 18 €.

Il y a la Boutique et l'Atelier Resto, une jolie cabane coloniale en bois, à la déco soignée, montée par Emmanuel Gieze, déjà connu dans la restauration notamment grâce au Café Maritime. C'est un bar à vins/resto où la carte mêle tapas et plats faits maison aux inspirations venues d'ailleurs, comme une parillada de poissons, un pavé de bœuf Rossini sauce aigre-douce aux mangues, ou encore un ceviche de daurade façon tahitienne. En dessert, la salade d'oranges à la menthe, sucre cassonade vanillé et cannelle, est très fraîche et pleine d'exotisme.

LE SALON DE LA GLACE

142, avenue de Maubuisson

✆ 05 56 03 30 80

Ouvert le week-end seulement en mars et avril, et tous les jours à partir du 1er juin jusqu'au 15 septembre.

Le Salon de la Glace se remarque avec sa devanture rose dans l'esprit des années 60 américaines. Ce glacier, 100 % artisanal, a créé tout un univers coloré avec une cinquantaine de parfums originaux sans colorant ou arôme artificiel ni conservateur. Les coupes sont énormes, et autant dire qu'il y a de quoi se faire plaisir. La carte est renouvelée très régulièrement, et pour parfaire la performance, deux nouveautés sont en vitrine chaque semaine. Des petits déjeuners copieux (l'anglais, le nordique, le savoyard et le français) sont servis à partir de 8h.

ÉPICERIE DU ROND-POINT

25, route de Carcans

BRACH

✆ 05 56 69 75 89

Ouvert du lundi au samedi de 7h30 à 13h et de 16h à 20h ; le dimanche de 7h30 à 13h.

La petite commune de Brach, sur la route des plages du Médoc océan manquait cruellement de commerces sur la route principale. Et bien c'est fini ! Vive le commerce de proximité avec cette épicerie au premier rond-point (d'où son nom) en venant de Bordeaux ou de Castelnau, là où se cache la boulangerie.. Et, comme à l'ancienne, on trouve de tout dans l'épicerie d'Olga, des fruits, des légumes, de la crèmerie... et tout ce qui peut dépanner quand on vit ici avec son sourire en prime. Des habitants du coin aux touristes de passage l'été, tout le monde est ravi !

MARCHÉS

Marché à Carcans bourg tous les vendredis matin.

Le marché de Carcans a lieu toute l'année les vendredis matin de 8h à 13h place de l'Eglise. De mi-juin à mi-septembre à Carcans-Maubuisson (grand parking de Carcans Lac) de 8h à 13h les mercredis matin, c'est le grand marché d'été. A Carcans Océan, tous les lundis matin en juillet et en août de 8h à 13h. Foires artisanales et gastronomiques en juillet et août : les vendredis toute la journée à Carcans-Maubuisson et les jeudis soir à Carcans Plage. On remplit le panier de fruits et légumes de la région, d'huîtres du Bassin ou de l'estuaire, etc.

PHILIPPE RIVERA

1, route du Lac

✆ 05 56 03 30 11

Ouvert du samedi au mardi et le jeudi de 8h à 13h ; le vendredi de 8h à 13h et de 16h à 19h. Traiteur et livraison.

Philippe Rivera ne vend que de la viande de qualité, de la charcuterie traditionnelle faite maison et assure un service traiteur sur place ou à domicile. L'été, il réalise des plats cuisinés, des salades composées et de belles brochettes de bœuf. De mi-juin à mi-septembre, son camion est stationné sur le marché de Maubuisson le mercredi matin, au 117 boulevard du lac à Maubuisson le lundi matin et le samedi après midi. Tout le long de l'année il est aussi présent sur les marchés de Saumos, Lacanau Ville, Sainte-Hélène et Castelnau-de-Médoc.

AIR NAWAK

D3 Route de Lacanau ✆ 06 43 50 39 75

www.airnawak.com

Ouvert du 1er février au 30 novembre. Sur réservation. Baptême ou promenade à partir de 45 € les 15 minutes.

Survoler la plus belle région du Médoc, le plus grand lac d'eau douce de France, l'océan, la forêt... et le bassin d'Arcachon. Des paysages à couper le souffle pour des souvenirs plein la tête... ou dans l'objectif ! Une expérience unique... Vous décollerez de la base de Carcans ULM, située entre Lacanau et Carcans, pour un baptême de 15 à 30 minutes ou plus... Le centre de formation est agréé par la fédération, un gage de sérieux et de sécurité. Deux instructeurs expérimentés dispensent des formations complètes, dès 15 ans, pour faire de vous un vrai pilote !

ÉCOLE DE SURF LES LOUBINES

11, rue de la Forêt

✆ 06 68 64 57 42

www.lesloubines.onlc.fr

Ouvert d'avril à novembre. Tarif adulte : découverte 2 heures à 40 €.

L'école propose des cours de surf et body-board pour les groupes et les individuels. Plusieurs formules sont disponibles comme les forfaits découverte à la journée, à la semaine (cours de deux heures par jour pendant deux, trois, quatre ou cinq jours) ou encore des stages entre avril et octobre. Les tarifs comprennent l'assurance, le prêt du matériel, les cours théoriques et pratiques. Le magasin dispose également d'un grand choix de planches de toutes sortes et de toutes tailles.

ROD'S SURF SHOP

10, avenue de la Plage
✆ 06 03 24 47 90
www.rods-surf.com
Ouvert dès les beaux jours. Haute saison : ouvert tous les jours.

Voici un surf shop digne de ce nom, qui possède son atelier de shape (fabrication artisanale de surf). Shorboards, hybrides, mini malibus et long boards sont faits et décorés mains. Ces pièces uniques au style, à la taille et au poids de chaque surfeur. Le must est d'en avoir plusieurs pour s'adapter aux conditions de vague et aux envies de glisse du jour. On trouve aussi un grand choix d'accessoires et de surfwears de marques. Les planches sont exclusivement Rod's. Les débutants seront fort aises de trouver des planches Bic et du matériel d'occasion.

LES VOILES DU LAC

Ponton du Trou du Facteur
✆ 07 66 06 05 64
www.lesvoilesdulac.com
Ouvert toute l'année. Promenade à partir de 25 €/adulte, 19 €/enfant (4 à 12 ans) et gratuit de 0 à 3 ans.

Envie d'un petit ou d'un grand tour en catamaran sur le lac de Carcans ? Les Voiles du Lac répondent à votre demande que ce soit pour une promenade découverte d'environ 2 heures, une balade apéritive au coucher du soleil avec planteur puis vin moelleux et rouge (boissons sans alcool pour les petits), foie gras, saumon fumé, légumes, cannelés, pain ou pour des balades matinales au lever du soleil. Si le vent fait défaut, deux petits moteurs dernière génération prennent le relais. Pour une liberté totale, il est aussi possible de privatiser le catamaran.

CAFÉ-THÉÂTRE DE CARCANS

10, Place des Combattants
✆ 06 82 72 97 95
www.theatrecarcans.fr
Ouvert toute l'année. Entrée : 17 €. Formule Plateau-Théâtre : 28,50 €.

Chaque fin de semaine, au nord de Lacanau, au sud d'Hourtin, à Carcans plus précisément, on entend résonner les rires et les applaudissements venant tout droit du petit café-théâtre. Eh oui ! Le Médoc océan a son café-théâtre, face à l'église à Carcans bourg. Une belle initiative qui a vu le jour grâce à Nathalie et Xavier. La formule Plateau-Théâtre composée d'une assiette du moment, d'un verre de vin et d'une place de théâtre est intéressante. Ce petit café théâtre a une bonne réputation et on se déplace de partout pour une soirée rire et détente côté océan.

CUSSAC-FORT-MÉDOC ★

Entre vignes et estuaire, la ville de Cussac Fort Médoc a eu un port très actif sur la Gironde jusqu'au XVIIe siècle. Ce fort bâti par Vauban – comme la citadelle de Blaye – pour fermer le verrou de l'estuaire est inscrit au patrimoine mondial de l'UNESCO. Un livre *Fort Médoc* écrit par Michel Faure est en vente au Fort Médoc et à la mairie de Cussac Fort Médoc. Il raconte l'histoire tourmentée du fort qui participe aujourd'hui à la beauté du territoire. Le fort mérite la visite tout comme les châteaux du vignoble de Cussac, classé Haut Médoc. Il représente plus de la moitié de la surface agricole de la commune. Ici, on produit le saint-julien...

FORT MÉDOC ★★

Route du Fort-Médoc ✆ 05 56 58 98 40
www.cussac-fort-medoc.fr
Horaires sur le site internet. Gratuit jusqu'à 5 ans et personnes handicapées. Adulte : 4 €, enfant de 5 à 12 ans : 1 €.

© PACKSHOT - FOTOLIA

Cette fortification défensive fut construite par Vauban dès 1691 pour protéger Bordeaux afin de fermer l'estuaire avec le fort Pâté et la citadelle de Blaye : cet ensemble, inscrit au patrimoine mondial par l'UNESCO, constitue le verrou de l'estuaire. Certains bâtiments sont encore debout comme la poudrière fortifiée, le corps de garde, la chapelle, la citerne, une partie des casernes ou la porte royale de l'entrée avec son fronton ouvragé orné du soleil royal. Belle vue sur la Gironde, la citadelle de Blaye et ses coteaux depuis les remparts gazonnés.

CHÂTEAU MICALET €€

10, rue Jeanne-d'Arc
✆ 05 56 58 95 48
www.chateaumicalet.fr

Ouvert toute l'année. Pour 6 personnes (120 m², 3 chambres). A partir de 480 € la semaine.

La famille Fedieu a créé un gîte indépendant au premier étage d'une belle maison de caractère du XIXe siècle en pierres de taille avec cour et jardinet, au cœur d'une exploitation viticole en agriculture biologique. La maison peut accueillir jusqu'à 6 personnes qui trouveront là tout confort ainsi qu'une agréable proximité avec les chemins de randonnées, les vignobles, le Fort Médoc, l'estuaire de la Gironde. Le propriétaire propose de vous faire découvrir le Médoc viticole sans oublier la dégustation des vins de la propriété.

LA CAVE DES 2 RIVES

6, avenue du Haut Médoc
✆ 05 56 58 94 89

Ouvert du mardi au samedi de 10h à 18h. Visite avec dégustation : 9 € par personne. Dégustation seule : 6 €.

La Cave des 2 Rives est un endroit chaleureux dédié à la découverte des vins et de la viticulture du Médoc. Il appartient à la Famille Fayat, forte de son expérience œnotouristique au Château La Dominique (Saint-Emilion Grand Cru Classé). Sur place, plus de 30 références de vins et de l'épicerie fine dans un espace où la pierre se mélange en parfaite harmonie avec les poutres en bois blancs et les structures en métal. Sur place : initiation à la dégustation, ateliers, visite pédagogique des chais ou encore organisation d'évènements ponctuels.

CHÂTEAU DU RAUX

✆ 05 56 58 91 07
www.chateauduraux.fr

Prendre rendez-vous pour les visites.

Depuis 1879 la passion du vin se transmet de génération en génération. Aujourd'hui Patrick Bernard est à la tête de la propriété. La bâtisse du XVIIIe siècle, très représentative des maisons de maître de cette époque, se niche au cœur de 20 hectares de vigne. Patrick Bernard n'hésite pas à faire goûter sa production directement à la barrique, grâce à un procédé complexe surprenant. On y déguste un Haut Médoc à un prix très raisonnable. Le merlot et le cabernet-sauvignon entrent à parts égales dans la composition de chaque millésime.

HOURTIN ★

Hourtin se distingue par ses grands espaces, sa nature généreuse et partage avec Carcans le plus grand lac naturel d'eau douce de France où l'on pratique de multiples activités : stand up paddle, voile, bateau à pédalier, kitesurf, balades en bateau. A Hourtin Plage, vous pourrez profiter de l'océan Atlantique et des sports de glisse comme le surf ou le kite surf. Les amoureux de la flore et de la faune autant que des randonnées. Pour les enfants, faites un tour à l'île aux enfants à Hourtin Port où ils pourront jouer aux aventuriers dans un château en bois grandeur nature. Hourtin est le lieu idéal pour les vacances famille et nature.

L'ÎLE AUX ENFANTS

Le Port
✆ 05 56 09 19 00

Ouvert toute l'année. Accès libre et gratuit. Animations pour enfants en juillet et en août.

C'est une île entourée d'un canal d'eau peu profond, une plaine de jeux dédiée aux jeunes visiteurs. A Hourtin Port, les enfants trouveront leur bonheur et satisferont leur soif d'aventure, avec comme attractions vedettes un fort en bois que les jeunes chevaliers se font un plaisir d'attaquer, ou la pyramide de cordes, gigantesque toile d'araignée pour les petits grimpeurs. Dans les locaux de la Grange aux Jeux, les animateurs attendent les petits pour des ateliers d'arts plastiques, de bricolage et des initiations à la découverte de la nature.

LAGUNE DE CONTAUT ★

Route de Contaut ✆ 05 56 03 21 01
www.medoc-atlantique.com

Accès libre toute l'année. Visite guidée gratuite du 15 juin au 15 septembre sur rendez-vous à l'office de tourisme.

Au cœur de la réserve naturelle d'Hourtin, la lagune de Contaut est une zone humide prospère à l'abri du cordon des dunes du littoral. Une passerelle en bois serpente au milieu de ce mystérieux marais et offre au visiteur une plongée dans l'écosystème particulier des milieux humides. Ce réservoir biologique permet de découvrir différentes espèces de bouleau, de fougères géantes (l'osmonde royale), des animaux en tout genre (chevreuil, écureuils, hérons cendrés, tortues ou libellules). Prévoir des jumelles pour profiter au mieux de cette biodiversité unique.

© PHIL - FOTOLIA

La plage de Hourtin.

PHARE D'HOURTIN

Route des Phares

Ne se visite pas sauf dans le cadre des Journées du Patrimoine avec l'association Demain Hourtin Mon Village.

Les phares d'Hourtin, Monuments historiques, sont constitués de deux tours, construites en brique avec des pierres de taille aux angles, de 27 mètres de hauteur. Ils ont été construits en 1863 pour signaler l'intervalle d'ombre entre Cordouan et Arcachon, dépourvu de feu à l'époque. Les phares étaient habités par cinq gardiens ainsi que leurs familles. Le phare, qui est toujours en activité, est équipé d'une lampe halogène de 650 W et a une portée d'une quarantaine de kilomètres. On y accède, entre autres, par un réseau de pistes cyclables.

DUNES ET MARAIS D'HOURTIN

✆ 05 56 03 21 01

www.gironde.fr/nature

Calendrier des visites sur le site ou Offices de tourisme. Gratuit. Inscription obligatoire.

La réserve naturelle des dunes et marais d'Hourtin s'étend de l'océan jusqu'aux lacs arrière-dunaires, aux milieux lacustres et marécageux des territoires périphériques. La flore compte 9 espèces protégées. Les feuillus se développent abondamment dans les bois du cordon dunaire littoral. Côté faune, on trouve un ensemble relativement complet de reptiles, d'amphibiens et de mammifères de la région. Le soir, les visites sont parfois agrémentées de concerts et de contes en musique.

OFFICE DE TOURISME MÉDOC ATLANTIQUE - HOURTIN

1, route de Lacanau

✆ 05 56 03 21 01

www.medoc-atlantique.com

Haute saison tous les jours de 10h à 13h et de 15h à 19h. Hors saison tous les jours de 9h30 à 12h30 et de 14h à 17h.

Hourtin se situe au cœur d'une forêt de pins, la station est à la fois bordée par le plus grand lac d'eau douce naturelle de France et bercée par les vagues de l'océan Atlantique. La pratique du surf y est bien développée. Ici, vous trouverez documents et informations nécessaires pour vos activités nautiques et terrestres, les balades nature, le patrimoine, mais aussi les hébergements, les restaurants, les marchés, les sorties et les plages surveillées.

CAMPING LE BON COIN €

52, rue des Coudifles

✆ 09 50 66 77 73

www.campingleboncoin.com

Fermé de novembre à mars. Emplacement de 16 € à 29 €. Mobil-homes à partir de 279 € la semaine.

Ce camping familial est un havre de paix pour les parents et les enfants. L'accueil chaleureux vous mettra tout de suite dans l'ambiance. Ici, pas de soirée merguez ou d'animation en journée, vous êtes libre et au repos. L'environnement est propice à la détente : la zone est boisée et au calme, les emplacements sont grands et ombragés. Les mobil-homes sont équipés d'une terrasse et il existe des hébergements insolites : lodge des safaris africains, le Nid composé de trois plateformes sur pilotis avec tentes, surmontant un espace de vie, Cabane, Tipi et Bivouac.

CAMPING DOMAINE DE LA RÉSINIÈRE €€

100, avenue du Lac ✆ 05 56 09 02 42
www.camping-hourtin.com

Locations disponibles des vacances de Pâques à fin septembre. Mobil-homes à partir de 310 € la semaine.

Un esprit nature au cœur de la forêt des Landes de Gascogne, à 200 m des plages de l'un des plus grands lacs naturels de France et à moins de 10 km de l'océan, c'est le camping 4 étoiles du Domaine de la Résinière. C'est un lieu de villégiature nature, familial et à taille humaine, propice au repos et à la détente. Des mobil-homes tout confort installés sur des parcelles de 200 m² vous attendent pour des vacances inoubliables dans le cadre exceptionnel du Médoc Océan.

CAMPING LE VILLAGE WESTERN €€

Chemin de Bécassine
✆ 04 66 73 97 39
www.yellohvillage.fr/camping/le_village_western

Fermé du 25 septembre au 4 juin. Emplacement de 16,50 € à 45 €. Mobil-homes à partir de 230 € la semaine.

En plein Médoc vous plongerez dans l'univers de l'Ouest américain et vous vous sentirez l'âme d'un Lucky Luke. Si vous raffolez des westerns et si vous souhaitez que les Indiens n'aient plus de secret pour vous, vous allez adorer Le Village Western ! Vous pouvez pousser l'expérience jusqu'à séjourner dans un tipi ou prendre part aux animations thématiques telles que la danse country, l'orpaillage, l'initiation au lasso ou encore la construction de tipi pour les enfants.

LA CÔTE D ARGENT €€

Route de Contaut
✆ 05 56 09 10 25
www.camping-cote-dargent.com

Fermé du 17 septembre au 5 mai. Forfait emplacement à partir de 24 €. Mobil-homes à partir de 224 € la semaine.

A 300 mètres de l'océan, au cœur d'une forêt de pins, ce camping 5 étoiles vous accueille pour des vacances idylliques : 20 hectares de nature, de calme et de loisirs. Plusieurs hébergements vous sont proposés parmi une large gamme de locations : mobil-home façon cottage, emplacement de camping pour tente, caravane ou camping-car. Sur place, un complexe aquatique de 5 000 m² (Aqua'Pirates de 1 000 m², pataugeoire, 4 bassins, 9 toboggans, bain bouillonnant et île aux enfants), un bar-restaurant, des plats à emporter et même un magasin d'alimentation.

HÔTEL BAR RESTAURANT D'HOURTIN €€

17, place de l'Eglise ✆ 05 56 09 11 15
http://hbr-hourtin.fr

Ouvert toute l'année sauf 3 semaines en fin d'année. Chambre double à partir de 57 €. Petit déjeuner buffet : 8 €.

L'établissement est à 2 kilomètres du lac d'Hourtin et à 12 kilomètres de l'océan. Il s'est niché dans une ancienne maison construite dans les années 1800. Les propriétaires ont façonné et modelé cette vieille bâtisse. La plupart des chambres ont été refaites entièrement, notamment celles qui ont des lits jumeaux. Actuellement, ils sont 4 à la tête et le font vivre en le modernisant et en offrant une cuisine traditionnelle. Possibilité de louer des salles pour organiser des réunions.

LES DOUCEURS DE VALERIE €

41, rue des Écoles ✆ 05 56 73 09 92
www.lesdouceursdevalerie.com/accueillesdouceursdevalerie.html

Haute saison : ouvert tous les jours de 8h à 19h. Formule : 8 € à 10 €. Formule brunch tous les samedis de 10h à 15h.

Pour cette pause gourmande vous avez le choix entre le coin salon, l'îlot central, la grande table familiale et pourquoi pas le jardin, si le temps le permet, afin de déguster des préparations, biscuits et boissons élaborés chaque jour sur place à partir de produits frais et souvent locaux. Le samedi un brunch alléchant et copieux est idéal pour démarrer le week-end. Dans la boutique des biscuits, des thés, des arts de la table, de la vaisselle, du linge de maison et des jouets originaux. Le plus : des ateliers gourmands pour petits et grands.

HÔTEL BAR RESTAURANT D'HOURTIN €€

17, place de l'Eglise
✆ 05 56 09 11 15
http://hbr-hourtin.fr

Haute saison : du lundi au samedi le midi et le soir. Carte : 38,50 € environ. Chambres à partir de 53 €.

Cet hôtel-restaurant n'est pas situé au bord de l'océan, mais il offre des hébergements de qualité à des prix raisonnables. Toutes les chambres sont équipées de salles de bains privatives avec toilettes, la plupart ont été refaites, notamment celles qui ont des lits jumeaux. La cuisine savoureuse est préparée par un chef qui aime les produits de qualité. Les plats sont traditionnels, le service simple et détendu. La cave est riche en vins du cru médocain.

LE SURF €€

25, avenue Jean-Lafitte
✆ 05 56 09 11 39
www.restaurant-hourtin-plage.fr
Ouvert tous les jours et les jours fériés le midi et le soir. Carte : 25 € environ.

Un œil sur la carte, l'autre sur la plage océane : les clients du Surf sont gâtés ! Le restaurant se fond dans le décor avec une terrasse en bois exotique ornée de plantes vertes et un intérieur lambrissé. Le service est assuré par une équipe jeune et efficace même quand les déjeuners estivaux battent leur plein. Côté assiette de bons petits plats et des pizzas fabriquées sur place. Au dîner l'ambiance se fait plus tamisée avant que le feu ne s'empare de la piste de danse lors des concerts ou soirées qui attirent une clientèle festive.

LA CAVE DE L'ATLANTIDE

4, rue du Médoc
✆ 05 56 09 22 76
www.cave-atlantide.com
Ouvert du mardi au samedi jusqu´à 13h et de 14h30 à 19h30 ; le dimanche de 9h30 à 12h30.

Avec plus de 200 références de vins fins, des vins au détail, des spiritueux, c'est un tour du monde unique que vous propose la cave de l'Atlantide. Tous les grands crus du Médoc sont là, ainsi que de nombreux vins étrangers, le tout dans un rapport prix plaisir appréciable. Spécialisée en magnum, double magnum et Jéroboam bordelais [4 à 5 litres], la cave affiche également 38 variétés de whisky. La boutique recèle aussi des produits de terroir. Des séances de dégustation, d'animations œnologiques et de circuits découvertes font la réputation de cet établissement.

LIBRAIRIE LULUBERLUE

14, place de l'Église
✆ 05 56 41 30 71
Ouvert le lundi, jeudi et dimanche matin ; le mardi, mercredi, le vendredi et samedi de 8h à 12h30 et de 16h à 19h30.

La librairie Luluberlue est une institution locale, créée à la fin des années 60. La belle vitrine attire l'œil et on a qu'une seule envie : pousser la porte. 100 m² sont dédiés à la littérature, aux beaux livres et aux magazines. Mais la force de Luluberlue est son ancrage dans la vie locale. Delphine, Eric et Sylvie entretiennent un rapport étroit avec les acteurs du livre de la région : maisons d'édition, auteurs ou encore photographes du Médoc et plus globalement de la Gironde. Autre point fort : rencontres avec les auteurs, atelier écriture, lectures…

SPA OCEAN

14, avenue du Lac
✆ 05 56 09 23 85
www.spa-ocean.fr
Du lundi au vendredi de 10h à 13h et de 15h à 18h30 ; le samedi de 9h à 13h et de 14h à 17h. Spa & jacuzzi 12 € [30 mn].

Cet espace bien-être à la décoration épurée est un 3-en-1 : un spa [spa de nage avec des canons à eau, un hammam, un sauna, un seau à bascule], une salle de fitness [Pilates, aquagym, aquabike] encadré par des éducateurs sportifs, et un institut de beauté avec des formules détente [zen, cocooning avec massage, bien-être] et des soins esthétiques [visage et corps] aussi bien pour les femmes que pour les hommes et qui peuvent être effectués en duo. A l'extérieur un bain à remous avec terrasse, un espace de détente tisanerie et un jardin l'été.

JAU-DIGNAC-ET-LOIRAC

La commune se compose de trois paroisses distinctes, réunies vers 1840 : Saint-Pierre-de-Jau, Saint-Pierre-de-Dignac et Saint-Romain-de-Loirac. Elles forment les extrémités d'un triangle dont le centre de gravité se nomme : Jau-Dignac et Loirac ou Le Centre. La commune conserve une âme d'antan basée sur le respect de la nature et des traditions et allie le modernisme et l'esprit de la France rurale. Son territoire est caractérisé par des digues et des polders de Hollande construits au XVIIe siècle sur la rive gauche, le Phare de Richard, site La Chapelle, port de Richard, bâtiment du XIXe siècle, calvaires, lavoir, puits, entre autres.

PHARE DE RICHARD

Passe de Richard
✆ 05 56 09 52 39
www.phare-richard.com
Horaires sur le site. Gratuit jusqu'à 10 ans. Adulte : 2,50 €.

En bordure des polders de Hollande [les mattes] aménagés au XVIIe siècle, un arbre guidait la navigation sur l'estuaire de la Gironde, le plus vaste d'Europe : l'Arbre de Richard. Au début du XIXe siècle, cet arbre fut abattu par la tempête et remplacé en 1843 par un phare de 18 mètres. Géré par une association, le phare de Richard offre une magnifique vue panoramique sur l'estuaire. Son musée décrit la vie de l'estuaire, de la navigation locale, du XIXe siècle à nos jours. Le site est accessible par voies terrestre et maritime à marée haute.

O'FIL DE L'AIR

45, route de Valeyrac
✆ 06 35 50 81 82
hwww.ofildelair.fr

Envolée captive de 7 à 10 mn à partir de 30 €/personne. Vol de 20 mn à partir de 245 €/personne.

Voler en ballon au gré des vents et au-dessus des beaux paysages du Médoc est assez fabuleux. Philéas (le fondateur de O'Fil de l'Air) et son équipe – tous des pros de la montgolfière – ont imaginé différentes envolées : l'Envolée captive dans un ballon arrimé à environ 50 mètres du sol, le vol de 20 minutes, pliage et débriefing arrosé, la Médocaine de 3h30 avec un vol d'une heure sur l'estuaire, l'Océan, les carrelets, la forêt et les vignobles. Enfin l'Envolée insolite pour 5 à 6 heures d'aventure avec une traversée de l'estuaire tout simplement grandiose.

CHÂTEAU LE BOURDIEU

1, route de Troussas - **VALEYRAC**
✆ 05 56 41 58 52
www.lebourdieu.fr

Visite des chais gratuite et sur rendez-vous tout au long de l'année. Deux gîtes ruraux à partir de 380 € la semaine.

Le château a été construit vers 1830 par Philippe Delacourt reconnu seigneur de Bourdieu dans un style architectural typique des maisons de maître du XIXe siècle. 39 ha de vignoble constituent le château Le Bourdieu, situé au bord de l'estuaire de la Gironde, les sols sont composés de graves, de sable et d'argile ce qui est un avantage pour ce cru Bourgeois. La production de ce vin est élaborée dans la pure tradition. Si les vendanges sont réalisées à la machine, le tri est manuel. Le vin est ensuite élevé 12 mois en barriques de chêne.

BALADE DES POLDERS

Toute l'année.

Les polders, les « mattes » selon le terme local, sont des terres gagnées sur la mer et asséchées selon une méthode bien particulière. Des ingénieurs hollandais sont venus exercer leur art à la demande de Louis XIV. Les mattes s'étendent de Valeyrac jusqu'au Verdon. Ces grandes étendues traversent des haies de tamaris et des fossés drainants. Pour la balade, partez du phare de Richard. Puis longez le littoral de l'estuaire vers les terres au niveau du port Richard. Continuez jusqu'à la route D2 et prenez l'un des sentiers qui repart vers le phare.

LACANAU-OCÉAN ★★

Son nom est issu de '-canau' qui vient de '-canal', et ce n'est pas du tout un passage du singulier au pluriel. La-canau signifie bien le-canal, en l'occurrence celui qui reliait autrefois, naturellement l'étang de Lacanau à l'océan atlantique. Vers 1810, l'ingénieur Nicolas Brémontier pense fixer les dunes avec des pins, mais ce n'est qu'après l'assèchement des marais que les sols deviennent propices à la végétation forestière vers 1855. En 1884, Pierre Ortal, propriétaire à Lacanau-ville et chef de service aux Chemins de fer des Landes, fait connaître son intention de créer une station balnéaire sur les dunes littorales de la commune.

OFFICE DE TOURISME MÉDOC ATLANTIQUE

Place de l'Europe
✆ 05 56 03 21 01
www.medoc-atlantique.com

Horaires sur le site.

L'Office de Tourisme Médoc Atlantique est chargé du développement touristique de 14 communes. Il regroupe toutes les informations nécessaires à un séjour touristique (expériences thématiques, balades, à voir, à faire, où dormir ? etc.) que ce soit dans les stations balnéaires ou à l'intérieur. Médoc Atlantique ce sont des plages à perte de vue, des forêts de pins, des vignobles renommés, des lacs, des richesses patrimoniales et gastronomiques avec les huîtres et gambas de l'estuaire.

LES BALADES DE ROBINSON

72, avenue de la Plage - **LACANAU**
✆ 05 56 03 03 56
https://robinsonlacanau.com

Adulte : 30 €. Enfant de 5 à 12 ans : 15 €. Privatisation d'une pinasse : 300 € balade de 3h maximum.

A bord d'une pinasse, un bateau traditionnel en bois, typique de la région, on découvre une nouvelle façon de voir le lac. Au cours de la balade, vous pourrez découvrir les petits villages, les conches, le canal, les petits ports. Vous aurez l'occasion d'observer des martins-pêcheurs, hérons, cygnes, etc., et de pique-niquer un midi sur la magnifique île aux oiseaux aux plages sauvages préservées. Le soir, le coucher du soleil est toujours un moment inoubliable. Les Balades de Robinson vous accueillent en duo, en groupe, en famille, etc.

LE CHALAND

72, avenue de la Plage ✆ 06 61 97 29 56
www.lechaland.com
Ouvert tous les jours. Sur réservation. A partir de 210 € la balade de 3h, 450 € pour 4h et 600 € la journée.

La plate ou chaland est un bateau à fond plat de 9,50 mètres, très stable et silencieux, permettant aux ostréiculteurs de transporter les cargaisons d'huîtres entre leurs parcs et leurs cabanes. Ce bateau permet d'accéder à des coins sauvages et des plages secrètes du lac. Le Chaland s'est spécialisé dans la location ou les balades à bord d'une authentique plate ostréicole pour découvrir le superbe Lac de Lacanau tout en dégustant des huîtres, un moment inoubliable lors du coucher de soleil. Pour les groupes : anniversaire, enterrement de vie de célibataire, etc.

LE ROBINSON

22, allées Pierre Ortal
https://robinsonlacanau.com/balades-bateau-lac-lacanau/
Horaires sur le site. Gratuit jusqu'à 4 ans. Adulte : 30 €. Enfant de 4 à 12 ans : 15 €.

Embarquement immédiat à bord de deux magnifiques pinasses, des bateaux traditionnels typiques du littoral gascon, pour des excursions inoubliables sur le lac de Lacanau et ses couchers de soleil, l'Ile aux Oiseaux ou encore des balades personnalisées. Sur l'eau, on part à la découverte du lac, de son histoire, de ses coins secrets et de ses paysages de carte postale. Imaginez-vous au coucher du soleil en train de déguster un verre de vin ou célébrer de manière originale un évènement festif tel qu'un enterrement de vie de célibataire ou un anniversaire !

BICY'COOL LACANAU

15, avenue Poincaré
✆ 05 47 43 02 10
https://location-velo-lacanau.com/
Haute saison : ouvert tous les jours de 9h à 19h30. Tarif de base : 9 € - VTC/VTT/Beach la 1/2 journée.

Elise et Guilhem ont un large choix de vélos adaptés à toutes vos envies de balades : VTT, VTC, tandems, vélos électriques, Fatbikes, fatbikes électriques, VTT électriques, vélos enfants, remorques, suiveurs, draisiennes ou encore des beach cruisers, parfaits pour des virées sur la plage. L'Atelier Bicy'cool répare et révise aussi les vélos et propose un grand nombre d'accessoires et de pièces détachées à la vente. Bicy'Cool se charge de livrer, gratuitement mais sous certaines conditions, vos vélos chez vous et de venir les récupérer à la fin de votre séjour.

LODGING LE LAC €€

30, avenue de la Plage
LACANAU
✆ 05 56 03 00 26
www.lodginglelac.com
Fermé du 1er novembre au 31 mars. Emplacement de 25 € à 29 €. Bungalodge de 2 à 6 personnes à partir de 90 € la nuit.

Le Lodging Le Lac à Lacanau côté lac, au Moutchic plus précisément, a tout pour plaire en matière de nature. Ce camping brille par ses grands espaces, entre lac, forêt et océan. Son autre point fort : ses hébergements. Le choix est vaste : emplacement libre, tipi, cabane perchée, sur pilotis, dans une bulle, dans un mobile suspendu encore dans un superbe lodge de toile et de bois de style colonial. L'équipe peut aussi vous concocter un séjour VIP avec des prestations haut de gamme à la carte (linge fourni, champagne, douceurs sucrées, accès au sauna, massage…).

© LODGING LE LAC

© LODGING LE LAC

MÉDOC / HAUTE GIRONDE

NOMADE

4, avenue Plantey - **LACANAU**
✆ 05 56 03 06 99
www.location-velo.org

Ouvert de Pâques à la Toussaint. Location vélo : 9,50 € la demi-journée et 11,50 € la journée - Enfant : 8 € la journée.

La commune de Lacanau est aujourd'hui reconnue comme l'un des territoires les mieux dotés de pistes cyclables et Nomade est le meilleur ami de vos vacances. Dans cette jolie boutique aux couleurs vives qui vous accueille à votre arrivée à Lacanau-Océan, on vous propose des locations de Vélos Surfer Californie, de VTC, de VTT, de vélos enfants, de tandem, d'accessoires et également la vente de vélos d'occasion.. Une fois que vous avez posé vos valises, faites un saut chez Nomade où Thierry vous préparera un programme sportif ou détente.

SLOW VILLAGE LACANAU €

Route de Longarisse - **LACANAU**
✆ 05 56 03 00 15
www.slow-village.fr

Ouvert du 10 mai au 31 octobre. Emplacements à partir de 22 €. Mobil-homes à partir de 360 € la semaine.

Entouré par la forêt, le lac de Lacanau et ses dunes boisées, ce camping très nature est un petit coin de rêve. Son isolement est un véritable enchantement si vous recherchez la tranquillité et la vie à un rythme plus doux que le quotidien. Véritable paradis pour les amateurs de voile, de vélo ou encore de pêche, la situation exceptionnelle plaira aux petits et aux grands ! Les emplacements, avec ou sans électricité, sont vastes. Les hébergements répondent à toutes les attentes : mobil-homes, *tiny house* et *slow box* (cabanes avec cuisine équipée), tente lodge.

HÔTEL CÔTE D'ARGENT €€

3, boulevard de la Plage
✆ 05 56 03 21 58
www.hotel-lacanau.fr

Ouvert toute l'année. 7 jours sur 7. 22 chambres. Chambre double à partir de 60 €. Petit déjeuner : 7 €.

Face à l'océan, sur le front de mer, cet hôtel domine les vagues et la station balnéaire de Lacanau. Vous n'avez qu'une rue à traverser et vous êtes sur la plage ou à quelques mètres de l'animation de l'allée Pierre-Ortal. Les chambres décorées simplement, sont équipées d'un écran plat, de salles d'eau avec douches à l'italienne. Certaines – les moins chères – ont les w.c. sur le palier, d'autres ont un balcon, idéal pour un apéro ou petit déjeuner face à l'océan. A noter que l'hôtel possède un billard, un écran géant et une cheminée pour les soirées d'hiver.

LES JARDINS DU LITTORAL €€

1, allée de Sauviels
✆ 05 56 03 20 72
www.camping-lesjardinsdulittoral.fr

Ouvert du 1er avril au 31 octobre. Emplacement de 19 € à 33 €. Mobil-homes à partir de 330 € la semaine.

Les Jardins du Littoral est un camping situé au milieu de 4,5 hectares de pinède. C'est un camping très familial, sans voiture, dans un espace totalement clos ce qui garantit la sécurité pour les enfants et le calme. Parmi les hébergements vous avez le choix entre des emplacements pour tente, caravane ou camping-cars et des mobil-homes pour 4 à 6 personnes, parfaitement équipés. Ils ont tous une terrasse et un salon de jardin. Un espace barbecue est mis à la disposition des résidents, un snack-bar est ouvert en haute saison et les enfants ont leur aire de jeux.

MAISON MOUTCHIC €€

23, allée Pierre Jean Rozié
✆ 06 07 77 81 82
www.lamaisonmoutchic.fr

Chambre double à partir de 135 € ; studio / appartement à partir de 162 €. Petit déjeuner inclus.

Une belle et grande maison en bois, au bord du lac et en lisière d'une forêt de pins, c'est la Maison Moutchic. Le cadre, vraiment enchanteur, est totalement propice à la détente, loin de la foule et du bruit. On se croirait un peu au bout du monde. Les chambres disposent d'une décoration de charme réalisée dans de beaux matériaux. Le style, authentique et chaleureux, offre une jolie parenthèse à tous les hôtes. Le studio est équipé d'une kitchenette et d'une terrasse privative qui donne sur le lac. Chaque hébergement a un accès direct à la piscine chauffée.

Ô LAC CHAMBRES D'HÔTES SPA ET DÉTENTE €€

20, allée Pierre-Jean Rozié - **LACANAU**
✆ 06 10 20 36 31
www.olaclacanau.fr

Ouvert toute l'année. Chambre double à partir de 100 €. Petit déjeuner inclus. Enfant de moins de 2 ans : gratuit.

Cinq chambres d'hôtes dans une ambiance « total bois », au cœur de la forêt, face au lac du Moutchic. La décoration est soignée, avec bois flotté, rondins, couleurs douces et chaudes, beaux linges, vasques en pierre et autres petits détails de décoration typiquement bord de mer dont Alexandra, la maîtresse de maison, est très fière. Possibilité de privatiser les lieux. Le petit déjeuner est personnalisé : produits frais, jus de fruits pressés et yaourts faits maison.

LA VARANGUE €€

Chemin de Ceinture de Talaris - **LACANAU**
✆ 06 68 34 36 96
www.lavarangue.com
Chambre double à partir de 100 €. Petit déjeuner inclus. Piscine extérieure.

Après 15 ans passés en région parisienne, Christine – une Médocaine d'origine –, Bernard et leur fils Txabi sont tombés sous le charme de La Varangue, située au milieu de la pinède, à proximité du lac, des golfs, de l'Océan et des pistes cyclables. D'inspiration réunionnaise, style paillote, cette maison est agrémentée d'un jardin tropical. Elle accueille 5 chambres d'hôtes à la décoration personnalisée, réalisée dans des bois exotiques. Le petit déjeuner, composé de produits faits maison, est servi près de la piscine. Sur place : salle de fitness, sauna et spa.

VILLA ZENITH €€

16, avenue Adjudant-Guittard
✆ 05 56 26 36 49
www.lacanau-zenith.com
Ouvert d'avril à fin octobre. Chambre double à partir de 59 € ; dortoir à partir de 26 €.

A 200 mètres de la plage, la Villa Zénith est aménagée dans une bâtisse du début du siècle. L'ambiance est très « surf », mais ouverte à tous et fondée sur le respect des règles de la vie en commun (pas trop de bruit après 22h, jardin accessible jusqu'à minuit). La villa propose deux sortes d'hébergements : La Surf House & l'Annexe, logement en chambres collectives de 2, 4 ou 6 personnes avec armoires à clés ou La Maison est une partie de la villa plus cosy avec des chambres pour couple joliment décorées avec salle d'eau privative.

VITALPARC €€

Route du Baganais
✆ 05 56 03 91 00
www.vitalparc.com
Ouvert toute l'année. Chambre double à partir de 104 €, suite à partir de 130 €. Petit déjeuner : 13 €.

Situé au cœur de la forêt près de la région du Médoc, l'hôtel Vitalparc se trouve à seulement 3 km de l'océan et du village du Moutchic. C'est un endroit privilégié où la détente et le repos sont les maîtres-mots. Sur place spa, massages, piscines, salle de sports, restauration, etc. Toutes les chambres, spacieuses et contemporaines, ont un balcon et vue sur la piscine ou la forêt. Les environs sont propices à la pratique de l'équitation, du tennis, de la randonnée et du vélo. Le village voisin comporte plusieurs boutiques, restaurants et discothèques.

YELLOH ! VILLAGE LES GRANDS PINS €€

Avenue des Grands-Pins
✆ 05 56 03 20 77
www.lesgrandspins.com
Ouvert de mi-avril à mi-septembre.
Emplacement de 24 € à 69 €.
Cottages à partir de 357 € la semaine.

Le Village propose 2 secteurs d'emplacements, un secteur sans circulation automobile pour plus de calme et un secteur avec circulation automobile. Tous les emplacements ont une superficie de 80 m² et plus. Pour les locations, les amoureux de l'hébergement nature pourront opter pour la tente lodge meublée de 27 m² prévue pour 4 personnes, au style élégant et dépaysant ; vous pouvcz aussi opter pour les cottages contemporains et de standing, de styles et de catégories différents.

© YELLOH VILLAGE LES GRANDS PINS

© YELLOH VILLAGE LES GRANDS PINS

MÉDOC / HAUTE GIRONDE

Plage de Lacanau.

CAMPING & SPA AIROTEL L'OCÉAN €€€

24, rue du Repos
✆ 05 56 03 24 45
www.airotel-ocean.com

Ouvert toute l'année. Emplacement de 29 € à 66 €. Mobil-homes à partir de 485 € la semaine.

5 000 m² d'espace aquatique intérieur et extérieur pour le plaisir de toute la famille et surtout des enfants, un spa de 450 m² : hammam sec, humide, sauna, douche sensorielle et fontaine à glace pilée ! Soins du corps, du visage, en solo ou à deux. Sous la tente, en caravane ou dans l'un des mobil-homes, votre séjour à Airotel l'Océan, à 600 m des plages de Lacanau ne peut être que réussi. A vous les grands espaces, la nature, le surf, les balades à vélo, le confort et le luxe...

AVE GIULIA €€

2, rue du Docteur Darrigan
✆ 06 59 84 85 63

Fermé de novembre à mars. Pizzas de 9 € à 16 €, dessert de 6 € à 12 €.

Installée sur la place Thiers, vous ne pouvez pas louper la pizzeria Ave Giulia. Une devanture et une terrasse en noir et blanc donne ce côté chic pour déguster des pizzas avec une pâte étalée à la main (après avoir levée pendant 3 jours) réalisée avec des farines italiennes, de l'huile d'olives et du sel de Guérande. Jolie promesse de tradition italienne qui nous met l'eau à la bouche. On retrouve sur la carte les pizzas bien connues avec en plus quelques spécialités de la maison. Ave Giulia propose également sa sélection de vins et de bières d'Italie.

LA CABANE NUMERO 1 €€

Promenade Pech Lèbre
LACANAU
✆ 06 14 62 05 90

Fermé du 31 octobre au 1er avril. Huîtres x 6 : 6 €, x 9 : 8 €, x 12 : 10 €.

Deux Canaulaises, Frédérique et Babeth, régalent les touristes comme les locaux dans leur Cabane Numéro 1. Au programme : des bons produits du terroir à déguster, des huîtres du bassin d'Arcachon élevées par Frédéric Paillère, de la charcuterie, des fromages, des vins et des bières, mais aussi des animations et des concerts, du sourire et surtout du partage. Seul, à deux, en famille, entre amis, sur la terrasse ou dans un transat, il n'y a rien de plus agréable que de se poser à la cabane et de s'émerveiller devant le coucher de soleil sur le lac.

PAYOTTE €€

7, boulevard de la plage
✆ 06 72 44 08 18

Haute saison : ouvert tous les jours de 18h à 2h. Carte : 20 € environ. Terrasse. Vente à emporter.

Savourer un cocktail très demandé, le Bam-Bam, sur une grande terrasse aménagée, face à l'océan, avec une vue imprenable sur les magnifiques couchers de soleil, ça vous tente ? Oui ? Alors direction la Payotte. Cet authentique bar musical est l'endroit idéal pour un after beach. Ici tout est réuni pour passer un excellent moment : ambiance décontractée, bonne musique, déco colorée, sourire du personnel sans oublier un large choix de tapas, des burgers maison, de nombreux cocktails et une balle carte de bières, le tout à consommer sur place ou à emporter.

LA ROULOTTE DU MOUTCHIC €

62, avenue de la Plage
LACANAU
✆ 06 03 83 10 16

Ouvert du 1er mai jusqu'à fin septembre. Haute saison en continue, le midi en basse saison. Carte : 15,50 € environ.

Florence et Antoine, deux Grenoblois sensibles à l'écologie, ont conservé l'ambiance décontractée de la Roulotte créée par leur prédécesseur. Ici, on commande, on s'installe à la terrasse autour d'une table en bois ou sur des sofas et on attend d'être appelé ; des couverts en carton sont à disposition et à la fin du repas, des bacs de tri sont là. Le midi c'est plutôt salades et sandwichs frais et le soir c'est planches apéro et wok. Antoine s'approvisionne en légumes et aromates, cueillis du matin, dans le jardin aménagé juste derrière le restaurant.

LA TASCA BODEGA €

8, avenue Jules-Ferry
✆ 05 57 70 56 09
www.restaurant-latascabodega-lacanau.com

Fermé du 15 novembre au 9 février. Carte : 35 € environ.

Voici de l'originalité à Lacanau Océan : un vrai restaurant espagnol avec les jambons ibériques qui pendent au dessus du bar, les fresques colorées, les tables hautes, les chaises en fer forgé, sans oublier la musique à danser, l'accueil chaleureux... Les soirées sont festives avec démonstration de salsa et initiation. Vous l'aurez donc compris, pour faire la fête, la Tasca Bodega est l'endroit idéal, même pour un goûter (churros chocolat et café gourmand excellents). La qualité est dans l'assiette avec une présentation toujours soignée.

THE BEACH HOUSE €

9, boulevard de la Plage
✆ 07 60 53 86 00

Haute saison : ouvert tous les jours de 9h à 22h30. Carte : 15 € environ.

Le Café Maritime de Lacanau est un restaurant sur deux niveaux, un bar panoramique avec vue sur l'océan et The Beach House, une paillote les pieds dans l'eau... On se croirait à l'autre bout du monde, confortablement installé sur des transats en train de siroter un smoothie, un cocktail maison dans une ambiance Ibiza. Pour une petite ou une grosse faim des salades, wraps ou burgers faits sur place. À partir de 18h, concert live acoustique, apéritifs et tapas pour finir la journée devant un coucher de soleil entre amis ou en famille. Elle est pas belle, la vie ?

L'AUBERGE CANAULAISE €€

12, avenue Henri Seguin
✆ 05 57 18 68 56

Ouvert toute l'année. Du mardi au dimanche le midi et le soir. Menu unique à 24,50 €.

L'Auberge Canaulaise peut accueillir pas moins de 70 couverts dans la salle principale, une vingtaine en mezzanine tout comme en terrasse couverte. Le lieu est épuré, un peu design, sobre et frais. Côté cuisine, le chef connaît bien « son affaire » : des plats simples et copieux pour le menu du jour qui propose entrée, plat, dessert et un quart de vin a un prix plus que raisonnable, aux plats plus travaillés et gourmands pour le menu dégustation. Le « Menu buffets » est une aubaine. Il est aussi possible de composer sa salade parmi les entrées du buffet.

FONKY SHELTER €

Place du Général de Gaulle ✆ 06 99 38 64 14
www.fonkyshelter.com

Ouvert 7/7 en haute saison, horaires variables en basse saison. Burgers à partir de 14 €, bowls à partir de 15 €.

Fonky Shelter c'est le bon plan pour passer un excellent moment, sans dépenser une fortune, avec des produits de qualité dans une atmosphère plus calme que sur le front de mer. La terrasse ombragée affiche deux ambiances très « relax » : d'un côté des banquettes aux coussins confortables et tables basses en bois, de l'autre des tables, chaises bistrot et mange-debout. A l'intérieur, on est plutôt dans le monde du surf avec un petit surfshop et les dernières nouveautés. A la carte : planches, burgers, salades ou bowls. Concerts et DJ animent les soirées d'été.

AVE GIULIA €€

2, rue du Docteur Darrigan
✆ 06 59 84 85 63

Fermé de novembre à mars. Pizzas de 9 € à 16 €, dessert de 6 € à 12 €.

Installée sur la place Thiers, vous ne pouvez pas louper la pizzeria Ave Giulia. Une devanture et une terrasse en noir et blanc donne ce côté chic pour déguster des pizzas avec une pâte étalée à la main (après avoir levée pendant 3 jours) réalisée avec des farines italiennes, de l'huile d'olives et du sel de Guérande. Jolie promesse de tradition italienne qui nous met l'eau à la bouche. On retrouve sur la carte les pizzas bien connues avec en plus quelques spécialités de la maison. Ave Giulia propose également sa sélection de vins et de bières d'Italie.

LE BISTROT DES COCHONS €€

1, rue Docteur Darrigan
✆ 05 56 03 15 61
www.lebistrotdescochons.fr

Fermeture du 11 novembre au 12 février. Ouvert le midi et le soir. Menu unique à 25 €. Carte : 35 € environ.

Niché au centre de Lacanau Océan, dans une rue tranquille à l'abri du vent et de l'agitation, c'est un endroit vraiment idéal pour une soirée entre amis ou un repas en amoureux. Dès les beaux jours, on investit la grande terrasse, sinon on se pose dans la salle où prédominent le bois et tout un tas d'objets totalement hétéroclites. L'accueil est vraiment chaleureux et la cuisine est concoctée à base de produits frais que le chef sublime par des notes exotiques et inventives dans de savoureuses recettes. Une belle adresse très discrète.

LA CONCHE €€

22, allée du Club de Voile
✆ 05 56 03 08 37

Fermé d´octobre à mai. Ouvert tous les jours le midi et le soir. Carte : 40 € environ.

Ce restaurant, posé au bord du lac, dans un quartier résidentiel, sous les pins, loin du tumulte de Lacanau Océan est idyllique. Stéphen Escola, le patron, et tout son personnel sont très accueillants, le service efficace est professionnel. La carte se partage entre terre et mer. Les produits sont frais, de qualité et le chef sait les travailler. Les huîtres « sélection de l'Impératrice » de Joël Dupuch ou les bulots mayonnaise font partie des incontournables. L'été, les Apéros canaulais se déroulent en musique dans une ambiance bon enfant.

LE BISTROT DU GOLF €€

Domaine de l'Ardilouse
LACANAU
✆ 05 56 03 02 68

Ouvert tous les jours et les jours fériés le midi. Carte : 35 € environ.

C'est dans une belle salle conviviale, chic et contemporaine ou sur la grande terrasse l'été face aux trous 9 et 18 du Garden Golf de Lacanau que vous pourrez vous restaurer dans une ambiance conviviale et tranquille. Le Bistrot du golf propose deux formules ou un service à la carte. Les spécialités sont françaises, mais aussi espagnoles. Assiettes bien dressées, gourmandes et réalisées à base de produits frais raviront les golfeurs gourmets et les clients de l'extérieur. Pour les plus pressés des club sandwiches et quelques douceurs sucrées.

AU BOUCANTIER €€

64, avenue de la Plage
✆ 05 57 18 99 40
www.leboucantier.eatbu.com

Haute saison : ouvert du mercredi au lundi de 9h30 à 23h ; le mardi de 9h30 à 16h. Carte : 25 € environ.

Le Boucantier a de nombreux atouts : il offre une belle vue sur le lac du Moutchic, aussi les habitués comme les touristes se précipitent pour manger une cuisine faite maison, à base de produits frais. La carte varie très régulièrement. Les enfants adorent le fish & chips, mais les parents ne sont pas les derniers à s'en régaler... La salle de style bistrot comporte un coin pour siroter un verre, installé sur de confortables canapés. Les tables en terrasse sont très demandées, il est prudent de réserver. Le service est soigné et rapide, l'ambiance décontractée.

LA BRASSERIE CANAULAISE €€

6, boulevard de la Plage
✆ 05 57 17 23 68

Haute saison : ouvert tous les jours et les jours fériés le midi et le soir. Carte : 28 € environ.

Cette Brasserie possède de nombreux atouts : elle est super bien placée sur le boulevard de la Plage avec une très belle vue sur l'Océan et le coucher de soleil. Une fois installé, on s'intéresse aux assiettes et à leur contenu. Et là c'est comme pour la vue : aucune déception. Le menu du marché est court : une entrée et un plat. C'est la garantie d'une cuisine réalisée au jour le jour en fonction des produits du moment et de la saison. En plus de la qualité, de l'originalité et des saveurs, on apprécie la jolie présentation des plats et le service attentionné.

LA CABANE NUMERO 1 €€

Promenade Pech Lèbre
LACANAU
✆ 06 14 62 05 90
Fermé du 31 octobre au 1er avril. Huîtres x 6 : 6 €, x 9 : 8 €, x 12 : 10 €.

Deux Canaulaises, Frédérique et Babeth, régalent les touristes comme les locaux dans leur Cabane Numéro 1. Au programme : des bons produits du terroir à déguster, des huîtres du bassin d'Arcachon élevées par Frédéric Paillère, de la charcuterie, des fromages, des vins et des bières, mais aussi des animations et des concerts, du sourire et surtout du partage. Seul, à deux, en famille, entre amis, sur la terrasse ou dans un transat, il n'y a rien de plus agréable que de se poser à la cabane et de s'émerveiller devant le coucher de soleil sur le lac.

CAFÉ MARITIME LACANAU €€

9, boulevard de la Plage
✆ 05 56 03 70 98
www.cafemaritime.com
Ouvert toute l'année. Carte : 40 € environ.

Avec une vue imprenable sur l'océan et les pieds dans le sable, le cadre est totalement enchanteur. La décoration contemporaine fait la part belle aux bois précieux et à l'esprit surf. La cuisine est à résonance basque pour les poissons à la plancha, les tapas et les fruits de mer. Le menu propose 3 entrées au choix, 3 plats et 3 desserts. Les produits sont frais et les saveurs originales. Dernier atout de taille, la petite tour qui domine la salle du rez-de-chaussée accueille les clients qui souhaitent apprécier un beau coucher de soleil sur l'océan...

LA CASEMATE €€

23, rue du Maréchal Leclerc
LACANAU
✆ 05 56 60 63 15
Ouvert toute l'année. Du mardi au samedi le midi ; le vendredi et le samedi le soir. Carte : 32 € environ.

Au cœur de Lacanau ville, juste derrière l'église, la Casemate est un bon plan. On apprécie l'été la grande terrasse en bois, la déco « vintage » et la cuisine. Le midi le menu est d'un bon rapport qualité-prix avec par exemple salade landaise, grillade de porc marinée et assiette gourmande. À la carte, salade composée, cuisses de grenouilles, huîtres, côte de bœuf ou encore friture de chipirons. Le week-end, l'établissement ouvre en soirée et l'on peut se retrouver entre amis autour d'un apéro tapas ou d'une soirée à thème.

LE KAYOC €€

2, allée Pierre-Ortal ✆ 05 56 03 20 75
www.restaurant-lacanau.com
Ouvert toute l'année. 7j/7. Service en continu. Menu unique à 35 €. Carte : 38 € environ. Formule du midi : 20,50 €.

© LE KAYOC

Le Kayoc trône face à la mer et contre la dune... Tout en hauteur, on apprécie sa splendide terrasse panoramique. Confortablement assis, on se prend à rêvasser, sous un parasol de paille de bruyère en dominant les caprices de l'océan. Le soir l'endroit est idyllique pour prendre un verre en tête-à-tête ou entre amis, devant le coucher du soleil, ou pour déguster de bons petits plats. Le Kayoc c'est aussi la Bodega de Marcel où l'on boit un verre accompagné de tapas, de salades, de frites maison et toute une panoplie de desserts classiques.

LE COIN DES PÊCHEURS €€

Place du Général de Gaulle
✆ 05 56 26 33 70
ermé d´octobre à mai. Haute saison : ouvert tous les jours le midi et le soir. Carte : 35 € environ.

Dans ce Coin des Pêcheurs tout ce qui vient de l'océan ou de la mer est roi. Tout un programme... La moule/frites déclinée en plusieurs sauces (roquefort, espagnole, etc.) est bien sûr de rigueur, mais les crevettes, le thon, le bar, le saumon, les soles, les sardines et bien d'autres s'affichent au quotidien à la carte. Tout est bien frais. Côté liquides d'excellents cocktails. Que ce soit à l'intérieur ou en terrasse au soleil on passe un bon moment dans une atmosphère détendue et très marine. Le personnel est souriant et sympathique.

DAR ASMAA €€

18 bis, avenue de la Plage - **LACANAU**
✆ 05 56 26 23 84
www.asmaatraiteur.com
Fermé du 10 octobre au 31 mai. Ouvert tous les jours de 11h à 15h. Carte : 30 € environ.

Dar Asmaa, c'est toutes les odeurs et les saveurs du Maroc avec l'accueil chaleureux et bienveillant légendaire des Orientaux. Mais attention ! Dar Asmaa n'est pas un restaurant mais une table d'hôtes, il faut donc réserver à l'avance afin que la maîtresse de maison fasse les courses en conséquence, car elle fait son marché et sa délicieuse cuisine chaque jour, sur commande, pour ses hôtes. Le charme opère tout de suite quand on s'installe dans le petit salon marocain, sur la terrasse couverte, pour se régaler d'un délicieux couscous, de tajines ou de pastillas.

L'EPICURIEN €€

6, allée Pierre Ortal
✆ 06 64 22 84 78
Ouvert tous les jours le midi et le soir. Carte : 28 € environ.

L'Epicurien est un lieu atypique à Lacanau Océan. C'est à la fois un restaurant et une épicerie fine avec en prime quelques objets souvenirs pour le fun. L'ambiance est décontractée, la déco bord de mer et dans l'assiette beaucoup de produits de l'Océan. Des huîtres bien sûr, des moules marinières, des crevettes, des accras, tapas et des planches à partager garnies de charcuterie et de fromages. L'espace épicerie fine affiche de nombreux produits régionaux : vins, conserves, etc. Un espace cadeaux déco permet de repartir avec un souvenir original de Lacanau Océan.

GIGI BY AVE GIULIA €€

12, avenue du lieutenant Pinceteau
✆ 09 86 67 60 62
Haute saison : ouvert tous les jours le midi et le soir. Carte : 32 € environ.

Gigi by Ave Giulia c'est l'Italie pour des envies de pizzas bien fraîches et de qualité mais aussi d'antipasti, de charcuterie et de fromages italiens ou d'un tiramisu classique, toujours au top sur le podium des desserts. Parmi les plats on vous recommande sans hésiter le thon rouge à la sauce Giovanni, butternut et courgettes rôtis à la cannelle. Les serveurs sont efficaces et accueillants. Côté déco c'est tendance : graffitis en façade, néons très colorés, murs en briquettes toutes blanches, sièges plutôt vintage et ne pas oublier la terrasse.

LA MARINIERE €€

7, boulevard de la Plage
✆ 06 45 40 07 83
Haute saison : ouvert tous les jours et les jours fériés le midi et le soir. Carte : 20 € environ.

Belle vue sur l'océan, couchers de soleil remarquables, accueil agréable et carte marine, tout ce que l'on cherche lorsque l'on est sur la côte atlantique. Les moules (marinières, à la crème, au curry, au roquefort, etc.) sont bien sûr les petites reines de la maison avec les frites et la bonne bière qui va avec... mais on adore également les huîtres, les brochettes de gambas, de poisson ou de poulet. La plupart des desserts sont faits maison, comme la crème catalane ou le crumble aux pommes. Le service en continu est un atout supplémentaire.

LA ROMA PIZZERIA €€

2, rue Gabriel Dupuy
✆ 05 56 03 21 32
www.laromalacanau.com
Ouvert toute l'année. Tous les jours le midi et le soir. Carte : 20 € environ.

La Roma est idéale pour un repas en famille ou entre copains. Déco intérieure rouge et bois avec de jolies petites nappes à carreau rouge et blanc, un immense comptoir derrière lequel on aperçoit les fours et le pizzaiolo. A l'entrée, une grande terrasse en partie couverte et chauffée où trônent fièrement deux splendides oliviers. Des tables et mange-debout accueillent une cinquantaine de personnes ce qui est très agréable en arrière-saison. La carte propose quelques salades, des antipasti, des tapas italiennes, des pastas et une grosse vingtaine de pizzas.

VILLA COSTES €€

11, avenue Sylvain Marian
LACANAU
✆ 05 56 60 80 25
Ouvert tous les jours le midi et le soir. Carte : 34 € environ.

Laurent Costes, ancien chef étoilé, a su capter une clientèle aussi bien de touristes que d'habitués. La décoration à l'atmosphère ethnique apporte une ambiance chaleureuse et un cachet très personnalisé. Deux terrasses, l'une devant et l'autre à l'arrière, sont au calme et ombragées. Les produits du terroir sont mis en avant d'une façon originale. Le menu ne comprend que 3 entrées, 3 plats et 3 desserts ; la carte est, elle aussi, est courte mais tout donne envie. Une adresse gastronomique à des prix très raisonnables avec un personnel souriant et efficace.

CHAÏ TEA & HOUSE

15, avenue Poincaré
LACANAU
✆ 06 59 06 68 56

Ouvert toute l'année. Basse saison : le week-end de 15h à 18h30. Haute saison : tous les jours de 9h30 à 20h.

Chai Tea and House est un salon de thé/coffee shop, mais pas que... c'est aussi une petite boutique de déco, à l'ambiance brocante et macramé. Bougies, coussins, tapis, paniers en osier, petite vaisselle, hamac, sac de plage et maillots de bain sont à vendre. Ce joli lieu cosy est signé Sarah. Sarah n'est autre que la sportive Sarah et Rico, deux champions du monde de surf tandem. Pour se régaler elle met à la carte thé, café, cappucino, boissons fraîches bio, latte macchiato, chai tea latte, mais aussi des gâteaux faits maison tous les jours.

RAINBOW CAFÉ

11, rue des Écureuils
✆ 06 18 00 49 04
http://alexandramuller.fr

Tous les jours de beau temps en saison.

Avez-vous remarqué la nouvelle cabane en bois située sur la Plage des écureuils ? Elle porte le nom de Rainbow Café. Dans cette petite bicoque la carte est adaptée à tous les moments de la journée : boissons fraîches, jus détox, smoothies, et des plats tendance : buddha bowl, veggie bowl, avocado toast, hot dog végétarien. Côté sucré vous craquerez pour le chia pudding, le smoothie bowl, l'açaï bowl ou la salade de fruits dans un demi-melon. Les plats sont colorés et très frais. Le Rainbow est l'endroit idéal pour une pause entre deux séances de surf.

LE MULLIGAN

6, boulevard de la Plage
LACANAU
✆ 06 77 85 01 63

Haute saison : ouvert tous les jours de 10h à 2h. Environ 25 €.

The place to be à Lacanau Océan ! Le Mulligan a d'abord un super emplacement avec vue sur l'Océan. Ensuite c'est un endroit où il fait bon se retrouver entre amis toute la journée. Dans un décor boisé, on vient prendre un petit déjeuner typiquement anglais, bruncher, partager des planches, tester quelques tapas ou des tartines avec une sangria, une bière brassée dans la région ou des cocktails. On peut aussi regarder un match de rugby, jouer aux fléchettes ou se détendre. Le patron Dimitri est toujours de bonne humeur, l'équipe très attentive et souriante.

BICY'COOL LACANAU

15, avenue Poincaré
✆ 05 47 43 02 10
https://location-velo-lacanau.com/

Haute saison : ouvert tous les jours de 9h à 19h30. Tarif de base : 9 € - VTC/VTT/Beach la 1/2 journée.

Elise et Guilhem ont un large choix de vélos adaptés à toutes vos envies de balades : VTT, VTC, tandems, vélos électriques, Fatbikes, fatbikes électriques, VTT électriques, vélos enfants, remorques, suiveurs, draisiennes ou encore des beach cruisers, parfaits pour des virées sur la plage. L'Atelier Bicy'cool répare et révise aussi les vélos et propose un grand nombre d'accessoires et de pièces détachées à la vente. Bicy'Cool se charge de livrer, gratuitement mais sous certaines conditions, vos vélos chez vous et de venir les récupérer à la fin de votre séjour.

PINOCCHIO

20, allées Pierre Ortal
✆ 05 57 70 23 81

Haute saison : ouvert tous les jours. Basse saison : ouvert le week-end et les vacances scolaires.

Pinocchio est une véritable institution. Avec plus de 60 parfums permanents, vous trouverez votre bonheur sur l'allée principale qui mène au front de mer. A côté des crèmes glacées et des sorbets traditionnels fabriqués par un maître-artisan glacier sans aucun arôme artificiel, laissez-vous tenter par des barres glacées de marques connues, de succulentes crêpes maison ainsi que des gaufres que l'on peut marier avec du caramel au beurre salé, la spécialité et du chocolat fait maison. Une terrasse aux couleurs acidulées permet de déguster en toute tranquillité.

LA CABANE NUMERO 1

Promenade Pech Lèbre
LACANAU
✆ 06 14 62 05 90

Fermé du 31 octobre au 1er avril. Ouvert en été tous les jours et les jours fériés de 11h à 0h. Carte 20 € environ.

La Cabane Numéro 1 ce sont de bons produits du terroir à déguster, des huîtres du bassin d'Arcachon, de la charcuterie, des fromages, des vins et des bières sans oublier les animations et les concerts, le sourire de Frédérique et Babeth et surtout le partage. Seul, à deux, en famille, entre amis, sur la terrasse ou dans un transat les pieds dans le sable face au petit port de plaisance, il n'y a rien de plus agréable que de déguster un vin de producteur accompagné de quelques huîtres et de s'émerveiller devant le coucher de soleil sur le lac.

CAVE CHEZ KIKI

7, avenue du Maréchal des Logis Garnung
05 56 26 37 00
Ouvert toute l'année.

A Lacanau Océan, il y a les grandes plages, les vagues, le surf... et la cave Chez Kiki. N'oubliez pas, nous sommes dans le Médoc, côté océan certes mais Médoc, et le Médoc c'est le vin. Chez Kiki, la passion du vin est une tradition familiale. Annick vous conseille sur le choix de votre bouteille suivant vos goûts et vos envies. Elle vous fera même avec plaisir une dégustation gratuite. Sur les étagères une sélection de vins de la petite réserve aux grands crus, d'apéritifs, de liqueurs, de produits gastronomiques, de terroir et de spécialités de la région.

AQUALIDAY

24, rue du Repos
05 56 03 24 45
www.aqualiday.com
Horaires sur le site. Entrée : 11,50 € ; 8,50 € pour les 3 à 10 ans, 11,50 € pour 10 ans et plus.

L'Aqualiday, au sein du camping Airotel l'Océan, est réparti en 2 espaces plus un spa. L'espace couvert et chauffé à l'ambiance tropicale : lagon à vagues, rivière à contre-courant, cascades, jets massants et banquette anatomique pour les moments de détente, aire de jeux, toboggans et pataugeoire pour les plus jeunes. A l'extérieur : rivière sauvage et cascades pour les aventuriers, bains à bulles et bassin à nage pour la détente, aire de jeux et pataugeoire pour les tout-petits, pentaglisses et toboggans pour les plus grands.

CAVES LASCAUX

Square Elie Souleyreau 05 56 60 57 78
www.vignobles-lascaux.fr
Basse saison : ouvert du lundi au samedi de 9h30 à 13h et de 16h à 19h30. Haute saison : tous les jours de 9h30 à 20h30.

Producteurs récoltant depuis 1920 en appellation Bordeaux et Fronsac, les Vignobles Lascaux ont implanté leur cave à Lacanau-Océan. L'équipe a sélectionné une large gamme de vins, grands crus, bières, et spiritueux pour leur qualité, des produits du terroir et des idées cadeaux. A la cave on découvre leurs millésimes de Fronsac, des Bordeaux rouge, blanc, rosé, des Bordeaux Supérieur en rouge, des Bordeaux Clairet, du Crémant de Bordeaux mais aussi d'autres appellations et grands crus français réputés comme Margaux, Saint-Emilion, Saint Estèphe, Sauternes.

LES BALADES DE ROBINSON

72, avenue de la Plage
LACANAU
05 56 03 03 56
https://robinsonlacanau.com
Ouvert toute l'année. 30 € par personne, - de 12 ans : 15 €, gratuit pour les - de 2 ans.

Les balades en pinasse vous attendent sur le lac de Lacanau en duo, en groupe, en famille, mais également pour vos événements comme les enterrements de vie de célibataires, anniversaires, etc. A bord de ce bateau en bois, typique de la région, on s'installe à l'avant ou à l'arrière pour profiter au maximum du spectacle. Au cours de la balade, vous pourrez découvrir la faune, la flore, les petits villages, les conches, le canal, les petits ports. Le soir, le coucher du soleil est toujours un moment inoubliable. Les capitaines sont tous des marins qualifiés.

FILLES DE L'OCÉAN

1, avenue de la Libération
LACANAU
07 83 60 84 96
Haute saison : ouvert du lundi au samedi de 10h à 12h30 et de 15h à 19h.

Les Filles de l'océan c'est le titre d'un film, mais c'est aussi la boutique de Caroline Rostaing. Cette passionnée met tout en œuvre pour dénicher des perles en un ou deux exemplaires pour le plus grand plaisir de ses clientes. A la pointe de la mode (marques italiennes et espagnoles) robes, pulls, manteaux, chaussures, accessoires et petite maroquinerie raviront les *fashion* victimes. Si on ajoute quelques objets de décoration, la panoplie est complète. Et cerise sur le gâteau : les Filles organisent des braderies, des soirées apéro, etc.

BIG MAMA

4, boulevard du Maréchal Franchet d'Espérey
05 56 26 33 55
www.ecole-surf-lacanau.com
Fermé de décembre à mars. Surf découverte à partir de 33 € (2h), stand up paddle à partir de 30 € (2h).

Direction plage Nord, au fond du boulevard, pour rencontrer Romain Lhoste et Adrien Valéroque, deux jeunes Canaulais dynamiques et attentionnés, qui dirigent cette école de surf. Ils proposent en toute sécurité et avec une bonne pédagogie des cours de surf pour petits et grands, du stand up paddle, de la voile sur la plage du Moutchic dans la petite cabane familiale Chamoulou d'Antoine Chamoux, mais aussi du conseil pour le matériel, des planches et accessoires dans leur surf shop. On peut même de boire un verre, tranquille, au snack Big Mama.

CHEEKY FAMILY

5, route du Lion
© 06 51 36 15 78
www.cheekyfamily.fr

Ouvert de début avril à début novembre. Location de surf à partir de 9 €, cours à partir de 27 €.

La Cheeky Family organise des stages de surf par niveau et par âge. L'encadrement se fait dans l'eau par un moniteur diplômé d'état. Pas d'heure fixe pour les cours de surf, car le choix des vagues est primordial pour donner des cours en fonction des horaires de marée, des conditions de l'océan, et du niveau de chacun. L'apprentissage est différent pour les débutants qui restent au bord de l'eau et pour les plus téméraires qui prennent des vagues au large. La Cheeky Family propose aussi un surf camp qui allie stage de surf et hébergement, unique à Lacanau.

LACANAU PASS

© 06 19 57 64 43
https://lacanau-pass.com/

Le Lacanau Pass pour 1 à 2 personnes maximum à 9,90 € et pour 1 à 4 personnes maximum à 19,90 €.

Oriana, jeune femme Canaulaise, a lancé le Lacanau Pass pour découvrir les activités et commerçants à Lacanau et ses environs, et profiter par le biais de ce pass de réductions de 10 à 30 % sur les activités de loisirs (aquatiques, ludiques, culturelles, bien-être, etc.) ou d'avantages chez les partenaires affiliés (boutiques, supermarché, restaurants). Le Lacanau Pass est valable pour 1 à 2 et 3 à 4 personnes maximum. Il est ouvert à tous, est en vente sur le site ainsi qu'à l'office de tourisme ou lors d'un achat chez l'un des partenaires.

TENGO FRIO SURF SCHOOL

6, boulevard de la Plage
© 06 26 45 67 86
www.tengofriosurfschool.com

Cours découverte et perfectionnement : de 30 à 39 € selon la saison.

Enfant du pays, Geoffroy Henno est un ancien sportif de haut niveau et créateur de l'école. Diplômé d'un master sports de glisse option surf, détenteur du brevet professionnel, ancien membre de l'équipe de France et figure emblématique de Lacanau, Geoffroy vous accompagne dans votre apprentissage du surf et vous aide à évoluer grâce à plus de 20 ans d'expérience. Quel que soit votre niveau, votre âge ou votre condition physique, il adapte sa pédagogie afin que les cours et les stages restent avant tout un vrai bonheur avec de bonnes tranches de rigolades !

LES 3 BANDITS

Lieu dit Pitrot - **LACANAU**
© 06 64 74 50 51
www.lacanaupaintball.com

Paint ball famille : 25 € les 150 billes par personne. Paintball warrior : 30 € les 30 billes par personne.

Petits, ados et adultes peuvent découvrir le paint ball light, le laser game en intérieur et extérieur, du Archery game – un mix entre tir à l'arc et paintball –, du kart à pédales, des jeux gonflables et des trampolines, du bubble foot où l'on se glisse dans une grosse bulle transparente, sur un terrain à sol glissant pour jouer au foot. Plus les plus aguerris et les plus sportifs, le Paintball Warrior vous attend avec des lanceurs gros calibre. Tenues de combat, casques... les équipements sont fournis et les « 3 bandits » se chargent des scénarios.

CASINO DE LACANAU

Route du Baganais
© 05 57 17 03 80
www.casinolacanau.com

Horaires sur le site.

Ce lieu de fête et de rêve est niché dans la forêt de pins entre lac et océan. La grande salle de jeux se compose de 75 machines à sous, de tables de Black Jack, Hold'em Poker et d'une roulette anglaise électronique. Le restaurant Le Win est ouvert tous les jours midi et soir. A la carte des menus du jour, des formules, des plats bistrots, des plats végétariens, des planches, des pizzas. Les animations sont nombreuses : concerts, spectacles, sets DJ, écran géant pour vivre en direct tous les grands événements sportifs nationaux et internationaux.

TETE CHERCHEUSE

8, avenue de la Forge
© 06 49 76 57 93
www.tete-chercheuse.com

Du lundi au jeudi de 10h à 20h et du vendredi au dimanche de 10h à 22h. De 12,50 € à 25 € par personne.

Des équipes de 2 à 6 joueurs doivent résoudre des énigmes dans le but de retrouver leur liberté et d'échapper ainsi à un destin terrible. Pour rentrer dans le jeu, il suffit de passer la porte de Tête Chercheuse. Dans la Salle Pixel 1 et 2 vous êtes des voyageurs missionnés par l'Ordre de l'Harmonie Mondiale afin de dérober la pierre philosophale qui permet d'obtenir entre autres la vie éternelle... Dans le Testament vous serez missionnés par les héritiers d'un vieil excentrique, qui n'ont aucune confiance les uns envers les autres, pour rechercher le testament.

LESPARRE-MÉDOC ★

Sous-préfecture de la Gironde peuplée de 5 699 habitants, Lesparre est au milieu des terres, à égale distance des façades fluviales et océaniques, à 60 kilomètres au nord-ouest de Bordeaux, 20 kilomètres au nord-ouest de Pauillac et à une trentaine de kilomètres au sud-est du Verdon-sur-Mer. Cependant, grâce à sa position centrale, la ville constitue une bonne base arrière pour partir à la découverte de l'arrière-pays du Médoc, de ses vignobles ou de ses monuments. Si vous souhaitez approfondir la découverte de la cité, ne manquez pas les marchés mensuels en plein air ni la célèbre foire aux vins durant la première semaine du mois d'août.

PALAIS DU COSTUME - MAZARIN

20, rue du Palais de Justice ✆ 06 86 02 59 99
www.palaisducostume.com

Fermé d´octobre à mars. Ouvert du mercredi au samedi de 14h à 18h. Gratuit jusqu'à 15 ans. Adulte : 5 €.

Dans ce Palais, situé au-dessus du cinéma Jean Dujardin, c'est toute l'histoire avec grand H qui est racontée à travers les costumes depuis la préhistoire jusqu'à nos jours. Mazarin, un célèbre couturier parisien aujourd'hui lesparrain, a habillé de nombreuses célébrités du cinéma, du théâtre et de la télévision. L'un de ses derniers clients était Dany Boon pour sa première à l'Olympia en 2000... Plus de 130 mannequins, grandeur nature, nous font voyager à travers les siècles.

ANIMALIA PARC

15, rue de la Bruyère - **NAUJAC-SUR-MER**
✆ 05 56 73 00 73
www.animalia-parc.fr

Haute saison ouvert tous les jours de 9h30 à 19h30. Adulte : 11 €. Enfant de 3 à 12 ans : 9 €.

Ce parc ludique et pédagogique abrite plus de 250 animaux. Poules, canards, dindons, vaches, moutons, mais aussi des biches, cerfs, renards. Le parcours est ponctué de devinettes avec des charades et des rebus à résoudre, un grand jeu de découverte pour toute la famille. Sur place de nombreuses animations : pêche à la truite, balade à poney, accrobranche, accrospider, jeux gonflables, balade avec un guide naturaliste. Pour déjeuner, des paniers pique-nique sont proposés sur place. Ils sont composés de produits du terroir issus du travail d'agriculteurs passionnés.

PLAGE DU PIN SEC

NAUJAC-SUR-MER
✆ 05 56 73 00 55

La plage du Pin Sec, perdue au milieu d'une forêt de pins, à 10 km du bourg de Naujac-sur-Mer, est magnifique. Elle convient aux amoureux des plages nature et c'est aussi le royaume des surfeurs. Une route unique permet d'y accéder. Sur place un grand parking pour les vélos et les voitures, un camping, l'école de surf, quelques bungalows servant de « village » et offrant de la restauration rapide et les fameux blockhaus de la Seconde Guerre mondiale. L'accès se fait par un chemin aménagé au-dessus de la dune. La baignade est surveillée en saison estivale.

CASA PILLET

Place de la Mairie - **SAINT-CHRISTOLY-MÉDOC**
✆ 05 56 41 39 45 - www.helloasso.com/associations/art-culture-decouvertes

Des visites guidées, réalisées par Véronique Auriol, sa biographe, sont organisées à la demande.

La Casa Pillet regroupe trois entités différentes : une galerie Côté Gironde, le Café d'Edgard et les collections d'Edgard Pillet, un artiste né à Saint-Christoly-Médoc dont les œuvres ont été exposées, entre autres, au Centre Pompidou. Il était à la fois un sculpteur, un architecte et un peintre considéré comme le leader de l'abstraction géométrique. L'Association des amis d'Edgar Pillet a créer ce lieu est dédié à l'art, à la culture, aux rencontres, aux découvertes picturales, musicales, théâtrales ou à la lecture en mémoire à ce Saint-Christolyen.

TOUR DE L'HONNEUR

17 bis, rue Pierre-Curie
✆ 06 25 77 60 14
www.tour-de-lhonneur.jimdo.com

Horaires sur le site de la mairie. Gratuit jusqu'à 8 ans. Adulte : 3,50 €. Enfant de 8 à 12 ans : 2 €.

Dès le Ve siècle, les Francs, les Arabes et les Normands pénètrent en Médoc. Pour contenir les assauts de ces envahissants visiteurs, le château fort de Sparra est construit, probablement à partir du IXe siècle, entouré du ruisseau l'Hervaut. Aujourd'hui, seul le donjon de l'angle sud-ouest est encore debout. Remaniée au cours des siècles suivants, la tour de l'Honneur est un vestige grandiose : 30 mètres de hauteur et 12 mètres de côté, témoignant de l'importance de la cité au Moyen Âge. La tour abrite un petit musée d'histoire locale.

MÉDOC VIGNOBLE TOURISME

7 bis, place du Maréchal Foch © 05 56 41 21 96
www.medoc-vignoble-tourisme.com
Horaires variables en fonction des saisons, informations sur le site : www.medoc-vignoble-tourisme.com

Ce bureau d'information touristique permet de trouver tous les éléments nécessaires afin d'agrémenter votre séjour dans le Médoc. Il vous conseille sur toutes les possibilités d'hébergement et de restauration sur le territoire, mais également sur les animations et les sites touristiques culturels et patrimoniaux incontournables. Vous trouverez les possibilités de visite des nombreux châteaux de l'appellation Médoc ainsi que des sentiers de randonnée. Sur le site, des châteaux viticoles sont regroupés dans une boutique en ligne, bien pratique pour commander du vin.

CHÂTEAU GADET-TERREFORT

7, route de Vendays - **GAILLAN-EN-MÉDOC**
© 06 08 17 97 51
www.gadet-terrefort.com
Ouvert toute l'année. Juillet et août, 7j/7 de 10h à 15h et de 17h à 19h. Hors saison, du lundi au vendredi de 9h à 18h.

Guillaume Bernard achète l'exploitation viticole de 4 hectares en 1921, elle est ensuite reprise par son fils et aujourd'hui par sa petite-fille Anaïs. Ce sont 36 hectares de vigne qui composent le domaine du château Gadet-Terrefort. Désireuse de partager sa passion du vin, Anaïs ouvre le château Calmeyrac (propriété de son oncle qu'elle gère désormais) aux touristes en créant une salle de dégustation, une épicerie fine, un gîte ou chambres d'hôtes à 800 mètres de la propriété, au cœur du vignoble et d'une partie du troupeau de vaches.

CHÂTEAU BEAU JARDIN €€

50, route de Soulac
GAILLAN-EN-MÉDOC
© 05 56 41 26 83
www.chateaubeaujardin.com
Ouvert d'avril à septembre. 7 chambres. Chambre double à partir de 120 €. Petit déjeuner : 10 €.

Michèle et Jean reçoivent dans leur élégant manoir du XIXe siècle transformé en petit hôtel, au cœur d'un ravissant parc. Le charme de la propriété associé à la chaleur des lieux et à l'accueil des propriétaires rendront votre séjour inoubliable. Les sept chambres climatisées sont très élégantes. La décoration est classique et personnalisée. Côté restaurant, Jean réalise une cuisine gastronomique française, raffinée et délicieuse à base de produits de la région, servie dans la salle à manger du château où l'atmosphère reste néanmoins décontractée.

LES CYGNES €€

1, route de Luc-Blanc - **GAILLAN-EN-MÉDOC**
© 05 56 09 62 15
Chambre simple 57 € ; chambre double 72 € la nuit, 432 € la semaine ; chambre triple 97 €. Petit déjeuner inclus.

Cette chambre et table d'hôtes bio est nichée au cœur d'un parc magnifique, au sein duquel on peut admirer un couple de cygnes. Les chambres sont déclinées selon diverses inspirations : l'océane, l'exotique, la romantique, l'orientale, la zen. Toutes les chambres sont d'environ 20 m² ou plus, donnent toutes sur le parc par une terrasse ou un balcon, ont une salle de bain et des w.c. privatifs, et sont équipées d'une literie de luxe. Le salon possède une belle cheminée pour les soirées fraîches. La terrasse est immense, et le soleil est partout dans la maison.

HÔTEL ROLLAN DE BY €€

3, route Haut-Condissas
BÉGADAN
© 05 56 41 27 75
www.hotelrollandeby.com
Ouvert toute l'année. Chambre double à partir de 120 €. Petit déjeuner : 12 €.

Tout près de l'estuaire de la Gironde et dans le décor reposant du vignoble Rollan de By, l'hôtel vous ouvre les portes d'une élégante chartreuse de pierres blondes à l'architecture harmonieuse, typique des vignobles bordelais. Dans un lieu unique où tout est reflet de charme, vous découvrirez six suites spacieuses et confortables, dévoilant chacune un univers subtil dans une ambiance feutrée invitant au voyage ; lits à baldaquin, meubles anciens, tableaux du XVIIIe, statuettes d'Orient, tapis colorés et objets contemporains. Un endroit précieux et magique.

LA MAISON DU DOUANIER €€

2, route de By - **SAINT-CHRISTOLY-MÉDOC**
© 05 56 41 35 25
www.maisondudouanier.com
Ouvert toute l'année. 3 chambres. Chambre double à partir de 120 € ; suite à partir de 230 €. Petit déjeuner inclus.

Historiquement, il s'agit réellement de la maison des douaniers qui contrôlaient la marchandise et comptaient les droits prélevés quand le vin était acheminé en gabare vers Blaye et Bordeaux. Aujourd'hui, ses trois chambres et une suite parentale sont à votre disposition dans un cadre élégant et raffiné. La vue sur l'estuaire, le calme de l'endroit, comme la gentillesse de vos hôtes, permettent de goûter à la quiétude totale. Prendre un ou plusieurs repas au restaurant est vivement conseillé, car la cuisine de Jean-Luc Beaufils est gastronomique et inventive.

THE FRENCH HOME COOKING €€

6, rue du Maréchal Ferrant
SAINT-CHRISTOLY-MÉDOC © 06 62 27 59 53
www.chambresdhotes.org
Chambre double de 85 € à 100 € ; chambre triple de 115 € à 150 €. Petit déjeuner inclus. Lit supplémentaire : 20 €.

Nathalie et Etienne proposent des chambres d'hôte, aussi belles les unes que les autres, donnant toutes sur le jardin. Seuls les thèmes changent : la « tendance » et sa décoration épurée, la « tradition » et ses lits qui proviennent du château Lafite-Rothschild, la « Médoc » décorée dans l'esprit château et « l'exotique », surtout pensée pour les amoureux et les amateurs de voyages. Vous aurez accès à une salle commune avec cuisine, à un jardin avec des terrasses et un spa extérieur. Des vélos sont à disposition. Le petit déjeuner français est inclus.

TOUR HÔTEL €€

Avenue de Bordeaux
© 05 56 73 39 20
www.tourhotelmedoc.fr
Ouvert toute l'année. Chambre double à partir de 59 €. Petit déjeuner buffet de 7 € à 9 €.

Situé à proximité du centre commercial dans la ZAC de Belloc, cet hôtel rénové est particulièrement adapté pour une halte sans mauvaise surprise en famille, ou en amoureux, idéal pour une étape VRP. Fer à repasser, sèche-cheveux, bouilloire, oreiller supplémentaire sont à disposition de la clientèle dans un ensemble confortable et très net. Chaque chambre est aménagée d'un grand lit de 160 ou 140 ou de 2 lits de 90. Pour les personnes arrivant après 21h il est possible de se faire servir un plateau-repas dans la chambre. Services et confort, tout simplement !

L'ATTABLÉE €

5, rue du Bourg
GAILLAN-EN-MÉDOC
© 09 54 60 92 98
Haute saison : ouvert du lundi au samedi le midi et le soir. Carte : 25 € environ

Christelle et Philippe ont ouvert leur restaurant pour offrir aux clients une cuisine simple mais faite maison avec des produits toujours frais. Le menu du midi (2 entrées, 2 plats, 2 desserts) change tous les jours et il s'adapte aux saisons : potage en hiver ou poireaux vinaigrette, tartiflette ou faux-filet et fromage de brebis ou île flottante. La salle de restaurant est vaste et la terrasse très vite prise d'assaut. L'accueil agréable, le service efficace et l'excellent rapport qualité-prix du menu font de ce restaurant une très bonne adresse à Gaillan.

LA MAISON DU DOUANIER €€

2, route de By - **SAINT-CHRISTOLY-MÉDOC**
© 05 56 41 35 25
www.maisondudouanier.com
Fermé du 1er janvier au 15 mars. Menus de 35 € à 75 €. Menu enfant : 20 €. Formule du midi : 25 €.

Cet ancien bureau de douane, transformé en restaurant depuis des années, est tenu aujourd'hui par une équipe jeune et expérimentée aux CV bien remplis. Le trio a eu le coup de cœur pour cette maison de caractère, merveilleusement bien placée. La salle, décorée dans un esprit de bistrot chic, est agrémentée de grandes baies vitrées et la terrasse offre une vue superbe sur l'estuaire de la Gironde. La cuisine est à la hauteur des lieux. Jean-Luc Beaufils travaille de façon inventive des produits frais et de qualité, issus pour certains du potager de la Maison.

LES NOISETTINES DU MÉDOC

1, route de la Landette - **BLAIGNAN**
© 05 56 09 03 09 - www.noisettines.fr
Horaires variables en fonction des saisons. Visite gratuite.

Amateurs de douceurs, ne ratez pas cette visite et ni la dégustation. L'histoire de sa création est passionnante. Edith, couturière, et Michel Noyez, cuisinier, ont créé dans les années 70, la Noisettine du Médoc dans un vieux chai de 200 ans, à l'époque en ruines, dont ils sont tombés amoureux. Tout le monde craque pour cette gourmandise dont la recette daterait de 1649. La noisette est cuite dans un sirop maison puis enrobée d'un caramel soufflé. Cette fabrique familiale est devenue un petit musée qui accueille près de 40 000 visiteurs par an.

CHÂTEAU L'ARGENTEYRE

43, route de Courbian
BÉGADAN
© 05 56 41 52 34
Ouvert tous les jours sur rendez-vous sauf le samedi et le dimanche.

Ce domaine de la famille Reich est avant tout guidé par la passion. Sur 50 hectares d'exploitation, 25 sont sur le cru bourgeois de L'Argenteyre. Les terres bénéficient d'un climat océanique, ce qui donne des vins de caractère. Les cépages sont composés de 40 % cabernet sauvignon, 40 % merlot, 15 % petit verdot, 5 % carménère. La vinification est réalisée dans des cuves en béton et en inox à une température constante entre 24 et 26°. Après 5 semaines de macération, les raisins sont pressés dans un pressoir hydraulique vertical pour conserver le meilleur du fruit.

CHÂTEAU LABADIE

1, route de Chassereau - **BÉGADAN**
✆ 05 56 41 55 58
www.chateau-labadie.com
Ouvert du lundi au vendredi de 9h à 11h45 et de 14h à 17h30. Visites gratuites sur rendez-vous.

Le Château Labadie mérite bien le qualificatif d'exploitation familiale et de tradition. Une fois les bâtiments restaurés et des chais modernes aménagés, la marque Château Labadie voit le jour en 1970. Le vignoble de 66 hectares orientés est-ouest, est coplanté de merlot à 75 %, de cabernet franc à 10 % et de cabernet sauvignon à 15 %. Il produit 210 000 bouteilles chaque année. Le Château Labadie est élevé en fûts neufs une année. Joël Dupuy a su lui donner ses lettres de noblesse comme en témoignent les nombreuses médailles d'argent et médailles d'or !

CHÂTEAU SAINT-CHRISTOLY

1 bis, impasse de la Mairie
SAINT-CHRISTOLY-MÉDOC
✆ 05 56 41 82 01
www.chateausaintchristoly.com
Ouvert tous les jours de 9h à 12h et de 14h à 17h. Visite gratuite sur rendez-vous.

Cathy (Vigne et chai) et Sandrine (vente et gestion) prennent la relève de 7 générations de viticulteurs sur ce domaine. Elles s'évertuent à donner à leur vin une note féminine et très personnelle et c'est le seul cuvier de la région peint en rose. Le travail passionné, à la vigne et au chai, permet millésime après millésime d'exprimer magnifiquement les saveurs et les valeurs de ce terroir d'exception. Le château, au cœur du village, mérite le coup d'œil avec ses jolies tourelles et les expositions qu'il abrite entre avril et fin septembre dans le chai.

CHÂTEAU MOULIN DE L'ABBAYE

6, route de l'Abbaye
ORDONNAC
✆ 05 56 09 00 55
Ouvert du lundi au samedi de 9h à 19h. Sur rendez-vous. Vin bio.

Vignerons depuis 1984, Sylviane et Jean-Pierre Cavanihac sont les heureux propriétaires du Moulin de l'Abbaye depuis 1999. Son nom vient de l'abbaye cistercienne voisine. Le domaine, une petite exploitation familiale, fait 5 hectares. Aux cépages d'origine, cabernet sauvignon et merlot, est venu s'ajouter le malbec, pour enrichir les arômes de ce vin et les diversifier. Ici, tout est bio, aucun produit chimique. Accueil est chaleureux et convivial.

CHÂTEAU TOUR CASTILLON

3, route du Fort Castillon
SAINT-CHRISTOLY-MÉDOC ✆ 05 56 41 54 98
www.vignoblespeyruse.com
Ouvert le mercredi et le vendredi à partir de 10h30. Balade commentée : 20 €/pers et 15 € pour les 6–14 ans.

La famille Peyruse a bien compris ce qu'est l'œnotourisme. Toute l'année, elle organise des balades commentées dans le vignoble afin d'expliquer l'histoire du domaine, suivies d'une dégustation et d'un casse-croûte médocain. Les visiteurs découvrent les différentes AOC, les étapes du cycle de la vigne, les tâches manuelles et mécaniques du viticulteur. Sur les bords de l'estuaire la visite continue par les carrelets de pêche et les tonnes à canards. Les participants sont ensuite invités dans le chai rose et gris où trônent deux amphores de sept hectolitres.

L'ECHOPPE

18, rue des Forgerons
✆ 05 57 75 22 09
Haute saison : ouvert du mardi au samedi de 9h30 à 13h et de 14h30 à 19h.

Nathalie Clemenceau a eu la bonne idée d'ouvrir cette épicerie fine. Elle réalise un rêve après avoir connu la grande distribution, l'hôtellerie et le vin. Son Echoppe regorge de bons produits, très souvent artisanaux, dénichés çà et là et pas toujours très connus. Sur les étagères du salé, du sucré, des vins et spiritueux. Parmi les produits frais, les magrets de la Maison Lafitte, le yaourt au lait de brebis en provenance de la laiterie Baskalia d'Espelette, des saucissons à la noisette, au Picodon, au Roquefort, au piment d'Espelette...

ESCAPE GAME LESPARRE

4, chemin du Pas des sauts
✆ 05 56 59 27 59
www.escape-game-lesparre.com
Ouvert 7j/7 de 9h à 21h30. Soirs et WE : 3 joueurs 29 €, 4 joueurs 23 €, 5 joueurs 19 €.

On connaît tous le principe de l'escape game : une équipe, un escape room et une heure pour en sortir en résolvant une série d'énigmes, de puzzles et d'épreuves logiques dans des décors originaux. Ce qui les différencie les uns des autres ce sont les thèmes abordés. Ici deux missions : le Chesscape où vous entrez dans l'univers mystérieux et énigmatique du jeu d'échecs même sans savoir jouer aux échecs, ou le Trésor de la buse où vous devrez faire preuve de perspicacité, adresse et rapidité pour être admis dans l'univers impitoyable des pirates et de leur butin.

LA MAISON D'ARTÉMIS

68, rue Jean-Jacques-Rousseau
✆ 05 56 73 75 84
http://maison-artemis.fr
Ouvert du lundi au samedi de 9h à 19h.

Forte de son expérience bordelaise, Florence Guillot, Strasbourgeoise tombée amoureuse d'un Gascon, officie dans le Médoc en grande prêtresse : torréfactions maison, mélanges pures origines, matés, thés, infusions et plantes médicinales, confiseries, épices, machines à café, théières, bouilloires, tasses et accessoires, etc. La Maison d'Artémis propose même une petite restauration à déguster au pied levé (réservation recommandée, attention !) ainsi que des formules déjeuners végétariennes et des brunches le samedi jusqu'au 15 décembre.

LISTRAC-MÉDOC ★

Le nom de Listrac vient du latin « lista » ou « listra » qui signifie « lisière, limite ». La commune est à cheval sur la ligne de partage des eaux de la Gironde et des lacs du bord de l'Atlantique. Son histoire a toujours été liée à celle du vin comme en témoignent les liens privilégiés qu'elle entretenait dès l'Antiquité avec les ports de Lamarque et de Cussac, situés sur l'estuaire. L'église aux influences romanes et gothiques a su conserver un cachet intact, l'importance de l'art ne s'arrête pas là. Le peintre Odilon Redon a maintes fois puisé l'inspiration pour ses toiles dans les abords de Listrac, immortalisant même sa maison à Peyrelebade.

VERTICAL SKI

9, place Gambetta
✆ 06 81 34 20 00
www.verticalski.fr
Cotisation : 10 €.

Stéphane Vignolles aime les sports de glisse. Vivant dans le Médoc il est plutôt bien placé, mais ce n'est pas le surf qu'il pratique, il préfère plutôt la neige ! Ce champion d'Aquitaine de snowboard organise des séjours sportifs dans de grandes stations des Pyrénées et des Alpes pour une découverte et une pratique des sports d'hiver comme le ski et le snowboard. Il s'occupe de tout : transports, hébergements, assurance, remontées mécaniques, pension complète. L'apprentissage et le perfectionnement sont encadrés par des moniteurs diplômés.

VIGNERONS ASSOCIÉS BOUTIQUE GRAND LISTRAC

21, avenue de Soulac
✆ 05 56 58 03 19
www.vigneronsassocies.com
Ouvert du lundi au samedi de 8h30 à 12h et de 14h à 18h, le dimanche de 10h à 12h30 et de 14h à 18h30.

La cave coopérative Vignerons associés Moulis - Listrac et Cussac Fort Médoc regroupe 42 viticulteurs. Elle distribue du vin en vrac (bib de 10 litres) et les crus de cette mosaïque de terroirs. On trouve également des vieux outils de chais et une sélection de vins blancs d'Alsace, ce qui s'explique par le jumelage de la commune de Cussac avec le village de Sigolsheim. Les vignerons organisent des visites des chais, des installations techniques et des dégustations.

MARGAUX ★

Le nom même de ce petit village médocain de 2932 habitants est presque connu sur toute la terre pour ses vignobles et ses châteaux. Ils composent la Route des vins et se distinguent parmi les meilleurs grands crus classés du monde. Un tiers réunis sur cette langue de terre ne représentent qu'un dixième du vignoble médocain. Fleuron des vins de cette appellation : le Château Margaux, premier grand cru classé en 1855. Il ne faut pas oublier l'autre richesse naturelle : l'estuaire où les carrelets esquissent leurs silhouettes élégantes. Margaux est aussi un cadre de rêve pour les sportifs : boucles cyclistes, greens de golf, attelage équestres, etc.

LE CLOS DE MEYRE €€

16, route Castelnau - **AVENSAN**
✆ 05 56 58 22 84
www.chateaumeyre.com

Chambre double à partir de 120 €, suite à partir de 150 €. Petit déjeuner buffet : 12 €.

Situé en plein cœur du Médoc, le château de Meyre est une belle bâtisse du XVIIe siècle entourée d'un magnifique parc. Les chambres ont un style unique alliant le charme de l'ancien et la modernité. Elles portent toutes le nom d'une déesse grecque, romaine ou celte. Le petit déjeuner est servi en salle ou sur la terrasse. Le Château de Meyre invite également à parcourir son vignoble, visiter ses chais et déguster ses vins. Des salles sont à la disposition des entreprises pour l'organisation de séminaires, d'événements familiaux ou professionnels.

PARENTHESE MARGAUX €€

4, cours Pey Berlan ✆ 06 12 19 03 58
www.parentheseamargaux.com

Ouvert toute l'année. Chambre double à partir de 95 €. Petit déjeuner inclus. Gîtes à partir de 205 € la nuit.

Cette grande maison d'hôtes est une parenthèse de calme et de sérénité au cœur des domaines réputés du Médoc. Elle a été entièrement rénovée avec beaucoup de soin et de goût dans un esprit de maison de famille. Elle est composée de trois chambres d'hôtes et d'un gîte pour 12 personnes maximum. La véranda, qui abrite un barbecue en pierre, donne sur un jardin de 100 m² équipé d'une grande table d'extérieur, d'une table de ping-pong à l'abri, d'une piscine en bois de 3,50 m sur 2 m ainsi que d'un terrain de pétanque. L'ambiance est conviviale et chaleureuse.

LE PAVILLON DE MARGAUX €€

3, rue Georges-Mandel ✆ 05 57 88 77 54
www.le-pavillon-de-margaux.fr

Ouvert toute l'année. Chambre double à partir de 75 €, suite à partir de 109 €. Petit déjeuner : 12 €.

En plein cœur de Margaux, l'hôtel-restaurant Le Pavillon de Margaux est un havre de paix qui offre une vue panoramique sur les vignes. Il dispose de 9 chambres salons et de 5 chambres traditionnelles. Le service réceptif organise selon les demandes des animations telles que des visites avec dégustations dans les châteaux du Médoc, mais aussi des balades en VTT, en quads, des promenades en calèches à travers le vignoble. Dans le restaurant, vous découvrirez une cuisine soignée, préparée avec des produits régionaux tout en respectant les saisons.

RELAIS DE MARGAUX €€

5, route de l'Ile-Vincent
✆ 05 57 88 38 30
www.relais-margaux.fr

Ouvert toute l'année. Chambre double à partir de 105 €, suite à partir de 218 €. Petit déjeuner : 16 €.

Le Relais de Margaux est un ancien château viticole de la fin du XIXe siècle situé dans le Parc Naturel régional du Médoc, au bord de l'estuaire de la Gironde. Les chambres, spacieuses et calmes, sont personnalisées en fonction de leur catégorie. Certaines offrent une superbe vue sur le lac ou sur le golf. La décoration reste classique mais les équipements sont totalement modernes. Le restaurant abrité dans un ancien chai, la Brasserie du lac et sa vue imprenable, le spa et le golf complètent l'offre hôtelière pour un séjour de détente dans un lieu hors du commun.

LE CHALET DE SIRAN €€€

13, avenue du comte J.-B. de Lynch - **LABARDE**
✆ 05 57 88 34 04
www.chateausiran.com

Ouvert toute l'année. Pour 6 personnes (3 chambres) : week-end 3 nuits à partir de 650 €, semaine à partir de 1250 €

Situé au cœur du vignoble de Margaux, dans l'enceinte du château de Siran, le Chalet de Siran est un charmant gîte pouvant accueillir jusqu'à 6personnes. Elégant et confortable, il dispose d'un grand salon avec cheminée, d'une salle à manger, d'une cuisine équipée et de trois grandes chambres contemporaines aux couleurs douces (2 chambres doubles, 1 chambre avec 2 lits simples), une avec salle de bains avec douche à l'italienne attenant à une des chambre doubles, une salle de bains supplémentaire avec baignoire et des toilettes séparées avec lave-mains.

L'INDIGO €

1, rue Georges Mandel
✆ 05 57 88 30 54

Ouvert du lundi au vendredi le midi et le soir ; le samedi soir. Carte : 20 € environ.

Sur la route des vins, cette brasserie-pizzeria est le bon plan pour les familles qui veulent faire un stop juste à côté du château Margaux. On est plus dans la restauration rapide que dans la gastronomie, mais les pizzas sont excellentes, les salades et les burgers copieux. On peut aussi juste prendre une tartine ou partager une planche de fromages ou de charcuterie. Quelques plats, néanmoins, s'affichent à la carte et tout est fait maison, même le tiramisu du chef. Le cadre est agréable et la salle de restaurant lumineuse.

LE HAMEAU DE MARQUIS €€

7, rue de la Trémoille ✆ 05 57 81 13 20
www.marquisdalesme.wine/fr

Fermé de novembre à avril. Ouvert du lundi au vendredi de 12h à 19h. Sur réservation. Planche à partir de 19 €.

C'est au Hameau du Marquis que commence la visite du domaine viticole Marquis d'Alesme Becker. Ce château onirique est marqué par une architecture d'inspiration française et asiatique ce qui en a fait sa renommée autant que son vin, grand cru classé. Le restaurant est le point de départ indispensable à la découverte du domaine, car on y fait la première rencontre avec l'âme de ce lieu d'exception. Dès les beaux jours, on s'attable facilement pour une dégustation des vins accompagnés de planches « carnivores », « planche berger », « veggie » et « desserts ».

BRASSERIE DES CHÂTEAUX €€

32, avenue de la Ve République
MARGAUX-CANTENAC ✆ 05 57 10 43 72
www.brasseriedeschateaux.com

Ouvert du lundi au samedi le midi et du mercredi au samedi le soir. Carte : 42 € environ.

La Brasserie des Châteaux est situé entre Macau et Margaux, à côté de la très belle église de Cantenac. Le décor est celui d'un bistrot contemporain, l'accueil y est chaleureux et le chef nous invite à voyager en terre médocaine en proposant de traditionnelles recettes du Sud-Ouest. Le menu du midi est d'un bon rapport qualité-prix, proposant une entrée, un plat, un dessert et un quart de vin. L'adresse est fréquentée par les gens du coin, donc si vous êtes dans un périple de découverte des châteaux dans la région, n'hésitez pas une seule seconde et arrêtez vous,

LE LION D'OR €€

11, route de Pauillac - **ARCINS**
✆ 05 56 58 96 79
www.leliondor-arcins.fr

Ouvert du mardi au samedi et les jours fériés le midi et le soir. Carte : 40 € environ.

Michaël Lemonnier, qui a travaillé avec les plus grands, conserve l'esprit convivial et terroir avec toujours des prix attractifs. Sa cuisine de marché est simple avec des produits de qualité, frais et de saison. Il exprime son savoir-faire et sa personnalité dans des spécialités maison telles que des palombes flambées au cognac, de la lamproie à la bordelaise, etc. Une sélection de vins de vignerons de la région accompagne bien les plats. La décoration est celle d'une auberge de campagne, les tables sont encore napées de blanc et les serviettes en tissu.

LE CHAPON FIN €€

2, place Aristide Briand
CASTELNAU-DE-MÉDOC
✆ 05 56 58 44 43

Le bar est ouvert dès 7h du matin. Carte : 32 € environ. Formule du midi : 13,80 €.

Ce bar-restaurant ne fait pas de bruit et pourtant les gens du coin comme les touristes qui s'y sont attablés n'en font que des éloges. Le chef prépare une cuisine de bistrot, qu'il revisite à sa façon, avec des produits de qualité à des prix très très abordables. La salle style bistrot moderne est claire et rehaussée de rouge. On s'installe en terrasse pour profiter du soleil et du spectacle de la place. L'été le Chapon Fin est présent au marché de Listrac les vendredis de 16h30 à 21h30 pour des dégustations de tapas, huîtres, bière, sangria et vins locaux.

NOMADE RESTAURANT €€

3, route des Châteaux - **LABARDE**
✆ 05 56 35 92 38
www.restaurant-nomade.fr

Ouvert du mardi au samedi le midi et le soir. Formule du midi : 35 €. Menu dégustation à 70 € en 8 séquences le soir.

A la tête de Nomade un jeune couple médocain : Manon à l'accueil et Thibault, le chef, passé, entre autres, par les fourneaux de Thierry Marx à Pauillac. Cette formation lui a inculqué de belles sources d'inspirations. La cuisine est inventive, recherchée et gastronomique. Elle est réalisée à partir de produits frais, issus autant que possible de cultures raisonnées, voire bio, et sublimée par les mariages de saveurs toujours très justes du chef. Côté déco, même si l'endroit n'a rien conservé de son passé ferroviaire il reste atypique, sobre et rénové avec goût.

RATATOUILLE €€

1, place du Général Leclerc
CASTELNAU-DE-MÉDOC
✆ 05 56 90 10 47
Ouvert du mardi au jeudi le midi, le vendredi et le samedi le midi et le soir. Carte : 40 € environ.

Ratatouille... tout le monde connaît le fameux personnage du dessin animé. Ici Ratatouille c'est aussi Rémy... sauf que celui-là a fait ses premières armes au restaurant de l'Institut Culinaire Américain de Paul Bocuse à New York et qu'il a beaucoup appris en voyageant. Sa cuisine, inspirée en grande partie des produits du terroir, varie régulièrement. Tout est fait maison à base de produits locaux et bio. Le menu du midi est d'un excellent rapport qualité-prix. La salle, lumineuse et vaste, est prolongée par une véranda qui ouvre en été sur la terrasse.

LE SAVOIE €€

1, place de la Trémoille
✆ 05 57 88 31 76
www.lesavoie.net
Ouvert tous les jours. Service traiteur. Menus de 26 € à 70 €. Carte : 40 € environ.

La bâtisse blanche et rouge bordeaux est magnifique et le cadre est somptueux. Le restaurant propose plusieurs ambiances de la terrasse ensoleillée, la verrière chic avec ses fauteuils club en cuir noir à la salle fleurie très élégante. Philippe Vilet, maître restaurateur, et son équipe mettent en œuvre leurs savoir-faire et compétences pour donner à ce restaurant gastronomique les lettres de noblesse qu'il mérite. Les plats évoluent au fil des saisons et les assiettes créatives sont agrémentées parfois de saveurs d'ailleurs. En cave plus 170 références de vins.

MADEMOISELLE DE MARGAUX

1, route de l'Ile-Vincent ✆ 05 57 88 39 90
www.mademoisellledemargaux.com
Ouvert du lundi au vendredi de 10h à 13h et de 14h à 18h30. Le samedi pour les fêtes de Pâques et de Noël.

La Guinette à l'Armagnac et la griotte au kirsch sont les plus anciennes productions de Mademoiselle de Margaux. Elles combinent un fruit frais et une liqueur sélectionnée dans un enrobage de chocolat noir. Clin d'œil bien sûr au vin avec les Sarments du Médoc, brindilles de chocolat fin rehaussées de sept différentes notes craquantes et fondantes à la fois ou les Perles du Médoc composées d'un grain de raisin macéré dans un sirop de pêche et d'abricots et enrobées de chocolat noir intense. La nouveauté : 12 tablettes de chocolat pur ou finement fourrées.

CHÂTEAU LA GALIANE

14, rue Alfred de Luze à Soussans
✆ 05 57 88 35 27
www.scea-rene-renon.com
Visite sur rendez-vous.

Situé sur les terres de Margaux, entre mer et estuaire, le château La Galiane est une propriété familiale depuis cinq générations. Le vignoble de 5 ha est morcelé parmi les grands crus de l'appellation. La famille Renon, qui gère également Château Charmant, fait découvrir avec passion tous les aspects du vignoble, travaillé dans les traditions et le savoir-faire familial. Il est labouré et le désherbage n'est pas chimique, les vendanges se font manuellement, l'élevage est effectué en barrique de chêne, les vins sont collés au blanc d'œuf.

© SOPHIE T

© CHÂTEAU LA GALIANE

WINE BAR MARGAUX

12bis, rue Georges Mandel
✆ 09 67 68 32 90
www.winebarmargaux.com
Ouvert du lundi au vendredi de 11h30 à 15h.

Le Wine Bar Margaux est implanté en plein cœur du village de Margaux. La carte des vins offre plus d'une centaine de références de vins de cette exceptionnelle appellation, mais également des haut-médoc, des saint-estèphe, des saint-julien, des pessac-léognan, des pauillac, des saint-émilion grands crus, des pomerols et des vins du monde issus des plus grands vignobles. Pour accompagner ces doux nectars, Elodie a conçu une carte courte d'assiettes froides ou chaudes, de salades et de desserts. Ce sont vraiment des plats simples mais conviviaux.

CHÂTEAU BRANE-CANTENAC

✆ 05 57 88 83 33
www.brane-cantenac.com
Ouvert du lundi au vendredi de 9h30 à 12h30 et de 14h à 17h. Visite sur rendez-vous.

Château Brane Cantenac est un second cru classé du Médoc en 1855, le domaine est la propriété de la famille Lurton depuis 1925, aujourd'hui, Henri Lurton perpétue les valeurs traditionnelles. Les visites « De la création de la barrique à la naissance d'un vin » permettent de parcourir toutes les étapes d'élaboration d'un grand vin : visite de la Tonnellerie Nadalié, dégustation d'un vin puis déjeuner à La Brasserie le 1902. Ensuite visite du Château Brane-Cantenac et dégustation de 4 vins à différents stades du processus d'élaboration et de 2 vins prêts à boire.

CHÂTEAU DE VILLEGEORGE

1-2, chemin de la Tuilerie
AVENSAN
✆ 05 56 58 22 01
www.marielaurelurton.com
Ouvert du lundi au vendredi de 9h à 17h30. Cours de cuisine de 6 à 8 personnes : 100 €.

Les vignes de ce château ont plus de 30 ans. Marie-Laure Lurton est à la tête de cette propriété familiale et avec toute son équipe elle met à disposition l'une de ses trois propriétés médocaines, si ce n'est la plus belle pour organiser une prestation événementielle privée ou professionnelle (séminaire, un dîner de gala, un team building ou un mariage) dans un cadre enchanteur et moderne. Elle organise au château de Villegeorge des cours de cuisine précédés d'une visite dégustation de vins et suivis de la dégustation des mets cuisinés et des vins.

CHÂTEAU GISCOURS

10, route de Giscours - **LABARDE** ✆ 05 57 97 09 09
www.chateau-giscours.fr
7 jours sur 7 entre avril et octobre inclus. Sur rendez-vous. Visite classique-dégustation à partir de 12 €.

Le château Giscours, un des grands noms du vin à Margaux (3e grand cru classé), est un classique de l'art de vivre en Médoc, entre pierres de taille blondes et jardin émeraude. Les 83 ha du vignoble sont entourés de 300 ha de prairies et de forêts. Des visites-dégustation sont organisées dans la propriété et dans les chais. Pour profiter pleinement du cadre somptueux du château, trois chambres d'hôtes haut de gamme ont une vue imprenable sur les vignes. Le château dispose d'une salle de réception pour les séminaires, réceptions, mariages et autres événements.

CHATEAU KIRWAN

MARGAUX-CANTENAC
✆ 05 57 88 71 00
www.chateau-kirwan.com
Haute saison : ouvert du lundi au samedi. Particuliers sans rendez-vous. Visite à partir de 15 € par personne.

Tout l'esprit de margaux s'exprime dans le château Kirwan, un domaine qui depuis quelques années s'est de nouveau hissé à la hauteur de sa réputation (3e grand cru classé). La contribution de l'oenologue réputé Michel Rolland, puis de Jacques Boissenot ont permis de réorienter la vinification de Kirwan pour l'adapter aux goûts d'aujourd'hui. Il en résulte un vin suave, précis, aux fruits mûrs et aux fines notes d'épices. La structure tannique promet de belles années de garde... Le domaine, extrêmement accueillant, vaut le détour pour une visite-dégustation.

CHÂTEAU MARQUIS DE TERME

3, route de Rauzan
✆ 05 57 88 30 01
www.chateau-marquis-de-terme.com
Sur réservation. Dégustation (2 vins) à 10 €, visite dégustation à 15 €.

Propriété de la famille Sénéclauze depuis 1935, ce 4e grand cru classé de Margaux allie à la fois tradition et modernité. Avec 40 hectares le Château Marquis de Terme élabore des vins envoûtants, charnus et avec des tanins de velours. Baladez-vous au cœur de ce vignoble médocain et découvrez le Château Marquis de Terme le temps d'une visite guidée suivie d'une dégustation. L'Atelier du nez est une belle expérience olfactive et l'Atelier Grands crus vins et chocolat est inédit. Privatisation possible du château pour des événements professionnels ou des réceptions.

CHATEAU PONTAC-LYNCH

28, route du Port-d'Issan - **MARGAUX-CANTENAC**
✆ 05 57 88 30 04
www.pontac-lynch.com
Visites d'avril à septembre et sur rendez-vous en basse saison. 5 € par adulte.

Une allée de palmiers du XIXe siècle ouvre les portes de cette propriété en plein cœur de l'appellation Margaux. En 1720, le comte de Lynch fit construire la demeure actuelle pour en faire son relais de chasse. Plus tard, elle devint la propriété de monsieur de Pontac. Depuis 1952, le domaine appartient à la famille Bondon et depuis 1988, Marie-Christine gère l'exploitation avec beaucoup de passion. Les vendanges sont faites à la main et les vins vieillissent dans un beau chai à barriques pendant 12 mois. Le vignoble est conduit selon une agriculture raisonnée.

MAISON DU VIN DE MARGAUX

7, place de la Trémoille
✆ 05 57 88 70 82
www.maisonduvindemargaux.com
Ouvert de juin à septembre de 9h à 12h30 et de 14h à 18h30 et le reste de l'année de 9h à 12h et de 14h à 18h.

La Maison du vin de Margaux dispose d'une très belle cave, tous les vins de l'appellation y sont représentés au prix de la propriété, les 21 grands crus classés en 1855, les crus exceptionnels, les crus bourgeois et les crus artisans, ou prestigieuses appellations. Vous pourrez trouver la carte des châteaux à visiter, des parcours balisés dans les vignobles pour des balades en VTT ou à pied, de nombreux articles liés à l'univers du vin comme les gelées de cépages, les sarments du Médoc, les guinettes ou encore les « demoiselle de Margaux ».

CABLEPARK

4, route de Casalié - **AVENSAN** ✆ 07 87 38 32 70
www.cablepark.fr
Fermé du 30 octobre au 25 mars. Les horaires sur le site internet. Téléski 1h adulte : 23 €, Aquapark 1h : 8 €.

Cette base est dédiée aux sports de glisse qui s'articulent autour d'un lac dans un cadre idyllique. Sur place de nombreuses activités : notamment le téléski nautique qui rassemble la pratique du ski nautique et du wakeboard. Un système de câbles, suspendu à 10 mètres de hauteur, vous tractera sur une distance de 880 mètres et à une vitesse élevée. La base présente aussi de nombreuses autres activités : ping-pong, wake park, paddle, darts et jeux de fléchettes, slackline, mölky et boulodrome, trampoline, beach-volley, BMX, espace de restauration...

MOULIS-EN-MÉDOC ★

Contrairement à ce que l'on pourrait penser, Moulis ne vient pas du latin « molinis » qui signifie « moulin » mais de « moles », signifiant « ouvrage de terrassement ou de maçonnerie ». Peut-être parce que Moulis est un site habité depuis fort longtemps, comme l'atteste la découverte des vestiges d'une villa du Ier siècle et d'une chapelle paléochrétienne. Si son église romane fortifiée mérite le coup d'œil, rares bénitiers et pierre tumulaire de la mère de Pey Berland, c'est aussi pour les vins qu'on s'arrêtera ici. Moulis est la plus petite appellation Médoc par sa surface - 610ha sur un bandeau de 8km- soit 4% de la totalité du vignoble médocain.

CHÂTEAU MAUCAILLOU ★

25, route Gare
✆ 05 56 58 01 23
www.maucaillou.com
Horaires sur le site. Visite Musée à partir de 5 €, les Chais à partir de 7 €, visite complète à partir de 10 €.

Construit au XIXe siècle, le château Maucaillou offre une visite instructive grâce à son *Musée des arts et métiers de la vigne et du vin* assez exceptionnel doté d'une mise en scène pédagogique et originale des travaux de la vigne et de la cave depuis le cep jusqu'à la dégustation avec une visite commentée des chais et la projection d'un film présentant la propriété. Suit la dégustation d'un millésime où l'on emportera en souvenir un verre gravé. Le château Maucaillou dispose de 4 salles de réception et de 5 chambres d'hôtes situées dans le château.

MAISON DU VIN DE MOULIS EN MÉDOC

423, avenue de la Gironde ✆ 05 56 58 32 74
http://moulis.com/la-maison-du-vin
Basse saison : du lundi au vendredi de 9h à 12h30 et de 14h à 18h. Haute saison : du mardi au samedi de 10h à 18h.

Sur la place ombragée du hameau de Grand Poujeaux, la Maison du Vin de Moulis-en-Médoc met en avant cette terre d'histoire et de légende, composée de 600 hectares de vignes en production réparties chez 49 viticulteurs. L'AOC Moulis en Médoc date de 1938. Elle constitue la plus confidentielle et la plus ancienne des appellations viticoles du Médoc. La Maison commercialise des vins et des objets autour du vin. Elle donne également des informations sur l'œnotourisme.

DOMAINE DE GIRON €€

15, chemin de Giron ✆ 05 33 05 97 73
www.domainedegiron.com
Chambre double à partir de 90 €. Petit déjeuner inclus. Parking inclus. Animaux acceptés sur demande sans supplément.

Le Domaine de Giron offre design, confort, espace et quiétude d'un joli parc de chênes au milieu des vignes. Chaque chambre possède sa terrasse privative couverte donnant sur une agréable piscine chauffée. Christian-Jacques Grosbois, le propriétaire et ancien expert dans le monde viticole, vous fera profiter de son immense savoir concernant les vins par des dégustations. La table d'hôtes prolonge les moments de convivialité avec notamment des grillades sur sarments de vigne et des légumes bio. Une aire de jeux pour enfants est également à votre disposition.

LA BOULE D'OR €€

212, avenue de la Gironde
✆ 05 56 58 09 03
www.labouledor.eu
Ouvert toute l'année. Du mardi au samedi de 12h à 13h30 et de 19h à 21h. Carte : 40 € environ.

Niché au cœur de la plus petite appellation du Médoc, le restaurant La Boule d'Or mérite vraiment que l'on s'y arrête pour déjeuner en famille ou dîner à deux. Une belle et grande terrasse l'été, une salle avec cheminée et feu de bois l'hiver, des tables bien nappées et surtout un bon chef ! La cuisine est simple et traditionnelle : salade et Saint-Jacques fraîches poêlées au vinaigre de framboise, côtes d'agneau grillées (4 pièces) et profiteroles au chocolat maison. Les viandes sont grillées dans la cheminée et tout est fait maison, même les frites...

CHÂTEAU BISTON-BRILLETTE

91, route de Tiquetorte
✆ 05 56 58 22 86
www.chateaubistonbrillette.fr
Ouvert du lundi au vendredi de 9h à 12h et de 14h à 18h, le samedi de 10h à 12h. Visites sur rendez-vous.

Serge et Jean-Paul Barbarin produisent sur les 26 hectares de vigne une appellation Moulis qui se partagent entre des terroirs de graves qui apportent finesse et élégance et des terroirs argilo-calcaires plus forts et plus colorés. Lors des visites, on découvre l'élevage traditionnel du vin en se promenant parmi les installations, le chai et le cuvier. La visite s'achève par une dégustation où vous pourrez apprécier le château Biston-Brillette ou le château Biston, second vin du domaine, qui sont tous deux à des prix très abordables.

CHÂTEAU GRANINS GRAND POUJEAUX

18, chemin de l'Ancienne-Ecole - Grand-Poujeaux
✆ 33 0 5 56 58 05 82
www.chateau-granins.fr
Ouvert du lundi au vendredi de 10h à 12h et de 14h à 19h. Week-end sur rendez vous. Visite et dégustation gratuite.

Cette exploitation viticole familiale a vu le jour en 1930. Edouard Batailley en était le propriétaire et le domaine portait le nom de Château Peyradon. En 1954 les vignes du domaine voisin, le cru bourgeois Granins, sont rachetées d'où le nom actuel. Marie Lyne et Pascal Bodin sont aux commandes de la propriété. Ils pratiquent la lutte raisonnée, l'effeuillage, les vendanges vertes et la révolte manuelle dans le respect de l'environnement et pour une production plus saine.

CHÂTEAU MAUVESIN-BARTON

✆ 05 56 58 41 81
www.mauvesin-barton.com
Visites sur rendez-vous, du lundi au vendredi sauf pendant les vendanges. Visite à partir de 7 € par personne.

Le château Mauvesin date du XVe siècle. Il appartient aujourd'hui à la famille Barton-Sartorius, également propriétaire des châteaux Léoville Barton et Langoa Barton, deuxième et troisième grands crus classés à Saint-Julien. L'endroit est absolument magique avec son étang et son magnifique grand parc. Au cours des trois visites différentes, vous foulerez le sol du moderne et des chais à barriques. Vous serez surpris par la salle de dégustation qui le surplombe. Quant au vin, juste excellent, et ne demande qu'à être dégusté...

RANDONNÉE

Fontaine et table de pique-nique à mi-parcours. Parking devant l'église.

Pour parfaire la visite de Moulis-en-Médoc, il vous faut parcourir pendant 3 heures un chemin pédestre avec moins de 10 % de routes goudronnées. Plus de 12 kilomètres s'étendent sur une partie de la commune à travers les vignobles, menant au musée de la Vigne et du Vin, à la fontaine de la Raze, au moulin de Tiquetorte datant du Xe siècle et à l'église Saint-Saturnin. Il est possible de faire une halte dans les nombreux châteaux et pourquoi pas déguster un ou plusieurs crus. Ce chemin fait partie de la route de Saint-Jacques-de-Compostelle.

PAUILLAC ★

A mi-chemin entre Bordeaux et la pointe de Grave cette petite ville se partage entre le vignoble et le fleuve. Posée sur l'estuaire de la Gironde, la commune abrite 100 propriétés viticoles, dont 18 grands crus classés, incluant les trois premiers mondialement connus : château Lafite-Rothschild, Latour et Mouton-Rothschild. Pauillac. Une longue tradition de navigation se perpétue dans son port de pêche et de plaisance. Depuis la superbe façade des XVIIIe et XIXe siècles des quais de la ville, on aperçoit les carrelets – les typiques cabanes de pêcheurs –, les bateaux « libellules » partant à la pêche et les îles disséminées au milieu de l'estuaire.

CHÂTEAU PICHON BARON

✆ 05 56 73 17 17
www.pichonbaron.com
Ouvert toute l'année. Visites sur réservation. Adulte : 25 €.

Situé au sud de la commune de Pauillac, le Château Pichon Baron, aux deux tourelles emblématiques, est un grand cru classé depuis 1855. La création du domaine remonte à la fin du XVIIe siècle, mais il a été remanié au XIXe siècle. A ses pieds un miroir d'eau et sous ses reflets argentés se cache un chai à barriques enterré digne du Nautilus, en raison de ses ouvertures vers l'eau et le ciel. Ce chai produit des vins d'excellence. Le domaine est ouvert à la visite : découverte d'une bâtisse exceptionnelle, des vignes, des chais et dégustation.

LA FERME D'HORTÉLIE

12, route de la Garosse - **SAINT-SAUVEUR**
✆ 06 33 88 65 43
http://fermehortelie.fr
Ouvert toute l'année. Visite lors des journées portes ouvertes.

La Ferme d'Hortélie produit des plantes aromatiques et médicinales sur environ 1,5 hectare. Elles sont transformées en tisanes, hydrolats, baumes de soins, savons, huiles infusées, mélanges culinaires, sels et sucres aromatiques, vinaigres aromatiques, pickles sauvages. Tout est fait à la main dans le respect de la saisonnalité des plantes et en favorisant une démarche de qualité. La Ferme organise en Dordogne des week-ends sur des thèmes variés : les plantes du printemps, Litha, célébrer la lumière de l'été, les plantes de l'été, de l'automne, etc.

LA GROTTE D'ARTIGUES

✆ 05 56 73 30 50
www.pauillac-medoc.com
Gratuit. Petit patrimoine rural.

La grotte d'Artigues est surplombée par une statue de la Vierge, réplique de la célèbre grotte miraculeuse de Lourdes... Ce clone médocain aurait été construit en 1897 par Anne-Françoise Averous, propriétaire d'un vignoble à Pauillac. La légende dit que les demoiselles Averous échangeaient chaque année un tonneau de leur vin contre un tonneau d'eau bénite de Lourdes afin d'en arroser la vigne. On peut pique-niquer à l'ombre de grands arbres et surtout ne vous privez pas d'un petit rafraîchissement à la fontaine, son eau est peut-être miraculeuse !

Vignes - Pauillac - Médoc.

ÎLE DE PATIRAS

Face au n° 2 quai des Chartrons
✆ 05 56 39 27 66
https://croisiere-bordeaux.com
Horaires sur le site. Départ à partir de 20 personnes. 28 € pour l'escale à Patiras et visite guidée du phare.

On embarque à Blaye ou Cussac-Fort-Médoc. Après une navigation commentée sur l'estuaire, un passage entre les îles de la Gironde, les châteaux des grands crus classés du Médoc et une escale sur l'île Margaux avec pique-nique et dégustation de vins, la balade se termine sur l'île de Patiras. Après avoir gravi les nombreuses marches du phare, vous accéderez à un belvédère et à une vue magnifique par beau temps. Autre version : déjeuner de mai à octobre sur la terrasse du Refuge. Vous reprendrez ensuite la navigation jusqu'au port de départ.

OFFICE DE TOURISME DE MÉDOC VIGNOBLE

La Verrerie
✆ 05 56 59 03 08
medoc-vignoble-tourisme.com
Horaires sur le site.

La Maison du Tourisme et du Vin est incontournable pour l'organisation de circuits de découverte, la visite des châteaux, trouver un hébergement ou un restaurant. Elle propose des projections sur le Médoc et l'Estuaire et dispose d'une véritable boutique-vinothèque, avec près de 300 vins issus des 8 appellations Médoc, vendus à l'unité et à prix châteaux ! On peut déguster quelques médocs lors des rencontres avec les viticulteurs ou acheter quelques cadeaux en lien avec le vin.

FUN BIKE - L'ATELIER DU VÉLO

Village de Bages ✆ 05 56 09 76 62
www.funbike.fr
Haute saison : tous les jours de 9h30 à 12h30 et de 14h à 18h. Vélo classique demi-journée : adulte à partir de 14 €.

Visiter les vignobles du Médoc en vélo, à deux, entre amis ou en famille, voilà une idée. Pour un après-midi dans les vignes ou la journée si vous préférez, rien de plus c'est facile, rendez-vous au village de Bages, louez, pédalez et vibrez ! C'est d'ailleurs la devise de l'atelier du vélo by Fun Bike (le spécialiste de vélo de Carcans-Maubuisson). Ici, on loue, vélos classiques ou électriques, vélos enfants et remorques bébés, etc. On vend également des accessoires et on répare.

LES GABARREYS €

Route de la Rivière
✆ 05 56 59 10 03
www.pauillac-medoc.com
Fermé d'octobre à mars. Emplacement de 10,80 € à 18 €. Mobil-homes pour 4 personnes à partir de 380 € la semaine.

Ce camping est idéal pour les amoureux de la nature à la recherche de calme et d'air pur. Il est doté d'un spa extérieur et d'un sauna sec vitré (accessible aux personnes à mobilité réduite), bénéficiant tous deux d'une superbe vue sur l'Estuaire. Les emplacements pour tentes et caravanes de plus de 100 m² sont délimités dans un environnement arboré et fleuri. Côté hébergement des mobil-homes avec terrasse en bois couverte. Ce camping situé au cœur du prestigieux vignoble médocain est dans un site exceptionnel, à deux pas des grands châteaux.

HÔTEL DE FRANCE ET D'ANGLETERRE €€

3, quai Albert-Pichon ✆ 05 56 59 01 20
www.hoteldefrance-angleterre.com
Chambre double à partir de 85 €, chambre triple à partir de 105 €. Petit déjeuner buffet ou en chambre : 10 €.

L'hôtel de France et d'Angleterre est superbement bien placé, face au quai de Pauillac. Les terrasses en façade permettent de profiter des rayons du soleil et d'une vue imprenable sur l'estuaire de la Gironde. Les chambres sont réparties en deux catégories : Standard avec vue sur le jardin ou sur le port, et Confort dotées en plus d'un balcon ou d'une terrasse privative. Leur décoration est moderne et épurée. La qualité des services et l'attention du personnel sont excellentes.

CHÂTEAU CORDEILLAN-BAGES €€€

Route des Châteaux ✆ 05 56 59 24 24
www.cordeillanbages.com
Ouvert de mi-mars à mi-novembre. Chambre double à partir de 250 €. Petit déjeuner buffet ou en chambre : 27 €.

Cette ravissante chartreuse du XVIIe siècle abrite un hôtel de charme. Il offre 5 catégories de chambres de style moderne, les meubles et les luminaires sont signés par des designers tels que Franck Gehry, Andrée Putman, Achile Castiglion... Des œuvres d'artistes reconnus tels que Pierre Alechinsky, Tan SwieHian, Antoni Tapiès, pour ne citer que ceux-là, ornent les murs. Au Café Lavinal, on apprécie une table gourmande et généreuse. La carte des vins, riche de plus de 1 800 références, rassemble des grands crus du Bordelais et des vins d'ailleurs.

LES FERMIERS TOQUÉS €

Zac les Beauchênes
CISSAC-MÉDOC
✆ 09 87 30 30 67

Ouvert du mardi au jeudi le midi ; le vendredi et le samedi le midi et le soir. Formule : 16 €.

La Maison des producteurs du Médoc réunit une vingtaine d'associés ou adhérents actionnaires, auxquels s'ajoutent 20 à 30 producteurs qui les approvisionnent régulièrement de fruits et légumes, viande et volaille, fromages, pâtes, farine, œufs, produits laitiers, huîtres, miel et confitures, jus de fruits, vins et alcools... Elle accueille aussi un restaurant où la cuisine est réalisée sur place et uniquement avec les produits locaux. Les producteurs-associés se sont entourés de professionnels de la restauration pour mener à bien ce concept unique en France.

LA TOQUE FERMIÈRE €

Chemin de Beauchêne
CISSAC-MÉDOC
✆ 05 57 75 38 81

Ouvert du mardi au samedi le midi. Formule du midi : 17 €.

La Toque Fermière est jumelée avec le Magasin de Producteurs, du coup le chef n'a pas à aller très loin pour faire son marché et il est sûr que les produits des exploitations fermières du coin sont ultra frais. Un gage de qualité pour celles et ceux qui choisissent de s'attabler ici, car tout est fait maison. Le menu du jour dépend bien sûr des arrivages. L'espace de restauration est clair, agréable et décoré de façon soignée dans un esprit de bistrot contemporain avec quelques tables et chaises hautes. Rapport qualité prix il n'y a rien à dire.

LA CAMBUSE €€

2, quai Léon-Perrier ✆ 05 56 59 28 90
https://la-cambuse-pauillac.business.site/

Ouvert du mardi au samedi le midi et le soir et le dimanche midi. Carte : 30 € environ. Formule du midi : 15,50 €.

Le cadre de La Cambuse, dans une ancienne cave voûtée en pierre, est original et apprécié les jours de canicule. Chaises et tables bistrot se répondent de chaque côté de la petite allée centrale. La terrasse, très agréable, n'est pas immense aussi est-il prudent de réserver. Le chef fait son marché chez les producteurs du coin pour dénicher des produits de qualité et de saison. Un menu du jour, des suggestions à l'ardoise traditionnelles et une courte carte où la tendance bistronomique s'affirme. Les vins soigneusement choisis permettent de belles découvertes.

LE CŒUR DES VIGNES €€

19, chemin des Marronniers
✆ 06 26 90 36 40
www.coeurdesvignes.com

Chambre double à partir de 135 €, chambre triple à partir de 165 €. Petit déjeuner inclus.

N'avez vous jamais songé à prendre quelques jours de repos au cœur des vignes ? C'est faute de connaître Le Cœur des Vignes, situé entre Pauillac et Saint-Julien Beychevelle, avec ses cinq chambres d'hôte de charme aménagées dans une belle demeure de maître, cossue, donnant sur un sublime jardin. Toutes ont une décoration différente, mais la chambre Cépages Noir et Blanc est vraiment très originale et très chic. Les maîtres des lieux, Pascale et Alex, vous feront partager leur amour du terroir et des produits de région en vous invitant à leur table d'hôte...

HÔTEL DE FRANCE ET D'ANGLETERRE €€

3, quai Albert-Pichon
✆ 05 56 59 01 20
www.hoteldefrance-angleterre.com

Ouvert du 31 mars au 1er novembre, tous les jours en haute saison. Carte : 40 € environ.

Chaque jour, le chef et son équipe une cuisine est traditionnelle, gourmande, légère, et s'articule autour des produits du terroir. Vous apprécierez de pouvoir vous laisser guider vers des plats composés à partir des produits du marché. Les crus du Médoc et du Bordelais y sont largement représentés, mais l'on peut découvrir aussi des vins du Languedoc et même étrangers. Situé sur les quais face à l'estuaire, vous pouvez profiter de sa grande terrasse en été.

CAFÉ LAVINAL €€

Place Desquet
✆ 05 57 75 00 09
www.jmcazes.com/fr/cafe-lavinal/bistrot-et-cafe
Fermé du 20 décembre jusqu'à mi-février environ. Ouvert tous les jours le midi et le soir. Carte : 44 € environ.

Le Café Lavinal tient son nom de Berthe Lavinal, la grand-mère de Jean-Michel Cazes, le propriétaire du Château Lynch-Bages, situé juste à côté, et grande figure du vignoble bordelais. Gabriel Gette, a pris en main ce bistrot chaleureux et convivial. La cuisine bistronomique est élaborée avec des produits frais de la région. La carte des vins comporte plus de 120 références de vins de Bordeaux et d'ailleurs. Le service de vins au verre permet de découvrir jusqu'à 8 vins rouges... La terrasse ensoleillée est appréciée pour sa vue.

© CAFÉ LAVINAL

© CAFÉ LAVINAL

BRASSEURS & FRERES

1, chemin de Radet
✆ 07 84 97 37 95
www.brasseursetfreres.com
Ouvert le jeudi de 13h à 17h30. Tous les jours sur rendez-vous.

Patrick et William Ludger sont deux frères natifs de Pauillac. Après des carrières différentes et bien remplies, ils décident de créer leur brasserie artisanale au cœur du Médoc, comme une sorte de retour à la terre qui les a vus naître. Ils travaillent avec des produits de qualité, issus de l'agriculture biologique française tout en privilégiant aussi le local. La gamme Premium est régionale avec des références locales, dont les animaux bien connus des Médocains : la Tourterelle est blonde, la Biche ambrée et la Civelle (autre nom de la pibale) blanche.

CHÂTEAU LAFITE-ROTHSCHILD ★

17, rue Rolland
✆ 05 56 59 26 83
www.lafite.com
Ouvert du lundi au vendredi de 14h à 15h30. Visites sur rendez-vous. 15 personnes maximum.

Les vins de la noble maison Lafite ont certainement pris leur essor lorsqu'un médecin bordelais prescrit au roi Louis XV ce vin comme étant le meilleur et le plus agréable des toniques. Cette bâtisse du XVIIIe siècle est ornée d'un riche mobilier Napoléon III mais la principale curiosité c'est le chai circulaire réalisé par l'architecte Ricardo Bofill. Alliant esthétique et fonctionnalité, les bâtiments de travail font la renommée mondiale de ce premier grand cru classé.

CHÂTEAU LATOUR

Saint-Lambert
✆ 05 56 73 19 80
www.chateau-latour.com
Ouvert du lundi au vendredi de 9h à 12h30 et de 14h à 17h. Visite sur rendez-vous en priorité pour les professionnels.

Château Latour, créé en 1680, fait partie des plus anciens vignobles du Médoc. Depuis les limites de la plantation n'ont pas changé, un fait plutôt rare pour une propriété viticole. Même pérennité quant à sa prestigieuse notoriété acquise dès le début du XVIIIe siècle grâce à l'action de son propriétaire le marquis de Ségur est confirmée en 1855 lorsqu'il fut classé premier grand cru. Au centre des 47 ha de l'enclos, la tour, ronde et blanche, construite au XVIIIe siècle, veille fièrement sur le domaine, à quelques dizaines de mètres de l'estuaire seulement.

CHÂTEAU PICHON LONGUEVILLE COMTESSE DE LALANDE

Route des châteaux
✆ 05 56 59 19 40
www.pichon-lalande.com
Ouvert tous les jours de 9h à 12h30 et de 14h à 18h30. Visite et dégustation sur rendez-vous.

Créé dans les années 1690, ce domaine familial est un Grand Cru classé de 1855. La demeure, construite en 1840 par l'architecte Duphot à la demande de la Comtesse de Lalande, est d'un style restauration de grande pureté. Son parc à bosquet de lauriers et sa roseraie sont représentatifs de la période romantique. Ne pas manquer de visiter ses cuviers, ses chais et sa magnifique collection de verres anciens et contemporains. Les vins sont faits d'élégance, de complexité et de charme.

CHÂTEAU PONTET-CANET

Château Pontet-Canet
✆ 05 56 59 04 04
www.pontet-canet.com
Ouvert du lundi au vendredi. Visite sur rendez-vous uniquement.

Les vignobles du château Pontet Canet se situent au cœur de l'appellation Pauillac, au sud des terres de Moutons Rothschild. En visitant le château, vous pourrez peut être apercevoir les chevaux arrivés il y a quelques années pour cultiver la vigne. La méthode ancestrale homme-animal permet le respect des ceps de vigne et du terroir. Les vendanges manuelles sont réalisées avec des cagettes et non des paniers, ainsi, le transfert du raisin se fait directement du pied de vigne à la table de tri. Ce grand cru classé en 1855 a le label agriculture bio et biodynamie.

LA FERME D'HORTÉLIE

12, route de la Garosse
SAINT-SAUVEUR
✆ 06 33 88 65 43
http://fermehortelie.fr
Ouvert toute l'année.

La Ferme d'Hortélie produit des plantes aromatiques et médicinales sur environ 1,5 hectare. Elles sont transformées en tisanes, hydrolats, baumes de soins, savons, huiles infusées, mélanges culinaires, sels et sucres aromatiques, vinaigres aromatiques, pickles sauvages. Tout est fait à la main dans le respect de la saisonnalité des plantes et en favorisant une démarche de qualité. La Ferme organise en Dordogne des week-ends sur des thèmes variés : les plantes du printemps, Litha, célébrer la lumière de l'été, les plantes de l'été, de l'automne, etc.

LE PIAN-MÉDOC

La commune de Pian Médoc, au centre de l'appellation Haut Médoc, est mitoyenne de l'appellation Margaux. Sur ses terres viticoles les châteaux Sénéjac, Malleret et Bellegrave du Poujeau, fleurons du patrimoine. Entre vignes et forêts, tout aussi prestigieux, son golf classé parmi les 15 premiers parcours d'Europe. Son patrimoine religieux n'est pas en reste avec une belle église du XIIe siècle restaurée aux XIXe et XXe siècles. A voir également, l'ermitage Lamouroux fondé en 1774 par la famille du même nom. Durant la Révolution, elle offre un abri aux des prêtres réfractaire. La congrégation religieuse de la miséricorde en est propriétaire aujourd'hui.

LE CLUB €€

Chemin de Courmateau
✆ 05 56 70 31 31
www.hotelgolfdumedoc.com
Ouvert tous les jours le midi et le soir. Carte : 45 € environ. Chambres doubles à partir de 139 €.

Le Club est situé dans l'enceinte du golf du Médoc Resort. Tous les golfeurs ont besoin de se restaurer et Le Club est là pour répondre à leurs attentes mais aussi à celles des non-golfeurs. La salle est un espace clair où l'on respire d'autant mieux qu'on apprécie la vue sur la terrasse qui donne sur le parcours des Châteaux. Le menu du marché n'est servi que les soirs. Le restaurant a sa propre cave Millésimes qui renferme de grands crus classés mais aussi des bouteilles à des prix beaucoup plus abordables. On peut dormir sur place à l'hôtel spa du golf.

L'OREPOL €€

516, route de Pauillac
✆ 05 56 45 61 13
www.lorepol.eatbu.com
Ouvert du lundi au vendredi le midi. Carte : 38 € environ.

Pas vraiment engageant de s'arrêter déjeuner dans un restaurant qui jouxte une station-service… Il faut pourtant parfois laisser tomber les a priori, car l'Orepol est loin d'être un routier. C'est un véritable restaurant où les plats sont préparés à base de produits frais. Derrière les fourneaux, le chef cuisine de bons plats simples et de qualité. La carte, qui ne comporte que 4 entrées, 4 plats et 4 desserts, change souvent, et il n'est pas rare d'avoir quelques plats portugais. La salle est toute simple mais très éclairée.

GOLF DU MEDOC

Chemin de Courmateau ✆ 05 56 70 11 90
www.golfdumedocresort.com
Ouvert toute l'année. Tous les jours de 8h à 19h. Tarifs 18 trous à partir de 64 €. 2 seaux à 6 €. Restauration. Hôtel.

Niché au cœur de 200 hectares de nature, le Golf du Médoc Resort comporte 2 parcours de 18 trous. Le parcours des Châteaux dans un paysage de bruyères, d'ajoncs et de genêts, oblige les joueurs à se surpasser. Le parcours des Vignes, en terrain plat typique des Landes avec ses pins maritimes, reste accessible aux joueurs de tout niveau. Classé parmi les 100 meilleurs golfs d'Europe, ses 2 parcours accueillent régulièrement des Championnats internationaux. Le complexe hôtelier dispose d'un hôtel 4 étoiles, d'un restaurant gastronomique et d'un espace spa.

OFFICE DE TOURISME MEDOC PLEIN SUD

Avenue du Gressier
✆ 05 64 31 07 77
www.medocpleinsud.com
Horaires d'ouverture sur le site.

Le Porge, différent par nature. Plus tout à fait Médoc Atlantique, et pas encore Bassin d'Arcachon, Le Porge vit dans une perpétuelle dualité, évolue tout en préservant les richesses naturelles de son territoire, tourné vers l'océan et vers la forêt, avec des activités de surf, des balades, des pistes cyclables, des randonnées, de l'aqua-détente... L'office de tourisme du Médoc Plein Sud vous accueille et reste à votre service pour vous renseigner sur les vacances nature.

LE PORGE ★

Si le village du Porge en lui-même n'a pas la vie trépidante de ses voisins (Lacanau pour n'en citer qu'un), il constitue un havre de paix agréable et reposant, même au cours de la saison estivale. Le littoral, préservé des constructions sauvages, s'ouvre sur les emblématiques plages océanes dont l'immense plage naturiste La Jenny. Il existe deux pistes cyclables, des sentiers de randonnée pour tous les niveaux. Au rayon des curiosités, on peut aussi séjourner dans la forêt. Et puis il y a la petite allée commerçante (l'avenue du Gressier) qui mène jusqu'à la plage centrale. C'est une sorte de grand-rue sortie digne des villages de westerns...

PARENTHESE NATURE FERME PEDAGOGIQUE

52, route de la Jenny
✆ 06 40 94 73 76
Ouvert du samedi au jeudi de 10h à 13h30 et de 15h30 à 18h30. Adulte : 7,90 €. Enfant : 6,90 €.

Que vous soyez en famille ou en groupes, venez voir les animaux de la ferme installés dans leurs grands enclos. Curieux de nature, ils s'approcheront pour collecter caresses et maïs que vous trouverez à l'accueil. L'animatrice donnera toutes les explications, n'hésitez pas à la questionner. Les plus jeunes pourront câliner les cochons d'Inde et les lapins. Faire des balades à poney autour des enclos. A disposition aussi glaces et boissons fraîches. Aires de jeux et de pique-nique.

SAINT-ESTÈPHE

Cette commune est mondialement connue pour ses monuments de délectation que sont les vins de l'appellation saint-estèphe. On considère que les premières vignes ont été plantées à l'époque romaine, mais c'est à partir du XVIIe siècle que le domaine s'est agrandi grâce au drainage des terres marécageuses. Le vignoble stéphanois occupe environ 1 230 ha. Les cépages principaux qui rentrent dans la composition du vin Saint-Estèphe sont le merlot, le cot, le petit verdot, le cabernet-franc, le cabernet-sauvignon, le carmenère. Au milieu des vignes le bourg est dominé par son église du XVIIe siècle. De l'ancien port on admire le vaste panorama sur la Gironde.

CHÂTEAU LA HAYE

1, route de Saint-Afrique-Leyssac
✆ 05 56 59 32 18
www.chateaulahaye.com
Ouvert d'avril à septembre de 10h à 17h sauf le dimanche. Adulte : 15 €.

C'est une propriété pleine de romance : les initiales de Diane de Poitiers et de Henri II sont gravées dans la pierre du château ce qui laisse supposer que la demeure était le lieu privilégié de leurs rendez-vous... La visite guidée est très enrichissante. Pour finir, vous irez dans une salle élégante dédiée à la dégustation, où certains produits sont proposés à la vente, estampillés Château La Haye, comme des sets de table, des tabliers, des cartes postales. Le château est aussi un lieu d'animations : il participe aussi tous les ans au Marathon du Médoc.

CHÂTEAU ORMES DE PEZ

29, route des Ormes de Pez
✆ 05 56 59 30 05
www.jmcazes.com
Ouvert du lundi au vendredi de 9h30 à 13h et de 14h à 18h30. Visite guidée.

Le vignoble du Château Ormes de Pez s'étend sur 37 hectares et il est entouré d'un très beau parc où l'on aperçoit un noyer qui semble couché sur l'herbe. Cet arbre centenaire a résisté à la tempête de la fin du siècle dernier, en revanche ne cherchez pas les ormes ils ont disparu depuis bien longtemps. La visite dure une heure et elle est suivie par la dégustation d'un Grand Cru Classé. Le Château Ormes de Pez propose cinq chambres élégantes avec une superbe vue sur la propriété ou le vignoble. La maison peut être entièrement privatisée.

CHÂTEAU LA HAYE

1, route de Saint-Afrique-Leyssac
✆ 05 56 59 32 18
www.chateaulahaye.com
Ouvert d'avril à septembre de 10h à 17h sauf le dimanche. Adulte : 15 €.

C'est une propriété pleine de romance : les initiales de Diane de Poitiers et de Henri II sont gravées dans la pierre du château ce qui laisse supposer que la demeure était le lieu privilégié de leurs rendez-vous… La visite guidée est très enrichissante. Pour finir, vous irez dans une salle élégante dédiée à la dégustation, où certains produits sont proposés à la vente, estampillés Château La Haye, comme des sets de table, des tabliers, des cartes postales. Le château est aussi un lieu d'animations : il participe aussi tous les ans au Marathon du Médoc.

CHÂTEAU LA GRAVIÈRE €€

La Gravière - **VERTHEUIL**
✆ 06 95 00 32 79
www.chateaulagraviere.com
Chambre double à partir de 134 € ; studio / appartement à partir de 189 € ; suite à partir de 167 €.

Ancienne propriété viticole d'appellation Haut Médoc, le domaine a su conserver son caractère authentique grâce à une restauration de qualité. Les chambres d'hôtes sont situées dans les dépendances de la propriété assurant ainsi une totale indépendance. L'endroit déborde de charme et de plénitude : boiseries, couleurs enveloppantes et harmonieuses, petits meubles chinés et mobilier de belle qualité. On pourra profiter aussi de suites et d'appartements totalement équipés. Quelle que soit la formule choisie, on profite du spa et de l'espace bien-être sur place.

CHÂTEAU TOUR SAINT FORT €€

1, route de la Villotte ✆ 05 56 59 38 19
https://chateautoursaintfort.com/
Ouvert toute l'année. Chambre double à partir de 137 €. Petit déjeuner inclus.

Le Château Tour Saint-Fort est entouré de son propre vignoble de 10 hectares. Ce bâtiment historique du XVIIIe siècle a été entièrement rénové en 2017 et il marie parfaitement histoire et modernisme. A l'étage 5 chambres, spacieuses et confortables, dévoilent tout un univers différent invitant au voyage dans une ambiance plutôt cocooning. Le petit déjeuner continental est composé d'un assortiment de produits bio. Lors de votre séjour, vous aurez la possibilité de visiter les chais et de déguster des vins de la propriété issus d'une viticulture raisonnée.

CAVE LA PAROISSE

2, rue Clément-Lemaignan
SAINT-SEURIN-DE-CADOURNE
✆ 05 56 59 31 28
Horaires variables en fonction de saisons.

© LA PAROISSE

Créée en 1935, la cave coopérative de vinification La Paroisse produit du Haut-Médoc sur 55 hectares et 200 000 bouteilles par an. Les vignobles bordent au sud la grande appellation de Saint-Estèphe et s'étendent à l'est sur les croupes graveleuses. Vous trouverez dans cette cave les vins La Paroisse, Le Grand Paroissien, le Petit Paroissien, la Petite Paroisse, l'Elite de la Paroisse et le rosé de la Paroisse. Ce sont des vins rouges amples aux tanins bien fondus avec une bonne persistance en final. Ils sont conditionnés en bouteille et en outre de 5 litres.

GÎTE LE THÉÂTRE €€

4, rue de la Fontaine
SAINT-SEURIN-DE-CADOURNE
✆ 06 63 73 37 27
www.le-theatre-du-medoc.com/
Ouvert 15 janvier au 15 décembre. Gîte à partir de 1 900 € la semaine et 1 100 € le week-end.

Gina et Agnès ont investi l'ancien théâtre pour ouvrir un gîte pouvant accueillir 10 personnes et composé de 5 chambres. Elles sont joliment décorées et les salles de bains sont contemporaines avec leur douche à jets. Vous aurez le choix entre le gris de la chambre Galet, le vert de la Bambou, le rouge de la Piment, le beige et marron de l'Ebène ou le mauve et violet de la Lilas... La table d'hôtes, sur réservation, est ouverte le soir pour déguster, dans une ambiance chaleureuse, une cuisine authentique préparée avec des produits du jardin et de la région.

VILLA SOCIANDO €€

Château Sociando Mallet
SAINT-SEURIN-DE-CADOURNE ✆ 05 56 73 38 83
www.sociandomallet.com
Pour 4 personnes (2 chambres), de 700 € à 950 € la semaine selon la saison. Week-end : 350 €.

Le gîte la Villa Sociando de 120 m² est une maison girondine en pierres blondes. Le salon-salle à manger vous ravira, avec une jolie vue sur le jardin et la terrasse. A l'étage, deux chambres et un coin lecture décorés avec goût. De quoi passer des moments inoubliables au bord de l'estuaire ! Et pour vous simplifier la vie, les petits déjeuners et le linge sont fournis. Un trompe-l'œil, reprenant certains détails de la façade principale, a été dessiné sur le mur du gîte côté jardin, lui donnant une petite touche encore plus chaleureuse.

CHÂTEAU BEAU SITE HAUT VIGNOBLE

✆ 05 56 59 30 40
www.chateau-beausitehautvignoble.com
Visite sur rendez vous uniquement.

La création du domaine remonte à 1861. Situées au cœur du Médoc à Saint-Estèphe, les vignes du château Beau-Site Haut-Vignoble s'étendent sur 19 hectares divisés en plus d'une vingtaine de parcelles dispersées sur l'ensemble de la commune de Saint-Estèphe ce qui rend le vignoble très représentatif de l'appellation. C'est un vin de garde, il lui faut selon les millésimes deux à cinq ans pour que la structure tannique devienne harmonieuse et que les arômes s'exaltent.

CHÂTEAU COS D'ESTOURNEL

✆ 05 56 73 15 50
www.estournel.com
Ouvert du lundi au vendredi de 9h à 12h et de 14h à 17h. A partir de 20 € par personne la visite et dégustation.

Grand cru classé de Saint-Estèphe en 1855, le château Cos d'Estournel, qui s'étend sur 100 ha est remarquable par son architecture originale. Elle fut inspirée par Louis-Gaspard d'Estournel qui ayant hérité de vignes près du village de Cos, décida de les vinifier. Le vin s'exporta jusqu'aux Indes ce qui fit de Louis « le Maharadjah de Saint-Estèphe ». Il fit même surmonter ses chais de pagodes exotiques et de symboles. On peut même dormir dans la chambre Pagode... Les vieilles vignes signent l'identité des vins de Cos d'Estournel.

CHÂTEAU HAUT-MARBUZET

✆ 05 56 59 30 54
Ouvert du lundi au samedi de 9h à 12h et de 14h à 18h.

Château Haut-Marbuzet, implanté sur les terres de Saint-Estèphe, est situé entre le château Cos d'Estournel et le château Montrose. Il bénéficie d'une superficie de 65 hectares. Il appartient à la famille Duboscq de père en fils depuis 1952. Le terroir est composé de graves avec 50 % de merlot, 40 % de cabernet-sauvignon et 10 % de cabernet-franc. Château Haut-Marbuzet est un vin velours, profond, au fruit généreux. Son caractère séducteur fait la grande fierté de son propriétaire, Henri Duboscq un poète vigneron. Il parle de son vin comme d'une femme sublime.

CHÂTEAU SOCIANDO-MALLET

Route de Mapon - **SAINT-SEURIN-DE-CADOURNE**
✆ 05 56 73 38 80
www.sociandomallet.com
Horaires variables.

Derrière le château se cache un homme et le projet d'une vie. Jean Gautreau, ancien professionnel du tennis, totalement étranger au monde du vin, a consacré plus de 50 ans à réunir amoureusement 85 ha de vignes leur offrant pour sol des graves profondes. Suite à sa disparition, sa fille Sylvie a pris la relève. Sur place une boutique, des visites gratuites avec dégustation et un parcours de 4 km à la découverte de 5 cabanes de vignerons rénovées. Enfin un gîte de charme, au port de la Maréchale à 3km du domaine, peut loger 4 personnes.

INTERVIEW

CHATEAU SOCIANDO-MALLET

L'AMOUR DU VIN DE PÈRE EN FILLE

Derrière le château Sociando-Mallet se cache Jean Gautreau, ancien professionnel du tennis, né à Lesparre et amoureux du vin. Il achète le domaine en 1969 et l'agrandit au fil des ans. Sa fille Sylvie a pris la relève. Sur place des visites avec dégustations, le parcours des cabanes et un gîte de charme.

Le château produit trois vins d'appellation Haut-Médoc dont une cuvée un peu particulière nommée Jean Gautreau ?

C'est un hommage à Jean Gautreau qui a consacré plus de 50 ans de sa vie au vin et à cette propriété viticole. C'est un vin de grande garde, à la maturité plus tardive et plus riche en cabernet sauvignon. On ne produit que 4 500 bouteilles par an sur 450 000.

Sa fille Sylvie a-t-elle changé les méthodes ?

Elle a grandi dans les vignes et elle pratique toujours une viticulture semi-naturelle dans l'esprit de son père avec peut-être une touche plus féminine. Elle participe à toutes les étapes de la vinification.

Comment se déroulent les visites gratuites du domaine ?

Après un rappel historique, la visite se poursuit dans les vignes, le cuvier, les chais avec des explications sur le travail de la vigne et du vin. Elle se termine par la dégustation de deux vins dans une salle ouverte sur une terrasse qui domine le vignoble et le fleuve.

Vous proposez également un parcours original ?

Cinq cabanes qui servaient d'abri aux vignerons ont été restaurées. Un circuit pédestre et libre de 4 kilomètres a été balisé à travers le vignoble pour les découvrir. On termine la balade par un carrelet.

Le domaine possède aussi un gîte ?

C'est une belle maison girondine en pierre, entièrement rénovée. Elle est située au bord du fleuve au Port de la Maréchale et c'est un véritable havre de paix.

CHÂTEAU SOCIANDO-MALLET

Route de Mapon
SAINT-SEURIN-DE-CADOURNE
✆ 05 56 73 38 80
www.sociandomallet.com

© C GOUSSARD

© C GOUSSARD

© C GOUSSARD

CHATEAU LAFON ROCHET

Blanquet Ouest
© 05 56 59 32 06
www.lafon-rochet.com
Visite guidée et dégustation à partir de 12 €/ personne. Dégustation seule à partir de 8 €. Sur rendez-vous.

En 1960 Guy Tesseron, un grand nom du Cognac, reprend la propriété du XVIIe siècle mais tout est en ruines ou presque. Il rénove les chais, le cuvier et il décide de démolir le château. A la place, il édifie une demeure sur les plans d'une chartreuse. La renaissance du vin est aussi à faire et en 1966 il présente un vin digne d'un 4e Grand Cru Classé. La suite s'écrit avec le rachat du Château Pontet-Canet, puis quelques années plus tard du Château Malescasse. Les vins du château Lafon Rochet proviennent de 40 ha de vignes d'un seul tenant.

CHÂTEAU POMYS

Leyssac
© 05 56 59 32 26
www.chateaustestephe.com
Visite sur rendez-vous uniquement. Vente au château.

Au XVIIIe siècle, le Château Pomys était l'une des plus importantes propriétés de Saint-Estèphe, ayant appartenu successivement à de grandes familles telles que d'Estournel, Martin, Hostein, Pullum et Arnaud. Michel Reybier, propriétaire du groupe hôtelier Domaines Reybier et du second grand cru classé Cos d'Estournel, a racheté Pomys. Le domaine possède une dizaine de chambres, une salle de séminaire, une salle de réception et un service traiteur. Les salons sont dans le château, dans les chais avec vue sur le parc, sur le domaine viticole et sur les tours.

CHÂTEAU ROSE BRANA

21, rue des Tilleuls
© 05 56 59 32 70
www.rosebrana.com
Visite sur rendez-vous.

Château Rose Brana (*brana* pour petite clairière ou endroit où il fait bon vivre) et rose pour les rosiers qui bordent les vignes. Depuis 5 générations, il appartient à la famille Ollier. Aujourd'hui, Christian le dirige avec sa fille Coralie. Ils vous accueillent avec plaisir pour vous faire découvrir les secrets du chai. Les méthodes de travail mêlent savoir-faire ancestral, tradition et modernité. Les vins produits, sur 32 hectares de vignes dont 25 d'un seul tenant, sont charpentés, tanniques, souples et fruités. On peut les laisser vieillir jusqu'à 25 ans.

DOMAINE VITICOLE SAÏKOUK - CHÂTEAU LE MONT DU PUIT

4, rue du Château - **SAINT-SEURIN-DE-CADOURNE**
© 06 81 33 51 62
www.saikoukvins.fr
Visite et dégustation sur demande : individuels et groupes.

On pourrait presque chanter « C'est un beau roman, c'est une belle histoire... » pour ce domaine qui est aux mains d'une jeune femme, Latifa Saïkouk. Elle est née au milieu des grands crus du Médoc, et très tôt elle s'est passionnée pour le travail de la vigne. Après des études de viticulture, elle a lancé son propre domaine. Si sa première récolte a été apportée à la cave du village, elle a depuis développé considérablement son domaine qui compte désormais des vins d'exception.

SAINT-JULIEN-BEYCHEVELLE ★

Saint-Julien et de Beychevelle se situe dans le canton de Pauillac, au bord de l'estuaire de la Gironde, sur la route des châteaux, à 42 km au nord de Bordeaux. C'est le village qui donne son nom à l'appellation saint-julien, qui n'est peut-être pas la plus connue du Médoc, mais dont les vignes couvrent néanmoins 920 hectares. Les ports de Saint-Julien et de Beychevelle sont charmants. A noter que cette petite commune de moins de 1 000 habitants, compte parmi les enfants du pays Jean-Louis Triaud, qui dirige le château Gloria et fut président des Girondins de Bordeaux. Depuis 1979, elle est jumelée avec Gaiole, une commune italienne de Toscane.

CHÂTEAU BEYCHEVELLE ★

© 05 56 73 20 70
www.beychevelle.com
Horaires et jours d'ouverture sur le site. Visites à partir de 18 € par personnes sur rendez-vous au 05 56 73 38 01.

Si le Château Beychevelle est surnommé le « Petit Versailles du Médoc », ce n'est pas pour rien. L'élégance de l'architecture classique du bâtiment et son jardin à la française sont l'un des joyaux du Médoc. Les chais anciens ont été conservés, mais un chai très contemporain a été construit juste à côté de la propriété historique. Et, fait assez exceptionnel en Médoc, le château possède une cave de vieillissement souterraine... Ce vignoble exceptionnel de 90 ha est un prestigieux Grand Cru Classé, à l'âme forgée par trois siècles d'histoire et connu mondialement.

CHEZ MÉMÉ €€

30, rue de Saint-Julien
✆ 05 56 73 85 32
Ouvert du mardi au samedi le midi. Carte : 35 € environ. Formule du midi : 17 €. Vin au verre.

Nappes à carreaux, chaises de bistrot et plats traditionnels : pas de doute, on est bien Chez Mémé ! 2 salles vous accueillent les midis pour un déjeuner comme chez grand-mère. On apprécie le charme de ce petit restaurant : vaisselle en porcelaine aux motifs à fleurs, fers à repasser d'autrefois et gamelles en cuivre... sans oublier le portrait de Mémé qui veille à ce qu'on termine nos assiettes. Concernant la cuisine, le menu du jour est simple, mais il a du goût sans oublier les belles suggestions à la carte, accompagnées d'un vin d'ici.

LE SAINT-JULIEN €€

11, rue du Saint-Julien
✆ 05 56 59 63 87
http://restaurant-le-saint-julien.com
Ouvert toute l'année. Tous les jours et les jours fériés le midi et le soir. Menus de 30 € à 40 €.

Après avoir été une boulangerie dans les années 1860, puis une habitation, cette bâtisse de fin du XIXe siècle est devenue un restaurant d'une élégance rare. Le décor, le service de table, la belle terrasse abritée, la carte des vins et les plats y apportent le raffinement qui donne à ce lieu tout son caractère d'exception. En n'utilisant que des produits frais, nobles et uniquement de saison, dont une partie vient du potager, le chef, Claude Broussard, compose des plats à la hauteur de la maison. C'est un enchantement du début à la fin du repas.

CHÂTEAU LANGOA ET CHATEAU LEOVILLE BARTON

Châteaux Langoa & Leoville Barton
✆ 05 56 59 06 05
www.leoville-barton.com
Visites sur rendez-vous.

Classés deuxième et troisième Grands Crus au classement de 1855, les Châteaux Léoville Barton et Langoa appartiennent à la famille Barton (famille irlandaise) depuis 1826. Dans le respect de la tradition, et surtout pour continuer à faire un excellent vin, Anthony Barton a conservé les cuviers en bois. Même si la modernité s'est installée dans les lieux avec entre autres un pressoir de dernière génération, les méthodes de vinification restent les mêmes pour les deux grands crus.

SAINT-LAURENT-MÉDOC

Les vestiges encore présents témoignent de la place stratégique de Saint-Laurent-du-Médoc dans l'histoire de France. C'est au bord d'une voie romaine, construite sous César (56 ans avant J.-C.) pour relier Castelnau à Lesparre, qu'est bâtie la commune, le nom venant de Laurentus, martyr chrétien. Puis ce fut autour de l'ordre de Saint-Jean, célèbre pour sa participation aux croisades, de s'y établir. Les Anglais prirent ensuite le relais pendant près de 300 ans : les édifices religieux gardent gravées dans leurs pierres les traces de cette occupation. Autre atout de ce territoire : les cultures de cette appellation Haut-Médoc représentent 500 ha.

CHÂTEAU DE SEMIGNAN

Ouvert toute l'année.

Cette maison forte a probablement été édifiée au début du XIVe siècle par les Seigneurs Albret de Vertheuil. Au XVIIIe siècle, le corps de logis est modernisé. Des ouvertures ont été agrandies pour améliorer le confort du château. Son architecture est toute aussi passionnante qu'intrigante, du fait que nous manquons d'éléments sur le début de son histoire. Elle se compose entre autres d'une grande tour carrée, de douves, d'un pont. L'association « La Croisade Sémignanaise » œuvre à sa rénovation lors de chantiers d'été et tente de percer son mystère.

CAMPING LE PARADIS €

Lieu-dit Fourthon
✆ 05 56 59 42 15
www.leparadis-medoc.com
ermé du 20 octobre au 31 mars. Emplacement de 14 € à 32 €. Mobil-homes pour 4 personnes à partir de 260 € la semaine.

Isabelle et Bernard ont donné à ce camping un esprit de famille. On a ainsi le choix entre des emplacements équipés d'une borne électrique, ou privatifs avec sanitaires privés et chauffés pour planter la tente, poser la caravane ou le camping-car et des mobil-homes ou chalets tout confort. Les activités sportives et maritimes (Hourtin, Carcans) ou encore gastronomiques et œnologiques (châteaux du médoc) sont nombreuses ainsi que les animations pour petits et grands. La qualité des services est aussi au rendez-vous sans oublier le parc aquatique.

LE SAINT LAURENT €€

43, rue du Général-de-Gaulle
✆ 05 56 59 40 29
www.caruso33.net/le-saint-laurent.php
Ouvert toute l'année. Chambre double à partir de 62 €, suite à partir de 85 €. Petit déjeuner : 6 €.

Corinne et son mari Jean-Philippe Denizet sont les propriétaires de cet hôtel-restaurant. Sept chambres, toutes avec salle de bains, possèdent chacune leur touche de couleur et leur décoration différenciée. La 1 et la 2 sont plus petites, idéales pour une soirée étape ou pour les voyageurs solitaires. La 5, aux tonalités mauves, est assez spacieuse, possédant un lit deux places et un autre d'une place. La 4, la 6 et la 7 sont les plus amples, pouvant accueillir une famille avec deux enfants. L'endroit est chaleureux et confortable.

LA CABANE DE L'ÉMOTION DE LA TOUR CARNET €€€

Darrous ✆ 05 57 26 38 34
https://www.bernard-magrez-privilege.com/nuit-insolite-la-cabane-de-lemotion-au-chateau-la-tour-carn
220 € la nuit.

La Cabane de l'émotion du Château La Tour Carnet, grand cru classé du Médoc, a été réalisée dans un superbe platane. Son architecture a été inspirée de la façade de ce grand cru classé médiéval, héros, notamment de la guerre de Cent Ans. L'endroit est totalement apaisant. Le petit déjeuner est pris au milieu du feuillage, avec en fond sonore le chant des oiseaux et pour spectacle le paon qui fait roue. Une nuit dans cette cabane est un moment inoubliable de communion avec la nature.

NAUERA

ZA du Treytin
✆ 05 56 41 10 13
www.nauera.com
Ouvert du lundi au vendredi. Visite sur rendez-vous. Bar ouvert de 11h à 19h30. Boutique.

Nicolas Meylan, le brasseur, vous invite à découvrir les secrets de fabrication de ses bières : visite de la microbrasserie avec explications ludiques des processus de brassage suivie d'une dégustation de bière pression. À la carte des bières de caractère, de la plus douce à la plus forte vieillie en fût de bourbon ou de tequila. À cela s'ajoutent une limonade artisanale et du vin cuvée Naùera rouge, car Nicolas Meylan est aussi vinificateur. Des tables de pique-nique permettent de manger sur place et des food-trucks sont présents très régulièrement sur le site.

SAINT-VIVIEN-DE-MÉDOC

Saint-Vivien est à égale distance de l'Estuaire et de l'Océan, à mi-chemin de Lesparre et de la fin des terres et à la limite de la vigne et des céréales. De nombreuses découvertes archéologiques attestent un très ancien peuplement et, au VIe siècle, une chapelle chrétienne y est érigée en hommage à Saint Vivien. Il n'en reste aujourd'hui plus rien, mais le très récent clocher de l'église – 1957 – ne doit pas faire oublier sa très belle abside du XIIe siècle de style saintongeais. Après une visite au marché, renommé dans tout le Médoc, le petit port intérieur de Saint-Vivien est à ne pas manquer avec ses embarcations multicolores et ses guinguettes.

OFFICE DE TOURISME MÉDOC ATLANTIQUE

1, place Brigade-Carnot
✆ 05 56 09 86 61
www.medoc-atlantique.com
Horaires sur le site.

Entre vignobles et océan, cet Office de tourisme, qui est un bureau de l'Office de tourisme Médoc-Atlantique, répond à toutes les questions que l'on se pose lorsque l'on arrive à Saint-Vivien : recherche d'hébergements, bonnes adresses de produits gourmands et de vignobles, activités de plein air pour petits et grands, visites touristiques, etc. que ce soit dans la commune ou dans cette partie nord du Médoc, car il est en relation avec les autres bureaux.

LE RELAIS DE SOPHIE €€

10, route du Bourg
TALAIS
✆ 05 57 75 17 23
www.lerelaisdesophie.fr
Haute saison : ouvert tous les jours le midi et le soir. Menu unique à 25 €. Formule du midi : 15 €.

Le Relais de Sophie est un concept surfant sur deux lieux dans le Médoc. Le restaurant/bar est situé dans le bourg de Talais et La Guinguette est au bord de l'eau, sur le chenal de Talais. Au restaurant, des plats élaborés simplement dans la tradition culinaire du Médoc où les produits de la mer et les viandes de qualité, comme l'agneau de Pauillac, sont mis en avant. A La Guinguette on boit un verre, on mange, on participe à des soirées thématiques, on assiste à des concerts les pieds dans l'eau tout en admirant de magnifiques couchers de soleil.

LA FLEUR AU FUSIL €€

8, cours Georges Mandel
✆ 05 56 09 98 11
Fermé de décembre à mars. Ouvert du mardi au samedi le midi et le soir et le dimanche midi. Carte : 40 € environ.

Marion Méténier et Théo Barazer forment un jeune couple. Ils ont déjà fait leur classe à Fish la Boissonerie à Paris, avant de débarquer en plein Médoc, dans un ancien bistrot Le rendez-vous des chasseurs, tenu par Bernard, le papa de Marion, pendant plus de 20 ans. Ils sont venus la fleur au fusil à la conquête de ce rade vintage, meublé à la chine. Et c'est parti pour une cuisine réalisée avec passion afin de séduire les gens du coin et pas seulement. La carte est courte, tout comme les circuits empruntés pour s'approvisionner de beaux produits très frais.

LE KAYAK CAFÉ €€

16 bis, route du Port
✆ 07 70 18 89 60
www.kayak-et-decouvertes.blogspot.fr
Fermé de novembre à avril. Haute saison : ouvert tous les jours le midi et le soir. Carte : 25 € environ.

Le Kayak Café allie la location de kayak pour une balade facile et agréable sur le chenal du Gua et un restaurant où tous les produits frais sont achetés chez des producteurs locaux : les huîtres du Médoc, les gambas bio de La Petite Canau, les saucisses artisanales du charcutier du village voisin. La spécialité du chef, Sébastien, ce sont les moules à la plancha, un délice. Tous les plats sont faits maison et réalisés à la demande. Le service se fait dans la « cabane » bien aménagée ou à l'extérieur en terrasse ou sur le ponton, les pieds dans l'eau.

SOULAC-SUR-MER ★★

Soulac est une ville qui mérite le détour, car elle détonne dans la succession des stations balnéaires de la côte médocaine. Une particularité qui tient d'abord à son histoire. La commune est une des premières à avoir bénéficié du boom de la mode des bains de mer au XIXe et son architecture s'en ressent. C'est d'ailleurs une des premières villes où l'on commence à se baigner en mer. En quelques décennies a surgi de terre la nouvelle agglomération avec sa gare, le casino, le marché couvert, les hôtels, les établissements de bains et les villas. Le circuit organisé par l'Office de Tourisme vous emmènera à la découverte de ces maisons.

BALADES INSOLITES EN PRESQU'ÎLE

GRAYAN-ET-L'HÔPITAL ✆ 06 28 30 12 97
www.caruso33.net/balades-insolites.php
Les horaires varient en fonction des balades. Réservation indispensable. A partir de 29,50 € par personne.

Découvrir la pointe du Médoc autrement, c'est ce que vous propose Caroline à l'occasion de différentes balades adaptées à toute la famille. Chaque jour, une nouvelle destination, une nouvelle histoire. Pour la pause déjeuner, soit vous amenez votre pique-nique soit Caroline vous prépare une assiette de produits régionaux (à réserver en même temps que la balade). Quoi qu'il en soit, la pause se fait dans un endroit magique, chez l'habitant, au bord de mer ou dans un jardin ombragé.

MÉDOC / HAUTE GIRONDE

La plage de Soulac-sur-Mer.

BASILIQUE NOTRE-DAME-DE-LA-FIN-DES-TERRES ✝ ★

Route de Bordeaux
✆ 05 56 09 86 61
Ouvert toute l'année. Tous les jours de 9h à 19h. Visite guidée (réservation à l'office de tourisme).

C'est en 1859 que la basilique est littéralement relevée de plusieurs mètres pour l'extraire des dunes dévoreuses. On peut encore apercevoir au sommet du clocher gothique du XIVe siècle des anneaux qui servaient à attacher des chevaux. L'édifice est toujours à demi enfoui dans le sol afin de ne pas fragiliser ses murs, il faut descendre plusieurs marches pour pénétrer dans la nef à trois travées du XIe siècle. La basilique est inscrite au Patrimoine mondial de l'humanité par l'UNESCO.

LA FORTERESSE DU NORD MÉDOC

Avenue Brigade Carnot
✆ 06 99 59 24 08
www.medoc-atlantique.com
Horaires sur le site. Adulte : 5 €. Enfant (de 12 à 16 ans) : 2 €. Groupe (10 personnes) : 4 €.

L'Association *Le mémorial de la forteresse du Nord-Médoc* a ouvert un musée composé de 41 panneaux thématiques de vitrines comportant des objets d'époque et une rétrospective audiovisuelle des combats de la libération de la poche du Médoc. L'association organise aussi des visites guidées. On découvre l'architecture militaire et la vie des hommes à travers le récit de la construction et des combats pour la libération d'une des 37 positions allemandes.

LE MUR DE L'ATLANTIQUE

Gare du Petit train, parking des Arros
http://ahpnm.blogspot.com/
Ouvert en juillet et août le mardi et le vendredi de 9h30 à 12h30. Adulte : 5 €. Enfant (jusqu'à 16 ans) : 2 €.

L'Association Historique de la Poche du Nord-Médoc organise des visites guidées de la batterie des Arros, bâtie sur l'emplacement d'une batterie française d'avant-guerre. Dégagée et entretenue par l'association, c'est la mieux conservée du secteur. On apprend l'histoire du lieu et des hommes (construction, combats, etc.) avant de découvrir les différents modèles de bunkers avec leurs aménagements, de connaître leurs usages, leurs équipements, leur armement et de comprendre les techniques de construction. Prévoir des chaussures fermées et lampe torche.

OFFICE DE TOURISME MÉDOC ATLANTIQUE

68, rue de la Plage
✆ 05 56 09 86 61
www.medoc-atlantique.com
Horaires sur le site.

L'office de tourisme propose les adresses utiles concernant l'hébergement, la restauration, les bons plans, le riche patrimoine. Des visites guidées du village ancien de Soulac, de la basilique et de la dune sont souvent pleines d'anecdotes sur l'histoire de la commune. Un guide vous entraînera à la découverte des 500 villas et chalets de style néocolonial construits en briquettes roses avec leurs gouttières sculptées et leurs façades sur lesquelles s'étendent marquises et arabesques.

ERICYCLES

5, rue du Cardinal-Donnet
✆ 05 56 73 62 89
Ouvert du mardi au samedi de 10h à 12h30 et de 15h30 à 18h30. Jours fériés en saison. Location : 12 € la journée.

On est accueilli par le grand sourire d'Eric, homme à tout faire, réparateur, loueur et guide à ses heures... Il monte des vélos (de course et VTT) sur mesure grâce à un logiciel spécifique qui prend en compte la morphologie et c'est aussi un spécialiste des vieux modèles. Il est capable d'effectuer les réparations les plus ardues. Outre la vente (tous modèles), Eric a également développé une activité de location : VTT, VTC, électrique, Fat Bike, trottinette électrique... Vous trouverez par ailleurs toutes les informations utiles sur les pistes cyclables du coin.

CAMPING LES GENETS €€

43 bis, boulevard Guy-Albospeyre
✆ 05 56 41 82 14
www.campinglesgenets-soulac.com
Fermé d'octobre à mars. Emplacement à partir de 23 €. Mobil-homes à partir de 240 € et bungalows à partir de 160 €.

Situé à la pointe du Médoc, entouré de forêts et à moins de deux kilomètres d'immenses plages, ce camping de 4 hectares et demi propose différents services afin de vous faire passer un agréable séjour. Plusieurs hébergements sont possibles : mobil-homes, bungalow bois et pagotel. Entièrement équipés, ils disposent de terrasse ou jardin. De nombreux emplacements libres d'une superficie de 80 à 100 m² sont également disponibles pour les campeurs (cycliste, tente, caravane, camping-car). Diverses animations aussi bien pour les enfants que pour les adultes.

CAMPING LES LACS €€

126, route des Lacs
✆ 05 56 09 76 63
www.camping-les-lacs.com
Fermé d´octobre à mars. Emplacement à partir de 19 €. Mobil-homes pour 2 à 6 personnes à partir de 294 € la semaine.

Dans ce camping 5 étoiles, on prend le temps de respirer, de se détendre, de flâner et on s'amuse. C'est le lieu rêvé pour les enfants avec son parc aquatique : une magnifique piscine extérieure de 500 m², son toboggan, ses cascades et sa pataugeoire, sans oublier le bassin intérieur couvert et chauffé de 200 m². Une belle aire de jeux à quelques mètres le centre équestre « Les Petits Chevaux », et le Zouzou parc... Pour les sportifs, de nombreux terrains de jeux sont à disposition... Les hébergements de 2 à 4 chambres sont spacieux et lumineux.

CAMPING MUNICIPAL LES OYATS €€

101 bis, boulevard Albospeyre
✆ 05 56 09 78 54
www.soulac-campinglesoyats.com
Fermé du 1er octobre au 1er avril. Emplacement à partir de 18,50 €. Bungalows à partir de 241 €.

A 4 km de la station et 800 mètres de la plage, Les Oyats, est le lieu idéal pour se ressourcer en famille. Le camping loue des emplacements pour tentes, des bungalows toile équipés d'une cuisine complète, frigo, vaisselle, terrasse, salon de jardin, couvertures, oreillers et des chalets équipés en eau courante chaude et froide, chauffage, douche, WC, lavabo, cuisine équipée, frigo, micro-ondes, vaisselle, terrasse, salon de jardin, couvertures, oreillers (draps et taies non fournis).

CENTRE NATURISTE EURONAT €€

GRAYAN-ET-L'HÔPITAL ✆ 05 56 09 33 33
www.euronat.fr
Ouvert 1er avril au 29 novembre. Emplacement avec électricité à partir de 19 €. Mobil-homes à partir de 378 €.

Vivre à son rythme, respirer un air sain non pollué, lézarder sur la plage, se retrouver en famille ou entre amis adeptes du naturisme... ce sont les vacances qu'Euronat propose sur 335 ha de pinède accédant directement à la plage. La formule d'hébergement (tente, tente prêt à vivre, cabane, lodge, mobil-home) sera au plus près de votre budget. Vous profiterez des piscines intérieures et extérieures mais également du centre de thalassothérapie (ouvert aux non-résidents). Le soir, le restaurant et le programme d'animation termineront vos journées en beauté.

HÔTEL DES PINS €€

92, boulevard de l'Amélie
✆ 05 56 73 27 27
www.hotel-des-pins.com
Chambre double à partir de 70 €. Demi-pension à partir de 40 € pour adulte. Petit déjeuner : 10 € et 13 €.

L'hôtel des Pins est situé à 100 mètres de la plage de sable fin de l'Amélie. Trois bâtiments constituent l'hôtel : le principal a des chambres avec de belles terrasses et des balcons qui donnent sur l'océan, l'annexe à la déco plus récente et enfin, le troisième qui donne sur un grand jardin. Les chambres et salles de bains sont contemporaines, les couleurs et les tissus ont été choisis avec goût dans les tons doux et pastel, la décoration est unique dans chacune d'elle. Le chef et son équipe travaillent des produits frais de saison avec beaucoup d'originalité.

BISTROT TARTINES & COMPAGNIE €

3, place Georges-Mandel ✆ 06 32 56 89 63
Haute saison ouvert tous les jours le midi et le soir. Carte : 20 € environ.

© BISTROT TARTINES ET COMPAGNIE

Eric et Aurélie, deux Strasbourgeois, ont apporté dans leurs bagages quelques idées gourmandes de leur région : des tartines toastées. C'est du pain croustillant garni de saumon, fromage frais ou miel, chèvre et amandes grillées, le tout accompagné d'une belle salade verte bien assaisonnée (c'est tellement rare !). En terrasse, à l'abri du vent, ou à l'intérieur on apprécie aussi l'une des spécialités, la flammekueche, puis hors saison c'est la choucroute ou le baeckeoffe.

MÉDOC / HAUTE GIRONDE

NICOLAS MARIDAT €€

213, passage de Formose
✆ 05 56 09 82 52
www.flowercampings.com

Fermé d´octobre à avril. Emplacement à partir de 18 €. Mobil-homes à partir de 273 € la semaine.

Ce beau camping familial propose, au cœur d'une forêt de pins, des emplacements bien espacés. L'endroit est très calme, très reposant et convivial. La nature a été bien préservée, le relief apporte du caractère, aucune allée n'est goudronnée et aucune voiture ne peut circuler. On peut loger en écolodges, cabanes et mobil-homes tout confort. Ce camping offre tout ce dont vous pouvez avoir besoin durant vos vacances : piscine chauffée, animations, jeux pour les enfants, bar, restaurant, pension, demi-pension, petit déjeuner, linge de maison et ménage sur demande.

OCÉAN HÔTEL AMÉLIE €€

Boulevard Guy Albospeyre
✆ 05 56 09 78 05
www.oceanhotelamelie.com

Fermé du 16 octobre au 14 mars. Chambre double à partir de 98 €. Petit déjeuner buffet : 11 €.

En plein cœur de la forêt et à seulement 900 mètres de l'immense plage de sable fin, l'Océan Hôtel Amélie est en parfaite communion avec les éléments. Idéal pour les visiteurs qui souhaitent profiter de vacances « nature ». Mais l'Océan Hôtel Amélie a voulu offrir davantage, et en plus de l'élégante sobriété des bâtiments, de la douceur de la décoration, du confort général – chambres calmes et spacieuses – et du grand jardin entouré de pins. En plein cœur de la forêt, l'établissement propose une aire de jeux pour les enfants et une piscine avec bain bouillonnant.

SIBLU VILLAGE - DOMAINE DE SOULAC €€

8, allée Montaigne ✆ 05 56 07 90 13
www.siblu.fr/camping-domaine-de-soulac

Fermé du 27 avril au 15 septembre. Mobil-homes pour 4 à 8 personnes à partir de 291 € la semaine.

Le Domaine de Soulac est situé à quelques minutes des plages de Soulac-sur-Mer, est l'endroit idéal pour des vacances en famille. Sur place, des mobil-homes haut de gamme et tout confort ! Depuis la terrasse du restaurant, on a vue sur la piscine et le complexe aquatique surveillé. Parmi les activités : cours de natation ou d'aquagym, pétanque, ping-pong, espace bien-être, clubs enfants, animations. Côté service : restaurant-bar, location de vélos, épicerie, laverie, barbecues…

LES 6 MAGRETS €€

Port de Talais
TALAIS
✆ 07 81 75 87 00

Fermé du 1er octobre au 15 avril. Menus de 16,50 € à 19,90 €.

Dans un port on s'attend à manger des fruits de mer ou du poisson. Ce restaurant, pourtant installé dans une cabane ostréicole garnie de grandes tables et de bancs en bois, prouve le contraire, car il ne propose quasiment que des magrets de canard qui bénéficient d'une IGP Sud-Ouest. La carte est très restreinte. Suivant la formule choisie, c'est demi-magret ou magret entier, toujours servis avec des frites et une sauce maison. L'autre viande c'est l'entrecôte de 300 grammes, sauce marchand de vin ou échalotes. L'été des animations musicales rythment les dîners.

CHEZ PEP'S €€

6, rue Brémontier
✆ 05 56 09 81 19
www.lapizza-soulac.fr

Ouvert toute l'année. Haute saison : tous les jours le midi et le soir. Carte : 28 € environ.

Chez Pep's est une institution. Des Napolitains pure souche, ont monté l'affaire en 1955, depuis les enfants perdurent la tradition. Le restaurant comporte quatre salles, joliment décorées et agrémentées de murs en briquettes, et une belle terrasse. Quelle que soit l'ambiance de votre déjeuner ou dîner, en amoureux, entre amis ou en famille, vous vous régalerez d'une cuisine d'inspiration italienne et inventive. Pour les férus de pizzas artisanales (20 au choix), c'est le bonheur. Les pâtes peuvent être classiques ou plus osées au poulet/curry et raisins secs.

LES CHIENS FOUS €€

Esplanade des Girondins
✆ 05 56 09 73 01

Fermé d´octobre à mars. Carte : 32 € environ.

Le restaurant Les Chiens Fous à l'avantage d'être situé en front de mer avec vue sur la belle plage de Soulac et l'océan. L'équipe est accueillante, joyeuse et toujours avec votre écoute. Dans l'assiette c'est quantité et qualité. Les produits sont frais et bien sûr très marins : huîtres de Marennes, assiettes de crevettes roses ou de bulots, moules marinières, espagnoles ou au roquefort, poêlée de chipirons à l'andalouse ou parmentier de Saint-Jacques aux deux purées. La plupart des desserts sont faits maison comme le Chocomousse à la Noisettine du Médoc.

LES FRÈRES NICOLL'S €€

3, chemin Ampère
✆ 05 56 41 85 94
https://lesfreresnicolls.com/

Haute saison : ouvert tous les jours de 11h à 0h. Carte : 30 € environ. Pizza à partir de 10 €, plat à partir de 11 €.

Nicolas et Ollivier Maridat ont pris la suite de leurs parents. Nicolas, un passionné de vins, est un créatif, son frère est un sportif qui aime les nouveaux challenges. Ils ont misé sur le camping en écolodge, familial et à taille humaine en pleine nature. Et ils ont créé Les Frères Nicoll's. C'est à la fois un restaurant, un bar, un espace de co-working, un lieu d'exposition, un concept store, une salle privatisable. Les Frères Nicoll's privilégient les circuits courts, les produits sont pour la plupart régionaux et le bœuf vient de Galice.

GLACIER JUDICI

15, rue de la Plage
✆ 05 56 09 81 48

Fermé du 1er novembre à début avril. Haute saison : ouvert tous les jours de 9h à 22h.

Depuis 1927 la maison est présente de génération en génération et elle s'est fait plus qu'un nom. Elle est réputée pour servir les meilleures glaces de la pointe du Médoc, offrant un panel de saveurs impressionnant ! Les plus : un vaste salon de thé à l'intérieur et une terrasse ensoleillée l'été pour déguster glaces, gaufres et crêpes tout en observant le mouvement de la rue. Alors, jus d'ici ou d'ailleurs, Judici est une adresse judicieuse et incontournable pour les gourmands qui souhaitent déguster une bonne glace en se baladant sur le front de mer.

L'INSTANT M €€

8, rue Fernand Lafargue
✆ 05 57 75 47 81

Ferme le 31 décembre jusqu'en mars. Carte : 35 € environ.

A l'Instant M on adore la grande terrasse, la déco contemporaine style bistrot avec quelques notes industrielles et la cuisine entre terre et mer. Ici tout est frais et fait maison. Les huîtres du Médoc sont toujours une belle découverte, mais comment ne pas résister aux crevettes ou aux encornets à la plancha et au foie gras au jurançon et chutney de fraise ? Les poissons frétillent sur la carte, les « viandards » pourront toujours jeter leur dévolu, entre autres, sur le classique tartare de bœuf ou le magret au miel et vinaigre de framboise.

CHEZ JACKOUIL

12, rue André Leroux
✆ 06 27 84 88 85

Ouvert du 1er avril au 15 novembre. Restauration. Soirées à thème.

Quel drôle de nom pour un bar… Rassurez-vous, « Les Visiteurs » ne vont pas débarquer ! Jackouil, c'est tout simplement le surnom du patron ! C'est un bar où il fait bon passer une soirée entre amis et s'installer, quand le temps le permet, autour d'une table sur la terrasse pour boire un verre autour de quelques tapas ou assiettes bien garnies. Tout l'été des concerts et des soirées à thème sont organisés : basque, vintage, mexicaine, etc. L'ambiance est agréable, le service sympathique et la déco est conviviale. C'est l'adresse préférée des amateurs de mojito.

BAR CAVE DES AMIS

35, rue Tronche
✆ 05 56 41 45 60

Haute saison tous les jours de 8h à 14h30 et de 17h30 à 1h.

Si vous cherchez un bar à ambiance, c'est la bonne adresse. Ici, personne ne se prend le chou et les soirées sont plutôt *caliente* dans le bon sens du terme. On vient pour faire la fête, écouter de la musique, taper un bœuf, s'essayer au karaoké, danser, regarder un match de foot à la télé, boire un verre de bon petit vin, une bière ou un spritz et grignoter ce que la maison a en magasin : huîtres, moules, gambas et tapas. Au Bar des Amis il y a toujours un événement à ne pas manquer, quel que soit le temps, et l'ambiance est assurée, quel que soit le moment.

ERICYCLES

5, rue du Cardinal-Donnet
✆ 05 56 73 62 89

Ouvert du mardi au samedi de 10h à 12h30 et de 15h30 à 18h30. Jours fériés en saison. Location : 12 € la journée.

On est accueilli par le grand sourire d'Eric, homme à tout faire, réparateur, loueur et guide à ses heures… Il monte des vélos (de course et VTT) sur mesure grâce à un logiciel spécifique qui prend en compte la morphologie et c'est aussi un spécialiste des vieux modèles. Il est capable d'effectuer les réparations les plus ardues. Outre la vente (tous modèles), Eric a également développé une activité de location : VTT, VTC, électrique, Fat Bike, trottinette électrique… Vous trouverez par ailleurs toutes les informations utiles sur les pistes cyclables du coin.

FOIRE GASTRONOMIQUE

Autour du 14 juillet et du 15 août. De 11h à 19h, place de la Basilique.

C'est du 14 au 17 juillet et du 12 au 15 août qu'a lieu chaque année la grande Foire Gastronomique de Soulac, place de la Basilique. De 11h à 19h et dans une ambiance bon enfant et familiale se regroupent des artisans, vignerons et producteurs pour proposer aux visiteurs tous les produits du terroir du Médoc ainsi que les spécialités d'Aquitaine : vins, spiritueux, liqueurs, foies gras, charcuteries et autres produits régionaux... Et de belles découvertes. Couleurs, saveurs et dégustations au programme, de quoi réjouir nos papilles !

SOULAC SURF SCHOOL

68, rue de la Plage
✆ 06 06 42 44 43
www.ecoledesurf-soulac.com
Ouvert toute l'année. A partir de 29 € le cours d'initiation d'une heure pour adulte.

Labellisée par la Fédération Française de Surf, cette école propose diverses formules de stages et cours tous niveaux à partir de 6 ans. La Formule initiation est recommandée pour une première expérience du surf, également pour les enfants de 5 à 8 ans et plus, et les élèves privilégiant découverte loisirs dans les vagues. C'est la formule idéale pour découvrir les fondamentaux du surf de vague, en toute sécurité. La Formule technique est accessible, dès 10 ans, pour un cours ou un séjour sportif, une méthode idéale pour devenir un surfeur techniquement complet.

LES JARDINS DE LA POINTE

8, rue Fernand Lafargue
✆ 05 56 41 83 41
www.les-jardins-de-la-pointe.com
Ouvert du mercredi au samedi de 10h30 à 12h30 et de 15h30 à 19h ; le dimanche de 10h30 à 13h. Congés scolaires : 7j/7.

Cette boutique regorge d'idées de décoration, tout est très original dans l'esprit bord de mer et vacances. Delphine, qui chine sur les salons en France et à l'étranger, assure le conseil et vend des objets la plupart du temps français, adaptés aussi bien à l'intérieur d'une maison qu'à l'extérieur : transats en pin nordique, mobilier, linge de maison, objets décoratifs, arts de la table, tapis, luminaires, photophore, etc., et bien sûr des plantes de la pépinière de monsieur située à Grayan. Frédéric Merlin, son mari, crée des espaces selon vos envies.

TERRA AVENTURA

68, rue de la Plage
✆ 05 56 09 86 61
www.terra-aventura.fr
Ouvert tous les jours et les jours fériés.

Tèrra Aventura c'est une chasse aux trésors qui permet de découvrir le territoire, le patrimoine local et des anecdotes, tout en jouant. Il suffit de télécharger l'application gratuite « Terra Aventura » sur un smartphone. Avec des indices à relever, des énigmes à résoudre et un trésor à chercher, les petits et les grands choisissent d'explorer le terrain de jeu qu'ils veulent. A Soulac-sur-Mer, on se lance à l'aventure « Jusqu'à la Fin-des-Terres », grâce à un parcours de 3 kilomètres (accessible aux poussettes) et la station lèvera bientôt tous ses secrets !

LA FORÊT DE ROBIN

26, boulevard Guy Albospeyre
✆ 06 13 06 40 82
https://la-foret-de-robin-soulac.business.site/
Haute saison : ouvert tous les jours de 10h à 20h. Entrée : 20 €.

La Forêt de Robin ouvre ses espaces de tir à l'arc en plein air sur les communes de Soulac, Lacanau et Montalivet. Son initiateur, Gregory Pigneguy, n'est pas n'importe quel archer puisqu'il a participé à de nombreuses compétitions nationales et internationales. Il a mis en place des séances de 2 heures pour un groupe de 6 archers sous la houlette d'un moniteur. Tout le monde part en forêt pour tirer sur des cibles d'animaux (faux bien sûr). Le maniement de l'arc se fait en toute sécurité, d'ailleurs les enfants sont admis à partir de 7 ans.

XLR PARACHUTISME

1, passe des Arcouins ✆ 07 67 27 95 16
www.xlrparachutisme.com
Fermé du 15 novembre au 15 avril. Haute saison : ouvert tous les jours et les jours fériés. A partir de 270 € en tandem.

Si vous avez plus de 15 ans et que vous avez envie de voler à 4 000 mètres au-dessus des vagues de l'Atlantique, une équipe de parachutistes confirmés et hautement qualifiés vous attend pour vivre une expérience unique, en tandem, avec atterrissage les pieds dans le sable. Entre paysage de dunes, estuaire et océan au coucher du soleil le mélange des couleurs est magnifique ! Pour immortaliser votre saut, une option vidéo avec caméra embarquée est possible moyennant un supplément. Le centre est ouvert aux pratiquants parachutistes titulaires du brevet BPA.

CASINO DE LA PLAGE

1, avenue El Burgo de Osma
© 05 56 09 51 00
www.casinodesoulac.com
Ouvert toute l'année. Tous les jours. De 11h à 2h suivant les jours.

Face à l'océan, Le Casino de la Plage vous accueille pour déjeuner, dîner, danser, assister à des soirées à thème (fluo, célibataire, cocktail dînatoire...), jouer, car tout est réuni pour passer un moment convivial. L'établissement a plus d'un atout dans sa manche puisqu'il intègre un casino avec 50 machines à sous rouleaux, des jeux traditionnels tels que le black jack et la dernière nouveauté une roulette électronique. Le Cosy, un bar lounge doté d'une magnifique cheminée Louis XV avec un grand espace, peut être loué à des professionnels ou à des particuliers.

ICOMBAT

ZA Palu de Bert
© 09 72 55 09 03
www.icombatsoulac.com
Fermé d´octobre à mars. Horaires sur le site. Entrée : 25 €. Age minimum : 13 ans.

Icombat est une aire de jeu composée d'un espace extérieur d'environ 500 m² et d'un espace intérieur sonorisé de près de 300 m². Mieux qu'un jeu vidéo, ce laser game séduit les jeunes comme les moins jeunes et même les femmes parfois réticentes au départ... On évolue dans différents environnements et différentes ambiances musicales, de superbes décors, des armes à effets réels, des jeux de lumière, des fumées, bref tout est fait pour une immersion totale. Les statistiques seront enregistrées durant la partie qui dure 1h30. Aucun projectile n'est utilisé.

LE ZINC

1, avenue El Burgo de Osma
© 05 56 09 51 00
Ouvert toute l'année.

Ce night-club, situé dans le Casino de la Plage, est le seul endroit dans cette partie du Médoc ouvert toute l'année pour faire la fête et cela depuis des lustres. Il a toujours attiré une clientèle éclectique car la musique est plutôt généraliste. Le service d'accueil et de sécurité sont très efficaces pour le plus grand confort de la clientèle. En pleine saison le Snack du Chalet propose midi et soir (et surtout tard dans la nuit pour les fringales post night-club) des sandwiches américains, hamburgers et kebabs à manger sur place ou à emporter.

LE VERDON-SUR-MER ★★

Le Verdon symbolise la fin des terres et le début de l'Aquitaine. La Pointe de Grave est un lieu unique où les eaux de la Gironde et de l'Océan se mêlent, face aux côtes charentaises. Dominée par le clocher de 38 mètres de Notre-Dame-de-Bon-Secours, la commune vaut la visite ses longues plages de sable fin dont une naturiste, ses 4 ports : Port Bloc d'où partent les bacs Le Verdon-Royan; Port Médoc, un port de plaisance moderne et écologique; le Vieux Port aux Huîtres au cœur du village, ancien port ostréicole pittoresque qui revit chaque été avec ses guinguettes et expositions diverses et le grand Port Maritime de Bordeaux, port de commerce et d'escale de paquebots. Le Verdon possède aussi trois phares : Cordouan en pleine mer, le phare de Grave et son musée à l'embouchure de la Gironde et le phare Saint-Nicolas qui marque l'entrée de la plage St Nicolas. L'été un train touristique relie La Pointe de Grave et Soulac-sur-Mer. La grande nouveauté pour cet été c'est l'ouverture d'une passerelle en bois pédestre et cyclable de 900 mètres qui part de port Médoc pour relier Le Verdon par la plage de la Chambrette. Cet aménagement touristique a aussi pour but essentiel de protéger la dune qui est grignotée par l'eau à chaque gros coefficient. Des palplanches ont été installées perpendiculairement à la dune de manière à la stabiliser. Un circuit découverte de 6,7 km, appelé La Verdonnaise, emprunte des rues en centre-ville, une piste cyclable, une route forestière et un chemin forestier en calcaire.

PHARE DE CORDOUAN ★★★

© 05 56 09 00 25
www.phare-de-cordouan.fr
Horaires sur le site. Adulte : 15 € en juillet/août et 7 € basse saison. Enfant : 2,50 €. Tarifs hors trajet en bateau.

Ce joyau de l'Atlantique classé Monument historique a été construit à la fin du XVIe siècle. Pour s'y rendre, un seul moyen : le bateau. La visite du phare et la traversée en bateau se réservent en même temps auprès d'une des compagnies agréées. Après 45 min de traversée, vous aurez la joie de grimper les 301 marches qui mènent à la lanterne. Le panorama sur l'estuaire de la Gironde est exceptionnel. Cordouan, plus vieux phare en activité du monde et seul phare en mer ouvert à la visite, est candidat pour une inscription au Patrimoine mondial de l'UNESCO.

PHARE DE CORDOUAN ET DES PHARES ET BALISES

2, allée du Sémaphore
✆ 05 56 09 00 25
www.asso-cordouan.fr
Ouvert de mi-avril à fin octobre. Horaires sur le site. Plein tarif : 2 €.

Le Musée présente dans cinq salles, le phare de Cordouan, les phares de la Gironde, le matériel utilisé par le service des phares et balises ancien et actuel et une animation en 3D du phare de Cordouan à travers les âges de 1611 à nos jours. 108 marches du phare mènent à une table d'orientation d'où la vue panoramique sur l'estuaire est impressionnante. Dans le jardin, présentation de la vedette « Matelier » ayant assuré les relèves du phare de Cordouan de 1962 à 2006.

LE RAS D'EAU

Cabanes 81 et 82
https://lerasdeau.fr/
Ouvert toute l'année.

Au Ras d'Eau, un jeu de mots entre le radeau de la Méduse et au ras de l'eau, a été imaginé par Sébastien Rideau, un Soulacais, un artiste plasticien passionné par la nature et l'océan et fasciné par les méduses. Il a élu domicile dans une ancienne cabane ostréicole de pêcheur dont il a conservé les cordages, filets, bouées, etc. Ici on entre dans le monde merveilleux des méduses, oursins, pieuvres, etc. réalisés en résine, plexiglas ou polyester. Ces sculptures lumineuses et colorées, placées dans des écrins de verre, semblent flotter dans des fonds abyssaux.

OFFICE DE TOURISME MÉDOC ATLANTIQUE

Port Médoc
✆ 05 56 09 86 61
www.medoc-atlantique.com
Horaires sur le site. Wifi gratuit.

L'office de tourisme vous accueille et vous informe sur tout ce qu'il vous faut savoir pour découvrir les environs, à l'image du Rocher de Saint-Nicolas, des traversées entre Le Verdon et Royan, du GR8 (sentier le long du littoral), ou encore la découverte de l'estuaire en vedette, les marais, le port et le fort du Verdon, les horaires de visite du phare de Cordouan, le trajet touristique en petit train de la Pointe de Grave à Soulac. La vue sur le port est très belle.

LA GALANTAISE DE CROISIÈRES

Anse de la Chambrette, port Médoc
✆ 06 33 58 78 01
www.galantaise-de-croisieres.fr
Phare de Cordouan : 65 € par adulte et 35 € par enfant.

Eric Bousquet propose différentes croisières à la découverte de l'estuaire de la Gironde. On embarque à bord du voilier le Capesterre. Au programme des sorties thématiques au rythme des marées : visites guidées et privées du phare de Cordouan, falaises troglodytes de Meschers et église de Talmont avec visite guidée de l'église, apéritifs musicaux organisés tous les soirs en juillet et août pour admirer le coucher de soleil sur l'estuaire depuis le voilier.

VEDETTE LA BOHEME II ET LA BOHEME III

7, anse de la Chambrette ✆ 05 56 09 62 93
vedette-laboheme.com
D'avril à octobre. Réservation conseillée et obligatoire pour certains trajets. Phare de Cordouan : 44 €/adulte.

La Bohème II et *La Bohème III* vous conduiront jusqu'au phare de Cordouan – et ce sont les seules et uniques à assurer cette liaison –, elle vous emmèneront aussi en croisière et vous feront découvrir les plaisirs de la pêche. Jean-François Teillac et son équipe, des passionnés de mer, proposent également des mini-croisières (avec escales et restauration, à la journée, pour les groupes), des promenades en mer d'une heure ou plus. Bateaux de 99 ou de 80 places pilotés par des pros.

LES TERRASSES €€

66, cours de la République
✆ 05 56 09 65 59
hotel-des-terrasses.com
Ouvert toute l'année. Chambre double à partir de 59 €. Petit déjeuner : 7 €.

Yasmina et Frédéric Brun ont choisi de s'établir un peu au bout du monde, plus précisément au Verdon pour la douceur de vivre et le côté sauvage des immenses plages de sable fin. L'hôtel est à leur image : simple, mais accueillant. Chez eux tout est prévu pour un séjour en famille avec des chambres triple ou quadruple. Elles sont toutes parfaitement insonorisées et équipées de salles de bains privatives. Le petit déjeuner est servi à l'intérieur ou en terrasse sous un bel érable centenaire. C'est un havre de paix près de la plage de la Chambrette et du Port Médoc.

© CAMPING ROYANNAIS

© CAMPING ROYANNAIS

© CAMPING ROYANNAIS

LE ROYANNAIS €€

88, route de Soulac ✆ 05 56 09 61 12
www.royannais.com

Fermé du 1er octobre au 31 mars. Emplacement à partir de 26 €. Mobil-home à partir de 240 € la semaine.

Le Royannais est un camping 3 étoiles qui a une démarche écolo humaniste. Il se distingue par son engagement environnemental sincère et son ambiance zen. Il est situé à 400 m de l'Océan, à 2 km du bourg du Verdon et à 200 m de la piste cyclable. Tous types d'hébergements sont proposés : des locatifs bon marché et sans sanitaires (Coco Sweet, tipi sur pilotis) ou des locatifs grand confort (chalets, mobil-homes) ainsi que des emplacements nus pour tentes, caravanes et camping-cars. L'été, des stages de yoga sont organisés sur la plage ou dans une yourte.

© CAMPING ROYANNAIS

© CAMPING ROYANNAIS

LA GAM'GUETTE €€

15, route de Soulac ✆ 05 56 09 67 55
www.jmbertet-aquaculture.fr/contact/

Fermé du 16 septembre au 14 juin. Haute saison : ouvert tous les jours de 19h30 à 23h. Carte : 30 € environ.

Jean-Marie Bertert est éleveur de gambas et d'huîtres appelées Claires du Médoc depuis 1997 dans les claires du Conseiller au Verdon-sur-Mer. L'alliance de l'ostréiculture et de la pénéiculture qui sont en fait complémentaires, se fait sur 18 hectares de marais. Les gambas restent au fond des bassins. Elles remettent en suspension les nutriments qui nourrissent les huîtres grâce à leurs actions de filtration, plus en surface. Jean-Marie Berthet a ouvert une guinguette afin que chacun puisse déguster sur place ses produits dans un lieu convivial et familial.

LA PÊCHERIE €€

2, allée Louis-de-Foix
✆ 05 56 09 60 32
www.lapecherie-leverdon.fr

Ouvert toute l'année. Menus de 19 € à 33 €. Carte : 35 € environ.

La maison a été créée par un couple d'anciens poissonniers. Autant dire que les produits de la mer sont à l'honneur. A la carte c'est une valse de lotte, sole, crabe, homard, soupe de poisson, persillade d'anguilles... Ne cherchez pas la haute gastronomie, c'est de la bonne cuisine réalisée à base de produits frais et l'on n'est jamais déçu. Le service est de très bonne qualité et toujours avec le sourire ! Vous trouverez également un bar, pour les gens de passage, qui n'ont que le temps de prendre un verre avant d'embarquer vers Royan.

LE VESTIAIRE €€

Place du Vieux Port aux Huîtres
✆ 06 63 08 63 96

En saison ouvert tous les jours le soir ; le week-end le midi sinon sur réservation. Carte : 25 € environ.

Du côté du Vieux Port aux Huîtres, un alignement d'anciens garages en bois investis par des artistes est très typique. Au milieu de ces bâtisses Le Vestiaire, un restaurant accueillant avec une belle terrasse au bord de l'eau. La patronne, passionnée de rugby et ancienne dirigeante de club, a su rendre cet endroit très chaleureux. On s'y retrouve entre amis pour partager viandes, poissons, crustacés, plateau de charcuterie, le tout accompagné de légumes. Au programme également des soirées à thèmes organisées autour d'un dîner : jazz, flamenco, moules, etc.

FLY JET 33

Port Médoc
✆ 06 66 52 38 26
www.flyjet33.com

Ouvert tous les jours en juillet et août. Location de jet ski à partir de 120 €/h carburant inclus.

Julien Emelie propose des sensations fortes et l'océan en liberté au départ de Port Médoc au Verdon. Vous pouvez louer un jet ski sans permis, une bouée tractée et encadrée par un moniteur diplômé de 4 à 10 personnes, au menu également du Flyboard pour monter jusqu'à 6 mètres de haut, mais aussi faire le tour de l'estuaire, participer à un rodéo jet, traverser la Gironde, aller au phare de Cordouan, etc. Des moniteurs fédéraux « jet deuxième degré » sont présents pour vous accompagner en toute sécurité sur votre propre jet. Des bouées

SPA LA POINTE DU MEDOC

18, rue Ausone ✆ 05 56 73 39 99
www.camping-lapointedumedoc.com/services/beaute-spa

Haute saison : ouvert tous les jours et les jours fériés de 10h à 13h et de 17h à 21h.

Un espace Beauté et Spa de 120 m² pour se ressourcer et s'évader grâce un espace accueil, une tisanerie, 3 cabines simples et 1 cabine double avec baignoire balnéo. Ce centre est équipé également d'un hammam et d'un Jacuzzi extérieur sur une terrasse privative avec transats à disposition pour la clientèle du Spa. Différentes formules de soins du visage et du corps sont proposées ainsi que des massages du monde avec la gamme de produits originaux La Sultane de Saba qui a pour vocation de voyager à la découverte d'horizons lointains, vers les pays du soleil.

VENDAYS-MONTALIVET

Vendays-Montalivet est réputé pour son camping naturiste CHM Montalivet, l'un des plus anciens et des plus grands d'Europe. La commune a aussi une activité commerçante et artisanale de tout premier plan avec son marché couvert et son marché extérieur, en période estivale, qui offre un déballage de plus de 200 stands. Côté patrimoine, les curiosités ne manquent pas notamment la pittoresque gendarmerie installée dans une maison typique avec son toit symétrique en pente, son balcon et ses jolies découpes en bois. Son bleu tirant sur le vert émeraude ne fait pas très réglementaire... Montalivet est enfin un paradis avec ses très grandes plages surveillées.

PLAGE DE VENDAYS-MONTALIVET

✆ 05 56 73 32 02

3 plages : plage sud, plage centrale et plage nord.

Les grandes plages de sable blond de Montalivet, station balnéaire tranquille et familiale, s'étendent sur douze kilomètres. Elles bénéficient du label Pavillon Bleu. Les plages sud et centre sont les plus populaires et proposent un grand nombre d'activités comme le char à voile, le bodyboard, le kayak, le flysurf et le surf, bien sûr ! Certains espaces sont plutôt réservés aux naturistes, notamment la plage qui jouxte le camping naturiste CHM Montalivet.

OFFICE DE TOURISME DE VENDAYS-MONTALIVET

62, avenue de l'Océan

✆ 05 56 09 30 12

www.medoc-atlantique.com

Horaires sur le site.

Si vous séjournez à la pointe du Médoc, vous vous devez de passer par l'Office de tourisme. Il propose de nombreux renseignements pour tout séjour seul, avec des amis ou en famille, vous indique les lieux à visiter, les événements à ne pas rater et les meilleures activités : randonnées pédestres, journées balade à vélo, dégustation de vin avec visite des châteaux, excursions sur l'estuaire, activités sportives, séances de cinéma, concerts et pièces de théâtre, etc.

L'ARBERET €€

32, route de Soulac

✆ 05 56 41 71 29

www.hotel-restaurant-medoc.fr

Chambre simple ou double à partir de 65 €. Petit déjeuner : 9 €. Parking inclus. Piscine extérieure. Restauration.

Cet hôtel-restaurant est vraiment idéal sur la route des vacances, du travail ou pour séjourner dans un endroit calme au cœur du Médoc. Ici, on sait conjuguer l'art de recevoir et de bien vivre... Les chambres, situées dans le bâtiment principal ou dans l'annexe, sont décorées très simplement, mais elles sont très fonctionnelles avec salle de bains et WC. Les clients apprécient particulièrement la piscine et sa plage, le jardin, la grande terrasse et le restaurant. La cuisine traditionnelle du Sud-Ouest s'appuie sur les produits du terroir et de saison.

CAMPING LA CHESNAYS €€

8, route de Mayan

✆ 05 56 41 72 74

www.camping-montalivet.com

Ouvert de 1er avril au 14 octobre. Emplacement de 17 € à 27,50 €. Mobil-homes à partir de 225 € la semaine.

Pour des vacances nature entre mer et estuaire, forêt et vigne, le camping 4 étoiles propose des emplacements (tente, camping-car, caravane) et des locations (chalets, mobil-homes, lodges, Tithomes, bungalows toilés et Glamping en Coco Sweet). Le Coco Sweet possède une chambre pour 2 personnes, idéal pour des vacances en couple, de 11 m², un concept à la fois fonctionnel, joli, cosy et tout équipé. Les emplacements sont spacieux, les locations de qualité, l'endroit idéal pour des séjours en famille à la conquête du Médoc Atlantique.

CAMPING TOHAPI - ATLANTIC CLUB MONTALIVET €€

Avenue de l'Europe ✆ 04 30 05 15 19

www.tohapi.fr/aquitaine/camping-atlantic-club-montalivet.php

Fermé de novembre à mars. Mobil-homes pour 4 à 6 personnes à partir de 260 € la semaine. Lodge à partir de 130 €.

Ce camping est situé au milieu des pins avec un accès direct sur les plages de l'océan. Dans un parc de 36 hectares, les mobil-homes, dont certains avec bain à remous privé, sont parfaitement équipés. Ce lieu de vacances familial est doté d'un espace aquatique splendide (trois toboggans, piscine chauffée, bassin couvert, pataugeoire, pistes pentagliss, solarium, etc.), d'une Oasis bien-être, d'un club pour enfants et adolescents. Tous les soirs en haute saison : spectacles de qualité.

HÔTEL DES ACACIAS €€

64, route Montalivet
✆ 05 56 41 73 23
www.acaciashotel.fr
Ouvert de fin juin à mi-septembre. Chambre double à partir de 70 €. Petit déjeuner buffet : 8 €.

A cinq minutes de l'océan et des vignobles, l'hôtel se situe au milieu d'un parc boisé et fleuri de 5 000 m². Vous avez le choix entre les chambres-bungalows avec salle de bains, toilettes, double vitrage, terrasse couverte privée et vue sur le parc, les chambres avec balcon, avec douche, toilettes et donc un grand balcon donnant sur le parc et les chambres standards avec douche et toilettes. Les moins chères sont sans TV... Les gîtes offrent dans un espace de 40 m² chambre, salon, kitchenette séparée, deux salles de bains et deux terrasses couvertes privées.

LE SOLEIL D'OR €€

32, boulevard du Front de mer
✆ 05 56 09 31 37
www.campinglesoleildor.com
Fermé du 20 octobre au 6 avril. Emplacement de 18 € à 35 €. Mobil-homes à partir de 272 € la semaine.

Proches des services et commerces, le camping Le Soleil d'Or est idéal pour passer des vacances nature et familiales. Sa situation est exceptionnelle, placé en front de mer et proche du centre-ville, il permet d'aller à la plage ou au marché à pied ! Pas besoin de voiture, une paire de tongs ou le vélo, ça suffit.. Vous avez le choix entre un emplacement unique, plus traditionnel, 4 types de mobil-homes ou des lodges avec vue sur l'océan. Ce camping offre tout un panel de services : bar, restaurant, barbecues à disposition, jeux, Wi-Fi gratuit et laverie.

BODEGA L'ESTRAGON €€

24, rue Bremontier
✆ 06 37 71 69 17
Ouvert de juin à octobre tous les jours et les jours fériés le midi et le soir. Carte : 28 € environ.

Romain Pons s'est fait connaître à Sauternes, car il tenait le Saprien et il avait même obtenu un Bib Gourmand en 2015. A Montalivet il a transformé une cabane thaïe en bodega. Avec son épouse, ils ont un slogan : « Le rendez-vous des épicuriens ». On vit un moment de partage dans une ambiance de bons vivants. A la carte, des tapas 100 % maison à base de produits frais, car ils sont autant que possible achetés en circuit court. Le chef a quelques plats « signature » comme la côte à l'os découpée sur place ou la pluma de cochon marinée à la bière façon Tim.

LES CINQ SENS €€

31, avenue de l'Océan
✆ 09 67 46 02 60
www.les-cinq-sens.eatbu.com
Fermé de novembre à janvier. Ouvert tous les jours et les jours fériés le midi et le soir. Carte : 35 € environ.

Les Cinq Sens est une jolie table en plein cœur de la station balnéaire de Montalivet. A l'extérieur une grande terrasse et à l'intérieur une ambiance bistrot-brasserie. David, chef et propriétaire, est médocain, Natasha, son associée est québécoise. A eux deux, ils vous font vivre une belle expérience. La cuisine est recherchée et originale avec des inspirations exotiques ou du Sud bien maîtrisées, mais aussi des produits fumés, spécialités de la maison. Le restaurant porte bien son nom, car tous nos sens sont en éveil, même notre ouïe à l'énoncé des plats.

CHEZ JEANNOT €€

6, avenue de l'Océan
✆ 06 17 47 26 04
Ouvert tous les jours et les jours fériés le midi et le soir. Carte : 28 € environ.

Chez Jeannot affiche la couleur sur la devanture : spécialités de moules et brochettes géantes. On pousse la porte, on s'attable et on se rend compte que ce n'est pas un simple effet d'annonce. Commençons par les moules, toutes flanquées de frites, qui s'offrent en marinière, au roquefort, au curry ou à la crème. Passons aux brochettes : 50 centimètres sur socle et viandes à votre choix. La brochette au poulet marinée citron-gingembre a su nous séduire. La carte affiche aussi des burgers, des salades, des desserts classiques et surtout de succulentes crêpes.

LE MARIN €€

18, avenue de l'Océan
✆ 05 56 41 46 33
www.restaurantlemarin.fr
Fermé de novembre à janvier. Carte : 28 € environ. Plateau de fruits de mer à partir de 28 €.

Dans cet établissement les hôtes sont d'une gentillesse et d'une attention rares. Ils vous conseillent sur les suggestions du jour et vous expliquent que si le producteur n'a pu livrer les produits ou s'ils n'ont pas trouvé ce qu'ils voulaient exactement sur le marché local, et bien il faudra s'en passer, car ici, tout est frais et fait maison, à la minute ou presque. La carte est axée sur les produits marins, mais la viande n'est pas absente de la carte. Un patio et une terrasse permettent de s'installer à l'heure du repas ou pour déguster des glaces.

BALADE

BALADE NORD MÉDOC

Les marais du Nord Médoc présentent une vaste étendue de zones humides où plus de 250 espèces sauvages colonisent les lieux : différents insectes, amphibiens, mammifères et oiseaux. Les nombreux marais et le chenal du Gua permettent l'écoulement de l'eau du Nord Médoc.

A Vensac on parcourt à pied le sentier du marais du Gua, jalonné de bornes explicatives.

Le chenal du Gua et son écosystème complexe très riche se découvrent en canoë ou kayak depuis le port de Saint-Vivien dans une ambiance calme et sereine. Sur place il est possible de se restaurer au Kayak Café.

Sur les bords de l'estuaire, les carrelets tirent leur nom du filet de pêche de forme carrée du XVIIIe siècle. Ils servent aujourd'hui de lieu de détente et d'observation. Depuis le port du Verdon, on aperçoit le phare de Cordouan qui se dresse majestueusement à l'entrée de l'estuaire. C'est le plus ancien phare d'Europe (1611). Pour le visiter, on prend un bateau sur réservation. En repartant vers Vendays-Montalivet, il faut s'arrêter à Soulac-sur-Mer pour admirer les villas classées qui constituent le « village ancien » avec son style colonial du début du XXe siècle et la basilique Notre-Dame-de-la-fin-des-Terres. Engloutie presque intégralement par le sable au XVIIIe siècle, elle fut sauvée au milieu du XIXe siècle.

LA TABLE PAYSANNE €€

4, rue des Genêts
✆ 05 56 09 59 36
Haute saison : tous les jours le midi et le soir. Carte : 40 € environ.

Si vous prenez la route de la plage, que vous faites une petite halte au marché, et qu'il est l'heure de déjeuner, prenez une petite rue transversale des Genêts. Vous allez tomber devant la Table Paysanne. Installez-vous en terrasse ou à l'intérieur et vous ne serez pas déçu ! Une belle et bonne table où l'on fait tout en cuisine de l'épluchage au dressage, une bonne cave et une épicerie fine basque de produits de la ferme vont ravir vos papilles et pupilles ! Dans une déco authentique de bord de mer en terrasse et d'épicerie en salle.

LA VILLA ARBOUSIER €€

29, avenue de l'Océan
✆ 05 56 73 40 7
Ouvert tous les jours le midi et le soir. Menus de 22,50 € à 36 €. Carte : 38 € environ.

La Villa Arbousier est un peu comme une maison d'hôtes avec sa terrasse qui donne sur l'avenue de l'Océan, son jardin à l'arrière plus au calme et son intérieur chaleureux. Certains pourraient penser que ce restaurant, situé en plein cœur de Montalivet, est un piège à touristes. Pas du tout. Le chef prend plaisir à préparer avec soin des produits de saison. A une cuisine traditionnelle, il ajoute quelques petites notes personnelles et des saveurs d'ailleurs. A la carte par exemple les sushis et nems côtoient la terrine de foie gras et les noix de saint-jacques.

EL LOCO

38, avenue de l'Océan
✆ 06 29 75 50 17
Ouvert toute l'année. Haute saison : tous les jours de 11h à 15h et de 18h à 2h.

El Loco c'est vraiment l'endroit où l'on fait la fête. C'est à la fois un bar à cocktails et à tapas, un bar à ambiance (concerts, retransmission de matches), une cave à cigares, le tout regroupé sur une double terrasse. Tous les jeunes – et parfois moins jeunes – s'y retrouvent pour boire un verre entre copains et découvrir des cocktails originaux, préparés à la demande, autour de grandes assiettes de tapas chaudes ou froides. En saison on peut aussi venir le midi pour s'attabler devant des brochettes de poulet pané aux cornflakes ou d'un *egg muffin*.

MARCHÉ DE VENDAYS-MONTALIVET

Tous les matins. Marché en plein air le dimanche matin place de l'église.

En 1957, la construction du marché couvert de la commune donne le point de départ d'une nouvelle ère. A l'extérieur, les marchands non sédentaires viennent déballer eux aussi leurs marchandises. Pendant la saison estivale, le marché de Montalivet est incontournable. Il offre de plus de 200 stands dans une débauche de couleurs et de produits, dont notamment de l'artisanat, des spécialités régionales et des stands de vin. Seule fausse note : les huîtres sont très chères...

BATTLE ARCHERY

Rue André Goulée
✆ 06 72 02 16 80
http://paintball-montalivet.com/
Haute saison : ouvert tous les jours de 9h à 20h. Entrée : 12 € dès 12 ans.

Au sein du paintball de Montalivet, on peut vivre, dans un hectare de forêt aménagé, une expérience unique en Gironde c'est la Battle Archery. Cette activité de tir à l'arc, réputée sans risque (embouts en mousse) et ne demandant pas d'encadrement spécifique, ravit toujours petits et grands, qu'ils soient des archers confirmés ou des débutants. On commence par une cible classique ensuite on part en forêt : un joueur touché par une flèche devient prisonnier. Pour se libérer, il doit toucher un adversaire, certaines cibles ou une flèche en vol...

ESCAPE GAME MONTALIVET

4, avenue de l'Océan
✆ 07 83 34 46 21
Entrée : 20 € par personne de 4 à 5 participants et 25 € de 2 à 3 participants.

L'Escape Game propose deux missions : le Défi des surfeurs et Mission contagion. Si vous choisissez la première, vos parents ont caché vos affaires de surf et vous ont enfermés dans votre chambre... Votre mission est de ranger votre chambre afin de retrouver vos affaires de surf et de sortir avant le retour de vos parents. La deuxième vous met dans la peau d'un agent de la CIA infiltré dans un cartel colombien. Sauf que vous êtes fait prisonnier et qu'il va falloir désamorcer une bombe avant qu'elle propage un virus et contamine des milliers de personnes.

BLAYE ★★

Les origines de Blaye remontent à la période romaine, mais c'est au Moyen Age que la ville est reconnue grâce aux Mérovingiens qui s'y installent par intermittence. C'est d'ailleurs au cœur de la basilique Saint-Romain de Blaye que le neveu de Charlemagne sera enterré, le fameux Roland de la chanson ! Les vestiges sont toujours visibles et de nombreux trésors d'histoire sont exposés au musée archéologique de la ville. Pendant la guerre de Cent Ans, Blaye est une ville stratégique, perdue puis finalement récupérée par les Français en 1451. C'est au XVIIe siècle que la citadelle, renommée de la cité, est construite par Vauban, sous le règne de Louis XIV.

MUSÉE ARCHÉOLOGIQUE ET VILLA GALLO-ROMAINE

5, allée de la Mairie
PLASSAC
✆ 05 57 42 84 80
www.villagalloromaine-plassac.fr
Fermé de novembre à mars. Ouvert tous les jours. Horaires selon la saison. Adulte : 5 €.

Classé Monument historique, le site de Plassac détient les vestiges d'une villa gallo-romaine construite dans les premiers siècles apr. J.-C. Le musée archéologique est géré par l'association des amis du vieux Plassac et met en valeur le patrimoine historique de la région. Sur deux étages sont présentés le mobilier archéologique issu des fouilles : décors muraux, éléments architecturaux, mobilier, outillage... ainsi qu'une reconstitution virtuelle en 3D de la villa.

CITADELLE DE BLAYE ★★

Rue des Minimes
✆ 05 57 42 12 09
www.bbte.fr
Parking gratuit. Visite guidée de la citadelle et ses souterrains : adulte 7 € ; enfants de 5 à 12 ans 5 €.

Cette magnifique construction est située sur l'estuaire de la Gironde. Surnommée le bijou de Vauban, la citadelle a été édifiée au XVIIe siècle entre 1680 et 1689. Louis XIV régnait alors sur le royaume de France. L'édifice fait partie du « Verrou Vauban » avec le Fort Pâté et le Fort Médoc. Tous trois témoignent de l'art militaire de Vauban, ingénieur militaire de l'époque, et forment alors une véritable protection à l'entrée de l'estuaire de la Gironde. Une triple défense contre les bateaux ennemis ! Depuis 2008, elle est classée au Patrimoine de l'UNESCO.

MUSÉE D'HISTOIRE

Rue du 144e-RI
✆ 06 82 34 72 66
www.tourisme-blaye.com
Horaires d'ouverture sur le site Internet. Adulte : 4,50 €. Enfant (de 5 à 12 ans) : 3,50 €.

Prison civile et militaire à sa construction en 1677, devenue, fait surprenant, boulangerie au début du XIXe siècle, c'est bien dans cet endroit, au cœur de la citadelle de Blaye, que vous trouverez le musée d'Histoire et d'Archéologie. À travers les cachots et les fournils, découvrez plus de sept mille ans d'histoire illustrés par le mobilier archéologique découvert dans l'enceinte de la citadelle Vauban mais également dans l'ancienne abbaye Saint-Romain. La maquette du château médiéval et les différents plans d'évolution de la forteresse complètent la visite.

La citadelle de Blaye.

PHARE DE PATIRAS

Ile de Patiras
SAINT-ANDRONY
✆ 05 57 42 12 09
www.tourisme-blaye.com
Croisière. Horaires selon la saison.

Connaissez-vous le phare de Patiras ? Il se situe sur la pointe nord de l'île de Patiras, au milieu de l'estuaire de la Gironde, en face de Pauillac. Affecté au Conservatoire du Littoral, il est visitable au départ de Blaye en croisière organisée par l'office de tourisme de mai jusqu'à septembre. On peut aussi le louer pour des réceptions : l'ancienne maison du gardien a été rénovée et transformée dans ce but par le propriétaire. Au pied du phare, le refuge sur pilotis accueille les visiteurs pour une halte de restauration !

PORT DES CALLONGES

SAINT-CIERS-SUR-GIRONDE
www.estuaire-tourisme.fr
Ouvert toute l'année. Port de plaisance. Gratuit. Jeux pour enfant. Animaux acceptés.

Tombez sous le charme de ce petit port de pêche typique et de ses fameux carrelets, les petites cabanes de pêcheurs en bois sur pilotis. Le port des Callonges sur l'Estuaire de la Gironde est situé dans une réserve naturelle non loin du site ornithologique « Terres d'Oiseaux ». Un ponton a été mis en place pour accueillir les bateaux à passagers. En été, vous pouvez profiter de manifestations maritimes ainsi que de journées voiliers et kayaks. Pour se restaurer et se détendre, un restaurant panoramique avec vue sur l'Estuaire et une guinguette vous accueillent.

LE PORT DU BERNU

rue de Minimes
✆ 05 57 42 12 09
www.tourisme-blaye.com

Envie d'une évasion ? Partez à la découverte d'un étier ! Un étier est un chenal étroit contenant de l'eau provenant de la mer. A seulement 6 kilomètres de Blaye à la hauteur de Saint-Genès-de-Blaye, le Port du Bernu est entouré d'un superbe paysage tout à fait unique et sauvage. L'endroit idéal pour vous relaxer en regardant les carrelets et les yoles (embarcations légères à l'aviron du XIXe siècle) amarrées aux piquets et aux pontons sommaires. Ce lieu authentique et pittoresque vous permettra de découvrir une zone peu connue placée sous le signe de la nature !

TERRES D'OISEAUX

2, les Nouvelles Possessions - **BRAUD-ET-SAINT-LOUIS** ✆ 05 57 32 88 80
www.terresdoiseaux.fr
Haute saison ouvert tous les jours de 10h à 20h. Adulte : 6 €. Enfant de 6 à 14 ans : 5 €.

La tour panoramique située à l'entrée du site donne une idée de ce qui vous attend. Balade en toute liberté ou visite commentée par un guide naturaliste, à vous de choisir. Quatre boucles vous sont proposées, et un sentier est spécialement aménagé pour les familles avec enfants en bas âge et pour les personnes à mobilité réduite. De novembre à mars, vous croiserez plutôt des limicoles ou hérons cendrés, tandis que dès avril les petits oisillons seront visibles. La Métairie, maison d'accueil, comprend un espace de détente, des expositions temporaires, une boutique.

OFFICE DE TOURISME DE BLAYE

rue des Minimes - La Citadelle
✆ 05 57 42 12 09
www.bbte.fr
Qualité Tourisme. Ouvert du lundi au vendredi de 10h à 12h30 et de 14h à 17h.

Installée dans la citadelle, l'Office de Tourisme de Blaye est le lieu incontournable pour préparer votre séjour. L'équipe vous conseille dans vos choix d'hébergement (aires de camping, chambres d'hôtes, hôtels...), de restauration et bien sûr d'activités touristiques (randonnées pédestres, balades équestres, découverte du verrou Vauban, croisières sur la Dordogne, visites de châteaux...). Des guides PDF sont d'ailleurs disponibles en ligne sur leur site internet.

BACS GIRONDE (FERRIES)

6, cours du Général de Gaulle ✆ 05 57 42 04 49
www.gironde.fr/deplacements/les-bacs-girondins-ferries
Gratuit jusqu'à 4 ans. Adulte : 3,10 € (aller simple). Enfant : 1,50 €. Vélo : gratuit ; voiture : 18,50 €.

Pratiques et rapides, les bacs girondins traversent l'estuaire de la Gironde et vous conduisent d'une rive à l'autre. Tous les jours de l'année, entre 4 et 10 départs ont lieu de 7h15 le matin à 20h30 le soir. Les horaires et les tarifs des traversées Le Verdon-Royan et Blaye-Lamarque varient selon les saisons et les jours de la semaine : ils sont affichés sur le site. Vous pouvez prendre le bac quel que soit votre moyen de transport et la traversée durera 30 minutes. Il est recommandé aux usagers d'arriver 30 minutes avant le départ.

LA BASILIQUE SAINT-ROMAIN DE BLAYE

✆ 0682347266

www.tourisme-blaye.com

La basilique Saint-Romain de Blaye, érigée au IVe siècle, est une ancienne nécropole qui a abrité les rois mérovingiens. Le plus célèbre personnage enterré ici est Roland, connue pour sa fameuse chanson et seigneur de Blaye ! Mise à mal durant les guerres de Religion, la basilique fut finalement détruite entre le XVIIe et le XVIIIe siècle lors de la construction de la citadelle. Elle ne laisse aujourd'hui que quelques ruines, découvertes lors de fouilles archéologiques vers 1969.

L'AUBERGE DU PORCHE €€

5, rue Ernest Regnier ✆ 05 57 42 22 69

www.auberge-du-porche.com/

8 chambres de 108 € à 128 €. Petit déjeuner dès 9 €. Soirée étape pour les professionnels sur réservation. Séminaire

À quelques minutes du centre-ville et de la Citadelle de Vauban, l'Auberge du Porche a élu domicile il y a 20 ans dans une magnifique bâtisse de 1830. Cet hôtel de charme*** propose 8 chambres spacieuses avec literie neuve de 160, dont deux chambres Twin et deux chambres familiales. Des espaces de détente – en intérieur au salon et en extérieur sur l'une des terrasses – sont à disposition. L'après-midi, le salon-bar de l'Hôtel propose un service boissons ainsi qu'une dégustation de vins pouvant accompagner des assiettes apéritives (sur commande).

LE CLOS DE L'ECHAUGUETTE

✆ 05 57 42 94 20

www.vin-blaye.com

Visite commentée : 5 €. Événements.

La Citadelle de Blaye offre aux visiteurs un superbe panorama sur le plus vaste estuaire d'Europe. Niché en son cœur, un petit vignoble mérite qu'on s'y intéresse. Accessible par un tunnel creusé sous le rempart de terre, le Clos de l'Echauguette est un lieu chargé d'histoire. Conduit en agriculture biologique, le vignoble est un modèle en matière de biodiversité : labour à cheval, vendanges manuelles, jachère fleurie... Pour ce millésime en appellation Blaye Côtes de Bordeaux et élevé en fût de chêne, 737 bouteilles sont produites, soit une par pied de vigne.

LA CLOSERIE DU CHÊNE BLEU €€

761, route de Saint Ciers

SAINT-CAPRAIS-DE-BLAYE ✆ 06 89 64 05 83

www.lacloserieduchenebleu.com

Ouvert toute l'année. 2 chambres. Chambre double à partir de 98 €. Petit déjeuner inclus. Table d'hôte.

Installée à une vingtaine de kilomètres de Blaye, la Closerie du Chêne Bleu est une maison d'hôte pleine de charme. En pleine campagne, venez profiter d'un cadre idyllique avec chambres familiales. Chacune d'entre elles est décorée avec soin et possède tout le confort. Côté extérieur, le jardin et la piscine satisferont particulièrement les enfants. Séverine propose également la table d'hôtes en mettant en avant les produits de notre terroir, sans oublier la dégustation de vin.

LA VILLA DE PLASSAC €

44, route de l'Estuaire - **PLASSAC**

✆ 09 67 49 76 38

www.lavilladeplassac.fr

Chambre double 65 €. Petit déjeuner inclus. Table d'hôte 25 €.

Ce charmant établissement est un véritable havre de paix dans le petit village de Plassac, au cœur de l'appellation de Blaye Côtes de Bordeaux. Dans cette belle demeure du début du XIXe siècle, la décoration est soignée avec goût et confort. Si vous souhaitez dîner sur place, c'est possible sur demande. Une table d'hôtes vous sera proposée : un repas à base de produits frais et régionaux. Le lieu ne manque pas de cachet, que ce soit à l'intérieur ou dans les espaces extérieurs. Aux beaux jours, vous pourrez prendre votre petit déjeuner dans le jardin !

MAISON SAINT ROMAIN €€

28, rue St Romain

✆ 06 13 13 23 90

10 voyageurs, 4 chambres, 5 lits, 4 salles de bain. À partir de 160 €/nuit.

Au cœur de la ville de Blaye, à quelques mètres du port et des commerces de la citadelle, Claire vous accueille dans une grande maison bourgeoise entièrement restaurée. Dans cette demeure pouvant accueillir jusqu'à 10 convives, chacune des quatre chambres spacieuses possède sa propre salle de douche ou salle de bain. Tout confort, la demeure offre également un confortable salon, une salle à manger, un patio et bien sûr une cuisine équipée qui ne manque pas de cachet grâce à son ancien poêle. Une bâtisse de charme dans un lieu idéal pour les vacances !

CHEZ OLGA €€

15, route de Saintes - **CARTELÈGUE**
✆ 05 57 64 71 18
www.chez-olga.com
5 chambres d'hôte. Chambre double à partir de 55 €. Demi-pension. Wifi gratuit. Restaurant ouvert du lundi au vendredi.

Situé au bord de la départementale, cet hôtel-restaurant est bien connu des habitants de Haute-Gironde. Bien plus qu'une simple adresse, c'est un lieu de convivialité et de partage incontournable. C'est en 1947 qu'Olga, grand-mère du propriétaire actuel, a ouvert cet établissement : le premier routier de Gironde ! Ici, on se régale avec des plats simples et faits maisons. Des chambres d'hôtes, fraîchement rénovées, disposent de tout le confort nécessaire. Le charme opère et l'accueil est parfait. Idéal pour une étape dans le département.

LA SAUVAGEONNE €€

2, les Mauvillains - **SAINT-PALAIS**
✆ 05 57 32 92 15
lasauvageonne.com
Chambre double 95 €. Gîte les Tournesols 1 chambre 3 pers : de 425 € à 650 € la semaine 2 chambres 5 pers, la semaine.

La Sauvageonne est un très bel établissement. Sur leur grand terrain, les propriétaires vous accueillent dans leur manoir, dont le vestibule date du XVIe siècle, et prennent plaisir à vous indiquer les sites incontournables. Outre les jardins, le parc et la piscine, les chambres d'hôtes sont très agréables. Le gîte des Tournesols et le gîte les Clématites s'adressent aux familles et groupes et sont tout confort. Pour les groupes de 10 à 20 personnes, possibilité de louer le domaine ! Piscine ouverte à tous, spa réservé aux adultes, on se sent comme chez soi.

HÔTEL RESTAURANT DE LA CITADELLE €€€

Place d'Armes ✆ 05 57 42 17 10
www.hotelcitadelleblaye.com
Ouvert toute l'année. 21 chambres. Chambre double à partir de 105 € ; chambre triple à partir de 110 €. Demi-pension.

Quel bel endroit que l'hôtel-restaurant de la Citadelle ! Ce monument chargé d'histoire, plein de charme, est l'endroit idéal pour se retrouver en couple dans l'une des petites chambres au style épuré. Vous profiterez d'une vue sur les îles de l'estuaire et de la piscine privée et centrale de l'hôtel. À ceci s'ajoute un restaurant gastronomique qui vous surprendra, des amuse-bouches aux mignardises. Gentillesse du personnel, qualité des prestations... Une excellente adresse à tester !

RELAIS DE L'ESTUAIRE €

79, rue Principale - **ETAULIERS**
✆ 05 57 64 70 36
www.hotel-de-lestuaire.fr
Ouvert du lundi au samedi soir. Menus de 17 € à 24 €. Menu enfant : 9 €. Jardin. Terrasse. Hôtel ouvert 7 jours sur 7.

C'est en pleine nature que le Relais de l'Estuaire vous accueille à deux pas des vignobles de Blaye. Ouvert à tous, le restaurant propose une cuisine traditionnelle mettant en avant les produits du terroir : omelette aux cèpes, salade landaise, magret de canard sauce foie gras... Si le cadre et l'accueil vous plaisent, vous pourrez prolonger votre escale et passer quelques nuits à l'hôtel. Pour vos séminaires, événements familiaux ou réceptions, une salle pouvant accueillir jusqu'à 150 personnes, équipée et indépendante, est disponible à la location.

LE CARMA €€

23, rue Prémayac
✆ 05 57 64 17 22
Ouvert du jeudi au mardi de 12h à 14h et de 19h à 21h30. Formule du midi : 14,50 €.

À deux pas de la place de l'Europe, une terrasse ombragée vous accueille dès les beaux jours pour savourer une cuisine authentique remplie de saveurs. Pour l'hiver, la salle est accueillante avec de belles tables dressées et une cheminée pour vous réchauffer. Le service est rapide et souriant et les plats joliment dressés. Le chef propose des recettes faites maison mettant en valeur les produits du terroir : millefeuille de boudin aux pommes et jus de viande au cumin, aiguillettes de poulet laquées sauce aigre-douce, foie de veau persillé... À tester !

HÔTEL RESTAURANT DE LA CITADELLE €€

Place d'Armes
✆ 05 57 42 17 10
www.hotelcitadelleblaye.com
Ouvert tous les jours le midi et le soir. Réservation recommandée. Formule du midi : 25 €.

L'hôtel de la Citadelle dispose d'un sublime restaurant panoramique avec vue sur les îles de l'estuaire. Dans ce cadre des plus agréables, une cuisine du Sud-Ouest inventive et savoureuse est proposée. A la carte, escalope de foie gras poêlée, filet de truite grillée à la plancha, sélection de fromages affinés... Pour accompagner, l'équipe propose une très jolie carte de vins, avec notamment une sélection de blaye-côtes de bordeaux. Une excellente adresse à tester !

LE P'TIT CANON €€

3, place d'Armes
✆ 05 57 64 23 86
www.petit-canon.com
Fermé du 1er novembre au 1er mars. Ouvert tous les jours. Formule du midi : 19,50 €. Animations.

Le Petit Canon ne manque pas de charme ! Au cœur de la Citadelle de Blaye, classée au patrimoine mondial de l'UNESCO, ce charmant restaurant offre une vue splendide sur l'estuaire de la Gironde. L'été, venez profiter d'une belle terrasse et l'hiver d'un bon feu de cheminée réconfortant. Dans l'assiette, vous ne trouverez que du fait maison : velouté de potiron, terrine de foie gras mi-cuit, véritable bœuf bourguignon, *fish & chips*, moelleux au chocolat, déclinaisons de profiteroles… Ici, les parts sont généreuses et les recettes gourmandes.

LA CERVOISERIE BLAYE

15, rue des Cabernets - **CARS**
✆ 05 57 43 39 79
www.lacervoiserie.com/les-maitres-cervoisiers/blaye
Ouvert le lundi de 15h à 20h ; du mardi au samedi de 10h à 13h et de 15h à 21h.

La Cervoiserie, implantée dans de nombreuses villes de France, propose une centaine de bières brassées avec passion, à découvrir et à savourer… avec modération ! Installée dans la zone commerciale de Blaye et disposant d'un grand parking, cette cave et bar à bières est le lieu de rassemblement de tous les amateurs. Un lieu de rencontres et de dégustations ! Bon à savoir : pour vos événements, l'équipe propose la location de tireuses à bières. De quoi apporter une touche d'originalité à votre fête. On parie que tous vos convives apprécieront.

CHÂTEAU CHARRON SECRET DES ROCHES

11, rue Emile Frouard
SAINT-MARTIN-LACAUSSADE
✆ 05 57 42 31 02
www.chateau-charron.com
Visites et dégustations sur rendez-vous

Ce beau domaine au cœur du terroir du Blayais produit des vins uniques Secret des Roches, 80 % Merlot et 20 % Cabernet Sauvignon. A la tête de ce domaine, Valérie, issue d'une famille de vignerons depuis plusieurs générations, et Sébastien, à ses côtés. Tous deux passionnés par le métier, ils recherchent « la finesse, l'élégance et la gourmandise ». Vous pouvez acheter les vins directement auprès du château ou vous arrêter à La Cave de l'Estuaire de Blaye.

CHÂTEAU DES MATARDS - VIGNOBLES TERRIGEOL

27, avenue du Pont de la Grâce
SAINT-CIERS-SUR-GIRONDE
✆ 05 57 32 61 96
www.vignobles-terrigeol.com
Ouvert du lundi au vendredi de 8h à 12h30 et de 14h à 18h. Samedi et dimanche sur rendez-vous.

Les vignobles Terrigeol, c'est une famille de famille ! Depuis trois générations, les Terrigeol cultivent les vignes à Saint-Ciers-sur-Gironde et produisent des vins Blaye côtes de Bordeaux. Les 88 hectares de vignoble sont répartis sur 3 appellations. D'un côté, le vin « Château des Matards », et de l'autre le Cognac et le Pineau des Charentes « Domaine de la Morgotterie ». Bon à savoir : un terrain d'accueil pour les camping-cars est à disposition !

LA SAVONNERIE DE BLAYE

6 Bis Cours du Port
✆ 05 24 21 61 80
Ouvert du mardi au samedi de 9h30 à 12h30 et de 14h30 à 19h. Vente en vrac. Recharge de contenant.

© LA SAVONNERIE DE BLAYE

Face au port de Blaye se tient cette très belle boutique parfumée. À l'intérieur de cette charmante savonnerie, Florence Cipière vous propose une large gamme de produits fabriqués dans l'Hexagone. Qu'il soit bio ou naturel, le savon est *made in France* ! La gamme écologique se décline jusque dans les sels de bain, ainsi que les dentifrices et les shampoings solides. Dans ce lieu accueillant, décoré dans des tons de bois naturel, vous trouverez également des objets de décoration pour la maison et des accessoires pour enfants et bébés.

MÉDOC / HAUTE GIRONDE

CHÂTEAU FREDIGNAC

7, rue Emile Frouard - **SAINT-MARTIN-LACAUSSADE**
✆ 05 57 42 24 93
www.chateau-fredignac.fr

Visite et dégustation sur rendez-vous. 3 chambres d'hôtes. de 2 à 4 personnes, de 61 € à 66 € petit déjeuner compris.

Ludivine et Vincent gèrent le Château Frédignac en respectant la tradition familiale tout en transformant un peu l'exploitation. Aujourd'hui, une partie du vignoble est en conversion en agriculture biologique, pour le respect de l'environnement bien sûr, mais aussi pour la biodiversité des organismes vivants dans les sols. Cet équilibre a une grande influence sur le potentiel aromatique des vins. Côté chambres d'hôtes, Ludivine et Vincent proposent trois chambres de charme agrémentées de livres et de jeux de société. Idéal pour une escapade familiale !

CHÂTEAU LACAUSSADE SAINT-MARTIN

8, route de Labrousse - **SAINT-MARTIN-LACAUSSADE** ✆ 05 57 32 51 61
www.lacaussade-saintmartin.com

Visite et dégustation 7j/7, sur rendez-vous de préférence.

Le vignoble du château Lacaussade Saint-Martin est situé le long de l'Estuaire de la Gironde, juste en face des Grands Crus Classés du Médoc. Jacques vous accueille dans sa propriété pour vous parler de sa passion, de son château et de son terroir. Méthodes traditionnelles, modernité et respect de l'environnement, telles sont les valeurs pour produire des vins AOC blaye-côtes-de-bordeaux rouge et blanc. La visite de la propriété et notamment des chais est des plus agréables.

CHÂTEAU MONCONSEIL - GAZIN

15, route de Compostelle - **PLASSAC**
✆ 05 57 42 16 63
www.monconseilgazin.com

Ouvert du lundi au samedi. Dégustation, vente directe, visite commentée.

Situé sur le chemin de Compostelle, le Château Monconseil est l'un des plus anciens domaines viticoles de la région. La propriété est exploitée par la famille Baudet depuis 5 générations. Les vins sont élevés en barriques de chêne français durant une période de 12 à 18 mois. En plus de la visite des chais et du domaine, plusieurs activités sont proposées comme l'atelier assemblage, l'escape game œnologique ou bien sûr la dégustation ! Un accueil des plus chaleureux vous sera réservé.

CHÂTEAUX SOLIDAIRES

9, Le Piquet
✆ 05 57 42 13 15
www.chateaux-solidaires.com

Ouverture du lundi au vendredi de 9h à 12h et de 14h à 18h.

Châteaux Solidaires est une coopérative agricole. Une dizaine de vignerons se retrouvent dans une seule et même cave où chacun procède à l'opération de vinification pour produire son propre vin. Cette cave est également un outil de commercialisation commun. Après avoir découvert les installations dédiées à la vinification, cuverie et chai, installez-vous sur l'un des sièges hauts de la salle de dégustation et utilisez votre vue, votre odorat et votre goût pour apprécier comme il se doit les vins ! Ils sont tous vendus au prix de la propriété.

AU COMPTOIR DES MODES

4, place de la Citadelle
✆ 05 57 33 08 69

Ouvert du mardi au samedi de 9h30 à 19h30.

Au Comptoir des modes est une boutique de prêt-à-porter très agréable. Grâce au dynamisme et à la générosité de Joe, faire son shopping à Blaye est un moment de convivialité ! Cette passionnée déniche ses pièces à Bordeaux et Paris. Chic et tendance, Au comptoir des Modes propose des vêtements et accessoires pour hommes et femmes de la taille 34 au 48. Joe anime plusieurs fois dans l'année des événements Afterwork où les clients sont conviés à partager un apéritif et y découvrir la nouvelle collection : moment opportun pour faire des affaires.

DOMAINE DE TOUT L'Y FAUT

5, lieu-dit Lardière - **MARCILLAC**
✆ 05 57 32 48 30
www.blaye-asperges-vins.com

Asperges, vignes et confitures. Visite de la ferme. Label Tourisme & Handicap. Label Bienvenue à la Ferme.

Voilà un bon plan pour confectionner un beau et bon panier garni de la région du Blayais. Comment ? Avec les produits de la ferme du Domaine de Tout l'y faut. L'asperge, produit phare, est présentée fraîche lorsque c'est la saison ou en conserve ! Vous avez des envies sucrées ? Véronique et Jean-Marie Camus ravivent les gourmands avec leurs confitures maison. Le Domaine produit également un blanc 100 % sauvignon et un rouge de tradition AOC côte-de-blaye. En famille, initiez-vous à la culture de l'asperge et de la vigne et réservez votre sac pique-nique !

LA MAISON DU VIN DE BLAYE

12, cours Vauban
✆ 05 57 42 94 20
www.vin-blaye.com/la-maison-du-vin
Ouvert du lundi au samedi de 9h à 12h30 et de 14h à 19h. Dégustation sur place.

Vitrine des vins de l'appellation, la Maison du Vin de Blaye propose 300 références de vins : des cépages classiques aux assemblages les plus audacieux. De nombreux objets « autour du vin » sont disponibles : carafes, tonnelets, stop goutte, tire-bouchons, jeux autour du vin... Chaque été, la boutique « le cellier des vignerons » nichée au cœur de la citadelle de Blaye propose quelque 90 références de vins de Blaye côtes-de-bordeaux rouges et blancs vendues à prix château !

VIGNERONS DE TUTIAC

1, La Cafourche
MARCILLAC
✆ 05 57 32 48 33
www.tutiac.com
Ouvert du lundi au samedi de 9h à 12h30 et de 14h à 18h30. Visite, vente et dégustation.

Les Vignerons de Tutiac vous ouvrent les portes d'un savoir-faire et d'une passion qui marient valeurs traditionnelles et tendances contemporaines. Ce groupe, créé en 1974, est incontournable pour tous ceux qui souhaitent connaître les côtes-de-bordeaux. Notez que les 550 vignerons de Tutiac sont inscrits dans la démarche Agriconfiance qui incite à une exploitation respectueuse de l'environnement. Il existe cinq boutiques en Gironde et depuis deux ans un bar à vin ouvert dans le centre-ville de Bordeaux : le Tutiac Wine Bar.

VIGNOBLES BOSSUET HUBERT

CARS
✆ 05 57 42 11 95
www.hubert-vigneron.com
Visite sur rendez-vous. Vente en ligne.

Bienvenue au Château Peybonhomme-les-Tours ! Ici, le vin est une affaire de famille. Vignerons depuis six générations, les Hubert se sont installés à Cars en 1895, vignoble de l'appellation blaye côtes de bordeaux. Aujourd'hui, Catherine, Jean-Luc, Rachel et Guillaume Hubert, passionnés de vin et de biodynamie, sont à la tête du domaine. Les soins apportés à une vinification naturelle permettent d'atteindre complexité et pureté dans les vins. Le Château de Peybonhomme propose des vins fruités et minéraux disponibles à la vente sur le site internet.

THE ROOM BLAYE

Rue du Bastion Saint Romain
✆ 05 57 43 72 10
www.the-room.fr
À partir de 22 €/joueur.

Au cœur de la Citadelle de Blaye, percez le secret des cachots dans une expédition pleine de surprises... Forte de son succès à Saint-André-de-Cubzac, l'équipe de The Room a ouvert une nouvelle mission dans ce magnifique monument historique classé par l'UNESCO. The Room est un escape game beaucoup plus immersif que d'autres jeux d'évasion : c'est une expérience à part à savourer entre amis, en famille ou avec des collègues. Mieux vaut ne pas trop dévoiler les surprises qui vous attendent lors de cette aventure pour ne pas gâcher le plaisir à venir.

BOURG ★★

Située au niveau de l'estuaire de la Gironde, la ville de Bourg a connu de multiples péripéties ! Son histoire mouvementée nous ramène au IVe siècle, lorsqu'elle était une ville fortifiée. Cela n'a pas empêché les Wisigoths de s'installer lors de leur invasion de l'Aquitaine. Au fil des décennies, batailles et sièges furent quotidiens, jusqu'en 1653 : Bourg est livré aux Espagnols ! C'est fort de ce patrimoine historique et culturel que la ville accueille aujourd'hui des touristes du monde entier, charmés par son château, ses remparts, ses ruelles pittoresques et ses nombreuses marches : près de 500 marches séparent la ville haute et la ville basse.

CHÂTEAU DE THAU

46, route de la Gabare
GAURIAC
✆ 05 57 64 80 79
www.schweitzer-albert.com
Ouvert du lundi au vendredi de 9h à 18h.

Le Château de Thau est un édifice datant du Moyen Age, largement remanié au fil des siècles. Autrefois forteresse médiévale dominant les rives de l'estuaire de la Gironde, il est désormais la propriété de la famille Schweitzer qui en a fait une propriété viticole. Les propriétaires exploitent les 41 hectares de vignes, face à l'estuaire de la Gironde, dont 27 composent le vignoble du château de Thau et produit des vins de l'appellation AOC côtes-de-bourg : Château de Thau, Château Poyanne, Château les Violettes et Puy de Lignac.

GROTTE DE PAIR-NON-PAIR ★★★

2, chemin de Pair-non-Pair - **PRIGNAC-ET-MARCAMPS**
✆ 05 57 68 33 40 - www.pair-non-pair.fr
Ouvert du mardi au dimanche. Horaires selon la saison. Adulte : 8 €. Tarif réduit : 6,50 €. Visite à partir de 7 ans.

Au nord de Bordeaux près de la Dordogne et de l'estuaire de la Gironde, la grotte Pair-non-Pair est un lieu unique au monde : une des plus anciennes grottes ornées du paléolithique supérieur au monde. La cavité fut découverte de façon tout à fait fortuite en 1881. Après plusieurs années de fouilles et d'études, la grotte de Pair-Non-Pair fut classée aux Monuments historiques. Si les premières traces de la présence de l'homme y sont estimées à 80 000 ans, les gravures les plus intéressantes dateraient de quelque 30 000 ans av. J.-C !

LA MAISON MAURESQUE

La Maison Mauresque fat partie des curiosités de la ville de Bourg-sur-Gironde. Pittoresque, de par son architecture, elle date du XIXe siècle du côté Dordogne et du XVIIIe siècle du côté rue. Il est très étonnant de trouver un tel édifice au style oriental au milieu de la petite ville girondine. Ce serait l'œuvre d'un homme vivant dans les colonies, qui, de retour à Bourg, aurait décidé de modifier la façade de sa maison pour perpétuer son rêve d'exotisme. Il en existe une seconde dans la ville, saurez-vous la trouver ? Défi lancé !

MUSÉE DE LA CITADELLE

3, place de la Citadelle
✆ 05 57 68 23 57
www.bourg-cubzaguais-tourisme.fr
Fermé du 1er octobre au 31 mai. Gratuit jusqu'à 10 ans. Adulte : 5 €. Enfant (de 10 à 15 ans) : 1,50 €

Dans le prestigieux cadre du parc de la citadelle de Bourg se tient ce remarquable musée. Lors de ce voyage dans le passé, vous découvrirez une collection unique en Aquitaine de voitures à cheval datées du XIXe siècle. Vous pourrez contempler landaus, sociables, coupés, cabriolets, attelage, charrettes, ainsi que de nombreux accessoires. La visite se poursuit par le souterrain qui conduit à l'entrée des immenses cuves à pétrole souterraines édifiées lors de la Seconde Guerre mondiale à 12 mètres sous terre. Ici, on traverse l'histoire en un lieu !

PARC DE LA CITADELLE

✆ 05 57 68 23 57
Gratuit.

Le parc de la Citadelle de Bourg est un lieu très agréable, avec son musée de la calèche et son joli domaine. On y vient avec plaisir le temps d'un pique-nique ou pour profiter du panorama sur l'estuaire de la Gironde et le petit port de Bourg. Pensé comme un jardin à la française, il est très plaisant de se balader parmi les allées bordées d'arbustes, les anciennes serres encore visibles et les nombreuses variétés de fleurs. Dans ce prestigieux cadre, vous pourrez visiter le musée et sa large collection de voitures à cheval du XIXe siècle.

Village de Bourg.

LE PORT

✆ 05 57 68 40 04

www.bourg-gironde.net

Plaisancier visiteur forfait de 10 € par jour donnant droit à l'utilisation de la halte nautique.

Le quartier du port au pied des remparts de la cité offre des activités variées. Les plaisanciers peuvent faire une escale de plusieurs jours, admirer ainsi le fleuve et profiter d'un instant de détente. Le club nautique Bourquais propose de naviguer et ainsi de découvrir l'estuaire de la Gironde. Des promenades fluviales sont proposées : une façon originale de découvrir la ville de Bourg, vue de l'eau, petit bijou accroché aux remparts. Vous pouvez choisir votre embarcation : voile, kayak, aviron, régate… pour vivre l'estuaire à votre façon !

OFFICE DE TOURISME DE BOURG CUBZAGUAIS

4, Place de la Libération

✆ 05 57 68 31 76

www.bbte.fr

Horaires selon saison.

Pour découvrir le joli village médiéval de Bourg, pensez à passer à l'office de tourisme pour être sûr de ne rien rater de ses trésors. À pied ou en voiture, renseignez-vous sur les activités et les circuits de découverte insolites. Découvrez ainsi les meilleures randonnées pédestres ou encore les fenêtres sur l'Estuaire, des installations architecturales installées le long de la route de la corniche et offrant une superbe vue sur l'estuaire de la Gironde. Bonne visite !

FENÊTRES SUR L'ESTUAIRE

Place de la Libération

✆ 05 57 68 31 76

www.bourg-cubzaguais-tourisme.fr

Les fenêtres sur l'Estuaire sont des fenêtres paysagères situées sur la route de la Corniche entre les villes de Bourg et de Roque-de-Thau. Ces installations architecturales présentent des contenus sur l'histoire, la géographie, l'environnement, le patrimoine et la culture du territoire. Elles sont installées dans plusieurs sites d'exception : Bourg, terrasse d'Eyquem, Vitescale, Furt, Roque de Thau, La Grave, Puybarbe et le site naturel du Moron, et prennent différentes formes (ponton, stèle, pierres taillées, auvent, etc.). À découvrir !

ROUTE DE LA CORNICHE

✆ 05 57 42 12 09

www.tourisme-blaye.com

La route de la Corniche est une petite route étroite et pittoresque qui longe la Dordogne jusqu'à la formation de l'estuaire de la Gironde. Sur le chemin, vous découvrirez les magnifiques jardins fleuris, les petites maisons de pêcheurs, les habitations troglodytes nichées au coeur de la falaise, et bien sûr, les surprenant carrelets, ces curieuses cabanes de pêcheur perchées au-dessus des eaux. Le panorama mêle le fleuve, la pierre et la vigne ! Cette promenade est ponctuée par les Fenêtres sur l'estuaire, des aménagements paysagers et ludiques.

WINE ODYSSEY BORDEAUX

26, route des Astéries - **GAURIAC**

✆ 05 57 64 88 65

www.domainedesdeuxcedres.com

Formules découverte à partir de 100 € par personne

Wine Odyssey est une agençe œnotouristique créée en 2015 par Sophie et Éric, deux passionnés à la tête du Domaine des Deux Cèdres. Leur expérience tant en hébergement touristique (chambres et table d'hôtes) qu'en organisation événementielle ainsi que leur implantation en plein vignoble des Côtes de Bourg leur ont permis de tisser des liens avec de nombreux châteaux du vignoble bordelais. En plus d'une série de formules déjà établies, Sophie et Éric sont également à votre disposition pour vous tailler des séjours « sur mesure » dans notre belle région.

CLOS MARCAMPS €€

2, chemin des Carrières - **PRIGNAC-ET-MARCAMPS**

✆ 05 57 58 57 09

www.closmarcamps.fr

5 chambres. Chambre double et suite de 95 € à 135 €. Restauration. Soins.

C'est au cœur du vignoble bordelais que le Clos Marcamps propose le gîte dans une chartreuse du XIXe siècle. Si l'extérieur regorge de charme – un parc arboré d'arbres centenaires, un bassin de nage de 14 mètres chauffé en saison… –, l'intérieur n'est pas en reste avec deux chambres doubles (dont une avec spa privatif extérieur) et trois suites luxueuses. Si vous avez une envie gourmande, faites venir par le room service, une planche apéritive de produits frais et locaux. Des soins sont également proposés dans ce lieu d'exception !

DOMAINE DES DEUX CÈDRES €€€

26, route des Astéries - **GAURIAC** ✆ 05 57 64 88 65
www.domainedesdeuxcedres.com
Suite à partir de 199 €. Petit déjeuner inclus. Réception. Table d'hôtes sur réservation : menu de 28 € à 38 €)

Niché au milieu des vignobles de Gauriac, le Domaine des Deux Cèdres est un lieu plein de charme. Du côté des extérieurs, la jolie terrasse vous attend pour de longues soirées d'été ou les petits déjeuners gourmands. La grande piscine sécurisée est appréciée et le spa installé à l'extérieur vous offrira un moment de détente ! Quant à la table d'hôtes, elle est à l'image de Sophie et Eric : généreuse ! Les amateurs d'œnotourisme seront ravis de se faire ouvrir les portes des propriétés viticoles voisines pour des visites et des dégustations.

LES 4 BAIGNEURS €

7, cours du Port
✆ 05 57 32 30 54
www.les4baigneurs.fr
Ouvert du mardi au samedi de 12h à 13h30 et de 19h à 21h30. Menus de 21 € à 26 €. Plat du jour : 11 €.

Dans le village médiéval de Bourg vous attend le restaurant des 4 Baigneurs. Derrière ce curieux nom se cachent deux chefs qui ont à cœur de proposer des recettes gourmandes à travers une carte de saison authentique. Tout est élaboré à base de produits frais régionaux : croustillant de boudin et sa vinaigrette à la pomme, tartare de veau bio au raisin des vignes d'à côté... Autant de recettes savoureuses à déguster avec un verre de vin... La carte propose une belle sélection de productions vinicoles locales. Le tout à savourer face au petit port de Bourg.

CHEZ CARLES €€

1, avenue Charles de Gaulle - **SAINT-GERMAIN-DE-LA-RIVIÈRE**
✆ 05 57 84 44 50
Maître Restaurateur. Ouvert du mardi au samedi le midi et le soir ; le dimanche midi. Menus de 25 € à 40 €. Traiteur.

Plus qu'un restaurant, une institution ! Ici, on peut déguster des produits de la chasse et c'est assez rare pour être souligné ! Sauté de sanglier, faisan en cocotte et palombe ont la part belle. Côté rôtisserie et grillades, le restaurant est dominé par une immense cheminée dans laquelle cuisent de délicieux poissons et viandes saisis aux ceps de vigne ou aux sarments. Les plats sont agrémentés de très bonnes préparations de légumes de saison. Terrasse, jardin, air de jeux... Le cadre est charmant en bordure d'eau, au milieu des collines vallonnées de vignes.

LE PLAISANCE €€

4, place Eugène Marchal
✆ 05 57 68 45 34
www.restaurant-le-plaisance.com
Ouvert toute l'année, tous les jours de 9h à 2h. Service restauration de 11h à 15h et 19h à 23h.

A la fin 2019, un nouveau chef a pris possession de la cuisine du Plaisance. Dans le même temps, le restaurant s'est fait une beauté : nouvelle déco, nouveau départ ! Tous les jours, le chef propose 5 entrées, 5 plats et 5 desserts de saison. A la carte, cassolette de moules, magret de canard et sauce au miel ou encore burger maison (pain bagnat, haché frais et sauce comté). Le soir, le restaurant se transforme en bar à vins avec de belles animations. L'équipe organise des soirées à thème tous les jeudis, et des soirées piano-bar les vendredis et samedis.

ALLIANCE BOURG

42, rue de la Cave
PUGNAC
✆ 05 57 68 81 01
www.alliancebourg.com
Ouvert tous les jours de 9h à 12h30 et de 14h à 18h30.

Alliance Bourg (l'union des caves de Pugnac, Bourg Tauriac et Lansac) est l'aboutissement de la volonté de 81 artisans-vignerons travaillant sur plus de 605 hectares et réunis autour de 3 Appellations d'Origine Contrôlée (AOC), AOC Côtes de Bourg, AOC Blaye Côtes de Bordeaux et AOC Bordeaux. Derrière chaque bouteille est identifié un terroir. Deux des vins de la coopérative ont été récompensés en 2017 lors du Concours Général Agricole de Paris. Deux magasins ont ouvert et proposent une large gamme de vins généreux et authentiques.

CHÂTEAU MERCIER

SAINT-TROJAN
✆ 05 57 42 66 99
www.chateau-mercier.fr
Ouvert du lundi au vendredi de 8h30 à 12h et de 13h30 à 17h30. Visites des chais et dégustation sur rendez-vous.

Le château Mercier est un domaine viticole traditionnel et familial situé sur la rive droite de la Gironde, au nord-ouest de l'appellation côtes-de-bourg. Aujourd'hui tenu par la fratrie Philippe, Martine et Christophe Chéty, il est entre les mains de la famille depuis 1698, soit treize générations. Les 23 hectares de vignes y sont travaillés dans la tradition. Rouge, blanc et Clairet sont issus des vignes poussant sur un sol argilo-graveleux. Le Château Mercier propose également des chambres d'hôte et un gîte pour des séjours « œnotourisme ».

SAINT-ANDRÉ-DE-CUBZAC

La ville de Saint-André-de-Cubzac se distingue par sa sublime église romane, plus ancien édifice de la commune, construite par les bénédictins de la Grande-Sauve au XIIe siècle. Dans la commune, au hasard de la promenade, vous tomberez devant la maison natale du commandant Cousteau ou encore devant l'ancien cloître des Cordeliers construit en 1626 sur les ordres de François de Sourdis, archevêque de Bordeaux, qui abrite aujourd'hui la bibliothèque dans un cadre architectural exceptionnel. L'ancien port de pêche de Plagne a fait place à un petit port de Plaisance où l'on peut encore croiser des pêcheurs cubzenais d'aloses et de lamproies.

LE CHÂTEAU DES QUATRE FILS AYMON

CUBZAC-LES-PONTS

✆ 05 57 43 64 80

Les ruines du château des Quatre Fils Aymon sont inscrites à l'inventaire des Monuments historiques. Assiégé par Charlemagne, le château surplombant la Dordogne est reconstruit par le comte de Leicester pour le Roi d'Angleterre lors de la guerre de Cent Ans. En 1453, pendant la bataille de Castillon, le château est démantelé. Aujourd'hui en ruine, il ne reste que la porte d'entrée. Amateurs de vieilles pierres et de légendes médiévales, ces ruines valent le coup d'œil !

DOMAINE DE LA VERNERIE

725, chemin du Plantier

✆ 06 10 81 86 41

www.lavernerie.com

Ouvert au public sur rendez-vous les week-end de mai à fin juin. Visite guidée.

Avec ses châteaux, ses ports, ses églises et son platane Robillard tricentenaire, la commune de Saint-André-de-Cubzac possède de nombreux atouts. C'est ici que le domaine de la Vernerie déploie son jardin à l'anglaise, arboré d'une grande variété d'essences européennes et américaines, très bien mises en valeur. Près d'un bois de feuillus et de pins, deux bassins sont le théâtre de scènes changeant au fil des saisons. Ce parc a reçu « une feuille » dans la catégorie « Beaux jardins », distinction décernée par la Société d'horticulture de la Gironde. À découvrir !

LES MOULINS DE MONTALON ET LE 45EME PARALLÈLE

Rue des Moulins

✆ 05 57 43 64 80

Le moulin est ouvert toute l'année, sur rendez-vous pour les groupes.

Les Moulins de Montalon s'élèvent sur le coteau du même nom, point culminant de la région à 73 mètres, au milieu des vignes. Ces moulins, loin d'être isolés dans la région, sont dotés d'une particularité : une stèle à proximité signale le passage du 45e degré latitude Nord (à distance égale du pôle Nord et de l'Équateur). Le panorama qui s'étend depuis ce point de vue est superbe et permet de voir du tertre de Fronsac aux Côtes de Blaye, en passant même par Bordeaux.

LE PONT GUSTAVE EIFFEL

CUBZAC-LES-PONTS

© NICOLAS ROCHETTE - FOTOLIA

En 2018 a été inauguré le pont Gustave Eiffel. Il aura fallu 20 mois de travaux et près de 25 millions d'euros pour renforcer les deux viaducs qui relient les rives de la Dordogne à celles de la Garonne. Il est désormais possible de relier Cubzac-les-Ponts (et non pas Saint-André-de-Cubzac !) à la ville de Saint-Vincent-de-Paul. Et si vous vous demandez l'origine du nom, sachez que le pont, construit en 1839, fut emporté par une tempête en 1869. L'ingénieur Gustave Eiffel est alors appelé pour le reconstruire donnant ainsi son nom à l'édifice !

OFFICE DE TOURISME DU CUBZAGUAIS

9, allée du Champ-de-Foire
✆ 05 57 43 64 80
www.bourg-cubzaguais-tourisme.fr
Ouvert le lundi de 14h à 18h ; du mardi au vendredi de 9h30 à 12h30 et de 14h à 18h ; le samedi de 9h30 à 12h30.

Le Cubzaguais est une région qui présente des paysages intéressants, notamment avec son vignoble mondialement réputé, situé sur la rive droite de la Dordogne, à environ 25 minutes de Bordeaux. L'office de tourisme du Cubzaguais vous guidera à travers les différentes facettes de ce territoire afin de vous permettre de toutes les découvrir. Partez à la découverte des traditions de ce lieu, et découvrez les 10 communes qui la composent. Laissez-vous guider !

CHÂTEAU BERTINERIE

CUBNEZAIS
✆ 05 57 68 70 74
www.chateaubertinerie.com

Le château Bertinerie fait partie d'une exploitation viticole familiale dirigée par Daniel Bantegnie et ses deux fils. Elle est composée de trois vignobles, trois terroirs et donc de trois châteaux : Château Bertinerie, Château haut Bertinerie, Château Manon le Lagune qui s'étendent sur environ 60 ha. La Bertinerie produit des vins d'appellation Blaye-côtes-de-bordeaux, en rouge, clairet, blanc sec et rosé. Depuis plusieurs années, ce professionnel de la vigne pratique une agriculture raisonnée, avec une volonté de culture bio, et les vendanges sont manuelles.

CHÂTEAU DES ARRAS

1, Les Arrats
SAINT-GERVAIS
✆ 05 57 43 00 35
www.chateaudesarras.fr
Chambres d'hôte de 65 € à 80 € avec petit-déjeuner.

Derrière le Château des Arras se cachent deux sœurs à la tête de cette propriété familiale datant de 1560 : Marie-Caroline et Anne-Cécile Rozier. Les vignes, quant à elles, ont été plantées dans les années 50 par leur grand-père. Ici, au cœur d'un vignoble de 27 hectares, elles ont créé leurs vins, qui couvrent toutes les couleurs du Bordeaux. Citons notamment le Rosé des Arras, un vin fruité 100 % Merlot. La famille fait également chambres d'hôtes, et propose des visites du domaine et des vignobles dans le cadre de l'œnotourisme.

CHÂTEAU SAINCRIT

555, chemin du Peuy
✆ 06 07 16 47 53
www.chateau-saincrit.com
Visite et dégustation sur rendez-vous.

Le château Saincrit offre une jolie vue sur les plaines et le fleuve. Passionnée par son terroir et ses vignes, Florence Prud'homme cultive ici sa passion depuis 2003. Elle produit plusieurs vins qui se caractérisent par leur fraîcheur et leur côté acidulé. Une dégustation ? La propriétaire propose des séances de deux heures à réserver sur son site internet. La dégustation « L'intégrale de la Licorne » sera l'occasion de découvrir l'ensemble de la gamme du château, soit 2 blancs, 1 rosé et 5 rouges, ainsi que de faire la visite du château et des installations.

MARCHÉ

Place du Champ de Foire
Ouvert le jeudi de 7h à 13h ; le samedi de 7h à 13h.

Deux fois par semaine, la commune de Saint-André-de-Cubzac accueille un agréable marché traditionnel sur la place du Champ de Foire, au cœur de la cité. Dans ce lieu idéal pour un moment de partage et de convivialité, les meilleurs produits du terroir sont disponibles. Chaque samedi et jeudi matin, c'est l'occasion de rencontrer commerçants et producteurs qui vous feront apprécier des produits authentiques et des plats cuisinés sur place. Le marché du week-end est le plus grand tandis que celui du jeudi fait la part belle aux produits alimentaires.

THE ROOM

✆ 05 57 43 72 10
www.the-room.fr
Ouvert du mardi au dimanche de 10h à 23h30. À partir de 20 €/ joueur.

The Room est un concept original et créatif mêlant science-fiction et high-tech. Dans ce jeu d'évasion grandeur nature, deux missions vous sont proposées. La première vous entraîne dans un monde apocalyptique dans lequel un virus a transformé la population en zombies... Enfermé pendant une heure à résoudre des énigmes, la pression monte crescendo. La mission Space Pirates se déroule quant à elle dans un vaisseau de surveillance satellitaire. Pour les cachots de la Citadelle, rendez-vous à Blaye où, paraît-il, des phénomènes paranormaux s'y produisent...

LIBOURNAIS

Surfer le fleuve à 100 km de l'océan, se balader à vélo sur l'eau ou sur les rails, remonter le temps à bord d'un train touristique, embarquer pour une croisière, pique-niquer dans un château, faire une chasse aux trésors connectée, sillonner la vallée de l'Isle à vélo électrique, tester le plus grand téléski nautique du monde, s'envoler au-dessus des vignes, déguster des vins d'exception... Autour de la ville de Libourne et le long de la rive droite de la Dordogne et de son affluent l'Isle, le Libournais est un territoire aussi étonnant que détonnant. Parmi ses trésors, l'UNESCO reconnaît le bassin de la Dordogne, de sa source du Sancy dans le Puy-de-Dôme à son embouchure en Gironde, comme réserve mondiale biosphère depuis 2012. Et Saint-Emilion, le premier vignoble inscrit au Patrimoine mondial de l'Humanité. La Juridiction de Saint-Émilion foisonne de monuments religieux, de moulins et de pigeonniers.

PAGES

LIBOURNAIS

265 LIBOURNAIS
265 CASTILLON-LA-BATAILLE ★
268 COUTRAS
270 FRONSAC ★
274 GUÎTRES ★
275 LIBOURNE ★★
286 POMEROL ★
288 SAINT-EMILION ★★★
303 SAINTE-FOY-LA-GRANDE

CASTILLON-LA-BATAILLE ★

Pendant longtemps, le village permettait de voir l'unique point de passage pour traverser la Dordogne : le gué du Pas de Rauzan. La bataille du 17 juillet 1453 qui a fait rage aux pieds de la cité marqua la fin de la guerre de Cent Ans entre les Français et les Anglais. Malgré les siècles qui se sont écoulés, cette bataille reste dans les mémoires grâce à la très célèbre reconstitution historique costumée, près du château de Castegens. Castillon-la-Bataille possède également un patrimoine exceptionnel : église et mairie du XVIIIe, porte du Midi, chapelle Sainte-Marguerite du XIIe siècle... La Dordogne ajoute à la commune un charme fou.

ÉGLISE SAINT-ALEXIS

SAINTE-TERRE

De la terre de Palestine fut répandue au point le plus haut de la commune, l'église Sancta-Terra y fut bâtie au retour de la première croisade. Au fil des ans, elle prit les noms de Notre-Dame-de-Sainte-Terre, Sainte-Marie-de-Sainte-Terre puis Saint-Alexis au XVIIe siècle. De style roman à la base, le monument inscrit à l'inventaire supplémentaire des Monuments historiques, subit de nombreux remaniements au fil des siècles comme son porche au XVe siècle, refait dans un style gothique. A l'intérieur, des peintures de Tomaso Tessa peuvent être admirées.

LES DÉJEUNERS CRÉATEURS D'ACCORDS

✆ 05 57 40 00 88

www.castillon-cotesdebordeaux.com

Toute l'année, le 3ème dimanche de chaque mois sur réservation. A partir de 33 €/pers. De 4 à 20 personnes dès 12 ans.

Tous les mois (hors période Covid), dans un château de l'appellation Castillon Côtes de Bordeaux, découvrez d'excellents accords mets et vins raffinés et originaux. De l'entrée au dessert, vous serez guidé par le chef Jean-Christophe Loste qui propose un thème différent lors de chaque repas. Tentez l'expérience et explorez l'appellation autrement avec une visite personnalisée et un repas en compagnie du vigneron. Renseignements auprès de la Maison du Vin de Castillon.

LE JARDIN DE LA LAMPROIE

20, rue Charles de Gaulle - **SAINTE-TERRE**

✆ 05 57 55 28 28

Jardin en accès libre ouvert toute l'année. Visite guidée gratuite de mai à septembre. Animations. Écomusée.

Lors d'une visite guidée gratuite, un guide vous entraînera métaphoriquement au bord de la Dordogne. En visite libre, les panneaux explicatifs vous aideront à apprécier la végétation de ce jardin atypique élaboré autour des thèmes de la rivière et cette mystérieuse lamproie. La salle d'exposition propose un film documentaire et des films d'animation sur ce curieux animal. D'avril à septembre, le Bureau d'Informations Touristiques avec sa boutique de produits de la région, ouvre ses portes au cœur du jardin. Pensez à vous renseigner sur le programme des animations.

LIBOURNAIS

Vue sur Castillon-la-Bataille.

LA MAISON DU BOULANGER

1, place de l'Hôtel de Ville - **GENSAC**
✆ 05 57 47 42 37
www.tourisme-castillonpujols.fr
Visite commentée en juillet et août le mardi à 15h ; le reste de l'année sur rdv. Adulte : 3 €. Groupe : 2,50 €.

Un petit voyage dans le temps entre 1850 et 1950, ça vous tente ? Cette expérience, vous pourrez la vivre au cœur de Gensac, sur la place de l'Hôtel de Ville où trône fièrement un ancien fournil restauré. En poussant la porte de la boulangerie, vous découvrirez la chambre à coucher, l'échoppe du boulanger ainsi que le fournil du XIXe siècle avec son four à bois. A travers des reconstitutions saisissantes, des objets et les personnages en costumes d'époque vous apprendrez de la vie d'autrefois. Petits et grands voyageront comme par magie.

RENDEZ-VOUS AU CHÂTEAU

SAINT-MAGNE-DE-CASTILLON ✆ 06 28 35 00 95
www.rendezvousauchateau.com
Tarifs à la journée : 440 € pour 2/3 personnes ; 490 € pour 4/5 personnes ; 540 € pour 6/7 personnes : 540 €.

Avec plus de 20 ans d'activité dans le monde du vin, Frédéric Borliachon vous emmène à la rencontre des hommes du vin pour vivre en leur compagnie un moment inoubliable. De Saint-Emilion à Margaux en passant par le Bassin d'Arcachon, *Rendez-vous au Château* vous propose 8 circuits de visite à la journée. Histoire, gastronomie, rencontres, secrets de fabrication... La journée s'annonce très riche. A choisir parmi : Arcachon & Margaux, Saint-Emilion, Médoc 1855, Graves Sauternes, Vignobles de coteaux, Bio, Chais de Bordeaux ou Assemblage & déjeuner au château.

LE MELCHIOR €

5, route du Grand Jeannot - **SAINTE-TERRE**
✆ 05 57 40 53 39
www.le-melchior.fr
Ouvert toute l'année. 8 chambres de 56 € à 100 €. Petit déjeuner : 10 €. Parking inclus. Restauration. Boutique.

A 8 km du village de Saint-Emilion, l'hôtel-restaurant Le Melchior a l'allure d'une jolie demeure girondine. Au cœur d'un grand parc arboré, l'établissement vous propose 8 chambres confortables et climatisées qui permettent d'accueillir de 1 à 4 personnes. Située au rez-de-chaussée, la chambre PMR peut, elle aussi, recevoir jusqu'à 4 personnes. Chaque chambre profite d'une vue agréable sur le parc ou la piscine (chauffée). Côté restaurant, tout est maison (sauf le pain). Ne repartez pas d'ici sans avoir acheté une conserve gourmande à l'épicerie.

COUP 2 FOUDRES €€

Château de Bonhoste - **SAINT-JEAN-DE-BLAIGNAC**
✆ 05 57 84 12 18
www.coup2foudres.com
Une nuit pour 2 pers. + petit déjeuner + visite guidée et dégustation du Château de Bonhoste : 145 €.

Après les bulles, les cabanes sur l'eau ou dans les arbres, dormez dans un véritable tonneau à vin. Au milieu des vignes bien sûr, sur la propriété du château Bonhoste, vous pourrez séjourner dans un des deux foudres conçus par Seguin Moreau ; un expert en tonnellerie. Les foudres qui servent habituellement à l'élevage et à la vinification des vins ont été aménagés en parfait cocon. Dans un décor moderne, chaque foudre offre une belle chambre, mais aussi une salle de bains avec douche à l'italienne, une kitchenette et un coin salon. Très atypique !

LES GÎTES DES VIGNOBLES MOUTY €€

19, route de Merlande - **SAINTE-TERRE**
✆ 06 11 74 51 05
Gîte 12 pers. à partir de 200 €/nuit ; gîte (8 pers.) à partir de 100 €/nuit ; gîte (2 pers.) à partir de 50 €/nuit.

Les gîtes des vignobles Mouty s'adressent à tous les voyageurs souhaitant s'offrir un coin de nature au cœur du terroir. Avec sa belle et haute façade en pierre, La Villa en impose par son style. Avec ses 4 grandes chambres, elle peut accueillir jusqu'à 12 voyageurs. C'est notre coup de cœur. Les deux autres maisons (avec piscine privée également) et le grand duplex accueillent respectivement 8, voire 10 et 2 voyageurs. Et toujours avec des extérieurs très agréables et ensoleillés.

MAISON LE SÈPE €€

1, Le Sèpe - **SAINTE-RADEGONDE**
✆ 06 86 90 88 18
www.maisonlesepe.com

Chambre double de 130 € à 165 € ; chambre triple de 140 € à 155 €. Labellisée «Vigne et découverte».

Labellisé «Vigne et découverte», «Maison noble» classée, avec ses 5 oculus et ses fenêtres en ogives, le château Le Sèpe est comme un trait d'union entre le monde ancestral de la vigne et la vie des viticulteurs modernes. Avec son magnifique escalier du XVIIIe siècle et sa piscine, le lieu est accueillant mais c'est aussi Dominique qui le fait vivre. Il vous reçoit dans ses chambres aménagées dans l'ancienne maison du régisseur attenante au château, où le mobilier contemporain côtoie les meubles de famille et donne du relief à la pierre ou au bricou.

L'EFFERVÉSANSE €€

1, Lieu-dit Sanse - **SAINTE-RADEGONDE**
✆ 05 57 56 41 10
www.chateaudesanse.com

Ouvert à partir du printemps. Réservation recommandée. Menus de 32 € à 44 €. Formules du midi de 14,50 € à 19 €.

Ancien château du XVIIIe, le Château de Sanse est aujourd'hui un très beau joyau de pierres blondes au milieu d'un écrin de verdure et de vignes. C'est à la fois un hôtel*** de charme et un restaurant réputé pour sa cuisine maison qui allie tradition, modernité et gourmandise. En terrasse ou sous la véranda, laissez-vous convaincre par le menu Gourmet ou EffervéSanse. Vous retrouverez chacun des plats du chef Eric Berthelot à la carte. Du côté des vins, on relève quelques références du Château. Carte brasserie le midi en semaine et formule déjeuner intéressante.

LA TABLE DU PÊCHEUR €€

40, rue de la République - **SAINT-MÉDARD-DE-GUIZIÈRES** ✆ 06 86 36 76 40
https://latabledupecheur.eatbu.com

Ouvert du mercredi au samedi le midi et le soir ; le dimanche midi. Carte : 38 € environ. Menu midi : 17 €. A emporter.

Le nom, la décoration... Tout indique que vous êtes dans un restaurant de spécialité de poissons et fruits de mer. Et quelle surprise de trouver une table si élégante ici ! L'ambiance raffinée rappelle l'univers marin juste comme il le faut. Le temps d'un instant, on pourrait se croire dans un restaurant chic du bord de mer. Qui plus est, l'accueil et le service sont impeccables. A la carte des suggestions du mois, les poissons sont rois des entrées aux plats. Avec autant de générosité, les desserts, des classiques vraiment revisités, sont eux aussi à la hauteur.

LE GLASS HOUSE

Château Carbonneau - **PESSAC-SUR-DORDOGNE**
✆ 06 83 30 14 35
www.chateau-carbonneau.com

Ouvert de 12h à 21h. En avril, mai et octobre du jeudi au lundi ; de juin à septembre tous les jours sauf le mercredi.

Quelques mois auront suffi après l'ouverture du Glass House pour que le château Carbonneau soit récompensé par un Best of Wine Tourism 2019 dans la catégorie « Restauration à la propriété ». À la fois salon de thé et vin, Le Glass House est l'adresse parfaite pour l'afternoon tea. Au menu : une large sélection de boissons (thés du monde, cafés, smoothies, jus de fruits, etc.), des scones et de délicieux gâteaux. Toutes les pâtisseries sont maison. Plutôt branché salé ? Dans ce cas, il y a les planches apéritives à accompagner d'un verre de vin de la propriété.

CHÂTEAU LESCANEAUT

13, route de Mansy
SAINT-MAGNE-DE-CASTILLON
✆ 06 10 22 11 11
www.chateau-lescaneaut.com

Visites et dégustations sur rendez-vous. Boutique en ligne.

Lescaneaut, c'est d'abord le nom de la maison familiale du XVIIIe siècle qui surplombe joliment la Dordogne. C'est aussi et surtout, le vignoble, la terre et le nom des vins qui y naissent. Sixième génération de vignerons à reprendre le flambeau du domaine de 8,8 hectares, Malika et Pascal se convertissent à la culture biologique à partir de 2008. Les millésimes sont certifiés bio (écocert) en 2012. Depuis 2017, Lescaneaut a reçu la certification de « Haute Valeur Environnementale ». Les vins de Lescaneaut sont des vins de garde, gourmands, typiques du terroir.

LA MAISON DU VIN

6, allée de la République ✆ 05 57 40 00 88
www.castillon-cotesdebordeaux.com

Ouvert du lundi au vendredi de 9h à 12h30 et de 14h à 18h ; le samedi de 10h à 12h30 et de 14h à 18h. Boutique.

Les coteaux de Castillon-Côtes de Bordeaux sont dans le prolongement de ceux de Saint-Emilion. Créée en 1989, l'appellation regroupe près de 230 familles de vignerons dont 25 % en agriculture biologique. Castillon-Côtes de Bordeaux a été la 1ère appellation bordelaise à mettre en place une station de traitement des effluents vinicoles. Visites, balades dans les vignes, chambres d'hôtes... L'équipe de la Maison du Vin est à votre disposition pour vous faire découvrir quelque 60 références à prix château, et vous présenter ses nombreuses activités œnotouristiques.

MARCHÉ DE CASTILLON-LA-BATAILLE

Le lundi matin de 7h30 à 12h30.

Dès l'aube, les commerçants investissent les rues et les places de la ville. Parmi les 80 exposants, jusqu'à 100 en été, de nombreux producteurs sont au rendez-vous. Très animé, le marché de Castillon-la-Bataille fait la part belle aux produits de bouche de qualité : des légumes de saison bien sûr, de la viande et de la charcuterie, du poisson, des fromages… Au rendez-vous également, un traiteur qui propose, selon l'humeur, de quoi vous régaler avec des spécialités de la région.

VIGNOBLES DANIEL MOUTY

Merlande Est - **SAINTE-TERRE** ✆ 05 57 84 55 88
www.vignobles-mouty.com

Ouvert du lundi au samedi (8h30-12h30 et 14h-18h). Visite et dégustation de préférence sur rdv. Livraison possible.

En 1973, Daniel Mouty avec son épouse Françoise apportent un nouveau souffle ! La gamme des vins de Saint-Emilion Grand Cru s'agrandit avec le Château Rambaud et l'Extrait de Rambaud en appellation Bordeaux, puis avec le Château Grand Beauséjour et la cuvée Saint-André ; des vins confidentiels (appellation Pomerol). Leurs enfants, Sabine et Bertrand, décident de convertir l'ensemble du vignoble en bio. On leur doit l'ouverture de plusieurs gîtes au cœur des vignes, et la cuvée « Nouvelle Terre » en blanc 100 % Chardonnay, et bien d'autres innovations encore.

CANOË CASTILLONNAIS

Promenade de Dubourdieu
✆ 07 84 20 50 52

Ouvert en saison. Adulte de 13 € à 17 € selon le parcours (-50% pour les -10 ans). Chèque Vacances.

Une balade en canoë sur la Dordogne, ça vous tente ? Dans ce cas, n'hésitez pas à prendre rendez-vous avec Canoë Castillonnais par téléphone ou sur Facebook. Canoë Castillonnais vous propose deux parcours de 6 à 12 km au départ de Lamothe-Montravel et Pessac-sur-Dordogne. Comptez environ 1h30 pour le premier parcours et 3h pour le second parcours. Rendez-vous au camping Les Batailleurs. Les départs se font aussi bien le matin que l'après-midi. Voilà une activité bien agréable à faire à deux, en famille ou entre amis pour découvrir le territoire autrement.

COUTRAS

Coutras n'est pas dépourvue d'histoire. Un camp fortifié romain était installé sur le point culminant de la Motte-de-Mont. La ville garde également le souvenir d'une importante bataille de l'Histoire de France, le 20 octobre 1587, dans le contexte des guerres de Religion. Au confluent de l'Isle et de la Dronne, la ville profite d'un riche patrimoine historique et naturel ainsi que de nombreux sites qui méritent le détour : le puits Henri IV datant de 1551 ou encore l'église qui abrite des sarcophages mérovingiens. Sans oublier le site panoramique des Jourdennes pour admirer la vue sur la vallée, l'hôtel de ville et la passe à poissons près du barrage.

BASE DE LOISIRS DE LA CHARBONNIÈRE

Rue Henry de Monfred
SAINT-SEURIN-SUR-L'ISLE

Halte nautique. Aire de pique-nique.

Il n'y a pas que l'océan ou le bassin d'Arcachon en Gironde ! Véritable lieu de détente avec 3 hectares d'eau, de sable blanc et de pelouses ombragées, la base de loisirs est un lieu de promenade et de loisirs. Les activités sont multiples : pêche, balade, navigation (canoë, paddle, etc.), baignade (surveillée en juillet et août)... Avec ses nombreux sentiers et ses aires de pique-nique, c'est l'endroit idéal pour une belle journée en famille ou entre amis.

LA FORÊT DE LA DOUBLE

Gigantesque massif forestier qui s'enfonce dans le Périgord, la forêt de la Double est parsemée de nombreux étangs construits de main d'homme, il y a fort longtemps. Le brouillard aime à s'y maintenir longtemps rendant l'atmosphère lourde et mystérieuse. Ses étangs lui permettent de disposer d'une richesse importante de flore et de faune. La forêt est délimitée par la rivière Isle au sud et par la Dronne au nord. Au programme : promenades à pied, à vélo ou encore à cheval sur les nombreux chemins balisés et baignade au Grand Etang de la Jemaye.

EGLISE SAINT-JEAN-BAPTISTE

Rue Saint Jean

Ouvert toute l'année. Visite guidée (en juillet et août).

Eglise d'origine très ancienne du XIIIe siècle, Saint-Jean-Baptiste de Coutras est le témoin privilégié de tous les grands événements historiques qui ont marqué la ville depuis les temps mérovingiens (VIe siècle) jusqu'aux guerres de Religion, notamment la célèbre bataille de Coutras qui a eu lieu le 20 octobre 1587, opposant l'armée protestante d'Henri de Navarre, futur Henri IV, à l'armée catholique du duc de Joyeuse. Les entrailles du duc de Joyeuse, mort sur le champ de bataille, y seraient enterrées. Largement remanié au XIXe siècle, l'édifice est remarquable pour de nombreux aspects. D'abord, parce qu'il a conservé sa coupole du XIIIe siècle, des tableaux, une belle chaire de style Louis XVI provenant de l'église Saint-Jean de Libourne et un grand Christ en bois ayant appartenu à l'abbaye de Faise. L'ensemble de ce mobilier, le chemin de croix qui date de 1920, ainsi que l'église en elle-même sont inscrits aux Monuments historiques depuis 2011. Découverts en 1981 le long de l'église, des sarcophages mérovingiens ont permis d'affirmer qu'à cette époque, Coutras était un bourg riche et relativement important. Une vingtaine de sépultures ont été mises à jour. Les sarcophages, datés entre le Ve et le VIIe siècle, sont toujours visibles à l'intérieur de l'église Saint-Jean-Baptiste. Les bijoux précieux qu'ils ont révélés sont conservés au musée d'Aquitaine à Bordeaux. Bon à savoir : un plan de visite est disponible au bureau d'information de Coutras.

PARCOURS BOTANIQUE DU CHÂTEAU VILATTE

5, Lieu-dit Vilatte - **PUYNORMAND**

✆ 05 57 49 77 60

www.chateauvilatte.com

Ouvert toute l'année. Parcours libre au départ du Château Vilatte.

Le château Vilatte est le point de départ d'une promenade botanique et didactique au cœur des vignes, des prés et des forêts. Le chemin fléché offre à chacun le moyen de découvrir la végétation de la campagne Puynormande, mais aussi son environnement et sa diversité paysagère. Une trentaine de variétés végétales sont présentées et expliquées tout au long du parcours. Le Château abrite également un musée où vous pourrez voir des outils et des véhicules liés à la culture de la vigne.

PUITS HENRI IV

2, place du Château

Emblème de la ville, le puits Henri IV est directement associé au souvenir de la bataille de Coutras de 1587. Ce puits est aujourd'hui, le seul vestige du château détruit en 1731. Construit pendant la Renaissance, librement inspiré de l'architecture antique, cet édifice est l'un des ornements du parc réalisés pour le maréchal de Saint-André pour agrémenter le château. Le puits est une sorte de petit temple orné de colonnes doriques qui soutiennent un entablement dont la frise porte des roses et un glaive tranchant. Un dôme à écailles de pierre surmonte le tout.

LE MOULIN DE PORCHÈRES

Le Barrage - **PORCHÈRES**

✆ 05 57 40 86 60

https://moulindeporcheres.jimdo.com/

Ouvert de fin mars à début novembre, du mardi au dimanche de 10h à 19h ; toute l'année sur rdv pour les groupes.

Bâtiment d'exception en Nouvelle-Aquitaine inscrit Monument historique, le moulin de Porchères a été transformé en minoterie à cylindres dans les années 30. Plutôt rares, les machines demeurent intactes. Au fil de la visite, on vous présentera les savoirs, les traditions et les machines de meunerie pour la transformation du blé en farine. Possibilité de faire un atelier de fabrication du pain. Au cœur de la Réserve Mondiale de Biosphère (UNESCO) du bassin de la Dordogne, le Moulin est un excellent point de départ pour une promenade en bord de rivière.

LE VILLAGE DU LIVRE

Laubardemont - **SABLONS**

✆ 05 57 41 14 11

www.levillagedulivre.com

Ouvert du mardi au samedi (10h à 18h). Gratuit jusqu'à 15 ans. Adulte : 8 €. Visite guidée pour les groupes. Animations.

Plus qu'une librairie ou un cabinet de curiosités : une odyssée culturelle ! Dans un ensemble architectural chargé de 5 siècles d'histoire, une équipe de passionnés vous délivre les clés de 6 univers thématiques ; fil d'Ariane de ce labyrinthe d'inépuisables ouvrages et objets hétéroclites. Sans oublier l'exposition permanente ! Partez à la rencontre de ces hommes et de ces femmes artisans de notre Histoire et redevenez l'enfant émerveillé chargé de trésors, sources d'inspiration et de créativité. Un voyage à travers le temps, l'art, l'histoire et la culture.d

ZONE NATURELLE DE L'AUBARÈDE

SAINT-SEURIN-SUR-L'ISLE

Une nature foisonnante, bordée par l'Isle ! Espace préservé de toute urbanisation, la zone naturelle de l'Aubarède s'étend sur environ 47 hectares. Le site présente de nombreuses espèces animales et végétales que les promeneurs, s'ils sont un peu patients, se feront un plaisir de découvrir. La rivière, reliée à un plan d'eau, est notamment le terrain de jeu de quelques ragondins. Des sentiers de randonnée ceinturent cette belle zone naturelle et offre jusqu'à 1h30 de promenade.

FRONSAC ★

La ville de Fronsac a été occupée par plusieurs personnages hauts en couleur. Charlemagne édifia sur le tertre, en 769, une forteresse pour lutter contre les ducs d'Aquitaine (détruite par Louis XIII en 1623). Quelques années plus tard, en 1634, le duché devint propriété de la famille Richelieu. Le duc de Richelieu et de Fronsac fit construire à ce même emplacement une magnifique demeure à l'architecture italienne. On raconte que les nombreuses fêtes galantes auraient servi à faire connaître les vins de Fronsac jusqu'à la cour de Versailles. Il paraît même que c'est ici qu'apparut pour la première fois en Libournais, la notion de « cru ».

CHÂTEAU VILATTE €€

5, Lieu-dit Vilatte - **PUYNORMAND**
✆ 05 57 49 77 60
www.chateauvilatte.com

Ouvert toute l'année. Petit gîte 75 m² (4 pers.) et grand gîte 115 m² (4 pers.) de 420 € à 500 €/semaine.

Dans l'enceinte de la propriété viticole, Stefaan et Hilde Massart vous accueillent chaleureusement dans l'un de leurs deux gîtes. Lumineux, avec une vue imprenable sur les vignes et la campagne du pays de Coutras, ces gîtes ruraux sont aménagés dans une belle bâtisse datant du XVIIIe siècle. Proche l'un de l'autre, il est possible de louer un gîte seul ou de coupler les deux si vous êtes nombreux. Les gîtes sont loués à la semaine (ménage de fin de séjour possible). On se fait dire qu'une excellente boulangerie-épicerie se trouve seulement à 10 min à pied.

DOMAINE DE LA CHATAIGNIÈRE

1, les Grandes Terres - **PÉRISSAC**
✆ 06 85 52 26 88
www.domaine-chataigniere.fr

Visite du moulin et du musée uniquement sur rendez-vous. Adulte : 5 € ; enfant (de 6 à 12 ans) : 2 €.

Dominant le vignoble de Périssac, le Moulin à Vent des Grandes Vignes a la particularité d'avoir été construit en 1984 par la famille Français, dans le respect des données anciennes (toiture pivotante, ailes munies de toiles de lin, engrenages). A défaut d'être historique, c'est encore l'un des rares à être capable de moudre du blé. Non loin de là, le Musée de la Vigne et du Vin présente le matériel des vendanges et de la vinification autrefois utilisé par nos ancêtres.h

HÔTEL HENRI-IV €€

Place du 8 Mai
✆ 05 57 49 34 34
www.hotelcoutras.com

Chambre simple à partir de 66 € ; double à partir de 73 € ; triple à partir de 93 € ; Petit déjeuner : 10,50 €.

A l'angle de la rue d'Orléans, l'Hôtel Henri IV a pris ses quartiers dans une belle maison traditionnelle du début du XIXe siècle. En pierre de taille, la bâtisse est entourée de deux jardins. Certaines chambres sont conçues pour recevoir une personne, d'autres 3 ou 4 invités. Accueillant avec de confortables fauteuils en cuir modernes, le salon a conservé ses belles boiseries et ses portes anciennes. Le petit déjeuner est servi sous la véranda. L'équipe vous renseignera sur les incontournables et les bonnes tables de Saint-Emilion. La gare SNCF est toute proche.

ÉGLISE SAINT-MARTIN DE FRONSAC ✞

Rue du Général d'Amade

Selon la légende, l'église Saint-Martin aurait été fondée par Charlemagne en 781. Inspirée de la structure basilicale, elle avait probablement à l'origine, une destination monastique. Cette église classée au rand des Monuments historiques est certainement l'une des plus anciennes fondations de Gironde. L'église conserve une chaire à prêcher en bois richement ornée, datant du XVIIe ; seul mobilier à avoir échappé aux destructions causées par l'effondrement de la voûte.

LE BASSIN DU TERTRE €€

19, chemin de Richelieu ✆ 06 99 72 65 48
https://lebassindutertre.fr/

Gîtes de France 2 épis. Chalets à partir de 149 €. Petit déjeuner inclus. Bain bouillonnant. Sauna privatif

L'endroit à lui seul, est un véritable enchantement. Au cœur des vignes, dans un jardin extraordinairement fleuri où se prélassent des carpes Koï dans un joli bassin, trois chambres d'hôtes insolites, lovées dans des chalets 100 % bois, vous invitent à vous évader le temps d'un week-end. Bain à remous privé, terrasse très agréable pour les petits déjeuners, plateaux (chaud ou froid) préparés par la maîtresse de maison et servis avec une bouteille de vin, ambiance cocooning... Vous vous sentirez très bien. Le soir, on admire le coucher de soleil sur la Dordogne.

PETIT GARROS €€

3, Lieu-dit Garros
✆ 06 07 03 79 53
www.petitgarros.fr

5 chambres de 109 à 189 €. Petit déjeuner inclus. Animaux acceptés. Séminaires. Table d'hôtes le soir sur réservation.

Petit Garros est une des deux maisons du lieu-dit planté de vignes qui porte son nom. En bordure de Dordogne, la maison Petit Garros, dont les plus anciennes traces retrouvées datent de 1749, vous reçoit dans l'une de ses 5 chambres. La plus grande d'entre elles s'appelle Blanche. Il y a également Parme, Rouge, Bleue pour 4 personnes, et enfin, la Chambre aux Tulipes. Pierre apparente sur les murs, parquet ancien, mobilier ancien... Le charme opère. La maison, le parc et sa piscine sont superbes. Petit Garros offre la promesse d'un séjour au calme.

CHÂTEAU LAGUË €€

1, Lieu-dit Laguë Sud
✆ 06 76 34 62 35

5 chambres. 2 nuits minimum à partir de 600 €. Étages supérieurs accessibles uniquement par les escaliers.

Construit dans les années 1870 au milieu des vignes, le Château Lague est une propriété viticole de 225 m², qui conjugue parfaitement le charme de l'ancien et le confort moderne du XXIe siècle. Cette maison de vacances comprend 5 chambres, une télévision à écran plat, une cuisine équipée d'un lave-vaisselle et d'un micro-ondes, un lave-linge ainsi qu'une salle de bains pourvue d'une baignoire ou d'une douche. La terrasse et les chambres offrent une belle vue sur la rivière et sur les vignes, que le propriétaire vous fera visiter sur demande.

CHÂTEAU DE LA RIVIÈRE €€€

LA RIVIÈRE
✆ 05 57 55 56 56
www.chateau-de-la-riviere.com

Chambres à partir de 137 €. Petit déjeuner inclus. Parking. Excursions (visites des caves, dégustations, escape game).

Avec ses 5 chambres d'hôte haut de gamme, situées dans l'aile Renaissance et la tour carrée, le château de La Rivière est une vraie merveille. Les chambres sont décorées avec élégance et raffinement. Deux d'entre elles, conçues pour communiquer, permettent de créer une belle suite. Le matin, vous apprécierez très certainement le copieux et savoureux petit déjeuner servi dans les salons privés ou sur la terrasse surplombant le vignoble. Salons, tisanerie, piscine extérieure... Le château La Rivière offre des prestations très complètes et agréables.

Le vignoble de Fronsac.

LA MAISON DE RICHELIEU €€€

4, chemin de Richelieu
✆ 05 57 51 13 94
www.chateau-richelieu.com

Ouvert toute l'année (uniquement du lundi au jeudi en basse saison). Chambre double à partir de 95 €. Dîner sur demande.

La vie de château, vous en rêvez ? Le château Richelieu, dans sa belle bâtisse XVIIe et XVIIIe siècles, met à votre disposition 5 chambres d'hôtes, toutes aussi luxueuses les unes que les autres. D'un grand confort, les chambres Athos, Porthos, Aramis, D'Artagnan, Richelieu sont équipées d'une salle de bains indépendante. La chambre répondant au nom évocateur de Porthos, conviendra parfaitement à une famille, puisqu'elle ouvre sur un salon et une seconde chambre. Moment précieux de la journée, le petit déjeuner est servi dans la cuisine.

LE BORD D'EAU €€

4, Poinsonnet
✆ 05 57 51 99 91

Ouvert du mercredi au samedi le midi et le soir ; le dimanche midi. Menus de 35 € à 56 €. Formule du midi : 20 €.

Perché sur pilotis sur les bords de la Dordogne, le Bord d'eau offre un superbe panorama, aussi sur la porte du port de Libourne. La cuisine du marché élaborée par le chef Laurent Lecomte, – maître Restaurateur –, et son équipe, ne manque pas non plus d'arguments. Viandes, gibiers et poissons sauvages sont les spécialités de la maison. Tout est fait maison. La cave fait la part belle aux vins de Fronsac, sans oublier les voisins bordelais et d'autres vignobles plus lointains. Le cadre est assez rétro, mais la cuisine raffinée, le service agréable. Et cette vue !

CHEZ CARLES €€

1, avenue Charles de Gaulle
SAINT-GERMAIN-DE-LA-RIVIÈRE
✆ 05 57 84 44 50

Maître Restaurateur. Ouvert du mardi au samedi le midi et le soir ; le dimanche midi. Menus de 25 € à 40 €. Traiteur.

Plus qu'un restaurant, une institution ! Ici, on peut déguster des produits de la chasse et c'est assez rare pour être souligné ! Sauté de sanglier, faisan en cocotte et palombe ont la part belle. Côté rôtisserie et grillades, le restaurant est dominé par une immense cheminée dans laquelle cuisent de délicieux poissons et viandes saisis aux ceps de vigne ou aux sarments. Les plats sont agrémentés de très bonnes préparations de légumes de saison. Terrasse, jardin, air de jeux... Le cadre est charmant en bordure d'eau, au milieu des collines vallonnées de vignes.

L'ESCAPADE DU FRONSADAIS €€

Queyreau Est
SAINT-MICHEL-DE-FRONSAC
✆ 05 57 74 19 91

Ouvert du lundi au samedi le midi ; le vendredi et le samedi le soir. Carte : 32 € environ. Formule du midi : 13,80 €.

L'Escapade du Fronsadais est un restaurant à l'ambiance cosy et moderne. Que vous soyez installé dans la jolie salle ou en terrasse, vous passerez un bon et délicieux moment. Les produits sont frais et tout est fait maison. La formule du midi laisse le choix entre trois entrées, trois plats, dont au moins un poisson, et deux desserts. La spécialité qui fonctionne très bien ici, ce sont les plateaux complets avec salades, frites, viandes ou burgers et fromages. A la saison, les fruits de mer et les crustacés s'imposent sur la carte.

LE FACE A L'EAU €€

8, Port de Tressac
LA RIVIÈRE
✆ 05 57 24 97 10

Ouvert en saison, du mercredi au lundi le midi et le soir. Assiettes de tapas à partir de 5 €. Terrasse. Animations.

Entre Libourne et Saint-André de Cubzac, la petite commune de La Rivière abrite au pied de son Château et au bord de l'eau, une guinguette très conviviale. Ici pas de chichi ! La carte du *Face à l'Eau* fait la part belle aux poissons et aux fruits de mer. Rassurez-vous, quelques plats ont été ajoutés pour les amoureux de viande. Ambiance guinguette oblige, des groupes de musique viennent régulièrement se produire pour animer les plus belles soirées. Pour suivre les actualités du Face à l'Eau, tout se passe sur la page Facebook dédiée.

LA GUINGUETTE DE LA VIEILLE TOUR €€

Port d'Anguieux
✆ 05 57 25 13 70
www.guinguettedelavieilletour.fr

Ouvert de mai à fin septembre (service tardif). Tapas, plats et pizzas. Jardin. Animations.

Lieu de vie et de convivialité, la Guinguette de la Vieille Tour vous transporte à la belle saison, dans cet endroit magique où le temps ralentit au rythme de l'eau. Située sur les bords de berge de l'Isle à Fronsac, cette guinguette a tout ce qu'il faut : des tables de jardin dispersées dans l'herbe, et d'autres sous la terrasse couverte, des guirlandes lumineuses accrochées dans les arbres, des tapas à partager et des plats à savourer, des concerts et des animations...

OSTERIA BAZ'ART €€

11, route de Loiseau
✆ 09 88 35 31 13
www.le-bazart.com
Ouvert du mardi au dimanche le midi et le soir. Plat du jour en semaine : 10 € ; menu du midi de 13 à 20 €. A emporter.

L'Osteria Baz'Art, c'est pour manger et boire un verre, car l'endroit reste accessible en journée et jusqu'à 23h. Et ça parle italien ! En salle, en cuisine… Ce n'est pas pour rien qu'on y déguste d'excellentes pizzas à base de tomate ou de crème. Les plats de pâtes mettent également l'eau à la bouche tant les assiettes sont bien dressées, et copieuses. Il faut avouer que nous n'en attendions pas autant. Les desserts aussi ont bon goût. Autres atouts : une équipe fort sympathique, la terrasse surélevée et le jardin. Deux services les soirs de spectacle.

CHÂTEAU CASSAGNE HAUT-CANON

SAINT-MICHEL-DE-FRONSAC
✆ 05 57 25 05 55
www.chateau-cassagne.fr
Dégustation et découverte œnologique : 6 €/pers. Dîner gastronomique. Séjours vendanges.

Situé sur un des plus hauts points culminants de Fronsac, le Château bénéficie d'une des meilleures expositions dans l'appellation et d'une vue imprenable sur le fleuve. Le Cru (La Truffière) doit son nom à la présence de chênes truffiers. Ce vin est un subtil assemblage de cabernet-sauvignon, merlot et cabernet franc. Zita et Jean-Jacques Dubois, assurent un accueil chaleureux pour développer leur offre œnotouristique (visites, séjours pendant les vendanges, dégustations, dîner…).

CHÂTEAU DE LA DAUPHINE

Rue Poitevine ✆ 05 57 74 06 61
www.chateau-dauphine.com
Ouvert tous les jours de 9h à 13h et de 14h à 17h sur rendez-vous. Visites et dégustations de 7 € à 15 €. Boutique

Chartreuse du XVIIIe dont le charme est accentué par les allées méridionales de cyprès et pins parasols, ainsi qu'un beau jardin à la française, le Château de la Dauphine a été récompensé par 4 Best Of d'Or dans les catégories Architecture & Paysage, Restauration, Valorisation Œnotouristique des Pratiques Environnementales et Découverte & Innovation. Certifié Agriculture Biologique depuis 2015 et HVE (Haute Valeur Environnementale) depuis 2018, le vignoble, production en Fronsac et en Canon-Fronsac, se trouve sur les meilleurs terroirs du Fronsadais.

CHÂTEAU BARRABAQUE

✆ 05 57 55 09 09
www.chateaubarrabaque.com
Visites et dégustations gratuites sur rendez-vous. Boutique en ligne.

© CHATEAU BARRABAQUE

De 1747, cette propriété de 10 hectares appartient à la même famille depuis 1936. A dominante merlot, les vins rouges et rosé du Château Barrabaque comptent parmi les plus réputés des appellations Fronsac et Canon-Fronsac. Soucieuse du respect de l'environnement, Caroline Noël-Barraux, la propriétaire depuis 2004, pratique une culture raisonnée de la vigne. Les méthodes de culture et de vinification allient à la fois la tradition et les techniques modernes. Les vignes sont notamment travaillées en fonction du terroir. Une belle adresse sur votre route des vins.

DOMAINE JEAN-YVES MILLAIRE

La Marché ✆ 05 57 24 94 99
www.vins-millaire.fr
Ouvert du lundi au vendredi de 9h à 12h et de 14h à 18h. Visites sur rendez-vous. Boutique et e-shop.

L'histoire commence en 1950 avec 6 hectares de vignes achetés sur les communes de Saint-Michel de Fronsac et Fronsac… Aujourd'hui certifié Agriculture Biologique (biodynamie), le Domaine Jean-Yves Millaire s'étend sur 45 hectares de vignes en appellations Fronsac, Canon Fronsac et Bordeaux. Depuis 1998, le vignoble a connu différentes évolutions, notamment la plantation de nouveaux cépages atypiques comme le jurançon noir, le petit manseng, le colombard ou le riesling.

CHÂTEAU DE RICHELIEU

4, chemin de Richelieu
✆ 05 57 51 13 94
www.chateau-richelieu.com
Ouvert du lundi au samedi. Visite et dégustation sur rendez-vous.

© CHÂTEAU DE RICHELIEU

Au confluent de l'Isle et la Dordogne, Fronsac est un terroir viticole de qualité. Le vignoble serait même le premier vignoble historique du Bordelais. Le cardinal de Richelieu y jeta son dévolu en 1632. À peine un siècle plus tard, son arrière-petit-neveu et filleul de Louis XIV vécut au château. Emprisonné à la Bastille pour ses galanteries libertines, il fit découvrir le vin de Fronsac à la cour de Versailles. On lui attribuait des vertus médicinales qui lui valurent le nom de « tisane de Richelieu ». L'histoire vous sera contée au château lors d'une visite.

LE BAZ'ART

11, route de Loiseau
✆ 05 57 74 70 69
www.le-bazart.com
Billetterie sur place. Restauration. Bar. Location de salles.

A l'initiative de Gilles Troulet, un Parisien venu s'installer en Aquitaine avec sa compagne Constance Malaquin, le Baz'Art a élu domicile dans un hangar à bateaux de l'ancienne base nautique d'aviron. Ils imaginent un lieu multiculturel, attractif, pour petits et grands, et adapté à toutes les bourses. Le Baz'Art regroupe ainsi un théâtre de 100 places, un lieu d'expositions, un salon, un bar et un restaurant italien. On trouve encore des ateliers de théâtre organisés pour les adultes, les ados et les enfants. Les spectacles sont plutôt tout public.

GUÎTRES ★

Terre d'accueil entre pays d'oc et pays d'oïl, on trouve à Guîtres, des coteaux boisés, des vignes et de nombreux cours d'eau et « au milieu coule une rivière » : l'Isle. Cette rivière et ses affluents, la Dronne et le Lary, foisonnent de poissons blancs, migrateurs et carnassiers. Située à moins d'un quart d'heure en voiture des prestigieux vignobles de Saint-Emilion, Pomerol ou Fronsac, la ville se prête volontiers à une escapade culturelle et touristique. Profitez-en pour visiter son église abbatiale, bénéficier de sa programmation musicale pendant l'été et embarquer à bord d'une des voitures 1900 du train touristique pour un voyage dans le temps.

MAISON DES VINS DE FRONSAC

3A, chemin de Richelieu
✆ 05 57 51 80 51
www.vins-fronsac.com
Ouvert toute l'année. Du lundi au samedi de 10h à 12h30 et de 14h à 18h. Boutique. Animations.

La Maison des Vins est le meilleur point de départ pour découvrir les vins et les châteaux des grands terroirs des appellations Fronsac et Canon Fronsac. Avec plus de 100 références au prix-propriété, la boutique vous offre déjà un beau tour d'horizon en présentant au moins, un millésime par château. Tous les jours ou presque, un vin est proposé en dégustation. Des portes ouvertes dans une trentaine de vignobles sont organisées chaque année en octobre. Pensez-y !

ABBATIALE NOTRE-DAME DE GUÎTRES ★

Place des Tilleuils
www.abbatialedeguitres.com
Ouvert toute l'année. Visite libre. Gratuit. Concerts.

De style roman, cette église abbatiale a accueilli les pèlerins de Saint-Jacques-de-Compostelle. Elle abrite un orgue majestueux. Assistez à l'un des concerts donnés en période estivale pour l'entendre. Les billets sont disponibles sur place ou auprès des offices de tourisme de Libournais (Libourne ou Coutras). Classée Monument historique en 1901, l'abbatiale de Guîtres est l'une des plus grandes églises romanes de la Gironde. Sa charpente est particulièrement remarquable.

VÉLORAIL DU PAYS GABAY

13, avenue de la Gare

✆ 05 57 51 15 04

www.velorail.trainguitres.fr

Ouvert en saison (voir le calendrier de circulation en ligne). Location vélorail 5 places : 30 €.

Réservez un vélorail et partez à l'aventure en famille ou entre amis ! Au départ de la gare de Guîtres, à 9h30 ou 14h30 selon les jours, le trajet vous mènera sans trop de difficulté jusqu'à la gare de Lapouyade. Comptez 3h pour parcourir les 16 kilomètres aller-retour ! Bien que l'effort soit minimum, il est nécessaire d'être au moins deux adultes (+ de 16 ans) pour pédaler l'engin. Tout au long de cette balade atypique, vous découvrirez la campagne, les forêts et les ruisseaux du pays Gabay. Les vélorails sont conçus pour 5 personnes.. Pensez à réserver !

TRAIN TOURISTIQUE GUÎTRES-MARCENAIS

13, avenue de la Gare ✆ 05 57 51 15 04

www.trainguitres.fr

Ouvert en saison. Adulte de 12 € à 14 € ; enfant (de 4 à 12 ans) : 7,50 € à 8 €. Billetterie sur place. Musée.

Embarquez jusqu'à Marcenais pour une escapade inoubliable ! Avant la montée ou à votre retour, pensez aussi à faire le tour de la gare pour admirer les magnifiques locomotives, car certaines de leurs voitures, entièrement restaurées, sont classées Monuments historiques. Le musée finira de satisfaire les passionnés d'histoires et les curieux. En plus d'y découvrir les origines du train de chemin de fer de Guîtres et des wagons d'époque, vous pourrez admirer de nombreux objets anciens.

LIBOURNE ★★

Confluence de rivières, de terres et d'hommes, Libourne est une bastide royale née en 1270 sous l'impulsion du roi d'Angleterre Henri III. Située au confluent de l'Isle et la Dordogne, la cité a longtemps occupé une place stratégique. Tantôt alliée, tantôt rivale, la filleule de Bordeaux a connu de belles périodes de développement. Fondée en 1268 par Edouard Ier, la ville est dotée d'un port, débouché naturel des vins de la vallée de la Dordogne. Leyburn est l'une des bastides les plus prospères d'Aquitaine. A moins d'une demi-heure de Bordeaux, une heure des plages océanes et desservie par le TGV, Libourne est une destination touristique de choix.

CHÂTEAU DE VAYRES

63, avenue de Libourne - **VAYRES**

✆ 05 57 84 96 58

www.chateaudevayres.com

Jours et horaires d'ouverture variables. Visite guidée (château + parc de 10 € à 12,50 € ; parc seul : 8 €). Animations.

Cet ancien château fort du XIIIe siècle, ex-propriété d'Henri IV, a été remanié à plusieurs occasions, d'où sa partie Renaissance bâtie vers 1600, sa façade à l'italienne et son escalier monumental. Ses superbes jardins à la française mènent directement aux rives de la Dordogne et méritent presque à eux seuls le détour. Meublé d'époque, le château a toujours été habité. Classé Monument historique et Jardin remarquable, Vayres a reçu le Prix de l'animation du Patrimoine et la médaille 2013 du Tourisme. De nombreux événements s'y déroulent.

Libourne.

LE JARDIN DE LA SOULOIRE

31, route de la Souloire
SAINT-GERMAIN-DU-PUCH
✆ 05 57 24 52 32
http://vignoblesdegas.fr/
Visite du jardin uniquement sur rendez-vous.

Le Moulin de la Souloire possède un superbe jardin à l'anglaise. Créé en 1960 par Marie-José Degas, il a été dessiné autour d'un ancien moulin médiéval et de 3 étangs. Niché dans un bel environnement boisé, le jardin est riche d'environ 2 500 essences indigènes rapportées des quatre coins du monde. Leur enchevêtrement, la floraison des glycines et le foisonnement des végétaux produisent une impression de dépaysement très marquée. Ce jardin appartient aux Vignobles Degas, conjugués au féminin avec Diane et Eugénie, les petites-filles de Marie-José Degas.

LA CALI

62, avenue Gallieni
✆ 05 57 51 00 24
www.calibus.fr
Gratuit pour tous les usagers.

Grâce au réseau de transport en commun de La Cali, la totalité du territoire de la Communauté d'Agglomération du Libournais est reliée. En ville comme à la campagne, les 45 communes de l'agglomération sont toutes desservies. Les habitants et tous les autres usagers peuvent ainsi se déplacer plus facilement et surtout gratuitement. La Bastidette – la navette électrique du cœur de Libourne – circule tous les jours sauf le dimanche. Pour l'utiliser, il suffit de se poster aux arrêts définis ou de l'arrêter à la demande sur son trajet dessiné par une ligne violette.

OFFICE DE TOURISME DU LIBOURNAIS

42, place Abel Surchamp
✆ 05 57 51 15 04
www.tourisme-libournais.com
Ouvert toute l'année. Jours et horaires d'ouverture variables salon la saison.

Entre nature et patrimoine, le Libournais ne manque pas de coins charmants à découvrir pour se faire une idée des charmes du Sud-Ouest. Afin de vous aider à les dénicher, les équipes de l'Office de tourisme de Libourne et ses bureaux d'information ont tout un tas de visites guidées, randonnées pédestres, dégustations ou visites de château à vous proposer, mais aussi plein d'adresses très chouettes pour séjourner. Renseignez-vous aussi sur les manifestations culturelles.

CHÂTEAU DE LA VIEILLE CHAPELLE €€

2, rue Florence Arthaud - **LUGON-ET-L'ILE-DU-CARNEY** ✆ 05 57 84 48 65
www.chateau-de-la-vieille-chapelle.com
Gîtes de France. Ouvert toute l'année. 5 chambres de 95 € à 145 €/nuit. Label Tourisme & Handicap. Table d'hôtes.

C'est dans la chapelle Romane du XIe siècle et ses dépendances (propriété viticole du Château de la Vieille Chapelle), que Frédéric et Fabienne vous accueillent en chambre d'hôtes. Avec vue sur le jardin et la rivière, toutes sont équipées de salle de bains avec douches à l'italienne et toilettes séparées. Pour déconnecter, il n'y a pas de téléviseur. Du côté des repas (petit déjeuner et table d'hôtes sur réservation), il n'y a que des produits frais. Vignes et vins en biodynamie.

SEGWAY TOUR SAINT-ÉMILION

Le Maine
SAINT-LAURENT-DES-COMBES
✆ 05 57 50 57 59
www.chateaularenommee.com
Vignobles et Découvertes. Visites guidées de 15 € à 59 € selon la balade et la durée (sur réservation).

Faire une balade en Giropode Segway® pour découvrir les paysages de Saint-Emilion lors d'une activité 100 % écologique et plaisir, ça vous tente ? Trois balades guidées (1 à 3h) vous sont proposées en français et en anglais : « Initiation Segway avec petite balade dans les vignes », « A la découverte du vignoble, de la rivière Dordogne » et « A la découverte des vignobles des grands châteaux ». Chaque balade est suivie de la visite du chai et d'une dégustation au Château La Renommée !

CHÂTEAU LA MOTHE DU BARRY €€

490, route du Pont de Riveau - **MOULON**
✆ 05 57 74 93 98
www.vignoblesjoelduffau.fr
Ouvert de fin avril à fin septembre. Chambre double de 125 € à 145 €/nuit. Petit déjeuner inclus. Visite et dégustation.

Transformer une ancienne cuve à vin en béton en chambre d'hôtes, il fallait y penser ! La rendre confortable et raffinée, les propriétaires du château la Mothe du Barry (qui ont vinifié leur vin dans cette cuve pendant quelques années) y sont arrivés. *La Cuve à mon loup* compte parmi les hébergements insolites de la région. Les deux autres chambres à la décoration très originale ont été aménagées dans les anciens bâtiments du vignoble. Verre de vin offert à votre arrivée.

CHÂTEAU LA PONTETE €€

8, Lieu-dit Montifaut - **VAYRES**
✆ 05 57 74 76 99
www.lapontete.com

2 chambres d'hôtes à partir de 80 €/nuit (petit déjeuner inclus) ou gîte (4 pers.). Gîtes (10 pers.). Table d'hôtes.

Yannick et Christian vous accueillent pour séjourner au Château la Pontête, au bord de la Dordogne. Pour cela, trois possibilités : occuper l'une des deux chambres d'hôtes ou, si vous êtes 4 de profiter des lieux en toute indépendance. Le petit gîte prétend offre de jolies chambres avec salles de bains et w.c. privatifs, et un salon avec coin cuisine partagé. Il en sera de même pour la terrasse. Et si vous êtes jusqu'à 10, nos amis viticulteurs ouvriront les portes du grand gîte. On peut vous recevoir ici pour une nuit, un week-end ou une semaine, et plus.

CHATEAU PRIEURE MARQUET €€€

Lieu dit « Marquette » - **SAINT-MARTIN-DU-BOIS**
✆ 05 57 49 41 70
www.prieure-marquet.com

Chambre prestige : 290 €. Chambre d'Exception : 390 €. Petit-déjeuner continental : 20 €. Parking sécurisé. Héliport.

Il y a des endroits hors du temps. De ceux que l'on ne soupçonne pas. Au cœur dans la nature, ils révèlent soudainement leur beauté, leur élégance au détour d'un chemin que l'on n'aurait peut-être pas pris. Demeure d'hôtes de prestige, le Château est un havre de luxe et de raffinement. Préservée et mise en valeur, l'âme du château s'incarne dans un écrin chaleureux où chaque hôte peut savourer une véritable douceur de vivre à la française.

HÔTEL DE FRANCE €€

7, rue Chanzy
✆ 05 57 51 01 66
www.hoteldefrancelibourne.fr

Ouvert toute l'année. Chambre simple à partir de 75 € ; chambre triple à partir de 115 € ; suite à partir de 137 €.

L'Hôtel de France est un établissement de charme niché au cœur de Libourne. Il se trouve en effet dans un ancien relais de poste. Authenticité et modernité s'y côtoient. La salle du petit déjeuner, le salon de détente avec ses couleurs ocre et ses fauteuils en osier, le salon de lecture autant que les chambres déclinées dans les camaïeux terre de Sienne orange et ocre, jouent la carte de l'élégance sobre. Les chambres sont spacieuses et climatisées. Deux sont aménagées pour les personnes à mobilité réduite. Il y a aussi une grande salle de séminaire.

HÔTEL MERCURE LIBOURNE SAINT-EMILION €€

3, quai Souchet
✆ 05 57 25 64 18
www.mercure.com

Accueil 24h/24. 81 chambres (dont 3 suites familiales) dès 74 €. Petit déjeuner de 8,50 à 15,50 €. Parking fermé.

Sur les bords de la Dordogne, l'hôtel est un idéal pour passer un séjour d'affaires ou de loisirs. Le hall d'entrée, très design et épuré avec ses notes de blanc et de bois ainsi que la terrasse du bar Le Rive Droite, donnent le ton. Les chambres sont contemporaines, climatisées et joliment éclairées. Vous apprécierez l'harmonie des couleurs qui contrastent avec celles du bar à vin. L'hôtel dispose aussi d'une salle de réunion de 70 m² pouvant accueillir jusqu'à 60 personnes.

LA PETITE MADELEINE €€

6, Lieu-dit Saint-Jean-de-Béard - **SAINT-LAURENT-DES-COMBES** ✆ 06 67 68 23 52
www.la-petite-madeleine.com

Ouvert toute l'année. 5 chambres à partir de 85 €. Petit déjeuner et parking inclus. Table d'hôtes le soir : 25 €/pers.

Le cadre, la vue sur les vignes, l'accueil, le calme, tout est vraiment agréable. Point de départ de jolies randonnées pédestres, cette maison girondine, entièrement rénovée, compte cinq chambres d'hôtes sympathiquement décorées et très confortables. Elles portent toutes des noms en rapport avec la vigne. Au 1er étage de la maison, la suite est spacieuse. Elle possède une chambre double, une chambre individuelle, un dressing et une grande salle de bains avec baignoire, douche et double vasque. La table d'hôtes est ouverte le soir sur réservation.

LA TOUR DU VIEUX PORT €€

23, quai Souchet
✆ 05 57 25 75 56
www.latourduvieuxport.com

Chambre simple à partir de 50 € ; chambre double à partir de 75 € ; suite à partir de 89 €. Petit déjeuner : 9 €.

Adossé à la porte du grand port en cœur de ville, cet hôtel-restaurant est vraiment très bien situé. La jolie demeure offre tout le confort nécessaire pour de paisibles nuits. Les 15 chambres sont décorées différemment avec une certaine originalité qui frôle parfois le kitsch. L'une d'elles est conçue pour recevoir les personnes à mobilité réduite. Si toutes les chambres sont climatisées, toutes n'offrent pas l'ouverture sur un balcon et une vue sur la Dordogne. Client de l'hôtel ou non, venez profiter du patio, de la terrasse ou de la cheminée en hiver.

IBER CAFÉ €

32, avenue Jean Jaurès
LUGON-ET-L'ILE-DU-CARNEY
✆ 09 83 41 89 93

Formule du midi : 13,50 € ; le soir : 15,50 €. Formule tapas à partir de 12,50 €. Accueil des groupes. A emporter.

Cette adresse ibérico-portugaise affiche très souvent complet le vendredi et le samedi soir. Il faut dire que l'assiette de tapas espagnoles est presque un plat à elle toute seule. Et pour un petit prix ! On aime aussi les spécialités maison comme le cocido (pot-au-feu), la caldeirada (bouillabaisse), la fameuse bacalhau (morue) ou les pasteis de nata. Pour le café, on vous reçoit à partir de 7h30 et pour la bière, jusqu'à 19h30 ou 21h30 selon la saison. Ni la déco de la salle ni la terrasse ne sont les points forts de l'Iber Café. Pour tout le reste, on adore !

L'EMBARCADERE €

102, rue Michel Montaigne
✆ 06 11 09 83 85

Ouvert d'avril à fin septembre, tous les jours de 12h à 23h (selon la météo). Tapas à partager. Formule du midi : 15 €.

A mi-chemin entre un food-truck et une guinguette, ce charmant container occupe les quais de Libourne face à l'embarcadère. Ce restaurant éphémère vous accueille aux beaux jours sur sa terrasse ornée d'une quinzaine de tables ainsi que des transats pour une pause détente et gourmande. Passé l'heure du déjeuner, on sert des crêpes et autres douceurs à déguster face à la Garonne. A la sortie des bureaux, le lieu se transforme en place conviviale où vous pouvez vous retrouver entre collègues ou entre amis pour partager un verre et quelques tapas.

MARCELLINÔ €

3, place de la croix rouge
✆ 05 47 11 34 53

Ouvert tous les jours le soir de 19h à 22h. Réservation recommandée. Pizza : 13,90 € environ. Vente à emporter.

Sous nos yeux, coupée minute et en tranches fines s'il vous plaît, la charcuterie italienne donnait déjà très envie. Pour vous mettre l'eau à la bouche, imaginez un peu le plaisir de déguster une pizza, sur place ou chez vous, à base de coppa cuite aux herbes à partir d'échine de porcs issus de la filière jambon de Parme… Alors ? Direct producteur, le balsamique a quant à lui le bon goût d'un héritage familial remontant à 1860… Voilà qui en dit long sur les exigences des produits ! Les pizzas à pâte fine sont très appétissantes et bien garnies.

LE 127 €€

127, avenue de Verdun
✆ 07 49 28 14 04

Ouvert du mardi au dimanche le midi ; du mercredi au samedi le soir. Menus de 14 € à 25,50 €. A emporter. Animations.

Rebaptisé Le 127 l'établissement propose toujours des spécialités alsaciennes et du Sud-Ouest. Choucroute VS cuisse de canard, la guerre fait rage ! Toujours est-il que les plats sont très copieux. Pour les entrées et/ou les desserts, il faudra vous rendre au buffet (changeant selon l'humeur). Plutôt simple et efficace. Le cadre est agréable, avec quelques gros fauteuils pour les afterwork. Côté ambiance, on raconte que les jeudis soir sont plutôt animés avec karaokés, chanteurs et spectacles. Et happy hour dès 17h de mercredi à vendredi.

AL'AUTHENTIQUE €€

8, route de Bordeaux - **ARVEYRES**
✆ 05 57 84 95 98
www.restaurant-al-authentique.fr

Ouvert du lundi au samedi le midi ; du mer. au sam. le soir. Pizza de 10,50 à 15 €. Formule du midi : 14 €. A emporter.

Viande, poissons, salades et pizzas composent la carte de ce restaurant de cuisine traditionnelle. Le menu du jour, servi uniquement le midi en semaine, est à un très bon rapport qualité-prix. En plus, le service est rapide ! L'accueil est toujours chaleureux et attentif. A l'ombre de ses tonnelles, une jolie terrasse se cache à l'arrière de l'établissement sur la route entre Bordeaux et Libourne. Une fois par mois, des soirées à thème y sont organisées : karaoké, barbecue, paella, mojito… Les jours de match, le chef propose son « Menu Match » à 18,90 euros.

L'ART DES METS €€

20, place Decazes
✆ 05 57 51 89 57

Ouvert du mardi au samedi le midi et le soir. Formule du midi : 16 €. Plateau de fruits de mer : 38 €. Terrasse.

Un cadre soigné, une salle aérée, une terrasse pouvant être abritée sous des tentes et une cuisine où la mer envahit la carte… C'est tout l'Art des Mets ! A la façon d'un vivier, on aperçoit la cuisine derrière trois baies vitrées. Ici, on vient pour les salades de fruits de mer, l'assiette de l'écailler, les plateaux de fruits de mer, les chipirons poêlés, les couteaux à la plancha ou en persillade, une parillada de poissons, le homard bleu entier ou le thon rouge au foie gras et jus de crustacés. En provenance directe de la criée !

L'ATELIER DE CANDALE €€

1, Grandes Plantes - **SAINT-LAURENT-DES-COMBES** ✆ 05 57 24 15 45
https://atelierdecandale.com/

Ouvert du mardi au samedi le midi et le soir. Menu bistronomique : 38 €. Menu du marché : 28 €. Service traiteur.

A la sortie du village de Saint-Émilion, venez profiter d'un emplacement unique et d'une magnifique terrasse à la vue imprenable sur les vignes d'un grand cru et la vallée de la Dordogne. La salle est superbe, très lumineuse et élégante. En cuisine, le chef travaille les produits en fonction des saisons et des arrivages sur le marché. Il ajoute ensuite toute son inventivité, ce qui confère à nos papilles de belles surprises. Imaginez un éclair de haddock fumé, caviar de hareng et chips noires ou encore un pudding de céleri, sauce aux herbes et noix torréfiées.

BRASSERIE L'ORIENT €€

6, esplanade François Mitterand
✆ 05 57 51 17 59

Ouvert tous les jours de 11h à 23h. Menus de 22 € à 32 €. Formule du midi : 17 €. Brunch. A emporter. Animations.

Eté comme hiver, la terrasse est dressée. Impeccable ! Les serveurs portent la traditionnelle chemise blanche et certains l'agrémentent d'un nœud papillon. Pas de doute, c'est une vraie brasserie. A l'intérieur, l'ancien se mêle au contemporain et jetez donc un coup d'œil au plafond. A la carte ou du côté des menus, on retrouve les grands classiques de la bistronomie, saupoudrés toutefois de quelques petites surprises. C'est la touche du Chef François Duchet bien sûr. De temps en temps, les soirées sont animées par des concerts de jazz, mais pas seulement.

CAFÉ DE LA MARNE €€

101, rue de la Marne
✆ 05 57 74 36 96

Ouvert du lundi au samedi de 6h à 20h. Restauration le midi uniquement. Menu du jour de 13 € à 15,50 €. Terrasse.

L'été, on adore investir la terrasse du Café de la Marne avec ses voiles rouges, ses coussins colorés et ses palmiers qui donnent un petit air de plage. L'hiver, on aime aussi la salle où les tables ne sont pas à touche-touche. La décoration est simple, mais contemporaine. En fonction du marché et des saisons, le menu du midi – car on ne vient ici manger que pour le déjeuner – laisse généralement le choix entre trois entrées, quatre plats et trois desserts à des prix tout à fait corrects. Attendez-vous à une cuisine bistrot de terroir sans prétention.

RIPIANO LIBOURNE €

45, Cours tourny
✆ 05 57 25 07 05
https://ripianolibourne.wixsite.com

Du lundi au vendredi le midi ; le lundi, le mardi et du jeudi au samedi le soir. Pizza de 9,90 € à 16,50 €. A emporter.

La cave à vins et la photo d'une belle Italienne en train de manger un plat de pâtes donnent le ton. Restaurant italien avec un grand choix de pizzas à la pâte fine et croustillante, risotto et plats traditionnels, le Ripiano est un incontournable. Les vins italiens et une bière italienne sont à la carte. Tous les desserts sont faits maison. Le café gourmand est très gourmand avec ses 5 mignardises. Belle terrasse sur le cours Tourny. Pensez à réserver si vous êtes nombreux ! Le midi, la formule déjeuner avec salade, pizza et dessert met tout le monde d'accord.

© RIPIANO LIBOURNE

© RIPIANO LIBOURNE

LIBOURNAIS

LE BISTROT MARITIME €€

12, quai Souchet
© 05 57 51 66 77
Ouvert tous les jours le midi et le soir. Formule du midi : 15 € (plat du jour : 10 €). A emporter.

Grâce à d'immenses baies vitrées, la grande salle de cette brasserie contemporaine ouvre sur la rivière. Tous les jours, le chef nous fait ses suggestions. Par exemple : filet mignon de porc basse température aux saveurs d'ailleurs, croustillant de lieu noir au chorizo et aneth, gratins de fruits et sabayon au Lillet. Dans les assiettes, c'est généreux et gourmand. Concernant les plats de la carte, ils sont renouvelés deux fois par an. Nous aimons particulièrement, les dressages et les couleurs dans les assiettes. Par ailleurs, le service est agréable.

© LE BISTROT MARITIME

© LE BISTROT MARITIME

LA FONTANA €€

53, avenue Galliéni
© 05 57 51 81 97
Ouvert du lundi au samedi le midi et le soir ; le dimanche soir. Service tardif. Pizzas à partir de 9 €. Terrasse.

Plutôt originale, la décoration donne à ce restaurant un air festif. L'ambiance est à cette image, chaleureuse et conviviale. Quant au personnel, il n'y a rien à dire : aimable et professionnel. Et l'Italie est dans l'assiette ! Pâtes, mais aussi pizzas (bien sûr) sont au rendez-vous. Tout est bien cuisiné et de nombreuses suggestions viennent agrémenter la carte selon les arrivages et la saison. Surtout, gardez une place pour un dessert, car ils ont fait la réputation de la maison. Les profiteroles au chocolat sont délicieuses. Sur place ou à emporter !

HANGAR 4 €€

51, rue du Chaperon grangère © 05 57 51 50 73
https://hangar-4.eatbu.com
Ouvert du lundi au mer. de 11h à 23h ; du jeudi au vendredi de 11h à 23h ; le dim. de 11h à 18h. Plat du jour : 12 €.

Restaurant, salon de thé et bar ! Le Hangar 4 a pris ses quartiers dans l'ancienne gare marchande, devenant ainsi un endroit à la mode dans un décor indus' et chic aux couleurs de feu. Dans les assiettes, une cuisine des quatre coins du monde : brochettes de poulet Satay, anneaux de calamars panés dans une farine aux agrumes, chili con carne, etc. La carte change trois fois par an. Les plats du jour présentés chaque semaine pour le déjeuner donnent eux aussi le ton ! Le tout est fait maison. Chouette ambiance dès l'afterwork avec cocktails et soirées.

CHEZ OLIV' €€

34, Allée Robert Boulin
© 09 83 93 79 43
www.chez-oliv.com
Ouvert tous les soirs. Livraison et à emporter de 18h30 à 22h. Réservation recommandée. Pizzas de 7 € à 16 €. Terrasse.

Dans cette petite pizzeria où l'accueil est plus qu'agréable, les quelques tables à l'intérieur sont vite occupées. Proposées en trois tailles (26, 30 et 36 cm), les pizzas conviennent à tous les appétits et se déclinent en base tomate ou crème. La maison a bien compris qu'il en fallait pour tous les gourmands. Les petits prix pratiqués comptent aussi parmi les arguments. Pizzas, plats de pâtes, salades et desserts, la carte est fournie sans trop l'être. Le tout est fait maison ! En livraison sur Libourne, Catusseau, Fronsac et Les Billauds ou à venir chercher.

CHEZ RÉMI €€

4, rue Fonneuve

✆ 05 57 51 27 71

Ouvert du mardi au samedi le midi et le soir ; le dimanche midi. Plat du jour : 9,90 € (midi et soir). Terrasse.

Rémi et son père ont posé leurs fourneaux dans ce petit resto-bistrot qui affiche « la cuisine de mon père » faite maison avec des produits frais. Tout sourire, le patron vous installe et vous apportera même un petit seau à champagne pour mettre votre parapluie s'il pleut ce jour-là. Pour les enfants, la chaise haute est immédiatement proposée et le menu est servi en premier afin que les parents prennent l'apéro tranquillement. À l'ardoise, tous les plats donnent envie ! Ici, le canard est très présent et on partage souvent les entrées. Réservation recommandée.

LA RENAISSANCE €€

1 bis, Place Joffre ✆ 05 57 51 01 38

www.larenaissance-libourne.fr

Ouvert du lundi au samedi de 11h à 2h. Menu unique à 19,50 €. Plats de 12,50 € à 16 €. Formule du midi : 15,50 €.

La Renaissance n'a de trop classique que ces lettres. En réalité, c'est une belle et grande brasserie moderne où l'on mange très bien. L'effervescence de ses grands espaces à l'heure du déjeuner ajoute un charme supplémentaire. Dans la salle, les tables occupent l'espace devant le bar jusqu'aux grandes portes-fenêtres ; lesquelles sont ouvertes sur la terrasse couverte dès les premiers rayons de soleil. Là encore, les baies vitrées pourront s'ouvrir sur une terrasse d'été. L'établissement est baigné de lumière. La carte affiche exclusivement des plats de bistrot.

A TABLE €€

1, place Coquilleau Gabriel

ARVEYRES

✆ 09 83 91 09 30

Ouvert du lundi au samedi le midi ; le vendredi et le samedi le soir. Formule du midi : 13,90 €. A emporter. Terrasse.

Le restaurant ne paye pas de mine, mais l'accueil y est tout de suite chaleureux. Vous verrez, le chef n'hésite pas à saluer et servir les habitués. Ici, les plats sont copieux. Nous avons d'ailleurs immédiatement remarqué la vraie sauce au vinaigre balsamique... En plus de la carte et des pizzas (bien garnies sur une pâte fine), le chef a aussi quelques suggestions au jour le jour. Le menu Prestige est une bien belle affaire. Le service est efficace. A deux minutes de la RN 89, l'établissement mérite vraiment le détour si vous passez par là.

LA VILLA VIETNAM €€

141, avenue du Général de Gaulle

✆ 05 57 51 61 93

http://lavillavietnam.free.fr/

Ouvert du mardi au dimanche le midi ; du lundi au samedi le soir. Menus de 13 € à 27 €. Terrasse. A emporter. Parking.

Le décor, l'accueil réservé par Annie et Thanh Hai Bach, le service de qualité et les menus aux noms évocateurs (Saïgon, Bangkok et Hong Kong), vous êtes en Asie Orientale. La Villa Vietnam est bien loin des traiteurs asiatiques et des buffets à volonté. Ici, les nems sont faits maison, le bò bún est un régal, le bœuf luc lac est bien présenté, le porc au caramel est un délice et la banane au lait de coco une tuerie. Optez pour le menu découverte ! La Villa affiche souvent complet, pensez à réserver votre table. Aux beaux jours, on peut manger en terrasse.

LE CARRÉ D'AS €€

168, avenue du Général De Gaulle

✆ 05 57 51 71 06

Ouvert du lundi au vendredi de 6h à 20h ; le samedi de 8h à 18h. Restauration le midi en semaine. Menus de 12 € à 14 €.

© TERRASSE CARRÉ D'AS

Le Carré d'As est une brasserie 100 % authentique, véritable lieu de rendez-vous des travailleurs libournais. Qu'on y vienne boire son café, tenter sa chance à un jeu ou tout simplement faire une pause du midi bien méritée, tout le monde passe forcément par ce bar-brasserie. La carte est simple, mais efficace avec des suggestions et un menu du midi fort attractif ! Les assiettes sont copieuses, on se régale. Les plus pressés pourront se ravir des croque-monsieur. Pour qui veut se plonger dans le cœur de la vie libournaise, le Carré d'As est l'adresse à souhait.

LE ZINC AUTHENTIQUE €€

42, rue Fonneuve ✆ 05 57 25 34 84
www.lezinc-bar.com
Ouvert du lundi au vendredi le midi ; du mardi au samedi le soir. Fermeture tardive. Plat du jour : 10 €. Animations.

Le *Zinc Authentique* est une adresse où il est permis de boire un verre dans la joie et la bonne humeur. Avec des amis et quelques petites choses à grignoter, c'est encore mieux ! A se mettre sous la dent (en plus des suggestions) : de délicieuses grillades (mais pas que !). La carte présente, un large choix de vins de France, d'ailleurs et des champagnes. Dès les beaux jours, on s'installe sur l'une des deux terrasses ; à l'arrière dans un charmant jardin intérieur. Très sympa et bonne ambiance, des soirées à thème et des concerts sont régulièrement programmés.

LE CARTEL

52, rue Fonneuve
Ouvert du jeudi au samedi de 17h à 1h ; le dimanche de 11h à 15h et jusqu´à 20h les jours de concerts. Animations.

Murphy's, *India Pale Ale*, *Ciney*, *Judas*, l'*Hitachino Hest*... Il y en a pour tous les goûts ! Dans l'ambiance rétro du Cartel, on trouve encore des apéritifs « vintage » comme la *Suze*, la *Salers Gentiane*, le *Cap Mattei* ou le *Cinzano*. On pourra également vous faire découvrir des liqueurs digestives d'antan. *Le Cartel* est ouvert principalement les fins de semaine et le dimanche en mode « Retour de marché » de 11h à 15h. Le principe ? Prendre un verre et s'attabler pour déguster ses victuailles. *Happy hour*, retransmissions de match, DJ sets, concerts, dégustations...

LA GALERIE DES QUAIS

2, quai du Général d'Amade
✆ 05 57 79 36 77
Ouvert tous les jours dès 10h30 et jusqu'à 18h ou minuit selon les jours et la saison. Terrasse. Restauration. Brunch.

D'un ancien garage privé, Sandra Moreau a donné vie à un lieu convivial à la fois restaurant, salon de thé, bar à vins... La Galerie des Quais s'impose dans le paysage. Profitant de l'aménagement des quais en espace de promenade, la jeune femme a su tirer profit d'une belle opportunité. En plus de sa grande salle lumineuse, dont la décoration murale varie au gré des expositions, et sa magnifique cave à vins taillée dans la pierre, l'établissement profite d'une terrasse bien exposée. Le soir, les Libournais s'y retrouvent pour partager tapas et cassolettes.

LA TOQUE CUIVRÉE

164, avenue Clément Fayat ✆ 05 57 24 46 94
www.la-toque-cuivree.fr
Ouvert du lundi au samedi de 8h à 19h ; le dimanche de 8h à 13h. Livraison possible (sous 24h).

Véritable emblème du bordelais, le canelé est une pâtisserie à base de farine, d'œufs, de lait, de vanille et de rhum... Rien d'exceptionnel ? Et pourtant, c'est un vrai challenge, quand on essaie de les préparer soi-même, de réussir la prouesse d'obtenir un canelé moelleux à l'intérieur et croustillant à l'extérieur. Laissez tomber vos moules et rendez-vous ici où l'accueil est toujours chaleureux. La boutique perpétue un savoir-faire unique rendant ces gâteaux caramélisés particulièrement délicieux. Vous pourrez même vous laisser tenter par d'autres spécialités.

LA CERVOISERIE LIBOURNE

51, rue du Chaperon Grangère ✆ 05 57 84 01 97
https://lacervoiserie.com/les-cervoisiers/libourne/
Ouvert le lundi de 15h à 20h ; du mardi au vendredi de 10h30 à 13h et de 15h à 20h30/21h ; le samedi de 11h à 21h.

Benjamin Franklin disait « *La bière est la preuve que Dieu nous aime et veut que nous soyons heureux* ». C'est pourquoi dans les Cervoiseries, vous trouverez plus de 600 références de bières du monde entier, mais aussi une soixantaine de spiritueux et de nombreux coffrets pour offrir. Ne pensez pas que ce bar à bière – ou plutôt cette cave à bière – ne s'anime qu'à l'heure de l'apéritif ! Doublée d'un comptoir de dégustation, la Cervoiserie de Libourne vous propose de découvrir leurs dernières trouvailles. Avec ou sans saucisson à partager ?

CHÂTEAU DE SALES

11, chemin de Sales
✆ 06 71 85 85 69
www.chateau-de-sales.fr
Ouvert du mardi au samedi de 10h30 à 12h30 et de 14h à 17h. Visites et dégustations sur rendez-vous.

Véritable mastodonte de pierres, le Château de Sales se dresse majestueusement au bout d'une allée de platanes. Si la forteresse a été construite à la fin du XVe siècle, la chartreuse date du début du XVIIe siècle. Architecturalement remarquable, le château est inscrit aux Monuments historiques. En activité depuis le XIXe siècle, la plus grande propriété de l'appellation Pomerol se transmet au sein de génération en génération, par les femmes. Famille-Château-Vin s'accordent avec Tradition-Modernité-Excellence. A visiter et à découvrir.

CHATEAU DU PETIT PUCH

3, chemin du Petit-Puch - **SAINT-GERMAIN-DU-PUCH** ✆ 05 57 24 52 36

www.chateaupetitpuch.com

Vignobles et Découvertes. Visite et dégustation toute l'année sur rendez-vous (5 €/pers.). Vente directe et commande.

C'est en 2004 que la famille Le Proux de la Rivière acquiert cette magnifique maison noble dont la tradition viticole remonte au XVIe siècle. La maison dispose également de 4 chambres d'hôtes. Occupant une situation privilégiée sur le coteau dominant Génissac et la vallée de la Dordogne, le Château Tour Caillet invite au détour et à la visite, au cours de laquelle on découvrira ses 3 Bordeaux supérieurs, une cuvée tradition, la cuvée prestige et une sélection de ses plus vieilles vignes vinifiées en fûts de chênes neufs : la Fleur De Caillet.

CHÂTEAU DU TAILHAS

195, route de Saint-Emilion

✆ 05 57 51 26 02

www.tailhas.com

Visites et dégustations du lundi au vendredi de 9h à 17h ; le week-end sur rendez-vous.

Acquise en 1932 par Philippe Nebout, la propriété est exploitée depuis 1981 par ses descendants. Jouxtant les Grands Crus de l'Appellation Saint-Emilion, le vignoble du Château du Tailhas s'étend d'un seul tenant sur le versant sud du plateau de Pomerol. L'encépagement traditionnel est composé de Merlot, Cabernet Sauvignon et Cabernet Franc. Les vins sont élevés en cuves avant d'être coulés pour plusieurs mois, dans des barriques de chêne afin de souligner la finesse de leurs tanins et développer ce goût si particulier de fruits mûrs et de sous-bois.

CHÂTEAU L'HOSANNE

124, avenue de Libourne

VAYRES

✆ 05 57 74 70 55

www.gravesdevayres.com/chateau-l-hosanne

Visite et dégustation gratuite sur rendez-vous.

Ce petit vignoble de 6,5 hectares est dorloté avec amour par le couple Chastel depuis 1988. Ici, on produit 30 000 bouteilles chaque année, en rouge, blanc et rosé : 100 % merlot et 100 % sémillon. De plus, le vin de la propriété est issu de l'agriculture biologique, avec une première récolte en 2011. Une suite logique pour ce propriétaire qui produisait déjà en culture raisonnée ! Et vous n'oublierez pas de jeter un coup d'œil aux petites images amusantes sur les cuves en inox... Alors, qui a dit que les vignerons n'avaient pas le sens de l'humour ?

LE RIAD €€

11/13, rue des Treilles

✆ 05 57 51 54 91

Ouvert du mardi au samedi le midi et le soir ; le dimanche midi. Couscous et tajines à partir de 16 €. Animations.

Le Riad vous invite à découvrir les spécialités du Maroc : méchouia, zaalouk, briouates... Djilali Batouz n'en est pas à son coup d'essai. Il a fait ses preuves dans l'un des restaurants gastronomiques les plus réputés de Saint-Emilion. Libourne, sa ville de naissance, signe un retour aux sources et Le Riad, un retour à ses origines. Avec sa femme Jihane, en salle, le chef réinvente aussi les spécialités du sud-ouest qu'il agrémente à la sauce marocaine. Aux beaux jours, le patio ensoleillé est très agréable. Danseuses orientales les vendredis et samedis.

© LE RIAD

© LE RIAD

LIBOURNAIS

CHÂTEAU LA CROIZILLE

Lieu-dit Baladoz - **SAINT-LAURENT-DES-COMBES**
✆ 05 57 74 55 86
www.chateaulacroizille.com
Visite et dégustation de 12 € à 50 €/pers. (sur réservation). Autres prestations. Location de salle.

Saint-Emilion Grand Cru acquis par la famille De Schepper - De Mour en 1996, le Château La Croizille s'étend sur 5 hectares de vignes d'une grande diversité d'orientations et de terroirs. Poussez les portes du domaine : visite du chai authentique du Château Tour Baladoz et du chai moderne du Château La Croizille, et dégustations de 3 vins avec la « visite classique », initiation à la dégustation avec la « visite privilège », visite avec pique-nique ou mettant l'accent sur les accords mets/vins. L'espace de dégustation offre une vue unique à 360° sur le vignoble.

CHÂTEAU ROZIER

Lieu-dit Le Sable - **SAINT-LAURENT-DES-COMBES**
✆ 05 57 24 73 03
www.vignobles-saby.fr
Visite et dégustation : 5 € ; Visite, dégustation et pique-nique : 25 € ; Wine Bike Tour : 55 €. Boutique.

Fondés en 1775, les vignobles Saby sont présents dans le Saint-Emilionnais sous 7 appellations (Fronsac, Bordeaux Supérieur, Bordeaux Rosé, Lussac Saint-Emilion, Saint-Georges-Saint-Emilion, Montagne Saint-Emilion et Saint-Emilion Grand Cru). Ce sont aussi 9 châteaux : Château Bertin, Guillou, Hauchat et Hauchat la Rose, Haut La Grâce Dieu, Reindent, Rozier, Saby Rosé, Saint-André Corbin et Lucaniacus. Les vignobles Saby sont régulièrement récompensés lors des concours et reconnus par les magazines spécialisés. Le Château Rozier est ouvert aux visites.

LA FABRIQUE À DESSERTS

8, rue Jean Jaurès
✆ 05 57 55 11 23
Ouvert le mardi et du jeudi au samedi de 8h30 à 19h.

La Fabrique à desserts vous régale avec une vingtaine de pâtisseries. Aux côtés de David Julien, Susie Smal laisse libre cours à son imagination. Avec beaucoup de fraîcheur et un dosage en sucre parfaitement maîtrisé, les pâtisseries de Susie valent le détour. L'Oscar, ce macaron emblématique de la Maison Darnajou, est toujours là, mais revisité par la nouvelle équipe, bien sûr. Piou-Piou, Madeleine, Chou'Quai… le plus difficile est de choisir ! Vous trouverez encore des confiseries, plateaux de mignardises et des gâteaux à partager. Sur place ou à emporter !

JEUX BARJO

62, rue Fonneuve ✆ 05 47 11 27 47
https://jeux-barjo.fr/
Ouvert du mercredi au dimanche à partir de 14h. Forfait : 3 €/joueur. Petite restauration à partir 7 €. Animations.

Que vous veniez dans ce café-jeux en famille ou entre amis, pour un verre ou une partie endiablée, le mot d'ordre est la bonne humeur. Ici, on vient pour partager un bon moment tout en découvrant ou redécouvrant les plaisirs des petits-chevaux, mais pas seulement… Des plus classiques aux plus stratégiques, en passant par les plus rigolos, de très bonnes surprises vous attendent parmi les 300 références disponibles. Laissez-vous guider et faites confiance à l'équipe. Pour les règles, pas de panique, ils les connaissent sur le bout des doigts ! Boutique sur place.

MAISON DU VIN DES GRAVES DE VAYRES

Place du Général de Gaulle - **VAYRES**
✆ 05 57 74 86 42
www.gravesdevayres.com
Ouvert toute l'année. Du mardi au samedi de 10h à 12h30 et de 14h à 18h ou 19h selon la saison.

Deuxième plus ancienne appellation du Bordelais, l'appellation des Graves de Vayres a officiellement vu le jour en janvier 1926. Nichée entre Bordeaux et Saint-Emilion, cette région viticole forme une enclave sur la commune de Vayres et la partie haute d'Arveyres. Les sols sont constitués de terrains graveleux, de couches successives d'alios déversées par le fleuve, d'argiles ocre, de sables et de limons très doux. Aujourd'hui, une trentaine de domaines se partagent le terroir.

MARCHÉ DE LIBOURNE

Le mardi, le vendredi et le dimanche de 8h à 12h30.

Le mardi, le vendredi ainsi que le dimanche, la bastide de Libourne s'anime au rythme du marché de plein air. De 8h à 12h30, les commerçants s'emparent de la jolie place Abel Surchamp et des rues adjacentes. Prisé notamment par les Bordelais, le marché du dimanche reste le plus important et le plus vivant. De son côté, le marché couvert situé rue Montesquieu est ouvert toute l'année, le mardi et du jeudi au dimanche de 6h à 13h. Il réunit 16 commerçants de bouche. Au fil des saisons, d'autres marchés et événements se déroulent au cœur de Libourne.

VERTI'GO PARK

Rue de Chaperon Grangère
✆ 05 57 84 01 97
www.vertigo-park.com

Ouvert toute l'année (jours et horaires d'ouverture variables). Tarifs des activités en ligne. Restauration. Animations.

Verti'Go est un centre d'activités pour les petits dès 6 ans comme pour les plus grands, sans limite d'âge. Non loin de la gare de Libourne, Verti'Go s'est installé au cœur des anciennes halles Sernam. Profitant d'un parking de 180 places et d'un vaste espace de 3 800 m², c'est le lieu de rendez-vous idéal pour les familles et les amis qui souhaitent se retrouver pour une bonne dose de fun. Au programme : bowling, billards, trampoline park, laser game, escape game, jeux d'arcades et cours de danse. Sans oublier La Cervoiserie pour découvrir l'une des 350 bières.

LIBOURNE WAKEPARK

Rue de Schandorf ✆ 07 66 19 31 50
http://libournewakepark.fr/

Ouvert de mai à septembre. Session (15 min) de 17 à 20 €. Cartes de 10 à 50 sessions. Bouée tractée. Privatisation.

A 10 minutes du centre-ville de Libourne, Jérémie Gibon continu de vous accueillir pour vous faire découvrir le wakeboard, mais aussi le wakeskate et le wakeski. Sans oublier les bouées tractées qui amusent les plus grands comme les plus petits. Toutes les sessions sont encadrées et coachées par des moniteurs diplômés. Il y en aura donc pour tous les goûts et tous les niveaux. De fin juin à fin août, vous pourrez profiter de la plage surveillée, des terrains de beach-volley, du terrain de pétanque et d'un parc pour enfants en libre accès. Le spot est très sympa.

THÉÂTRE LE LIBURNIA

14, rue Donnet
✆ 05 57 74 13 14
www.theatreleliburnia.fr

Billetterie du lundi au vendredi de 10h30 à 12h30 et de 13h30 à 17h. Restauration.

Le Liburnia (544 places) est doté de techniques modernes en termes d'acoustique, lumière et mise en scène. L'espace scénique couvre près de 80 m² et l'accessibilité aux personnes à mobilité réduite est garantie. A l'extérieur, l'ancienne façade en pierre a été conservée et intégrée de manière harmonieuse dans une belle façade de verre, le tout s'insérant parfaitement dans le paysage urbain. Au rythme de sa scène éclectique et pluridisciplinaire, la programmation du Liburnia est très riche et diversifiée, avec près d'une quarantaine de spectacles chaque saison.

CHÂTEAU PENIN

Couponne - **GÉNISSAC**
✆ 05 57 24 46 98 - www.chateaupenin.com

Ouvert du lundi au vendredi de 9h à 12h et de 14h à 17h30, le samedi sur rendez-vous. Boutique.

© PATRICK CARTEYRON

Domaine familial depuis 1854, le Château Penin est issu d'un terroir de graves très localisé, obligeant la vigne à aller chercher profondément ses ressources. Le résultat donne un raisin très concentré d'une grande maturité. Parmi quelques références, on peut souligner la cuvée « Natur », vinifiée et conservée sans ajout de soufre. Les vins de la propriété sont récompensés par de nombreuses médailles. Au sujet du Château La Fleur Penin 2015, Saint-Émilion Grand Cru, l'Union de la Sommellerie Internationale parle de « grand art » et de « haute couture ».

CHÂTEAU LA TOUR DU PIN FIGEAC

41, rue de Catusseau
✆ 05 57 51 06 10
www.giraud-belivier.fr

Visite et dégustation (sur rendez-vous sauf en juillet et août de 10h à 16h). Adulte : 8 €.

Les générations de Giraud-Belivier se succèdent depuis 1923. Le château La Tour du Pin Figeac appartient à la famille Giraud avec le château Le Caillou (AOC Pomerol) et le Domaine du Vieux Manoir (AOC Lalande de Pomerol). Le terroir d'exception de ce château est situé sur la Haute-Terrasse de Figeac-Pomerol, sur 11 hectares, contigu au prestigieux premier cru Cheval Blanc. Le vignoble produit un vin classé Saint-Emilion Grand Cru. L'accueil que l'on vous réserve ici est chaleureux.

© CHÂTEAU LA TOUR DU PIN FIGEAC

© CHÂTEAU LA TOUR DU PIN FIGEAC

POMEROL ★

L'appellation Pomerol connaît aujourd'hui une renommée mondiale. Et c'est ici, sur les terres de Pomerol (« pépins de raison » en latin) que l'on produit le Château Pétrus, le vin le plus cher au monde ! Ancienne commanderie de Saint-Jean-de-Jérusalem, le village était une étape importante sur les chemins de Saint-Jacques-de-Compostelle. La donation de la terre de Barbanne par le seigneur Guillaume de Ségur et ses frères constitue l'acte fondateur de la commanderie. A voir : son église romane partiellement démolie au XIXe siècle reconstruite en 1899 par l'architecte Hosteing, l'ancien presbytère, quelques belles demeures... Et bonne dégustation.

LA FERME À ROULETTES

NÉAC
✆ 06 50 07 41 75
www.lafermearoulettes.fr

Tarif des «Escap'Âne» sur devis. Circuits hippomobiles à partir de 25 €. Ateliers à la ferme. Apéro Horse & Wine : 60 €.

Accompagnés d'un âne bâté ou sur des « roulettes » du haut d'une voiture attelée, La Ferme à Roulettes vous emmène entre vignes et châteaux. Avec ou sans visite-dégustation, ou déjeuner gourmand, les « Escap'Âne » durent entre 1h45 à 3h. Il y a aussi la formule « Horse & Wine » ; une balade en attelage en fin de journée. Au gré des prés, les départs se font le plus souvent de Néac en face du vieux presbytère ou de Montagne au Château Saint-Georges. Ateliers du Petit Fermier, vente de fromages de chèvre... Soyez curieux. Toujours sur réservation.

LA TABLE DE CATUSSEAU €€

86, route de Catusseau ✆ 05 57 84 40 40
www.latabledecatusseau.fr

Ouvert le mardi et du jeudi au samedi le midi et le soir ; le mer. midi. Réservation conseillée. Carte : 45 € environ.

A la Table de Catusseau, le chef Kendji Wongsodikromo imagine des recettes raffinées teintées de soleil et de produits traditionnels du Sud-Ouest dans un esprit bistronomique. De grands moments pour nos papilles, c'est certain ! Le menu « Catusseau » est une jolie façon de découvrir la cuisine de ce chef néo-calédonien. Vous pourriez également avoir envie de vous laisser surprendre par le menu « inspiration du chef » proposé en 4 services à l'ensemble des convives. Expérience gustative garantie, y compris si vous choisissez la formule du midi en semaine.

CHÂTEAU DES ANNEREAUX

5, rue des Annereaux - **LALANDE-DE-POMEROL**
✆ 05 57 51 03 01
www.annereaux.com
Ouvert du lundi au vendredi de 9h à 12h et 14h à 17h30. Visite et dégustation gratuites sur rdv, y compris le week-end.

C'est une bien belle histoire que nous raconte ce château construit en 1598, appartenant à la famille Annereau présente sur ces terres depuis 1390. Le propriétaire Dominique Hessel n'a eu de cesse de faire perdurer le travail entamé. Il a instauré dès 2005 la démarche d'agriculture raisonnée pour finalement obtenir le label Agriculture Biologique dans les années suivantes (Certification Ecocert). Trois vins sont conçus au château : le Grand Vin le Château des Annereaux, le Second Vin le Château des Biscarrats et le vin de bordeaux l'Ane mort.

CHÂTEAU MONCETS

Chemin de Roussillon - **NÉAC**
✆ 05 57 51 19 33
www.moncets-chambrun.com
Visite classique : 7,50 €/pers ; visite alliance : 19 €/pers. Uniquement sur réservation. Boutique.

Le vignoble et le chai subissent une transformation radicale en 2015 pour pérenniser l'exploitation et intégrer la même année le Château de Chambrun. Aujourd'hui, les Vignobles Moncets & Chambrun représentent près de 43 parcelles soit 33 hectares. En complément de la lutte raisonnée menée sur le vignoble, la nouvelle équipe a lancé la conversion du vignoble en Agriculture Biologique. Dans cette démarche, un étang a été créé dans le parc du château dans le but d'accroître la biodiversité florale et animale pour favoriser l'apparition d'un écosystème propre.

CHÂTEAU SIAURAC

NÉAC
✆ 05 57 51 65 20
www.siaurac.com
Visite et dégustation sur réservation uniquement. Visite du parc paysager sur rendez-vous. Réception.

Propriété historique de l'Appellation Lalande de Pomerol, le Château Siaurac appartient à la même famille depuis 1982. Les origines du vignoble remontent au XVIIe siècle. La famille a voulu construire un véritable château dans le style du XVIIIe siècle. Un parc romantique a été créé à la place des vignes devant la maison et les vignes proches ont été rachetées. Siaurac est aujourd'hui, la plus grande propriété de l'Appellation. Des expositions y sont régulièrement organisées. Le parc paysager porte le label Jardin Remarquable. Une visite s'impose !

CLOÎTRE DES CORDELIERS

2, rue de la Porte Brunet
✆ 05 57 24 42 13
www.lescordeliers.com
Visites guidées pédestre 9,90 €/enfant & 11 €/adulte. Réservation en ligne. Bar. Restaurant. Boutique.

Classé Monument historique et inscrit au Patrimoine mondial de l'UNESCO, le cloître des Cordeliers date du XIVe siècle. A cette époque, Les Cordeliers, qui cultivaient déjà la vigne, ont occupé les lieux jusqu'à la Révolution française. A la fin du XIXe siècle, les sous-sols furent transformés en chais et en caves. Après une visite commentée du cloître, des jardins et des caves à 20 mètres sous terre, vous découvrirez et appréhenderez la méthode traditionnelle de production des vins effervescents. Le tuk-tuk tour inclut une visite du village de Saint-Emilion.

© BOUTIQUE CLOITRE DES CORDELIER

© LES CORDELIERS.

L'ESCALE BEAUTÉ

16-18, route de Périgueux © 05 57 23 11 70
www.lescalebeautelibourne.fr
Ouvert du mardi au vendredi de 9h30 à 19h ; le samedi jusqu'à 16h. Nocturne : jeudi ou vendredi jusqu'à 20h30 sur rdv.

Soins visage bio (hydratant, purifiant, nourrissant, anti-âge, etc.), soins du corps et gommages, soins méthodes LPG 100 % naturel, manucure, maquillage et maquillage semi-permanent (tatouage), épilations (homme et femme), bronzage UV... Isabelle et Laury vous accueillent à l'Escale Beauté pour une parenthèse bien-être. La gamme de soins est très complète et les tarifs permettent réellement de se faire plaisir. On craque d'ailleurs pour l'escapade sensorielle (1h30) avec gommage, enveloppement et massage corps. Pour offrir, il suffit de penser au bon cadeau.

SYNDICAT ET MAISON DU VIN DE POMEROL

8, rue Tropchaud
© 05 57 25 06 88
www.vins-pomerol.fr
Ouvert du lundi au vendredi de 9h30 à 12h et de 14h30 à 17h30.

Conçue et réalisée par l'architecte bordelais Pascal Teisseire, la Maison des Vins, attenante au Syndicat Viticole de Pomerol, est un espace dédié à la vente et à la promotion de l'appellation Pomerol. Vous y trouverez un grand choix de crus de Pomerol vendus au prix château. Le meilleur accueil vous sera réservé. De son côté, le Syndicat viticole regroupe tous les viticulteurs de l'appellation Pomerol, il œuvre pour la défense et la promotion de ses vins.

SAINT-EMILION ★★★

Cette cité médiévale a été fondée au VIIIe siècle par un moine breton, Émilian. À la fin du XIe siècle, les bénédictins entreprirent de creuser l'église monolithe, une œuvre monumentale qui demanda une dizaine d'années de travail. Au cours des siècles suivants, des religieux d'autres congrégations élevèrent des couvents et des églises dans la ville puis la ceinturèrent de remparts. Jean sans Terre fonda véritablement la ville en 1199 et lui donna une organisation politique sous forme de jurade. Entouré de coteaux calcaires, Saint-Émilion se consacre au vin et commerce avec l'Angleterre pendant la guerre de Cent Ans. La ville se couvrit de maisons bourgeoises et d'hôtels particuliers, tandis que les riches propriétaires entreposèrent leur vin dans 70 hectares de galeries souterraines. De tous les villages de France, Saint-Émilion est certainement l'un des plus riches en nombre de monuments historiques. Il y a notamment l'église troglodytique Saint-Pierre réalisée du IXe au XIIe siècle, les carrières, les catacombes, la chapelle de la Madeleine, la commanderie, le couvent des Cordeliers et celui des Dominicains. Étape rituelle des pèlerins de Saint-Jacques-de-Compostelle, ceux-ci honoraient les reliques de saint Émilion dans l'église souterraine. À voir aussi : l'église collégiale et son cloître. Le portail du couvent des Jacobins est orné d'une sculpture du XVe siècle. Saint-Émilion est aussi le premier vignoble inscrit au patrimoine mondial par l'UNESCO. Ses paysages autant que son patrimoine, ses saveurs et le charme de cette cité de caractère vous séduiront à coup sûr.

VIGNOBLES BEDRENNE

3, rue du 8 Mai 1945 - **LALANDE-DE-POMEROL**
© 05 57 51 46 75
www.vignobles-bedrenne.com
Ouvert tous les jours de 9h à 12h et de 14h à 18h. Visites et dégustations. Initiation à l'œnologie : 20 €. Boutique.

Au cœur du village de Lalande-de-Pomerol, près de l'église des anciens hospitaliers de Saint-Jean-de-Jérusalem, les vignobles Bedrenne méritent une visite. Les vignes sont réparties sur trois appellations : AOC Lalande-de-Pomerol, AOC Montagne-Saint-Emilion et AOC Bordeaux Supérieur. Le Château La Croix de la Chenevelle appartient à la famille Bedrenne depuis 5 générations. Monique Bedrenne apporte sa touche féminine tout en respectant le caractère du vin de Lalande-de-Pomerol. Avec son fils Rémi, ils assurent les activités de la culture de la vigne à la vente.

CHÂTEAU SOUTARD

© 05 57 24 71 41
www.chateau-soutard.com
Visite guidée. Activités œnotouristiques. Parcours nature et/ou location de vélo. Hébergement. Réception & séminaire.

Construit au XVIIIe siècle, le Château Soutard se dresse tel un mastodonte au milieu d'un tapis verdoyant. A moins d'un kilomètre du centre de Saint-Émilion, le vignoble situé au cœur du plateau calcaire de l'Appellation s'étend aujourd'hui sur 30 hectares. Le Château Soutard a développé une activité œnotouristique assez complète avec des visites guidées plus ou moins approfondies, un parcours à vélo pour découvrir le vignoble, des pique-niques à la propriété élaborés par un chef... Le Château Soutard est aussi une charmante maison d'hôtes avec quatre chambres.

Saint-Émilion.

ECOMUSÉE DU LIBOURNAIS

✆ 06 37 64 81 36
www.ecomusee-libournais.com
Adulte : 7 €. Enfant : 5 €. Visite guidée (toute l'année, sur réservation uniquement).

L'Ecomusée du Libournais s'est installé dans un nouvel écrin architectural du Grand Saint-Emilionnais, le Château Petit Faurie de Soutard. Attendez-vous à un voyage en terres de vins avec découverte du patrimoine et dégustation. Les visites guidées organisées sur réservation devraient vous permettre de vous approprier l'histoire de ce territoire et ses habitants, mais aussi des savoir-faire, de l'environnement naturel… La période de référence se situe principalement entre la seconde moitié du XIXe siècle et la période contemporaine. Comptez 1h15.

OFFICE DE TOURISME DU GRAND SAINT-EMILIONNAIS

Place des Créneaux ✆ 05 57 55 28 28
www.saint-emilion-tourisme.com
Qualité Tourisme. Ouvert toute l'année. Jours et horaires d'ouverture variables. Label Tourisme & Handicap.

L'Office de Tourisme du Grand Saint-Emilionnais propose tout un panel de visites guidées et organise vos séjours pour partir à la découverte des sites et des monuments ainsi que des domaines et des vignobles… Sans oublier les visites inédites lors des grands événements. La plateforme de réservation en ligne vous permet de vous inscrire à l'avance et d'organiser votre venue plus facilement. L'Office recense également les cours d'œnologie et les initiations à la dégustation.

SAINT-ÉMILION SOUTERRAIN

✆ 05 57 55 28 28
www.saint-emilion-tourisme.com
Ouvert toute l'année. Gratuit jusqu'à 10 ans. Adulte : 9 €. Tarif réduit : 7 €. Visite guidée.

Une immersion au cœur de la pierre calcaire pour une découverte exclusive du patrimoine souterrain de Saint-Emilion, ça vous tente ? De l'histoire du moine fondateur du village au creusement de la surprenante église monolithe, la visite « Saint-Emilion souterrain » vous permettra de découvrir 4 monuments incontournables : l'ermitage d'Emilion, la chapelle de la Trinité et ses peintures médiévales, les catacombes ainsi que l'église souterraine. Le saviez-vous ? L'église monolithe est la plus vaste d'Europe ! Seul un guide pourra vous ouvrir ses portes.

CHÂTEAU LAROQUE

SAINT-CHRISTOPHE-DES-BARDES
✆ 05 57 24 77 28
www.chateau-laroque.com
Boutique ouverte du lundi au vendredi de 9h à 12h30 et de 13h30 à 17h.

Avec sa puissante tour du XIIe siècle, le Château Laroque en impose. Laroque fait effectivement figure de place forte dominant Saint-Émilion. Grand Cru Classé à l'occasion du classement de 1996, le Château Laroque demeure le plus grand domaine viticole de Saint-Emilion, avec 61 hectares plantés. L'encépagement retient les deux grandes variétés de Saint-Emilion : le merlot et le cabernet franc. Jusqu'à ce jour, aucune visite et dégustation n'est organisée, il est tout de même possible de venir pour admirer la superbe architecture et vous promener dans le parc.

LA TOUR DU ROY

Rue des Jurats
✆ 05 57 55 28 28
www.saint-emilion-tourisme.com
Ouvert de février à décembre (horaires variables). Adulte : 2 €. Vente des billets directement à la Tour du Roy.

Le « castel daou rey », autrement dit « la tour du Roy », est le seul donjon encore intact en Gironde. Ce superbe édifice de 32 mètres de haut est un incontournable à Saint-Emilion. Envie de partir à l'assaut de ce témoin du passé ? Pour cela, il vous faudra gravir 118 marches, mais l'effort sera très rapidement suivi du réconfort, car la vue panoramique de Saint-Emilion est superbe. Construit au cours du XIIIe siècle, le donjon fut utilisé comme citadelle défensive jusqu'à la fin du XVIe siècle. On y proclame le Jugement du Vin Nouveau et le Ban des Vendanges.

UNE NUIT SOUS LA RÉVOLUTION

Place des Créneaux ✆ 05 57 55 28 28
www.saint-emilion-tourisme.com
Tous les jeudis en juillet et août. Adulte : 15 €. Enfant (10 à 17 ans) : 11 €. Chèques non acceptés. Chèque Vacances.

Embarquez pour une visite nocturne et théâtralisée ! Lors de cette visite qui retrace la vie d'un révolutionnaire pendant la Révolution française, Monsieur ou Madame Bouquey vous racontera son quotidien, son village, ses secrets, ses cachettes et son combat. A la lueur des lanternes, vous profiterez des anecdotes de votre guide tout en passant des rues, aux places et aux monuments souterrains de la cité. Une manière originale et ludique de découvrir Saint-Emilion d'un autre œil.

RACONTE-MOI SAINT-EMILION

Place des Créneaux ✆ 05 57 55 28 28
www.saint-emilion-tourisme.com
En juillet et août du lundi au vendredi. Gratuit jusqu'à 5 ans. Tarif unique : 6 €. Tarif famille : 18 €.

Que diriez-vous de proposer à vos enfants de 5 à 12 ans, une initiation pédagogique au patrimoine de Saint-Emilion ? Avec *Enquête dans les souterrains*, les enfants vont découvrir, le patrimoine troglodytique de la cité. Avec *Détecteur de mensonges*, ils seront plongés dans la vie d'autrefois pour démêler le vrai du faux. A travers l'histoire de *Pierre, le tailleur de pierre*, le guide racontera la vie d'un enfant au Moyen Age, le rôle des fortifications et, aussi, de la pierre de taille.

SAINT-EMILION SOUTERRAIN

Place des Créneaux
✆ 05 57 55 28 20
www.saint-emilion-tourisme.com
Tous les jours sur réservation. A partir de 24€ / personne (base 5 personnes). Visite guidée (45 à 60 minutes).

Une visite incontournable et unique en son genre ! En compagnie d'un guide, vous plongerez dans les profondeurs de la cité, au cœur de la roche et ces galeries si secrètes. Durant la visite, vous comprendrez ainsi mieux l'organisation du patrimoine souterrain de Saint-Emilion. Entre légende et réalité, de l'histoire du moine Emilion – fondateur du village –, au creusement de la surprenante église monolithe, vous traverserez des siècles entiers chargés d'histoire à travers l'ermitage d'Émilion, la Chapelle de la Trinité, les catacombes et l'église monolithe.

LE TRAIN DES GRANDS VIGNOBLES

✆ 05 57 51 30 71
www.train-des-grands-vignobles.com
D'avril à novembre. Adulte : 7 €. Enfant (3 à 12 ans) : 6 €. Train, visite et dégustation : 10 €. Billetterie en ligne.

Attention au départ ! Ce petit train touristique vous guidera à travers le magnifique terroir de Saint-Émilion. Cette excursion de 35 minutes vous invite à découvrir les châteaux les plus prestigieux de l'appellation. Si vous avez plus de temps, nous vous conseillons d'opter pour la balade commentée, qui, à mi-parcours, vous permet de faire une halte au Château Rochebelle pour une visite de cave monolithe et une dégustation. Consultez les horaires de départ sur le site internet.

YELLOH ! VILLAGE - SAINT-ÉMILION €

2, les Combes
✆ 05 57 24 75 80
www.camping-saint-emilion.com
Ouvert d'avril à septembre 2021. Cottage (4 pers.) dès 315 €/semaine. Emplacements à partir de 154 €/semaine. Piscines.

Situé au milieu des vignes à 3 km du centre-ville historique de Saint-Emilion, ce superbe camping****, membre de la chaîne « Yelloh ! Village », s'étend sur près de 10 hectares, en bordure d'un vaste lac. On peut venir y planter sa toile de tente, s'installer avec sa caravane ou son camping-car, louer un chalet ou un mobil-home ou encore prendre possession d'un cottage flottant. Le cadre est magnifique ! Bar, snack, épicerie... Tout se concentre autour d'une grande place de village.

© YELLOH ! SAINT-EMILION

© YELLOH ! SAINT-EMILION

LIBOURNAIS

TUK-TUK TOUR

✆ 06 40 83 62 60

www.tuktourevents.com

De 12 € à 25 € (de 8 € à 12 € pour les enfants -12ans). Course d'orientation en Tuk-Tuk à partir de 75 €.

Petits et grands aiment s'aventurer en tuk-tuk à travers les ruelles et les vignobles de la cité. Plusieurs formules s'offrent à vous, y compris une visite commentée avec dégustation. Il ne vous reste plus qu'à embarquer à bord d'un de ces engins rutilants et silencieux pour une balade atypique. Pratique pour les virées en famille, chaque tuk-tuk a 6 places ! Ceux qui le souhaitent pourront encore visiter Bordeaux ou participer à une course d'orientation. Les billets sont en vente à l'Office de Tourisme ou directement chez Tuk-Tour Events à l'Espace Villemaurine.

WINE BIKE TOUR

✆ 06 50 68 58 30

www.winebiketour.com

Circuits en side-car à partir de 85 € ; circuits en voiture électrique à partir de 60 €.

Découvrez Bordeaux, Saint-Emilion et la région de Nouvelle-Aquitaine à bord de side-cars Ural à l'esprit « vintage » ou en voiture électrique Bluesummer ! Voilà ce que vous proposent ceux qui se cachent derrière l'agence de tourisme *Wine Bike Tour.* Confortablement installé derrière ou à côté de votre chauffeur, vous profiterez d'un des 4 circuits existants ou d'un circuit sur mesure de 40 minutes à 3 heures jusqu'à la journée entière. Au fil de la balade, à 2 ou jusqu'à 15 participants, vous découvrirez le vignoble, des châteaux et de splendides villages.

AUBERGE DE LA COMMANDERIE €€

2, rue de la Porte Brunet ✆ 05 57 24 70 19

www.aubergedelacommanderie.com

17 chambres dont 3 chambres familiales et 2 chambres triples à partir de 85 €, 110 € et 130 €. Petit déjeuner : 13 €.

L'Auberge de la Commanderie est idéalement située en plein cœur de la cité médiévale avec une vue panoramique sur les monuments et le vignoble de Saint-Emilion. Dans une ancienne maison templière chargée d'histoire, l'auberge respire l'authenticité et offre le charme tranquille d'un hôtel familial. Très agréable, la décoration des chambres est élégante, saupoudrée de matières brutes comme le bois dont les teintes ont été adoucies pour créer les têtes de lit.

CHAMBRES D'HÔTES DU CHÂTEAU FRANC GRÂCE-DIEU €€

Lieu-dit la Grâce Dieu ✆ 06 25 59 36 77

www.chateaufrancgracedieu.com

Chambre double de 100 € à 145 € ; suite de 125 € à 165 €. Petit déjeuner inclus. Lit supplémentaire : 20 €.

Au Château Franc Grâce-Dieu, on profite d'espaces au charme indéniable, tels le salon ou la superbe bibliothèque dans lesquels on a plaisir à passer de nombreuses heures de relaxation au calme. Amateurs d'échecs ? Un échiquier géant vous attend. La pierre, les cheminées et le carrelage ancien sont mariés avec goût aux touches modernes de décoration. Décorées différemment les unes des autres, les chambres offrent des vues sur les vignes, le parc ou le jardin.

CHÂTEAU TROPLONG MONDOT €€

1, Lieu-dit Mondot ✆ 05 57 55 38 28

www.troplong-mondot.com

Ouvert toute l'année. Pour 1 chambre de 250 € à 370 € ; pour 2 chambres de 415 € à 590 €.

Le Château Troplong Mondot domine un terroir unique. À l'abri de la glycine qui grimpe au coin de la maison, la chambre Edouard, accessible aux personnes à mobilité réduite, se pare de bois et d'étoffes carmin. Nichée sous les toits, la seconde chambre double s'offre une vue sur le clocher de l'église monolithe de Saint-Émilion. La Maison des vignes s'adresse à ceux qui rêvent d'indépendance et de charme. Petit-déjeuner, goûter, bouchées raffinées, dîner... Faites confiance au chef David Charrier du restaurant Les Belles Perdrix, pour vous régaler à toute heure.

CLOS DE LA BARBANNE €€

2, les Grandes Pièces - **MONTAGNE**

✆ 05 57 24 08 79

www.closdelabarbanne.com

4 chambres à partir de 180 € et 210 € (2 nuitées minimum). Petit déjeuner inclus. Table d'hôtes. Sauna. Prêt de vélos.

Maison d'hôtes d'Annie et Laurent Gerber, le Clos de la Barbanne est la située dans le vignoble de Saint-Emilion, sur la route de Compostelle entre Bordeaux et Bergerac. Ici, il y a deux chambres et deux suites contemporaines et luxueuses, dont certaines avec de belles vues sur les vignes ou le jardin. Eté comme hiver, vous profiterez du bassin de nage intérieur et du sauna infrarouge. Le soir, Annie et Laurent vous reçoivent à leur table. Une occasion parfaite pour découvrir le Concerto ; le vin de la propriété en appellation Montagne Saint-Emilion.

LOGIS DES CORDELIERS €€

7, rue Porte Brunet ✆ 07 82 78 01 55
www.logis-des-cordeliers.com
Fermé de novembre à Pâques. 4 chambres de 125 € à 175 € selon la saison. Petit déjeuner inclus. Wifi gratuit.

Le Logis des Cordeliers est une maison datant du XVIIIe siècle. En pierre, elle est située en plein centre de la ville, avec des vues privilégiées sur les plus beaux monuments. Les deux grandes fenêtres de la chambre du Roy offrent un superbe panorama sur la tour du Roy, le clocher et l'église monolithe. La chambre de Bacchus donne quant à elle, face au Cloître des Cordeliers. Spacieuses et de caractère, les chambres sont décorées avec goût (meubles de style, murs en pierre, parquet au sol, etc.). Un parking gratuit se trouve à moins de 50 mètres de la maison.

AU LOGIS DES REMPARTS €€

18, rue Guadet ✆ 05 57 24 70 43
http://logisdesremparts.com
Chambre double à partir de 135 € ; suite à partir de 280 €. Petit déjeuner : 14 €. Parking fermé (selon la chambre).

Bien situé, l'hôtel Au Logis des Remparts vous reçoit dans un cadre absolument magnifique. Avec ses beaux extérieurs, ses terrasses arborées, sa piscine et ses vues imprenables sur les vignes, l'hôtel a les atouts pour vous plaire. Soigneusement décorées dans un style contemporain, les chambres sont parfaitement équipées. Peut-être aurez-vous la chance de séjourner dans l'une des suites de La Maison Gothique, le seul monument historique privé de Saint-Emilion du XVe siècle. L'établissement ne répond pas aux normes d'accessibilités aux personnes handicapées.

MAISON DE LA COMMANDERIE €€

3 bis, rue de la Porte Brunet ✆ 05 57 24 26 59
www.aubergedelacommanderie.com
Chambre double à partir de 130 €. Petit déjeuner inclus.

Cette magnifique maison du XIIe siècle bénéficie d'une vue imprenable sur le village, la vallée de la Dordogne et le cloître des Cordeliers. Vous vous installerez dans la Suite du Commandeur, un duplex de 40 m² pouvant accueillir jusqu'à 4 personnes. Mais les quatre chambres de l'établissement sont tout bonnement charmantes, décorées avec soin, dans un style moderne et baroque de très bon goût ! Laurent se fait un plaisir de vous recevoir et propose tout un tas de petites attentions avec notamment des découvertes culinaires du petit déjeuner au dîner.

CONCEPT APPART ST EMILION €€

1, rue de la Cadène
✆ 06 87 02 72 58
www.conceptappartstemilion.fr
Ouvert toute l'année. Appartement (2, 3 ou 4 pers.) à partir de 110 €. Parking gratuit à proximité. Ventilateur.

© CONCEPT APPART SAINT EMILION

Idéalement situés, les trois appartements indépendants du Concept Appart St Emilion possèdent de belles chambres climatisées et une cuisine équipée où vous trouverez les condiments nécessaires pour cuisiner, du sucre et les tablettes pour le lave-vaisselle. Les capsules de café et les sachets de thé sont offerts pendant le séjour. Depuis l'Appartement Studio, au 3e étage sans ascenseur, on peut voir le clocher de l'église monolithe. Une très belle adresse (pas de réception physique)

PAVILLON DES MILLÉSIMES €€

3, rue de Lincent - **LUSSAC** ✆ 07 60 56 77 34
https://pavillon-des-millesimes.fr/
Chambre double à partir de 145 € ; suite familiale 6 pers. à partir de 214 €. Séminaires. Réceptions. Restauration.

Nathalie et David sont à l'origine de la restauration de ce lieu chargé d'histoire. Ils vous accueillent, vous régalent, vous conseillent et vous feront sans aucun doute partager leur coup de cœur pour ce bel hôtel particulier du XIXe siècle situé en plein cœur d'une des plus prestigieuses régions viticoles, et aussi les trésors qu'offrent le Saint-émilionnais et la Gironde. Dans cet environnement hors du temps, les chambres répondent au nom de Magnum, Impériale, Marie Jeanne, Balthazar et Melchior (la suite pour 6 personnes). Elles sont belles et lumineuses.

TINY HOUSE PARCEL. €€

www.parceltinyhouse.com

Ouvert toute l'année. A partir de 140 € la nuit avec petit déjeuner pour deux personnes.

Parcel. a installé sa première Tiny House dans les vignes du Château Champion, chez Véronique et Pascal. L'idée ? Proposer des séjours hors du temps, une initiation au *slow life* et au tourisme écoresponsable. Ici, pas de voisin, pas de wifi, ni de TV, mais l'essentiel pour se retrouver et (re) découvrir la beauté de la région. Fabriquée en France et construite en bois douglas issu de forêt eco-sourcée des Landes, la Tiny House est parfaitement équipée avec un lit double, une cuisine, une douche écologique et des toilettes sèches. Une parenthèse agréable.

CONCEPT APPART ST EMILION €€

1, rue de la Cadène © 06 87 02 72 58

www.conceptappartstemilion.fr

Ouvert toute l'année. Appartement (2, 3 ou 4 pers.) à partir de 110 €. Parking gratuit à proximité. Ventilateur.

Idéalement situés, les trois appartements indépendants du Concept Appart St Emilion possèdent de belles chambres climatisées et une cuisine équipée où vous trouverez les condiments nécessaires pour cuisiner, du sucre et les tablettes pour le lave-vaisselle. Les capsules de café et les sachets de thé sont offerts pendant le séjour. Depuis l'Appartement Studio, au 3e étage sans ascenseur, on peut voir le clocher de l'église monolithe. Une très belle adresse (pas de réception physique)

CHÂTEAU HÔTEL-RESTAURANT GRAND-BARRAIL €€€

Route de Libourne - D243

© 05 57 55 37 00

www.grand-barrail.com

Ouvert toute l'année. 46 chambres à partir de 200 € et 330 € pour les suites. Petit déjeuner : 24 €. Restauration. Spa.

Entouré d'un parc de sept hectares, le Château Hôtel Grand Barrail est le seul à avoir été édifié au XIXe siècle sur la rive droite bordelaise. Réparties dans le château et ses dépendances, les chambres sont comme des écrins de luxe à l'instar du reste de l'établissement. Ici, tout a été pensé pour le confort et le bien-être : restaurant gastronomique, spa Cinq Monde, piscine chauffée dans le parc, salle de fitness, hammams, bain bouillonnant face aux vignes, bar à cigare...

LE BIS BY BAUD & MILLET €€

49, rue Guadet

© 05 57 25 80 80

https://le-bis-restaurant-st-emilion.fr/

Ouvert tous les jours midi et soir en haute saison. Raclette à volonté : 25 €. Armoire à fromages : 29 €. Terrasse.

En 1986, G. Baud crée le premier restaurant consacré aux vins et fromages de Bordeaux. En 2009, il passe le relais à X. Brung, un passionné aussi. Après avoir conquis la capitale du vin, il a ouvert *Le Bis* à Saint-Emilion. Comme son aîné, sa carte met à l'honneur les accords Vins et Fromages et les grands classiques de la maison : la raclette, la fondue, le Mont d'Or et une armoire avec 100 fromages... Copieux ! Situé en bas de la rue Gaudet, Le Bis est une adresse intimiste. Les plus chanceux profiteront de la petite terrasse panoramique. Réservation recommandée.

LE RELAIS DE FRANC MAYNE €€€

14, la Gomerie © 07 50 55 06 99

www.relaisfrancmayne.com

Ouvert du 15 mars au 15 novembre. 5 chambres de 175 € à 295 €. Petit déjeuner inclus. Visite et dégustation inclus.

Sous le toit de cette maison girondine du XVIIIe siècle, le Relais de Franc Mayne fait figure de halte idéale pour un séjour au cœur du célèbre vignoble. Dans cette charmante maison d'hôtes, les chambres profitent des jolies vues sur le jardin ou les vignes. Climatisées et bien équipées, elles sont conçues pour accueillir 2 à 3 hôtes. Les familles avec enfant sont les bienvenues. Pour une expérience insolite, optez pour le « Perchoir de Franc Mayne » avec son accès direct à la piscine naturelle. Adossé aux cèdres centenaires, la vue est exceptionnelle.

LE BISTROT DES VIGNOBLES €€

20, rue de la Porte-Brouqueyre

© 05 57 24 56 33

Ouvert Lundi-Samedi le soir, tous les jours le midi. Service en continu l'après-midi. Menus 28-34 €. Prix moyen 20 €.

En plein cœur de Saint-Emilion, le Bistrot des vignobles est une adresse au rapport qualité-prix correct. Vous profiterez d'un grand jardin au calme de l'agitation pour déguster vos plats. Au programme : foie gras, magret de canard ou rouget au foie gras... Le Sud-Ouest est dans l'assiette. On relève de nombreuses déceptions sur la qualité de l'entrecôte servie par la maison là où les couteaux en persillade remportent un franc succès. En haute saison, le service peut s'avérer un peu lent, mais attentionné. Une bonne adresse pour profiter d'un jardin tranquille.

LA CÔTE BRAISÉE €€

3, rue du Tertre de la Tente
✆ 05 57 24 79 65 - www.cotebraisee.fr
Le lundi et du jeudi au samedi midi et soir ; le mardi et le dimanche midi. Réservation recommandée. Plat : 18 € environ

La Côte Braisée est un restaurant incontournable. On vous promet notamment de découvrir les nombreuses spécialités gastronomiques du Sud-Ouest cuisinées par Mika Pineau, et de déguster les fleurons de la viticulture française. Le plat « signature » de la maison est le fameux foie gras mi-cuit. L'accueil est charmant et l'intérieur très agréable. Deux salles climatisées permettent de vous accueillir ; la première dans une cave voûtée creusée en pierre de taille et la seconde, plus traditionnelle, dans la partie haute du restaurant donnant sur une terrasse.

CHAI PASCAL €€

37, rue Guadet
✆ 05 57 24 52 45
www.chai-pascal.com
Ouvert toute l'année, tous les jours le midi et le soir. Plat du jour : 12,50 € (le week-end : 14,50 €). Vin au verre.

Catherine Papon-Nouvel, viticultrice en agriculture bio à Saint-Émilion, continue l'histoire de ce restaurant. Ici, la carte fait la part belle aux crus de Saint-Émilion et sa région, sans oublier de valoriser la France toute entière avec près de 93 références. Arrêtez-vous faire le plein de délices, partager un plateau et un verre de vin entre amis. À table, on déguste les grands classiques de la cuisine du Sud-Ouest. C'est simple, mais avec du goût, des produits frais et artisanaux de qualité. Le vin a sa place autant que la musique, le théâtre et le cinéma.

L'ENVERS DU DECOR €€

9, rue du Clocher
✆ 05 57 74 48 31
www.envers-dudecor.com
Ouvert tous les jours le midi et le soir. Réservation conseillée. Menus de 26,50 à 32 € (le midi en semaine). Terrasse.

Premier bar à vin historique de Saint-Emilion, *L'Envers du Décor* a ouvert en 1987 et transmis aux propriétaires du Château Pavie, en 2017. Lauréat de la meilleure carte des vins en France au Grand Prix de la Presse du Vin, *L'Envers du Décor* ne nous déçoit jamais. Si la carte des vins est à se damner, la cuisine du marché n'a pas à rougir. Les pâtisseries et le pain sont faits maison. Le tout est signé par le chef Bertrand Bordenave ! La cave creusée dans le rocher ainsi que la cheminée, rendent l'endroit très agréable et chaleureux en hiver.

L'HUITRIER PIE €€

11, rue de la Porte Bouqueyre
✆ 05 57 24 69 71
www.lhuitrier-pie.com
Maître Restaurateur. Collège Culinaire de France. Ouvert du jeudi au lundi midi et soir. Menus de 36 à 105 €. Jardin.

Courant 2018, L'Huitrier Pie a été repris par un jeune couple ; Camille Brouillard et Soufiane Assarrar ; un chef qui a fait ses armes auprès d'étoilés (le Castellas à Collias, Le Pavillon au Touquet ou La Réserve de Beaulieu à Beaulieu-sur-Mer). L'Huitrier Pie est une table gastronomique inventive où les menus se déclinent en plusieurs plaisirs pour finir en apothéose avec le Concerto de Saveurs en 8 services. Le menu du midi, que l'on entame avec des amuse-bouche, est une bonne approche de l'inspiration quotidienne du chef. Belle carte des vins de France.

LARD ET BOUCHON €€

22, rue Guadet
✆ 05 57 24 28 53
www.lardetbouchon.fr
Ouvert du mardi au samedi le midi et le soir. Menu : 29 €. Plats de 19 € à 27 €. Formule du midi : 21 €. Bar à vins.

Dans cette charmante table, Sylvain et Marie-Ange conjuguent avec justesse et harmonie, leurs nombreuses années d'expérience en restauration et bar à vins. L'ancien chai d'une maison gothique du XIVe siècle, où les précieux breuvages sont entreposés dans une cave, fait office de salle de restaurant. Dans les assiettes, vous pourrez déguster des plats « fait-maison », soigneusement préparés avec des produits de qualité. A la carte des vins, ce sont plus de 400 références – des petits et des grands crus –, dont près d'une vingtaine sont servies au verre.

L'ABSOLU €€

7, place du Marché au Bois
✆ 05 57 51 76 41
Ouvert tous les jours de 10h30 à 19h30. Service continu. Petit déjeuner : 8,90 €. Formule du midi : 17,50 €. Tapas.

L'Absolu est un bar à vins et restaurant très agréable pour passer un bon moment en terrasse ou dans l'intimité de la salle aux pierres apparentes. A la carte, s'affiche une longue liste de tapas, assiettes « dégustation », salades et plats de brasserie. Sans oublier les desserts : café gourmand, crêpes, glaces, mais aussi l'Ardoise de Saint-Emilion composée de macarons et macarons glacés. Bref, il y a de quoi trouver quelque chose pour accompagner les grands crus et les petits vins d'appellation, exposés au bar et présentés sur les bons conseils des serveurs.

LE MÉDIÉVAL €€

Place de la porte Bouqueyre ✆ 05 57 24 72 37
www.restaurantlemedieval-stemilion.com
Ouvert tous les jours de 7h30 à 22h30. Menus de 21 à 25 €. Formule du midi : 13,50 €. Accueil des groupes. Terrasse

Ce restaurant convivial et chaleureux vous propose une formule déjeuner le midi en semaine et 3 menus, dont un pour les enfants. La carte façon brasserie et les suggestions à l'ardoise sont toujours à bon prix. Les menus sont copieux et les plats savoureux. Le Médiéval est ouvert toute la journée et offre des pauses gourmandes salées et sucrées à toute heure : sandwiches, quiches, croque-monsieur, salade, gaufres, crêpes et glaces. La terrasse ensoleillée est très agréable. Avec 3 menus bien spécifiques, les groupes jusqu'à 100 convives sont les bienvenus.

LE RELAIS DE GASCOGNE €€

3, Lieu-dit Peyrouquet
✆ 05 57 47 15 02
Ouvert du lundi au vendredi de 6 à 14h et du mardi au jeudi de 18h à 21h30. Menus de 14 € (le midi) à 25 €. Terrasse.

Les habitués de ce restaurant routier vous le diront, tout est comme avant, mais en mieux ! Seuls l'équipe au service et les prix – imbattables – n'ont pas changé. A quelques minutes de Saint-Emilion, le Relais de Gascogne est entre les mains de Ludovic et Elisabeth. Leur défi : proposer une cuisine maison et généreuse dans une formule entrée/plat/fromage ou dessert et boisson ou café à 14 euros ! Ont-ils réussi leur pari ? Oui, et haut la main avec de belles suggestions ! Profitez des belles terrasses aux beaux jours et pensez à cette adresse pour vos événements.

LA RÉSERVE DU PRESBYTÈRE €€

22, Grand Rue - **MONTAGNE**
✆ 05 57 79 03 43
www.lareservedupresbytere.fr
Ouvert du mardi au samedi le midi et le soir ; le dimanche midi. Menus de 19 à 46 €. Déjeuner dominical de 29 à 35 €.

Au milieu des vignes, La Réserve du Presbytère est un lieu d'exception. Sur la place de l'église Saint-Martin, le restaurant profite d'une jolie terrasse. A la carte, une proposition bistronomique (plus accessible) s'ajoute au menu gastronomique. Le chef Jean-François Robert vous régale avec ses assiettes maîtrisées, colorées et gourmandes à base de produits frais du terroir : gourmandise de volaille au foie gras, velouté de moules Pondichéry, dariole de champignons et brochette de langoustines... L'endroit accueille vos réceptions, séminaires, repas d'affaires.

LA TABLE 38 €€

38, rue Guadet
✆ 05 57 74 42 72
https://latable38-restaurant.com/
Ouvert du mercredi au dimanche le midi et le soir. Plats et burgers à partir de 14 €. Charcuteries, fromages et vins.

Soraya et Malvina vous attendent à la Table 38 ; un lieu chic et convivial en plein cœur de la cité. La spécialité de la maison ? Le burger ! Si la base est classique (pain frais, steak de boucher de 150 gr, sauce burger, oignons rouges, lard paysan, cheddar, tomate, salade), les autres ingrédients mettent l'eau à la bouche : tranches de magret fumé, foie gras poêlé, brie de Meaux, configure d'oignon, effiloché de canard... L'assiette de foie gras mi-cuit maison, la daube de bœuf au vin de Saint-Emilion et les suggestions rendront le choix encore plus difficile.

LA TERRASSE ROUGE €€

1, château La Dominique
✆ 05 57 24 47 05
www.laterrasserouge.com
Ouvert du mercredi au lundi le midi ; du mercredi au samedi le soir. Menu gourmand : 39 €. Menu du marché : 28 €.

Jean Nouvel a réalisé là un bel ensemble architectural avec sur la terrasse panoramique, une piscine de galets rouges dont les reflets varient selon la lumière. Dans cette table gastronomique ouverte par Nicolas Lascombes, les vins sont associés à l'art de vivre et à la cuisine du Sud-Ouest. Le chef Rémi Joly prépare des plats à base de produits du terroir de très grande qualité à l'image. Les desserts sont également exceptionnels. Le menu du jour est une jolie façon de découvrir la cuisine de la Terrasse Rouge. Avec vue ! Le service est très agréable.

LE CLOS DU ROY €€€

12, rue de la Petite Fontaine ✆ 05 24 00 10 37
www.leclosduroy.fr
Maître Restaurateur. Collège Culinaire de France. Ouvert du mardi au dimanche le midi et le soir. Menus de 34 à 85 €.

Le chef Nikhola Lavie-Combot a côtoyé de nombreuses étoiles et de nombreux chefs d'exception (Paul Bocuse, Thierry Marx, Philippe Etchebest..). En plein cœur du village, les pierres de cette jolie maison se marient aux peintures et sculptures qui ornent le lieu. L'été, la terrasse est un enchantement. Ici, tous les plats sont subtilement dressés. Le chef vous invite ainsi à découvrir une cuisine moderne, riche en saveurs et dans l'air du temps, avec des produits d'exception, locaux et incontournables. Le Clos du Roy ferme ses portes de mi-décembre à mi-février.

LA TABLE DE PAVIE €€€

5, place du Clocher
✆ 05 57 55 07 55
https://hoteldepavie.com/
Les Grandes Tables du Monde. Ouvert du mardi au samedi le midi et le soir. Menu Dégustation 205 €. Menu Découverte 58 €.

Plusieurs fois récompensé de 3 étoiles, le chef Yannick Alléno s'exprime et sublime les produits locaux. Sa cuisine raffinée et moderne s'accorde avec les cépages saint-émilionnais et bordelais. Civet blanc de homard breton, sauce au vin de Graves et pomme boulangère au beurre de corail, noix de coquille Saint-Jacques à la moelle et son extraction de Jambon ibérique, agneau de lait fumé au sarment de vigne, crème brûlée chocolat Madong, croustillant sarrasin et mousse à la bière brune... Les animaux ne sont pas admis au restaurant. Tenue correcte exigée.

CHOCOLATERIE MAËLIG

5, rue de la petite Fontaine
✆ 09 86 66 52 06
www.chocolateriemaelig.com
Ouvert tous les jours sauf le mardi, de 10h à 19h.

Passionnée par l'histoire et les arts, Maëlig s'oriente d'abord vers l'archéologie avant de tomber en gourmandise pour l'artisanat du chocolat. De la Maison Cochet à Saint-Raphaël à la Maison Saunion à Bordeaux, la jeune femme obtient un CAP Pâtisserie (mention complémentaire Pâtisserie, Chocolaterie, Confiserie, Glacerie). Aujourd'hui, elle est Artisan Chocolatier et c'est à Saint-Emilion qu'elle a décidé d'ouvrir sa chocolaterie pour exprimer toute sa créativité. Fabriqués en France, ses packagings sont même à base de cosse de cacao. Tout un programme !

MACARONS DE SAINT-EMILION PAR NADIA FERMIGIER

9, rue Guadet
✆ 05 57 24 72 33
www.macarons-saint-emilion.fr
Ouvert toute l'année, tous les jours (horaires variables selon la saison). E-boutique.

Au XIXe siècle dit-on, ces macarons étaient servis en dessert d'un repas où figurait le vin de Saint-Emilion. Les macarons fabriqués par la veuve Goudichaud, ont même régalé les membres du Jury de dégustation et les visiteurs de l'Exposition Universelle de 1867. Copiée, mais jamais égalée, la recette des macarons, élaborée en 1620, est encore aujourd'hui tenue secrète. Nadia Fermigier est la seule à détenir le droit de fabriquer les véritables macarons de Saint-Emilion.

ATELIER PAYTRA FOUQUET

42, rue Guadet ✆ 07 86 56 11 81
www.latelierpaytrafouquet.fr
Ouvert du mardi au vendredi de 11h30 à 18h30 ; le samedi de 11h30 à 19h ; le dim. de 13h à 18h30. Livraison possible.

En collaboration avec Patrick Fouquet, maître confiturier, champion du monde 2018, Janick Paytra se lance à son tour dans la confection de confitures artisanales. Il participe pour la première fois en 2019 aux Confituriades ; après quelques mois d'exercice, il fut médaillé d'or de l'Ordre des Maîtres confituriers. Janick confectionne ses confitures dans son atelier/boutique et s'approvisionne au maximum en circuit court : mirabelles de son village, fraises de Dordogne, abricots du Roussillon, kiwis du Lot-et-Garonne... Un joli souvenir à rapporter de St-Emilion.

LA BOUTIQUE & LA CAVE À VIN DES CORDELIERS

2 bis, rue de la Porte Brunet
✆ 05 57 24 42 13
www.lescordeliers.com
Ouvert tous les jours à partir de 11h. Boutique en ligne. Bar. Restauration. Visites guidées.

Cette incroyable boutique se trouve dans une ancienne église du XVe siècle. Si ce n'est pour une virée shopping, les lieux méritent au moins le coup d'œil. Vous trouverez de très nombreux produits et souvenirs à rapporter : produits d'épicerie fine, cosmétiques, pièces déclinées autour des arts de la table, du plaisir de cuisiner et décorer... Sans oublier l'art de servir le vin ! Et toute la gamme de vins effervescents millésimés, des vins rouges, rosés et blancs de la maison.

CHÂTEAU AMBE TOUR POURRET

D243, Secteur Pourret
✆ 06 84 71 02 13
https://celene-bordeaux.fr/vignobles-lannoye
Ouvert le week-end de 10h à 18h. Visites et dégustations de 15 à 25 €. Petits déjeuners, pique-nique, etc. Boutique.

Celene Bordeaux est né du regroupement de la maison élaboratrice historique de crémant de Bordeaux et des vignobles Lannoye avec trois domaines sur la rive droite de la Garonne en appellation Castillon Côtes-de-Bordeaux (château Moulin de Clotte), Puisseguin Saint-Emilion (château Lanbersac) et Saint-Emilion grand cru (château Ambe Tour Pourret). Visites, cours de cuisine, petit déjeuner... En matière d'œnotourisme, les idées ne manquent pas. Rendez-vous au Château Ambe Tour Pourret.

CHÂTEAU CORBIN MICHOTTE

✆ 05 57 51 64 88 - www.boidron.info
Visite et dégustation sur rendez-vous.

Ancienne possession du Prince Noir, le domaine a fait peau neuve en 2010, lorsque les chais furent reconstruits. Ce Grand Cru est la propriété de la famille Boidron qui a commencé l'élaboration du vin en 1760, au rythme de la nature. Ici, pas d'herbicides, on vendange à la main. Seuls les lots de parfaite qualité sont mis en bouteille au Château. Le vin est conservé en cave souterraine. De cette qualité de travail résultent les prix et les médailles obtenus. La famille Boidron est à la pointe des nouvelles technologies. Une visite s'impose !

Jean-Noël Boidron
Château Corbin Michotte
33330 Saint-Emilion - France

Tél. +33 (0)557516488 / Fax. +33 (0)557515630
vignoblesjnboidron@wanadoo.fr
www.vin-boidron.com

CHÂTEAU BEAURANG

1, Beaurang
✆ 05 57 24 73 31
www.chateau-beaurang.com
Ouvert tous les jours de 10h à 18h sur rdv. Visite et dégustation : 5 €. Label Tourisme & Handicap.

Depuis quatre générations, la famille Puyol élabore un vin de Saint-Emilion de belle qualité. Propriété de presque 9 hectares, le Château Beaurang profite de sa situation au sud de l'appellation, sur des sables et des graves à maturation précoce. Conséquence favorable, les vins du Château sont très fruités et aromatiques. En famille, entre amis ou en couple, n'hésitez pas à partir à la découverte de ce domaine viticole et apprenez les secrets de ce vignoble agrémentés d'anecdotes familiales, par Delphine (4e génération) ou Claude (son papa et 3e génération).

CHÂTEAU CALON

1, lieu-dit Calon
MONTAGNE
✆ 05 57 51 64 88
www.vin-boidron.com
Visite sur rendez-vous du lundi au vendredi de 9h à 12h et de 14h à 17h.

Rassemblé autour du coteau de Calon dominant le vignoble Saint-Emilionnais, le Château Calon produit un Montagne Saint-Emilion plusieurs fois médaillé. S'y rajoutent d'autres crus, le Saint-Georges Saint-Emilion, un Saint-Emilion grand cru classé ainsi qu'un Pomerol. Divers millésimes sont à disposition depuis l'année 1988. A proximité, n'oubliez pas de contempler les deux moulins à vent du XVe siècle entièrement restaurés, d'où l'on bénéficie d'une magnifique vue panoramique. Le site d'une rare beauté est aussi un lieu de décollage de montgolfières.

CHÂTEAU DE LUSSAC

15, rue de Lincent
LUSSAC
✆ 05 57 74 56 58
www.chateaudelussac.com
Visite et dégustation sur rendez-vous. Chambres d'hôtes.

Aux mains de Griet Laviale - Van Malderen et son époux Hervé depuis le millésime 2000, le vignoble de cette propriété familiale fondée en 1876, s'étend sur 33 ha. L'encépagement est à 77 % merlot et 23 % cabernet franc. De plus de 30 ans d'âge, les vignes sont cultivées suivant une agriculture raisonnée. Les vins du Château Lussac ont été récompensés à de nombreuses reprises, notamment une médaille d'or pour le Château de Lussac 2016 au Concours de Vins de Bordeaux et une médaille de bronze pour le Château de Lussac blanc 2018.

CHÂTEAU FONROQUE

✆ 05 57 24 60 02
www.chateaufonroque.net
Ouvert du lundi au vendredi. Visite et dégustation sur rdv. 15 €/pers. 13 €/pers. pour un groupe à partir de 7 pers.

Berceau saint-émilionnais de la famille Moueix, le Château Fonroque est la propriété de la famille Guillard depuis juillet 2017. On pratique ici, une culture et des vendanges de grande précision, que l'on pourrait même qualifier de pointillistes. A force de patience et de passion pour la pérennité des sols et la mise en valeur du terroir, la propriété a été récompensée en obtenant le statut de premier Grand Cru Classé certifié en biodynamie. Prenez rendez-vous pour la visite des terres et des chais. La visite (payante), est suivie d'une dégustation.

CHÂTEAU HAUT-PIQUAT

LUSSAC
✆ 06 59 62 01 70
www.chateau-haut-piquat.com
Visite et dégustation du lundi au dimanche sur réservation, de 10h à 18h. Vente directe.

Le Château Haut-Piquat offre une superbe vue sur les collines peignées de vignes et de bois, notamment sur le tertre de Picampeau où se trouve un étonnant mégalithe. La première propriété a été acquise en 1972 dans le cadre de la stratégie de développement des frères Rivière. Un superbe chai de 460 barriques a été construit en 1997. Le vin y vieillit 18 mois dans des fûts de chêne dont un tiers est renouvelé chaque année. Le Château Haut-Piquat offre des vins de belle robe soutenue, au bouquet délicat, alliant finesse et rondeur en bouche. De grands vins de garde.

CHÂTEAU LE CHATELET

✆ 06 08 92 06 80
www.chateau-le-chatelet.com
Visite et dégustation d'avril à fin octobre, tous les jours de 11h à 19h, sur rendez-vous.

Le Château le Chatelet se trouve à 300 mètres de l'Eglise Collégiale et du Clocher qui surplombe l'Eglise Monolithe, mais aussi à côté de la vieille Eglise de Saint-Martin de Mazerat. La notoriété du cru n'a plus à être confirmée, car déjà dès 1867, le jury international de l'Exposition de Paris lui décerne la Médaille d'Or. N'hésitez pas à venir visiter le domaine et rencontrer Virginie ou Patrick qui se feront un plaisir de vous faire découvrir le Château, les vignes, les chais et bien entendu, de vous faire déguster les vins du Château Le Chatelet.

CHÂTEAU PETIT VAL

2, Petit Val
✆ 05 57 24 70 86
www.chateaupetitval.com
Ouvert toute l'année. Visite et dégustation à partir de 2 pers. sur rendez-vous.

Lové dans un vallon au terroir sablonneux/graveleux au nord de la butte de Cadet de Saint-Émilion, Château Petit Val est un grand cru plein de charme. La cuvée tradition s'affirme avec un « V » sur le haut de l'étiquette, tandis que « La Muse du Val » se distingue avec un « M » comme majestueux. Le Château Petit Val est élaboré dans le respect de l'environnement, du terroir et de la vigne. Les principes de l'agriculture raisonnée sont pratiqués : travail au cheval, respect de la biodiversité... Quelques ruches trouvent ainsi refuge à proximité des vignes.

CHÂTEAU PINDEFLEURS

1, Pin de Fleur Est
✆ 05 57 24 78 41
https://pindefleurs.fr/
Ouvert du lundi au vendredi de 9h à 12h et de 14h à 18h ; de 9h30 à 18h30 en juillet et août. Livraison possible.

Le vignoble de 18 hectares s'épanouit sur le terroir de Saint-Émilion dont on connaît la richesse et qui mêle aux graves le sable et l'argile. Il revient aujourd'hui à Audrey et Pierre de reprendre le flambeau afin de conjuguer le savoir-faire aux défis d'aujourd'hui. Ici comme ailleurs, tout est question de mesure pour défendre, millésime après millésime, ce qui fait la personnalité de Pindefleurs. Saint-Emilion Grand Cru, Château Pindefleur (90 % merlot, 10 % cabernet franc) est un savoureux mélange de fleur et de fruit, relancé par des touches torréfiées.

CLOS DES MENUTS

2, place du Chapitre ✆ 05 57 74 45 77
www.clos-des-menuts.com
Ouvert tous les jours et les jours fériés de 10h à 12h30 et de 14h à 18h en basse saison, de 10h à 19h en haute saison.

Le Clos des Menuts, AOC Saint-Emilion Grand Cru, est une propriété viticole incontournable qui possède de superbes caves médiévales monolithes. Un souterrain dans son jus avec ses bouteilles poussiéreuses, ses recoins et murs en pierre sculptés ! En remontant dans la boutique, vous profiterez d'une dégustation et repartirez sans doute avec quelques bouteilles, coffrets ou accessoires. Les promotions et les bons plans d'un excellent rapport qualité-prix sont de belles occasions à saisir. L'hiver et sur réservation, offrez-vous un vrai cours de dégustation (90 min).

CHÂTEAU PIPEAU

12, Barbeyron
✆ 05 57 24 72 95
www.chateaupipeau.com
Ouvert du lundi au vendredi de 9h à 12h et de 14h à 18h. Le samedi sur rendez-vous.

Château Pipeau est un vin rouge d'Appellation Saint-Emilion Grand Cru. Le domaine viticole de 25 hectares est exploité depuis 1929 par la même famille. Les quatre générations qui se sont succédé ont transmis un savoir-faire qui permet de rendre ce vin unique. Aujourd'hui, c'est Richard, Brigitte et Jean – des amoureux du terroir –, qui dirigent la propriété viticole. La famille est également propriétaire du Château Joinin. Coup de cœur de nos œnologues lors de la dégustation à l'aveugle. Un drôle de nom c'est sûr, mais un grand vin !

© CHÂTEAU PIPEAU

© CHÂTEAU PIPEAU

LIBOURNAIS

CHÂTEAU TOUR GRAND FAURIE

7, Grand Faurie
✆ 05 57 74 49 03
www.tourgrandfaurie.com
Visites et dégustations toute l'année, du lundi au samedi sur rendez-vous. Boutique à Saint-Emilion.

© CHATEAU LA TOUR GRAND FAURIE

Isabelle et Franck Feytit (4e génération) produisent un excellent vin récompensé par une médaille d'or au Concours Général Agricole de Paris en 2014 (Château Tour Grand Faurie 2012), une médaille d'argent et une médaille d'or pour le Feytit Divon en Saint-Georges Saint-Emilion en 2010. La même année, le Château Tour Grand Faurie en Saint-Emilion Grand Cru 2011 est classé 87/100 dans le guide Gilbert et Gaillard. Rendez-vous à la boutique au 16 rue Guadet à Saint-Emilion.

COUTELLERIE LAGUIOLE SAINT-ÉMILION

4, rue de la Cadène
✆ 05 57 24 75 42
www.laguiole-saint-emilion.com
Ouvert tous les jours de 10h à 19h. Fermé en décembre, janvier et février.

Dans son atelier, Didier confectionne des couteaux certifiés Laguiole en Aubrac dont les ateliers sont situés en « Zone d'origine Laguiole » ; la garantie de l'authenticité et de la fabrication artisanale de toutes ses collections de couteaux. Très connus et très prisés par les amateurs de beaux objets et de bons vins, pourquoi ne rapporteriez-vous pas aussi, un couteau sommelier Laguiole en Cep de Vigne, en Olivier, en Genévrier ou encore en Ebène ? Les premiers prix sont abordables.

FROMAGERIE LA MOINEAUDIÈRE

12, rue de la Cadène
✆ 06 23 56 70 68
Ouvert tous les jours (10h-19h). Plateau de dégustation et pique-nique à emporter. Sandwich chaud. Chèques non acceptés.

Nul doute que l'étal de dégustation, posé sur le rebord de sa fenêtre, vous donnera envie de franchir la porte. C'est dans un ancien silo à grains que Jean Luc Wrobel a installé sa boutique de salaisons et fromages artisanaux. Après une vingtaine d'années en Savoie, ce Polonais d'origine est venu s'installer à Saint-Emilion. Fromages de Savoie, des Pyrénées, d'Auvergne, une dizaine de variétés de saucissons, noix d'épaule de cochon noir... Le plus dur, c'est de choisir.

LA MAISON DU VIN DE SAINT-ÉMILION

Place Pierre Meyrat ✆ 05 57 55 50 55
www.maisonduvinsaintemilion.com
Ouvert tous les jours (horaires variables selon la saison). Boutique. Stages/initiations à la dégustation de 20 à 50 €.

Vous êtes à la découverte du vignoble bordelais ? La Maison du vin de Saint-Emilion est une bonne entrée en matière ! A la fois lieu d'expositions et de dégustations, le Maison du vin de Saint-Emilion a aussi une boutique avec plus de 450 références. Dans le salon de dégustation, vous découvrirez les appellations Saint-Emilion, Saint-Emilion Grand Cru, Lussac Saint-Emilion et Puisseguin Saint-Emilion. En compagnie d'un sommelier formateur, on vous délivrera les clés de la dégustation.

VIGNERONS DE PUISSEGUIN LUSSAC SAINT-EMILION

1 Durand - D17 - **PUISSEGUIN** ✆ 05 57 55 50 40
www.puisseguin-lussac.com
Ouvert du lundi au vendredi de 9h à 12h et de 14h à 18h ; le samedi de 9h à 12h. Visite guidée gratuite. Boutique

Fondée en 1937, cette cave coopérative de 203 adhérents couvre plus de 1 100 hectares de vignes AOC dans le Saint-Emilionnais. Les cuvées Renaissance sont produites à partir de vieilles vignes âgées d'une trentaine d'années. Pour en savoir plus, nous vous conseillons de visiter les chais. Au-delà de 7 personnes, il est vivement conseillé de réserver. Présents sur 6 appellations, les Vignerons de Puisseguin Lussac Saint-Emilion vous feront partager leur métier et leur passion.

GRAND SAINT-EMILIONNAIS GOLF CLUB

172, lieu-dit Goffre - **GARDEGAN-ET-TOURTIRAC**
✆ 05 57 40 88 64 - www.segolfclub.com
Fermé le mardi. Green-fees de 105 à 75 € (individuels) ; 65 à 85 € (licenciés aquitains). Ecole de golf. Restauration.

Classé parmi les 10 Meilleurs Golfs en France en 2018/2019, le Grand Saint-Emilionnais Golf Club est un club de membre signé par l'architecte américain Tom Doak. L'accès du practice est réservé aux membres, leurs invités et aux visiteurs ayant acquitté un green-fee (sur réservation). Alliant art de vivre à la française et golf à la britannique, ce parcours nature se déroule dans une vallée bordée de chênes centenaires et de vignes. L'école de golf animée par Bertrand Pinard, pro PGA.

SAINTE-FOY-LA-GRANDE

Le frère de Saint Louis (Alphonse de Poitiers) ordonne l'édification de la nouvelle ville en 1255. Les rues sont tracées en damier et une halle entourée de couverts est érigée Place Centrale. Quelques décennies plus tard, la ville est entourée de murailles flanquées de tours et cinq portes. Au Moyen Âge, la fin de la guerre de Cent Ans amène la prospérité, donnant lieu à la construction de belles demeures. La ville a toujours occupé une position particulière entre le Périgord et l'Agenais, tant sur le plan historique, religieux que géographique et administratif. La cité est aussi, et paradoxalement, l'une des plus petites communes de France.

© LE BATEAU RIVESDOR II

Office de tourisme de Sainte-Foy-la-Grande.

OFFICE DE TOURISME DU PAYS FOYEN

102, rue de la République
✆ 05 57 46 03 00
www.tourisme-dordogne-paysfoyen.com
Ouvert toute l'année. Jours et horaires variables selon la saison.

Lors de votre passage, prenez le temps d'observer la maquette de la cité et parcourir l'exposition sur l'histoire de Sainte-Foy-La-Grande, au 1er étage. L'Office de Tourisme propose également des visites commentées de la ville avec la possibilité de déguster des produits régionaux. La région étant aussi le terrain de jeu des randonneurs, des topoguides des sentiers de randonnée sont en vente sur place. Profitez-en pour vous renseigner sur l'offre touristique locale.

GRAND HÔTEL DE SAINTE-FOY €€

117, rue de la République ✆ 09 74 56 64 96
www.grandhotel-sainte-foy.com
Ouvert toute l'année. Chambre double de 61 € à 74 € ; chambre triple de 82 € à 85 €. Petit déj : 7,50 €. Restauration.

Fondé il y a plus de 100 ans, le Grand Hôtel*** de Sainte-Foy vous accueille en plein cœur du centre historique de la Bastide. Twin, standard, double supérieur… Vous pourrez séjourner dans l'une des 19 chambres de cette bâtisse de la fin du XIXe siècle. Peut-être avec vue sur le charmant patio de l'hôtel, dans lequel vous vous empresserez de prendre un verre près du magnolia centenaire. Prêt pour un séjour serein à un prix très raisonnable avec des prestations qualitatives ?

AUX TROIS FONTAINES €€

360, rue des trois fonds - **EYNESSE**
✆ 07 76 31 52 88
www.auxtroisfontaines.com
Gîtes de France (3 épis). Chambre simple à partir de 60 € ; chambre double à partir de 75 €. Petit déjeuner inclus.

Aux portes du Périgord, entre Saint-Emilion et Bergerac, vous séjournerez dans une maison de maître du XIXe siècle. Cette ancienne propriété viticole de 340 m² est située au cœur des vignes. La propriété est située au pied d'un coteau, sans vis-à-vis. Catherine Colardelle peut vous recevoir dans l'une des 8 chambres joliment décorées dans un style romantique de la grande maison, laquelle comprend également un dortoir avec dix couchages. Deux autres chambres sont aménagées dans le chai. Sauf juillet et août, table d'hôtes le soir sur réservation.j

LE VICTOR HUGO €€

101, rue Victor Hugo
✆ 05 57 41 35 43

Ouvert toute l'année. 10 chambres à partir de 59 €. Petit déjeuner : 7,90 €. Formule étape de 79 € à 86 €. Restauration.

L'hôtel Le Victor Hugo est situé près de la place Paul Broca, dans une petite rue semi-piétonne portant le même nom. L'établissement offre une prestation d'un bon rapport qualité-prix. Les chambres – 4 standards, 3 twins et 3 supérieures – sont simples, mais confortables avec une bonne literie. Par ailleurs, elles sont équipées d'une télévision et d'un bureau. Chacune possède sa propre salle de bains. Le Victor Hugo, c'est aussi un restaurant de cuisine traditionnelle, maison et goûteuse à prix abordables. L'accueil est chaleureux, l'équipe très serviable.

LE BEAU ZINC €

38, boulevard Charles Garrau
✆ 05 57 46 47 69
www.publebeauzinc.com

Ouvert le lun. de 9h à 14h ; du mardi au jeu. de 9h à 15h et de 18h à 23h (jusqu'à 2h le vend.). Formule du midi : 15 €.

Le Beau Zinc est à la fois un pub et une brasserie. Ici : burgers, steak tartare, andouillette AAAAA, fish and chips... A accompagner d'une bière par exemple. Côté pub, les tapas ont fait une entrée fracassante avec quelques cassolettes renouvelées selon les approvisionnements du marché et les envies de l'équipe. Les habitués savent qu'ici on plaisante de moins en moins sur la qualité. Le Beau Zinc est le genre d'adresses où l'on vient accompagné de quelques bons amis ! Au programme : bonne ambiance ; soirées à thème, retransmission de match... Aussi à emporter !

CÔTÉ BASTIDE €€

4, rue de l'abattoir
✆ 05 57 46 14 02
www.cote-bastide.org

Ouvert du mardi au samedi le midi et le soir. Réservation recommandée. Menus de 27 à 37 €. A emporter. Jardin. Terrasse.

Côté Bastide est sûrement l'une des meilleures tables de Sainte-Foy-la-Grande. En été, on profite de la terrasse installée dans un joli jardin et l'hiver, de la chaleur du poêle dans la cheminée. Ouverte sur l'entrée du restaurant, la cuisine en ébullition se laisse apprécier ! Laurence concocte une cuisine créative et gastronomique très bien maîtrisée, avec une cuisson toujours parfaite des produits frais et de qualité. De son côté, Cédric saura parfaitement vous conseiller sur le meilleur vin à choisir pour sublimer les mets.

MARCHÉ DE SAINTE-FOY-LA-GRANDE

Le samedi matin

Faisant la notoriété de la bastide, le marché hebdomadaire du samedi matin a été élu « Marché préféré des Français » en 2014. Très dynamique et animé, convivial, accueillant et authentique, il compte parmi les 100 Marchés d'Exception de France ! Notez qu'un petit marché de producteurs locaux se tient tous les matins sur la place de la Mairie. En juillet et août, le jeudi, la terrasse François Mitterrand s'anime aux couleurs d'un Marché de Producteur de Pays®.

ENTRE-DEUX-MERS

Avec sa myriade de terroirs viticoles, châteaux, édifices ruraux, belvédères et ces joyaux de l'urbanisme médiéval que sont les bastides, l'Entre-deux-Mers, ou l'arrière-pays bordelais, a su conserver la mémoire des pierres. Sur ces terres, l'homme s'est construit par le travail des champs et de la vigne. On s'y donne en partage. À l'écart des grands axes de circulation, la beauté de l'Entre-deux-Mers rend d'humeur vagabonde. Routes champêtres, voies cyclables, sentiers botaniques ou chemins buissonniers invitent à musarder. Qu'on l'explore en cheminant à vélo sur ses voies vertes ou qu'on l'aborde par le fleuve, qu'on le sillonne en journée ou qu'on s'y fixe en villégiature, cet arrière-pays bordelais se prête à toutes les allures et reste accessible à tous. Au carrefour de deux grands itinéraires vélo : le Canal des 2 Mers à Vélo et la Scandibérique, l'Entre-deux-Mers est une destination vélo par excellence !

PAGES

307 ●● ENTRE-DEUX-MERS

307 CADILLAC ★

311 CRÉON

315 QUINSAC

316 LA SAUVE

318 LA RÉOLE ★

322 LANGOIRAN

325 PELLEGRUE

326 MONSÉGUR

326 RAUZAN

328 SAINT-MACAIRE ★

329 SAINTE-CROIX-DU-MONT

331 SAUVETERRE-DE-GUYENNE

333 VERDELAIS

CADILLAC ★

Bastide du XIIIe siècle fortifiée au XIVe siècle, Cadillac borde la rive droite de la Garonne à une trentaine de kilomètres au sud de Bordeaux. La ville fut fondée en 1280 par Jean de Grailly, sénéchal d'Aquitaine, pour le roi d'Angleterre Henri III. De ses fortifications du XIVe siècle, elle conserve de beaux vestiges, ainsi que son plan intra-muros découpé en îlots rectangulaires. Le mieux est encore de laisser sa voiture le long des remparts pour faire le tour de la cité à pied, sans manquer une visite au très beau château des ducs d'Epernon. Par ailleurs, le vignoble de Cadillac produit un vin réputé que vous auriez tort de ne pas découvrir.

LA GROTTE DE CHARLES VII

RIONS

Parce qu'il y avait une source, le seigneur de Rions fit aménager une grotte dans les remparts de la ville au XIVe siècle, sous la place-forte. C'est en tout cas, à cette date que remonte la voûte en ogive que l'on aperçoit aujourd'hui. Transformée en une élégante fontaine, elle prit le nom de « Grotte aux Dames ». La légende raconte que lors du siège de la bastide de Rions par les armées de Charles VII en 1453, ce dernier s'y serait désaltéré. Voilà d'où vient son nom : la grotte de Charles VII ! Par la suite, elle fut utilisée comme lavoir.

CHÂTEAU DE CADILLAC ★

4, place de la Libération
✆ 05 56 62 69 58
www.chateau-cadillac.fr

Ouvert toute l'année. Jours et horaires d'ouvertures variables selon la saison. Adulte : 6 €. Visite guidée.

L'histoire du château de Cadillac est liée à celle de Jean-Louis de Nogaret de la Valette, premier duc d'Epernon et personnage ambitieux qui fut d'abord mignon à la cour d'Henri III, puis haut personnage sous Henri IV et Louis XIII. Henri III l'avait fait duc et avait arrangé son mariage avec Marguerite de Foix-Candale, fille du seigneur de Cadillac et unique héritière d'une riche famille. Sous l'impulsion d'Henri IV, il fit alors raser l'ancien château médiéval des Foix pour le remplacer par une somptueuse demeure dont le luxe devait rivaliser avec celui des résidences royales. La première pierre fut posée en 1599 et les travaux se poursuivirent durant 30 ans. Endommagé à la Révolution, le château, acquisition de l'État, fut transformé en prison pour femmes durant 130 ans, jusqu'à la fin du XIXe siècle, puis en centre d'éducation surveillée pour jeunes filles jusqu'au milieu du XXe siècle. L'intérieur du château a été restauré pour renouer avec son décor original, témoignant ainsi pleinement de son double héritage. La visite permet de découvrir ses plafonds lambrissés, plusieurs tapisseries et surtout, de magnifiques cheminées monumentales en marbre, richement décorées. C'est l'un des premiers exemples d'architecture à la française. La visite libre dure 1h, mais la visite guidée a tout son intérêt. De nombreux rendez-vous culturels (expositions, visites-découverte, animations en famille, spectacles vivants, événements...) sont organisés toute l'année. Le château est situé à 35 km au sud-est de Bordeaux.

Cadillac.

LA TOUR DE LA CITADELLE

RIONS

Cette tour carrée datée du XIVe siècle est le vestige le plus imposant de l'ancienne citadelle, symbole de l'ancien château médiéval de Rions, qui gardait jadis l'entrée de la cité. La Tour de la Citadelle se dresse aujourd'hui à l'angle nord-ouest de la commune. Elle est érigée sur un piton rocheux et comporte trois étages. La tour est le dernier vestige d'un ensemble défensif très important. Les photographes amateurs, entre autres, ne manqueront certainement pas l'ascension car la vue sur les coteaux et sur la Garonne est imprenable.

LE TOUR DES REMPARTS DE LA BASTIDE

Fondée en 1280 pour le roi d'Angleterre, la Bastide de Cadillac mérite une promenade. Commencez par sa place centrale à arcades avec sa halle et ses maisons anciennes, puis par la tour de l'Oeuille avant d'emprunter le Ruet, un passage insolite aménagé entre les maisons et le rempart qui faisait jadis le tour de la cité. Plus loin, vous pourrez admirer la porte de la Mer avec sa haute tour carrée et son échelle de crue et la porte de l'Horloge du XIVe (transformée au XVIIIe).

LA TOUR DE LHYAN

RIONS

© F. IREN & C. PINHEIRA - AUTHOR'S IMAGE

L'enceinte de Rions est un ensemble de vestiges de fortification classé au titre des Monuments historiques. Si une grande partie de l'enceinte a disparu, la Tour de Lhyan s'impose encore fièrement et signe l'entrée du village médiéval. Elle a été bâtie en 1330 par le seigneur de Rions, Guillaume Seguin, sur des fortifications rasées en 1295 suite à la bataille avec Charles de Valois (conséquences de rivalités incessantes entre Français et Anglais). Les parties hautes de la Tour de Lhyan ont été restaurées en 1881 par l'architecte Léon Drouyn.

OFFICE DE TOURISME DU PAYS DE CADILLAC ET PODENSAC

2, rue du Cros

✆ 05 56 62 12 92

www.destination-garonne.com

Jours et horaires d'ouverture variables selon les saisons.

Pour tout savoir sur l'histoire, le patrimoine naturel et culturel du Pays de Cadillac et Podensac, pensez à vous rendre à l'Office de Tourisme ! Sur place ou en ligne, on vous renseigne sur les choses à faire et à voir, mais aussi sur les endroits où manger et dormir. Afin de mieux préparer votre séjour, n'hésitez pas à télécharger quelques brochures bien utiles. De cette façon, vous ne passerez à côté d'aucune visite de châteaux ni aucune manifestation !

DOMAINE PASCAUD €€

Lieu-dit Pascaud RD 10 - **RIONS**

✆ 09 81 11 12 26

www.domainepascaud.com

Pour 6 personnes (3 chambres) à partir de 250 €. Piscine extérieure. Parc. Réceptions et mariages.

Jouxtant les anciens chais, le gîte du Domaine Pascaud n'est pas souvent libre le week-end en raison de la privatisation des lieux par les amoureux qui se disent oui. Avec un peu de chance, ou la semaine, le gîte est une belle adresse où se détendre et profiter d'un environnement apaisant. Très lumineuses, les trois belles chambres (dont une suite nuptiale) avec mur en pierres et poutres apparentes ont été redécorées avec goût et sobriété. Dans la maison de maître deux fois centenaire, la cuisine équipée vous permet de préparer et prendre vos repas sur place.

L'ENTRÉE JARDIN €€

27, avenue du Pont
✆ 05 56 76 96 96
www.restaurant-entree-jardin.com
Collège Culinaire de France. Maître Restaurateur. Ouvert du mar. au sam. (fermé le dim., mar. et mer. le soir en hiver)

Né de la passion d'Hélène et Didier Bergey pour les arts de la table et la gastronomie française, le restaurant profite d'une belle terrasse avec une verrière en fer forgé remarquable. La cadre est splendide et les tables sont dressées avec soin. Dans les assiettes, la cuisine du marché du chef mêle adroitement les saveurs. Inspirées par la gastronomie de notre région et d'ailleurs, les recettes varient au gré des saisons. La carte et les menus recèlent bien des trésors. Le service tout en sympathie contribue à cet excellent moment de grande cuisine.

LE PETIT NAPLES €€

7, rue Porte de la Mer
✆ 05 56 27 47 63
www.lepetitnaples-cadillac.fr
Ouvert du mercredi au dimanche le midi et le soir. Réservation conseillée. Pizza de 10,50 à 15 €. Terrasse. A emporter.

A l'abri d'une petite ruelle, cette trattoria raconte l'histoire de la vie d'un artisan pizzaïolo depuis plus de 40 ans ; Francesco un vrai Napolitain. Il a voyagé et travaillé en Calabre, à Venise et jusqu'à Paris où il devient l'un des *pizzaïoli* les plus demandés. Ses pizzas à la farine bio semi-complète, étalées à la main et cuites sur la pierre, ont le bon goût de l'Italie. La pâte est croustillante et légère, les garnitures sont savoureuses. Tous les plats étant réalisés sur place à la minute, il faudra parfois s'armer d'un peu de patience.

LE VOYAGEUR €€

22, avenue du Pont
✆ 05 56 62 65 38
www.levoyageur-cadillac.fr
Ouvert du lundi au samedi le midi et le soir. Carte : 25 € environ. Formule du midi : 13,90 €. Terrasse. A emporter.

Le Voyageur offre un cadre charmant avec une terrasse dressée en saison estivale. L'accueil est souriant, le service attentionné. Les plats bistrots sont bien réalisés. Aux atouts de l'établissement, il est également possible d'ajouter les petits prix. Le menu du jour, servi uniquement le midi, est un sans-faute ! Du côté de la carte, elle est plutôt bien fournie et renouvelée à chaque saison. De passage dans le coin ou pour un séjour prolongé ? N'hésitez pas à faire une halte à l'hôtel** dans l'une des 10 chambres dont 2 familiales. Pensez à la formule étape.

LE CAFÉ DE LA LIBERTÉ €€

11, place Gambetta - PAILLET
✆ 05 57 95 46 98 - www.lecafedelaliberte.fr
Ouvert tous les jours le midi ; le vendredi et le samedi le soir. Formule du midi : 13,90 €. Terrasse. A emporter. Bar.

© CAFÉ DE LA LIBERTÉ

Le Café de la Liberté est un de ces endroits que l'on fréquente par habitude, parce que c'est bon, le cadre est agréable et aussi parce que l'équipe est vraiment accueillante. N'oubliez pas d'avoir grand-faim en venant ici, car les assiettes sont plutôt copieuses. Brasserie comme on les aime aujourd'hui, le Café de la Liberté a l'exigence du fait maison et inscrit sa cuisine dans une démarche qualité en privilégiant les producteurs locaux. L'établissement est ouvert de 9h à 14h et à partir de 18h le vendredi et le samedi. On vient aussi pour un café ou un verre.

LA CABANE DE L'ENTRÉE DU JARDIN

27, avenue du Pont
✆ 05 56 76 96 96
www.restaurant-entree-jardin.com
Ouvert à la belle saison, du mardi au samedi à partir de 18h. Bar à tapas.

Vin, tapas, grillades... La recette du bonheur ? Annexe de L'entrée du jardin, la Cabane vous accueille en toute simplicité. Signées par le Chef Didier Berguey, les tapas sont faites maison. La saison est animée par des concerts et autres rendez-vous à ne pas manquer. Les animations varient au gré des envies et des opportunités. Ce sympathique repère estival étant soumis aux caprices de la météo, nous vous conseillons tout de même de garder un œil sur leur page Facebook.

LE CHAI

19, route de Branne
✆ 05 57 98 19 81
www.vignoblesvincentlataste.fr
Ouvert du lundi au vendredi de 8h à 17h30. Boutique en ligne.

Tout en poursuivant ses études à la Faculté d'œnologie de Bordeaux, Vincent Lataste a repris les rênes de la propriété familiale. Soucieux de l'environnement, les Vignobles Lataste ont adopté les techniques de l'agriculture bio en supprimant les engrais et les désherbants chimiques, en privilégiant les fournisseurs locaux jusqu'à faire fabriquer les caisses de vin en bois issus de la forêt Landaise. Afin de faire découvrir ses vins, il a ouvert un espace de réception, de dégustation et de vente dans l'ancien chai construit par son arrière-grand-père en 1891.

CHÂTEAU CHASSE-PIERRE

104, route de Branne
✆ 05 56 62 67 30
vinslejeune.free.fr
Visites et dégustations sur rendez-vous.

Les vins produits au Château Chasse-Pierre se déclinent en rouge et en blanc (environ 80 000 bouteilles). Adhérents France Passion, notez que le Château reçoit les camping-caristes toute l'année, qui trouveront là une table d'hôtes conviviale. Dans ce même esprit, n'hésitez pas à vous rapprocher des propriétaires afin de venir pique-niquer sur la propriété. Des tables seront dressées à l'ombre du parc ou à l'intérieur du château pour vous recevoir. Les enfants profiteront des jeux pendant que les plus grands découvriront les vins et l'histoire du domaine.

CHÂTEAU DU PAYRE

13, Le Vic - **CARDAN** ✆ 05 56 62 60 91
www.chateau-du-payre.fr
Ouvert tous les jours sur rdv. Visites et dégustations de 5 € à 8 €. Vendanges en famille : 7 €. Chambres d'hôtes.

Au château du Payre, on fait la rencontre de Valérie Labrousse-Marcuzzi, viticultrice de la 5e génération à reprendre le domaine qui se transmet de mère en fille depuis 1881. Deux formules vous permettront de découvrir les merveilles de ce château : la visite Bacchus avec explication du mode de culture, passage dans les chais et dégustation de 3 vins et la visite Verticale suivie d'une dégustation accompagnée d'un plateau de fromages. Plus insolite : une séance de sophrologie guidée olfactivement par la gamme des vins, récompensée par un Best of Wine Tourism 2019

DOMAINE PASCAUD

Lieu-dit Pascaud RD 10 - **RIONS**
✆ 09 81 11 12 26
www.domainepascaud.com
Visite et dégustation sur rendez-vous. Boutique. Mariage & séminaire.

Le domaine Pascaud est avant tout un lieu de réception. L'ancien chai a été aménagé en salles de réception sous une charpente incroyable d'arbres entiers. Avec vue sur le vignoble, la terrasse couverte se prête idéalement à l'organisation d'un cocktail. Et que dire du parc... Un gîte est proposé au sein de la maison de maître (6 couchages). On peut également venir au domaine pour visiter et déguster les vins du château Maine Pascaud, AOC Côtes-de-Bordeaux. Olivier Metzinger met son talent et sa passion au service d'un grand vin à l'appellation prestigieuse.

MAISON DES VINS

D10, Route de Langon
✆ 05 57 98 19 20
www.maisondesvinsdecadillac.com
Ouvert toute l'année. Jours et horaires d'ouverture variables selon la saison. Visite du musée et dégustation : gratuit.

Aux portes de la bastide de Cadillac, la Maison des Vins est installée au sein d'une chartreuse du XVIIIe siècle. Elle abrite un musée récompensé par un « International Best of Wine Tourism ». Vous découvrirez l'histoire de la vigne, les origines des AOC – Cadillac, Cadillac Côtes de Bordeaux et Premières Côtes de Bordeaux –, les sols, les étapes de fabrication... Un piano olfactif permettra en plus de vous initier aux différents arômes. La Maison des Vins vous propose encore des dégustations et un parcours pédagogique dans les vignes autour des cépages.

MARCHÉ DE CADILLAC

Le samedi de 8h à 13h

Une visite au marché de Cadillac s'impose ! Perpétuant une tradition de plus de huit siècles, ce marché très animé est le plus important du Sud-Ouest. Tous les samedis matin, près d'une centaine de commerçants investissent la bastide et les remparts de la ville pour vendre leurs produits de qualité. Les fruits, les légumes, les produits locaux, mais également les objets artisanaux font le bonheur des locaux et des touristes. Vous trouverez également de nombreux produits bio dans une allée dédiée. Plaisir des sens et convivialité seront au rendez-vous.

CRÉON

Fondée en 1315 par Amaury de Craon, sénéchal du roi d'Angleterre, Créon qui voit ses foires et marchés fleurir, devient une véritable ville-campagne et un pôle économique majeur aux portes de Bordeaux. Avec ses arcades, la place centrale de la Prévôté est typique des bastides. Datées de différentes époques (XVIIIe ou XIXe siècle), les façades dont certaines sont ornées d'éléments sculpturaux valent le coup d'œil. Parmi les richesses patrimoniales : son église qui abrite une Vierge à l'Enfant du XIIIe siècle ou encore son clocher massif. Première ville à devenir Point Relais Vélo de France, Créon profite d'un gigantesque réseau de pistes cyclables.

ÉGLISE NOTRE-DAME

Rue Amaury de Craon

Modifiée de nombreuses fois au fil des ans, sa construction a commencé au début du XIVe siècle. A ce jour, elle est dotée d'une nef gothique voûtée d'ogives, à cinq travées. Le chœur est de style Renaissance. De l'extérieur, vous admirerez surtout le massif clocher à tour carrée, surmonté d'un clocheton. Inscrite au titre des Monuments historiques, l'église abrite quelques objets intéressants, telle la statue de la Vierge à l'Enfant, présentée debout et couronnée. L'orgue réalisé par Georges Wenner, est également intéressant et rare.

ARBOR ET SENS

Route départementale 121 - **SAINT-GENÈS-DE-LOMBAUD** ✆ 06 99 74 45 67 - www.arbor-et-sens.fr

Ouvert d'avril à octobre (jours et horaires variables). Tarifs : 12 à 20 €. Chèque Vacances. Aire de pique-nique.

Ce parc d'aventure propose des circuits pour enfants, débutants ou amateurs de sensations fortes, au cœur d'une forêt naturelle bien respectée (Zone Naturelle d'Intérêt Ecologique Faunistique et Floristique). Sauts de Tarzan, tyroliennes, ponts de singe... A travers ses chênes multi-centenaires, évoluez à votre rythme avec une équipe de pro' qui vous encadre en toute sécurité et bonne humeur ! Pour les plus courageux, le parcours extrême vous entraînera à des hauteurs vertigineuses et vous pourrez même effectuer le saut le plus haut de Gironde à 15 mètres du sol.

MAISON DE LA POTERIE

Place Fouragnan - **SADIRAC**

✆ 05 56 30 60 03

www.maisonpoteriesadirac.fr

Jours et horaires d'ouverture variables. Visite libre : gratuit. Visite commentée : forfaits groupes à partir de 15 €.

La tradition potière du village remonte à l'Antiquité, avec la grande richesse du sous-sol en argile bleue. Autour des vestiges d'un four potier du XIXe, la Maison de la Poterie valorise ce patrimoine culturel. Elle abrite notamment, le musée de la céramique et des ateliers de création animés par l'Association des Gens et Amis de la Poterie (AGAP). Les amateurs apprécieront certainement découvrir les 200 pièces archéologiques – vases et céramiques –, de l'exposition permanente. La visite est une façon originale d'effectuer un voyage à travers les âges.

Cyclotouriste devant l'office de tourisme de Créon.

MAISON DU PATRIMOINE NATUREL DU CRÉONAIS

23, route de Créon - **SADIRAC** ✆ 05 56 30 64 32
www.nature-creonnais.fr
Activités pédagogiques et grand public. Club Nature Gironde ; Jeudis soir culturels ; Dimanches découverte. Gratuit.

Sont proposées ici, une multitude d'activités pour découvrir la richesse naturelle, culturelle et géographique du territoire. Petits et grands pourront s'émerveiller et approfondir leurs connaissances. La Maison est ouverte gratuitement tous les dimanches après-midi. Au programme à 15h : un grande balade en lien avec la saison. Tous les trois mois, vous allez découvrir une nouvelle exposition, des projections de documentaires, des lectures en nature, etc. Intéressant !

BUREAU D'INFORMATION TOURISTIQUE

62, boulevard Victor Hugo
✆ 05 56 23 23 00
www.entredeuxmers.com
Jours et horaires d'ouverture variables selon la saison.

L'équipe de l'Entre-deux-Mers Tourisme vous aide à organiser votre visite dans la Région. A disposition, vous trouverez par exemple le plan des 220 kilomètres de sentiers de randonnée pédestre balisés dans le canton pour découvrir les richesses naturelles et patrimoniales ou le plan des pistes cyclables, dont celle qui relie Bordeaux à Sauveterre-de-Guyenne (55 kilomètres) et un document indiquant les lieux de visites, hébergements et manifestations de l'Entre-deux-Mers.

LA STATION VÉLO

60, boulevard Victor Hugo
✆ 05 57 34 30 95
http://lepointrelaisvelo-creon.fr
Ouvert de mars à octobre. Location de la demi-journée à la semaine à partir de 10 € pour un vélo adulte.

Pour vos petites et vos grandes expéditions cyclo, la Station Vélo de Créons vous propose plusieurs vélos à la location. Il y a des VTC, des vélos électriques, des tandems, des tricycles et même des vélos cargos électriques pour les adultes. Pour les sorties en famille, les enfants trouveront des équipements à leur taille et vous aurez même la possibilité d'ajouter un siège bébé ou une remorque. Les cadenas, casques et paniers sont offerts. A louer à la demi-journée (4h), la journée, le week-end ou pour une semaine complète !

HÔTEL ATENA €

55, avenue de l'Entre-Deux-Mers
✆ 05 40 25 15 61
www.hotelatena.fr
Ouvert toute l'année (accueil 24h/24). 46 chambres à partir de 55 €. Petit déjeuner buffet : 9 €. Parking et local vélo.

Confortable et calme, l'hôtel est situé à une vingtaine de minutes de Saint-Emilion, mais aussi de Bordeaux, et à 5 minutes de l'Abbaye de la Sauve-Majeure. Avec une bonne literie, les chambres sont réparties en quatre catégories : double, triple, twin et familiale. Deux chambres doubles du rez-de-chaussée ont été entièrement équipées pour les personnes à mobilité réduite. Une attention particulière est portée sur la qualité du petit déjeuner. Enfourchez un vélo pour découvrir l'une des plus belles voies vertes de France : la piste cyclable Roger Labépie.

CAMPING BEL AIR €€

150, Route Départementale 671 - **SADIRAC**
✆ 05 56 23 01 90
www.camping-bel-air.com
Ouvert toute l'année. Emplacement de 20 à 28 €. Mobil-homes (2/6 pers.) de 375 € à 854 €/semaine. Bar-snack. Animations.

Entouré de châteaux, de vignes et de monuments historiques, le Camping Bel Air*** est le lieu idéal pour vos vacances entre repos et découvertes. A 20 km de Bordeaux et 1h du Bassin d'Arcachon, l'atmosphère familiale de ce camping vous permettra vraiment de décrocher. Nouveauté 2021 : le parc aquatique et son toboggan géant de 3 pistes. Pétanque, mini-golf, terrain multisports, trampoline ainsi que l'espace bien-être raviront les enfants autant que les parents. Vous trouverez tous les renseignements sur place pour vos balades sportives, culturelles et gourmandes.

LE CLOS DU PRINCE €€

45, route de Bergerac - **CAMARSAC**
✆ 05 56 23 66 65
www.closduprince.fr
Chambres d'hôtes à partir de 90 €. Suite du Château et gîtes (6 pers.) à partir de 180 €. Gîtes (6 pers.). PDJ inclus.

Entre Bordeaux et Saint-Émilion, le Clos du Prince vous accueille pour un séjour au calme, dans un cadre exceptionnel. Dans ces murs de pierres, trois options d'hébergement se présentent à vous. D'abord, il y a les chambres d'hôtes de la chartreuse. Les gîtes vous proposent trois chambres et un coin cuisine pour encore plus d'intimité. Et puis il y a la majestueuse suite du Château, ouverte seulement quelques jours par an, qui associe le confort moderne aux charmes désuets. Chaque fois, vous apprécierez le petit déjeuner et la discrétion de vos hôtes.

LA CLOSERIE €€

15, chemin de Menusey - **SADIRAC**
✆ 05 56 23 70 30
www.lacloserie33.com
Chambre double de 95 € à 125 €/nuit, de 650 € à 800 €/semaine. Petit déjeuner inclus. Wifi. Bain bouillonnant. Piscine.

C'est au cœur d'un grand parc arboré sans vis-à-vis, que Gilles et Stéphan vous accueillent dans cette maison de style californien. Avec sa belle piscine, vous apprécierez les moments de farniente et de calme. La Closerie propose deux chambres décorées, comme le reste de la maison, avec art et finesse, modernité et raffinement. Le petit déjeuner, copieux et fait maison, peut être servi dans la salle commune, dans votre chambre ou sur la terrasse au bord de la piscine. Pour une balade à vélo, il se peut bien que vos hôtes puissent vous en prêter.

CÔTÉ BORDEAUX €€

20, chemin du Rez au Ruzat - **SADIRAC**
✆ 06 85 56 50 61
www.cotebordeaux.com
Chambre double de 95 à 130 €/nuit, de 560 à 800 €/semaine. Petit déjeuner inclus.

Nous vous invitons à poser vos bagages dans la maison d'hôtes d'Alain à Sadirac. Vous apprécierez certainement vous y sentir comme chez vous. L'endroit est plutôt contemporain, mais vraiment convivial. Trois jolies chambres, au confort irréprochable, vous ouvriront ainsi leurs portes, le temps d'un week-end ou d'un séjour d'une semaine et plus. A l'exception de la chambre « Côté Vignoble », vous profiterez en plus du superbe parc arboré et de la piscine, d'une terrasse privée rien que pour vous ! Preuve qu'un séjour en toute sérénité vous attend.

LA GRANGE AUX ARBRES €€

20, route de Signoret - **BARON**
✆ 06 21 10 78 78
www.lagrangeauxarbres.fr
Ouvert toute l'année. Gîtes (4 et 5 pers.) à partir de 425 €/semaine ; week-end (2 ou 3 nuits) à partir de 170 €.

A la croisée de Bordeaux, du bassin d'Arcachon, de Saint-Emilion et de l'entre-deux-mers, Francine et Pierre-Michel vous reçoivent à la Grange aux arbres, sur des terres de patrimoine, de culture, de gastronomie et d'œnologie. Ici, dans une vieille grange entièrement rénovée, ils ont imaginé deux gîtes indépendants avec terrasse privée pour 4 et 5 personnes. Sous un bardage en bois qui s'intègre parfaitement à la nature, se cachent des logements bien équipés et modernes. Les propriétaires sauront vous conseiller sur les visites incontournables de la région.

LE PRIEURÉ DE MOUQUET €€

6, chemin de Mouquet - **SADIRAC**
✆ 05 56 23 26 57
www.prieure-de-mouquet.com
Gîtes de France. Chambre double de 80 € à 95 €. PDJ inclus. Gîtes (4 pers.) et roulotte (2/5 pers.). CB non acceptée.

La maison d'hôtes du Prieuré de Mouquet est un havre de paix niché au cœur de la campagne sadiracaise, dans un écrin verdoyant de tranquillité. D'emblée, on est frappé par les murs en pierres blondes du logis, sans parler de l'imposante tour crénelée qui s'élève au coin de la maison. Cet ensemble bucolique est en fait une demeure fortifiée du XVIe siècle dans laquelle ont été aménagées deux chambres et trois suites très confortables. Anne Bandelier vous propose encore deux gîtes et une roulotte. Le tout avec piscine s'il vous plaît !

CHÂTEAU DE LOS €€

12, route de Los - **SAINT-GENÈS-DE-LOMBAUD**
✆ 05 56 78 79 16
www.chateau-de-los.fr
Ouvert toute l'année. Tarif sur demande uniquement : 2 gîtes (4 et 7 pers.). Label Tourisme & Handicap. Piscine. Jardin.

Christelle et Alain Arthaud vous accueillent sur les terres du Château de Los où ils vous réservent un séjour au calme et 3 épis. C'est au sein de la dépendance restaurée de ce castel bordelais que vous séjournerez. Agencé pour 7 personnes, le gîte de Montval est labellisé « Tourisme et handicap ». De son côté, le gîte de la Salamandre est conçu pour recevoir 4 personnes et un bébé. Vous profiterez d'un cadre magnifique, et jugerez par vous-même la beauté de l'architecture de la bâtisse plantée au beau milieu d'un paysage verdoyant.

L'ENTRE-DEUX-MERS €

15, route de Bergerac
CAMARSAC
✆ 05 56 30 18 90
Ouvert du lundi au vendredi le midi et le 1er samedi du mois (le midi uniquement). Menu unique à 15 € (25 € le samedi).

Dans les assiettes, le chef Alberto vous propose une cuisine traditionnelle ; « des plats simples, mais bons » comme aime à dire Nathalie en salle. Ouvert le midi seulement, le week-end sur réservation pour les groupes de plus de 10 personnes, L'Entre-deux-Mers vous propose un buffet d'entrées à volonté, composé de crudités, de charcuterie et de poissons marinés. Sans oublier les trois plats et les desserts ! Qu'on se le dise, tout est fait maison. Sur place ou à emporter, c'est à vous de tester. Le restaurant ouvre également le premier samedi du mois.

PAPADAM €€

29, avenue de l'Entre-Deux-Mers - **FARGUES-SAINT-HILAIRE** ✆ 09 82 59 46 46
www.papadam-restaurant.com
Ouvert du lundi au samedi le midi ; du jeudi au samedi le soir. Menu : 32 €. Formule du midi : 19 € (sauf le samedi).

Sur place ou à emporter : une cuisine créative, authentique et locale à déguster d'abord avec les yeux ! Au Papadam, le chef Damien et son équipe, vous proposent une cuisine de saison et 100 % faite maison y compris pour les glaces et les sorbets. Et sans exception, toutes les viandes sont d'origine française. La carte des vins et des boissons fait honneur aux producteurs en bio ou biodynamie. Père de trois petits gastronomes, le chef compte bien éveiller les papilles de vos enfants avec des produits frais et sains. Aux beaux jours, on profite de la terrasse.

LE BARON GOURMAND €€

4, route de Montesquieu - **BARON**
✆ 05 57 24 26 40
www.barongourmand.com
Ouvert du mercredi au dimanche le midi ; du mercredi au samedi le soir. Réservation recommandée. Jardin. Terrasse.

Un chemin en pente douce, une demeure ancienne en pierres de taille, un magnifique chêne... Une vraie carte postale, mais rien d'un cliché à la Gasconne ! Les grands volumes intérieurs sont agréables et mettent en valeur les toiles d'artistes amateurs. Le Baron Gourmand est à l'image du sourire de Christelle, native de Saint-Denis-de-Pile, et du bon goût du chef Guillaume, originaire d'Espiet. Rien ne déroge à la règle, ici tout est fait maison ! Les grillades cuites sous vos yeux dans l'imposante cheminée font encore, et toujours, la renommée de l'établissement.

LA GRANGE À POULET €€

40, place de la Prévôté
✆ 06 67 48 23 78
Ouvert du mardi au dimanche le midi et le soir. Poulet fermier Label Rouge I.G.P : 14,90 €/kg. Terrasse. A emporter.

Nuggets, aiguillettes, brochettes, manchons Tex-Mex, lasagnes, boulettes à l'indienne, poivrons farcis... Au poulet ! Ici, on décline le poulet fermier Label Rouge IGP sous toutes ses formes. Et si le choix est trop difficile, on opte pour l'assiette de tapas où l'on retrouve quelques-unes des recettes de la maison ainsi que les délicieuses pommes de terre grenailles ; les mêmes qui accompagnent le traditionnel poulet rôti du dimanche. A La Grange à Poulet, c'est tous les jours dimanche ! Pour varier les plaisirs : les burgers à base de poulet ou steak du boucher.

CHEZ TITUT €€

22, place de la Prévoté
✆ 05 56 42 98 40
Du mardi au samedi le midi et le soir (fermé le mardi et le mercredi le soir en basse saison). Plat du jour : 12,50 €.

Il y a du changement à Créon ! Le restaurant La Table s'appelle désormais Chez Titut. Succédant à Julie et Christophe, Thibault Momeux et Arthur Chevallier rêvaient depuis longtemps d'un restaurant à eux pour exprimer leur créativité. Voilà qui est chose faite. Que les habitués se rassurent, Chez Titut s'inscrit dans le prolongement de La Table en proposant une cuisine bistronomique élaborée selon l'humeur du chef. Et comme avant, voire plus qu'avant, le grand jardin caché à l'arrière du restaurant devrait accueillir de nombreux concerts à la belle saison.

LE FOURNIL DE CREON

19, avenue de l'Entre-Deux-Mers
✆ 05 56 06 76 57
Ouvert tous les jours.

Au Fournil de Créon, le pain est croustillant à souhait, élaboré dans la pure tradition française. Les pâtisseries sont, elles aussi, sacrément délicieuses. Il y a aussi du chocolat – travaillé maison sous toutes ses formes et de multiples couleurs –, du pain d'épices, des glaces et des macarons maison à tous les parfums. Ces derniers sont préparés chaque jour pour le bonheur des gourmands qui pourront les savourer sur place. Formule petit déjeuner, formule déjeuner... Et n'hésitez pas à commander vos pièces montées et vos gâteaux de fêtes.

BOUCHERIE DE L'ENTRE-DEUX-MERS

51, avenue de l'Entre Deux Mers
✆ 05 57 59 49 08
http://boucheries.eleveursgirondins.fr
Ouvert du Mardi au Samedi de 7h à 12h30 et de 15h à 19h30.

Créé en 1983, le Groupement des Eleveurs Girondins (GEG), seule Coopérative de Production à vocation départementale, regroupe aujourd'hui près de 150 adhérents (120 éleveurs de bovins et 30 éleveurs d'ovins) sur le département de la Gironde. Leur devise ? « De la fourche à la fourchette » ! Outre de belles viandes, vous trouverez à Créon des produits de charcuterie faits maison. Le petit plus ? La possibilité d'acheter votre viande en demi-gros avec des caissettes de 5 à 10 kilos.

LES CHAIS DU PRÉVÔT

8, rue du Pout
✆ 05 57 34 43 73
www.leschaisduprevot.fr
Ouvert tous les jours (voir les horaires). Livraison possible.

La boutique est l'occasion d'une halte bien sympathique pour faire le plein de souvenirs. Fondée en 1936, la cave dont la boutique dépend, est l'une des plus anciennes de l'Entre-deux-Mers. À l'intérieur, vous pourrez d'ailleurs admirer les cuves en contrebas. L'équipe est accueillante et vous aidera volontiers dans vos choix. Vous trouverez : du vin et d'autres alcools, des coffrets vins/produits du terroir, de l'épicerie fine et des accessoires. Le vin peut s'acheter en bouteille, en vrac (contenants à apporter ou à acheter sur place) ou bien en Bags In Box.

CHÂTEAU DE CAMARSAC

30, route de Bergerac - **CAMARSAC**
✆ 06 35 46 47 03
http://camarsac.com/
Ouvert du mardi au samedi de 10h à 13h et de 14h à 18h ; tous les jours de 10h à 19h en été. Visite guidée : 12 €.

Venez admirer un site historique d'exception au cœur de l'Entre-deux-Mers, découvrir un terroir et agrémenter ces plaisirs par un voyage gustatif à travers les vins de Thierry Lurton. Ancienne forteresse des XIe et XIIIe remaniée en 1857, le château Camarsac domine des vallons à l'allure toscane. Les cépages (merlot, cabernet-sauvignon et cabernet-franc) sont cultivés sur 67 hectares d'un terroir argilo-graveleux. Le domaine compte 5 cuvées régulières : l'Entre-deux-Mers, le Rosé, le Prince Noir, le Sélection Vieilles Vignes et le Prestige Rouge.

CHÂTEAU FARIZEAU

21, chemin de Farizeau
SADIRAC
✆ 05 56 30 61 46
https://chateau-farizeau.fr/
Visite et dégustation sur rendez-vous.

Au troisième épisode de sécheresse en 7 ans, un constat s'impose : le travail du sol doit être appréhendé autrement ! Depuis, l'exploitation familiale produit 6 appellations sur une superficie de 12 hectares, en agriculture biologique. Les vins du Château portent tous l'agrément « Bio », depuis le millésime 2013. Aujourd'hui aux mains d'André, Nicole et leur fils aîné Guillaume, le vignoble propose d'excellentes productions de Bordeaux Clairet, Premières côtes de Bordeaux et Entre-Deux-Mers, maintes fois primées à des concours internationaux.

CHÂTEAU HAUT POUGNAN

Haut Pougnan
SAINT-GENÈS-DE-LOMBAUD
✆ 05 56 23 06 00
http://haut-pougnan.fr

Dans ce village d'à peine 400 âmes, les propriétaires du Château Haut-Pugnan, Jean-Bernard et Jean Guéridon, vous invitent à goûter le fruit du travail accompli dans leurs vignes. Les vignobles s'étendent sur les coteaux de la rive droite de la Garonne, sur de superbes terroirs argilo-calcaires et graveleux. Une nature intense qui permet d'obtenir des vins rouges qui reflètent la trilogie des cépages du Bordelais (merlot 50 %, cabernet sauvignon 40 % et cabernet francs 10 %) et des vins blancs (sauvignon 70 %, sémillon 25 % et muscadelle 5 %).

QUINSAC

Quinsac est la capitale mondiale du Clairet, ce vin légèrement plus coloré que les rosés. Le bourg possède plusieurs maisons nobles des XVIe et XVIIIe siècles : Galeteau, Pranzac, Montaigne au bord du fleuve et surtout Péconnet, caractérisée par son architecture maniériste. L'église néogothique date du XIXe siècle, mais possède une cloche du XVe siècle et plusieurs statues anciennes. Quinsac vit naître et vivre bon nombre d'artistes : le poète André Berry dont le buste se trouve sur la place de l'Eglise, le peintre animalier Rosa Bonheur, le peintre Hélène Dufau et les frères Schnegg, Gaston (peintre et sculpteur) et Lucien (sculpteur).

ENTRE 2 VERRES €€

8, place Aristide Briand
✆ 05 56 64 16 24
www.lentredeuxverres.com
Ouvert le lundi et du jeudi au samedi le soir ; du jeudi au lundi le midi. Menus : 28 à 45 €. Formule du midi : 15,50 €.

Selon l'affluence, vous aurez le choix de manger en terrasse, côté bar sur l'une des tables hautes ou dans la grande salle à l'arrière. La cuisine est gourmande et généreuse, alliant tradition et originalité. Le chef Yoann Gérard-Huet vous réserve de jolies choses. Passionné de cuisine depuis son plus jeune âge, il a exercé auprès des plus grands. C'est le chef François Adamski qui le lancera sur la route des concours. Yoann remportera notamment la « Toque d'or internationale de cuisine », les trophées des Hauts-de-France, les Nérios d'or et quelques autres...

LE ROBINSON €€€

Esconac ✆ 05 56 21 31 09
https://lerobinson-quinsac.fr/
Ouvert du mercredi au samedi le midi et le soir ; le dimanche. Menu unique à 38 €. Jardin. Terrasse. Vente à emporter.

Un rendez-vous gourmand, à seulement 15 minutes de Bordeaux. L'idéal est de venir dès les beaux jours pour profiter de la grande terrasse, même s'il n'est pas désagréable de s'installer dans la salle principale qui offre une vue panoramique sur les rives de la Garonne. Aux commandes, le chef Robert Pina vous amène à la rencontre d'une cuisine du Sud-Ouest, plus simple que ce qu'elle a pu être, mais gourmande. Valeur sûre dans le coin, Le Robinson mériterait pourtant un bon coup de neuf. Outre la très belle vue, certains pourraient en ressortir un brin déçus.

CAVE DE QUINSAC

89, Pranzac
✆ 05 56 20 86 09
www.cave-de-quinsac.com
Ouvert toute l'année. Jours et horaires variables selon la saison. Boutique en ligne.

Créée en 1949, la *cave de Quinsac* a été implantée sur les vignes de l'ancien Château féodal de Pranzac. Elle se trouve en plein cœur de l'appellation contrôlée Côtes de Bordeaux, rive droite de la Garonne. La cave de Quinsac et ses 80 collaborateurs produisent les AOC Bordeaux Blanc, Crémant de Bordeaux, Premières Côtes de Bordeaux Moelleux, Bordeaux Clairet, Côtes de Bordeaux rouge, Bordeaux et Bordeaux Supérieur rouge. Les vins sont vendus en bouteille et en vrac. Vous pourrez compléter votre shopping par l'achat de quelques produits régionaux.

LA SAUVE

Réputée pour son ancienne abbaye dont le nom signifie « la grande forêt », La Sauve mérite aussi qu'on s'intéresse à l'église paroissiale Saint-Pierre, inscrite par l'UNESCO au Patrimoine mondial, au titre des chemins de Saint-Jacques-de-Compostelle. Cette église gothique du XIIIe siècle est entourée d'un cimetière qui offre une belle vue sur l'abbaye. A l'intérieur, le bénitier fait de deux chapiteaux superposés (XIIe - XIIIe siècles) et le gisant d'un archevêque placé au-dessus d'une frise de pierre sculptée, sont surmontés d'une chasse qui contiendrait des reliques, considéré comme étant le tombeau de saint Gérard, fondateur de l'Abbaye.

ABBAYE DE LA SAUVE-MAJEURE

14, rue de l'abbaye ✆ 05 56 23 01 55
www.abbaye-la-sauve-majeure.fr
Ouvert toute l'année. Jours et horaires d'ouverture variables selon la saison. Gratuit jusqu'à 18 ans. Adulte : 6 €.

Fondée en 1079, cette abbaye, ainsi que l'église Saint-Pierre, sont inscrites sur la liste du patrimoine mondial par l'UNESCO, au titre des Chemins de Saint-Jacques-de-Compostelle. Sculptures remarquables, chapiteaux cachant des créatures exceptionnelles... Ce joyau de l'architecture romane est une visite incontournable de l'Entre-deux-Mers. Vous voyagerez dans le temps en écoutant les palabres de votre guide. Pour monter au clocher, il vous faudra gravir 157 marches.

BUREAU D'INFORMATION TOURISTIQUE

10, Grand Rue - **TARGON** ✆ 05 56 23 63 69
www.entredeuxmers.com
Ouvert le mardi de 9h30 à 13h ; le mercredi, le vendredi et le samedi de 9h30 à 13h et de 14h à 17h30.

Rattaché à l'Office de Tourisme de l'Entre-Deux-Mers, le bureau d'information touristique de Targon pourra vous proposer de nombreuses animations et idées d'escapade tout au long de l'année comme la pêche sur les lacs de Laubesc à Cessac [permis nécessaire], la visite du jardin de Lusseau à Soulignac ou encore celle du château de Sallebruneau à Frontebac. On pourra également vous remettre la liste des différents hébergements et viticulteurs recevant à la propriété. Bon séjour.

LES AMANDIELLES €€

2, chemin du Poncet - **TARGON**
✆ 06 32 16 88 20
http://lesamandielles.free.fr/
Gîte pour 2 à 3 personnes de 85 à 142 €/nuit selon la saison. Minimum 7 nuits en juin, juillet et août. Chèque Vacances.

Aux portes de Bordeaux, le gîte *Les Amandielles* est le lieu idéal pour séjourner en couple ou en famille [un couple et un enfant]. Située sur un vaste parc joliment arboré, cette charmante maisonnette en pierres datée du XVIIIe siècle a été restaurée dans la pure tradition girondine. Derrière la porte, vous découvrirez un espace chaleureux et confortable. La décoration oscille entre rusticité et modernité. A l'étage, l'alliance des pierres et du bois donne à cette chambre une ambiance romantique. La piscine à débordement ? Coup de cœur assuré.

CAVE DE SAUVETERRE-BLASIMON-ESPIET

4, Lieu-dit Fourcade - **ESPIET** ✆ 05 57 24 24 08
www.baron-espiet.com
Ouvert toute l'année [jours et horaires variables]. Boutique en ligne. Visite et dégustation sur rendez-vous.

La cave coopérative Baron d'Espiet [une des plus anciennes de Gironde] et la cave Sauveterre-Blasimon ont fusionné en février 2017. S'imposant dans le paysage viticole bordelais, la cave de Sauveterre-Blasimon-Espiet allie savoir-faire et outils de vinification à la pointe du progrès. La cave de Sauveterre-Blasimon-Espiet réunit plus de 165 vignerons adhérents sur un vignoble de 3 200 ha. Des visites des chais sont organisées sur rendez-vous. Deuxième adresse à Sauveterre-de-Guyenne.

CHÂTEAU THIEULEY

Lieu-dit Le Thieuley
✆ 05 56 23 00 01
www.thieuley.com
Vignobles et Découvertes. Ouvert du lundi au vendredi de 8h à 12h et de 13h30 à 17h30 ; le week-end sur rendez-vous.

L'histoire des vignobles Famille Courselle commence en 1950 quand André Courselle achète le château et entreprend d'y créer un domaine viticole. En 1972, son fils Francis Courselle, alors jeune ingénieur en agriculture et professeur de viticulture, décide d'accélérer le développement du vignoble. En 30 ans, la surface cultivée passe de 4 à 80 hectares, actuellement répartis sur trois domaines : Château Thieuley, Clos Saint Anne et Château Saint Genès. Sylvie et Marie Courselle, les filles de Francis, ont hérité de la passion familiale. Rendez-vous pour une visite.

CHÂTEAU TURCAUD

1033, route de Bonneau
✆ 05 56 23 04 41
www.chateauturcaud.com
Ouvert du lundi au samedi. Visites, dégustions et vente à la propriété. Boutique en ligne.

Maurice Robert et son épouse Simone achètent le Château Turcaud en 1973. En 2009, c'est à leur fille Isabelle et à leur gendre Stéphane Le May – un amoureux du vin lui aussi – que le couple transmet sa passion et son savoir-faire. Depuis deux générations maintenant, l'équipe des Vignobles Robert observe, adapte et développe les meilleures techniques de culture, de vinification et d'élevage. Au fil du temps, les vins blancs, rouges, rosés et Bordeaux Clairet AOC du Château Turcaud ont gagné en gamme et se voient récompensés lors de prestigieux concours.

MAISON DES VINS DE L'ENTRE-DEUX-MERS

16, rue de l'Abbaye ✆ 05 57 34 32 12
www.vins-entre-deux-mers.com
Ouvert toute l'année [jours et horaires variables selon la saison]. Fermé les jours fériés. Boutique et dégustations.

La Maison des vins de l'Entre-deux-Mers se trouve à l'intérieur de la remarquable grange abbatiale classée Monument historique, à l'entrée de l'abbaye de La Sauve Majeure. N'oubliez pas d'admirer la superbe charpente datant du XVIe siècle. Le syndicat viticole peut s'enorgueillir de présenter ses vins de l'AOC Entre-deux-Mers dans un aussi beau lieu. Née en 1937, l'appellation regroupe 250 viticulteurs sur 1 500 hectares. Elle produit exclusivement du vin blanc sec.

LA RÉOLE ★

Fondée en 977, La Réole est un bourg fortifié autour d'un prieuré, avec la Garonne à ses pieds. Le patrimoine historique de la commune est très riche, comme en témoignent le château des Quat'Sos, l'église Saint-Pierre, l'ancien hôtel de ville, l'hôtel de Briet, les ruines des remparts... Cette superbe citée fluviale mérite vraiment une visite commentée. Au hasard des rues, on découvre notamment, des maisons médiévales à colombages, la double porte du Sault, la fontaine et le lavoir de la Marmory du XIIIe siècle, la chapelle du centre hospitalier (XVIIIe siècle), le logis du Parlement ou un hôtel particulier du XVe siècle appelé manoir du Prince Noir.

CHÂTEAU DES QUAT'SOS

7, place Albert Rigoulet

Construit par Louis VIII de France en 1224, le château des Quat'Sos a pris la place d'une tour rudimentaire, dressée 40 ans plus tôt dans l'ancien jardin du prieuré. Quatorze fois assiégé pendant la guerre de Cent Ans, le château fut le premier à subir les tirs de bouches à feu. La tradition rapporte que les défenseurs négocièrent leur reddition à temps pour les vendanges. Aucune raison politique ne pouvait avoir autant de valeur que le vin de l'année. Démantelé sur l'ordre de Richelieu, il a cependant conservé sa double enceinte fortifiée au sud.

ANCIEN HÔTEL DE VILLE

4, place Richard Cœur de Lion

C'est le plus ancien Hôtel de Ville de France, donc l'un des plus anciens bâtiments civils. Appelé aussi Vieille halle aux grains, il aurait été construit à la demande de Richard Cœur-de-Lion, duc d'Aquitaine avant d'être roi d'Angleterre, entre le XIIe et le XIIIe. Au cours des siècles, le bâtiment a subi de nombreux remaniements comme le percement d'ouvertures de style Renaissance ou l'ajout d'un balcon de style flamboyant à l'étage, là où se tenaient les réunions de la Jurade jusqu'à la Révolution. Aujourd'hui, la salle permet d'accueillir des expositions.

ÉGLISE SAINT-PIERRE

Bâtie au cours des XIIe et XIIIe, puis démantelée lors des guerres de Religion, l'église Saint-Pierre a été reconstruite en style gothique au XVIIe. Le portail a été dépouillé de toutes ses sculptures en 1795 alors que l'église était devenue Temple de la Raison avant de servir de caserne. Ce n'est qu'en 1821 qu'elle est rendue au culte. Elle devient église paroissiale quelques années plus tard. Le clocher carré fut exhaussé en 1845. L'intérieur impressionne par ses proportions : 54 m de long, 16 m de large et 19 m sous les voûtes.

La Réole.

PRIEURÉ DES BÉNÉDICTINS

Esplanade Charles de Gaulle

Cet ensemble sobre et massif date pour l'essentiel de la première moitié du XVIIIe siècle. Des ornements de style Louis XV, tempèrent son austérité. Réalisées par le Réolais Blaise Charlut en 1748, les ferronneries embellissent également cet édifice monumental. La façade sud rappelle que La Réole fut l'un des quatre points de passage à gué sur la Garonne, sur la route des pèlerins de Saint-Jacques de Compostelle. Occupé par des administrations, il est toutefois possible de vous glisser dans les couloirs du monastère aux heures de bureau.

BUREAU D'INFORMATION TOURISTIQUE

15, rue André Bénac ✆ 05 56 61 13 55

www.entredeuxmers.com

Ouvert le mardi de 9h30 à 13h ; le mercredi, le vendredi et le samedi de 9h30 à 13h et de 14h à 17h30.

Ici, on vous informe sur toutes les richesses de ce territoire. Hébergement, restauration, sports et loisirs, patrimoine, événements… Notez également que l'Office de Tourisme vous propose des séjours clé en main ou sur mesure, sur une journée ou plus. On vous conseillera sans doute d'emprunter les venelles escarpées de la ville, pour remonter le temps et admirer les maisons à colombages aux ferronneries XVIIIe siècle, ou les décors médiévaux et Renaissance de l'ancien Hôtel de Ville.

CROISIÈRES SUR L'ESCAPADE

31, Le Bourg

FONTET

✆ 05 56 63 06 30

www.canal-en-gironde.fr

Croisière commentée de mars à fin octobre. Adulte : 39 €. Enfant : 15 € (-10 ans). Pique-nique autorisé. Restauration.

L'Escapade est un ancien bateau-mouche. D'une capacité de 82 places, il a été sauvé par 5 passionnés de l'association Canal en Gironde. Destiné à la vente, ces messieurs lui ont réservé un sort tout autre. L'embarcation emmène les passagers à la découverte du canal latéral de la Garonne, de Fontet à Meilhan, avec franchissement d'une écluse ! Au fil de l'eau et à l'ombre des platanes, les paysages se dévoilent : châteaux, églises romanes et autres morceaux d'histoire.

CAPUC'INN €€

8, rue Bellot des Minières

✆ 05 56 71 26 49

http://chambresdhotescapucinn.jimdo.com

2 chambres (75 €/nuit pour 1 pers. et 80 € pour 2 pers). Petit déjeuner inclus. Garage à vélos. Restauration.

En plein cœur du centre-ville de La Réole, – ville d'Arts et d'Histoire –, les chambres d'hôte Capuc'inn sont délicieuses. Valérie et David vous accueillent avec grand plaisir dans la chambre Lily ou Noémie. La première est ouverte sur une jolie terrasse privée alors que la seconde, plus spacieuse et lumineuse, vous donnera accès à la terrasse de cette maison typique du Réolais dans laquelle vous allez séjourner. Pour les petites ou grandes faims, il vous suffira de descendre au rez-de-chaussée, là où David, maître-restaurateur, tient les rênes du Solendo.

LA PARENTHÈSE €€

22, rue Lagrave

✆ 06 85 72 98 29

www.laparenthese-lareole.fr

Chambre double de 75 € à 90 € ; suite 130 €. Petit déjeuner inclus (sans gluten sur demande, salé : 2 €/pers).

Cette belle bâtisse datant de la fin du XIXe siècle, plantée dans les terres de La Réole, propose deux belles chambres doubles et une suite familiale composée de deux chambres communicantes. Très joliment décorées, ces chambres spacieuses sont également d'un grand confort. La Parenthèse a effectivement obtenu le label Vignobles et Découvertes en 2016. Vous profiterez ici de nombreux services en complément, comme le petit déjeuner adapté à vos restrictions alimentaires ou envies, le bain bouillonnant ou les stations de rechargement de vélos.

L'ÉCHOPPE €

14, rue Peysseguin

✆ 05 56 61 06 28

Ouvert du lundi au vendredi le midi ; du mercredi au vendredi le soir. Formules complètes de 13 € à 16 €. Terrasse.

Près de l'ancien hôtel de ville, L'échoppe est une petite crêperie sans prétention où la cuisine est faite maison. Bien reçu, on est très vite installé et vite prêt à commander. Affichées sur une ardoise, deux formules sont proposées en plus de la carte. Si les recettes sont plutôt classiques, on hésite toujours entre une ou deux. Les suggestions donnent aussi l'eau à la bouche, sans compter que désormais on peut aussi choisir parmi quelques tartines, soupes, etc. L'échoppe vous propose également quelques planches à partager. Glaces ou crêpes en dessert ?

L'ABSOLU €€

2, rue Patarrieu - **AUROS** ✆ 05 56 65 29 23
restaurant-absolu.com

Maître Restaurateur. Ouvert du jeudi au lundi le midi et le soir. Menus de 27,50 à 38 €. Formule midi : 19 €. Terrasse.

A une dizaine de kilomètres de Langon, L'Absolu mérite bien des éloges. Déjà, sa façade en pierres donne le ton de l'élégance. Avec sa grande fresque murale, la salle Forest donne l'impression d'être dans un sous-bois. Dans toutes les salles, la décoration est agréable. Côté cuisine, le chef, qui porte fièrement le titre de Maître Restaurateur, vous propose des plats dans la même veine, c'est-à-dire raffinés et accompagnés de sauces savoureuses. Le tout à un excellent rapport qualité-prix. Un espace placé sous vidéosurveillance a été aménagé pour les petits.

LES PERLES À PIMPIN €€

31, rue André Bénac
✆ 05 56 71 29 73

Ouvert le lundi, le jeudi et le vendredi le midi et le soir ; le mercredi soir ; le week-end le midi et le soir.

Les amants de bonne cuisine vont aimer se donner rendez-vous ici où la cuisine est délicieuse, généreuse et vraiment gourmande. Pour ne rien gâcher à cette justesse, l'accueil fait aussi partie des points forts de l'établissement. Compte encore la décoration et la très agréable terrasse depuis laquelle on contemple la vieille ville. La contemplation sera aussi dans les assiettes où les produits frais et de saison sont merveilleusement cuisinés à la sauce bistronomique. Les plats varient selon les arrivages et au gré des envies du chef.

LE SOLENDO €€

60, rue Armand Caduc ✆ 05 56 61 46 31
www.lesolendo.com

Ouvert du mardi au samedi le midi et le soir. Réservation recommandée. Carte : 25 € environ. Formule du midi : 15 €.

Accueil chaleureux et cartes alléchantes, tels sont les atouts de ce restaurant aux saveurs italiennes en plein cœur de La Réole. Le Solendo vous propose de découvrir ses recettes italiennes concoctées par un chef qui porte fièrement le titre de Maître restaurateur. Parmi ses spécialités, on peut surtout mettre en avant ses succulentes pizzas. On aime particulièrement le menu déjeuner et formule demi-pizza et salade à composer. Les valeurs de la maison sont une cuisine à base de produits frais et de saison, de la viande et des poissons locaux. Aussi à emporter.

AUX FONTAINES €€€

8, rue de Verdun
✆ 05 56 61 15 25
www.restaurant-aux-fontaines.com

Ouvert du mardi au dimanche le midi ; le mardi et du jeudi au sam. le soir. Menu : 33 €. Formule midi : 18 €. Terrasse.

A l'intérieur de cette maison de maître du XIXe, à côté de la grande cheminée, ou à l'extérieur, à l'ombre de la pergola arborée, installez-vous pour goûter aux mets d'inspirations régionales. En cuisine, Estelle Labrousse privilégie essentiellement les produits frais et de saison. De fait, la carte est régulièrement renouvelée. Si vous êtes curieux, nous vous conseillons de choisir le menu « découverte ». Pour accompagner votre dégustation, Estelle saura vous proposer des vins de la région ainsi que les meilleurs vins du terroir et des vins bio.

C' DU VIN

1, lieu-dit de la Gravaire - **BARIE**
✆ 05 56 61 26 80
https://cduvin.wixsite.com/cduvin

Ouvert de mars à décembre du mardi au samedi de 10h à 21h ou 23h. Tapas. Cave à vin. Dégustations privées. Catering.

Caviste passionnée, Charlotte Auboin sélectionne des vins non pas parce qu'ils sont techniquement parfaits, mais parce qu'ils sont d'abord créateurs d'émotions. Charlotte s'attache à présenter le travail du vigneron, son univers, mais aussi ses intentions. Issus exclusivement de l'agriculture biologique et biodynamique, les vins doivent toujours avoir une histoire à raconter. *C' du Vin*, c'est à la fois un bar à vins (avec tapas ?), un lieu de dégustation et une cave ouverte dès 10h. Des dégustations privées avec accords mets-vins peuvent être organisées.

LE COYOTE

7, rue castelnau d'Auros
AUROS
✆ 06 23 80 51 15

Ouvert du mardi au jeudi de 8h à 21h ; le vendredi de 9h à 2h ; le sam. de 10h à 2h. Concerts. Retransmission de match.

Avec sa terrasse, le Coyote est le QG des motards du coin ! Toutefois, balayez vos préjugés d'un revers de la main, car dans ce bar, la tête du client importe peu. Adeptes ou non des deux-roues, des vestes en cuir floqué ou des tatouages, vous serez toujours bien accueillis dans ce lieu un brin rustique où la musique résonne fort et en live. Des concerts ou des « bœufs » y sont régulièrement organisés. L'ambiance est excellente et les bières également, même si elles sont (toujours) à consommer avec modération. Retransmission de matchs (foot, rugby, etc.).

LA PETITE POPULAIRE

33, rue Armand Caduc
© 09 72 65 59 45
www.lapetitepopulaire.fr
Bureau et café associatif ouvert du mardi au jeudi de 10h à 18h ; le vendredi de 10h à 21h ; le samedi de 10h à 14h.

Véritable lieu de vie, ce charmant petit endroit a vu le jour grâce à la volonté des bénévoles de l'association. Baby-foot et table d'activités pour les enfants, espace de travail pour les parents, espace ressources pour les associations... La Petite Populaire est bien plus qu'un café ! De nombreux ateliers sont programmés pour les enfants et des concerts sont organisés pour faire vivre cet endroit pas comme les autres. Vide-dressing, théâtre, littérature sont aussi de la partie ! Bon à savoir, des soirées after-work sont organisées le vendredi soir.

LA FERME DU MOULINAT

1, le Roquet - **LOUBENS** © 05 56 71 30 84
www.lafermedumoulinat.com
Ouvert du lundi au vendredi de 10h à 12h30 et de 14h à 18h30 ; samedi jusqu'à 17h30. Visite et dégustations. Animations.

Du foie gras, des confits, des cous farcis, des grattons, des rillettes, des pâtés... Rendez-vous à la Ferme du Moulinat ! Cela fait maintenant plusieurs générations que Philippe Fazembat et ses trois enfants élèvent des canards pour vous en offrir le meilleur. Ils vous proposent encore quelques spécialités comme le magret fourré ou les cuisses de canard sauce au vin de l'Entre-Deux-Mers flambée à l'armagnac (disponible en conserves, verrines et paniers gourmands). Salle de réception, traiteur, animations, aire d'accueil... La ferme du Moulinat a de nombreux atouts.

PALMAGRI

8, rue Partarrieu - **AUROS**
© 05 56 65 40 81 - www.palmagri-foiegras.fr
Ouvert le lundi de 9h à 12h30 ; du mardi au samedi de 9h à 12h30 et de 15h à 18h. Vente en ligne sur Internet.

Coopérative agricole spécialisée dans le canard gras, Palmagri regroupe 10 producteurs passionnés, tous éleveurs et gaveurs. Les canards sont élevés en plein air sur les terres girondines, entre les vignobles sud-girondins et les Landes de la Gironde. Privilégiant un savoir-faire artisanal, les recettes, sans conservateurs ni colorants, sont concoctées à Auros, dans l'atelier de fabrication. Le canard est dans tous ses états : confit, tournedos, magret, fricassée de guit, garbure, foie gras de canard entier, pâté, rillettes, cou farcis, saucisse fine, boudin...

ESPACE CHUTE LIBRE

✆ 05 56 71 61 48

www.parachute-gironde.fr

Ouvert toute l'année. Saut en parachute à partir de 230 €.

Stéphane vous propose de faire des sauts en tandem, des sauts d'initiation ou des stages avec 6 ou 15 sauts… Faites appel à Espace Chute Libre pour offrir un cadeau inoubliable ou pour vous-même ! Vous pourrez même prendre l'option vidéo afin de conserver un souvenir de votre saut. Pour un baptême en parachute, vous vous élancerez d'un biplace à 4 000 mètres d'altitude avec un moniteur. Un espace soufflerie vous fera découvrir les sensations de la chute libre avant le grand saut. Si vous passez quelques jours dans le coin, des gîtes se trouvent à proximité.

HALTE NAUTIQUE

FONTET

✆ 05 56 61 08 30

Ouvert toute l'année. Bar-snack. Aire de pique-nique. Jeux pour enfants. Site de pêche.

A proximité du musée des Allumettes, la halte nautique de Fontet est une base de loisirs. A la belle saison, vous pourrez venir vous rafraîchir à l'ombre du parc arboré et profiter de la baignade (surveillée en juillet et août). Des jeux pour enfants sont à disposition ainsi qu'une buvette et un point restauration ouvert en été. Une aire de pique-nique avec barbecue est aménagée sur le site. Canoë ou aviron sur le canal, tir à l'arc, balades le long du chemin de halage, pêche... Le petit port avec ses deux pontons d'amarrage a des airs de vacances.

PARASCENDANCE

FLOUDÈS

✆ 06 81 38 89 15

www.parascendance.fr

Vol en ULM Pendulaire ou en Paramoteur de 60 à 100 €. Vol pédagogique avec initiation au pilotage : 140 €.

Parascendance, c'est bien évidemment des baptêmes en paramoteur (le plus petit aéronef) ou en pendulaire pour apprécier de plus haut, les paysages de l'Entre-deux-Mers et ses châteaux entre la Garonne et le canal du Midi. C'est aussi, pour celles et ceux qui rêvent de voler seul(e) s, une école de formation au brevet de pilote ULM classe paramoteur. Olivier Garric votre instructeur, vous propose une formation pour acquérir une autonomie complète en paramoteur avec l'obtention du brevet de pilote ULM. Plus de renseignements en ligne !

LANGOIRAN

De la guerre de Cent Ans aux artisans du fleuve, Langoiran a conservé les vestiges d'une histoire haute en couleur. Dans la ville basse, il faut longer les quais de la Garonne puis remonter la rue Berquin, le long de l'Estey où s'aligne toute une série d'anciennes maisons de pêcheurs. Au bout de cette rue, un pont métallique permet de traverser cette petite rivière pour atteindre Le Tourne. C'est de ce côté de la rive que la vue sur les superbes façades du port est la plus saisissante. Dans la ville haute, le château médiéval de Langoiran (fin XIIIe - début XIVe) et l'église romane Saint-Pierre-ès-Liens sont les deux sites incontournables.

© BERNARD LAMARQUE

Haut - Langoiran.

LES CHANTIERS TRAMASSET

20, esplanade Josselin - **LE TOURNE**

✆ 09 53 65 61 69

www.chantierstramasset.fr

Ouvert toute l'année. Visite libre avec livret : 3 €. Visites commentées de 5 € à 12 € (sur RDV uniquement). Animations.

Le chantier naval Tramasset existe depuis 1837. A l'époque, il faisait partie des 6 chantiers du Tourne et de Langoiran qui construisaient des yoles, des filadières, des coureaux, des gabares et des sapines pendant la période où les bateaux en bois assuraient le transport sur la Garonne. Fermés et laissés à l'abandon en 1985, les chantiers Tramasset seront rachetés par la mairie. Sur place : un atelier de charpente navale où sont restaurés à l'ancienne, de nombreux bateaux et un très rare exemplaire de four à étuve. Visites et animations sont au programme.

CHÂTEAU MÉDIÉVAL DE LANGOIRAN ★

14, Le Pied du Château
© 05 56 67 12 00
www.chateaudelangoiran.com
Ouvert tlj de 14h à 18h ; pendant les vacances d'été de 11h à 12h et de 14h à 19h. Gratuit jusqu'à 6 ans. Adulte : 4 €.

Le château de Langoiran a été construit au début du XIVe siècle par Etienne d'Escoussans, seigneur de Langoiran et allié des Anglais lors de la guerre de Cent Ans. Dominant la Garonne et offrant une vue bien dégagée sur celle-ci, l'édifice ne jouit pas d'une position très stratégique, mais il contrôle l'accès au fleuve, ce qui lui assure une rentrée de subsides grâce aux droits et aux taxes sur les marchandises transitant par le fleuve. Pour autant, la seigneurie de Langoiran a été l'une des plus prestigieuses et des plus puissantes du duché d'Aquitaine. Au fil des ans, la propriété passe entre les mains de plusieurs hauts personnages girondins jusqu'à devenir résidence du président du Parlement de Bordeaux au XVIIe siècle. Haut de 19 mètres, le château est assiégé en 1649 lors de la Fronde ; il finira par être abandonné. Acquis par Robert Bibonne en 1972, ce dernier n'a cessé de restaurer le site. Malgré de nombreux remaniements au cours des siècles, il conserve néanmoins une enceinte rappelant son utilité défensive. L'élément le plus remarquable reste le donjon qui est, selon Léo Drouyn, « la plus belle tour du département de la Gironde ». C'est aussi le plus large de France. Bonne nouvelle, le château médiéval de Langoiran se visite toute l'année. A l'intérieur se trouvent encore des fresques où saint Pierre et saint Michel sont représentés. Vous ne serez pas déçu. Pour les groupes de plus de 10 personnes, la visite peut être commentée.

AUBERGE ANDRÉ €€

1, place Grand Port - **CAMBES**
© 05 56 89 85 88
www.aubergeandre.fr
Ouvert tous les jours le midi et le soir. Menu des Fins Gourmets : 45,90 €. Accueil des groupes. Terrasse.

L'Auberge André est idéalement située en bord de Garonne, dans un cadre bucolique des plus agréables. L'accueil est chaleureux, tout en sourire. Ancien collaborateur du célèbre restaurant Fernand à Bordeaux, le chef maîtrise l'alliance parfaite entre cuisine traditionnelle et moderne. Magret de canard du Sud-Ouest grillé, sauce bordelaise truffée, joues de porc confites et son caramel au piment d'Espelette. Le tout, dressé avec beaucoup de finesse. Profitez des belles soirées d'été pour y dîner en tête à tête, en famille ou entre amis gourmets.

BASILIC PIZZA €€

29, avenue du Général de Gaulle
© 05 57 54 57 17
www.basilic-pizza.fr
Ouvert du lundi au vendredi le midi et le soir ; le samedi soir. Grandes pizzas (33 cm) de 9 à 15 €. A emporter.

Voilà plus de 2 ans que Basilic Pizza a remplacé le restaurant franco-portugais L'R du Coin. Désormais (et sans surprise), Basilic Pizza vous propose un large choix de pizzas à pâte fine. Des plus classiques aux plus gourmandes, toutes se déclinent en deux tailles (15 et 33 cm). Garnies avec des produits de qualité d'ici et d'ailleurs, elles sont cuites dans un four à bois traditionnel. Et ça change tout ! Sur place ou à emporter, Basilic Pizza vous offre un vrai moment de gourmandise à l'italienne. Découvrez également les bruschettas.

LE CELLIER DE GRAMAN

25, route de Créon
© 05 56 67 09 06
www.berticot.com
Ouvert du lundi au samedi de 9h à 12h30 et de 14h30 à 18h30.

© LANGOIRAN

Situé aux portes de Bordeaux, adresse incontournable depuis plus de 55 ans, les vignerons de Graman vous proposent dans leur magasin « Le cellier de Graman » une vaste gamme de leurs appellations en Blanc, Rosé, Clairet, Rouge et Crémants (AOP Bordeaux et AOP Duras.) Vous y trouverez aussi de nombreuses 'idées cadeaux et des paniers gourmands issus de produits du terroir. Une dégustation vous sera proposée afin de vous faire découvrir la passion de nos viticulteurs. Pour les groupes de plus de 10 personnes, prendre rendez-vous.

LE PASSAGE €€

2, rue Lieutenant Rouch - **LE TOURNE**
✆ 05 56 32 85 54
www.lepassageautourne.com
Restauration du lundi au samedi le midi ; le jeudi et le vendredi le soir. Formule du midi : 13,50 €. A emporter.

Il n'y a pas de passage obligé au Passage, mais tout de même si vous le pouvez, nous vous invitons à vous arrêter à l'heure du déjeuner. On y mange une cuisine familiale. Le Passage privilégie les produits frais qui donnent aux plats un goût authentique. Ce que l'on aime encore ? La note qui n'est jamais trop salée, même pour la pièce du boucher. Le Passage est aussi ouvert le jeudi et le vendredi le soir. Le chef vous proposera alors de découvrir sa carte, ses tapas et son menu de saison. L'établissement ouvre dès 7h30 en semaine et à partir de 10h le samedi.

LE SAINT MARTIN €€

5, place Aimé Gouzy
✆ 05 56 32 70 31
Ouvert tous les jours le midi ; du mardi au samedi le soir. Réservation recommandée. Menu à 25 €. Terrasse.

Quelle sensation délicieuse de siroter un cocktail sous la tonnelle de la Brasserie Saint Martin et de se délecter d'un bon repas avec une vue magnifique sur la Garonne ! Particulièrement apprécié des amoureux pour cette terrasse romantique, l'endroit est idéal pour se retrouver dans une ambiance douce et paisible. Conseil futé : lors de votre réservation, si c'est un soir d'été, n'hésitez pas à demander une table au plus près de la rive. Avec un peu de chance, vous pourrez observer le Mascaret et la vitesse avec laquelle il fait monter le niveau de l'eau.

LES CHAIS SOUTERRAINS DU CHÂTEAU LAMOTHE DE HAUX

295, chemin de l'Eglise - **HAUX** ✆ 05 57 34 53 00
www.chateau-lamothe.com
Visite et dégustation sur rdv, du lundi au vendredi de 9h à 11h30 et de 14h à 17h, le week-end sur demande. Tarif : 5 €.

Demeure de charme du XVIe siècle, le Château Lamothe de Haux a la particularité d'avoir aménagé les impressionnantes galeries troglodytes en chais d'élevage. Au XVIIe siècle des carrières d'extraction de pierres de calcaire furent en effet percées pour construire Lamothe, les domaines aux alentours, etc. Aujourd'hui transformées en chais à 30 mètres sous terre, ces galeries offrent une température idéale et constante pour la conservation et la maturation des vins. A visiter !

CHÂTEAU DU COUREAU

380, Route du Bourg - **HAUX**
✆ 05 56 23 05 03
www.chateauducoureau.com
Ouvert du lundi au vendredi. Visite et dégustation sur rendez-vous. Vente directe à la propriété. Boutique en ligne.

Belle propriété familiale de 68 ha exploitée depuis cinq générations, le château du Coureau est entouré d'une partie de son vignoble. Le Blanc des Cabanes (cépages sémillon et sauvignon) est né du mariage de l'ostréiculture et de la viticulture, au cœur du bassin d'Arcachon. Les bouteilles de ce vin ont ainsi la particularité de maturer immergées quelques mois en eaux profondes juste à côté des huîtres. Loin d'être un concept fantaisiste, la famille Labeyrie souhaite surtout prouver les bienfaits de cette technique d'immersion en milieu sous-marin. À découvrir.

CHÂTEAU LANGOIRAN

16, route du Lieu-dit - Le Pied du Château
✆ 05 56 67 08 55
www.vignobles-gonfrier.fr
Ouvert toute l'année, du mardi au samedi, de 9h30 à 12h30 et de 14h à 18h. Visite et dégustation. Boutique.

Ouvrant la voie à la troisième génération, Eric et Philippe Gonfrier ont été rejoints par Thibault, le fils de Philippe. Ensemble, ils s'investissent pour préserver le bon état du vignoble dans le respect de l'environnement. Le château de Marsan reste la référence de l'entreprise familiale. Après avoir étendu et développé le vignoble de ce domaine, ils ont œuvré avec force et envie pour faire de ces vins des incontournables des terres bordelaises. C'est au Château Langoiran qu'il faudra vous rendre pour la visite de sa cave souterraine suivie d'une dégustation.

CHÂTEAU PENEAU

747, Les Faures - **HAUX**
✆ 05 56 23 05 10
www.chateaupeneau.com
Ouvert du lundi au vendredi de 9h à 12h et de 14h à 18h ; le samedi de 8h à 12h. Week-end et jours fériés sur rdv.

Le vignoble du Château Peneau s'étend sur une terre graveleuse et argilo-calcaire. Propriété de Dany Douence depuis 1997, fille de viticulteur de plusieurs générations, ce domaine produit des vins authentiques et équilibrés souvent récompensés lors de prestigieux concours nationaux et européens. Le Bordeaux blanc sec (60 % Sauvignon blanc et 40 % Sauvignon gris) a obtenu, entre autres récompenses, la Médaille d'Or au Concours général agricole de Paris 2016, pour le millésime 2015. Caveau de vente et dégustation à la salle La Palombière. Accueil camping-cars.

DOMAINE DE SAINT-AMAND

Lieu-dit Saint-Amand - **CAMBES** ✆ 05 56 74 05 63
www.domainedesaintamand.fr

Visite et dégustation sur rendez-vous toute l'année. Gîte et suites. Séminaires & événements familiaux.

Sur ces terres d'Appellation Côtes de Bordeaux, le Domaine se compose de 2,5 hectares de rouge AOC Cadillac Côtes-de-Bordeaux et Bordeaux rosé (80 % de Merlot, 20 % de Malbec), et 0,7 hectare de blanc (70 % Sauvignon, 30 % de Sémillon). Vigneronne investie et attentionnée, Sarah Simon met tout en œuvre pour que chaque visite-dégustation soit un moment de partage. Le Domaine de Saint-Amand, c'est aussi un gîte pour 2 personnes avec piscine et 5 appartements rénovés avec goût, respectant le charme de l'ancien et offrant une note de modernité avec un confort optimal.

PELLEGRUE

Fondée en 1274 par Henri III, roi d'Angleterre, Pellegrue est une bastide juchée sur un éperon rocheux à 112 m d'altitude. Sa situation frontalière avec le Lot-et-Garonne et la Dordogne en fait un site remarquable entre châteaux, églises et paysages variés. Au centre de cette place se trouve actuellement une halle métallique du XIXe siècle qui à l'origine était en bois. On remarquera aussi la mairie avec son beffroi muni d'une cloche qui daterait du XIIe siècle. Pellegrue a la particularité de posséder pas moins de cinq églises. La plus visitée est celle de Saint-André, en forme de croix latine avec une coupole d'inspiration byzantine du XIIIe siècle.

L'ÉCUELLE DE L'OURS €€

38, route des Terroirs - **LANDERROUAT**
✆ 05 56 61 08 58

Ouvert du mardi au dimanche le midi ; du jeudi au samedi le soir. Formule semaine : 15 € ; menu week-end : 21 €.

© L'ÉCUELLE DE L'OURS

Derrière les fourneaux de ce restaurant de village, Philippe met à l'honneur ce qu'il a appris auprès du Maître-Restaurateur Florent Saint-Marc à la tête des restaurants La Grange et L'O à la bouche à Marmande. Il était second de cuisine et pâtissier. Et c'est une valeur sûre que de retrouver des pâtissiers en cuisine, car ils ont la justesse qui fait parfois la différence ! Le midi, mais aussi le soir au même tarif, l'Ecuelle de l'Ours propose un menu en 3 services. Le week-end, le menu est plus élaboré. Au service, avec le sourire vous trouverez Patricia.

OFFICE DE TOURISME DE PELLEGRUE

21, rue de la République
✆ 05 56 61 37 80
www.tourisme-dordogne-paysfoyen.com

Ouvert toute l'année. Jours et horaires variables selon la saison.

Antenne de l'Office de Tourisme du Pays Foyen situé à Sainte-Foy-la-Grande, on vous renseignera ici sur les choses à voir et à faire dans la région. Activités de loisirs terrestres, aériennes, aquatiques ou de détente, visites commentées, randonnées, sorties vélos... Dédié à la promotion du territoire et à l'œnotourisme, n'hésitez pas à aller à l'espace « Tourisme & Vin » au centre commercial Grand Pineuilh, à Pineuilh. Des expositions y sont régulièrement programmées.

MARCHÉ DE PELLEGRUE

Le mercredi de 7h à 13h.

Le marché traditionnel de Pellegrue se déroule toute l'année et chaque mercredi matin de 7h à 13h dans le centre-ville. Toutefois, notez qu'en période estivale, plus précisément en juillet et août, les marchés nocturnes font aussi fleurir la bastide. Vous y trouverez alors des produits locaux, des vins du terroir, de la viande bazadaise, du canard dans tous ses états ou encore du fromage d'élevages proches. Des animations musicales viennent toujours apporter à la fête ! On fait le plein de bons produits et de bonne humeur, et c'est l'occasion d'une petite visite.

ENTRE-DEUX-MERS

MONSÉGUR

Fondé par Eléonore de Provence en 1265, Monségur a conservé sa place couverte et son plan en damier. L'origine de son nom « mons securus » signifie le mont sûr. La cité est en effet perchée sur une colline et un très joli chemin de ronde fait le tour des remparts, offrant une vue sur la vallée. L'ensemble du bourg est resté pittoresque avec ses anciennes rues, ses maisons à colombages et sa tour du Gouverneur du XVe siècle. Son église Notre-Dame, typique des églises de bastides, date de la fin du XIIIe et présente une harmonie parfaite entre les chapelles gothiques et la nef néogothique du XIXe siècle. A voir aussi la halle de verre et de fonte.

OFFICE DU TOURISME DE L'ENTRE-DEUX-MERS

4, rue Issartier
✆ 05 56 61 82 73
www.entredeuxmers.com

Ouvert du lundi au vendredi à partir de 9h12 et de 13h30 à 17h.

Aux portes de Bordeaux, l'Entre-Deux-Mers est un océan de vignes dans lequel vous pouvez vous adonner à de multiples expériences : échappée cyclo touristique au cœur des vignobles, balade le long du canal et de la Garonne, séjour en chambres d'hôtes, rencontres avec des vignerons désireux de transmettre leur savoir-faire et de faire goûter leurs breuvages... L'office du tourisme se charge de mettre à votre disposition les infos nécessaires pour vous concocter une escapade mémorable.

LES COLONNES €€

36 bis, place Robert Darniche
✆ 05 56 71 41 17

Ouvert toute l'année (jours et horaires variables). Pizzas à partir de 9,90 €. Formule du midi : 15 €. A emporter.

Le restaurant d'Elodie et Christophe est une institution à Monségur. Pizza à pâte fine de la plus traditionnelle à la plus locale en passant par l'exotique, il y en a pour tous les goûts. Sur place ou à emporter ! Le Chef Sébastien a fait ses armes à la Tour des Vents* à Monbazillac. La carte, plutôt bien fournie, change tous les deux mois. Du côté de celle des vins, elle met en avant de petits producteurs locaux ! Pour animer le tout, l'association le Swing Club organise des concerts de jazz, un mardi sur deux. Bonne ambiance assurée.

LA BARRIQUE & LA FILLETTE

1, Place Robert Darniche
✆ 09 53 25 43 02
www.labarriqueetlafillette.fr

Jours et horaires d'ouvertures variables selon la saison. Restauration. Brunch. Terrasse. Boutique. Animations.

Constance, une œnophile passionnée, vous fera découvrir l'une des 250 références de la maison ; des vins de vignerons exclusivement ! La dégustation s'accompagne souvent d'assiettes de charcuterie, fromages typiques ou huîtres. Au-delà de son envie de vous faire connaître des domaines exceptionnels en organisant notamment des ateliers-dégustation, elle vous propose une carte pour le déjeuner et le dîner. La jeune femme fait vivre son établissement d'abord selon ses envies du moment.

RAUZAN

Longtemps vouée aux Anglais, Rauzan fut reprise par Du Guesclin et redevint définitivement française à la fin de la guerre de Cent Ans. Témoin du passé et de ces guerres médiévales, la forteresse de Rauzan a été bâtie aux XIIIe et XIVe siècles, puis restaurée dans le style gothique après la guerre de Cent Ans. Le château mérite la visite pour son enceinte polygonale, son logis gothique et son haut donjon cylindrique. A voir également : l'église romane bâtie sur un plan templier, ainsi que plusieurs maisons anciennes situées dans le bourg, notamment les maisons fortes de la Salle et de Roquenègre qui datent des XIIIe, XVIe, XIXe siècles.

CHÂTEAU MÉDIÉVAL DE RAUZAN

12, rue de la Chapelle ✆ 05 57 84 03 88
www.chateau-fort-rauzan.fr

Ouvert toute l'année. Jours et horaires d'ouverture variables selon la saison. Adulte : 4 €. Enfant (6 à 14 ans) : 3 €.

Témoin de la guerre de Cent Ans, le Château de Rauzan a été pris par deux fois par les Français, dont Bertrand du Guesclin en 1377. Classé en 1862 par les Monuments historiques, il ne renaît dans les esprits qu'à partir des années 1970 lorsque la commune, propriétaire depuis 1900, et quelques passionnés entreprennent des travaux de débroussaillage et de restauration. Après avoir gravi les 31 mètres du donjon, vous pourrez admirer la magnifique voûte en palmier de sa tour d'honneur.

GROTTE CÉLESTINE

8, rue Lansade ✆ 05 57 84 08 69
www.grotte-celestine.fr
Ouvert toute l'année. Adulte : 8 €. Enfant : 5 €. Visite guidée (uniquement sur réservation par téléphone).

Datant de l'ère quaternaire, la Grotte Célestine a été creusée dans la roche calcaire par une rivière souterraine. Découverte en 1845, elle n'a longtemps été accessible que depuis la chambre d'une honorable rauzanaise qui lui a donné son nom. Désormais ouverte au grand public, cette incroyable grotte sous la ville permet d'observer les splendeurs d'un monde minéral et une foisonnante activité hydrologique souterraine. Equipés d'un casque avec lampe frontale, de bottes et d'une blouse, il ne tient qu'à vous de jouer les aventuriers dans les entrailles de la Terre.

CAMPING DU VIEUX CHÂTEAU €

6, Blabot-Bas (rue Peyruc) ✆ 05 57 84 15 38
www.camping-levieuxchateau.com
Ouvert d'avril à octobre. Emplacements et locatifs avec/sans sanitaire. Jeux pour enfants. Snack-bar. Chèque Vacances.

Vous serez accueillis au pied du château médiéval, dans un cadre familial, calme et verdoyant. Labellisé « Camping Qualité » et « Qualité Tourisme », le camping se trouve seulement à 200 mètres du village, accessible à pied par le chemin de ronde. Parmi les hébergements locatifs : des alcôves prêtes à camper, un truck, des bungalows toilés, des tentes perchées, des chalets et des mobil-homes. Les emplacements pour tentes, caravanes ou camping-car sont ombragés. Le plus ? L'espace aquatique avec piscine chauffée, bain bouillonnant à 36 °C et pataugeoire.

L'ÎLOT-VIGNES €€

2, Caboz ✆ 07 70 07 86 93
www.ilot-vignes.com
5 chambres de 90 à 112 € (petit déjeuner inclus). Gîte 6 pers. à partir de 500 €/semaine. Table d'hôtes sur réservation.

En chambres d'hôtes ou en gîte à partir de 3 nuits pour 6 personnes, l'Îlot-Vignes est une belle adresse où séjourner. Calèche rénovée, fûts, parterre de fleurs... Les extérieurs sont particulièrement agréables, mis en valeur avec beaucoup d'élégance. Et n'oublions pas la piscine de 14 x 4 m avec ses escaliers progressifs, ses transats et ses espaces ombragés. Pour vous régaler, le matin et le soir à leur table d'hôtes (sur réservation de préférence), Laure et Pierre-Yves servent des produits du terroir issus, autant que possible, des producteurs des environs.

LE MANOIR DE MARIE-LOU €€

34, rue du Petit Versailles
✆ 05 57 84 07 48
www.lemanoirdemarielou.fr
Ouvert toute l'année. Chambre double 100 € ; suite 160 €. Petit déjeuner inclus. Table d'hôtes.

Le Manoir de Marie-Lou est idéalement situé à 10 minutes de la route des vignobles de Saint-Emilion. Cet ancien manoir du XVIIIe siècle en pierres de taille et moellons dispose d'un agréable parc de 600 m² dans lequel vous apprécierez sa roseraie et son pigeonnier. Le Manoir de Marie-Lou vous réserve deux chambres doubles – la « Sébastien » et la « Christel » –, ainsi qu'une suite familiale disposant de 4 couchages. Votre séjour sera également l'occasion de découvrir la cuisine terroir et maison de la très conviviale table de Marie-Lou (ouverte sur réservation).

LES CAVES DE RAUZAN

1, l'Aiguilley
✆ 05 57 84 19 97
www.cavederauzan.com
Ouvert du lundi au samedi de 9h à 12h30 et de 14h à 18h. Vente et dégustation. Visite sur rendez-vous.

Tout commence, ou presque, en 1933 lorsqu'une poignée de vignerons rauzannais décidèrent de bâtir un chai commun qui allait devenir, 70 ans plus tard, la première Cave Coopérative Vinicole de France. Près de 300 adhérents apportent une production moyenne de 160 000 hectolitres de vins AOC. À la pointe de la technologie avec des outils de vinifications très sophistiqués, les caves de Rauzan méritent incontestablement le détour. On y trouve des vins de propriétés. L'accueil et les bons conseils viennent s'ajouter aux nombreux attraits de cette adresse.

CHÂTEAU ROQUEFORT

LUGASSON ✆ 05 56 23 97 48
www.chateau-roquefort.com
Ouvert du lundi au vendredi de 9h à 12h30 et de 14h à 17h30. Visite et dégustation : 6 €/personnes.

Propriété familiale des vignobles Bellanger, le château Roquefort est situé sur la route des vins de l'Entre-deux-Mers, entre Garonne et Dordogne. Primé dans la catégorie « Architecture et paysage » aux côtés des châteaux Les Carmes Haut-Brion et Lafon-Rochet, lors des Best of Wine Tourism 2019, le château Roquefort raconte 6 000 ans d'histoire. Des vestiges exceptionnels du néolithique sont aujourd'hui exposés au musée d'Aquitaine et au musée de la Société linnéenne de Bordeaux. De l'époque médiévale, il ne reste que le donjon, en partie restauré en 2001.

SAINT-MACAIRE ★

Saint-Macaire est un splendide site médiéval entouré de remparts. Appelée Ligena durant l'Antiquité, la cité a pris le nom du saint venu l'évangéliser, elle s'est développée autour de son abbaye. Commencez par la porte de Benauge du XIVe siècle, qui synthétise admirablement l'entrée fortifiée du village, puis au centre, la place du Mercadiou, considérée comme la plus belle du département avec ses arcades de pierre blonde, ses façades du XIVe au XVIe et son ancien relais de poste de style Renaissance. Le village renferme de nombreuses maisons anciennes, dont les plus belles sont celles de Tardes, La Roque, Eyquem ou Baritault et Flous.

OFFICE DE TOURISME DE SAINT-MACAIRE

8, rue du Canton
✆ 05 57 36 24 64
www.tourisme-sud-gironde.com

Ouvert toute l'année. Jours et horaires d'ouverture variables salon la saison

En plus de l'information touristique traditionnelle et d'une billetterie spectacle, l'Office de Tourisme de Saint-Macaire vous propose des visites guidées de la ville. Sur place, la boutique référence plus d'une centaine de vins du canton ainsi que des cartes postales illustrant les sites majeurs de la région, dont certaines peintes par un aquarelliste local. L'Office de Tourisme est situé au cœur du village, dans une ancienne demeure de marchand de 1565.

APPARTHÔTEL LES TILLEULS €€

16, allée Tilleuls ✆ 05 56 62 28 38
www.tilleul-medieval.com

Logements de 58 à 75 €. Petit déjeuner : 8,50 €. Restauration. Bain bouillonnant. Salle de fitness. Prêt de vélos.

L'appart'hôtel Les Tilleuls et le restaurant Le Médiéval sont situés au cœur de la Cité médiévale dans une bâtisse du XVIe siècle. Avec tous les services hôteliers classiques, vous profiterez pour une nuit ou plus, d'un véritable logement avec son espace cuisine. Vous y vivrez comme chez vous ! Bien sûr, rien ne vous empêche d'aller manger au Médiéval, le midi ou le soir. Le restaurant affiche des tarifs très intéressants, y compris pour les menus. De la même façon, il est possible d'y faire une halte sans pour autant passer la nuit aux Tilleuls.

L'ABRICOTIER €€

2, rue Bergoeing
✆ 05 56 76 83 63
www.restaurant-labricotier.com

Maître Restaurateur. Ouvert du mercredi au dimanche le midi et le soir. Menu à 36 € ; le dimanche de 23 à 27 €. Jardin.

Michèle et Alain vous accueillent dans leur maison avec piscine comme des amis de passage à qui ils indiqueraient où se trouve la salle à manger. L'Abricotier est un lieu sans prétention où les tables sont bien dressées. Dans l'assiette, Alain Zanette, maître restaurateur, deux fourchettes au *Guide Michelin*, ne met pas les petits plats dans les grands. Il cuisine avec précision, justesse et ne part pas dans des envolées superflues. Le produit pour le produit, et juste ce qu'il faut pour l'accompagner. L'Abricotier est aussi une adresse où séjourner.

Saint-Macaire.

LA BELLE LURETTE €€

2, place de l'Horloge
✆ 05 56 63 02 42
www.bar-labellelurette.com
Ouvert du lundi au vend. le midi ; le week-end le soir. Tapas du jeudi au samedi le soir. Formule du midi : 13 €. Bar.

La Belle Lurette est le café du village. C'est avant tout un lieu culturel et de rencontres. A l'intérieur : expositions photo et peinture, objets chinés, vieux bouquins... Une sacrée bonne atmosphère règne dans ce petit bistro ! On s'y retrouve pour boire un verre en terrasse à toute heure, manger un bout le midi, grignoter quelques tapas le jeudi, vendredi et samedi soir (pas de service ces jours-là). Pour autant, vous pourrez venir déjeuner et dîner le week-end. Pour accompagner l'ensemble, une quinzaine de variétés de bières en bouteille vous attend.

LE PAMPAILLET €€

5, rue de l'Eglise
✆ 05 56 62 33 75
https://restaurant-saint-macaire.fr/
Ouvert tlj de 12h à 22h de mai à septembre ; du mardi au samedi de 16h30 à 21h d'octobre à avril. Formule midi : 17 €.

Dans la vieille ville après la porte fortifiée, le restaurant du bel hôtel des Feuilles d'Acanthe vous propose une cuisine gourmande inscrite dans une démarche locavore, ainsi qu'une sélection de vins de la région. La carte varie avec les saisons et peut être adaptée à un régime spécial sur simple demande. Les viandes sont d'origine française. A la carte, les tartines côtoient les plats cuisinés d'autrefois et ceux de l'armoire à conserves (à retrouver à l'épicerie). Et les enfants mangent comme les grands, mais avec des portions ajustées (tout comme le prix).

LA BELLE LURETTE

2, place de l'Horloge ✆ 05 56 63 02 42
www.bar-labellelurette.com
Ouvert du lundi au jeudi de 8h à 20h ; le vend. de 8h à 2h ; le samedi de 9h à 2h ; le dimanche de 9h à 20h. Concerts.

Au pied de la Porte de l'Horloge, ce bar à vin est aussi un café-concert, un espace culturel et d'expérimentations. En clair, une très bonne adresse ! Chaque semaine, des animations sont proposées : apéros et concerts, soirées dégustation et jeux de société, rencontres et débats, apéros *wines & mixes*, retransmissions sportives… Tout pour animer la vie du petit village. Au-delà, c'est d'abord un vrai lieu de rencontre et de partage. D'ailleurs, on se déplace de loin pour une soirée à la Belle Lurette ! Vous pourrez même venir y déjeuner en semaine et le week-end.

SAINTE-CROIX-DU-MONT

Le village doit son nom à Santa Crux, instrument de la Passion du Christ. Perché sur un coteau entre Cadillac et Saint-Macaire, Sainte-Croix-du-Mont ne manque pas de curiosités : la vue sur la vallée de la Garonne, son église ou encore le château de Tastes aux murailles crénelées du XIVe siècle et fortement remanié au cours des âges. Et le plus spectaculaire : ses falaises de calcaire coquillé avec ses huîtres fossilisées datant de l'ère tertiaire (plusieurs dizaines de millions d'années). La falaise s'étend sur une centaine de mètres et abrite des grottes où l'on a aménagé des caves et une chapelle. La fête du vin a lieu le 1er dimanche de juillet.

CENTRE FRANCOIS MAURIAC ★★

SAINT-MAIXANT ✆ 05 57 98 17 17
http://malagar.fr
Fermé de décembre à février. Horaires des visites guidées variables selon la saison. Gratuit jusqu'à 12 ans. De 8 à 6 €.

Ouvert au public depuis 1997, le domaine de Malagar était la propriété de la famille de l'écrivain girondin François Mauriac de 1843 à 1985, période pendant laquelle ses descendants en firent don au Conseil Régional d'Aquitaine. Le domaine est resté tel que François Mauriac, prix Nobel de littérature, l'a laissé en 1968. Né à Bordeaux en 1885, François Mauriac séjourna enfant à Saint-Symphorien, où il décida de sa vocation d'écrivain. S'il a des origines langonnaises, c'est vers l'âge de 17 ans qu'il découvrit Malagar, dont il hérita en 1927. Cette propriété viticole – Premières-Côtes-de-Bordeaux – qu'il surnommait sa *querencia* (l'endroit refuge du taureau dans l'arène), l'accueillait à Pâques et pour les vendanges. François Mauriac écrivit ici ses Blocs-notes et Nœud de vipères. Ce roman ainsi que La Chair et le sang et Destins se situent d'ailleurs dans la propriété. Aujourd'hui, Malagar se dévoile au public lors d'une visite fort enrichissante. Mais plus qu'une maison d'écrivain, Malagar en tant que centre culturel est aussi une véritable vitrine de la région Nouvelle-Aquitaine, à travers une saison riche en événements (conférences, lectures théâtralisées, cinéma en plein air...), dont l'agenda est à découvrir sur le site internet. Chaque année, le Centre François Mauriac de Malagar organise le concours littéraire Prix François Mauriac. L'ensemble des manifestations proposées par le Centre François Mauriac de Malagar dans le cadre de la saison culturelle sont gratuites (réservation obligatoire, pensez-y).

GROTTES D'HUÎTRES FOSSILES ★

Château de Tastes
✆ 05 56 62 01 39
www.sainte-croix-du-mont.fr
Gratuit.

Site géologique unique en France, les grottes d'huîtres fossiles sont datées de 22 millions d'années. Accumulées au fond des mers au cours de l'ère tertiaire, les huîtres se sont trouvées en surplomb de la vallée après les mouvements tectoniques et le retrait des eaux. L'érosion a creusé, dans l'épaisseur du banc, des grottes encore utilisées aujourd'hui pour la conservation du vin blanc liquoreux. En prime : un magnifique panorama sur le Sauternais.

CHÂTEAU BEL AIR

✆ 05 56 62 01 19
www.chateaubelair.net
Ouvert du lundi au vendredi de 9h à 19h ; le week-end sur rendez-vous. Visite et dégustation sur rendez-vous.

Les origines de ce château remontant à 1648, c'est l'une des plus anciennes propriétés du vignoble de Sainte-Croix-du-Mont. Jean-Guy Meric veille aux destinées de ce beau vignoble de 18 ha. Les vignes composées à 100 % de sémillon, ont plus de 30 ans, récoltées par tries successives, afin de sélectionner le meilleur du raisin à sa maturité, quand la pourriture noble a fait son œuvre. Les vins liquoreux sont élevés en fûts de chêne (Château Bel Air et Château Haut-Valentin). Et aussi : un Château Croix de Bern en A.O.C. Cadillac.

CHÂTEAU CRABITAN-BELLEVUE

Crabitan
✆ 05 56 62 01 53
https://crabitanbellevue.fr/
Ouvert du lundi au samedi de 8h à 12h et de 13h30 à 18h30. Visite-dégustation gratuite (sur rdv les jours fériés).

Dans la même famille depuis quatre générations, cette propriété est fréquemment citée en référence et ses différents millésimes ont obtenu une cinquantaine de médailles lors de concours nationaux. Le vignoble s'étend sur 20 ha dans l'appellation Sainte-Croix du Mont. Vendanges manuelles, vinification traditionnelle, vieillissement en fûts de chêne pour les cuvées spéciales... Inutile de préciser qu'une visite s'impose. Au programme : les Bordeaux rouge, rosé et blanc.

CHÂTEAU DAUPHINÉ-RONDILLON

8, rue Jean Faux Ouest
LOUPIAC
✆ 05 56 62 61 75
www.vignoblesdarriet.fr
Visites et dégustations de 5 à 10 € ; dégustation de vieux millésimes : sur demande. Déjeuner champêtre : 29 €.

Viticulteurs et créateurs de vins fins depuis 1794, Les Darriets ont trouvé le concept pour séduire parents et enfants (dès 4 ans). En effet, ils proposent une visite guidée gratuite sous forme de jeu de piste avec des énigmes à résoudre en famille. Que les parents se rassurent, la visite s'achèvera tout de même avec une dégustation des vins de la propriété. Le Château Dauphiné-Rondillon vous reçoit aussi pour des ateliers vins et fromages ou pour un déjeuner champêtre.

CHÂTEAU DU CROS

94, route de Saint-Macaire - **LOUPIAC**
✆ 05 56 62 99 31
www.chateauducros.com
Ouvert le lundi et du mercredi au vendredi de 9h à 18h ; le mardi de 9h à 17h ; le week-end sur rdv. Boutique en ligne

Cette propriété familiale de 90 hectares regroupe trois vignobles différents : le château Lépine qui produit du bordeaux rouge à Barsac, le château Mayne du Cros à Loupiac dont les vignes s'étendent en Loupiac, bordeaux blanc et bordeaux rouge, et le château du Cros à Cérons où l'on produit des graves blancs et des graves rouges. Ici, vous allez découvrir l'un des rares vignobles à exploiter un hectare de vignes plantées en 1907, qui produisent un Loupiac exceptionnel, et ce depuis 4 générations ! Passion, expérience et qualité caractérisent ce domaine.

CHÂTEAU DU MONT

8, lieu-dit Cazaubon
✆ 06 89 96 54 73
https://chateau-du-mont.com/
Ouvert du lundi au vendredi de 9h à 18h ; le samedi de 14h à 18h. Visites et dégustations.

L'histoire du Château du Mont remonte à la fin de XIXe siècle avec une devise qui se résume en 3 mots : « Passion, Qualités et Plaisirs ». Aujourd'hui, la propriété de 25 hectares répartis sur les Appellations Saintes-Croix-du-Mont, Sauternes et Graves, produit 100 000 bouteilles de vins blancs et rouges récoltés exclusivement à la main. Véritables acteurs de l'œnotourisme, Claire et Hervé Chouvac produisent du vin, mais aussi, partagent avec vous leur passion. Ils vous accueillent volontiers sur le domaine pour des visites et des sessions de dégustation.

CHÂTEAU GRAND PEYRUCHET

1, Les Plainiers
LOUPIAC
✆ 05 56 62 62 71
www.chateau-peyruchet.com
Ouvert du lundi au vendredi de 9h à 12h et de 14h à 18h ; le week-end sur rendez-vous.

Dans cette propriété de 25 hectares dominant la Garonne, le savoir-faire de la viticulture est perpétué artisanalement et durablement par la 5e génération. Le domaine a entamé une conversion biologique en 2019. Avec passion et professionnalisme, la visite de la propriété est l'occasion de vous transmettre les techniques et les savoirs de ces grands vins. Après un passage obligé dans le chai, la dégustation de quelques-uns des vins du Château Grand Peyruchet révélera les arômes et les vertus de ces grandes appellations de Bordeaux.

VIGNOBLES LABAT LAPOUGE

3, Les Arroucats
✆ 05 56 62 07 37
Visites et dégustations sur rendez-vous.

Fondés en 1938 par Christian Labat, les vignobles Labat Lapouge sont situés sur les rives droite et gauche de la Garonne. Aux mains de Virginie Barbe, 3e génération, les vignobles s'étendent sur 48 hectares. Depuis les années 90, sont produits ici des AOC Sainte-Croix-du-Mont, des AOC Bordeaux rouge (Château Daubrin) et des AOC Graves rouge (Château Dorléac). Cultivé sur 26 hectares de terre argilo-calcaire, le vin blanc liquoreux du Château Les Arroucats (appellation Sainte-Croix-du-Mont) est le fruit d'un travail alliant tradition et modernité.

SAUVETERRE-DE-GUYENNE

D'abord prieuré bénédictin au IXe siècle, la cité construit sa bastide en 1281 sous domination anglaise. Changée dix fois de nationalité, elle redevient française en 1451 à l'approche de la fin de la guerre de Cent Ans. Sauveterre a été construite suivant le plan classique des bastides. La cité était ceinte de remparts, qui furent détruits au XIXe siècle, à l'exception des quatre portes d'accès. Reconstruite au XIXe siècle, l'église a conservé un très beau chœur gothique polygonal. Ne manquez pas les maisons du Moyen Âge restaurées, la cave du XVIe siècle, celle de la maison du Sauveterrois (XIIIe) et la galerie d'art de l'office de tourisme.

ABBAYE SAINT-MAURICE

BLASIMON
✆ 05 56 71 52 12
Visite libre sur réservation auprès de la Mairie (livrets gratuits à disposition).

Vers 721-724, les moines bénédictins de la congrégation des Exempts venus de l'abbaye de Saint-Jean-d'Angély fondent l'abbaye Saint-Maurice à Blasimon. Classée Monument historique, on remarque notamment sa magnifique façade et son portail roman à six voussures où le travail de sculpture est tout à fait exceptionnel. Les sculptures du portail sont les plus belles de cette période en Gironde. L'ensemble des voussures semblent reproduire le *Sermon des Saintongeais* et se laisse facilement comparer aux plus belles réalisations saintongeaises. A visiter avec un guide.

LE DOMAINE DE LOISIRS DE BLASIMON

BLASIMON
✆ 05 56 71 59 62
www.gironde.fr
Ouvert toute l'année. Restauration. Baignade surveillée de mai à septembre. Aire de jeux. Camping.

Classé Espace Naturel Sensible, le Domaine de Loisirs de Blasimon héberge une faune et une flore remarquables avec de nombreuses espèces protégées. En saison, la baignade surveillée est ouverte en même temps que la guinguette. Et des animations sportives sont organisées chaque été. Une partie du lac est réservée à la pêche et aux activités nautiques. Possédant 14 emplacements et 9 mobil-homes, le camping du lac ouvre de mi-avril à mi-octobre. De belles balades en perspective.

BUREAU D'INFORMATION TOURISTIQUE

28, place de la République ✆ 05 56 71 53 45
www.entredeuxmers.com
Ouvert le mardi de 9h30 à 13h ; le mercredi, le vendredi et le samedi de 9h30 à 13h et de 14h à 17h.

On vous accueille toute l'année pour partir à la découverte de l'Entre-deux-Mers. Avec le service de billetterie, vous pourrez acheter vos entrées pour diverses activités. A proximité, notez la présence d'une halte pour camping-car et le départ de la piste cyclable en voie verte Lapébie qui vous conduira jusqu'à Bordeaux. Pour les visites guidées en collaboration avec les guides de Pays, vous pouvez aussi vous renseigner auprès de l'office Entre-deux-Mers Tourisme de Monségur.

LES SEQUOIAS €€

9, lieu-dit Les Granges ✆ 06 65 67 48 54
www.les-sequoias.fr
Ouvert toute l'année. Chambre double de 130 à 140 € ; suite de 160 à 180 €. Jeux pour enfants. Local à vélos.

A 200 m de la piste cyclable Roger Lapébie et à 10 minutes du lac de Blasimon, *Les Séquoias* s'imposent comme une adresse de charme. Magalie et Stéphane ne manquent pas d'imagination pour rénover ce château viticole dans le respect de son histoire. Cuisine dans l'ancien chai avec valorisation des portes de cuves, salle à manger dans l'ancienne grange... Et bientôt : une piscine couverte, une salle de cinéma, un espace spa et un gîte indépendant pour 14 personnes, une salle de réception/séminaire... Les hôtes profitent déjà de la piscine extérieure chauffée.

VÉRANDA DU CHÂTEAU MAISON NOBLE €€

5, Robineau - **CAUMONT** ✆ 06 29 17 12 86
www.maisonnoblesaintmartin.com
Gîtes de France 3 épis. Vignobles et Découvertes. Pour 12 personnes (6 chambres). De 990 à 1 800 €/semaine selon saison.

La Véranda du château Maison Noble est une maison d'hôtes permettant de recevoir 12 privilégiés en configuration gîte ou chambre d'hôtes. Nichée sur les coteaux de Caumont, cette bâtisse en pierres vous offre un panorama parsemé de vignes qui invite à la contemplation. Au cœur de ce superbe tableau verdoyant et reposant, les chambres sont décorées avec le plus grand soin, dans un esprit romanesque. La piscine extérieure en plus, tout est réuni pour vous divertir.

CHÂTEAU BOUTILLON

MESTERRIEUX
✆ 05 56 71 41 47
www.chateau-boutillon.fr
Visite et dégustation sur rendez-vous.

Au cœur d'un domaine où s'élève une demeure du XVIIIe siècle, Louis Filippi est l'heureux propriétaire de 17 ha de vignoble où il produit un Bordeaux supérieur rouge dont plusieurs millésimes ont été retenus sur les guides Hachette et au concours régional des vins d'Aquitaine. Marchant dans les pas de son grand-père, c'est Anne-Sophie qui vous expliquera l'histoire du Château de Boutillon dont le premier propriétaire, un comte de Gennes a épousé Chiltrude, la fille de Pépin Le Bref et Berthe au Grand Pied, dont le fils Olivier fut compagnon d'armes de Roland.

CHÂTEAU MAISON NOBLE SAINT-MARTIN

1, Maison noble - **SAINT-MARTIN-DU-PUY**
✆ 05 56 71 86 53
www.maisonnoblesaintmartin.com
Vignobles et Découvertes. Visite et dégustation sur rdv. Réceptions & mariages. Séminaires. Chambres d'hôte et gîte.

Château Maison Noble Saint-Martin dont la chartreuse domine la vallée, est un ancien château féodal du XIVe. L'exploitation du vignoble est en agriculture raisonnée. Encépagements : Merlot, Cabernet Sauvignon et Cabernet Franc pour les Bordeaux et Bordeaux supérieurs, Sauvignon, Sémillon et Muscadelle pour l'Entre-deux-Mers. Côté récompenses : une étoile dans le Guide Hachette (Bordeaux supérieur rouge 2014), médaille d'Or au Concours Général Agricole de Paris (Bordeaux rouge 2015)...

FAMILLE D'AMÉCOURT

Château Bellevue
✆ 05 56 71 54 56
www.famille-damecourt.com
Boutique en ligne.

La famille d'Amécourt, dont le passé est chargé d'anecdotes historiques, est à la tête d'une propriété grande de cinq Châteaux (Moulin de la Faye, Saint-Germain, Beloeil, Bellevue et Perrou-la-Baragoile). Viticulteurs des appellations bordeaux et bordeaux supérieur, les d'Amécourt ont choisi d'utiliser la culture des vignes larges et hautes. Pour permettre à ses clients de bénéficier d'un tarif 1/2 de gros, en diminuant les frais de logistique et de distribution, elle a créé une opération qui a lieu deux fois par an nommée « La Mise des Amis ».

VERDELAIS

Au XIe siècle, un chevalier de la région répondant au nom de Géraud de Graves, partit pour une première croisade. Pris dans une embuscade, il fit le vœu de vouer sa vie à la Vierge s'il survivait. Il survécut et se retira à Verdelais où il mena une vie d'ermite. Il fit construire un petit oratoire avec une statue de la Vierge sur le modèle de celle qu'il aurait vue à Bethléem. A sa mort, en 1159, les seigneurs de la région désireux que le culte survive, firent venir des religieux de Limoges : les Grandmontains. Selon la légende, c'est au XIIe siècle que la comtesse de Foix retrouva la statue qui avait été cachée par les paysans pour échapper à la profanation, sous le pas de sa mule. Datée du XIVe siècle, cette Vierge à l'Enfant en bois polychrome, surnommée la Vierge rouge, a la réputation d'être miraculeuse. Visible dans la basilique, la niche de la Vierge est insérée dans un très beau retable en marbre rouge rehaussé d'or et orné de six colonnes de marbre. Verdelais est ainsi devenu le plus important centre de pèlerinage de la Gironde. Il fut soutenu par les religieux, Grandmontains d'abord, Célestins ensuite, puis Maristes et aujourd'hui Passionistes. Le bourg de la commune a conservé un remarquable alignement de façades du XIXe siècle, notamment les vestiges des établissements hôteliers qui accueillaient les nombreux pèlerins. Le cloître célestin est aujourd'hui occupé par des administrations. Le peintre Henri de Toulouse-Lautrec, mort à 37 ans dans son château voisin (le château de Malromé à Saint-André-des-bois) repose dans le cimetière de Verdelais.

HOSTELLERIE GÉRAUD DE GRAVES ✞ ★

1, place des Allées
✆ 05 57 98 34 90
www.hostelleriegerauddegraves.com
Ouvert tous les jours de 8h30 à 19h30. Hôtel. Séminaires et réunions

Voisine de la Basilique, l'Hostellerie Géraud de Graves a été aménagée en 2010-2012 dans l'ancien couvent des moines. Si ses fondations datent du XIIe siècle, d'importants travaux ont été effectués au XVIIe siècle sous François de Sourdis, puis au XIXe siècle avec le cardinal Donnet, qui relança le pèlerinage. L'intérieur est richement décoré. Le retable baroque dans lequel est incorporée la statue de Notre-Dame, entreprise au XIVe siècle, a pris son aspect actuel en 1666. La nef et le chœur sont enrichis de peintures naïves du XVIIe et du XVIIIe siècle, ainsi que de nombreux ex-voto (bateaux, cœurs, décorations militaires...). La basilique est le théâtre de pèlerinages réguliers qui ont lieu le 1er dimanche de mars à novembre. Ceux du 15 août et du 8 septembre sont les plus importants. Notez que le Sanctuaire est doté d'un parc de 3 ha. Situé sur les coteaux qui surplombent la ville de Langon, proches des cités médiévales, l'Hostellerie de Graves est aussi un hôtel avec 14 chambres, dont 4 pouvant accueillir des personnes à mobilité réduite. Sans oublier les 3 chambres familiales composées de 4 à 6 lits simples. Et toujours avec vue sur le parc. Véritable établissement atypique, l'Hostellerie Géraud de Graves accueille depuis plus de 900 ans les pèlerins et retraitants du sanctuaire de Notre-Dame de Verdelais, mais aussi tout type de visiteurs désireux d'expérimenter un séjour paisible. Possibilité de restauration pour les groupes sur réservation.

CHEMIN DE CROIX ET CALVAIRE 📷

Un monumental chemin de croix a été tracé depuis le cimetière communal, à l'endroit où se trouve la chapelle Saint-Agonie jusque sur la colline de Cussol au milieu du XIXe siècle. Aménagé entre 1855 et 1868, ce chemin jalonné de quatorze chapelles de style néogothique représentant les quatorze stations, évoque les scènes de la Passion du Christ. Le parcours se termine par la chapelle du Saint-Sépulcre. Le site a été enregistré au classement des monuments historiques en 2010.

MOULIN DE CUSSOL 📷

✆ 05 56 62 02 06
Ouvert pour la journée européenne des moulins, pour la fête des moissons anciennes et pour les Journées du Patrimoine.

Construit au XVIIIe siècle par les moines de l'ordre des Célestins, ce moulin à vent tombé en décrépitude après la Révolution française, devient en 1997, propriété de la commune. On doit sa restauration à « L'association du Moulin de Cussol ». Ces passionnés ont retapé successivement la tour, le toit, les ailes et l'appareillage complet de la meunerie. Outre les grands rendez-vous, il est possible de visiter le moulin toute l'année sur rendez-vous. Depuis le site, un large panorama s'ouvre sur la vallée de la Garonne, et parfois, jusqu'à la chaîne des Pyrénées.

MUSÉE D'ART SACRÉ

13, place de l'Allées
✆ 05 56 62 02 04
sanctuairedeverdelais.fr

De juillet à septembre, du mardi au dimanche de 14h à 18h30 ; le reste de l'année et pour les groupes sur rendez-vous.

Cet étonnant musée expose divers objets liés au culte religieux témoignant de la ferveur des pèlerins au fil des siècles. Aménagé dans une aile de l'ancien couvent des Célestins, vous pourrez admirer une rare collection d'ex-voto peints dédiés à Notre-Dame de Verdelais dont certains datent du XVIIIe siècle, des maquettes de bateaux, des pièces d'orfèvrerie sacrées, des ornements liturgiques, des vases, des vêtements liturgiques et des manteaux de la Vierge ou encore des tableaux. Le rez-de-chaussée est réservé aux expositions temporaires.

LE NORD SUD €€

30, les allées
✆ 05 56 62 10 45
www.lenordsud.com

Fermé le mercredi ; le lundi et le dimanche le soir. Menus gastronomiques à partir de 26,50 €. Formule du midi : 17 €.

Installé le long des belles allées de Verdelais, vous serez enchanté dès votre arrivée. Après l'accueil, c'est le savoir-faire du chef dont le titre de Maître-Restaurateur lui a été remis en novembre 2017, qui opère. Christophe Noël saura émoustiller les palais les plus gourmets, et ce, pour une addition honorable. *Le Nord-Sud* ne laisse pas de places aux doutes, ni dans le service ni dans la qualité de travail des produits. Deux des trois menus vous permettront de les composer selon vos goûts à partir des créations de la carte.

LES PÈLERINS €€

24, place les Allées
✆ 05 56 62 49 33
lespelerins.e-monsite.com

Ouvert du mardi au dim. le midi ; le vend. et le sam. le soir. Menu : 20 € (soir, week-end). Formule du midi : 13,90 €.

D'origine brésilienne, la cheffe Aurea Lamassonne vous propose de goûter à une cuisine raffinée, saupoudrée d'un brin d'originalité, mais toujours plus ou moins Sud-Ouest. Sans plus de prétention qu'avant, mais avec des dressages qui ont gagné en élégance, le restaurant reste l'adresse conviviale par excellence de ce petit coin de l'Entre-deux-Mers. Après tout, n'oublions pas que vous êtes aussi dans un bar-tabac et que l'on vous accueille ici du matin au soir. Et en terrasse s'il fait beau ! Ce qui n'a pas changé non plus, ce sont les prix très abordables.

SUD GIRONDE

Les paysages ondulent entre vignobles de renom (Sauternes, Graves, Saint-Macaire), forêts de pins (Parc naturel Régional des Landes de Gascogne) et cours d'eau historiques (Garonne, canal de Garonne et Ciron). Ce petit bout de terre est un véritable condensé de nature, de culture, de patrimoine et de gastronomie. Venez découvrir châteaux historiques, maisons des illustres et cités médiévales (Bazas et Saint-Macaire). Partez à la rencontre de celles et ceux qui font le Sud-Gironde et vous accueillent avec sympathie. Les Gascons vous ouvrent leurs portes afin de partager leurs traditions et leur savoir-faire. Pour ne rien rater, le Sud-Gironde se parcourt en itinérance, que ce soit sur le GR6, les chemins de Saint-Jacques-de-Compostelle, les sentiers de randonnées ou les pistes cyclables. Après l'effort, le réconfort : les chefs vous feront découvrir les spécialités : bœuf de Bazas, foie gras, puits d'amour, etc.

PAGES

SUD GIRONDE

337 SUD GIRONDE
337 BAZAS ★★
341 BELIN-BÉLIET
343 HOSTENS
344 LA BRÈDE ★★
348 LANGON ★
353 LÉOGNAN
355 CADAUJAC
356 MARTILLAC
358 PODENSAC
359 PORTETS
361 PRÉCHAC
362 SALLES
364 SAUTERNES ★
371 VILLANDRAUT

Fêtes folkloriques de Bazas.

BAZAS ★★

Située sur l'ancienne voie romaine Bordeaux-Toulouse, l'antique Cossium fut la ville natale du père du poète latin Ausone. Place forte dès le IVe siècle et évêché dès le Ve siècle, la ville de Bazas dispose très tôt d'un édifice religieux d'importance. Au XIe siècle, le pape Urbain II vient consacrer un nouveau lieu de culte. Au XIIIe siècle, c'est au tour du puissant évêque Arnaud de Pins de restaurer la cathédrale dans un style gothique. Centre de commerce important, la cité fut au Moyen Age une étape sur les chemins de Saint-Jacques-de-Compostelle, en même temps qu'un enjeu entre Anglais et Français durant la guerre de Cent Ans. Du XVIe au XIXe siècle, la ville était connue pour ses verreries dont de beaux exemples sont visibles dans les collections de l'apothicairerie de l'hôpital Saint-Antoine là où étaient accueillis les pèlerins de passage. Aux XVIIe et XVIIIe siècles, la faïencerie de Saint-Michel bénéficiait de la qualité de l'argile des lieux. Les tanneries ont utilisé durant les mêmes périodes les eaux des sources locales. Ville pleine de charme, riche d'un patrimoine architectural marquant les époques, Bazas est aujourd'hui une étape clé en Sud Gironde. Depuis 1998, la cathédrale St-Jean-Baptiste a été inscrite à l'UNESCO, au titre des biens classés sur les chemins de Saint-Jacques-de-Compostelle et plus précisément la voie de Vézelay. Les amateurs de viande apprécieront aussi Bazas pour son fameux bœuf gras. Une véritable institution du terroir girondin qui donne lieu à la fête traditionnelle des Bœufs Gras chaque jeudi avant Mardi gras.

APOTHICAIRERIE

✆ 05 56 25 25 84

www.tourisme-bazadais.com

Visite guidée ou accompagnée uniquement sur RDV.

Au cœur de l'Hôpital Saint-Antoine, construit pour les pèlerins de Saint-Jacques-de-Compostelle, venez découvrir une splendide collection de pots à pharmacie en verre ou en faïence. Datant du début du XVIIIe siècle, ce lieu constitue un ensemble remarquable comme il en existe très peu en France. C'est d'ailleurs l'un des trésors de la cité de Bazas ! Dans de belles boiseries en chêne sculpté, la collection s'étend à de la verrerie locale aux divers pots en faïence stannifère en passant par les pots de Bordeaux du XVIIIe et par les pots du Sud-Ouest du XVIIIe.

CATHÉDRALE SAINT-JEAN-BAPTISTE ★★

Place de la Cathédrale

Ouvert tous les jours en accès libre en dehors des offices. Visites guidées possibles sur rendez-vous pour les groupes.

Classé Monument historique en 1840 et au patrimoine mondial de l'UNESCO en 1998 au titre des chemins de Saint-Jacques-de-Compostelle en France, cet imposant édifice de 83 mètres de long possède trois portails finement sculptés. Le clocher est formé à la base des plus anciennes pierres de l'église, datant du Ve siècle. A l'intérieur, la taille de la nef est impressionnante. Le chœur est composé de cinq absides ainsi que de tableaux qui ornent les chapelles.

COLLÉGIALE NOTRE-DAME D'UZESTE ★

UZESTE

www.collegiale-uzeste.fr

Ouvert toute l'année.

© SPIRITPROD33 - SHUTTERSTOCK.COM

L'église existait avant que Bertrand de Goth ne devienne le premier pape d'Avignon en 1305, mais il choisit de l'agrandir et d'en faire son lieu de repos éternel. La collégiale abrite en effet sa sépulture, même si son tombeau fut pillé par les huguenots, et son gisant martelé. Cette très belle collégiale de style gothique est classée au Monument historique. C'est un lieu chargé d'histoire, à découvrir en famille pour une révision de l'architecture gothique !

LAC DE LA PRADE

Pour les amoureux des promenades en milieu naturel, ce lac est un lieu incontournable qui abrite une faune et une flore exceptionnelles. Oiseaux, poissons et plus de 300 espèces végétales sont répertoriés dans cette réserve ornithologique protégée. Un sentier pédestre balisé et des aménagements pédagogiques facilitent l'observation et la découverte de toutes les espèces recensées. Une brochure est également disponible en téléchargement sur le site de l'office de tourisme du Sud-Gironde. Sur place : pontons de pêche et tables de pique-nique.

OFFICE DE TOURISME DU BAZADAIS

1, place de la Cathédrale
© 05 56 25 25 84
www.tourisme-sud-gironde.com
Ouvert toute l'année. Jours et horaires d'ouverture variable salon la saison.

A deux pas de la cathédrale Saint Jean-Baptiste, l'équipe de l'Office de Tourisme du Bazadais vous donnera toutes les informations pratiques et touristiques de son secteur, à savoir les communes de Bazas évidemment, mais également de Captieux et Grignols entre autres. Elle assure la billetterie de l'écomusée de Marquèze (tarifs préférentiels) ainsi que de l'apothicairerie de l'hôpital Saint-Antoine, mais aussi de la plupart des spectacles se déroulant en Bazadais.

MUSÉE MUNICIPAL DE BAZAS

2, place de la Cathédrale
© 05 56 25 25 84
Ouvert toute l'année. Gratuit.

Occupant le rez-de-chaussée de l'ancien hôtel de ville, le musée regroupe des collections historiques, architecturales et d'art sacré, alors que le musée de Villandraut s'est spécialisé dans les arts et traditions populaires. La première salle retrace l'histoire du Bazadais ; dans les deux suivantes, on trouvera tout ce qui concerne l'art religieux et les Beaux-arts, tandis que dans la dernière se trouve tout ce qui a trait à l'archéologie locale. De remarquables objets datés du premier âge du fer sont exposés ainsi que le contenu d'un sarcophage mérovingien.

LES CYCLES DU BAZADAIS

5, allée Saint Sauveur © 06 69 20 69 66
www.les-cycles-du-bazadais.fr
Label Tourisme & Handicap. Location de vélo à partir de 10 €/adulte ; 7€/enfant. Service d'entretien et réparation.

Au départ d'une ancienne voie ferrée transformée en une piste cyclable, les Cycles du Bazadais vous attendent avec tout un tas de vélos (VTC, VTT ou électriques) à louer pour quelques heures ou plusieurs jours, y compris pour les enfants. L'option « GPS avec circuits préchargés » est une bonne idée pour une immersion au cœur du Parc naturel Régional des Landes de Gascogne. Notez qu'il est possible de demander la livraison des vélos à domicile ou sur votre lieu de séjour. Plusieurs circuits sont consultables sur le site internet. N'hésitez pas à prendre conseil !

PLACE À ARCADES

Comme on peut l'apprendre, « *la partie ouest, trapèze affaissé de 4 600 m², liée au faubourg marchand du Mercadilh, remonte à la fin du XIIe siècle. La partie située à l'est, liée à la cathédrale, est d'aménagement plus récent (XIXe siècle). La place a toujours gardé son rôle de carrefour et de marché* ». Parmi les nombreux immeubles de la place figurent notamment quelques hôtels particuliers remarquables. Le plus prestigieux, la maison de l'Astronome, se trouve au n° 23. Détaillez aussi la façade du n° 32, c'est l'ancien présidial (XVIIIe siècle).

CAMPING « PARADIS DE BAZAS » €€

Route de Grignols © 05 56 65 13 17
www.camping-paradis-bazas.fr
Fermé de septembre à avril. Locations à partir de 154 €/semaine. Aire pour camping-cars. Club enfants. Animations.

Outre ses locations type mobil-home, chalet ou tente aménagée et ses emplacements, *Le Paradis de Bazas* se targue d'être bien situé entre les vignobles bordelais et les forêts des Landes. Il peut surtout se vanter d'offrir un des espaces aquatiques les plus attrayants avec son bassin chauffé (110 m²), sa pataugeoire chauffée (120 m²) avec son bateau de pirate, ses trois toboggans, dont le Crazy Cone pour les plus grands, et sa piscine naturelle avec plage de sable blanc de 1 200 m².

CHÂTEAU SAINT-VINCENT €€

1, rue Arnaud-de-Pins ✆ 05 56 25 12 20
www.fleursdesoleil.fr

Ouvert toute l'année. 3 chambres (10 pers.) à partir de 86 €. Petit déjeuner et table d'hôtes inclus. Animaux acceptés.

Vous serez logés dans ce château familial de style Renaissance, construit entre 1850 et 1860. Dès votre arrivée, vous pourrez admirer la belle et imposante façade. Les meubles que vous découvrirez à l'intérieur ont été restaurés par votre hôte, Georges, et les tableaux réalisés par la maîtresse de maison, Sabine. Vous profiterez autant des beaux espaces proposés dans les chambres que de l'espace offert par le parc arboré aménagé autour du château Saint-Vincent. Vos hôtes parlent anglais. Table d'hôtes et boissons comprises dans le tarif des chambres !

LE COMPTOIR €

27, place de la Cathédrale

Terrasse.

Le Comptoir du Bœuf Pop devient Le Comptoir. Si vous connaissiez bien cette adresse installée sous les belles arcades de la place de la Cathédrale, peu de choses devraient changer à part l'équipe. Laurence, Nina et Fabrice Torra continueront à accueillir les plus pressés le midi. Jusqu'à présent, Le Comptoir se transformait le soir en bar à vins et à tapas. Là encore, les habitués s'y pressaient, mais cette fois dans l'idée de s'accouder longuement au comptoir ou s'installer en terrasse. Affaire à suivre dès la réouverture des restaurants !

LES LUZ €€

2, Les Luz-Sud - **UZESTE**
✆ 05 56 65 28 51
www.les-luz.com

Ouvert toute l'année. 2 chambres doubles de 80 € à 95 €. Petit déjeuner inclus. Parking inclus.

Laure et Guillaume de Colombel vous ouvrent les portes de leur demeure ; une superbe maison familiale de plusieurs générations. Datée du XIXe siècle, elle est plongée dans un parc verdoyant de trois hectares où une piscine entourée de massifs de fleurs a été creusée pour le plaisir de tous. Dans cette bâtisse qui se donne des allures originales, deux chambres d'hôte, – Bambou et Magnolia –, confortables et élégantes accueillent les visiteurs qui profiteront au petit matin, d'un petit déjeuner dans la salle à manger ou sur la terrasse à l'ombre des marronniers.

LE BŒUF POP €€

30, place de la Cathédrale
✆ 05 56 65 77 56

Lundi-samedi le midi, vendredi-samedi le soir. Réservation conseillée. Plats de 15 à 29 €. A emporter.

Situé sur la plus belle place de Bazas, le Bœuf Pop vous ouvre ses portes pour un vrai moment de gourmandise en toute convivialité. L'accroche est sympathique et de bonne foi, promis ! Amateur(s) de viande, vous ne serez pas déçu(s), d'autant que tous les plats sont préparés ici, à base de produits frais de provenance toute proche. Au Bœuf Pop, on privilégie le circuit court. La viande arrive de la boucherie Charrier et le pain du burger de la boulangerie Sauboua. Pavé de race Bazadaise, tricandilles de Bazas (sur commande), magret de canard, tartare…

DOMAINE DE FOMPEYRE €€€

Route de Mont-de-Marsan ✆ 05 56 25 98 00
www.domaine-de-fompeyre.com

Logis. Ouvert toute l'année. 50 chambres de 79 € à 229 €. Petit déjeuner : 11 €. Restauration. Séminaires. Réceptions.

Face aux remparts et à la cathédrale de Bazas, le Domaine de Fompeyre est un petit coin de paradis. Cette demeure de charme vous offre une qualité de services irréprochable. Les chambres s'inscrivent dans un style résolument contemporain, chaleureux et raffiné, avec de magnifiques vues sur le parc, la palmeraie ou la piscine extérieure. Hammam, court de tennis, billard, baby-foot, table de ping-pong... Des massages sont même proposés sur demande. Afin de découvrir les alentours, n'hésitez pas à louer un vélo, de nombreuses pistes cyclables entourent le Domaine.

CARO & CO €€

38, place de la Cathédrale
✆ 05 56 65 24 58
www.caroandco.fr

Jours et horaires d'ouverture variables selon la saison. Menus de 16 € à 19 € (le midi en semaine). Jardin. A emporter.

Sud-Africaine, Caroline mêle ses origines à la cuisine française et anglaise pour concocter ses plats. En plus des assiettes joliment orchestrées autour des produits de saison, vous pourrez déguster, de temps en temps, un authentique bobotie (recette emblématique de la cuisine du Cap). Le bœuf de Bazas est aussi à l'honneur ! Lle restaurant profite d'un emplacement central et plein de charme. A l'arrière, le jardin est très convoité dès l'arrivée des beaux jours. L'accueil est chaleureux et vous passerez un excellent moment de gourmandise.

INDIGO RESTAURANT €€

25, rue Fondespan
✆ 05 56 25 25 52

Ouvert toute l'année. Du mardi au samedi le midi et le soir. Carte : 40 € environ. Accueil des groupes. Terrasse.

Avec ses deux salles et ambiances, l'Indigo restaurant a su séduire la clientèle. De leurs voyages dans les pays méditerranéens, d'Asie et d'Australie, M. et Mme Régis ont rapporté de quoi imaginer une cuisine créative qui mêle terroir et exotisme avec des spécialités comme le filet de rouget sur salade de wakamé sauce à la citronnelle, le médaillon de lotte à l'avocat, citron confit et tomates séchées, ou encore, la poêlée de ris de veau aux champignons et crème truffée ! Le bœuf de Bazas IGP est aussi à l'honneur. Belle carte des vins et service impeccable !

LA TABLE DE FOMPEYRE €€

Route de Mont de Marsan
✆ 05 56 25 98 00
www.latabledefompeyre.com

Ouvert tous les jours le midi et le soir. Menus de 26 € à 39 €. Formule du midi : 20 € (en semaine uniquement).

A la lisière des vignobles de Sauternes et des Graves, le Domaine de Fompeyre abrite un hôtel 3*** de charme ainsi qu'un bar-restaurant apprécié pour sa belle vue sur Bazas et sa cathédrale. Au cœur d'un parc de 3 ha, La table de Fompeyre propose une cuisine appétissante et originale qui titille nos papilles. Gambas poêlées en persillade, risotto à la rhubarbe, Rosace de suprêmes d'orange caramel pamplemousse, glace chocolat blanc, pesto poivre de chine... Côté bar à vins, vous allez pouvoir vous faire plaisir dans la découverte.

BALTORO

7, place de la cathédrale
BAZAS
https://baltoro.fr/

Essentiellement ouvert dans l'après-midi et en soirée, sauf le samedi à partir de 10h30. Boutique en ligne.

L'histoire de Baltoro commence par le souvenir d'enfance d'un petit garçon. Glaces, bûches, profiteroles, vacherins, marrons et yaourts glacés, granités, confiseries... Ici, le secret d'une bonne glace répond à trois principes. Principe n° 1 : *une glace doit avoir du goût* ; principe n° 2 : *les ingrédients de base sont issus de l'agriculture biologique* ; principe n° 3 : *la glace est proposée à la bonne température et à la texture idéale grâce à la technique de la glace à l'italienne*. Tout est dit ! Pour connaître les horaires en temps réel, rendez-vous sur Google.

BALTORO

7, place de la cathédrale
https://baltoro.fr/

Essentiellement ouvert dans l'après-midi et en soirée, sauf le samedi à partir de 10h30. Boutique en ligne.

L'histoire de Baltoro commence par le souvenir d'enfance d'un petit garçon. Glaces, bûches, profiteroles, vacherins, marrons et yaourts glacés, granités, confiseries... Ici, le secret d'une bonne glace répond à trois principes. Principe n° 1 : *une glace doit avoir du goût* ; principe n° 2 : *les ingrédients de base sont issus de l'agriculture biologique* ; principe n° 3 : *la glace est proposée à la bonne température et à la texture idéale grâce à la technique de la glace à l'italienne*. Tout est dit ! Pour connaître les horaires en temps réel, rendez-vous sur Google.

NOOSA CAFÉ €€

31, place de la Cathédrale
✆ 05 56 25 45 78

Ouvert du mardi au vendredi de 10h à 19h ; le samedi de 9h à 19h. Formule du midi : 14 €. Salon de thé. Epicerie fine.

Dans ce beau salon de thé et épicerie fine, l'accueil est souriant et l'ambiance est très agréable. Les tables sont entourées par des produits gourmands en tous genres : chocolats, bonbons, guimauves, thés, cafés, confitures... La carte propose une bonne variété de cafés et de chocolats chauds aromatisés et une cinquantaine de variétés de thés et d'infusions. A l'heure du déjeuner, on opte pour la formule avec une tartine ou une salade, puis une boisson chaude. La carte est succincte, mais les produits sont frais ! Les végétariens sont les bienvenus.

CAFÉ D'OC

13, rue Bragous
✆ 05 56 25 96 08

Ouvert du mardi au samedi de 9h à 19h (service en continu jusqu'à 17h45). Restauration (formules de 10 € à 17 €).

Vous sentez la richesse tentatrice des arômes de cafés, la douceur envoûtante des thés ou encore les parfums des crêpes ? Torréfaction artisanale de cafés fins du monde, le Café d'Oc est une petite institution à Bazas où l'on peut aussi déjeuner à toute heure (galettes, omelettes, salades). Aux beaux jours, la terrasse est le lieu idéal pour toutes les dégustations. Côté boutique, on se fait plaisir avec de nombreux produits d'épicerie fine sucrée et salée. Sur les murs, une exposition permanente de photographies vous fera découvrir le charme festif du Sud-Ouest.

SUD GIRONDE

CONSERVERIE ALAIN LAMIGEON

28, place de la Cathédrale
✆ 05 56 65 58 49
www.lamigeon.fr
Ouvert du mardi au samedi (horaires variables) ; le dimanche en été. Livraison possible.

Fondée en 1945, la conserverie Alain Lamigeon est implantée dans une belle demeure bourgeoise du XVIIe siècle. Pâté de campagne au vin de Sauternes, rillettes de canard gras, grattons de porc, foie gras de canard entier, confits de canard cuisinés à l'ancienne et encore cailles farcies au foie gras, salmis de palombes, poules confites, cassoulets et même langues de bœuf bazadais… Il n'y a que les saveurs du Sud-Ouest dans ces conserves aux recettes traditionnelles.

LA GRISE DE BAZAS

Le Grand Peyrat
✆ 07 79 51 78 70
www.lagrisedebazas.fr
Vente directe à la ferme et sur les marchés. Boutique en ligne.

Ancrée dans des traditions d'élevage vieilles de plus de 750 ans, la grise de Bazas, connue pour sa finesse d'os, fait partie des meilleures races à viande. Autour de Serge Labarbe, éleveur à Bazas, la Maison Labarde se place en héritière du pays bazadais, en préservant l'authenticité d'un savoir-faire et en veillant à la qualité des produits de boucherie. *Du pré à l'assiette*, telle est la devise de la Maison qui développe également une gamme artisanale de produits charcutiers de bœuf (saucisson, rillettes, viande séchée, bouillon au bon goût d'os à moelle…).

MARCHÉ AUX FLEURS

Place de la Cathédrale

Tous les 8 mai, la place de la Cathédrale de Bazas se pare de mille et une couleurs pour accueillir un superbe marché aux fleurs. Imaginez un peu… Une place de village littéralement envahie par des exposants venus vous proposer des fleurs, des massifs, des arbustes, des plantes potagères, des aromates… Au-delà du plaisir des yeux, vous trouverez tout ce dont vous avez besoin pour un jardin ou un balcon magnifique. Des bénévoles seront même là pour vous aider à transporter vos achats en brouette. Au programme : concours de chapeaux fleuris, restauration…

BELIN-BÉLIET

Le village de Beliet au nord et celui de Belin au sud ont fusionné en 1974. De son ancienne disposition, la ville conserve deux bourgs formant actuellement les zones les plus agglomérées. Belin Beliet garde encore quelques édifices du XIXe siècle et au début du XXe siècle. L'ancienne école des filles de Belin accueille la Maison du Parc Naturel Régional des Landes de Gascogne. La surface de la commune est occupée à 80 % par la forêt et est traversée par la Leyre. A voir : l'église de Mons (XIe siècle) et la fontaine miraculeuse Saint-Clair. Situé sur la « voie de Tours », Belin-Beliet est encore aujourd'hui un lieu de passage pour de nombreux pèlerins.

PARC NATUREL RÉGIONAL DES LANDES DE GASCOGNE ★★

33, route de Bayonne
✆ 05 57 71 99 99
www.parc-landes-de-gascogne.fr
Maison du parc ouverte le lundi de 13h30 à 17h ; du mardi au vendredi de 9h à 12h30 et de 13h30 à 17h. Agenda en ligne.

Entre continent et océan, mais aussi entre les sources de la Leyre et le Bassin d'Arcachon, les Landes de Gascogne sont classées parc naturel régional en 1970. Ce vaste territoire forestier au cadre de vie préservé livre de superbes paysages forestiers et maritimes. Le long de la vallée de la Leyre, chevauchant 20 communes en Gironde et 24 dans les Landes, les 336 052 ha du parc se développent dans un horizon infini de pinèdes, au grès des couleurs changeantes du ciel aquitain où se laisse découvrir un patrimoine naturel riche d'une flore et d'une faune exceptionnelles. Les plus curieux pourront y apprendre comment vivaient les gens de « la grande lande » comme on la nommait au temps où elle était parcourue par les bergers. Puis comment, au siècle dernier, naquit l'immense « pignada » (la forêt de pins), et enfin ce qu'il advint de l'exploitation du bois et de la résine au cours des dernières décennies. En cinquante ans, la surface de la forêt tripla, dépassant le million d'hectares. Les moutons et les bergers disparus, une nouvelle économie s'imposa dans une société recomposée autour du métayage et de métiers naissants : résiniers, scieurs, débardeurs et autres muletiers... Le pin, exploité pour sa résine (qui donnait colophane et essence de térébenthine) devint « l'arbre d'or ». Le Parc Naturel Régional des Landes de Gascogne est à la fois un lieu de gouvernance, un réservoir de biodiversité, une source d'innovation et une entité géographique.

LA CABANE €€

42, route de Bordeaux
✆ 09 70 35 77 58
www.hotel-lacabane.com

Ouvert toute l'année. Chambres de 65 à 95 €. Petit déjeuner inclus. Réceptions. Animaux acceptés. Restauration.

L'hôtel La Cabane porte bien son nom. En lattes de bois rosées, l'établissement donne envie de s'y installer pour passer la nuit. Cet hôtel, accessible 24h/24 via un automate, est situé au cœur d'un secteur ultra touristique en Gironde, entre Bordeaux et le Bassin d'Arcachon. Et qui plus est, idéalement situé pour les personnes de passage, qui se dirigeraient vers le Pays basque ou l'Espagne. Vous tomberez sous le charme des lieux et des chambres sobrement, mais joliment décorées, et bien équipées. La chambre quadruple est parfaite pour les familles.

L'EVASION €€

18, allée des Pins
LE BARP
✆ 05 56 94 58 34

Ouvert du mercredi au dimanche le midi et le soir. Menus de 16 à 35 €. Pizza à partir de 8,50 €. A emporter. Animations.

C'est parfois à l'occasion d'une halte bien méritée que l'on se décide à pousser les portes de *L'évasion*. Entouré d'habitations, le restaurant se trouve dans une grande maison avec terrasse. Midi, soir ou week-end, à l'exception des jours fériés, vous aurez le choix entre la carte, le menu « détente » ou « évasion ». Sans oublier les deux menus spécialement pensés pour les enfants. Et puis il y a les pizzas à déguster sur place ou à emporter, et les soirées spéciales ! Mention spéciale au « Volcan » ; la signature sucrée de la maison ! Le mieux, c'est de réserver.

LE RÉSINIER €€

68, avenue Pyrénées - **LE BARP**
✆ 05 56 88 60 07
www.leresinier.com

Ouvert toute l'année. 16 chambres dont 5 suites à partir de 80 €/nuit. Petit déjeuner buffet : 15 €. Restauration.

En bordure de route, on se laisse d'abord surprendre par le poulailler, puis par l'ensemble du complexe bardé de bois à l'exception de la bâtisse en pierre qui abrite le restaurant. Le tour du propriétaire promet beaucoup de surprises. L'hôtel cache en effet un magnifique jardin et, encore plus à l'abri des regards, une piscine extérieure chauffée. Les chambres et les suites sont réparties entre la Maison Principale, la Bergerie et l'Annexe. Décorées avec beaucoup de goût, toutes sont très confortables. A l'extérieur encore : boulodrome et jardin des saveurs.

LE RÉSINIER €€

68, avenue Pyrénées - **LE BARP**
✆ 05 56 88 60 07
www.leresinier.com

Ouvert du lundi au samedi le midi et le soir ; le dimanche midi (+ le soir en juillet et août). Réservation conseillée.

En plein cœur de la forêt des Landes Girondines, Le Résinier sert une vraie cuisine du Sud-Ouest, généreuse et savoureuse. A la carte ou dans les menus, le terroir reste le mot d'ordre ! Parmi les plats emblématiques du chef Christophe : montgolfière de ris de veau aux cèpes et à l'Armagnac, duo de foie gras mi-cuit et poêlé (sauce au Loupiac et fruits de saison), Tatin du Gemmeur (confit de canard cuisiné avec de l'aubergine, des champignons, du lard du Pays basque)... L'accueil est très chaleureux et le service, béret basque vissé sur la tête, est impeccable.

L'ATELIER DE CHOCHO €€

24, rue du Stade
✆ 05 56 21 95 91

Ouvert du mardi au samedi le midi ; le vendredi et le samedi le soir. Formule du midi à 15,50 € ; le soir à 24 et 29 €.

« Excellent », « très bon »... Les compliments ne manquent pas ! L'Atelier de Chocho (en référence au talentueux chef de ces lieux) vous propose, et ce dans un cadre agréable, une cuisine entièrement de saison et de qualité. Ici vous pouvez oublier les cartes à rallonge et les suggestions à la pelle, car les menus, celui du midi ainsi que du soir, sont renouvelés chaque jour. La cuisine est fine. En bref, c'est une belle adresse à découvrir du côté de Belin-Beliet ! Si vous avez de la chance, il restera de la place en terrasse. L'établissement ouvre dès 8h.

LA TOSCANA €€

67, route de Bordeaux
✆ 05 56 88 08 70
www.restaurant-la-toscana.fr

Ouvert du mardi au dimanche le midi et le soir. Menus de 18,60 € à 27,80 €. Formule du midi : 11,90 €. A emporter.

Pour les habitués, l'adresse sonne comme un rendez-vous amical. Dans un décor assez traditionnel, les grands classiques de la cuisine italienne sont à l'honneur : pizza, pasta et gratins gourmands. Les sauces sont délicieuses et les lasagnes à la bolognaise sont à tomber ! Une chose est sûre, les quantités ne manquent pas et vous ne partirez jamais avec la faim. Le service mériterait d'être un peu plus souriant parfois. Si pour la plupart, le très bon rapport qualité-prix suffira à faire oublier ce point sensible, pour d'autres, le plaisir pourrait en être gâché.

HOSTENS

La découverte de lignite, exploitée en surface des années 1930 à 1966, a profondément marqué le paysage hostensois. Quelques traces rappellent encore ce passé minier, notamment la ligne de chemin de fer. Aujourd'hui, c'est une piste cyclable qui relie Belin-Beliet et le bassin d'Arcachon à Saint-Symphorien, et au-delà à Villandraut et Bazas. Certains historiens font remonter l'histoire d'Hostens au XIIIe siècle avec la présence supposée d'un château au lieu-dit Le Castéra. Au cœur de la forêt des Landes, la filière bois constitue la principale activité économique de la commune avec des sylviculteurs, des charpentiers et des menuisiers.

DOMAINE DE LOISIRS D'HOSTENS

Ouvert toute l'année. Entrée et parking gratuits. Activités, loisirs, hébergements, séjours groupe.

Situé à 45 km au sud de Bordeaux, le domaine de loisirs d'Hostens offre un espace naturel de 600 hectares avec 5 lacs dont un (le lac de Lamothe) est dédié aux activités nautiques et à la baignade. C'est le terrain de jeu privilégié de tous les amateurs de marche, balades à VTT, à cheval ou sur les eaux. Sans oublier la pêche. L'été, vous pourrez louer un canoë, un paddle, un bateau à pédalier et même un VTT. En effet, 3 pistes vertes de 8, 11 et 16 km sont aménagées autour des lacs. Vous trouverez même une aire de Trial VTT, une piste de bosses et une piste de randonnée équestre vers le lac du Bousquey. Les amateurs de sensations fortes pourront quant à eux s'essayer aux parcours du parc accrobranche. Classé Espace Naturel Sensible et site espace Natura 2000, le domaine héberge une faune et une flore remarquables avec de nombreuses espèces protégées. Le snack-buvette propose de quoi vous restaurer et vous rafraîchir. Côté hébergement, le domaine d'Hostens possède 2 chalets canadiens d'une capacité de 6 personnes, un bel édifice en pierre pouvant accueillir jusqu'à 22 personnes et un camping. Les camping-caristes pourront quant à eux profiter des lieux au plus près des plages. Le site est régulièrement le point d'accueil de manifestations sportives : trails, raids ou natation en eau libre. Il est également réputé pour la pêche à la carpe. Bref, de quoi satisfaire tout le monde d'autant que la baignade est surveillée à compter du mois de mai.

LAGUNES DU GÂT-MORT

LOUCHATS

Vestiges de la lande originelle, les lagunes font partie des éléments forts du patrimoine naturel et humain des Landes de Gascogne. Ces petits plans d'eau circulaires, d'origine glaciaire, constituent un milieu secret, magique et bien particulier. Jalonné de quelques observatoires, un parcours de 3 km permet une lecture d'ensemble de la végétation. Vous partirez à la découverte de la faune (libellule bleue, etc.) et la flore (plantes carnivores utriculaires comme la droséra, le nénuphar ou la trompette de méduse), de cet espace naturel sensible.

LE SENTIER DES DEMOISELLES

Ancien site d'extraction de lignite, les carrières d'Hostens ont retrouvé leur caractère sauvage. Elles constituent désormais une zone naturelle de première importance. Envahis par la nature (arbres, fougères géantes, plantes de marécages), leurs anciens trous d'extraction donnent au lieu cet aspect de montagnes russes si apprécié des vététistes et si agréable à parcourir. Le sentier est balisé de bornes d'interprétation aux formes inspirées de bois fossilisé.

BUREAU D'INFORMATION TOURISTIQUE D'HOSTENS

✆ 05 56 88 71 94

www.tourisme-sud-gironde.com

Ouvert de mai à septembre (jours et horaires variables).

Situé au bord des lacs d'Hostens, entre le parking de la base nautique et la plage du lac de Lamothe, le Bureau d'Informations Touristiques du Domaine départemental Gérard Lagors vous délivrera tous les renseignements nécessaires pour découvrir Hostens et plus largement le sud de la Gironde. Les meilleures tables, les plus beaux châteaux, les activités, le patrimoine, les manifestations, les balades dans la nature… Sur place : quelques articles de plage et des souvenirs.

LES AIRIALES €€

Le Bourg - **ORIGNE** © 05 56 25 33 36
https://lesairiales.com/
Ouvert toute l'année. Chambre simple 55 € ; chambre double 70 €. Petit déjeuner inclus. Lit sup : 15 €. Restauration.

A quelques minutes de Saint-Symphorien, Hostens ou Villandraut, le petit village d'Origne a conservé le charme d'autrefois. C'est bien simple, il n'y a ici que de jolies maisons anciennes entourées de verdure. Entièrement restauré par la commune, l'ancien Cercle du bourg et plus récemment La Cuillère à Pot, a été baptisé Les Airiales par les nouveaux gérants. En plus du restaurant et du nouveau bistrot, l'établissement conserve les trois chambres d'hôtes. Elles permettent de loger 1 à 3 personnes. Demandez à séjourner dans la chambre double *Sweet Home*.

LES AIRIALES €€

Le Bourg - **ORIGNE**
© 05 56 25 33 36
https://lesairiales.com/
Ouvert toute l'année (tlj sauf lundi : le midi et le soir en été). Carte : 25 € environ. Formule du midi : 14,50 €.

Il y a du nouveau face à l'église classée aux Monuments historiques ! La Cuillère à Pot devient Les Airiales. Chambres d'hôtes, restaurant... L'établissement profite toujours d'une terrasse ouverte sur une aire de jeux et la forêt. Dans les assiettes, le canard et le terroir restent à l'honneur. Le petit plus ? C'est le Bistrot ! Au programme le vendredi et le samedi le soir : une formule bistrot sur l'idée du « à partager », un groupe de musique pour l'ambiance... En dehors de la saison, le restaurant est ouvert tous les midis et du jeudi au samedi le soir.

LE MERLE BLANC €€

LOUCHATS

Situé en plein cœur du village de Louchats, ce restaurant accueille les gourmands dans une salle lumineuse et à la décoration agréable. Le chef propose une cuisine traditionnelle, toujours à base de produits de saison, frais et locaux. L'escalope de foies gras aux myrtilles, l'effeuillée de cabillaud au piment d'Espelette et l'assiette d'escargots à la bordelaise font partie des incontournables, sans oublier les desserts du jour maison et les bons vins locaux pour accompagner toutes ces saveurs. Le restaurant propose aussi des chambres pour prolonger le plaisir.

LES ÉCURIES DU LAC D'HOSTENS

11, route de Louchats © 06 70 10 92 38
www.equitation-aquitaine.com
Ouvert toute l'année. Balade à cheval (2h) de 35 à 50 € ; balade à poney : 15 €. Stage (2h) : 30 €. Location bungalow.

Nicolas Pecquet vous propose des balades à cheval sur les sentiers équestres du Parc naturel des Landes de Gascogne. Ouvertes aux débutants, en journée ou au moment du coucher du soleil, ce sont des balades tranquilles qui se font au pas et au trot. Centre de tourisme équestre et école d'équitation, les Écuries d'Hostens proposent une programmation spéciale durant les vacances scolaires (sur réservation). Cavalier ou non, vous avez la possibilité de louer un mobil-home (4 personnes).

LA BRÈDE ★★

Terre des Graves en bordure de la forêt girondine, La Brède est située à 18 km au sud de Bordeaux. Berceau et patrie de Charles-Louis de Secondat (dit Montesquieu), La Brède a nourri les pensées du philosophe qui a fait sa renommée et dont il est, depuis lors, le plus fidèle ambassadeur. Avec le château classé aux Monuments historiques et qui a vu naître l'écrivain, l'église Saint-Jean-d'Étampes est un des sites remarquables à voir dans la ville. Dans le cimetière de l'église du bourg, considérablement remaniée au XIXe siècle, on peut d'ailleurs voir plusieurs pierres tombales, dont celle du grand-père de Montesquieu ou Jean de Secondat.

ÉGLISE SAINT-JEAN D'ESTAMPES ✝

Dédiée à Saint-Jean d'Etampes, l'église doit son nom à la présence d'une installation templière à l'emplacement d'une des plus anciennes maisons du Bourg. Le monument a fait l'objet d'une reconstruction de style néo-roman par un disciple de Viollet Le Duc. L'église de La Brède est essentiellement reconnue pour son tétramorphe ; représentation romane des quatre évangélistes autour du Christ en majesté de la vision d'Ezéchiel, retranscrite par Saint-Jean dans l'Apocalypse.

CHÂTEAU DE LA BRÈDE ★★

Avenue du Château
✆ 05 56 78 47 72
www.chateaulabrede.com
Jours et horaires d'ouverture variables selon la saison. Adulte de 4 € à 12 €. Enfant (de 7 à 15 ans) : 4 € à 7 €.

Classé Monument historique depuis 1951, le château de La Brède est un édifice exceptionnel et incontournable dans la région. Il est situé au cœur d'un parc classé de 150 hectares (en accès libre). Edifié au début du XIVe siècle, puis rénové et réaménagé à la Renaissance puis au XIXe siècle, ce curieux château étonne par sa forme polygonale. A l'origine, on accédait au château par trois ponts-levis qui ont été remplacés par des passerelles en bois. C'est dans ce château que naît, le 18 janvier 1689, Charles-Louis de Secondat, baron de La Brède et de Montesquieu, plus connu sous le nom de Montesquieu. Ce dernier passe beaucoup de temps entre sa chambre et la bibliothèque, où il a rédigé une grande partie de l'ouvrage *De l'Esprit des lois*. La dernière propriétaire, la comtesse Jacqueline de Chabannes est l'une des descendantes de Denise, la plus jeune fille de Montesquieu. Elle résida au château jusqu'à son décès en 2004. Sans descendant, elle a souhaité que le domaine reste ouvert au public. Pour cela, elle a créé la Fondation Jacqueline de Chabannes afin de préserver et faire découvrir ce patrimoine. Depuis, les vignes du château ont été remises en activité et on retrouve ainsi une ambiance vivante. Des visites guidées sont organisées pour pénétrer dans le château, mais aussi pour en apprendre davantage sur son jardin régulier. Pour obtenir des renseignements et pour réserver, les groupes doivent s'adresser à l'Office de Tourisme de Montesquieu. Notez que les chiens ne sont pas autorisés à entrer sur le domaine.

MAISON DE LA RÉSERVE

17, chemin de l'église - **SAUCATS**
✆ 05 56 72 27 98
www.rngsaucats-fossiles.fr
Ouvert du lundi au vendredi sur réservation ; le samedi à 15h de mai à septembre. Visite guidée de 4 à 5 €. Animations.

Saviez-vous que la forêt de Migelane abrite deux empilements de strates géologiques qui font référence sur le plan mondial – les stratotypes de l'Aquitanien (de 23 à 20,4 millions d'années) et du Burdigalien (de 20,4 à 16 millions d'années) ? Voici ce qu'on apprend en venant ici, avec ou sans enfant. Sous différents formats, vous allez découvrir l'histoire géologique de la Région. Les visites guidées débutent, le plus souvent, par l'exposition de fossiles à la Maison de la Réserve (accessible librement) et se poursuivent par une balade commentée en forêt.

MÉMORIAL DE LA FERME DE RICHEMONT

SAUCATS

Ce Monument aux martyrs de la Résistance du Sud-Ouest a été érigé en 1949 en lieu et place de la ferme de Richemont, en souvenir des 13 jeunes élèves ou anciens élèves du Lycée Montaigne à Bordeaux, tombés pour la majorité sous les balles ennemies le 14 juillet 1944. Ces jeunes avaient pour mission de ralentir la progression des Allemands vers la Normandie. Les faces de cet obélisque de 35 m de hauteur symbolisent : la Foi, le Courage, le Sacrifice et la Victoire.

La Brède.

HÔTEL AKENA RELAIS €€

1, avenue de Viana
✆ 08 10 22 02 80
www.hotels-akena.com
Ouvert toute l'année. Chambres à partir de 72 €/nuit ; suite familiale à partir de 170 €. Petit déjeuner buffet.

Idéalement situé entre Bordeaux et le bassin d'Arcachon, l'Hôtel*** *Akena Relais* de La Brède propose aux visiteurs des chambres confortables, calmes et climatisées pour une ou deux personnes. La suite familiale est vraiment bien conçue. A noter qu'un parking privé est disponible. Vous serez accueillis à la réception tous les jours jusqu'à 22h. En dehors de ces horaires, on vous indiquera comment récupérer la carte de votre chambre. Pour la restauration, c'est vers la table du Philosophe que vous vous dirigerez sans même avoir besoin de sortir de l'hôtel.

TRUFFE ALÉNA

✆ 06 16 01 03 74
https://truffe-alena.com/

Aléna, c'est 120 hectares de truffières melanosporum basées en Aquitaine qui produisent chaque année 3 tonnes de truffes noires du Périgord vendues aux plus grands noms de la gastronomie mondiale. Sachez qu'il est possible de vivre l'aventure d'un peu plus près. Comment ? En adoptant un chêne truffier. La souscription du contrat d'adoption génère l'envoi annuel de 50 g de truffes noires du Périgord, deux boîtes de suprêmes de truffe Aléna (une de 15 g de truffe noire et une de 30 g de truffe d'été) ainsi qu'un livret de recettes. Et ce, durant 5 ans.

LA MAISON D'OLIVIER €€

14, Peyon - **SAUCATS**
✆ 05 57 96 95 83
http://lamaisondolivier.blogspot.fr
Maison de 5 chambres pour 10/12 personnes. De 1 000 € à 1 300 € la semaine selon saison. De 350 € à 400 € le week-end.

La Maison d'Olivier est un éco-gîte entre forêt et vignoble. Depuis, la maison familiale a gardé toute sa splendeur d'antan, notamment grâce à une restauration avec des matériaux traditionnels et écologiques. Ici, la vie est douce. Il n'y a pas une seule ombre au tableau, si ce n'est celle des arbres à l'abri desquels on s'accorderait bien une petite sieste. En moyenne saison, selon le calendrier et avec un peu de chance, il est parfois possible de louer la maison pour un week-end. Le rez-de-chaussée est accessible aux personnes à mobilité réduite.

CHEZ LES POTES €€

2, place de Ségur - **CABANAC-ET-VILLAGRAINS**
✆ 05 57 80 44 89
www.chezlespotes.fr
Ouvert du lundi au samedi le midi ; du jeudi au samedi le soir. Sur réservation, du lundi au mercredi le soir et le dim.

Particulièrement fréquenté, notamment à l'heure du déjeuner, l'endroit est convivial. Terrasse, parking, bon accueil et rapidité du service *Chez les Potes* a tout pour plaire. Chaque jour, le chef prépare un buffet d'entrée froide (classique, mais efficace). Pour la suite, ça se passe du côté de l'ardoise. Les viandes et les poissons sont cuits au feu de bois dans la cheminée. Et sous vos yeux ! Le soir, vous aurez davantage de choix. Si les tarifs sont plus élevés, les plats à la carte sont beaucoup plus élaborés. Pensez à appeler pour réserver.

LA BRASSERIE BRÉDOISE €

80, avenue Charles de Gaulle
✆ 05 56 20 08 38
https://labrasseriebredoise.eatbu.com/
Ouvert du lundi au samedi le midi ; du jeudi au samedi le soir. Formule du midi : 15,50 €. Chèque Restaurant. Terrasse.

Avec 54 couverts en salle et une vingtaine en terrasse, la Brasserie Brédoise a de quoi accueillir les travailleurs un peu pressés le midi en semaine. En cuisine, Laura Pedaros élabore une délicieuse cuisine faite maison, simple, mais généreuse avec un menu du jour vraiment accessible pour une entrée, un plat, un dessert, le café ou 1/4 de vin. La carte est renouvelée régulièrement. Les produits sont frais et de qualité. Laura favorise le circuit court, ainsi les viandes et les poissons proviennent directement des commerçants de la commune.

LE PHILOSOPHE €€

1, avenue de Viana
✆ 05 57 71 32 65
www.restaurant-le-philosophe.com
Ouvert du lundi au jeudi le soir ; du lundi au vendredi le midi. Formule du midi : 16,90 €. Terrasse.

Bienvenue au restaurant *Le Philosophe* ! Ici, le choix est large avec pas moins de quatre menus pour les groupes de plus de 20 personnes, une proposition de burgers, de salades, pièce du boucher et poissons de la criée à la carte et une formule express le midi en semaine. Le buffet des entrées et des desserts trône au milieu de la salle. *Le Philosophe* fait partie d'un complexe hôtelier avec le *Relais Akena* et la résidence hôtelière *Alizés*. L'établissement est ouvert le vendredi, le samedi et le dimanche pour les groupes ou les événements spéciaux.

LA TABLE DE MONTESQUIEU €€

9, place Saint-Jean d'Etampes
✆ 05 56 94 25 36
www.tabledemontesquieu.fr
Ouvert du dimanche au mardi et le jeudi le midi ; le vendredi et le samedi le midi et le soir. Le dim. soir sur résa.

Dans l'ancienne école communale, *La table de Montesquieu* est un restaurant élégant où modernité et classicisme se marient avec bonheur autour de la gastronomie. Ici, la carte varie en fonction du marché et des saisons, avec des produits et des mets toujours de qualité ! Parmi les spécialités de la maison : le bar au beurre, les rognons de veau à la sauce porto ou la salade de tricandilles déglacés au vinaigre de vieux vin. Pour accompagner votre dégustation, *La Table de Montesquieu* propose une sublime carte de vins où le Sud-Ouest y est à l'honneur.

PÂTISSERIE JONATHAN NÈGRE

15, place Montesquieu
✆ 05 56 20 26 71
www.jonathannegre.com
Ouvert du mardi au samedi de 9h à 13h et de 15h30 à 19h30 ; le dimanche de 9h à 13h.

Jonathan Nègre a commencé dès 13 ans dans les coulisses d'une petite pâtisserie. Il se forme d'abord chez un ancien chef pâtissier de Joël Robuchon à Paris, puis auprès de Michel Guérard, Alain Ducasse, Arnaud l'Ahrer... A seulement 20 ans, c'est à Londres que Jonathan poursuit sa fabuleuse ascension en devenant chef pâtissier aux côtés de Joël Robuchon. De retour dans la région, il va créer sa marque éponyme. Rigoureux et créatif, il cultive ce goût des saveurs d'antan.

LE JARDIN DES MOTS

13, rue Latapie
✆ 05 56 77 49 89
www.librairie-lejardindesmots.fr
Ouvert du mardi au samedi de 10h à 13h et de 14h à 19h. Animations.

Stéphanie Gauthard a choisi le village de Montesquieu pour ouvrir sa librairie indépendante. La littérature est une passion qu'elle entend bien partager. Le Jardin des Mots signe le début d'une reconversion professionnelle réussie. Littérature française et traduite, sciences humaines, vie pratique, romans historiques... Et des bandes dessinées aussi. Les plus jeunes n'ont pas été oubliés. Dans cette librairie de 50 m², ils auront un espace dédié. L'ouverture du *Jardin des Mots* est une bénédiction pour les habitants, pour satisfaire leurs envies de lecture.

LE MOULIN DE LA MOLLE

Avenue du Château
✆ 05 56 20 20 79
www.moulin-de-la-molle.fr
Boutique en ligne.

Fondateur de la conserverie du Moulin de la Molle, Robert Chaffanjon est un orfèvre du foie gras. Depuis plus de 30 ans, il propose aux fins gourmets des foies gras des Landes en oie et en canard. Les oies et les canards sont soigneusement gavés et choisis de telle sorte que leurs foies ne perdent pas de graisse lors de la cuisson. Robert Chaffanjon vend sur place ou expédie ses foies gras à travers le monde. Son conseil de dégustation : un bon pain de mie, grillé et chaud ou tout simplement un excellent pain de campagne avec un vieux Sauternes. On salive déjà !

LANGON ★

Langon a vu son église fondée au IVe siècle par saint Paulin, évêque de Nole, originaire de Bordeaux. S'il ne reste que peu de traces des fortifications qui entouraient la ville au XIIe siècle, on verra toutefois, au cours d'une promenade dans la vieille ville, plusieurs maisons anciennes, notamment dans la rue Maubec, au n° 24 – maison XIXe de style troubadour –, au n° 32 – maison bourgeoise – et au n° 51 – décoration sculptée d'époque Henri IV. Sous-préfecture active, Langon possède une longue rue piétonne menant aux bords de la Garonne où l'on méditera sur les caprices du fleuve devant la surprenante échelle des crues de la rue Laffargue.

CHÂTEAU MALROMÉ

SAINT-ANDRÉ-DU-BOIS
✆ 05 56 76 25 42
www.malrome.com
Jours et horaires d'ouvertures variables. Visite guidée Toulouse Lautrec de 8 € à 10 €. Visite et dégustation.

Loin de Montmartre, Henri de Toulouse-Lautrec a séjourné à la fin de sa vie dans cette demeure familiale achetée par sa mère, la comtesse Adèle de Toulouse-Lautrec, en 1883. L'édifice remonte quant à lui, pour les parties les plus anciennes, au XVIe siècle. Henri de Toulouse-Lautrec est décédé au château en 1901 à l'âge de 37 ans. Passionnés d'art et de patrimoine, les propriétaires proposent une lecture différente de la vie et de l'œuvre de Toulouse-Lautrec, en valorisant la scène artistique contemporaine tout en associant la dégustation des vins de la région.

ÉGLISE SAINT-GERVAIS

2, rue Saint-Gervais

Dominant magnifiquement la Garonne, l'édifice abrite l'*Immaculée Conception* ; une peinture très célèbre du peintre espagnol Zurbaran. Le tableau de 1661, a été entièrement restauré et s'admire désormais derrière une vitrine de protection climatisée. L'église possède également un très bel orgue « Cavaillé Coll » de 1857, qui épouse les lignes arrondies de la rosace. A quelques détails près, son clocher édifié en 1861, est une reproduction de la tour Sud de la cathédrale de Chartres. L'église Saint-Gervais est inscrite au titre des Monuments historiques depuis 2006.

OFFICE DE TOURISME DE LANGON

11, allée Jean Jaurès
✆ 5 56 63 68 00
www.tourisme-sud-gironde.com

Ouvert toute l'année. Jours et horaires d'ouverture variable salon la saison.

L'Office du Tourisme de Sauternes, Graves et Landes Girondines est ouvert toute l'année. Ici, vous pourrez obtenir tous les renseignements nécessaires pour découvrir le sud de la Gironde : les meilleures tables, les plus beaux châteaux, les activités, le patrimoine, les manifestations... Des visites guidées du vignoble sont proposées avec dégustations et visites de propriétés viticoles. Sur place : une boutique de souvenirs et un service de billetterie.

DOMAINE ECOTELIA €€

5, Lieu-dit Tauzin - **LE NIZAN** ✆ 05 56 65 35 38
www.domaine-ecotelia.com

Ouvert toute l'année. Hébergements insolites (2 à 6 pers.) dès 89 €/nuit (PDJ inclus). Espace bien-être. Cuisine.

Passer une seule et même nuit sur les cinq continents, c'est possible ! Cet hôtel de plein air écologique (gestion des déchets, préservation de l'espace naturel, assainissement par filtres plantés de roseaux, baignade naturelle, etc.) vous propose des hébergements insolites. Et le choix ne manque pas ! Sur ce site de 8 hectares, planté en pleine nature, une vingtaine d'hébergements de dix styles différents ont poussé de terre : cabane palombière, roulotte tzigane, tente Caïdale, cabane de trappeur, yourte... Toujours avec une vue imprenable sur la nature !

HÔTEL-RESTAURANT CLAUDE DARROZE €€

95, cours du Général Leclerc ✆ 05 56 63 00 48
www.darroze.com

16 chambres à partir de 80 €/nuit. Petit déjeuner : 13 €. Animal de compagnie autorisé : 10 €. Restauration.

Rénovées en 2016 et décorées avec goût, les 16 chambres de la Maison Darroze nous transportent dans un monde de poésie et de couleurs douces. Elles vous offrent toutes un confort optimum pour un séjour de courte ou de longue durée au cœur des vignobles de Graves et de Sauternes. Outre la découverte de la délicieuse cuisine de la Maison, nous vous invitons également à découvrir les environs, dans des paysages verdoyants ou dans des lieux chargés d'histoire.

HÔTEL-RESTAURANT HORUS €€

2, rue des Bruyères
✆ 05 56 62 36 37
www.hotel-restaurant-horus-langon.com/

Logis. Ouvert toute l'année. Chambres de 66 € à 90 € (1 à 4 pers.). Petit déjeuner : 9,50 €. Demi-pension. Soirée étape.

Que vous veniez pour déjeuner à la table d'Horus, y séjourner quelques jours ou juste le temps d'une étape, vous profiterez d'un accueil tout en gentillesse. Facile d'accès, cet établissement propose de nombreux services aussi pratiques qu'appréciables (parking fermé et surveillé, wifi, air conditionné, chaînes de télévision par satellite et Canal +, etc.). Les chambres sont conçues pour accueillir de 1 à 4 personnes. L'option demi-pension vous permettra de découvrir une généreuse cuisine de tradition aux accents du Sud-Ouest et de goûter aux vins de la région.

LOGIS HÔTEL ALIENOR €€

Chemin du Pioc
✆ 05 56 62 15 15
www.logishotels.com

Logis. Ouvert toute l'année. 20 chambres à partir de 69 €. Petit déjeuner buffet de 8,50 € à 9,50 €. Soirée étape.

Planté au cœur des Graves et du Sauternais, l'hôtel Aliénor** aspire au calme et à l'agréable. Avant d'investir votre chambre, peut-être vous laisserez-vous tenter par un petit tour au bar à vin où le maître des lieux, autrefois viticulteur, vous proposera de déguster des vins de Bordeaux d'appellations locales. Côté chambre, on reste dans le confort. Insonorisées et climatisées, elles sont toutes équipées d'un téléviseur à écran plat, d'une connexion wifi et d'une salle de bains avec douche ou baignoire. Idéal pour un week-end ou un long séjour en Aquitaine.

L'ATELIER F.V. €€

62, cours des Fossés ✆ 05 56 76 25 66
www.restaurant-atelierfv.fr

Ouvert du mardi au dimanche le midi ; du mercredi au samedi le soir. Menus de 33 à 45 €. Formule midi : 17 €. Terrasse.

Après avoir fait ses armes dans des établissements de renom comme l'Hôtel Château Grand Barrail, l'Hostellerie de Plaisance (Saint-Emilion), le Belvédère (Porto-Vecchio), le Lagura au Luxembourg ou encore Le Château de La Tour (Cadillac), Flavien Valère a ouvert les portes de son propre restaurant à Langon, dans sa ville natale. Dans un cadre élégant, mais sans extravagance, ce jeune chef propose une cuisine bistronomique teintée à la fois d'une touche de tradition et de modernité. A n'en pas douter, le savoir-faire de Flavien Valère attisera votre gourmandise.

LA BARRIQUE €€

32, rue Maulbec
✆ 05 57 36 78 13
www.labarrique-langon.fr

Ouvert du mar. au sam. de 12h à 14h et de 17h à 0h. Brunch (1er dimanche du mois). Menus de 14,50 à 17 € ; tapas le soir

La Barrique est un bel endroit où venir s'attabler le midi. Comme son nom l'indique, l'établissement a plutôt à voir avec le vin. La Barrique est à la fois un restaurant, un bar à vin, mais aussi un bar à tapas. C'est très simple, le midi, y compris le samedi, le Chef Maxime vous invite à découvrir sa cuisine de manière traditionnelle et le soir, il remplace le menu par une longue liste de tapas et de petites préparations gastronomiques. Et toujours à prix très corrects. Pour accompagner vos dégustations, il suffit de choisir un vin parmi près de 400 références.

LA BELLE MAZURE €€

11, Cazebonne
MAZÈRES
✆ 05 57 31 04 15

Ouvert du mardi au vendredi et le dimanche le midi. Formule du midi : 13,90 € ; formule week-end : 25 €. Terrasse.

La Belle Mazure ouvrait tout juste ses portes que déjà, les gourmands se bousculaient pour goûter aux plats de Willy Creux, le chef et propriétaire des lieux avec son épouse Virginie. Ici pas de carte, mais seulement un menu du jour pour le service du midi en semaine et un menu week-end plus élaboré. Sa cuisine du marché, le chef la concocte à partir de produits frais. Pour accompagner votre repas, *La Belle Mazure* vous propose une jolie carte des vins. À l'extérieur, une belle terrasse vous accueillera dès l'arrivée des beaux jours. Réservation recommandée.

LE COCHON VOLANT €€

7, place du Général de Gaulle
✆ 05 56 63 01 62

Ouvert le lundi (8h-16h) ; du mardi au dimanche (8h-22h). Fermé le dimanche soir en basse saison. Carte : 25 € environ.

Le Cochon Volant est l'adresse incontournable des amateurs de cuisine traditionnelle. Murs en pierres, tables et chaises en bois comme on n'en voit plus beaucoup, banquettes rouges et ardoises blanchies à la craie... L'ambiance est conviviale, sans chichi, propice aux échanges. Côté carte, c'est promis vous allez vous régaler. Les plats font la part belle à la réputation de notre chère cuisine française, et même régionale : andouillette AAAAA, ris de veau, magret de canard entier, côte de porc, lamproie et escargots à la bordelaise, œufs cocotte au foie gras...

LE GRANGOUSIER €€

2, chemin de Peyrot
✆ 05 57 98 30 68
https://le-grangousier-langon.eatbu.com

Ouvert du jeudi au lundi le midi et le soir. Carte : 39 € environ. Terrasse. Vente à emporter. Traiteur.

Pâté en croûte, sanglier et foie gras, chartreuse d'esturgeon et son velouté d'herbes aromatiques, caille désossée avec sa mousseline de champignons parfumée à la truffe, petits légumes et fruits farcis, ballottine de volaille, farce au porc noir gascon et pomme maryse... Arthur Lecocq, le chef du restaurant *Le Grangousier* a de belles idées pour nous régaler. A la belle saison, *Le Grangousier* fait son afterwork le vendredi et le samedi avant le service. On adore investir la belle terrasse. Les animaux domestiques sont les bienvenus.

LE LONGIN €€

10, rue Paul Langevin
✆ 05 56 63 32 41
www.lelongin.fr

Restaurant ouvert du mardi au vendredi le midi ; le vendredi et le samedi le soir. Formule du midi : 12 €. Animations.

Le Longin est un bar-tabac ouvert tous les jours (attention aux horaires bien spécifiques), mais aussi un restaurant. On ne compte plus les concerts ou les soirées qui ont été organisés ici. A vous de choisir à quelle heure de la journée vous avez envie de découvrir les lieux ; le matin pour le café, le midi pour un déjeuner rapide, mais pas trop (la maison n'est pas un fast food !), dans l'après-midi pour une boisson chaude ou rafraîchissante, à la sortie du bureau pour un cocktail ou pour le dîner avec ambiance musicale. Un endroit à fréquenter à Langon !

QUÊ TÔI €€

52, rue Maubec
✆ 06 14 46 82 37
https://que-toi-langon.eatbu.com
Ouvert du mardi au samedi midi et soir. Menus de 13,50 à 16,50 € (le midi en semaine). Menu de 20 à 22 €. A emporter.

Quê Tôi, « ma ville natale » en vietnamien, est le second établissement de Thi Hai Dang et Gia Vinh Bui. Sur place ou à emporter, le couple vous propose de découvrir les spécialités de leur pays. Nourriture fraîche et saine, saveurs qui explosent en bouche, c'est un sans-faute ! Dans un décor inspiré, où une superbe photographie des rizières de Sapa couvre tout un mur, vous vous laisserez certainement tenter par un Bò bún. A moins que Gia Vinh Bui vous mette l'eau à la bouche avec sa recette du Bún chả à base de porc grillé. C'est LA spécialité de la maison.

LE ROAD 524 €€

2, Sencey - **MAZÈRES** ✆ 05 56 27 08 66
http://road524.com
Ouvert toute l'année, du lun. au sam.de 12h à 1h ; le dim. de 12h à 16h. Formule du midi : 14 €. Accueil des groupes.

Le Road 524 vous attend dans une ambiance vintage pour vous faire découvrir sa cuisine, mais surtout sa programmation. Sur la terrasse ombragée, dans la grande salle en pierres apparentes ou dans le séchoir à tabac, le midi comme le soir, on sert ici un repas traditionnel ou un buffet froid. Et les assiettes ont le mérite d'être généreusement garnies. Soirées café-concert, soirées cabaret, spectacles de magie, de théâtre, karaokés, après-midi dansants, rassemblement de voitures anciennes... Festivités, bonne humeur et convivialité sont au programme.

TAILLE ROC €€

4, route de Langon
ROAILLAN
✆ 05 56 76 66 30
Du mardi au dimanche le midi et le soir. Formules soir et week-end de 18 à 26 €. Formules du midi : 15,90 €. A emporter.

Nul doute qu'avec un nom pareil, le Taille Roc fait référence au château Roquetaillade. Comme avant, tout est maison. Le chef Florian Mainguy en fait une priorité. Bien situé dans le bourg de Roaillan, le Taille Roc a de quoi séduire avec sa belle et grande terrasse, et ses petits prix. Cuisine de marché oblige, le choix est réduit à deux entrées, deux plats (viande ou poisson) et deux desserts. Le chef ajoute à ses propositions quelques tapas à partager. Très bon point (et pas toujours observé) : le chef maîtrise les assaisonnements. Une halte bien agréable.

HÔTEL-RESTAURANT CLAUDE DARROZE €€€

95, cours du Général Leclerc ✆ 05 56 63 00 48
www.darroze.com
Ouvert toute l'année (jours et horaires d'ouvertures variables). Carte : 80 € environ. Menu retour du marché : 37 €.

La famille Darroze s'est fait un nom dans le milieu de l'hôtellerie-restauration depuis 1895. Ouverte en 1974, la *Maison Darroze* est aux mains de Jean-Charles Darroze, 4e génération, avec son épouse Annelie. On dit que la cuisine de la *Maison Darroze* est avant toute chose traditionnelle et fièrement régionaliste. Elle est surtout dans l'air du temps. Un savoir-faire remarquable, orchestré par le chef Yoann Amado, récompensé par une étoile Michelin. Le cadre est merveilleux.

ANTIROUILLE

43, rue Maubec
✆ 05 57 36 79 78
Ouvert du mardi au samedi de 9h30 à 18h. Tarte salée : 9,50 € (+ dessert : 11,50 €). Wifi. Terrasse. Boutique.

Dans cette adresse atypique, on trouve des thés noirs, des thés verts, mais aussi des thés sans théine et une belle sélection de thés et tisanes bio. Confortablement installé dans la salle du fond ou sur la petite terrasse, on accompagne bien volontiers son thé avec une pâtisserie maison. Café, chocolat chaud et jus de fruits sont à la carte des boissons. Bien sûr, il est possible de venir acheter son thé en vrac, mais aussi des produits locaux. Vous trouverez aussi tout un tas d'accessoires lié à cet univers du côté de la boutique, et de nombreux objets de déco.

LA BOUCHERIE DU SUD GIRONDE

64, avenue du Huit Mai 1945 - **TOULENNE**
✆ 05 56 62 53 58
http://boucheries.eleveursgirondins.fr/
Ouvert du mardi au samedi de 7h à 12h30 et de 15h à 19h.

Exposées dans les vitrines, les viandes de bœuf du terroir, le veau de lait élevé de façon traditionnelle au lait de la mère et l'agneau de Pauillac label rouge proviennent tous des producteurs locaux. Les volailles fermières sont également produites localement et les pigeons sont élevés en vallée de Garonne. Un engagement de savoir-faire, de qualité et de transparence des Eleveurs Girondins, dans le cadre d'une démarche de commerce équitable « de la fourche à la fourchette ».

LA CAVE DES CARMES

11 bis, cours des Carmes
✆ 05 56 63 06 89
http://cavedescarmes.fr/
Ouvert du mardi au samedi de 9h30 à 13h et de 14h30 à 19h.

La Cave des Carmes a été créée en 2010 par Angèle Warin ; une Langonnaise de souche qui aime partager ses découvertes d'ici et d'ailleurs. La rencontre est toujours conviviale. Grâce à son expérience, Angèle guide les connaisseurs comme les moins avertis le long de ses étagères où l'on trouve de nombreuses références de Graves, Sauternes, vins de Bordeaux, de France et du monde. Il y a aussi une fine sélection de whiskies, spiritueux et champagnes. Angèle s'applique à vous conseiller également sur les accords mets-vins. Des soirées dégustations sont organisées !

LA POISSONNERIE

97, cours du Maréchal de Lattre de Tassigny
✆ 05 56 63 93 81
Ouvert du mardi au samedi de 8h à 13h et de 16h à 19h30 ; le dimanche de 8h à 12h30.

Située juste à côté du Longin, *La Poissonnerie* (un nom bien indiqué n'est-ce pas ?), vous propose ce que la mer a de meilleur : poissons, fruits de mer, crustacés et plats cuisinés maison à emporter. Sans oublier les huîtres de la plus grande fraîcheur ! Et avec une équipe qui a toujours la pêche, inutile de vous dire que la maison a ses habitués. Les plateaux sont appétissants, et s'il le faut, on vous ouvre les huîtres. Une question pour une recette ou une cuisson ? Les bons conseils sont comme la qualité, de rigueur ! Le tout, avec le sourire.

CHÂTEAU LE MAINE PERIN

190, route d'Auros
✆ 05 56 62 29 32
vinsdegraves-lemaineperin-bordeaux.com
Visite tlj de 15h à 19h ; le week-end sur rdv. Aire d'accueil Camping-cariste (Certificat d'Excellence CaraMaps 2018).

Prenez le temps de vous arrêter au Château Le Maine Perin ; chez Sylvie et Alain Darroman. Dans cette propriété familiale, on peut se vanter d'élaborer des vins de Graves rouges et Supérieurs (blanc moelleux), en respectant le savoir-faire d'antan. Impossible de résumer l'histoire d'une vie en quelques lignes… De mai à septembre, il est possible de visiter le vignoble à bord d'un minibus électrique. Le Château participe activement à la Fête des Bœuf Gras. Il est aussi le point de départ de la grande fête avant le pesage des bœufs gras. Tout un programme !

HIPPODROME DE LA BIDANE

39, la Petite Bidane
✆ 05 56 62 25 40
www.hippodromelangon.com
Entrée gratuite. Programme de courses : 2 €. Animations. Parking gratuit. Restauration sur place snack/restaurant.

Créé en 1979, l'hippodrome de la Bidane est devenu en 2012, la Société des courses hippiques de Langon-Libourne. Cet hippodrome pluridisciplinaire (galop et trot) dont la saison de courses démarre toujours le lundi de Pâques accueille sept réunions majeures par an. Mordu de courses ou simple promeneur, les journées de courses sont toujours l'occasion de passer un bon moment. Faites confiance à l'animateur, car c'est lui qui vous emmènera au cœur de l'action. Et si l'envie de parier vous prend, n'hésitez pas à vous faire conseiller au guichet.

MARCHÉ DE LANGON

Le vendredi matin.

Incontournable ! C'est un des plus beaux marchés du Sud Gironde. Le grand marché de Langon du vendredi déploie ses stands dans le centre-ville, sur les bords de la Garonne et sur le parking de la Glacière. Au total, près de 130 commerçants et exposants permanents ainsi que 20 saisonniers sont présents chaque semaine. Vous trouverez aussi bien des produits alimentaires que non-alimentaires. Pour faire le plein de viandes, poissons, fruits et légumes, il y a aussi un petit marché qui se tient le dimanche matin, sous les platanes des allées Jean Jaurès.

WAKELAGOONA / OSMOSIA WAKEPARK

Chemin de Moderis - **VIRELADE** ✆ 06 83 69 56 99
www.wakelagoona.com
Ouvert tous les jours d'avril à novembre. Activités nautiques de 18 à 36 €/séance (sur réservation). Stages. Snack.

Petit frère du snowboard en version aquatique, le wakeboard est apparu à la fin des années 80. Sur l'eau ou dans les airs, vous allez vous régaler ! Encadrée par Laurent Delacroix, capitaine de l'équipe de France de 1998 à 2000 et entraîneur de l'équipe de France espoir, l'école de wakeboard Wakelagoona se trouve dans un spot très sympa. Chez Osmosia Wakepark, Tom Gradt, compétiteur et diplômé du BP Jeps, assure les sessions de wakeskate, wakesurf et du téléski.

LÉOGNAN

Traversé par un affluent gauche de la Garonne, Léognan est situé sur le territoire des Graves (nom de la terre qui recouvre le sol). Le vignoble a ici 2 000 ans, ce qui en fait le plus ancien de Bordeaux. Ses vins rouges et ses vins blancs qui appartiennent à la jeune appellation Pessac-Léognan créée en 1987 ont une belle aptitude au vieillissement. Quelques illustres châteaux méritent une visite : Haut-Brion, Pape Clément V, Carbonnieux – château du tout début du XVIIe siècle construit par Asdrubal de Ferron –, ou encore Olivier – petit castel reconstruit au XVIe siècle, entouré de douves et restauré en 1845 par l'architecte Louis Garros.

BUREAU D'INFORMATION DE LÉOGNAN

Cours du Maréchal de Lattre de Tassigny
✆ 05 56 78 47 72
www.tourisme-montesquieu.com
Ouvert de juillet à fin octobre (jours et horaires variables).

Situé à l'entrée du Parc de la Mairie, le Bureau d'Information Touristique de Léognan vous ouvre ses portes en saison afin de vous donner tous les renseignements utiles et touristiques pour découvrir la commune et ses alentours. Parmi les immanquables : l'église Saint-Martin et le lac bleu dont on doit sa couleur si particulière à la constitution géologique de son sol calcaire. La visite d'un ou plusieurs domaines viticoles s'impose également lors de votre séjour.

CHÂTEAU LE PAPE €€

25, chemin Le Thil
✆ 05 56 64 75 11
www.haut-bailly.com
5 chambres (dont une suite 4 pers.). Basse saison : 220 à 330 €. Haute saison : 310 à 470 €. Prêt de vélos. Réceptions.

Bâtie par Pierre Bobineau, maître voilier à Bordeaux, la chartreuse du XVIIIe du *Château Le Pape* et ses chambres d'hôtes haut de gamme, vous font la promesse d'une retraite discrète au cœur du vignoble des Graves. Résidence de nombreux artistes au fil des siècles, vous serez d'abord charmé par l'élégance de son architecture. Conçus par le paysagiste Camille Muller, les jardins sont un véritable écrin de verdure, source de relaxation et d'inspiration. Profitez de votre séjour pour visiter les chais et vous inviter à la Table Privée du Château Haut-Bailly.

CHÂTEAU LEOGNAN €€

88, chemin du Barp
✆ 05 56 64 14 96
www.chateauleognan.fr
Ouvert toute l'année. Chambre double à partir de 120 € ; Suite «Seurin» de 150 à 190 €. Coffrets séjours. Restauration.

Le château Léognan s'étend sur un domaine de 6 hectares où la vigne est élevée dans la tradition des Grands Crus de Pessac-Léognan. Outre son activité viticole, le château met à votre disposition 4 chambres d'hôte avec vue sur la chapelle, les paddocks, la forêt environnante et le vignoble. Les chambres (Garance, Capucine, Faustine et Bérénice) se trouvent dans la partie XVIIe siècle du château. Comme la suite Seurin, elles sont spacieuses et la décoration, soignée et délicate, ne vous laissera pas indifférent. Le petit déjeuner traditionnel est gargantuesque.

Vignobles aux alentours de Léognan.

LES AILES €€

303, avenue de Mont-de-Marsan
✆ 05 56 64 75 57
http://restaurant-lesailes.com

Ouvert tous les jours le midi ; le vendredi et le samedi le soir. Menus de 21,50 à 35 €. Formule du midi : 15,90 €.

Une table qui change d'air ! Non sans jeu de mots, le restaurant a pris un nouvel envol pendant l'été 2016, avec l'arrivée de Cédric Ordax et de son équipe. Quelques travaux plus tard, la salle est maintenant beaucoup plus moderne. Toujours en bordure des pistes de l'aérodrome et dans la verdure ! A la carte et dans les menus : cassolette d'escargots, canard cuisiné en trois façons, paleron de veau, ventrèche de cochon noir... Pour accompagner le tout, le restaurant possède une carte des vins avec une trentaine de références. Une vraie bonne adresse.

LA FORGE DE LÉOGNAN €€

67, cours du Maréchal-Leclerc
✆ 05 40 24 63 98
www.laforgedeleognan.fr

Ouvert du mardi au dimanche le midi ; du jeudi au samedi le soir. Menu carte : 32 €. Formule du midi : 22 €. Terrasse.

La Forge de Léognan est une adresse pour les gastronomes. Dans cette ancienne forge reconvertie en restaurant, le cadre mêle adroitement le rustique avec les poutres apparentes, le soufflet de forge et la cheminée au plus contemporain avec une vaisselle raffinée. Bien que le restaurant soit désormais aux mains d'une jeune équipe très sympathique dont les ambitions ont été de moderniser la carte, les grands classiques du Sud-Ouest faisant la réputation de la maison demeurent indémodables. La carte des vins fait la part belle aux viticulteurs du coin.

L'ASSIETTE DE L'ÉPICERIE €€

58, chemin de Branon
✆ 05 56 85 83 38
http://lassiettedelepicerie.blogspot.fr/

Du mardi au jeudi (8h à 15h30) ; le vendredi (8h à 19h) ; le samedi (8h30 à 15h). Traiteur. Epicerie fine. Salon de thé.

Cette épicerie-trattoria fleure bon l'Italie. De la terre de ses parents, la propriétaire a ramené toutes sortes de produits savoureux. Dans les rayons, on trouve des pâtes, de l'huile d'olive, des vinaigres aux différents arômes, du vin, des liqueurs et des épices. Côté frais, le jambon cru ou cuit est excellent, ainsi que le fromage, lui aussi vendu à la coupe. Les tomates confites, les olives et les artichauts composeront parfaitement vos salades. Le midi, installez-vous pour tester l'Assiette Gourmande, les plats de pâtes ou ravioles fraîches, le carpaccio...

LE MANÈGE €€

88, chemin du Barp
✆ 05 57 67 13 84
www.lemanege-leognan.fr

Ouvert tous les jours le midi ; du lundi au samedi le soir. Réservation recommandée. Menu carte : 38 €. Terrasse.

Le Manège est installé dans les anciennes écuries du Château de Léognan. Le rond de longe est désormais une agréable terrasse couverte. Fidèle à son passé équestre, le restaurant revêt des apparats qui rappellent aussi l'activité viticole. Si une partie de la carte a été confiée à Flora Mikula, c'est à Geoffrey Debrach que l'on doit les saveurs du menu. Chef pâtissier de formation, il s'exprime avec brio et autant de précisions, avec les mets salés dont les textures titillent nos papilles. Les jus corsés et les sauces du Chef rehaussent le dressage et les saveurs.

CHÂTEAU HAUT-BAILLY

103, avenue de Cadaujac
✆ 05 56 64 75 11
www.haut-bailly.com

Sur réservation du lundi au vendredi (9h à 16h30). Dégustation (15 min) : 20 €. Visites et dégustations de 40 à 110 €.

Aux portes de Bordeaux, le Château Haut-Bailly, Cru Classé de Graves, reçoit pour des visites, réceptions et séminaires, au sommet d'une croupe de graves où s'épanouit la vigne sur 30 hectares depuis plus de quatre siècles. Suivie d'une dégustation, la visite vous invite à découvrir les coulisses d'un Cru Classé, ses secrets de vinification et le terroir des Graves. La « visite du Collectionneur » vous ouvrira les portes du Château pour une dégustation de trois vins, dont deux millésimes du Cru classé. Les vins sont régulièrement félicités pour leur élégance.

CHÂTEAU HAUT-BERGEY

69, cours Gambetta
✆ 05 56 64 05 22
www.haut-bergey.fr

Visite et dégustation du lundi au vendredi sur rendez-vous uniquement. Tarif : 25 €.

Les origines du Château Haut-Bergey remontent au XVe siècle. Il s'agit là de l'une des quatre propriétés des vignobles Garcin. A l'occasion de la visite de la propriété, en présence du propriétaire ou du maître de chai, vous serez amené à en apprendre plus sur les vins du domaine, notamment sur le travail effectué dans les vignes et sur les efforts environnementaux. Pour cela, une bonne partie de la visite se déroule au cœur du vignoble. Comptez 1h30 avec la dégustation. Par ailleurs, notez que des réceptions à partir de 60 personnes peuvent être organisées.

CHÂTEAU LA LOUVIÈRE

149, avenue de Cadaujac
✆ 05 56 64 75 87
www.andrelurton.com
Du lundi au vendredi de 10h à 13h et de 14h à 17h (+ le samedi de juin à septembre). Visite et dégustation. Boutique.

C'est au XIIIe siècle que naquit le vignoble de La Louvière. Il passa entre plusieurs mains : famille parlementaire, moines viticulteurs, puis par le négociant et maire de Bordeaux J.-B. Mareilhac qui fit construire le château actuel. Tombée dans l'oubli au début du XIXe siècle, la propriété fut rachetée en 1965 par André Lurton, qui redonna au site ses lettres de noblesse. Il entreprit de grands travaux dans le vignoble (château classé monument historique en 1991). Cet homme de passion fit renaître l'appellation des Graves avec l'appellation Pessac-Léognan.

CHÂTEAU LARRIVET HAUT-BRION

84, avenue de Cadaujac ✆ 05 56 64 75 51
www.larrivethautbrion.fr
Ouvert toute l'année. Jours et horaires variables selon la saison. Visites et dégustations de 10 à 35 €. Autres tarifs.

Fière représentante d'une nouvelle génération épicurienne et avide de culture viticole, Emilie Gervoson insuffle une touche plus féminine. On lui doit le jardin millésimé. Les visites vous conduiront dans les chais et dans le cuvier avec ses barriques de chêne et ses amphores en terre cuite de Toscane. Sans oublier la magnifique collection de cuves ovoïdes en béton qui a permis au Château Larrivet Haut Brion d'être sacré Best of Wine Tourism 2019 dans la catégorie « Art et Culture » !

CHÂTEAU LEOGNAN

88, chemin du Barp
✆ 05 56 64 14 96
www.chateauleognan.fr
Visites et dégustations (de préférence sur rdv) du lundi au samedi en basse saison et du lundi au dim. en haute saison.

La profession applaudit le travail de ce Château qui a obtenu des médailles d'or pour chaque millésime depuis 2007. Récompensé par un Best Of Wine Tourism (2017), le Château Léognan vous propose des formules variées pour vous faire découvrir la propriété, de la visite et dégustation classique à la balade vigneronne en passant par l'atelier du vin ou la visite gourmande. Réservé aux plus de 18 ans, le Challenge Œnoludique est un parcours parsemé d'énigmes qui retracent l'Histoire du Château de Léognan. La propriété s'étend sur l'appellation Pessac-Léognan.

CHÂTEAU PONT SAINT-MARTIN

14, avenue de Mont-de-Marsan
✆ 05 56 67 51 51
www.domaines-rodrigues-lalande.fr
Ouvert du mardi au samedi de 10h à 13h et 14h à 18h. Visite et dégustation : 10 € (gratuit pour les -18 ans). Boutique.

La propriété du Château Pont Saint-Martin est unique en son genre dans le Bordelais. Ce château néo-palladien, aux couleurs évocatrices et à l'architecture symétrique, s'organise de part et d'autre d'un double escalier. Autour, le parc arboré se compose d'arbres multi-centenaires, de bassins, fontaines et colonnes. Le cuvier et le chai à barriques se prolongent en salle de dégustation avec un bar. Les visites de la propriété prennent fin ici, après la dégustation de 3 vins.

CADAUJAC

Au début du XXe encore, il était plus simple d'aller à Bordeaux en gondole à vapeur que de prendre le train ! Cadaujac, *la ville aux 4 ports*, regorge d'une riche biodiversité grâce à son bocage humide au bord de la Garonne. Commune viticole du vignoble des Graves, entourée par les communes de Camblanes-et-Meynac, Quinsac et Villenave-d'Ornon, Cadaujac appartient à l'arrondissement de Bordeaux et au canton de La Brède. A ne pas manquer : le château de Saige et son parc de 14 ha, construit au XVIIIe par le baron de Beautiran, le port de Grima pour une agréable promenade entre rivière et belles demeures, la Ferme Exotique pour une sortie en famille...

CHÂTEAU BARDINS

Chemin de la Matole
✆ 05 56 30 78 01
www.chateaubardins.fr
Visite et dégustation sur rdv. Adulte : 8 € ; enfant : 4 €. Ateliers dégustation. Coffrets de dégustation. Concerts.

Le Château Bardins se dresse aux portes de Bordeaux, entre vignoble, forêt, prairies et marais. Stella Puel, la propriétaire (5e génération) s'attache, avec Pascale Larroche, à cultiver la vigne et faire vivre la propriété. Des récitals de piano sont régulièrement organisés dans le salon de musique du château, surtout en hiver. Pascale anime des ateliers dégustation ludiques et accessibles à tous et des cours d'œnologie pour les plus aguerris. Elle vous propose aussi de découvrir le vignoble à vélo ou à pied. Les Ateliers Bardins sur www.degustation-bordeaux.fr

CHÂTEAU BOUSCAUT

1477, avenue de Toulouse ✆ 05 57 83 12 20
www.chateau-bouscaut.com

Ouvert du mardi au vendredi de 9h à 12h et de 13h30 à 17h30 ; le samedi de 10h à 12h et de 14h à 18h. Visite : 10 €.

Château Bouscaut est l'un des six Grands Crus Classés de Graves blancs et rouges de l'appellation Pessac-Léognan. Sophie Lurton et Laurent Cogombles dirigent le domaine depuis plus de vingt ans. De la découverte du vignoble et des chais à l'atelier d'assemblage, les visites à thème – récompensées en 2013 par un Best Of Wine Tourism – permettent à chacun de choisir une approche différente. On vous propose également de vous initier à la dégustation à travers la reconnaissance des saveurs et arômes du vin. L'atelier est animé par un œnologue. Pas mal pour commencer ?

MARTILLAC

Commune située dans l'aire urbaine de Bordeaux, Martillac abrite le château de Rochemorin, lieu de villégiature et propriété viticole de Montesquieu et sa famille. La forteresse qui s'élevait au Moyen Âge à cet endroit défendait Bordeaux contre les attaques des Sarrasins venus d'Espagne. À voir également : l'église romane Sainte-Quitterie construite au XIe siècle dédiée à Notre-Dame. Elle est remarquable pour son chœur roman et ses chapiteaux finement ciselés. Deuxième ville de France productrice de muguet, Martillac est le site de la technopole de Bordeaux et du centre de vinothérapie Caudalie au cœur des vignes du château Smith Haut Lafitte.

Château Smith Haut-Lafitte.

OFFICE DE TOURISME DE MONTESQUIEU

3, place Marcel Vayssière
✆ 05 56 78 47 72
www.tourisme-montesquieu.com

Ouvert du lundi au samedi de 10h à 13h et de 14h à 18h. Location de vélo (13 € la journée).

Où dormir ? Où manger ? Que faire ? Que voir ? Toutes les informations très utiles à l'organisation de votre séjour sur le territoire de Montesquieu se trouvent à l'Office de tourisme situé dans le bourg de Martillac, juste en face de l'église. Patrimoine historique, vignobles et châteaux, loisirs, activités de nature, détente… Que de richesses à 20 minutes de Bordeaux ! Et si vous partiez à la découverte du territoire à vélo ? Ils sont en location à la demi-journée et à la journée.

LES SOURCES DE CAUDALIE €€€

Chemin de Smith-Haut-Lafitte ✆ 05 57 83 83 83
www.sources-caudalie.com

43 chambres et suites à partir de 270 €/nuit. Petit déjeuner : 30 €. Parking inclus. Restauration. Institut de soins.

Hôtel, restaurant 2 étoiles, auberge champêtre, épicerie, bar et centre de soins… Voici un véritable palace à la chaleur d'une maison de famille. Un retour aux sources dans un cadre exceptionnel ! Les chambres, d'une beauté sans pareil, sont réparties en 6 maisons, comme des variations régionales : La Bastide des Grands Crus, Le Comptoir des Indes, La Maison du Lièvre, La Grange au Bateau, Le Village des Pêcheurs ou encore L'Île aux Oiseaux. La plupart possèdent un balcon ou une terrasse dominant les vignes du Château Smith Haut Lafitte ou surplombant le lac.

LE PINTXOAK €€

7, avenue Charles de Gaulle
✆ 05 56 72 07 65
www.lepintxoak.fr

Ouvert du mardi au samedi le midi ; le vendredi et le samedi le soir. Menus de 28 à 36 €. Formule du midi : 18 €.

Forts de leurs expériences dans des restaurants étoilés, les deux chefs du Pintxoak subliment les produits de notre terroir, notamment ceux du Pays basque à partir d'ingrédients bruts et AOP sélectionnés en circuit court auprès des producteurs. Du 100 % fait maison, du soleil, des couleurs et des saveurs, voilà un peu ce qu'il y aura dans vos assiettes. Dans le même esprit, la carte des vins fait la part belle aux productions locales des Pessac-Léognan et des Graves. Sous la houlette de Sébastien Roumegoux, le Pintxoak dispose d'une belle terrasse.

LA TABLE DU LAVOIR €€

Chemin de Smith Haut Lafitte ✆ 05 57 83 83 83
www.sources-caudalie.com

Ouvert tous les jours et les jours fériés le midi et le soir. Réservation recommandée. Menu unique à 42 €. Terrasse.

La Table du Lavoir rend hommage au terroir aquitain à travers une cuisine familiale et généreuse, évoluant au rythme des saisons. Les produits sont respectés, préparés en toute simplicité pour révéler le meilleur des saveurs. Une entrée et un plat viennent chaque jour, compléter la délicieuse carte et le semainier du chef. Vous déjeunerez sous la magnifique halle de l'hôtel, construite en bois récupéré dans les chais du Médoc. Au centre de ce superbe édifice, vous apercevrez le lavoir en pierre où les femmes de vignerons venaient laver leur linge au XIXe siècle.

LA GRAND'VIGNE €€€

Chemin de Smith-Haut-Lafitte
✆ 05 57 83 83 83
www.sources-caudalie.com

Ouvert du mercredi au dimanche le soir ; le week-end le midi. Réservation recommandée. Menus de 130 € à 170 €. Terrasse.

Laissez-vous subjuguer par la cuisine créative et gastronomique de Nicolas Masse au restaurant doublement étoilé *La Grand'Vigne*. Autrefois à Saint-Jean-de-Luz, Nicolas Masse a fait une entrée remarquée au sein de cette magnifique propriété du château Smith Haut-Lafitte. L'importance du terroir et des produits, alliée à la créativité et au talent, que demander de plus à un chef ? *La Grand'Vigne* figure dans le top 100 des meilleures cartes des vins de France. Le cadre est raffiné et la terrasse surplombe le lac aux pieds des coteaux de vignes. Merveilleux !

CHÂTEAU HAUT-NOUCHET

3, chemin La Tour
✆ 05 57 12 07 63
www.hautnouchet.com

Ouvert du lundi au samedi. Boutique en ligne. Visites et dégustations sur rendez-vous de 5 € à 30 €/pers. Réceptions.

Ce grand vin des Graves de l'appellation Pessac-Léognan est produit sur un vignoble de 36 ha. Sa qualité est également due aux faibles rendements qui sont imposés aux cépages de cabernet-sauvignon 72 %, merlot 28 % en rouge, sauvignon blanc 78 % et sémillon 22 % en blanc sec. Les propriétaires depuis 2008 mettent à profit leurs diplômes dans cette belle aventure, afin de réaliser de prestigieux millésimes aujourd'hui salués par la presse et les amateurs de bons vins. Visites et activités œnotouristiques (dégustations, quizz…) sont au programme.

CHÂTEAU L'ABBAYE

2, l'Abbaye
PLEINE-SELVE
✆ 05 57 32 64 63
www.chateau-abbaye.com

Visite et dégustation sur rendez-vous. Gîte et chambres d'hôtes.

La propriété bénéficie d'une belle exposition et offre des vins d'appellation Blaye Côtes de Bordeaux. La cuvée rouge élevée en fût de chêne, a été plusieurs fois récompensée par les guides de vins, comme le guide Hachette et médaille d'or à Bordeaux et d'Argent à Paris pour le millésime 2000. Plus récemment, le millésime 2016 de la Cuvée Marie Madeleine Blaye Côtes de Bordeaux a remporté deux médailles : l'or au Concours des Grands Vins de France à Mâcon et l'argent au concours de Bordeaux et Vins d'Aquitaine. Les visites gratuites sur rendez-vous.

CHÂTEAU SMITH HAUT-LAFITTE

✆ 05 57 83 11 22
www.smith-haut-lafitte.com

Ouvert tous les jours sur rendez-vous. Activités œnotouristiques. Événements et réceptions. Hébergements.

Ici, une seule philosophie : « *Tout faire pour que chaque millésime, en rouge comme en blanc, soit à la hauteur de notre magnifique terroir.* » La propriété abrite un hôtel 4 étoiles luxe, un spa de vinothérapie et de très belles tables dont l'une arbore fièrement ses deux étoiles Michelin. Plus récemment en 2019, il a été récompensé par le « Best of Wine Tourism d'Or » et le « International Best of Wine Tourism Awards ». L'atelier « Terre de vins et d'art » est un parcours original.

SPA VINOTHÉRAPIE CAUDALIE

Chemin de Smith-Haut-Lafitte
✆ 05 57 83 82 82
www.sources-caudalie.com

Ouvert le lundi de 10h à 19h ; du mardi au sam. de 9h à 19h ; le dim. de 9h à 13h. Tarifs des soins en ligne. Boutique.

Le Spa Vinothérapie® propose un programme de soins exclusifs dans un environnement d'une rare beauté. Uniques au monde, ces merveilleux soins allient les vertus d'une eau de source naturellement chaude, riche en minéraux et oligo-éléments, puisée à plus de 540 mètres. Et du raisin qui possède des vertus pour le corps et la peau, permettant notamment, de limiter les marques de l'âge grâce à son action anti-oxydante. Laissez-vous chouchouter par les mains expertes des vinothérapeutes.

PODENSAC

Au cœur du Pays des vins de Graves, ce bourg de 3 000 âmes fut occupé dans l'Antiquité. Des vestiges gallo-romains du IIe siècle ont été mis au jour place de la Halle. De l'époque médiévale, il reste une tour et une poterne du château des seigneurs de Podensac. Outre des monuments d'intérêt architectural (le château d'eau de Le Corbusier) ou gustatif (le musée Lillet), Podensac profite d'un très beau chemin de randonnée à suivre jusqu'à Portets, le long de la Garonne. Parmi les grands événements, notez les Rendez-vous aux jardins début juin, le festival « Côté Jardin » le dernier week-end de juin ou encore la foire Saint-Catherine fin novembre.

CHÂTEAU D'EAU LE CORBUSIER

Rue Pierre-Vincent
✆ 05 56 08 78 71
www.chateaudeaulecorbusier.sitew.fr

Construit en béton armé avec sa gloriette entièrement vitrée de huit portes-fenêtres, l'édifice est la première réalisation connue de l'architecte Le Corbusier en France. En 1987, le *Groupe des Cinq* (architectes œuvrant pour la préservation du patrimoine architectural du XXe) signe avec la municipalité un bail emphytéotique lui donnant la jouissance du lieu. Le château d'eau de Le Corbusier, le parc, les serres et la statuaire du Domaine Chavat sont classés Monuments historiques.

PARC DU DOMAINE DE CHAVAT

2, Rue Pierre Vincent
http://podensac.wixsite.com/centenairechavat
Jardin remarquable. Gratuit. Ouvert tous les jours et les jours fériés de 8h30 à 18h30. Animations.

Le château, son parc et le château d'eau belvédère sont des œuvres de Le Corbusier édifiées en 1917, sur les bords de la Garonne. Délaissé au cours du dernier quart du XIXe siècle, cet ancien domaine viticole doit sa renaissance à François Thévenot, un industriel bordelais spécialisé dans la construction de barrages hydroélectriques, qui décida d'acquérir la propriété afin de la sauver de la ruine et la transformer en jardin remarquable. Légué à la Ville de Podensac en 1999, le parc du domaine de Chavat mêle des ambiances japonaises et offre un magnifique parcours d'eau de 5.5 hectares ainsi qu'une grande variété végétale. L'ensemble est de style composite. Jugé par les Monuments historiques comme l'un des plus beaux parcs d'Aquitaine, il est inscrit à l'inventaire supplémentaire des Monuments historiques depuis 2006 et labellisé Jardin Remarquable depuis 2012. Au hasard de vos pas, vous y découvrirez de jolies fontaines surmontées de bronzes inspirés de l'Antiquité, une fausse grotte, un beau gladiateur ayant perdu son trident et déclarant *Ave Cesar, morituri te salutant* et un très étrange groupe de statues en marbre – Le mystère de la vie –, placé dans un bassin auquel on peut accéder par des dalles sur l'eau... Un lieu de promenade original, avec une jolie vue sur la Garonne et des bancs pour profiter de la belle saison et contempler le château et ses reflets. Le château est ouvert aux visites uniquement lors des Journées du Patrimoine.

CHEZ CHARLOTTE €

20, place Gambetta
✆ 05 56 27 07 24
www.restaurant-chez-charlotte.fr
Ouvert du mardi au dimanche le midi ; du mardi au samedi le soir. Menu découverte : 28 €. Formule du midi : 17,50 €.

Chez Charlotte, la salle ne désemplit pas. Le midi, le menu est de très bon rapport qualité-prix avec une cuisine concoctée à partir de produits faits et préparés à la minute. Histoire de vous faire saliver, nous vous proposons de découvrir quelques entrées à la carte : poêlée d'escargots à la persillade, foie gras mi-cuit aux cerises confites, velouté de parmesan... En plat, que diriez-vous d'un d'un demi-magret de Canard IGP à l'orange ou un tartare de bœuf de Bazas ? En bref, c'est un endroit simple et convivial où l'on mange bien. Très bon accueil.

CHÂTEAU DE CÉRONS

1, Latour - **CÉRONS**
✆ 05 56 27 01 13
www.chateaudecerons.com
Ouvert tous les jours (10h à 18h) de mai à octobre ; du lundi au vendredi (10h à 17h) de novembre à avril (sur rdv).

Classée aux Monuments historiques, la chartreuse du Château de Cérons accueille les visiteurs toute l'année. Constitué de 26 hectares de vigne plantée sur le plateau de Graves au sous-sol calcaire, le domaine produit des vins de 3 couleurs dans l'une des plus confidentielles appellations du Bordelais. Afin de profiter de ce superbe corps architectural du XVIIe, Caroline et Xavier Perromat vous reçoivent pour vous dévoiler les secrets de leur terroir. Ils vous proposent de prolonger ce moment par un pique-nique dans le parc ou un repas dans la rôtisserie.

CHÂTEAU DE CHANTEGRIVE

44, cours Georges Clémenceau
✆ 05 56 27 17 38
www.chantegrive.com
Ouvert du lundi au vendredi de 9h à 17h ; le samedi de 10h à 18h. Visite et dégustation de 5 à 8 € (sur rendez-vous).

Si autrefois l'exploitation ne comptait que deux hectares, aujourd'hui elle s'étend sur presque 100 hectares exposés plein sud. A force de travail, la famille Lévêque a développé un véritable savoir-faire, axé à la fois sur la tradition et l'innovation. En découlent des barriques de chêne des vins AOC Graves rouges et blancs de renommée européenne, voire mondiale. N'hésitez pas à rencontrer cette famille afin de partager sa passion le temps d'une visite et d'une dégustation. Vous découvrirez deux très beaux chais d'élevage, avec toutes les explications techniques.

MAISON DES VINS DE GRAVES

61, cours Maréchal-Foch
✆ 05 56 27 41 16
www.vinothequedesgraves.com
Ouvert toute l'année. Jours et horaires variables selon la saison. Dégustation jusqu'à 1h avant l'heure de fermeture.

Vitrine de la région des Graves, la vinothèque rassemble plus de 200 références de vins en AOC Graves et Graves supérieurs, AOC Pessac-Léognan et crus classés de Graves. Vous pourrez découvrir les vins d'environ 120 viticulteurs, vendus à des prix château. La Maison des vins de Graves organisant et répertoriant de nombreuses manifestations toute l'année, pensez à vous renseigner pour organiser votre séjour sur la Route des vins, la seule qui rassemble des crus classés de 3 couleurs.

MAISON LILLET

8, cours Maréchal Foch ✆ 05 56 27 41 41
www.lillet.com
Magasin ouvert du mardi au samedi (10h-12h30 et 14h-18h). Fermé le samedi en janvier et février. Visite guidée sur rdv.

En blanc, en rouge et depuis 2011 en rosé, cet apéritif né en 1887, a su évoluer avec son temps, afin de proposer aux amateurs, ses multiples saveurs élaborées à partir de vins sélectionnés – à hauteur de 85 % – et de liqueurs de fruits – à hauteur de 15 % –, qui affichent en bouche une personnalité marquée dont le vieillissement de huit mois en foudres de chêne bénéficie du même suivi que les plus grands Bordeaux. A découvrir sur place lors d'une visite guidée, suivie d'une dégustation, où l'on vous ouvrira les portes d'une ancienne salle de distillation.

SYNDICAT DES GRANDS VINS DE CERONS

CÉRONS
www.vinsdecerons.com

Présidé par Aurélia Souchale, vigneronne au Domaine du Salut, le Syndicat des producteurs des Grands Vins de Cérons assure depuis 1921, la gestion de l'appellation en veillant au respect de son authenticité. Cette appellation, aussi petite soit-elle, mérite vraiment le détour ! Plusieurs crus sont à découvrir chez les propriétaires. Retrouverez l'ensemble des producteurs sur le site du syndicat et toute l'offre œnotouristique de l'appellation à la Maison des Vins de Cadillac.

PORTETS

Aujourd'hui joliment aménagé, le petit port de Portets était fréquenté dès l'Antiquité. Enraciné dans l'Histoire, l'endroit est une halte idéale pour un pique-nique au bord du fleuve avec ses cabanes de pêcheurs. Un circuit pédestre permet de découvrir la ville dans son ensemble. L'élégante tour du Roy qui se dresse au milieu de la vigne contrôlait jadis, le trafic des gabarres sur la Garonne. Derrière, le château de Portets à l'architecture Renaissance est à ne pas louper. Il domine majestueusement la rivière du haut de sa terrasse en pierre. Faites donc escale à Portets ! La halte nautique est d'ailleurs l'une des plus modernes des bords de Garonne.

CHÂTEAU DE BEAU-SITE €€

35, route de Mathas
✆ 05 56 67 18 15
www.chateaudebeausite.fr
Gîtes de France (3 épis). Ouvert toute l'année. 3 chambres et 2 suites familiales à partir de 100 € (PDJ inclus). Spa.

Demeure bourgeoise du XVIIIe siècle, le Château de Beau-Site a été entièrement rénovée. Les murs en pierre de taille conservent le caractère authentique. Vous séjournerez dans l'un des anciens chais où désormais il y a deux suites familiales (pour 6 pers.), une chambre d'hôtes et un espace bien-être/fitness. Depuis la propriété, la Garonne s'offre en spectacle et la piscine fait face aux vignes plantées en Merlot. Les propriétaires, Evelyne et Patrick Houry, mettent tout en œuvre pour bien vous recevoir. Visite et dégustation offertes durant le séjour.

CHÂTEAU DE MONGENAN

16, rue de Mongenan
✆ 05 56 67 18 11
www.chateaudemongenan.com

Ouvert toute l'année (jours et horaires d'ouverture variables). Gratuit jusqu'à 12 ans. Adulte : 10 €. Animations.

Superbe demeure d'époque Louis XV, le château Mongenan a été construit en 1736 par l'architecte Le Herissey pour le Baron Antoine de Gascq, Président du Parlement de Guyenne. Classé aux Monuments historiques depuis 1986, il est à ne surtout pas manquer ! Le visiteur partira à la rencontre de deux écrivains, à commencer par Jean-Jacques Rousseau qui séjourna au château après une période tumultueuse. C'est à lui que l'on doit l'inspiration de l'actuel jardin botanique. Créé en 1741, ce Jardin Remarquable classé Potager de France et Roseraie de France compte plus de mille variétés de roses, de plantes et de légumes anciens, d'arbres fruitiers, mais aussi de plantes tinctoriales et médicinales. Le second écrivain à avoir marqué le château de Mongenan est Florence Mothe, romancière et actuelle propriétaire du domaine. C'est elle qui a choisi de l'ouvrir au public. L'occasion vous est alors donnée de découvrir le XVIIIe siècle à travers un musée de 8 salles, qui présente des tableaux, des objets, des toiles de Beautiran, des costumes, des documents d'époque, des faïences, etc. Autre rareté du lieu : un temple maçonnique de 1738 qui conserve la totalité de son matériel rituel d'époque. La visite s'achève traditionnellement par la dégustation des vins du domaine ; un des plus réputés de l'Appellation Graves. Concerts, conférences, ballets, expositions éphémères... Des animations sont proposées quasiment chaque week-end pour mettre en relief certaines collections. Les visites sont sans rendez-vous le samedi et le dimanche.

HÔTEL-RESTAURANT RAPIN €€

35, route des Graves ✆ 05 56 67 51 31
www.hotelrapin.fr

10 chambres à partir de 50 €. Petit déjeuner : 7 €. Soirées étapes, demi-pension ou pension complète à partir de 65 €.

Sur la route des vins de Bordeaux en Graves et Sauternes, ce petit hôtel où règne une ambiance familiale, vous propose de séjourner dans l'une des 10 chambres à la décoration personnalisée. Lumineuses et plutôt modernes, colorées dans des tons doux, toutes sont équipées d'une télévision à écran plat et d'une connexion wifi. Chacune possède sa propre salle de bains avec douche, lavabo et WC. Contrairement aux chambres de catégorie supérieure (double, triple, twin), les chambres standards (double, triple ou familiale jusqu'à 4 personnes) ne sont pas climatisées.

LE RAPIN €

35, route des Graves
✆ 05 56 67 51 31
www.hotelrapin.fr

Ouvert du lundi au vendredi le midi. Menus de 10 € à 14 € (vins et café compris). Accueil des groupes. Terrasse.

Ce restaurant traditionnel fait sa belle réputation depuis plus de 40 ans. Transmis d'un père à sa fille, Cécile et son époux Nicolas Fournier, ont à cœur de vous recevoir. Seulement ouvert le midi, car réservé aux clients de l'hôtel le soir, *Le Rapin* est le repaire des bons mangeurs dont certains sont des habitués. Sous forme de buffets à volonté pour les entrées et les desserts, le rapport qualité-prix est imbattable. Arrosé d'un verre de vin, il faut garder de la place pour l'un des trois plats du jour. La maison privilégie les produits issus du circuit court.

LA GUINGUETTE DU PHARE €€

1, place Beguey - **LESTIAC-SUR-GARONNE**
✆ 05 56 67 15 21
http://laguinguetteduphare.fr/

Ouvert d'avril à fin septembre. Réservation conseillée. Plats de 13,50 € à 27 €. CB non acceptée. Animations.

Un lieu convivial sur les bords de la Garonne où vous pourrez danser, manger, rire et chanter les pieds dans l'herbe à la lueur des lampions... Réhabilité et investi pour en faire une guinguette, c'est à la fois un espace de détente, de découverte et de saveurs. Tables parsemées sur une prairie, vue imprenable sur la rivière, plats simples et savoureux pour ravir vos papilles (huîtres, fois, gras, cœurs de canard, moules, magret, andouillette, entrecôte...). Sans oublier les concerts le dimanche (au chapeau pour les artistes)... Tout un programme !

CHÂTEAU DE PORTETS

Rue de Mongenan
✆ 05 56 67 12 30
www.chateaudeportets.com

Ouvert toute l'année. Jours et horaires d'ouverture variable salon la saison. Visite «La Petite Graves» : 12 €.

Portets est le plus ancien vignoble d'une commune viticole au cœur des Graves. Avec son parc en terrasse offrant un incroyable panorama sur la Garonne et les vignes, et la façade Renaissance du Château, le domaine est superbe ; récompensé à juste titre par un Best Of Wine Tourism dans la catégorie « Architecture et Paysage ». Ici, les visites commencent toujours par la projection d'un film retraçant l'histoire du Château. On vous ouvre ensuite les portes du chai. Là, il est question de vignes, de vins et de vinifications dans le respect de l'environnement.

PRÉCHAC

Entre le Ciron et la forêt des hautes Landes girondines, Préchac est fortement marqué par le bois comme l'attestent plusieurs scieries en activité aux alentours. L'histoire a également marqué le lieu et il ne faut surtout pas manquer de visiter le château de Cazeneuve, sur la route de Pompéjac. C'est aussi le Pays de Bertrand de Got, avec l'un de ses châteaux dits clémentins : le château de La Trave. Celui-ci fut érigé en 1306 par Arnaud-Bernard de Preyssac, parent du pape Clément V. Cette vaste forteresse était protégée d'un côté par le Ciron et de l'autre par des fossés. Totalement en ruine aujourd'hui, le château est libre d'accès.

CHÂTEAU DE LA TRAVE

Sur la route d'Uzeste, les ruines du *château de La Trave* nous rappellent que nous sommes dans le pays de Bertrand de Goth ; le pape Clément V. Il s'agit en effet d'un château *Clémentin*, érigé en 1306 par Arnaud-Bernard de Preyssac. Cette vaste forteresse était protégée d'un côté par le Ciron, assez encaissé à cet endroit, et de l'autre par des fossés. Le château s'organisait autour de quatre tours carrées et d'un donjon au centre. Bien qu'à l'état de ruines, il est libre d'accès et offre un coin de détente aux promeneurs. Si vous êtes dans le coin, allez-y !

EGLISE SAINT-MARTIN

https://lecrindinsosdeprechac.jimdofree.com/
Visite guidée (sur rendez-vous).

L'église Saint-Martin est située à Insos ; une commune rattachée à Préchac depuis la Révolution. Toujours affectée au culte, cette église romane inscrite à l'Inventaire supplémentaire des Monuments historiques vaut le coup d'œil. Le haut clocher du XIVe renforcé par deux contreforts, est prolongé par une nef unique. Rebâtie au XVIe, elle vient s'appuyer sur un large mur où se trouve l'arc de triomphal du XIIe. Journée du Patrimoine, concerts… L'agenda des manifestations est consultable sur le site internet de l'association Ecrin d'Insos.

CHÂTEAU ROYAL DE CAZENEUVE

✆ 05 56 25 48 16
www.chateaudecazeneuve.com
Ouvert de 14h à 18h. Tous les jours de juin à septembre ; le week-end et les jours fériés de Pâques à la Toussaint.

Cette forteresse située a été bâtie par la famille d'Albret au XIVe siècle, sur une ancienne motte féodale du XIe siècle. Amanieu d'Albret la dote d'une jolie cour d'honneur de forme polygonale à deux niveaux entourée de murailles. Les d'Albret demeurent les propriétaires pendant quatre siècles, le plus célèbre étant Henri IV. Au-dessus de la porte d'entrée, le fameux panache blanc rappelle la présence du roi en la demeure. La reine Margot réside par obligation à Cazeneuve lors de sa séparation avec le roi en attendant l'annulation de son mariage par le pape. Le château ayant subi des dommages pendant les différentes guerres, Henri IV le confie à Raymond de Vicose, qui s'attache à le remanier pour le transformer en une demeure de plaisance et d'apparat. Louis XIII et Louis XIV ont également séjourné à Cazeneuve. Aujourd'hui, la bâtisse se présente telle qu'au XVIIe siècle. Cazeneuve appartient depuis plus de 150 ans à la famille Sabran-Pontavès qui par le jeu des successions et des alliances, descend des d'Albret. Le comte Elzéar de Sabran-Pontavès accompagne parfois les visiteurs pour leur faire découvrir la forteresse depuis les grottes troglodytes, le nymphée romain et les grandes caves médiévales souterraines où vieillissent de prestigieux vins de Bordeaux jusqu'aux prisons gravées de dessins de prisonniers, écuries, boulangerie et appartements royaux. Les salons et les chambres où sont exposés des objets, des tableaux et du mobilier témoignent de l'histoire des lieux.

MOULIN DE CAUSSARIEU

Entouré de ruines médiévales et datant du XVe siècle, vous accéderez au moulin par un sentier. Le moulin fortifié de Caussarieu – étymologie : le « *chausse rivière* », en référence aux échassiers landais – constitue un site perdu sur les jolies rives du Ciron. Le moulin est donc seulement accessible à pied ou en canoë. Il a d'abord été un moulin à blé puis une minoterie (lieu de préparation des farines étuvées). Si le moulin ne reçoit pas de visiteurs, le lieu qui l'entoure reste très plaisant et pittoresque pour un pique-nique improvisé.

CHEZ PITRAS €€

11, rue de l'Egalité
✆ 05 56 65 20 70

Ouvert du dimanche au vendredi le midi ; le samedi soir. Menus de 20,60 à 34,50 €. Formule du midi : 12,40 €. Terrasse.

Frédéric Pitras vous concocte une cuisine aux accents du Sud-Ouest. Renouvelée deux fois par an, la carte, d'un très bon rapport qualité-prix, alterne les mets « terroir et tradition ». Dans les assiettes : terrine gasconne, maquereaux à l'ail maison, émincé de veau à la crème flambée à l'Armagnac, truite farcie, crème brûlée... Des valeurs sûres et généreuses ! La formule du jour (avec potage en hiver) est une aubaine. L'ambiance est conviviale. Dès qu'il est possible d'en profiter, la grande terrasse à l'ombre des érables est l'endroit où il fait bon être !

SALLES

Les racines du nom de la commune sont à chercher du côté des Gallo-Romains qui l'avaient baptisée Salomacum (« marché du sel »). La découverte d'un cimetière du premier âge du fer (600 av. J.-C.) a permis de mettre à jour plusieurs vases cinéraires, aujourd'hui conservés au musée d'Aquitaine à Bordeaux et au musée de Belin-Beliet. Autre particularité : la ville est recouverte à 87 % d'espaces boisés. Situé sur L'Eyre (dit aussi la Leyre) en Pays de Buch, le territoire fait partie du parc Naturel Régional des Landes de Gascogne en forêt des Landes. Empruntez un vélo ou un canoë pour partir à la découverte de ce bel espace nature du Sud Gironde.

OFFICE DE TOURISME DU VAL DE L'EYRE

4, allée du Champ de Foire
✆ 05 56 88 30 11
www.rtourisme.com

Accueil vélo. Ouvert toute l'année. Jours et horaires d'ouverture variable salon la saison.

A proximité du Bassin d'Arcachon, des plages océanes et de Bordeaux, le Val de l'Eyre est l'éco destination pour des vacances nature. Pour quelques jours ou plus, le territoire offre tous types d'activités à pied, à vélo, à cheval, en canoë... Au cœur du Parc naturel régional des Landes de Gascogne, la Leyre, surnommée la Petite Amazone, vous séduira par son caractère sauvage et ses silences. Séjourner en Val de l'Eyre, c'est aussi succomber aux plaisirs de la gastronomie locale.

CAMPING «LE BILOS» €

37, route de Bilos ✆ 05 56 88 36 53
https://lebilos.wixsite.com/camping-lebilos

Ouvert toute l'année. Emplacement + véhicule + 2 personnes à partir de 14,80 €. Caravanes de 300 € à 385 € la semaine.

Pas de mobil-home, ni d'animation ou de piscine, juste 85 emplacements au milieu des pins et des chênes ! En cours de labellisation par le PNRLG qui positionne le territoire sur le label « *Réserve Internationale de Ciel Etoilé* », ce camping vous permettra de passer vos vacances au plus près de Dame Nature. Outre le spectacle offert par les étoiles, on vient ici pour se ressourcer et passer un séjour en toute tranquillité. Depuis 1972, la famille Dulaurans a su préserver une douce ambiance, qui se marie à merveille avec les senteurs ambiantes de résine de pin.

PARC DU VAL DE L'EYRE €€

8, route du Minoy ✆ 05 56 88 47 03
www.campingparcduvaldeleyre.com

Ouvert du 15 avril au 15 octobre. Emplacements de 17 à 35 € ; locations 2 à 6 pers. de 290 à 950 €/semaine. Restaurant.

Situé entre forêt landaise et bassin d'Arcachon, le camping du Parc du Val de l'Eyre, entièrement refait à neuf depuis mars 2021, vous propose de passer un séjour dépaysant dans une ambiance nature. Au programme : farniente au bord de la piscine, parties de pêche dans le lac ou en rivière, tournoi de foot ou de volley, jeux gonflables, location de canoë-kayak, animations... En pleine saison, les meilleurs danseurs iront se déhancher sur la piste du bar et les gourmands s'attableront chez *Les copines d'abord*. Côté hébergement, de nouveaux mobil-homes ont poussé.

DOMAINE DU PONT DE L'EYRE €€

2, route de Minoy
✆ 05 56 88 35 00
http://domainedupontdeleyre.eu/

Logis. Ouvert du lundi au samedi le midi et le soir. Menus de 24,50 € à 31,50 €. Formule du midi : 18,50 €. Terrasse.

Ancienne maison de maître, le Domaine du pont de l'Eyre se trouve, comme son nom le laisse deviner, en bordure de l'Eyre. Son restaurant de cuisine traditionnelle française profite d'une grande terrasse extérieure. On peut venir, par exemple, y déguster une terrine de foie gras au sel de Guérande et son pain brioche en entrée, un magret de canard du Sud-Ouest ou un duo de veau (ris de veau et noix de veau) pour le plat et terminer en fraîcheur par un gratin aux fruits.

L'EYRE 2 RIEN €€

2, place Saint-Pierre
✆ 05 35 38 66 84

Maître Restaurateur. Ouvert du mardi au samedi midi et soir. Menu gourmand : 19,90 €. Formule midi : 13,90 €. Traiteur.

Formé chez Alain Ducasse, le chef Jérôme Lonlas partage, avec son équipe, l'idée du « manger bon et bien ». Pour cela, il est attentif à la sélection des fournisseurs et des produits. En témoigne parfaitement le titre de Maître-restaurateur obtenu moins d'un an après l'ouverture (mai 2017) et la nomination (février 2018) – unique en Val de l'Eyre – « Restaurant de qualité » décernée par le Collège culinaire de France présidé par Alain Ducasse et 15 chefs étoilés. Parmi les plats signatures du chef : le foie gras marbré maison et les gambas flambées

L'EYRE 2 RIEN, LA SUITE €€

35, rue du Château
✆ 05 57 67 63 49

Ouvert du mardi au samedi le midi et le soir ; le dimanche midi. Ouvert tous les jours en juillet et août. Traiteur.

Deuxième table pour le Chef Jérôme Lonlas ! S'il est toujours question de cuisine traditionnelle accessible, elle est plus raffinée. On retrouve un menu du jour, un menu des saveurs et le fameux menu chasseur. Et les plats signatures du chef (foie gras marbré, gambas flambées). Peu importe vos choix, les recettes mettent en valeur le goût authentique des produits frais, travaillés et cuisinés sur place. La salle de restaurant est très agréable, dotée d'un étage pour accueillir les repas de groupe et les séminaires. Et que dire de la fontaine sur la terrasse...

LA VILLA DU MARCHÉ €€

6, allée du Champ de Foire
✆ 05 57 80 11 28
www.contactlavilladumarche.com

Ouvert tous les jours de 9h à 0h. Service le midi et le soir. Menus de 19 à 35 €. Formule midi : 13,50 €. Tapas. Bar.

Bar à vins, bar à cocktails et bar à tapas. La Villa du Marché est aussi un restaurant. La bâtisse se dresse le long de l'allée du Champ de Foire et attire le regard. L'élégance règne en maître-mot, de l'intérieur imaginé dans un style contemporain au service par une équipe attentionnée. Ici, le client est accueilli en toute convivialité. Cette élégance est aussi dans les assiettes. On découvre à la carte des plats sans prétention, mais goûteux et savoureux. Quelques poke bowls apportent un peu de fraîcheur. En salle, en terrasse, sous la véranda ou à la maison !

LA CAVE DE SALLES

8, place Saint-Pierre
✆ 05 56 88 41 31
http://cave33.canalblog.com

Ouvert du mardi au samedi de 9h à 12h30 et de 15h à 19h30 ; le dimanche de 9h30 à 12h30.

Que vous préfériez le vin blanc, rouge ou rosé, vous y trouverez à coup sûr votre bonheur. La *Cave de Salles* est idéale pour se faire plaisir ou faire plaisir. Eric, œnologue, vous apportera des conseils de qualité. Vous pourrez également découvrir une large gamme de whisky, de liqueurs, de vieux rhum, de cognac et de champagne, mais aussi de thés et cafés. De son côté, le rayon épicerie fine met en avant les produits du terroir. Il y a aussi de très belles boîtes de sardines et de multiples terrines, des paniers gourmands et des coffrets de vins bien sûr.

CANOË PASSION

6, route du Minoy ✆ 05 56 88 22 19
www.canoe-passion.com

Ouvert le week-end en juin et septembre ; tous les jours de 9 à 18h en juillet et août. De 14 à 20 €/pers. Mini Bivouac.

En plein cœur du Parc Naturel Régional des Landes de Gascogne, il est possible de se balader à vélo, à pied, mais aussi en canoë et en kayak. En activité depuis plus de 15 ans, Canoë Passion a toutes les cartes en main pour vous amener à découvrir la Nature sur l'eau et en toute sécurité. La Leyre, peu profonde de juin à septembre et ombragée, permet de faire différents parcours à la journée ou à la demi-journée. Sur les conseils de François (champion de France en 1980) et de son équipe, devenez, vous aussi, le temps d'une balade, le roi du canoë.

H2O AVENTURE CANOË KAYAK

40, rue Haute-Lande
✆ 05 56 88 20 53
www.h2oaventure.com

Ouvert de mai à septembre. Parcours canoë de 16 € à 19 € ; kayak de 22 € à 23 €. Kayak sur le Bassin d'Arcachon : 35 €.

Débutant ou confirmé, la Leyre est une rivière accessible et enchanteresse, bien qu'on la surnomme « La Petite Amazone ». *H2O Aventure* vous propose d'aller à sa découverte à bord d'un kayak ou d'un canoë. Ces randonnées sur l'eau pourront se faire à la 1/2 journée (9 km) ou sur une journée entière (12/14 km), voire jusqu'à 4 jours pour les aventuriers. De manière générale, les parcours sont parfaitement adaptés aux sorties en famille. Pensez à emporter votre pique-nique, de l'eau, des chaussures fermées, une casquette… Tout ne s'improvise pas.

SPADIUM

7, chemin de Calvin ✆ 05 56 21 42 42
https://spadium-salles.fr/

Ouvert toute l'année, tous les jours. Entrée : 5 € ; espace détente : 13 €. Autres tarifs et formules d'abonnement.

Eté comme hiver, le Spadium vous accueille dans une eau à 30 °C. Bassin sportif de 25 mètres, bassin d'apprentissage ludique, pataugeoire, bains bouillonnants et grand toboggan, rien n'a été oublié ! Il y a même un solarium et un espace extérieur où installer sa serviette. Petit plus et pas des moindres, le Spadium, c'est aussi deux spas, une salle de repos, un sauna et un hammam. De nombreuses activités sont proposées allant de l'aquagym à l'apprentissage enfants et adultes. Le bonnet n'est pas obligatoire. Le centre esthétique est ouvert du lundi au samedi.

SAUTERNES ★

Un grand nom pour un village au cœur des vignes qui mérite le détour ! A 40 km au sud de Bordeaux, le village de Sauternes est réputé pour son vin blanc, – le meilleur liquoreux du monde. Le plus prestigieux de ces vins est produit au château d'Yquem. Inabordable pour le commun des mortels, on peut lui préférer d'autres châteaux dont le rapport qualité-prix sera plus terrestre. Le territoire est parsemé de châteaux et de demeures anciennes. A voir au cœur du village, l'église de Sauternes qui possède une jolie abside romane. La proximité avec le Ciron, affluent de la Garonne, fait de Sauternes un lieu de détente idéal pour les amoureux de la nature.

CHÂTEAU FILHOT

✆ 05 56 76 61 09
www.filhot.com

Visites du lundi au vendredi de 9h à 12h et de 14h à 17h ; sur rendez-vous le week-end. Animations.

La propriété se distingue par son magnifique parc à l'anglaise surplombant un plan d'eau, dessiné en 1845 par Louis-Bernard Fischer, le créateur du jardin public de Bordeaux. Emblématique, ce domaine appartient aujourd'hui aux Comtes de Vaucelles. Ce second cru classé Sauternes en 1855 était connu sous le nom de Château Sauternes à la fin du XIXe siècle. Son raisin est exclusivement récolté à la main. Le Château Filhot est le théâtre de nombreux événements toute l'année : Rétro mobile, spectacle équestre, Raisin d'Or en Sauternais... Une visite s'impose.

CHÂTEAU FORT DE BUDOS

BUDOS

La vue plongeante sur les ruines de ce château fort entouré de vignes depuis la route bordée de platanes, est splendide. Cette forteresse fut érigée au XIVe siècle par Raymond Guilhem de Budos, neveu du Pape Clément V. La bâtisse comptait 5 tours et une procession y était autrefois organisée le jour de la Saint-Georges. Les logis étaient vastes, agencés autour de la cour intérieure. Si à l'époque médiévale, services et logements se répartissaient par niveau, les remaniements ont entraîné des redistributions. Les ruines de Budos sont à voir en passant par là.

Marathon de Sauternes.

EGLISE DE LÉOGATS ✝

LÉOGEATS

Bâtie sur un piton rocheux, l'église de Léogeats a la particularité d'avoir un clocher accessible par un escalier depuis l'extérieur. Ainsi, on y grimpera pour voir l'ancienne cloche du village, mais surtout, pour le vaste panorama sur la Lande girondine que l'on admirera à perte de vue depuis ce véritable poste d'observation. Il est encore plus beau à la levée ou à la tombée du jour, par une belle lumière et avec en fond sonore, le chant des oiseaux. En sortant de l'église, après le portail en fer, le petit chemin à droite vous conduira à un ancien lavoir.

EGLISE SAINT-VINCENT ✝

PREIGNAC

Construit au XVIIIe siècle, l'édifice surprend par la beauté de sa façade de 1736 en style néoclassique, son clocher octogonal et son intérieur peint. Couvert par un dôme en cuivre, ce clocher inscrit au titre des monuments historiques, est l'œuvre de l'architecte bordelais Pierre-Paul Courau. Un autre bordelais s'est illustré ici : Joseph Villet, un maître verrier à qui l'on doit la réalisation des vitraux de 1861 à 1868. L'église abrite également un orgue de 1864, construit par le facteur d'orgues Georges Wenner et le tuyautier-harmoniste Jean-Jacob Götty.

HÔTEL LE 23 €€

23, rue Principale ✆ 05 56 27 20 04
www.hotelsauternesle23.fr

8 chambres (dont 2 chambres familiales). De 70 à 105 €. Petit déjeuner : 8 €. Soirée étape. Restauration. Prêt de vélos.

L'hôtel *Le 23* vous propose de séjourner dans l'une de ses huit chambres ; six sont doubles dont l'une est accessible aux personnes à mobilité réduite et deux sont familiales avec deux chambres distinctes. Là encore, dans ces chambres spacieuses et épurées, agrémentées d'un mobilier moderne et design, l'ancien ne s'efface pas. On vous promet un séjour au calme au beau milieu des vignes. Si le cœur vous en dit, vous partirez à la découverte des terres aux alentours, à pied ou à vélo. Pour vous restaurer, l'Auberge des Vignes est ouverte du mardi au dimanche midi.

LES PALMIERS DU PORT €€

20, Le Port - **BARSAC** ✆ 06 24 72 33 43
www.lespalmiersduport.fr

Ouvert toute l'année. 2 chambres avec bain bouillonnant privatif, de 130 € à 210 €. En-cas sur réservation. Cuisine.

C'est dans une magnifique demeure du XVIIIe siècle en bord de Garonne, que Frédérique et Guillaume Desnos ont choisi d'ouvrir deux chambres d'hôtes, avec bain à remous. Entièrement dédiées à la détente et au bien-être, elles sont décorées avec goût et élégance. La suite profite d'une terrasse où les propriétaires installent un lit à baldaquin aux beaux jours. Sur simple rendez-vous, une praticienne viendra pour des massages. Vos hôtes, dont la discrétion est à souligner, vous proposent quant à eux de parfaire votre séjour grâce à des en-cas romantiques.

LA SAUTERNAISE €€

23, rue Principale
✆ 06 78 00 64 18
www.chambres-sauternes.com

Vignobles et Découvertes. 4 chambres à partir de 115 €. Petit déjeuner inclus. Boutique et cave à vins.

Au cœur du charmant village de Sauternes, *La Sauternaise* vous ouvre ses portes pour un week-end en amoureux. Pascale et Didier Galhaud ont rénové cette demeure du XVIIIe siècle, avec beaucoup de goût et toute l'authenticité qui fait son charme et son élégance. Dans cette bâtisse tout en pierres, avec ses carreaux de ciment, ses enduits de chaux, ses cheminées, ses portes anciennes et sa marquise, ses beaux tissus ou encore sa porcelaine de Limoges, le tumulte du quotidien paraît bien loin. Les paysages aux alentours invitent à la contemplation.

CHÂTEAU D'ARCHE €€€

✆ 05 56 76 67 67
www.chateaudarche-sauternes.com

Ouvert toute l'année. Chambre double à partir de 90 € ; suite à partir de 130 €. Petit déjeuner : 10 €. Soirée étape.

Cette très belle chartreuse du XVIIe siècle est située au cœur de la propriété viticole du château d'Arche. Le panorama est magnifique. Fleuri et à fleur de vignes, le Relais du Château d'Arche est un havre de paix qui vous permettra de savourer des moments de quiétude dans un cadre élégant. Les chambres sont très spacieuses, décorées avec beaucoup de goût. La Grande Suite du Relais, d'une jolie superficie de 50 m², possède son propre salon privatif. Le petit déjeuner est servi en salle, en chambre ou sur la terrasse, dans une très belle vaisselle de porcelaine.

CHÂTEAU LAFAURIE PEYRAGUEY €€€

Lieu-dit Peyraguey - **BOMMES** ✆ 05 24 22 80 11
www.lafauriepeyragueylalique.com
Relais & Châteaux. 13 chambres et suites. Service «haute literie». Restauration. Boutique. Visite du domaine.

L'hôtel Lalique s'inscrit dans la grande tradition de l'hôtellerie de prestige. Chaque hôte est accueilli par le Maître de maison qui l'accompagnera tout au long du séjour. On doit la réhabilitation de la bâtisse aux architectes d'intérieur, Lady Tina Green et Pietro Mingeralli. Partout au Château Lafaurie-Peyraguey, les œuvres Lalique sont mises en scène. Les hôtes en quête de discrétion et de luxe à la française apprécieront très certainement ce sens du détail et de l'harmonie.

LA CHAPELLE €€

5, Château Guiraud ✆ 05 40 24 85 45
www.lachapelledeguiraud.com
Ouvert le lundi midi ; du mardi au samedi le midi et le soir. Menu signature : 39 €. Formule du midi : 25 €. Terrasse.

Premier restaurant du 1er Grand Cru Classé de Sauternes en 1855 « Château Guiraud », La Chapelle prolonge et sublime l'expérience Guiraud. Entre vignes, arbres et herbes folles, la jeune architecte Charlotte Allard a réussi à créer une adresse atypique, moderne et intemporelle où chacun est invité à vivre un moment décontracté et convivial. Dans les assiettes, pas d'effet de mode, mais du local et du bio en totale adéquation avec la forte identité terroir de Nicolas Lascombes. L'établissement est ouvert dès 9h toute la semaine pour un café ou grignoter. On aime !

LA PETITE GUINGUETTE €

2, chemin de Pasquette
www.lapetiteguinguette.com
Ouvert en saison de fin avril/début mai à septembre (jours et horaires variables). Tapas de 6 € à 25 €. Vin au verre.

Coup de cœur ! La Petite Guinguette est un petit coin de paradis avec une vue imprenable sur les vignes. Créée en juillet 2017 par Marie et Guillaume, l'endroit, qui se donne des allures de brocante chic, a immédiatement remporté un franc succès. Petits et grands aiment s'y retrouver pour déguster quelques tapas, boire un verre ou écouter de la musique. Les assiettes de tapas accompagnent à merveille un cru du coin ou une mousse, ou inversement. La bonne idée : suivre leur page Facebook pour ne pas rater l'ouverture de la saison et le programme estival.

LE RELAIS DE BROUQUET €€

25, route de Villandraut - **LÉOGEATS**
✆ 05 56 76 67 25
www.relais-de-brouquet.fr
Ouvert le lundi, le vendredi et le samedi le soir ; tous les jours le midi. Menus de 21 € à 26 €. Terrasse.

Venez goûter à la cuisine de terroir de Daniel. Le midi, le Chef vous donne le choix entre les suggestions d'entrées, plats et desserts à la carte, deux menus gourmands très « Sud-Ouest » et « terroir » et la formule du jour. Très copieuse et à petit prix, elle vous permet d'accéder aux buffets d'entrées et de desserts. Le repas est accompagné d'un ¼ de vin. Et puisqu'on en parle, la carte des vins est plutôt intéressante. On déguste aussi des grillades à la plancha et un délicieux foie gras au Sauternes cuit au torchon. Terrasse agréable aux beaux jours.

AUBERGE LES VIGNES €€

23, rue Principale ✆ 05 56 76 60 06
www.aubergelesvignes.fr
Ouvert toute l'année. Du mardi au samedi le midi et le soir ; le dimanche midi. Menus de 28 à 48 €. Terrasse. Traiteur.

L'*Auberge les Vignes* vous réserve d'agréables surprises. L'accueil d'Arnaud et de son équipe est très sympathique. Pour le cadre, attendez-vous à un mélange rustique et moderne. Aussi, on apprécie beaucoup l'intimité offerte par la petite taille de la salle, néanmoins très lumineuse. Dans les assiettes, vous goûterez à une cuisine qui oscille savoureusement entre tradition et gourmandise. Eté comme hiver, vous pourrez goûter aux grillades à la cheminée. Une adresse à découvrir au détour d'une promenade entre les châteaux et d'une descente en canoë sur le Ciron.

LE SAPRIEN €€

14, rue principale
✆ 05 56 76 60 87
www.restaurantlesaprien.fr
Ouvert du jeudi au lundi le midi et le soir. Carte : 45 € environ. Accueil des groupes. Terrasse. A emporter.

Face aux vignes du Château Guiraud, au cœur du village de Sauternes, Le Saprien, – qui tire son nom de l'adjectif utilisé pour qualifier un vin produit grâce à la pourriture noble, comme le sauternes –, se dresse fièrement. Pour autant, ce superbe panorama et l'excellent vin de Sauternes ne vous feront pas oublier ce que vous avez dans l'assiette. Consacré par le Collège Culinaire de France comme Restaurant de Qualité, Le Saprien est une belle adresse sublimée par les recettes du chef Romain Pons, inspiré par le Sud-Ouest, les produits frais et de saison.

CHÂTEAU LAFAURIE PEYRAGUEY €€€

Lieu-dit Peyraguey - **BOMMES** ✆ 05 24 22 80 11
www.lafauriepeyragueylalique.com
Relais & Châteaux. Ouvert du jeudi au lundi le midi et le soir. Menus de 95 € à 165 €. Formule du midi : 65 €.

Vous découvrirez de nombreuses créations de la célèbre cristallerie et ses partenaires. Récompensée par une étoile Michelin en janvier 2019, offrant ainsi une première table étoilée à la région de Sauternes, la cuisine de Jérôme Schilling est pensée en fonction des spécificités de chaque millésime et des produits rigoureusement sélectionnés. La carte des vins de l'établissement figure parmi les plus belles cartes des vins de France, avec de vieux millésimes remontant à 1893.

CHÂTEAU D'ARMAJAN DES ORMES

PREIGNAC ✆ 05 56 62 35 78
www.mjperromat.com
Ouvert du lundi au vendredi de 9h à 12h et de 14h à 17h. Visite et dégustation : 5 €/pers. (sur rdv le week-end).

Le Château d'Armajan des Ormes est l'un des domaines les plus anciens et historiques du Sauternais. La propriété fut anoblie en 1565 par Charles IX, en remerciement d'une visite avec sa mère Catherine de Médicis en ces lieux. Le vignoble existait déjà. Démantelé en 1653 durant la Fronde, puis reconstruit sous sa forme actuelle avant d'être divisé en nombreux lots fonciers au terme de la Révolution, le Château mettra plus d'un siècle à retrouver de sa splendeur et sa fonction viticole.

CHÂTEAU FILHOT

✆ 05 56 76 61 09
www.filhot.com
Visites du lundi au vendredi de 9h à 12h et de 14h à 17h ; sur rendez-vous le week-end. Animations.

© CHÂTEAU FILHOT

Le château Filhot a été créé en 1709 par Romain de Filhot sur un domaine de 350 hectares dont 62 sont consacrés à la vigne sur le versant sud de la colline de Sauternes. Après une fermentation de 10 jours à 1 mois en cuves inox, le vin – sémillon 60 %, sauvignon 36 % et muscadelle 4 % –, vieilli en fûts de chêne durant près de 20 mois pour lui apporter toute la maturité nécessaire. De belle constitution, le vin du château Filhot se distingue par sa fraîcheur, la finesse de sa liqueur, son caractère minéral et l'élégance de son équilibre.

CHÂTEAU D'YQUEM

✆ 05 57 98 07 07
www.yquem.fr
Ouvert toute l'année. Visite guidée privative et dégustation de 85 € à 300 €/pers.

Classé en 1855, il est le seul et l'unique premier cru supérieur de l'appellation. D'architecture simple, le château a pour base une ferme fortifiée du XVe siècle. Largement remanié au cours des années, il se caractérise par ses tours rondes dont l'une était à l'origine, un colombier. Principal actionnaire du Château d'Yquem depuis 1999, LVMH a confié sa gestion à Pierre Lurton en 2004. Une visite au Château d'Yquem est avant tout un voyage au travers de 400 ans d'histoire, à la découverte d'une Maison entre art et artisanat qui donne naissance à un vin rare.

CHÂTEAU DE MYRAT

BARSAC
✆ 05 56 27 09 06
www.chateaudemyrat.fr
Visites et dégustations tous les jours sur rendez-vous.

L'histoire des Pontac a plus de 400 ans et elle se confondrait presque avec celle des vins de Bordeaux. Quand Jacques et Xavier de Pontac ont voulu reprendre le domaine en 1988 afin d'exploiter les 22 ha d'origine, – appellation Sauternes – Barsac –, il a d'abord fallu replanter les 150 000 pieds de vigne. La renaissance d'un grand cru fut saluée par la reconnaissance en 2001, par la revue du Vin de France qui en parle comme de « l'un des meilleurs vins de Bordeaux ». Myrat est, à ce jour, connu et reconnu parmi les plus grands. L'épopée mérite bien une visite !

CHÂTEAU DE RAYNE VIGNEAU

4, Le Vigneau - **BOMMES** ✆ 05 56 76 64 05
www.raynevigneau.fr

Vignobles et Découvertes. Visites/dégustations de 15 à 90 € (réservation conseillée). Lauréat Best Of Wine Tourism 2016.

Le Château de Rayne Vigneau, domaine de prestige inscrit aux Monuments historiques depuis 2004, se dresse fièrement face à ses 84 hectares de vignes. Tout au long de l'année, le Château vous ouvre ses portes et vous invite à la découverte de ses vins à l'occasion de rendez-vous parfois insolites à l'image de « La Dégustation Perchée ». Accompagné d'un moniteur diplômé, vous vous hisserez tout en haut du cèdre bicentenaire du parc. Assis à une table suspendue, à 12 mètres du sol, vous goûterez au vin de la propriété, dans un décor verdoyant et magnifique.

CHÂTEAU GUIRAUD

✆ 05 56 76 61 01
www.chateauguiraud.com

Ouvert toute l'année, tous les jours de 10h à 18h. Visite et dégustation : 22 € ; déjeuner et visite : 60 €. Boutique.

La propriété entame une démarche d'abandon de la viticulture conventionnelle pour se tourner vers la bioviticulture en 1996, sous l'impulsion de Xavier Planty. Ainsi, le domaine a été récompensé à plusieurs reprises par le concours Best Of Wine Tourism dans les catégories Valorisation œnotouristique des pratiques environnementales, mais aussi en Organisation d'événements et Restauration à la propriété. Depuis plus de 30 ans, le public est accueilli à la propriété via l'ancienne voie gallo-romaine ; une majestueuse allée bordée de 181 platanes.

CHÂTEAU DOISY-DAËNE

BARSAC
✆ 05 56 62 96 51
www.denisdubourdieu.fr

Visite et dégustation du lundi au vendredi de 9h à 12h30 et de 13h30 à 17h. Le week-end sur rendez-vous.

Second cru classé en 1855, le domaine est tenu de main de maître par la famille Dubourdieu depuis quatre générations. D'appellation Sauternes et vieilles d'une quarantaine d'années, les vignes bénéficient d'un sol unique avec un sous-sol calcaire recouvert d'une fine couche de sables argileux apportant de la finesse. La proximité de la Garonne et du Ciron donnent davantage d'acidité et moins de sucre résiduel aux raisins. Produit depuis 1949, le vin blanc sec, Sauvignon à 100 %, est une curiosité et l'un des plus vieux blancs secs de l'appellation.

CHÂTEAU HAUT BERGERON

3, Piquey - **PREIGNAC**
✆ 05 56 63 24 76
www.chateauhautbergeron.com

Ouvert du lundi au vendredi de 9h à 12h et de 14h à 17h30 ; le week-end et les jours fériés sur rdv. Boutique en ligne.

Appartenant depuis 1730 à la famille Lamothe, le château Haut Bergeron, avec plus de 50 distinctions, est l'un des plus médaillés de l'appellation Sauternes. Issue d'une centaine de petites parcelles réparties sur l'ensemble de l'aire d'appellation (au total : 26 hectares de vignes anciennes dont certaines ont été greffées en 1903), la récolte achève de se bonifier en fûts de chêne dans trois chais, qui n'ont par exemple pas connu le millésime 1993, pas assez digne pour être mis en bouteille. D'autres millésimes anciens sont encore disponibles.

CHÂTEAU GRAVAS

6, Lieu-dit Gravas - **BARSAC**
✆ 05 56 27 06 91
https://chateau-gravas.fr/

Visite et dégustation (de préférence sur rendez-vous) : 9 € ; dégustation seule : 6 €. Boutique en ligne.

Entouré de prestigieux crus classés, le Château de Gravas est un irréductible. Depuis 1850, six générations de Claverie et Bernard se sont succédé sur ce modeste domaine. Florence Bernard se fera un plaisir de vous accueillir pour vous faire découvrir le domaine jusqu'à la Trilogie de Gravas. Florence a l'art et la manière de partager sa passion. En parlant d'art justement... Car il est partout : sur les étiquettes des bouteilles (chacune à une histoire) et dans le chai à barriques où les fûts côtoient les œuvres colorées du peintre et sculpteur Paul Flickinger.

CHÂTEAU JOUVENTE

93, le Bourg - **ILLATS**
✆ 05 56 62 49 69
www.chateau-jouvente.fr

Ouvert du lundi au vendredi de 10h à 13h et de 14h à 18h. Ouvert le week-end sur rendez-vous. Animations.

Dans la famille Gutmann depuis 2016, le Château Jouvente est situé au cœur de l'appellation des Graves. Au Château Jouvente, on fait un excellent vin, mais on est aussi passionnés d'art. Après un séjour dans les vignes de Jouvente, l'illustratrice Caroline Desnoette a créé l'étiquette de la cuvée 2016. Au fil des mois et des années, expositions photos, ateliers pochoirs intergénérationnels, défilés de mode, représentations équestres ou encore expositions d'œuvres se suivent et ne se ressemblent pas. C'est la Jouventhérapie !

CHÂTEAU LA BOUADE

4, lieu-dit la Bouade
BARSAC
✆ 05 56 27 30 53
www.chateaulabouade.fr
Ouvert du lundi au vendredi de 8h à 12h et de 14h à 17h30. Ouvert le week-end sur rendez-vous.

Le vignoble s'étend pour 16 ha autour du château et 4 ha sur « les hauts de Barsac » : Le clos Mercier. À 40 kilomètres de Bordeaux, Stéphane Wagrez et Olivier Fargues tentent de créer le vin du XXIe siècle, avec la cuvée Coccinelle. Passion, innovation et respect sont les maîtres-mots de ce vignoble qui contribue à remettre le Sauternes à la mode. La cuvée Château la Bouade est plus liquoreuse. Un Sauternes s'apprécie avec du foie gras bien sûr, mais l'avez-vous déjà essayé sur des tapas, du fromage ou des sorbets ? A (re) découvrir !

CHÂTEAU LA TOUR BLANCHE

La Tour Blanche - **BOMMES**
✆ 05 57 98 02 73
www.tour-blanche.com
Ouvert toute l'année (jours et horaires variables). Visite et dégustation de 12 € à 25 €. Autres prestations.

Le Château qui produit un Premier Grand Cru Classé en 1855 - Sauternes, attire de nombreux visiteurs. Les visites guidées vous conduiront des vignes aux chais où l'on vous expliquera le processus de vinification avant de conclure par une dégustation. La visite « Dégustation Verticale » vous offre le privilège de déguster trois millésimes à travers les âges pour comprendre l'évolution d'un Grand Cru Classé. Dans sa version « Gourmandes », la dégustation met l'accent sur les accords mets et vins. Il y a encore tout un tas de visites insolites. A découvrir.

CHÂTEAU LACLOTTE-CAZALIS

La Clotte - **BARSAC** ✆ 06 87 20 03 34
http://laclotte-cazalis.com/
Visite guidée du domaine et son musée sur rdv : gratuit pour les particuliers ; 6 € pour les groupes. Boutique en ligne.

« *Il était une fois un charron nommé Jean Lacoste qui acheta en 1779 quelques arpents ensoleillés situés le long du Chemin Royal qui va du Port de Barsac à Captieux : le bourdieu de La Clotte…* ». C'est ainsi que commence l'histoire du Château Laclotte-Cazalis ! La suite, Marie-Pierre Lacoste-Duchesne pourra vous la conter de vive voix lors d'une visite. Représentant la 17e génération, cette œnologue et ingénieur agronome sacré « Meilleur espoir du vin 2003 », cultive les vignes du château en agriculture biologique avec son cheval de trait. Le musée est surprenant.

CHÂTEAU LAMOTHE-DESPUJOLS

19, rue Principale
✆ 05 56 76 67 89
www.lamothe-despujols.com
Visite du lundi au vendredi à 15h, le week-end à 10h. Sur rendez-vous pour les groupes. Livraison possible.

Point de départ des visites et point de vente du château Lamothe, la Cave des Lauréats se situe près de l'église. Vous trouverez ici une minutieuse sélection de crus allant du Sauternes au Bordeaux Supérieur en passant par les Graves, Pomerol, Médoc, Saint-Estèphe, etc. Il y a également un joli choix de Bas-Armagnac (jusqu'en 1928), des produits du terroir, des idées cadeaux et des accessoires sur le vin. Le bar à vins est là pour satisfaire les papilles gustatives des connaisseurs.

MAISON DU SAUTERNES

14, place de la Mairie ✆ 05 56 76 69 83
www.maisondusauternes.com
Ouvert toute l'année. Jours et horaires d'ouverture variables salon la saison. Dégustation. Boutique en ligne.

© SOPHIE T - LA MAISON DU SAUTERNES

Association loi 1901 regroupant des viticulteurs de Sauternes, La Maison du Sauternes est un peu la vitrine de l'appellation. Elle compte 1 premier cru supérieur (le Château d'Yquem), 11 premiers crus et 14 seconds crus classés. L'appellation regroupe les communes de Barsac, Bommes, Fargues Preignac et Sauternes, situées sur la rive gauche de la Garonne. Parmi les 58 références, on trouvera ici, des sauternes au même tarif qu'à la propriété, à des petits prix (moins de 15 euros) comme à des prix beaucoup plus élevés pour les grands crus et les millésimes anciens.

CHÂTEAU SAHUC LESTOURS

PREIGNAC

✆ 05 56 62 30 17

www.chateausahuc.com

Ouvert tous les jours de 9h à 12h et de 14h à 18h. Visite et dégustation sur rendez-vous. Vente directe.

Le château Sahuc est un Sauternes classé cru bourgeois en 1885. C'est une de ces petites propriétés viticoles qui perpétuent la tradition de la viticulture en Gironde sans les fastes et les ors de ses prestigieux voisins. La propriété cumule pourtant tous les atouts qui font les grands vins : propriétaires passionnés, vignes de plus de 35 ans voire 50 ans, récolte manuelle... Sans oublier le château construit au milieu du XVIIIe siècle et remanié au XIXe. Lors des visites, vous pourrez découvrir « *le nectar de la divine amphore* ».

CHÂTEAU SIGALAS-RABAUD

BOMMES

✆ 05 57 31 07 45

www.chateau-sigalas-rabaud.com

Visites de 10 € à 20 €/pers ; Dîner à Sigalas : 55 €/pers. Autres prestations.

Laure de Lambert Compeyrot (6e génération) maintient le patrimoine végétal remarquable de Sigalas. Consécration d'un engagement responsable, la propriété a obtenu en 2016 le label le plus élevé de Haute Valeur Environnementale (HVE3). Bien que le Château soit le plus petit des Premiers Grands Crus Classés de Sauternes, l'offre œnotouristique est bien développée. De la plus classique à la plus gourmande, plusieurs expériences s'offrent à vous, y compris pour les familles qui pourront découvrir le domaine et le vignoble de manière ludique (jeu de piste, quiz, etc.).

CHÂTEAU SUDUIRAUT

PREIGNAC

✆ 05 56 63 61 92

www.suduiraut.com

Visites et dégustations du lundi au samedi sur rendez-vous.

Le château produit un Premier Cru Classé de Sauternes. A la fin du XVIIe siècle, le Comte Blaise de Suduiraut reconstitue le vignoble dévasté pendant les guerres de la Fronde. Quelques années plus tard, de magnifiques jardins dessinés par Le Nôtre, viennent habiller l'ensemble. Propriété d'AXA Millésimes depuis 1992, le domaine s'étend sur 200 hectares, dont 92 hectares de vignes sur un sol composé de graves sablo-argileuses. La visite du domaine comprend la découverte du vignoble, des chais et une dégustation (Château Suduiraut et Castelnau de Suduiraut).

CRU D'ARCHE-PUGNEAU

PREIGNAC

✆ 05 56 63 50 55

www.crudarchepugneau.com

Ouvert tous les jours. Visite et dégustation de préférence sur rdv. Vente en direct.

Viticulteur depuis 1965, Francis Daney reprend le flambeau en 1981 et exploite les 9 ha de vignes du domaine. Les terres sont délimitées par des premiers crus classés comme le Château Yquem, Suduiraut, Rabaud-Promis ou encore Lafaurie Peyraguey. Ici, les visiteurs sont accueillis avec générosité et l'on apprend beaucoup sur l'élaboration du Sauternes, avant de passer à la dégustation de cet or liquide. Les prix affichés sont tout à fait abordables. Francis Daney vous propose 3 sauternes : le Château Peyraguey Le Rousset et le Cru d'Arche Pugneau 1999 et 2000.

MAISON DES VINS DE BARSAC ET SAUTERNES

Place de l'église

BARSAC

✆ 05 57 98 72 58

www.maisondesvinsbarsac.fr

Ouvert toute l'année. Jours et horaires d'ouverture variables salon la saison. Livraison possible.

Poussez la porte de la MVB, autrement dit : la Maison des Vins de Barsac et Sauternes. Entièrement rénové, l'établissement vous propose, en plus de sa cave spécialisée dans les vins de Sauternes et de Barsac, un bar à vin et un comptoir de dégustation de tapas à base de produits du terroir. Ainsi vous trouverez ici, et en ligne, un large choix de bouteilles de vin, mais aussi de liquoreux. Les amateurs pourront demander conseil. Les soirées à thème ne sont pas rares.

CHÂTEAU VENUS

3, Pertigues - **ILLATS** ✆ 06 82 93 40 49

www.chateauvenus.com

Ouvert du lundi au samedi de 8h à 12h et de 14h à 18h. Baptême de l'air de 69 € à 399 €. Visites et dégustations.

Avez-vous déjà pensé à visiter un vignoble par les airs ? Dans ce cas, Bertrand Amart, passionné d'ULM et propriétaire du Château Venus pourra vous faire découvrir la Gironde, les vignobles les plus prestigieux et le bassin d'Arcachon vu du ciel. Le tout, en décollant au milieu de ses vignes ! « Découverte des Graves et Sauternes » – une très bonne approche –, « Monuments historiques », « Saint-Émilion et Pomerol »... En tout il y a 7 vols différents de 25 minutes à la demi-journée. Un moment formidable couronné par la dégustation des vins de la propriété !

VILLANDRAUT

Situé à 7 km de Sauternes et sur les rives du Ciron, Villandraut (un millier d'habitants), était une étape sur le chemin de Saint-Jacques-de-Compostelle. Seigneurie fondée au début du XIIIe siècle par André Lopez de Villandro, ce fut surtout la ville natale de Bertrand de Got qui deviendra, plus tard, le premier pape d'Avignon sous le nom de Clément V. Ecarté de Rome, il fit bâtir entre 1305 et 1312, le château de Villandraut qui était tout à la fois, une forteresse et un palais. Malgré le large fossé imaginé pour sa défense, l'édifice subira les assauts des Français à la fin de la guerre de Cent Ans, puis des Protestants qui en feront un siège.

CHÂTEAU DE VILLANDRAUT ★

Rue Lafon Isoré

✆ 05 56 25 87 57

www.chateaudevillandraut.fr

Jours et horaires d'ouvertures variables selon la saison. Visite libre et visite guidée à partir de 3 €. Animations.

Construit en 1305 sur ordre de Bertrand de Goth devenu le pape Clément V, le château de Villandraut est un palais forteresse qui se caractérise par six monumentales tours rondes encore sur pied et par une enceinte en très bel état. Ses courtines percées d'archères en croix pattées sur deux étages, comptent parmi les plus anciennes de ce type en France. La visite guidée est fort intéressante et ne laisse rien au hasard, ni les caractéristiques architecturales ni les petits à-côtés amusants. L'été, vous profiterez des jeux traditionnels dans la cour du château.

ACCRO D'AVENTURES

782, route Saint-Martin - **BALIZAC**

✆ 09 62 06 03 62

www.accro-aventures33.com

Ouvert toute l'année. Stages de Tree Climbing. Chasse aux trésors. Jeux d'antan (location). Nuit dans les arbres.

Manu Obry n'a pas voulu créer un énième parc de loisirs. Bien au contraire, il a imaginé un service de loisirs à la carte en pleine nature. *Accro d'aventures* s'engage ainsi aux côtés du Parc naturel régional et du Pays des Landes de Gascogne dans un tourisme fondé sur des découvertes authentiques, et respectueux des paysages, du patrimoine et des activités du territoire. N'hésitez pas à contacter Manu pour préparer une chasse au trésor ludique, prendre de la hauteur en vous initiant au Tree Climbing ou passer la nuit en forêt. Alors, ça vous tente ?

EGLISE DE SAINT-LÉGER-DE-BALSON

SAINT-LÉGER-DE-BALSON

Cette très belle église du XIIe siècle, remaniée au XVIe, a été restaurée. Une partie de l'édifice date de l'époque romane. L'abside du XIIe siècle est ronde à l'intérieur, polygonale à l'extérieur. Sur la voûte du chœur, de superbes fresques anciennes représentent les travaux saisonniers : un moissonneur, un vendangeur... Les statues en bois du XVIIIe méritent également d'être admirées. L'autel est quant à lui décoré d'un antépendium, une toile peinte datant également du XVIIIe.

Château de Villandraut.

CAP'CABANE €€

Route de Lucmau - **CAPTIEUX**
✆ 06 79 36 29 01
www.capcabane.com
Ouvert de mi-avril à mi-octobre. A partir de 119 € la nuit pour 2 personnes, petit déjeuner inclus.

Dans la mouvance du développement durable et de l'écotourisme, des cabanes au cœur du Parc naturel régional des Landes de Gascogne. Au milieu des pins, des chênes et des fougères, ces cabanes en pin des Landes de 8 m de haut, se fondent dans le paysage et peuvent accueillir jusqu'à 5 personnes. A l'étage : chambre lumineuse assortie d'une terrasse avec transats. Un bistro-resto bio vous reçoit pour le petit-déjeuner et le dîner (sur réservation). La piscine naturellement filtrée grâce à des plantes oxygénantes et épuratives vous surprendra. Animations en été.

LA CORDONNERIE €€

8, rue Jean Lapeyre ✆ 07 81 05 38 55
la-cordonnerie-chambres-hotes.fr
Gîtes de France (3 épis). Fermé de novembre à mars. Chambres à partir de 85 €. Petit déjeuner inclus. Bain bouillonnant.

A deux pas des vignobles des Graves et du Sauternais, cette maison du XIXe siècle, pleine de charme et d'authenticité, a tous les arguments pour séduire. Michel et Armelle ont trois chambres à vous proposer : Flora, Emma et Nina. La décoration, soignée et naturelle, est rehaussée par le cachet des parquets anciens. Aménagées à l'étage d'une dépendance de la maison principale, elles sont accessibles par un escalier extérieur et s'ouvrent sur une belle coursive de bois à l'ancienne. Tout n'est que charme et douceur. Le jardin est d'ailleurs un écrin magnifique.

LE ROI KYSMAR €€

✆ 05 56 25 33 91
www.le-roi-kysmar.com
Ouvert toute l'année. 20 chalets (jusqu'à 5 et 7 pers.) de 560 € à 960 €/semaine. Hammam, bain bouillonnant, sauna.

Aux confins du Parc régional des Landes de Gascogne, le Domaine du Roi Kysmar est un étonnant hôtel-restaurant en pleine nature qui propose des formules de séjour à la semaine, au week-end ou à la nuitée, et tout aussi bien sur mesure. En bordure du Ciron, l'hôtel a ceci d'exceptionnel qu'il compte 20 chalets de style landais, parfaitement équipés. Le grand parc s'étend à l'ombre de chênes centenaires et vous promet de bonnes promenades à pied ou à bicyclette. Face au lac, la piscine est un véritable plus, ainsi que le bain bouillonnant, le hammam et le sauna.

AUBERGE LA CRÉMAILLÈRE €€

8, place du Général de Gaulle
✆ 05 56 25 30 67
www.aubergelacremaillere.com
Ouvert toute l'année. Réservation recommandée. Menus de 25 € à 42 €. Formule du midi : 13 € (en semaine). Terrasse.

Au fil d'une succession de salles où l'on apprécie les cheminées, cette auberge distinguée *Logis de France*, travaille une cuisine régionale de saison réveillée par des saveurs exotiques. Le chef Ronan Talbot a en effet plus d'un tour dans son sac pour agrémenter ses plats faits maison, avec des saveurs originales à base de légumes savamment cuisinés et des assiettes bien présentées. Ecrevisses et strates de cochon, ris de veau au sauternes, crème brulée à l'infusion de lavande... L'auberge dispose également de 10 chambres aux thématiques variées.

LE PONT GOURMAND €€

19, rue Dupuy-Jean
✆ 05 56 25 16 84
Ouvert le midi et le soir (fermé le mercredi). Menu du marché : 17,50 € (le midi en semaine). Terrasse.

Suivez les pas de Jean-Luc Petitrenaud et poussez les portes du Pont Gourmand ! Aux fourneaux, le chef Bernard Lantié est un sacré pêcheur d'idées culinaires, mises en assiettes par sa charmante compagne Nathalie. La cuisine du Pont Gourmand met l'accent sur les bons produits locaux. Bernard cultive d'ailleurs lui-même ses herbes et ses légumes dans le jardin derrière le restaurant. Tentant n'est-ce pas ? Ne vous privez surtout pas de découvrir une table si prometteuse ! Et si vous en avez l'occasion, pensez à demander une table sur la terrasse près du Ciron.

MAISON SEGUIN

4, rue de la Gare - **CAPTIEUX**
✆ 05 56 65 60 40
Ouvert du jeudi au samedi de 7h à 12h30 et de 15h30 à 19h ; le dimanche de 7h à 12h30. Boutique en ligne.

Connaissez-vous le Puits d'amour de Captieux ? Décliné en petites bouchées légères, le Puits d'amour est un grand classique de la pâtisserie. Ceux de la Maison Seguin valent le détour : une fine coque de pâte à choux, une crème vanillée tendrement caramélisée... C'est la même recette depuis 1944 ! Forte de son succès, la Maison Seguin a ouvert trois points de vente à Bordeaux, un dans le quartier des Chartrons (cours Portal), un à Caudéran (avenue Charles de Gaulle) et l'autre au marché des Capucins (du mercredi au dimanche). Des Puits d'amour et c'est tout.

ORGANISER SON SÉJOUR

En voiture, en train, en avion, en bus, à vélo... Il n'a jamais été aussi simple de venir en Gironde ! Surtout, il y a de très nombreuses occasions d'organiser un séjour pour découvrir les stations balnéaires, les spots de surf, les routes des vins ou encore les plus beaux sites classés. Seul(e), à deux, en famille avec des enfants ou entre amis, le territoire s'offre à vous en toutes saisons, et par tous les temps. Mais comment venir en Gironde ? Comment vous déplacer à Bordeaux, du Bassin d'Arcachon à l'Entre-Deux-Mers et du Médoc au Sud Gironde ? Comment organiser votre séjour et vos circuits en terre girondine ? Quelle radio écouter pour rester informé de l'actualité ? Tous les Offices de Tourisme de Gironde sont à votre disposition pour vous aider et vous accompagner dans la préparation de votre voyage. Sans oublier, bien sûr, toutes les précieuses informations et les adresses futées présentes dans ce guide !

S'Y RENDRE

À 2h de Paris, Bordeaux relie les grandes villes du Sud-Ouest en TGV depuis la gare Saint-Jean. La gare Saint-Jean est aussi le point de départ et d'arrivée des TER Nouvelle-Aquitaine. En avion ? Avec ses 113 destinations et ses 163 lignes directes, l'aéroport International de Bordeaux-Mérignac voit défiler chaque année plus de 7,7 millions de passagers. En voiture, la Gironde est desservie par quatre grands axes : l'autoroute A10 venant de Paris, l'autoroute A62 venant de Toulouse, l'autoroute A89 venant de Clermont-Ferrand et l'autoroute A63 depuis la frontière espagnole. Par ailleurs, le Département assure la traversée de l'estuaire de la Gironde en bacs avec deux lignes : Le Verdon-Royan et Blaye-Lamarque. Les compagnies de bus de la SNCF, BlablaBus et Flixbus sont également particulièrement empruntées. Enfin, il est possible de venir en Gironde à vélo par la Vélodyssée, le Canal des 2 Mers, la Scandibérique et la Vallée de l'Isle.

AÉROPORT DE BORDEAUX

MÉRIGNAC
© 05 56 34 50 50
www.bordeaux.aeroport.fr

Avec près de 8 millions de passagers par an, l'aéroport de Bordeaux est le 5e aéroport régional de France. Plus de 110 destinations directes, parmi lesquelles, Barcelone, Faro ou encore Amsterdam, sont desservies par 34 compagnies aériennes. L'aéroport comporte trois terminaux : le Hall A, le Hall B et billi (pour les vols low cost). Des boutiques, un espace services (voiturier, bureau de change, distributeur de billets, etc.) et des espaces gourmands sont présents dans la structure. Prenez la Liane 1 (bus) pour rejoindre directement le centre-ville.

SNCF TER NOUVELLE-AQUITAINE

Rue Charles Domercq
BORDEAUX
© 0800 87 28 72
www.ter.sncf.com/nouvelle-aquitaine
Accueil téléphonique ouvert du lundi au vendredi de 6h30 à 19h30.

TER Nouvelle-Aquitaine permet d'adapter votre façon de voyager à votre budget avec des abonnements à la semaine, au mois ou à l'année, et jusqu'à 75 % de réduction. La carte MODALIS (TER, tram et bus du réseau TBC) offre jusqu'à 75 % de réduction sur un trajet déterminé et des voyages illimités. Le Pass Jeune TER 29 € permet pendant un an de bénéficier de 50 % de réduction sur les billets TER les week-ends, les vacances scolaires et les jours fériés.

GARE SAINT-JEAN

Rue Charles Domercq - **BORDEAUX**
© 3635
www.gares-sncf.com/fr/gare/frboj/bordeaux-saint-jean
Service objets trouvés : 08 92 35 35 35

A 2h04 de Paris-Montparnasse, la gare Saint-Jean est desservie par des TGV, TGV inOUI, Ouigo, Intercités et TER en provenance de nombreuses villes de France, parmi lesquelles Toulouse, Hendaye, Tarbes, Arcachon, Lille, Tourcoing ou encore Marseille. Sans oublier un Thalys qui effectue un aller-retour direct jusqu'à la gare de Bruxelles-Midi ! Au fil des rénovations, notamment de son emblématique et immense verrière métallique surplombant les voies, la gare a su garder son cachet d'antan, tout en se modernisant avec des commerces et des équipements publics.

FLIXBUS

www.flixbus.fr
Réservation en ligne, 7 jours sur 7 toute l'année.
Offre Interflix, pour 5 trajets en Europe : 99 €.
Chèque Vacances.

Flixbus est la nouvelle offre du leader de transport longue distance de voyageurs et propose, à des tarifs très attractifs, un service de transport de voyageurs en car avec diverses destinations au départ de Bordeaux, réparties sur tout l'Hexagone. A bord, confort assuré, wifi gratuit, prises électriques, et le transport des bagages est effectué gratuitement. On peut réserver son billet sur le site web en choisissant la date de départ. Au départ de Bordeaux, l'arrêt se situe sur le parking Descas, à environ 5 min à pied de la gare Saint-Jean.

SÉJOURS ET CIRCUITS

Expérience au cœur des grands crus classés, virée gourmande pour découvrir les produits du terroir, escapade bien-être en pleine nature, nuit insolite dans une palombière, découverte du vignoble bordelais en side-car, stage surf (et plus si affinités), croisière sur le canal de la Garonne, week-end festif au Port de Lune, road trip sur la route des vins... Alors que Bordeaux vous réserve déjà ses meilleures adresses gourmandes et ses plus beaux monuments, le bassin d'Arcachon se pare de mille feux pour les romantiques, les amoureux de nature et de farniente. Dans le Médoc et en Haute-Gironde, la route des châteaux jalouse les plus belles vagues. Sur la rive droite de la Dordogne, les propriétés viticoles du Libournais ne manquent pas d'arguments. Terre d'illustres, le Sud Gironde se démarque tout autant avec son riche patrimoine culturel, naturel et gastronomique. Et que dire de l'Entre-deux-Mers avec ses plus belles bastides...

AQUI'TOURS

61-69, rue Camille-Pelletan - **CENON**
✆ 05 56 77 03 06
www.aquitours.com
Ouvert du lundi au vendredi de 9h à 13h et de 14h à 18h. Accueil possible en dehors de ces horaires sur rendez-vous.

Incontournables du Bordelais (de Bordeaux à Saint-Emilion en passant par le Bassin d'Arcachon et l'Entre-deux-Mers), repas et croisières sur la Garonne, en s'éloignant de la Côte Aquitaine pour découvrir les trésors périgourdins à la découverte du Diamant noir, randonnée dans Les Asturies (parc naturel de Redes, parc national des pics d'Europe, etc.), via ferrata, canoë, kayak et escalade en Aragon… Aqui'Tours est le spécialiste du voyage de groupe en Nouvelle-Aquitaine et Nord de l'Espagne. Patrimoine, gastronomie et traditions du Sud-Ouest sont au programme !

AQUITAINE TOURISME

3, rue du Moulinat (bât. B)
ARTIGUES-PRÈS-BORDEAUX
✆ 05 56 86 33 33
www.aquitainetourisme.net
Ouvert du lundi au vendredi de 9h30 à 12h30 et de 14h à 17h.

Agence réceptive enregistrée à l'Office de Tourisme de Bordeaux, Aquitaine Tourisme vous propose des séjours et excursions clés en main dans la Région et au-delà ! Parcs de loisirs, week-end à la neige, thalasso, voyages culinaires... Le choix est large. Nouveau : les croisières fluviales de 2 à 5 jours sur la Garonne, le Rhin, le Rhône ou la Seine. Très en vogue, les week-ends nature sont aussi à l'honneur. Pour une occasion ou pour recharger les batteries, laissez-vous conseiller par Graziella ! Pour les séminaires et congrès, faites confiance à Aude-Marie.

BERNARD MAGREZ LUXURY WINE TOURISM

216, avenue du Dr Nancel Pénard - **PESSAC**
✆ 05 57 26 38 38
www.luxurywineexperience.com/fr
Expériences d'exception au cœur des Grands Crus Classés Bordelais

Bernard Magrez Luxury Wine Tourism vous propose des séjours de rêve dans de belles demeures chargées d'histoire, dont une escapade romantique au château Pape Clément, en suite prestige. Tournés vers l'œnotourisme, quatre séjours d'exception d'une nuit sont proposés. Laissez-vous tenter : visites-dégustations, organisation d'événements, location de magnifiques salles, création de séjours prestigieux avec repas, hébergement, et visites incluses… Ici, tout est possible !

QUOTATRIP

www.quotatrip.com

QuotaTrip est une nouvelle plateforme de réservation de voyage en ligne qui met en relation des voyageurs à la recherche d'expériences authentiques et uniques et des agences de voyages locales sélectionnées pour leurs compétences et leur sérieux. Le réseau de QuotaTrip couvre près de 200 destinations du monde entier. Le but de ce rapprochement est simple : proposer un séjour entièrement personnalisé aux utilisateurs. QuotaTrip promet ainsi l'assurance d'un voyage serein, sur mesure, sans intermédiaires et sans frais supplémentaires.

SE DÉPLACER

Pour se déplacer à Bordeaux, du Bassin d'Arcachon à l'Entre-Deux-Mers et du Médoc au Sud Gironde, rien de plus simple ! D'abord, il y a les transports en commun. À Bordeaux par exemple, on se déplace volontiers en tramway, en bus, à vélo, en trottinette et même en catamaran pour passer d'une rive à l'autre. Les lignes de tramway circulent de 5h du matin à minuit, et jusqu'à 1h les jeudis, vendredis et samedis. L'aéroport International de Bordeaux-Mérignac est particulièrement facile d'accès. Les TER Nouvelle-Aquitaine et les cars régionaux permettent de desservir tout le territoire. Oubliez votre voiture et rejoignez les plages girondines et autres grands lieux touristiques sans vous soucier des embouteillages ! Sinon, il reste de nombreuses solutions de location de véhicules (vélos, scooters, etc.) ainsi que la location de voitures en libre-service. Rappelons encore que la Gironde est un territoire vraiment agréable à sillonner à vélo.

TBM

Agence Quinconces - **BORDEAUX**
✆ 05 57 57 88 88
www.infotbm.com
Ouvert du lundi au vendredi de 7h à 19h ; le samedi de 9h à 19h. Avec ou sans abonnement.

Vous souhaitez des renseignements pour vous déplacer dans Bordeaux et les communes aux alentours ? Vous avez besoin d'informations sur les titres de transport ? Trajets, horaires, passages... Bordelais ou voyageur de passage, en venant dans une agence TBM, les tramways et les bus n'auront plus aucun secret pour vous ! Pour éviter de vous déplacer, sachez que le site internet est particulièrement intuitif. En quelques clics, faites la simulation de votre parcours, soyez informé sur l'état de circulation et trouvez tous les tarifs et formules d'abonnement.

TRANSPORTS CAR RÉGIONAUX NOUVELLE AQUITAINE

BORDEAUX ✆ 09 70 87 08 70
https://transports.nouvelle-aquitaine.fr
Par téléphone du lundi au samedi de 8h à 19h. Plein tarif : 2 €. Aller-retour effectué dans la journée : 3,60 €.

Le réseau de la Nouvelle Aquitaine est le réseau des cars régionaux, des transports scolaires et des ferries. Desservant 350 communes, les 52 lignes fonctionnent toute l'année. Les passagers bénéficient de véhicules confortables, climatisés et d'un service d'information en temps réel. La tarification est unique sur l'ensemble des lignes du réseau, quels que soient le trajet ou la distance. Des arceaux vélos sont implantés aux points d'arrêt les plus fréquentés du réseau.

ADA

37, rue Charles Domercq - **BORDEAUX**
✆ 05 56 31 21 11
www.ada.fr
Ouvert du lundi au vendredi de 8h à 12h et de 14h à 18h ; le samedi de 9h à 12h. Voiture à partir de 9 € la journée.

L'agence Ada vous propose la location de l'heure, à la journée ou à la semaine de plusieurs types de véhicules : de la simple citadine à l'utilitaire pour vos déménagements. Comme chez les autres loueurs, vous devez certifier avoir plus de 21 ans et au moins 2 ans de permis. Sur leur site internet, la réservation en ligne de votre véhicule est simple et intuitive. Vous pourrez même bénéficier de promotions intéressantes. Un service de location idéal pour vos week-ends prolongés, vos vacances en famille et vos déplacements professionnels !

AVIS

Rue Charles Domercq - **BORDEAUX**
✆ 08 20 61 16 74
www.avis.fr
Ouvert du lundi au jeudi de 7h30 à 21h ; vendredi 7h30 à 22h ; samedi 8h à 18h ; dimanche 10h à 13h30 et 14h30 à 19h.

L'agence Avis est un des principaux loueurs de voitures que vous trouverez à la gare de Bordeaux Saint-Jean. À la sortie du train, rendez-vous au guichet pour louer votre véhicule et profitez du professionnalisme des agents, qui vous conseilleront et renseigneront sur les services proposés. De la simple réservation d'une journée à plus d'une semaine, Avis s'engage sur plusieurs critères importants : proposition d'assurance, large choix de véhicules (de l'économique au prestige) avec un système de réservation rapide et efficace, en ligne ou par téléphone.

FG.
FeelGood.

CITIZ BORDEAUX

16, rue Ausone - **BORDEAUX**
✆ 05 56 31 10 66
www.bordeaux.citiz.coop
Voitures en libre-service. Avec ou sans abonnement. Dès 2 €/h et 0,19 €/km avec un abonnement mensuel dès 8 €.

Dans une ville comme Bordeaux, nombreux sont ceux qui privilégient les transports en commun, la marche ou le vélo. Pour autant, une voiture s'avère parfois nécessaire. La solution la plus adéquate s'appelle Citiz. Implanté dans plusieurs villes de France, ce service de location en libre-service 24h/24 permet de louer une voiture pour n'importe quelle durée. Pour en profiter, il faut procéder à une inscription en ligne ou en agence. De la citadine au monospace, 100 voitures sont disponibles, dont une adaptée au transport de personnes à mobilité réduite.

SIXT

137, rue des Terres de Borde - **BORDEAUX**
✆ 05 56 92 08 35
www.sixt.fr
Ouvert du lundi au jeudi de 8h à 20h, vendredi de 8h à 22h, samedi de 8h à 18h, dimanche de 9h à 20h. Retour 24h/24.

Situés juste à la sortie du tunnel menant au parking Belcier (de l'autre côté de la gare), les locaux de l'agence Sixt permettent aux particuliers et aux professionnels de trouver un véhicule à leur descente du train, en plein centre-ville. Une solution confortable adaptée à toutes les bourses et toutes les envies. L'expertise de Sixt est notamment due à sa large implantation mondiale, qui en fait le numéro 1 de la location, dans plusieurs pays européens. Autre avantage, l'enseigne est partenaire de nombreuses compagnies aériennes et de chaînes hôtelières.

BASSIN SCOOT

679, avenue du Parc des Expostions
LA TESTE-DE-BUCH ✆ 05 57 15 30 30
www.bassin-scoot.com
Ouvert du mardi au samedi de 9h30 à 12h30 et de 14h à 19h.

Bassin Scoot est le plus grand espace de vente de scooters à Arcachon. Quatre grandes marques : Piaggio, Vespa, Gilera et Aprilia sont représentées et de nombreux modèles de scooters sont visibles en magasin, qu'ils soient neufs ou d'occasion ainsi que des accessoires, de l'équipement pour le pilote et son passager. Le magasin propose régulièrement des promotions et des possibilités de Location de longue durée (LLD). Un atelier est également dédié à l'entretien des deux-roues. L'équipe compétente et passionnée saura répondre à toutes vos demandes.

BICY'COOL

111, avenue de Maubuisson - **CARCANS**
✆ 05 56 03 43 23
www.location-velo-carcans.com
Ouvert toute l'année. VTC et VTT : 9 € la demi-journée, enfant 7 €. Vélo électrique : 25 € la 1/2 journée,

Chez Bicy'Cool vous avez le choix parmi des centaines de vélos adaptés à tous (sportifs, famille ou « tranquilous ») : VTT, VTC, tandem, vélo électrique, fatbike, trottinette et vélo pour enfant. Tout a été pensé pour faciliter l'accès au vélo au plus grand nombre avec la location de remorque pour enfants et même... pour Médor ! Avec la location, il vous sera fourni une carte des pistes cyclables, un casque, un antivol et un siège bébé. Et pour ceux qui souhaitent découvrir le lac en toute liberté, Bicy'cool vous propose des paddles gonflables à la location !

BORDEAUX SCOOTERS

47, rue de Tauzia - **BORDEAUX**
✆ 05 57 59 10 18
www.bordeauxscooters.com
Ouvert du lundi au samedi de 9h à 12h et de 14h à 18h. Vélos/scooters/maxi scooters/motos de 14 € à 119 € les 24h.

A deux pas de la gare Saint-Jean, vous pouvez louer très facilement un vélo, un scooter ou une moto pour la journée, un week-end ou une semaine ! Chez Bordeaux Scooters, les enfants eux aussi pourront pédaler sur des vélos adaptés. L'équipe propose de vous faire livrer pour ne pas avoir à vous déplacer ! La bonne initiative : Bordeaux Scooters propose également la location de scooter électrique médical. Vous l'aurez compris, c'est une solution pour tous vos déplacements ! Faites appel à eux pour la réparation et la révision de votre vélo (toutes marques) !

COOL BIKE

77, quai des Chartrons - **BORDEAUX**
✆ 05 33 48 13 86
www.cool-bike.fr
Ouvert du mardi au dimanche de 11h à 20h (de 10h à 19h en hiver). Location de vélo à partir de 10 €/jour. Réparations.

Qualifiée comme l'une des villes les plus « vélo friendly » de France, Bordeaux offre de beaux parcours à bicyclette. Pour vos balades en famille, on vous conseille Cool Bike, qui propose un large choix de vélos : enfant, adulte, tandem, remorque, vélo suiveur... Magasin de réparation et de personnalisation, il propose aussi la location pour une journée, un week-end ou une semaine, de vélos (y compris électriques), ainsi que la vente d'accessoires. Côté atelier, vous pourrez bénéficier d'un service express et de différentes prestations à prix correct.

LES CYCLES DU BAZADAIS

5, allée Saint Sauveur - **BAZAS** ✆ 06 69 20 69 66
www.les-cycles-du-bazadais.fr

Label Tourisme & Handicap. Location de vélo à partir de 10 €/adulte ; 7€/enfant. Service d'entretien et réparation.

Au départ d'une ancienne voie ferrée transformée en une piste cyclable, les Cycles du Bazadais vous attendent avec tout un tas de vélos (VTC, VTT ou électriques) à louer pour quelques heures ou plusieurs jours, y compris pour les enfants. L'option « GPS avec circuits préchargés » est une bonne idée pour une immersion au cœur du Parc naturel Régional des Landes de Gascogne. Notez qu'il est possible de demander la livraison des vélos à domicile ou sur votre lieu de séjour. Plusieurs circuits sont consultables sur le site internet. N'hésitez pas à prendre conseil !

ERICYCLES

5, rue du Cardinal-Donnet
SOULAC-SUR-MER
✆ 05 56 73 62 89

Ouvert du mardi au samedi de 10h à 12h30 et de 15h30 à 18h30. Jours fériés en saison. Location : 12 € la journée.

On est accueilli par le grand sourire d'Eric, homme à tout faire, réparateur, loueur et guide à ses heures... Il monte des vélos (de course et VTT) sur mesure grâce à un logiciel spécifique qui prend en compte la morphologie et c'est aussi un spécialiste des vieux modèles. Il est capable d'effectuer les réparations les plus ardues. Outre la vente (tous modèles), Eric a également développé une activité de location : VTT, VTC, électrique, Fat Bike, trottinette électrique... Vous trouverez par ailleurs toutes les informations utiles sur les pistes cyclables du coin.

FUN BIKE

109, avenue de Maubuisson - **CARCANS**
✆ 05 56 82 96 74
www.funbike.fr

Ouvert de Pâques à la Toussaint, le reste de l'année sur réservation. Vélos adultes 10 € la 1/2 journée et enfants 8 €

VTT, VTC, vélos et remorques pour enfant, coques bébé, tandem et vélos électriques, vous allez pouvoir parcourir les pistes cyclables du Médoc-Océan seul, à deux, entre amis ou en famille. Fun Bike a tout prévu, François et Christophe, les deux gérants, ont plus de 800 vélos à louer et tout est compris : antivol, panier et casque. Le magasin peut accueillir des groupes (jusqu'à 500 personnes). L'équipe connaît la forêt des landes girondines et vous guide pour des balades mémorables. Fun Bike fait aussi la vente, la réparation et l'entretien de vos vélos.

FUN BIKE - L'ATELIER DU VÉLO

Village de Bages
PAUILLAC
✆ 05 56 09 76 62
www.funbike.fr

Haute saison : tous les jours de 9h30 à 12h30 et de 14h à 18h. Vélo classique demi-journée : adulte à partir de 14 €.

Visiter les vignobles du Médoc en vélo, à deux, entre amis ou en famille, voilà une idée. Pour un après-midi dans les vignes ou la journée si vous préférez, rien de plus c'est facile, rendez-vous au village de Bages, louez, pédalez et vibrez ! C'est d'ailleurs la devise de l'atelier du vélo by Fun Bike (le spécialiste de vélo de Carcans-Maubuisson). Ici, on loue, vélos classiques ou électriques, vélos enfants et remorques bébés, etc. On vend également des accessoires et on répare.

NOMADE

4, avenue Plantey - **LACANAU**
✆ 05 56 03 06 99
www.location-velo.org

Ouvert de Pâques à la Toussaint. Location vélo : 9,50 € la demi-journée et 11,50 € la journée - Enfant : 8 € la journée.

La commune de Lacanau est aujourd'hui reconnue comme l'un des territoires les mieux dotés de pistes cyclables et Nomade est le meilleur ami de vos vacances. Dans cette jolie boutique aux couleurs vives qui vous accueille à votre arrivée à Lacanau-Océan, on vous propose des locations de Vélos Surfer Californie, de VTC, de VTT, de vélos enfants, de tandem, d'accessoires et également la vente de vélos d'occasion.. Une fois que vous avez posé vos valises, faites un saut chez Nomade où Thierry vous préparera un programme sportif ou détente.

LA STATION VÉLO

60, boulevard Victor Hugo - **CRÉON**
✆ 05 57 34 30 95
http://lepointrelaisvelo-creon.fr

Ouvert de mars à octobre. Location de la demi-journée à la semaine à partir de 10 € pour un vélo adulte.

Pour vos petites et vos grandes expéditions cyclo, la Station Vélo de Créons vous propose plusieurs vélos à la location. Il y a des VTC, des vélos électriques, des tandems, des tricycles et même des vélos cargos électriques pour les adultes. Pour les sorties en famille, les enfants trouveront des équipements à leur taille et vous aurez même la possibilité d'ajouter un siège bébé ou une remorque. Les cadenas, casques et paniers sont offerts. À louer à la demi-journée (4h), la journée, le week-end ou pour une semaine complète !

S'INFORMER

Pour être incollable sur l'actualité locale, pour ne manquer aucun évènement ou pour connaître la météo des plages, le Petit Futé a la solution. Deuxième quotidien régional français, le journal *Sud-Ouest* est celui qui pourra accompagner votre café et votre chocolatine à l'heure du petit-déjeuner. En réalité, le choix est large : le gratuit *Bordeaux 7*, la *Dépêche du Bassin*, le *Journal du Médoc*... Ou encore Vivre Bordeaux, JunkPage et *SPIRIT*, le journal mensuel de toutes les cultures en Gironde. À la radio, on écoute *France Bleu Gironde, Wit FM, la Clef des Ondes, Enjoy 33* ou *Gold FM*. À la télévision, on regarde *France 3 Aquitaine, NoA* ou encore *TV7*, la chaîne locale généraliste. Parmi les incontournables du web : *Aqui* est un site d'informations régionales incontournable et, proposé par l'Office de tourisme, *Un air de Bordeaux* est un site où l'on retrouve des idées de sorties et d'activités dans la métropole de Bordeaux.

OFFICE DE TOURISME DE LÈGE - CAP FERRET

1, avenue du Général-de-Gaulle
LÈGE-CAP-FERRET
© 05 56 03 94 49
www.lege-capferret.com
Horaires sur le site.

Un séjour dans l'une des plus belles presqu'îles de France, ça peut s'improviser, mais vous risquez de passer à côté de petites merveilles. L'Office de tourisme est là pour vous renseigner et vous donner toutes les informations nécessaires au bon déroulement de votre séjour sur les 10 communes de la presqu'île : hébergement, activités, sorties, lieux à ne pas manquer, etc. En haute saison nombreuses visites guidées : nature, culture, ostréiculture et spécialisées pour les enfants…

106 SUD RADIO

BORDEAUX © 08 26 30 03 00
www.sudradio.fr
Libourne 106 FM ; Médoc 103.2 FM ; Bassin d'Arcachon 100.4 FM.

Sud Radio est une radio généraliste qui diffuse à Bordeaux. Elle propose des programmes musicaux, des talk-shows, du sport et de l'information locale tout au long de la journée. En matinale, vous entendrez Benjamin Glaise et Judith Beller décrypter les actualités avec de nombreux invités et chroniqueurs. Toute la journée, Vincent Ferniot, Jacques Pessis, Brigitte Lahais et bien d'autres animateurs divertissent les auditeurs. Le rugby y a une place importante avec la retransmission de tous les matchs de la pro D2 du Top 14 et de l'équipe de France.

100.8 WIT FM

51, rue des Terres-Neuves
BÈGLES
www.witfm.fr

Depuis 32 ans, *WIT FM* est LA radio n° 1 dans le cœur des Girondins et des Aquitains. Proche, familiale et populaire, elle propose une programmation musicale variée et des informations locales et régionales, toute la journée et toutes les heures, ainsi que des rendez-vous au cœur des préoccupations de ses auditeurs avec « Le grand agenda *WIIT FM* », ou encore « 7 jours en Aquitaine ». Depuis l'an dernier, « L'équipe du matin » propose deux nouvelles rubriques : « L'éphéméride » et « La minute éco » qui apportent encore plus de proximité, de service et d'information.

OFFICE DE TOURISME ET DES CONGRÈS

12, cours du 30 Juillet - **BORDEAUX**
© 05 56 00 66 00
www.visiter-bordeaux.com/fr
Ouvert du lundi au samedi de 9h à 18h30 ; le dimanche et les jours fériés de 9h30 à 17h. Label Tourisme & Handicap.

L'Office de Tourisme est idéal pour commencer une visite de la ville. Ici, vous trouverez des idées d'excursions : visite-dégustation dans des châteaux, visite guidée dans le cœur historique de Bordeaux, croisière commentée sur la Garonne, balade insolite en petit train électrique. Le personnel est à l'écoute dans de nombreuses langues et n'est pas avare de conseils ! Demandez le plan qui présente Bordeaux par quartier, très pratique lorsque l'on visite la ville la première fois.

©ELLIPSE

©ELLIPSE

©ELLIPSE AFFICHAGE

ELLIPSE AFFICHAGE

70, rue de Bel Orme - **BORDEAUX**
✆ 05 56 44 52 98
www.ellipse-affichage.com

Depuis 2004, Ellipse Affichage accompagne les entreprises de la région pour leur publicité. Spécialisée en affichage dynamique *indoor* et *outdoor*, cette régie d'espaces publicitaires vous propose une communication visuelle dans les sites les plus stratégiques. Implantée dans tout le Sud-Ouest, elle travaille avec de nombreux clients, dont notamment le Conseil départemental de Gironde, le Futuroscope, l'entreprise touristique Semitour Périgord ou encore la Chambre de Commerce et d'Industrie Bordeaux Gironde. Supports de qualité, maintenance technique et préventive sur les équipements, création et composition de visuels... Des professionnels de la communication à votre service !

©ELLIPSE AFFICHAGE

©ELLIPSE

COURRIER DE GIRONDE

Rue du Docteur Jean Vincent
BORDEAUX
✆ 05 24 07 39 67
www.courrierdegironde.fr
1,50 €.

Déjà plus de 70 ans que le *Courrier de Gironde*, hebdomadaire départemental, informe les Bordelais et les Girondins. Le journal regroupe toutes les thématiques actuelles : santé, culture, politique… en faisant la part belle aux actualités locales : le Bordelais, le Médoc, le Bassin d'Arcachon, le Sud Gironde ou encore l'Entre-deux-Mers. Les points de vente sont nombreux, notamment dans les bars-tabacs presse et les supermarchés. Bon à savoir : l'abonnement numérique est disponible et les anciens numéros du magazine *Courrier de Gironde* sont consultables en ligne.

RTL2 BORDEAUX

9, rue Louis Maydieu - **BORDEAUX**
✆ 05 40 25 33 11
www.rtl2.fr/bordeaux

RTL2 est la première radio musicale adulte à Bordeaux ! La station diffuse du son pop rock comme on l'aime ! Les matins, entre 6h30 et 9h, réveillez-vous avec les infos en Gironde données par le journaliste César Monteyrol. L'après-midi, Lorraine est aux commandes de 12h à 16h avec du son pop rock non-stop. Des jeux-concours sont organisés pour gagner de nombreux lots : séances de cinéma, entrées pour la Cité du Vin ou le zoo de Pessac, et bien sûr des places pour les meilleurs concerts de la région. *RTL2* diffuse également des sessions live privées en acoustique.

FRANCE 3 NOUVELLE-AQUITAINE

136, rue Ernest Renan
BORDEAUX
✆ 05 56 01 38 38
www.france3-regions.francetvinfo.fr/nouvelle-aquitaine/

France 3 Nouvelle-Aquitaine vous permet de rester connecté à l'actualité de votre ville ! Elle est l'une des 24 antennes de *France TV*. Depuis sa création en 1962, elle émet depuis Bordeaux, mais couvre aussi la région Nouvelle-Aquitaine, soit plus de 6 millions d'habitants ! Plusieurs éditions locales sont diffusées selon votre lieu d'habitation : Bordeaux, Périgueux ou encore Bayonne. Certains événements sportifs locaux sont parfois diffusés, à l'instar de certains matchs de L1.

SUD-OUEST

23, quai des Queyries
BORDEAUX
✆ 05 35 31 31 31
www.sudouest.fr

Second quotidien régional en France, *Sud-Ouest* représente 16 éditions dans 7 départements : Charente, Charente-Maritime, Dordogne, Gironde, Landes, Lot-et-Garonne, Pyrénées-Atlantiques, et près de 7 millions de lecteurs ! *Sud-Ouest* est un organe de presse indépendant qui propose à ses lecteurs un journal complet constitué de deux cahiers séparables : un cahier général pour les informations internationales et nationales et un cahier départemental pour les nouvelles locales. *Sud-Ouest Dimanche* traite de l'actu du week-end avec un souffle journalistique différent.

FRANCE BLEU GIRONDE

91, rue Nuyens - **BORDEAUX**
✆ 05 57 81 20 20 - www.francebleu.fr
Arcachon : 101.8 - Bazas : 101.6 - Belin-Béliet : 101.5 - La Réole : 90.4 - Lacanau : 101.4 - Lesparre-Médoc : 101.6

Depuis quarante ans, *France Bleu Gironde* vit au rythme des Girondins. 10h de programmes locaux de 6h à 20h avec une nouveauté : la matinale diffusée sur France 3 Nouvelle-Aquitaine de 7h à 8h40. *France Bleu Gironde* c'est un cocktail d'actualités locales et nationales, de musique, de trafic routier, de sports, de jeux et de services. *France Bleu Gironde* se veut toujours plus proche de ses auditeurs ! Ici, ils ont la parole dans toutes les émissions… Depuis 2020, Willy Rovelli, Eglantine Eméyé, Sidonie Bonnec et Bixente Lizarazu sont venus compléter l'équipe.

TV7

23, quai des Queyries
BORDEAUX
✆ 05 57 54 77 77
www.tv7.com
Canal 33 de la TNT, canal 30 des opérateurs Free, Orange et Bouygues.

TV7 est la chaîne d'information 100 % bordelaise qui couvre l'actualité de la ville, de la Gironde et de la région. Chaque jour, un journal est proposé à 18h30. Le programme est ensuite rempli de rendez-vous culturels comme « Des livres et vous », « Les goûts et les couleurs » et des courts-métrages tournés en Aquitaine. L'économie ainsi que le monde viticole sont aussi à l'antenne grâce au « Gironde Mag », « Modes d'Emplois » et « Vie de Château ». Il y a aussi l'actualité politique et sociale avec « Point de Vue », sans oublier le sport avec « Top Rugby ».

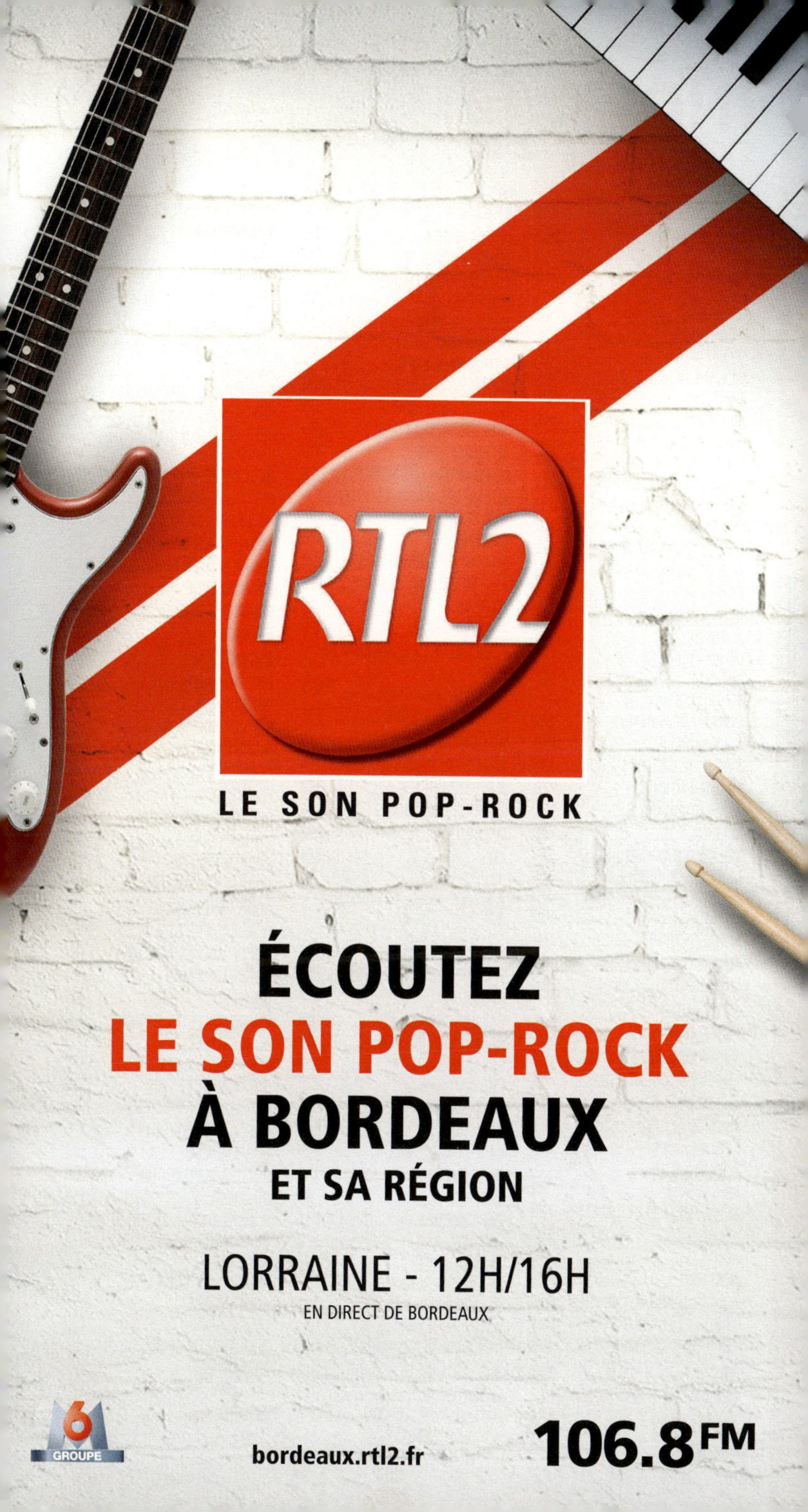
RTL2
LE SON POP-ROCK
ÉCOUTEZ
LE SON POP-ROCK
À BORDEAUX
ET SA RÉGION
LORRAINE - 12H/16H
EN DIRECT DE BORDEAUX
GROUPE
bordeaux.rtl2.fr
106.8 FM

INDEX

100.8 WIT FM 380
106 SUD RADIO 380

A

A CANTINA – COMPTOIR CORSE 92
A CASA CORSA 161
A TABLE 281
ABATILLES 141
ABBATIALE NOTRE-DAME DE GUÎTRES 274
ABBATIALE SAINTE-CROIX 68
ABBAYE DE LA SAUVE-MAJEURE 316
ABBAYE SAINT-MAURICE 331
ACCRO D'AVENTURES 371
ADA 376
ADEY ABEBA 87
AÉROPORT DE BORDEAUX 60, 374
AG VINS 114
AH ! ALTICA HÔTELS PORT D'ARCACHON 171
AIR NAWAK 196
AIRE D'ACCUEIL DE LA DUNE .. 171
AL'AUTHENTIQUE 278
ALAIN GUIGNARD 151
ALEGRIA 87
ALL SUITES APPART HOTEL LA TESTE DE BUCH 171
ALL SUITES APPART HOTEL LE TEICH 188
ALLIANCE BOURG 260
AMOUR DE FLEURS 119
ANCIEN HÔTEL DE VILLE 318
ANDERNOS-LES-BAINS ★★ 131
ANDERNOS JAZZ FESTIVAL 4
ANGEL'S SMOKEHOUSE 88
ANIMALIA PARC 214
ANTIROUILLE 351
APOTHICAIRERIE 337
APPART-HÔTEL MER & GOLF 79
APPARTHÔTEL LES TILLEULS . 328
AQUALAND 162
AQUALIDAY 212
AQUI'TOURS 63, 375
AQUITAINE TOURISME 375
ARBOR ET SENS 311
ARC HÔTEL SUR MER 144
ARCACHON ★★★★...... 141
ARCADA 88
ARCAJETMARINE 156
ARÈS ★★.............. 156
ARKÉA ARENA 126
ARKOSE BORDEAUX 121
ASCENSEUR DU PARC MAURESQUE 141
ASSOCIATION ÉCOSITE DU BOURGAILH 77
ASTRONOMIE ESPACE OPTIQUE 125
ATELIER DES FAURES 88
ATELIER PAYTRA FOUQUET 298
AU BOUCANTIER 208
AU COMPTOIR DES MODES 256
AU GRÉ DES VINS/LA BOUTEILLE À LA PLAGE 137
AU HANGAR 176
AU LOGIS DES REMPARTS 293
AU P'TIT CANON 195
AU REVE 100
AUBERGE ANDRÉ 323
AUBERGE DE LA COMMANDERIE .. 292
AUBERGE LA CRÉMAILLÈRE .. 372
AUBERGE LES VIGNES 366
AUDENGE 139
AUX DEUX CHÊNES 173, 174
AUX FONTAINES 320
AUX TROIS FONTAINES 303
AVE GIULIA 206, 207
AVIS 61, 376

B

B COMME BISTROT 159
BACS GIRONDE (FERRIES) ... 252
BAGUS BAR 172
BAILLARDRAN 108
BALADE DES POLDERS 202
BALADES INSOLITES EN PRESQU'ÎLE 237
BALTHAZAR 108
BALTORO 340
BAM KARAOKÉ BOX 128
BANC D'ARGUIN 170
BANH MÌAM 88
BAR CAVE DES AMIS 241
BAR JEUX BARJO 128
BASE DE LOISIRS DE LA CHARBONNIÈRE 268
BASILIC PIZZA 323
BASILIQUE NOTRE-DAME-DE-LA-FIN-DES-TERRES 238
BASILIQUE NOTRE-DAME 142
BASSIN SCOOT 171, 378
BATTLE ARCHERY 250
BAUD ET MILLET - LA CAVERNE AUX FROMAGES 89
BAZAS ★★............ 337
BE MY COOKIE 108
BECALOU CANOË-KAYAK 159
BELIN-BÉLIET 341
BERNARD MAGREZ LUXURY WINE EXPERIENCE 79
BERNARD MAGREZ LUXURY WINE TOURISM 63, 375
BEST WESTERN PLUS GARE SAINT-JEAN 80
BEST WESTERN PLUS 172
BICY'COOL LACANAU 203, 211
BICY'COOL 194, 378
BIENVENUE À LA FERME 63
BIENVENUE EN COULISSES 64
BIG BARBECUE 173
BIG BEAN 90
BIG MAMA 212
BIGANOS ★ 160
BIOETHNIQUE 124
BISTROT NIEL 90
BISTROT TARTINES & COMPAGNIE 239
BLANDICE 90
BLAYE ★★............. 251
BLUSH 124
BÔ-TANNIQUE 90
BODEGA BODEGA 91
BODEGA L'ESTRAGON 248
BOOKS AND COFFEE 109
BORDEAUX BE BOAT 64
BORDEAUX BEER FACTORY ... 114
BORDEAUX CANOË 64
BORDEAUX CITY PASS 65
BORDEAUX FÊTE LE FLEUVE 5
BORDEAUX FÊTE LE VIN 5, 55
BORDEAUX OPEN AIR 56
BORDEAUX RIVER CRUISE 64
BORDEAUX SCOOTERS 61, 378
BORDEAUX SUR L'EAU 64
BORDEAUX VISIOTOUR 64
BOUCHE 114
BOUCHERIE DE L'ENTRE-DEUX-MERS 314
BOULANGERIE AMANDINE 1900 115
BOULANGERIE LOUIS LAMOUR 109
BOULANGERIE TALMEUNIER MONDESIR 109
BOULEVARD 88 148
BOURG ★★ 257

BOUTIQUE DARDENNE BORDEAUX 109
BOUTIQUE JOCK 109
BOWLING MERIADECK 128
BOWLINGSTAR GUJAN MESTRAS 168
BRASSERIE DES CHÂTEAUX... 220
BRASSERIE DES MARQUISES . 149
BRASSERIE L'ORIENT......... 279
BRASSERIE OH' MARCHÉ..... 174
BRASSERIE P'TIT QUÉBEC CAFÉ........................ 91
BRASSEURS & FRERES 228
BUREAU D'INFORMATION DE LÉOGNAN................ 353
BUREAU D'INFORMATION TOURISTIQUE D'HOSTENS..... 343
BUREAU D'INFORMATION TOURISTIQUE 312, 317, 319, 332

C

C' DU VIN 320
C'EST UNE MAISON BLEUE 80
CABANE DE L'AIGUILLON 153
CABANES EN FÊTE ET HUÎTRES ENTRE-DEUX-MERS 55
CABLEPARK 223
CADAUJAC 355
CADILLAC ★............ 307
CAFÉ-THÉÂTRE DE CARCANS . 197
CAFÉ D'OC.................. 340
CAFÉ DE LA MARNE 279
CAFÉ DE LA PLAGE - RESTAURANT CHEZ PIERRE 147
CAFÉ DES GOURMETS......... 91
CAFÉ JOYEUX 110
CAFÉ LAVINAL............... 228
CAFÉ MARITIME LACANAU.... 209
CAFÉCITO.................. 110
CALIX 104
CALLE OCHO................ 126
CALVIN & LANE 125
CAMPING «LE BILOS» 362
CAMPING & SPA AIROTEL L'OCÉAN.................... 206
CAMPING BEL AIR 312
CAMPING CLUB D'ARCACHON . 144
CAMPING DE MAUBUISSON ... 194
CAMPING DE VERDALLE...... 164
CAMPING DOMAINE DE LA RÉSINIÈRE............ 200
CAMPING DU VIEUX CHÂTEAU . 327
CAMPING FONTAINE VIEILLE.. 132
CAMPING KER HELEN........ 189
CAMPING LA CHESNAYS...... 247
CAMPING LE BON COIN....... 199
CAMPING LE BRAOU 140
CAMPING LE COQ HARDI 133
CAMPING LE MARACHE 161
CAMPING LE PARADIS........ 235
CAMPING LE VILLAGE WESTERN 200
CAMPING LES GENETS....... 238
CAMPING LES GOÉLANDS 158
CAMPING LES LACS.......... 239
CAMPING LES MIMOSAS...... 195
CAMPING LES VIVIERS - SIBLU VILLAGE.............. 180
CAMPING MUNICIPAL LES OYATS.................. 239
CAMPING MUNICIPAL LES PASTOURELLES......... 180
CAMPING TOHAPI - ATLANTIC CLUB MONTALIVET 247
CAMPING « PARADIS DE BAZAS ».................. 338
CANOË CASTILLONNAIS 268
CANOË PASSION..........14, 363
CANOPÉE CAFÉ 105, 110
CAP'CABANE................ 372
CAP GOLF.................. 187
CAP SCIENCES 68
CAPC - MUSÉE D'ART CONTEMPORAIN DE BORDEAUX 68
CAPPERI..................... 92
CAPUC'INN.................. 319
CARCANS ★............ 193
CARO & CO 339
CASA PILLET................ 214
CASINO BARRIÈRE BORDEAUX 128
CASINO DE LA PLAGE 243
CASINO DE LACANAU 213
CASINO JOA DE GUJAN-MESTRAS......... 168
CASINO MIAMI D'ANDERNOS.. 138
CASINO..................... 156
CASTILLON-LA-BATAILLE ★.. 265
CATABAS 156
CATHÉDRALE SAINT-ANDRÉ ... 70
CATHÉDRALE SAINT-JEAN-BAPTISTE....... 337
CAVE CHEZ KIKI 212
CAVE DE QUINSAC 316
CAVE DE SAUVETERRE-BLASIMON-ESPIET.......... 317
CAVE LA PAROISSE 231
CAVES LASCAUX............. 212
CAZAUX 178
CENT 33..................... 92
CENTRAL HOSTEL 80
CENTRE FRANCOIS MAURIAC . 329
CENTRE NATURISTE EURONAT 239
CHAI LES COPAINS............ 92
CHAI PASCAL 296
CHAÏ TEA & HOUSE 211
CHAMBRES D'HÔTES DU CHÂTEAU FRANC GRÂCE-DIEU.......... 292
CHÂTEAU AMBE TOUR POURRET................... 298
CHÂTEAU BARDINS 355
CHÂTEAU BARRABAQUE...... 273
CHÂTEAU BEAU JARDIN 215
CHÂTEAU BEAU SITE HAUT VIGNOBLE 232
CHÂTEAU BEAURANG 300
CHÂTEAU BEL AIR 330
CHÂTEAU BERTINERIE........ 262
CHÂTEAU BEYCHEVELLE..... 234
CHÂTEAU BISTON-BRILLETTE . 224
CHÂTEAU BOUSCAUT......... 356
CHÂTEAU BOUTILLON 332
CHÂTEAU BRANE-CANTENAC . 222
CHÂTEAU CALON 300
CHÂTEAU CASSAGNE HAUT-CANON 273
CHÂTEAU CHARRON SECRET DES ROCHES............... 255
CHÂTEAU CHASSE-PIERRE ... 310
CHÂTEAU CORBIN MICHOTTE.. 298
CHÂTEAU CORDEILLAN-BAGES 226
CHÂTEAU COS D'ESTOURNEL . 232
CHÂTEAU CRABITAN-BELLEVUE.................. 330
CHÂTEAU D'ARCHE 365
CHÂTEAU D'ARMAJAN DES ORMES.................. 367
CHÂTEAU D'EAU LE CORBUSIER 358
CHÂTEAU D'YQUEM 367
CHÂTEAU DAUPHINÉ-RONDILLON................. 330
CHÂTEAU DE BEAU-SITE...... 359
CHÂTEAU DE CADILLAC....... 307
CHÂTEAU DE CAMARSAC 315
CHÂTEAU DE CÉRONS........ 358
CHÂTEAU DE CHANTEGRIVE... 359
CHÂTEAU DE LA BRÈDE 345
CHÂTEAU DE LA DAUPHINE ... 273
CHÂTEAU DE LA RIVIÈRE 271
CHÂTEAU DE LA TRAVE 361
CHÂTEAU DE LA VIEILLE CHAPELLE................... 276
CHÂTEAU DE LOS 313
CHÂTEAU DE LUSSAC 300
CHÂTEAU DE MONGENAN..... 360
CHÂTEAU DE MYRAT 367
CHÂTEAU DE PORTETS 360
CHÂTEAU DE RAYNE VIGNEAU 14, 368
CHÂTEAU DE RICHELIEU...... 274
CHÂTEAU DE SALES.......... 282
CHÂTEAU DE SEMIGNAN...... 235
CHÂTEAU DE THAU........... 257
CHÂTEAU DE VAYRES......... 275

CHÂTEAU DE VILLANDRAUT... 371
CHÂTEAU DE VILLEGEORGE...222
CHÂTEAU DES ANNEREAUX... 287
CHÂTEAU DES ARRAS........ 262
CHÂTEAU DES MATARDS - VIGNOBLES TERRIGEOL...... 255
CHÂTEAU DES QUAT'SOS...... 318
CHÂTEAU DOISY-DAËNE...... 368
CHÂTEAU DU COUREAU....... 324
CHÂTEAU DU CROS.......... 330
CHÂTEAU DU MONT.......... 331
CHÂTEAU DU PAYRE.......... 310
CHATEAU DU PETIT PUCH..... 283
CHÂTEAU DU RAUX.......... 198
CHÂTEAU DU TAILHAS........ 283
CHÂTEAU DU TAILLAN......... 65
CHÂTEAU FARIZEAU.......... 315
CHÂTEAU FILHOT....... 364, 367
CHÂTEAU FONROQUE........300
CHÂTEAU FORT DE BUDOS.... 364
CHÂTEAU FREDIGNAC........ 256
CHÂTEAU GADET-TERREFORT. 215
CHÂTEAU GISCOURS.........222
CHÂTEAU GRAND PEYRUCHET................ 331
CHÂTEAU GRANINS GRAND POUJEAUX........... 224
CHÂTEAU GRAVAS............ 368
CHÂTEAU GUIRAUD.......... 368
CHÂTEAU HAUT-BAILLY....... 354
CHÂTEAU HAUT-BERGEY..... 354
CHÂTEAU HAUT-MARBUZET... 232
CHÂTEAU HAUT-NOUCHET.... 357
CHÂTEAU HAUT-PIQUAT.......300
CHÂTEAU HAUT BERGERON... 368
CHÂTEAU HAUT POUGNAN.... 315
CHÂTEAU HÔTEL-RESTAURANT GRAND-BARRAIL............ 294
CHÂTEAU JOUVENTE......... 368
CHATEAU KIRWAN...........222
CHÂTEAU L'ABBAYE.......... 357
CHÂTEAU L'ARGENTEYRE..... 216
CHÂTEAU L'HOSANNE........ 283
CHÂTEAU LA BOUADE........ 369
CHÂTEAU LA CROIZILLE...... 284
CHÂTEAU LA GALIANE........ 221
CHÂTEAU LA GRAVIÈRE....... 231
CHÂTEAU LA HAYE...... 230, 231
CHÂTEAU LA LOUVIÈRE...... 355
CHÂTEAU LA MOTHE DU BARRY.................. 276
CHÂTEAU LA PONTETE....... 277
CHÂTEAU LA TOUR BLANCHE . 369
CHÂTEAU LA TOUR DU PIN FIGEAC.............. 286
CHÂTEAU LABADIE........... 217
CHÂTEAU LACAUSSADE SAINT-MARTIN.............. 256
CHÂTEAU LACLOTTE-CAZALIS . 369
CHÂTEAU LAFAURIE PEYRAGUEY........... 366, 367
CHÂTEAU LAFITE-ROTHSCHILD................228
CHATEAU LAFON ROCHET.... 234
CHÂTEAU LAGUË............ 271
CHÂTEAU LAMOTHE-DESPUJOLS................ 369
CHÂTEAU LANGOA ET CHATEAU LEOVILLE BARTON........... 235
CHÂTEAU LANGOIRAN........ 324
CHÂTEAU LAROQUE.......... 290
CHÂTEAU LARRIVET HAUT-BRION................ 355
CHÂTEAU LATOUR...........228
CHÂTEAU LE BOURDIEU...... 202
CHÂTEAU LE CHATELET......300
CHÂTEAU LE MAINE PERIN... 352
CHÂTEAU LE PAPE........... 353
CHÂTEAU LEOGNAN..... 353, 355
CHÂTEAU LESCANEAUT...... 267
CHÂTEAU MAISON NOBLE SAINT-MARTIN.............. 332
CHÂTEAU MALROMÉ......... 348
CHÂTEAU MARQUIS DE TERME..................222
CHÂTEAU MAUCAILLOU....... 223
CHÂTEAU MAUVESIN-BARTON. 224
CHÂTEAU MÉDIÉVAL DE LANGOIRAN.............. 323
CHÂTEAU MÉDIÉVAL DE RAUZAN................. 326
CHÂTEAU MERCIER.......... 260
CHÂTEAU MICALET........... 198
CHÂTEAU MONCETS.......... 287
CHÂTEAU MONCONSEIL - GAZIN...................... 256
CHÂTEAU MOULIN DE L'ABBAYE................ 217
CHÂTEAU ORMES DE PEZ..... 231
CHÂTEAU PENEAU........... 324
CHÂTEAU PENIN............. 285
CHÂTEAU PETIT VAL.......... 301
CHÂTEAU PEYCHOTTE......... 77
CHÂTEAU PICHON BARON.... 225
CHÂTEAU PICHON LONGUEVILLE COMTESSE DE LALANDE..... 229
CHÂTEAU PINDEFLEURS..... 301
CHÂTEAU PIPEAU............ 301
CHÂTEAU POMYS............ 234
CHÂTEAU PONT SAINT-MARTIN.............. 355
CHATEAU PONTAC-LYNCH.... 223
CHÂTEAU PONTET-CANET.... 229
CHÂTEAU ROQUEFORT....... 327
CHÂTEAU ROSE BRANA....... 234
CHÂTEAU ROYAL DE CAZENEUVE............. 361
CHÂTEAU ROZIER............ 284
CHÂTEAU SAHUC LESTOURS.. 370
CHÂTEAU SAINCRIT.......... 262
CHÂTEAU SAINT-CHRISTOLY... 217
CHÂTEAU SAINT-VINCENT.... 339
CHÂTEAU SIAURAC........... 287
CHÂTEAU SIGALAS-RABAUD.. 370
CHÂTEAU SMITH HAUT-LAFITTE.............. 357
CHÂTEAU SOCIANDO-MALLET.............. 232, 233
CHÂTEAU SOUTARD.......... 288
CHÂTEAU SUDUIRAUT........ 370
CHÂTEAU THIEULEY.......... 317
CHÂTEAU TOUR CASTILLON... 217
CHÂTEAU TOUR GRAND FAURIE.............. 302
CHÂTEAU TOUR SAINT FORT... 231
CHÂTEAU TROPLONG MONDOT 292
CHÂTEAU TURCAUD.......... 317
CHÂTEAU VENUS............ 370
CHÂTEAU VILATTE........... 270
CHÂTEAUX SOLIDAIRES...... 256
CHÂTEAU PRIEURÉ MARQUET. 277
CHEEKY FAMILY............. 213
CHEMIN DE CROIX ET CALVAIRE................ 333
CHEZ BALESTE - CABANE 12.. 140
CHEZ CARLES.......... 260, 272
CHEZ CHARLOTTE........... 358
CHEZ HORTENSE............ 184
CHEZ HUGUETTE............ 135
CHEZ JACKOUIL............. 241
CHEZ JEANNOT............. 248
CHEZ L'ONCLE PHIL.......... 135
CHEZ LES POTES............ 346
CHEZ MÉMÉ................ 235
CHEZ MIMI.................. 167
CHEZ OLGA................ 254
CHEZ OLIV'................ 280
CHEZ PASCAL............... 184
CHEZ PEP'S................. 240
CHEZ PÉPÉ - ESTANQUET..... 158
CHEZ PIERRETTE............ 184
CHEZ PITRAS.............. 362
CHEZ RÉMI................ 281
CHEZ TITUT................ 314
CHEZ VINCENT.............. 102
CHIOCCHIO.................. 92
CHOCOLATERIE MAËLIG...... 298
CHOCOLATERIE SEGONZAC... 115
CILUYA...................... 93
CINÉMA UTOPIA............ 126
CITADELLE DE BLAYE........ 251
CITÉ FRUGÈS LE CORBUSIER... 78
CITIZ BORDEAUX.........62, 378
CLAOUEY................... 179
CLOÎTRE DES CORDELIERS... 287
CLOS DE LA BARBANNE...... 292
CLOS DES MENUTS.......... 301
CLOS MARCAMPS........... 259

CLUB LA VIGNE.............. 186
CLUBS ET CONCERTS 126
COLLÉGIALE NOTRE-DAME D'UZESTE.................. 337
COMFORT HÔTEL BORDEAUX MÉRIGNAC.................. 81
COMITÉ RÉGIONAL DU TOURISME NOUVELLE-AQUITAINE 63
COMPTOIR CUISINE 93
CONCEPT APPART ST EMILION 293, 294
CONSERVERIE ALAIN LAMIGEON.................. 341
CONSERVERIE LA BELLE-ILOISE............ 154
CONTRAST.................... 93
COOL BIKE...............62, 378
COPAINS DES CHAMPS....... 176
COQUILLAGES & CRUSTACÉS . 134
CÔTÉ BASTIDE...............304
CÔTÉ BORDEAUX 313
COUP 2 FOUDRES 266
COURANT D'EYRE 162
COURRIER DE GIRONDE 382
COUTELLERIE LAGUIOLE SAINT-ÉMILION...............302
COUTELLERIE SAPHORES 119
COUTRAS 268
CRÉATION GIVRÉE 110
CRÉON 311
CREPERIE LE TEGALET....... 165
CROISIÈRES BURDIGALA 65
CROISIÈRES SUR L'ESCAPADE. 319
CROISIEUROPE................ 81
CROMAGNON.................. 94
CRU D'ARCHE-PUGNEAU 370
CRU.......................... 94
CUSSAC-FORT-MÉDOC ★. 197

D

DANSONS SUR LES QUAIS 4
DAR ASMAA................. 210
DARWIN – CASERNE NIEL..... 70
DIEGO PLAGE 149
DIS LEUR.................... 94
DISTILLERIE MOON HARBOUR 73, 115
DOLPHIN JET 186
DOMAINE DE BOMBANNES ... 193
DOMAINE DE FOMPEYRE..... 339
DOMAINE DE GIRON.......... 224
DOMAINE DE LA CHATAIGNIÈRE 270
DOMAINE DE LA VERNERIE ... 261
DOMAINE DE LARCHEY 85
DOMAINE DE LOISIRS D'HOSTENS.................343
DOMAINE DE RABA 81
DOMAINE DE SAINT-AMAND .. 325
DOMAINE DE TOUT L'Y FAUT ... 256
DOMAINE DES DEUX CÈDRES . 260
DOMAINE DU FERRET - BALNÉO & SPA............. 182
DOMAINE DU PONT DE L'EYRE 362
DOMAINE ECOTELIA.......... 349
DOMAINE JEAN-YVES MILLAIRE................... 273
DOMAINE PASCAUD..... 308, 310
DOMAINE VITICOLE SAÏKOUK - CHÂTEAU LE MONT DU PUIT... 234
DOMAINES DE CERTES-GRAVEYRON 139
DUNES BLANCHES CHEZ PASCAL............... 111
DUNES ET MARAIS D'HOURTIN 14, 199

E

EASYPARK.................. 61
ÉCHIQUIER BORDELAIS 125
ÉCOLE DE SURF LES LOUBINES.............. 196
ECOLODGE DES CHARTRONS... 81
ÉCOMUSÉE DE LA VIGNE ET DU VIN.................... 77
ECOMUSÉE DU LIBOURNAIS .. 290
EGLISE DE LÉOGATS 365
EGLISE DE SAINT-LÉGER-DE-BALSON................ 371
ÉGLISE NOTRE-DAME-DES-PASSES............... 142
ÉGLISE NOTRE-DAME 311
ÉGLISE SAINT-ALEXIS........ 265
ÉGLISE SAINT-GERVAIS....... 349
EGLISE SAINT-JEAN-BAPTISTE.................. 269
ÉGLISE SAINT-JEAN D'ESTAMPES...............344
ÉGLISE SAINT-MARTIN DE FRONSAC............... 270
EGLISE SAINT-MARTIN 361
ÉGLISE SAINT-PIERRE 318
EGLISE SAINT-VINCENT 365
EL LOCO.................... 250
EL NACIONAL 94
ÉLIANE MALEYRAN.......... 158
ELLIPSE AFFICHAGE......... 381
ENTRE 2 VERRES 315
ÉPICERIE DU ROND-POINT.... 196
ERICYCLES 238, 241, 379
ESCALAD'PARC.............. 138
ESCALE DU LIVRE 4
ESCAPE GAME LESPARRE.... 218
ESCAPE GAME MONTALIVET .. 250
ESPACE AQUATIQUE.......... 167
ESPACE CHUTE LIBRE........ 322
ESPRIT NAUTISME........... 143

F

FAMILLE D'AMÉCOURT 332
FASTHÔTEL.................. 79
FENÊTRES SUR L'ESTUAIRE... 259
FEST'ARTS.....................4
FESTIVAL INTERNATIONAL DES ARTS........................5
FESTIVAL INTERNATIONAL DU FILM INDÉPENDANT 56
FESTIVAL ODP................ 56
FÊTE DE LA MORUE.............5
FÊTE DU VIN NOUVEAU ET DE LA BROCANTE.......... 56
FFRANDONNÉE NOUVELLE AQUITAINE.................. 121
FILLES DE L'OCÉAN.......... 212
FLIXBUS.................... 374
FLY JET 33 246
FOIE GRAS DU BASSIN 167
FOIRE GASTRONOMIQUE...... 242
FOLI'Z...................... 160
FONKY SHELTER 207
FOOD & SAISONS............ 173
FOOD DU GOÛT............... 95
FORÊT DU BOURGAILH 78
FORT MÉDOC................ 197
FRANCE 3 NOUVELLE-AQUITAINE.................. 382
FRANCE BLEU GIRONDE...... 382
FRANCIS VOYANCE........... 125
FROMAGERIE CHEZ DELPHINE 116
FROMAGERIE LA MOINEAUDIÈRE 302
FRONSAC ★............ 270
FULLFLY BORDEAUX......... 121
FUN BIKE - L'ATELIER DU VÉLO.............. 226, 379
FUN BIKE............. 194, 379
FURY ROOM................. 125

G

GARE SAINT-JEAN........60, 374
GASTRONOMIE DES PYRÉNÉES 116
GATTO VERDE 82
GIGI BY AVE GIULIA.......... 210
GÎTE LE THÉÂTRE............ 232
GLACIER JUDICI 241
GLLM GUILLAUME............ 111
GOLF BLUE GREEN DE BORDEAUX-LAC 121
GOLF BLUE GREEN GUJAN.... 167
GOLF DU MEDOC 230
GOLF INTERNATIONAL D'ARCACHON................ 177
GRAND CAFÉ VICTORIA 146

GRAND HÔTEL DE SAINTE-FOY..............303
GRAND SAINT-EMILIONNAIS GOLF CLUB..................303
GRAND THÉÂTRE – OPÉRA DE BORDEAUX.........70
GROSSE CLOCHE..............71
GROTTE CÉLESTINE..........327
GROTTE DE PAIR-NON-PAIR...258
GROTTES D'HUÎTRES FOSSILES................14, 330
GR® BORDEAUX MÉTROPOLE...71
GUÎTRES ★.............274
GUJAN-MESTRAS BASSIN DES LOISIRS................163
GUJAN-MESTRAS ★.....162

H

H2O AVENTURE CANOË KAYAK...............363
HALTE NAUTIQUE............322
HANGAR 4..................280
HARU HARU.................107
HASNAÂ CHOCOLATS GRANDS CRUS..............111
HELLO WEST................154
HERBES FAUVES............120
HILTON GARDEN INN..........82
HIPPODROME DE LA BIDANE..352
HIPPODROME DE LA TESTE-DE-BUCH..................178
HIPPOPOTAMUS.............107
HONORIS CAUSA.............155
HORTUS.....................95
HOSTEL 20..................79
HOSTELLERIE GÉRAUD DE GRAVES.................333
HOSTENS...............343
HÔTEL-RESTAURANT CLAUDE DARROZE.........12, 349, 351
HÔTEL-RESTAURANT HORUS..349
HÔTEL-RESTAURANT RAPIN..360
HÔTEL AKENA RELAIS.......346
HÔTEL ATENA...............312
HÔTEL BAR RESTAURANT D'HOURTIN............200, 200
HÔTEL BURDIGALA...........85
HÔTEL CÔTE D'ARGENT.......204
HÔTEL DE FRANCE ET D'ANGLETERRE......226, 227
HÔTEL DE FRANCE..........277
HÔTEL DE L'OPÉRA...........82
HÔTEL DE LA PLAGE.........144
HÔTEL DES 4 SŒURS.........82
HÔTEL DES ACACIAS.........248
HÔTEL DES PINS.......182, 239
HÔTEL DES QUINCONCES......85
HOTEL FRUGÈS...............71
HOTEL HA (A) ITZA.......13, 145
HÔTEL HENRI-IV............270
HÔTEL HOME...............145
HÔTEL LA PETITE AUBERGE...158
HÔTEL LE 23................365
HÔTEL LE DAUPHIN..........145
HÔTEL LES BAINS D'ARGUIN BY THALAZUR..............145
HÔTEL MERCURE LIBOURNE SAINT-EMILION.............277
HÔTEL ORANGE MARINE.....145
HÔTEL POINT FRANCE.......146
HÔTEL RESTAURANT DE LA CITADELLE.......254, 254
HÔTEL ROLLAN DE BY.......215
HÔTEL VILLA-LAMARTINE....144
HOURTIN ★............198
HUÎTRES FRÉDÉRIC PAILLÈRE...................167
HUTTOPIA..................194

I

IBER CAFÉ..................278
ICOMBAT...................243
ÎLE DE PATIRAS..............226
INDIGO RESTAURANT.........340
INTERCONTINENTAL BORDEAUX LE GRAND HÔTEL.............85

J

JAMBONS 10 VINS...........190
JARDIN BOTANIQUE DE BORDEAUX................71
JARDIN PUBLIC DE BORDEAUX...............72
JAU-DIGNAC-ET-LOIRAC . 201
JEUX BARJO................284
JOLLY.....................111
JUMPING INTERNATIONAL DE BORDEAUX...............56

K

KID PARC..................163
KIOSQUE BORDEAUX CULTURE...................128
KOEBEN.....................95
KRAKEN....................150

L

L'ABEILLE GOURMANDE.......87
L'ABRICOTIER..............328
L'ABSOLU.............296, 320
L'AÉRO......................87
L'AILLET...................173
L'AMARYLLIS................104
L'ANDERENIS...............132
L'ANNEXE DU CAFÉ JAPONAIS...................88
L'APP'ART..................105
L'ARBERET.................247
L'ART DES METS............278
L'ASSIETTE DE L'ÉPICERIE....354
L'ATELIER DE CANDALE......279
L'ATELIER DE CHOCHO.......342
L'ATELIER DES PASTÉIS......108
L'ATELIER F.V...............350
L'ATELIER RESTO............195
L'ATTABLÉE................216
L'AUBERGE CANAULAISE.....207
L'AUBERGE DU BASSIN.......182
L'AUBERGE DU PORCHE......253
L'AVANT COMPTOIR DU PALAIS...................88
L'ECHOPPE.............218, 319
L'ÉCUELLE DE L'OURS........325
L'EFFERVÉSANSE...........267
L'EMBARCADERE............278
L'ENTRE-DEUX-MERS........313
L'ENTRE DEUX..............180
L'ENTRECÔTE................95
L'ENTRÉE JARDIN...........309
L'ENVERS DU DECOR.........296
L'EPICERIE DE L'AIGUILLON...154
L'EPICURIEN................210
L'ESCALE BEAUTÉ...........288
L'ESCALE..................183
L'ESCALUMADE.............166
L'ESCAPADE DU FRONSADAIS.272
L'ESPRIT DES CHARTRONS.....81
L'ESTURGEONNIÈRE - CAVIAR PERLITA............189
L'ET-CÆTERA...............106
L'EVASION.................342
L'EYRA....................190
L'EYRE 2 RIEN, LA SUITE.....363
L'EYRE 2 RIEN..............363
L'HAUTE EN COULEUR........140
L'HÉDONIQUE................96
L'HEGOA...................103
L'HERBE...................180
L'HÔTEL PARTICULIER.........82
L'HUITRIER PIE.............296
L'ÎLE AUX ENFANTS..........198
L'ÎLE AUX OISEAUX..........169
L'ÎLOT-VIGNES..............327
L'INCONTOURNABLE.........159
L'INDIGO...................220
L'INSTANT M...............241
L'INTEMPOREL...............95
L'OBERGE..................190
L'OBSERVATOIRE.............99
L'OCEANA..................133
L'OREPOL..................229

L'OSTRA 135
LA BARAQUE À HUÎTRES...... 184
LA BARRIQUE
& LA FILLETTE.............. 326
LA BARRIQUE 350
LA BASILIQUE SAINT-ROMAIN
DE BLAYE................... 253
LA BELLE LURETTE..... 329, 329
LA BELLE MAZURE 350
LA BOCA FOODCOURT 91
LA BOUCHERIE
DU SUD GIRONDE............ 351
LA BOULE D'OR............. 224
LA BOUTIQUE & LA CAVE À VIN
DES CORDELIERS............ 298
LA BOUTIQUE DU PHARE 186
LA BRASSERIE BRÉDOISE 346
LA BRASSERIE
CANAULAISE................ 208
LA BRASSERIE DU DELTA..... 189
LA BRASSERIE DU PASSAGE ... 91
LA BRASSERIE DU PHARE 174
LA BRÈDE ★★.......... 344
LA CABANE DE L'ÉMOTION
DE LA TOUR CARNET......... 236
LA CABANE DE L'ENTRÉE
DU JARDIN................. 309
LA CABANE DE LAURINETTE .. 174
LA CABANE DE MAÏ 136
LA CABANE DU BOUT......... 159
LA CABANE DU MAURET...... 134
LA CABANE DU PÊCHEUR..... 136
LA CABANE
NUMERO 1 ....206, 209, 211
LA CABANE PALIQUEY........ 176
LA CABANE................. 342
LA CALI.................... 276
LA CALYPSO 149
LA CAMBUSE 227
LA CANTINE Ô SAVEURS...... 102
LA CAOUENNE 134
LA CASEMATE............... 209
LA CAVE DE L'ATLANTIDE 201
LA CAVE DE SALLES 363
LA CAVE DES 2 RIVES........ 198
LA CAVE DES CARMES 352
LA CERVOISERIE BLAYE...... 255
LA CERVOISERIE LIBOURNE .. 282
LA CHAPELLE............... 366
LA CITÉ DU VIN ★............ 68
LA CITÉ MONDIALE 70
LA CLOSERIE
DU CHÊNE BLEU 253
LA CLOSERIE................ 313
LA COCCINELLE 163
LA CONCHE DE SAINT-BRICE.. 156
LA CONCHE............ 186, 208
LA CORDONNERIE 372
LA CÔTE BRAISÉE 295
LA CÔTE D ARGENT 200
LA COUR DE NANA............ 94
LA CRÊPE D'ANGÈLE.......... 97
LA CRIÉE 143
LA CUISINE DE VIVIEN........ 107
LA DÉGUSTE 115
LA DOLCE VITA 138
LA DOUCE PARENTHÈSE 111
LA DUNE BLEUE............. 194
LA DUNE DU PILAT........... 169
LA FABRIQUE À DESSERTS.... 284
LA FABRIQUE BY OLIVER 94
LA FEMME OCÉANE 157
LA FERIA 166
LA FERME À ROULETTES..... 286
LA FERME D'HORTÉLIE.. 225, 229
LA FERME DU MOULINAT..... 321
LA FERME URBAINE
DES IRIS.................... 77
LA FILLE DU BARBU 159
LA FLEUR AU FUSIL.......... 237
LA FOIRE AUX PLAISIRS 5
LA FONTANA 280
LA FORÊT DE LA DOUBLE..... 268
LA FORÊT DE ROBIN 242
LA FORGE DE LÉOGNAN 354
LA FORTERESSE
DU NORD MÉDOC............ 238
LA GALANTAISE
DE CROISIÈRES 244
LA GALERIE DES QUAIS....... 282
LA GAM'GUETTE............. 246
LA GOURMANDINE........... 135
LA GRAND'VIGNE 357
LA GRANDE POSTE 95
LA GRANGE À POULET........ 314
LA GRANGE AUX ARBRES..... 313
LA GRISE DE BAZAS.......... 341
LA GROTTE D'ARTIGUES 225
LA GROTTE DE CHARLES VII... 307
LA GUINGUETTE
DE LA VIEILLE TOUR 272
LA GUINGUETTE DU PHARE ... 360
LA GUITOUNE 172
LA HALLE BOCA............. 116
LA KANTINE DES COPINES.... 173
LA LIBRAIRIE
DES MARQUISES 155
LA MACHINE À LIRE.......... 120
LA MAISON D'ARTÉMIS....... 218
LA MAISON D'OLIVIER........ 346
LA MAISON
DE JEANNE ROSE 164
LA MAISON DE MARGOT 96
LA MAISON DE RICHELIEU.... 272
LA MAISON DE SÉBÉA......... 82
LA MAISON DU BOULANGER .. 266
LA MAISON
DU DOUANIER....... 13, 215, 216
LA MAISON
DU FLEUVE 12, 103
LA MAISON
DU GLACIER............ 152, 155
LA MAISON DU LIERRE........ 84
LA MAISON DU VIN
DE BLAYE.................. 257
LA MAISON DU VIN
DE SAINT-ÉMILION........... 302
LA MAISON DU VIN........... 267
LA MAISON MAURESQUE 258
LA MARINE 166
LA MARINIERE 210
LA PARENTHÈSE............ 319
LA PÊCHERIE 246
LA PETITE GUINGUETTE 366
LA PETITE MADELEINE....... 277
LA PETITE MARÉE 175
LA PETITE POPULAIRE 321
LA PIZZERIA 151
LA POISSONNERIE........... 352
LA QUEBRADA............... 133
LA RENAISSANCE 281
LA RÉOLE ★............ 318
LA RÉSERVE
DU PRESBYTÈRE 297
LA RÉSERVE................ 145
LA ROMA PIZZERIA 210
LA ROULOTTE
DU MOUTCHIC.............. 207
LA SAUTERNAISE............ 365
LA SAUVAGEONNE........... 254
LA SAUVE.............. 316
LA SAVONNERIE DE BLAYE ... 255
LA SOURCE................. 100
LA STATION VÉLO........312, 379
LA SUITE 257 172
LA TABLE 38................ 297
LA TABLE DE CATUSSEAU..... 286
LA TABLE DE CAYCHAC 102
LA TABLE DE DON
QUICHOTTE 119
LA TABLE DE FOMPEYRE 340
LA TABLE DE MONTESQUIEU .. 348
LA TABLE DE PAVIE 297
LA TABLE DU BOUCHER 150
LA TABLE DU LAVOIR......... 357
LA TABLE DU PÊCHEUR 267
LA TABLE PAYSANNE......... 250
LA TASCA BODEGA 207
LA TERRASSE DU VIGEAN 104
LA TERRASSE ROUGE 12, 297
LA TESTE-DE-BUCH 169
LA TONNELLE............... 190
LA TOQUE CUIVRÉE – CANELÉS
DE BORDEAUX 113, 115
LA TOQUE
CUIVRÉE 152, 161, 282
LA TOQUE FERMIÈRE 227

LA TOSCANA 342
LA TOUR DE LA CITADELLE.... 308
LA TOUR DE LHYAN 308
LA TOUR DU ROY 290
LA TOUR DU VIEUX PORT 277
LA TRINITAINE.............. 155
LA TUPINA.................. 101
LA VAGUE ET LA PLUME 125
LA VAGUE GOURMANDE 107
LA VARANGUE............... 205
LA VILLA ARBOUSIER 250
LA VILLA DE PLASSAC 253
LA VILLA DU MARCHÉ........ 363
LA VILLA FLOTTANTE........ 182
LA VILLA PASTEL............ 146
LA VILLA SAINTE-CATHERINE . 132
LA VILLA VIETNAM........... 281
LA VILLE D'AUTOMNE 142
LA VILLE D'ÉTÉ............. 142
LA VILLE D'HIVER 143
LA VILLE DE PRINTEMPS 143
LAC DE CAZAUX 178
LAC DE LA PRADE 338
LACANAU-OCÉAN ★★.... 202
LACANAU PASS.............. 213
LAGUNE DE CONTAUT 198
LAGUNES DU GÂT-MORT...... 343
LAITERIE BURDIGALA 116
LAKE CITY 190
LANGOIRAN 322
LANGON ★............ 348
LARD ET BOUCHON 296
LE 127 278
LE 1925.................... 87
LE 1930.................... 106
LE 7 87
LE B D'ARCACHON 144
LE BALAP.................. 178
LE BAR DE L'OUBLI 152
LE BARON GOURMAND 314
LE BASSANO................ 148
LE BASSIN DU TERTRE 271
LE BAZ'ART 274
LE BEAU ZINC.............. 304
LE BÉLVÉDÈRE.............. 142
LE BIS BY BAUD & MILLET.... 294
LE BISTRO'CHON 148
LE BISTRO DU MUSÉE......... 90
LE BISTROT D'AUDENGE 140
LE BISTROT DES COCHONS ... 208
LE BISTROT DES VIGNOBLES............ 294
LE BISTROT DU GABRIEL 12, 90
LE BISTROT DU GOLF......... 208
LE BISTROT MARITIME 280
LE BÔ SITE................. 178
LE BOCAL DE TATIE JOSEE..... 91
LE BŒUF POP............... 339
LE BOÏATE 158
LE BONENDROI 153
LE BORD D'EAU 272
LE BORDEAUX ARCACHON.... 148
LE BOUCHON DU FERRET 12, 183
LE BOUTIQUE HÔTEL BORDEAUX............ 84
LE BURO DES POSSIBLES 109
LE CABANON................ 175
LE CABESTAN 149
LE CAFÉ DE L'ESPÉRANCE.... 102
LE CAFÉ DE LA LIBERTÉ...... 309
LE CAFÉ DU LEVANT 92
LE CAFÉ DU PORT 93
LE CAP FERRET 179
LE CARMA 254
LE CARRÉ D'AS.............. 281
LE CARRELET BAR........... 110
LE CARTEL................. 282
LE CELLIER DE GRAMAN 323
LE CHAI 310
LE CHALAND................ 203
LE CHALET DE SIRAN 219
LE CHALET LYRIQUE 80
LE CHAPON FIN 220
LE CHÂTEAU DES QUATRE FILS AYMON 261
LE CHIOPOT................ 102
LE CHIPIRON................ 149
LE CLANDESTIN 93
LE CLOS DE L'ECHAUGUETTE.. 253
LE CLOS DE MEYRE.......... 219
LE CLOS DES QUEYRIES 81
LE CLOS DU PRINCE 312
LE CLOS DU ROY............ 297
LE CLUB................... 229
LE COCHON VOLANT 134, 350
LE CŒUR DES VIGNES 227
LE COIN DES PÊCHEURS 209
LE COMPTOIR ARCACHONNAIS............. 154
LE COMPTOIR DE CYRIL 105
LE COMPTOIR DES CHATS..... 110
LE COMPTOIR FROMAGER 93
LE COMPTOIR 339
LE COYOTE................. 320
LE DOMAINE DE LOISIRS DE BLASIMON.............. 331
LE DOMAINE DES TENTATIONS 104
LE DOUZE - 14 161
LE FACE A L'EAU............ 272
LE FER À CHEVAL............ 174
LE FISH HEAD............... 135
LE FOURNIL DE CREON....... 314
LE GAVROCHE FOOD-TRUCK .. 147
LE GLASS HOUSE............ 267
LE GR MÉTROPOLITAIN........ 66
LE GRANGOUSIER 350
LE GRILLON................ 144
LE HAMEAU DE MARQUIS..... 220
LE JARDIN DE LA LAMPROIE.. 265
LE JARDIN DE LA SOULOIRE .. 276
LE JARDIN DES MOTS 348
LE JARDIN.................. 147
LE KAYAK CAFÉ 237
LE KAYOC.................. 209
LE LION D'OR 220
LE LOCAL EPICERIE.......... 116
LE LONGIN................. 350
LE LOUP.................... 96
LE MANÈGE................. 354
LE MANOIR DE MARIE-LOU.... 327
LE MARIN.................. 248
LE MASCARET............... 183
LE MÉDIÉVAL 296
LE MELCHIOR............... 266
LE MELTING POTES 173
LE MERLE BLANC 344
LE M 96
LE MILLÉSIME 161
LE MIRABELLE BRASSERIE 99
LE MOULIN DE LA CASSADOTTE.......... 160
LE MOULIN DE LA MOLLE..... 348
LE MOULIN DE PORCHÈRES .. 269
LE MULLIGAN............... 211
LE MUR DE L'ATLANTIQUE 238
LE NEW PUB ANDERNOS 136
LE NEW YORK NEW YORK 98
LE NORD SUD 334
LE P'TIT CANON 255
LE PAMPAILLET 329
LE PARC MAURESQUE 142
LE PASSAGE 128, 133, 324
LE PASSE MARÉE............ 131
LE PAVILLON DE MARGAUX ... 219
LE PESTACLE 172
LE PETIT MUSÉE DE L'HUÎTRE 131
LE PETIT NAPLES............ 309
LE PETIT NICE.............. 172
LE PETIT VESTIAIRE - BISTROT GIRONDIN 106
LE PHILOSOPHE............. 346
LE PIAN-MÉDOC 229
LE PIC GOURMAND 137
LE PIGNOT 165
LE PINTXOAK 356
LE PIQUE-NIQUE DU BASSIN .. 147
LE PITT.................... 151
LE PLAISANCE 260
LE PLAY-OFF................ 175
LE PONT GOURMAND 372
LE PONT GUSTAVE EIFFEL 261
LE PORGE ★ 230

LE PORT DU BERNU.......... 252
LE PORT.................... 259
LE PRIEURÉ DE MOUQUET.... 313
LE RAPIN................... 360
LE RAS D'EAU............... 244
LE RÉGALLIEN.............. 100
LE RELAIS DE BROUQUET.... 366
LE RELAIS DE FRANC MAYNE.................13, 294
LE RELAIS DE GASCOGNE.... 297
LE RELAIS DE SOPHIE........ 236
LE RÉSINIER.......... 342, 342
LE RIAD.................... 283
LE ROAD 524............... 351
LE ROBINSON.......... 203, 316
LE ROI KYSMAR............. 372
LE ROUTIOUTIOU............ 166
LE ROYAL MOULLEAU........ 151
LE ROYANNAIS.............. 245
LE SAINT-JAMES.........85, 103
LE SAINT-JULIEN............ 235
LE SAINT LAURENT.......... 236
LE SAINT MARTIN........... 324
LE SALON DE LA GLACE...... 196
LE SAPRIEN................. 366
LE SAVOIE.................. 221
LE SELECT LA GUINGUETTE DE GUJAN.................. 168
LE SENTIER DES DEMOISELLES.......... 343
LE SENTIER DU LITTORAL............140, 157
LE SOLEIL D'OR............. 248
LE SOLENDO................ 320
LE SURF.................... 201
LE TEICH.............. 188
LE TOUR DES REMPARTS DE LA BASTIDE.............. 308
LE TOURNEBRIDE........... 107
LE TRAIN DES GRANDS VIGNOBLES................ 291
LE TXISTU.................. 101
LE VERDON-SUR-MER ★★.......... 243
LE VESTIAIRE............... 246
LE VICTOR HUGO............ 304
LE VILLAGE DU LIVRE........ 269
LE VIN D'ORGE............. 176
LE VISCONTI............... 106
LE VOYAGEUR.............. 309
LE WINE NOT............... 151
LE ZINC AUTHENTIQUE....... 282
LE ZINC.................... 243
LÈGE-CAP-FERRET ★★★ 179
LÉOGNAN.............. 353
LES 12 DE LARROS.......... 165
LES 3 BANDITS.............. 213
LES 4 BAIGNEURS........... 260
LES 6 MAGRETS............. 240
LES AILES.................. 354
LES AIRIALES.......... 344, 344
LES AMANDIELLES.......... 317
LES ANTHEMIS.............. 164
LES BALADES DE ROBINSON...........202, 212
LES BASSINS DE LUMIÈRES... 68
LES BICLOUS DU BASSIN..... 180
LES BULLES À FLOTTER...... 124
LES CABANES DE LA ROMANINGUE.......13, 80
LES CAVES DE RAUZAN....... 327
LES CHAIS DU PRÉVÔT....... 315
LES CHAIS SOUTERRAINS DU CHÂTEAU LAMOTHE DE HAUX................... 324
LES CHANTIERS TRAMASSET. 322
LES CHIENS FOUS........... 240
LES CHOCOLATS D'ANDERNOS............... 133
LES CINQ SENS............. 248
LES COLONNES............. 326
LES CYCLES DU BAZADAIS.......... 338, 379
LES CYGNES................ 215
LES DÉJEUNERS CRÉATEURS D'ACCORDS................. 265
LES DOUCEURS DE VALERIE.. 200
LES ÉCURIES DU LAC D'HOSTENS................344
LES ÉLEVEURS GIRONDINS... 117
LES ÉPICURIALES............ 55
LES FERMIERS TOQUÉS...... 227
LES FOUS RIRES DE BORDEAUX.................4
LES FRÈRES NICOLL'S....... 241
LES GABARREYS............ 226
LES GÎTES DES VIGNOBLES MOUTY..................... 266
LES HALLES D'ARCACHON.... 147
LES HALLES DE BACALAN.... 116
LES JARDINS DE LA POINTE.. 242
LES JARDINS DU LITTORAL... 204
LES JOURNÉES DU PATRIMOINE................4
LES LUZ.................... 339
LES MARINS DE LA LUNE..... 122
LES MILLE ET UNE NUITS...... 98
LES MONTGOLFIADES...........5
LES MOULINS DE MONTALON ET LE 45ÈME PARALLÈLE...... 261
LES NOISETTINES DU MÉDOC................. 216
LES PALMIERS DU PORT...... 365
LES PAVOIS................ 166
LES PÈLERINS.............. 334
LES PERLES À PIMPIN....... 320
LES PIEDS SOUS LA TABLE... 107
LES REFUGES PÉRIURBAINS... 80
LES RESTES D'UNE ÉGLISE MÉDIÉVALE................. 160
LES SAUVAGES.............. 100
LES SEPT PORTS............ 163
LES SEQUOIAS.............. 332
LES SISTERETTES........... 119
LES SOURCES DE CAUDALIE.. 356
LES SOURIS FROMAGÈRES... 177
LES TABLES VATEL........... 101
LES TAMARIS................ 134
LES TERRASSES DU PORT.... 145
LES TERRASSES............ 244
LES VISITES D'HUBERT........ 66
LES VOILES DU LAC.......... 197
LESPARRE-MÉDOC ★.... 214
LIBOURNE WAKEPARK....... 285
LIBOURNE ★★......... 275
LIBRAIRIE GEORGES......... 120
LIBRAIRIE LULUBERLUE...... 201
LISTRAC-MÉDOC ★...... 218
LODGING LE LAC............ 203
LOGIS DES CORDELIERS...... 293
LOGIS HÔTEL ALIENOR....... 349
LOU BATEL'EYRE............ 162
LOU TOTEM................. 165
LULU DANS LA PRAIRIE...... 105

M

MACARONS DE SAINT-EMILION PAR NADIA FERMIGIER....... 298
MADAME FROMAGE.......... 117
MADAME PANG............... 96
MADAME VACANCES RÉSIDENCE LES RIVES MARINES......... 188
MADEMOISELLE DE MARGAUX...........111, 221
MAGNUS.................... 112
MAISON DE JEANNE LARTIGUE..................... 72
MAISON DE L'HUÎTRE......... 163
MAISON DE LA COMMANDERIE........... 293
MAISON DE LA POTERIE...... 311
MAISON DE LA RÉSERVE..... 345
MAISON DES ARTS ET TRADITIONS POPULAIRES............... 193
MAISON DES VINS DE BARSAC ET SAUTERNES.............. 370
MAISON DES VINS DE FRONSAC................ 274
MAISON DES VINS DE GRAVES................. 359
MAISON DES VINS DE L'ENTRE-DEUX-MERS................ 317
MAISON DES VINS........... 310
MAISON DU PATRIMOINE NATUREL DU CRÉONAIS............... 312
MAISON DU SAUTERNES..... 369

MAISON DU VIN DE MARGAUX . 223
MAISON DU VIN DE MOULIS EN MÉDOC . . . 223
MAISON DU VIN DES GRAVES DE VAYRES . . . 284
MAISON LAFITTE FOIE GRAS . . 117
MAISON LE SÈPE . . . 267
MAISON LILLET . . . 359
MAISON LOUIS-DAVID . . . 131
MAISON MÉTROPOLITAINE DES MOBILITÉS ALTERNATIVES . . . 62
MAISON MOUTCHIC . . . 13, 204
MAISON RICHARD . . . 136
MAISON SAINT ROMAIN . . . 253
MAISON SEGUIN . . . 372
MAISON SERSK . . . 120
MAKIONE . . . 103
MANCICIDOR . . . 102
MARATHON DU MÉDOC . . . 4
MARC POSTULKA . . . 120
MARCELLINÔ . . . 278
MARCHÉ AUX FLEURS . . . 341
MARCHÉ DE CADILLAC . . . 310
MARCHÉ DE CASTILLON-LA-BATAILLE . . . 268
MARCHÉ DE LANGON . . . 352
MARCHÉ DE LIBOURNE . . . 285
MARCHÉ DE NOËL . . . 5
MARCHÉ DE PELLEGRUE . . . 325
MARCHÉ DE PLEIN AIR . . . 167
MARCHÉ DE SAINTE-FOY-LA-GRANDE . . . 304
MARCHÉ DE VENDAYS-MONTALIVET . . . 250
MARCHÉ DES CAPUCINS . . . 117
MARCHÉ MUNICIPAL DU TEICH . . . 189
MARCHÉ . . . 262
MARCHÉS . . . 196
MARGAUX ★ . . . 219
MARTILLAC . . . 356
MATTHIEU ROUFFINEAU – HUÎTRES SPÉCIALES PAPIN . . . 118
MAX'GOLF . . . 168
MECA . . . 72
MÉDOC VIGNOBLE TOURISME . 215
MELOBOWLS . . . 96
MÊME PAS CAP . . . 186
MÉMORIAL DE LA FERME DE RICHEMONT . . . 345
MERCI . . . 103
MERCURE CITÉ MONDIALE . . . 83
MIAM BORDEAUX . . . 66
MIDNIGHT CAFE . . . 150
MINI-PORT PIRATE . . . 168
MIOS . . . 190
MIROIR D'EAU . . . 72
MISSADA . . . 98
MODJO . . . 98
MOELLEUSES ET PERSILLEES . 98
MOKOJI . . . 98
MOLLY MALONE'S . . . 112
MONSÉGUR . . . 326
MONUMENT AUX GIRONDINS . . . 72
MORGAN VIGNON CHOCOLATERIE . . . 131
MOULES & BEEF . . . 150
MOULIN DE CAUSSARIEU . . . 361
MOULIN DE CUSSOL . . . 333
MOULIS-EN-MÉDOC ★ . . . 223
MUSÉE ARCHÉOLOGIQUE ET VILLA GALLO-ROMAINE . . . 251
MUSÉE D'AQUITAINE . . . 74
MUSÉE D'ART SACRÉ . . . 334
MUSÉE D'HISTOIRE . . . 251
MUSÉE DE L'HISTOIRE MARITIME . . . 66
MUSÉE DE LA CITADELLE . . . 258
MUSÉE DE SONNEVILLE . . . 77
MUSÉE DES ARTS DECORATIFS ET DU DESIGN . . . 74
MUSÉE DES COMPAGNONS . . . 74
MUSÉE DU VIN ET DU NÉGOCE . . . 74
MUSÉE MER MARINE . . . 75
MUSÉE MUNICIPAL DE BAZAS . 338
MUSÉE NATIONAL DES DOUANES . . . 75
MUSEUM SCIENCES ET NATURE . . . 75

N

NAUERA . . . 236
NAVETTE 30' DIRECT . . . 60
NICOLAS MARIDAT . . . 240
NOISETTINES DU MÉDOC . . . 112
NOMADE RESTAURANT . . . 220
NOMADE . . . 204, 379
NOOSA CAFÉ . . . 340

O

O' BRASERO . . . 150
O'COMPTOIR DES FILLES . . . 104
O'FIL DE L'AIR . . . 202
O BEAUTY & SPA . . . 177
Ô BOIS PLAGE . . . 165
Ô DOM'P . . . 152
Ô LAC CHAMBRES D'HÔTES SPA ET DÉTENTE . . . 204
O P'TIT JARDIN . . . 104
OCÉAN HÔTEL AMÉLIE . . . 240
OCEANIC THERAPY . . . 168
OCTAVIE'S . . . 112
OFFICE DE TOURISME - CŒUR DU BASSIN D'ARCACHON . . . 139
OFFICE DE TOURISME D'ARES . 157
OFFICE DE TOURISME DE BLAYE . . . 252
OFFICE DE TOURISME DE BOURG CUBZAGUAIS . . . 259
OFFICE DE TOURISME DE GUJAN-MESTRAS . . . 163
OFFICE DE TOURISME DE LA TESTE-DE-BUCH . . . 171
OFFICE DE TOURISME DE LANGON . . . 349
OFFICE DE TOURISME DE LÈGE - CAP FERRET . . 181, 380
OFFICE DE TOURISME DE MÉDOC VIGNOBLE . . . 226
OFFICE DE TOURISME DE MONTESQUIEU . . . 356
OFFICE DE TOURISME DE PELLEGRUE . . . 325
OFFICE DE TOURISME DE SAINT-MACAIRE . . . 328
OFFICE DE TOURISME DE VENDAYS-MONTALIVET . . . 247
OFFICE DE TOURISME DU BAZADAIS . . . 338
OFFICE DE TOURISME DU CUBZAGUAIS . . . 262
OFFICE DE TOURISME DU GRAND SAINT-EMILIONNAIS . . . 290
OFFICE DE TOURISME DU LIBOURNAIS . . . 276
OFFICE DE TOURISME DU PAYS DE CADILLAC ET PODENSAC . . 308
OFFICE DE TOURISME DU PAYS FOYEN . . . 303
OFFICE DE TOURISME DU VAL DE L'EYRE . . . 362
OFFICE DE TOURISME ET DES CONGRÈS . . . 67, 380
OFFICE DE TOURISME LE TEICH . . . 188
OFFICE DE TOURISME MÉDOC ATLANTIQUE – HOURTIN . . . 199
OFFICE DE TOURISME MÉDOC ATLANTIQUE . . . 194, 202, 236, . . . 238, 244
OFFICE DE TOURISME MEDOC PLEIN SUD . . . 230
OFFICE DE TOURISME . . . 131, 161
OFFICE DU TOURISME DE L'ENTRE-DEUX-MERS . . . 326
ONA . . . 159
OSTERIA BAZ'ART . . . 273
OSTERIA DA LUIGI . . . 99
ÔZÉ . . . 99
OZENSPA . . . 138

P

PALAIS DU COSTUME – MAZARIN . . . 214
PALAIS ROHAN . . . 75
PALMAGRI . . . 321

PAPADAM.................. 314
PARASCENDANCE........... 322
PARC BORDELAIS............. 76
PARC DE L'ERMITAGE SAINTE-CATHERINE........... 77
PARC DE LA CITADELLE 258
PARC DU DOMAINE DE CHAVAT................. 358
PARC DU VAL DE L'EYRE...... 362
PARC FLORAL DE BORDEAUX .. 76
PARC NATUREL RÉGIONAL DES LANDES DE GASCOGNE .. 341
PARCOURS BOTANIQUE DU CHÂTEAU VILATTE........ 269
PARENTHESE MARGAUX 219
PARENTHESE NATURE FERME PEDAGOGIQUE.............. 230
PASSAGE SARGET 76
PATIO DE L'INTENDANCE....... 84
PÂTISSERIE JONATHAN NÈGRE..................... 348
PÂTISSERIE MARQUET........ 152
PATISSERIE XAVIER BOUTET .. 112
PAUILLAC ★............ 225
PAVILLON DES MILLÉSIMES .. 293
PAYOTTE.................... 206
PELLEGRUE............ 325
PETIT GARROS 271
PHARE D'HOURTIN........... 199
PHARE DE CORDOUAN ET DES PHARES ET BALISES .. 244
PHARE DE CORDOUAN 243
PHARE DE PATIRAS 252
PHARE DE RICHARD 201
PHILIPPE RIVERA............ 196
PIED DE BICHE.............. 118
PIERRE MIRGALET........... 166
PIERRE OTEIZA.............. 118
PINASSE CAFÉ 182
PINOCCHIO 211
PISCINE D'EAU DE MER 140
PISCINE JUDAÏQUE 122
PIZZA HUME................ 165
PIZZERIA 45 133
PIZZERIA LES 4 PÂTES 195
PIZZERIA ROUTE 207 195
PLACE À ARCADES........... 338
PLAGE DE VENDAYS-MONTALIVET................ 247
PLAGE DU LAC 122
PLAGE DU PIN SEC........... 214
PLAGES 169
PLANÈTE BORDEAUX 122
PLANS EN RELIEF POUR HANDICAPÉS........... 76
PODENSAC............. 358
POINT 0 152
POISSONNERIE DE L'AIGUILLON............. 153
POMEROL ★........... 286
PORT DES CALLONGES....... 252
PORT OSTRÉICOLE........... 139
PORTETS 359
PRÉCHAC.............. 361
PRIEURÉ DES BÉNÉDICTINS .. 319
PRINTEMPS DES VINS DE BLAYE CÔTES DE BORDEAUX....... 5, 55
PROMENADE EN CHALAND 164
PUB - BRASSERIE MIRA 176
PUITS HENRI IV 269

Q

QU'ON SE LE DISE 105
QUALITY HÔTEL BORDEAUX CENTRE 84
QUANJUDE 99
QUÊ TÔI 351
QUÉBEC MUSIC CAFÉ 106
QUINSAC 315
QUOTATRIP.................. 375

R

RACONTE-MOI SAINT-EMILION............. 291
RADISSON BLU............... 84
RAINBOW CAFÉ 211
RANDONNÉE................ 224
RATATOUILLE............... 221
RAUZAN 326
RED STORE 185
RELÂCHE......................5
RELAIS DE L'ESTUAIRE 254
RELAIS DE MARGAUX 219
RENDEZ-VOUS AU CHÂTEAU .. 266
RÉSERVE NATURELLE DE L'ÉTANG DE COUSSEAU.... 193
RÉSERVE NATURELLE DES PRÉS SALÉS............ 180
RÉSERVE ORNITHOLOGIQUE DU TEICH................. 188
RESTAURANT METS MOTS 100
RICHY'S 118
RIPIANO LIBOURNE.......... 279
ROBINSON CRUSOE.......... 174
ROD'S SURF SHOP........... 197
ROUTE DE LA CORNICHE 259
RTL2 BORDEAUX 382

S

SAIL FISH................... 183
SAINT-ANDRÉ-DE-CUBZAC............ 261
SAINT-ÉMILION SOUTERRAIN........... 290, 291
SAINT-EMILION ★★★.... 288
SAINT-ESTÈPHE 230
SAINT-JULIEN-BEYCHE-VELLE ★............... 234
SAINT-LAURENT-MÉDOC . 235
SAINT-MACAIRE ★ 328
SAINT-VIVIEN-DE-MÉDOC............. 236
SAINTE-CROIX-DU-MONT. 329
SAINTE-FOY-LA-GRANDE. 303
SALLES................ 362
SALON DU BIEN ÊTRE, BIO ET THÉRAPIES..............4
SALON DU VINTAGE 56
SAUTERNES ★.......... 364
SAUVETERRE-DE-GUYENNE........... 331
SAVON DE BORDEAUX........ 137
SEGWAY TOUR SAINT-ÉMILION.............. 276
SÈME 158
SEN NO SEN 155
SHE AND HIM 112
SIBLU VILLAGE - DOMAINE DE SOULAC 240
SIXT........................ 378
SLOW VILLAGE LACANAU..... 204
SNCF TER NOUVELLE-AQUITAINE..............60, 374
SOULAC-SUR-MER ★★ .. 237
SOULAC SURF SCHOOL....... 242
SPA LA POINTE DU MEDOC ... 246
SPA OCEAN 201
SPA VINOTHÉRAPIE CAUDALIE 357
SPADIUM 364
SPINBREAK STUDIO.......... 122
SPIRIT OF BASSIN 143
SPORT NAUTIQUE ANDERNOS. 138
SQUASHBAD33 122
STADE MATMUT ATLANTIQUE.. 124
STUDY HÔTEL................ 84
SUD-OUEST................. 382
SUZZI 100
SYNDICAT DES GRANDS VINS DE CERONS................. 359
SYNDICAT ET MAISON DU VIN DE POMEROL 288

T

TAILLE ROC................. 351
TAMATEBAKO CAFE 113
TBM.................... 62, 376
TCHANQUÉ GOURMET........ 177
TENGO FRIO SURF SCHOOL... 213

EDITION

Directeurs de collection et auteurs : Dominique AUZIAS et Jean-Paul LABOURDETTE

Responsable d'édition : Sophie TARDIEU
Avec la collaboration de Emma ESPIET, Nelly BOURLET

Auteurs : Laurène DELION, Claire DELBOS, Camille KOESSLER, Stéphanie MARIN, Krystell BONNET, Aude RICHARD, Lucille ROY, Hélène BARRAS, Maureen GATARD, Chloé BAJAS, Jean-Paul LABOURDETTE, Dominique AUZIAS et alter

Directeur Editorial : Stéphan SZEREMETA

Rédaction France : Elisabeth COL, Tony DE SOUSA, Mélanie COTTARD, Audrey VEDOVOTTO

Rédaction Monde : Caroline MICHELOT, Morgane VESLIN, Pierre-Yves SOUCHET, Natalia COLLIER

FABRICATION

Responsable Studio : Sophie LECHERTIER assistée de Romain AUDREN
Maquette et Montage : Julie BORDES, Delphine PAGANO

Iconographie et Cartographie : Anne DIOT, Julien DOUCET

WEB ET NUMERIQUE

Directeur Web : Louis GENEAU DE LAMARLIERE
Développeurs : Adeline CAUX et Kiril PAVELEK
Intégrateur Web : Mickael LATTES
Webdesigner : Caroline LAFFAITEUR
Community Traffic Manager : Alice BARBIER, Mariana BURLAMAQUI et Vincent PHAM

DIRECTION COMMERCIALE

Directeur commercial : Guillaume VORBURGER assisté de Manon GUERIN

Responsable Régies locales : Michel GRANSEIGNE

Responsables Développement régie inter : Jean-Marc FARAGUET et Guillaume LABOUREUR

Chefs de Publicité : Camille ESMIEU

Chefs de Publicité Régie nationale : Caroline AUBRY, François BRIANCON-MARJOLLET, Perrine DE CARNE MARCEIN

DIFFUSION ET PROMOTION

Directrice des Ventes : Bénédicte MOULET assistée d'Aissatou DIOP

Responsable des ventes : Jean-Pierre GHEZ assisté de Nelly BRION

Relations Presse-Partenariats : Jean-Mary MARCHAL

ADMINISTRATION

Président : Jean-Paul LABOURDETTE

Directrice des Ressources Humaines : Dina BOURDEAU assistée de Sandra DOS REIS et Eva BAELEN

Directrice Administrative et Financière : Valérie DECOTTIGNIES

Comptabilité : Jeannine DEMIRDJIAN

Recouvrement : Fabien BONNAN assisté de Sandra BRIJLALL et Vinoth SAGUERRE

Responsable informatique : Elie NZUZI-LEBA

PETIT FUTE GIRONDE

LES NOUVELLES EDITIONS DE L'UNIVERSITE
18, rue des Volontaires - 75015 Paris.
✆ 01 53 69 70 00 - Fax 01 42 73 15 24
Internet : www.petitfute.com
SAS au capital de 1 000 000 € - RC PARIS B 309 769 966

Couverture : Saint Emilion © trabantos

Impression : CORLET IMPRIMEUR
14110 Condé-en-Normandie

Achevé d'imprimer : Juin 2021
Dépôt légal : 26/07/2021
ISBN : 9782305055855

Pour nous contacter par email, indiquez le nom de famille en minuscule suivi de @petitfute.com
Pour le courrier des lecteurs : info@petitfute.com

IMPRIMÉ EN FRANCE

TENTAZIONI 101
TERRA AVENTURA 242
TERRES D'OISEAUX 252
TETE CHERCHEUSE 213
THALAZUR 156
THE BEACH HOUSE 207
THE FRENCH HOME COOKING . 216
THE IRISH LANE 113
THE NUTS SHOP 118
THE ROOM BLAYE 257
THE ROOM 262
THÉÂTRE LE LIBURNIA 285
TI'BASSIN 132
TIMARA PHOTOGRAPHE 120
TINY HOUSE PARCEL 294
TONTON PIZZA 106
TOUR DE L'HONNEUR 214
TOUR HÔTEL 216
TOUR PEY-BERLAND 76
TRAIN TOURISTIQUE GUÎTRES-MARCENAIS 275
TRANSPORTS CAR RÉGIONAUX NOUVELLE AQUITAINE 61, 376
TRÉSORS DE L'ESTRAN À MARÉE BASSE 164
TRUFFE ALÉNA 346
TUK-TUK TOUR 292
TUPAQ 101
TUTIAC LE BISTRO VIGNERONS 113
TV7 382

U

UNE NUIT SOUS LA RÉVOLUTION 290
UNION DES BATELIERS ARCACHONNAIS 14, 143

V

VCUB - V³ 62
VEDETTE LA BOHEME II ET LA BOHEME III 244
VÉLORAIL DU PAYS GABAY 275
VENDAYS-MONTALIVET . . 247
VÉRANDA DU CHÂTEAU MAISON NOBLE 332
VERDELAIS 333
VERTI'GO PARK 285
VERTICAL SKI 218
VIGNERONS ASSOCIÉS BOUTIQUE GRAND LISTRAC 218
VIGNERONS DE PUISSEGUIN LUSSAC SAINT-EMILION 302
VIGNERONS DE TUTIAC 257
VIGNOBLES BEDRENNE 288
VIGNOBLES BOSSUET HUBERT 257
VIGNOBLES DANIEL MOUTY . . . 268
VIGNOBLES LABAT LAPOUGE 331
VILLA COSTES 210
VILLA LA TOSCA 132
VILLA MOGADOR 182
VILLA NOVA 186
VILLA SAINT-GEORGES 146
VILLA SOCIANDO 232
VILLA TERANGA 132
VILLA VARINKA 146
VILLA ZENITH 205
VILLANDRAUT 371
VILLETORTE LOISIRS 189
VINIFLORE 137
VINS DU MÉDOC 118
VINTAGE BAR 113
VISITE «SUCRÉ SALÉ» D'ARÈS 157
VITALPARC 205

W

WAGGAS SCHOOL 177
WAKELAGOONA / OSMOSIA WAKEPARK 352
WAVE SURF CAFÉ 124
WAYOWAYO 101
WHITE MOUSTACHE 176
WINE BAR MARGAUX 222
WINE BIKE TOUR 292
WINE NOT 153
WINE ODYSSEY BORDEAUX . . . 259
WINE TOUR BOOKING 67
WINEFAMILY TOUR 66
WOOD BLOCK 113

X

XLR PARACHUTISME 242

Y

YAK'OCEAN 177
YEGO MOBILITY 62
YELLOH ! VILLAGE - SAINT-ÉMILION 291
YELLOH ! VILLAGE LES GRANDS PINS 205
YNDO HOTEL 85

Z

ZIG ET PUCES II 155
ZONE NATURELLE DE L'AUBARÈDE 270
ZOO DE BORDEAUX PESSAC . . . 78
ZOO DU BASSIN D'ARCACHON . 171

COLLABOREZ
À LA PROCHAINE ÉDITION